函数777题问答

马传渔　陈荣华　著

中国科学技术大学出版社

内 容 简 介

本书共有8章,每章有13道题目(每题可含小题),题目选自国内外各类书刊杂论、各类竞赛题、自编题和探究题.主要内容有函数最值、分段函数、函数零点、多项式函数、函数的双重最值、三角变换、三角方程、三角不等式、解三角形、确定参数、函数应用、数列和函数极限等,完全覆盖了高中与函数相关的全部内容.

本书对每道题剖释了解题的思维过程,给出了简洁、明了、详尽的解答,并穿插了合适的变形题和拓展题,有利于激发兴趣、夯实基础、拓展视野、总结方法、提高数学能力和数学素养.

图书在版编目(CIP)数据

函数777题问答/马传渔,陈荣华著. —合肥:中国科学技术大学出版社,2021.1
ISBN 978-7-312-05051-0

Ⅰ.函… Ⅱ.①马… ②陈… Ⅲ.函数—高中—教学参考资料 Ⅳ.G634.603

中国版本图书馆CIP数据核字(2020)第159759号

函数777题问答
HANSHU 777 TI WENDA

出版	中国科学技术大学出版社
	安徽省合肥市金寨路96号,230026
	http://press.ustc.edu.cn
	https://zgkxjsdxcbs.tmall.com
印刷	合肥市宏基印刷有限公司
发行	中国科学技术大学出版社
经销	全国新华书店
开本	787 mm×1092 mm 1/16
印张	28.25
字数	652千
版次	2021年1月第1版
印次	2021年1月第1次印刷
定价	68.00元

前　言

世界上万物之间存在着互相联系、互相依赖的关系,通过合理的抽象模式,可以建立各种类型的函数关系.所谓函数是一种对应关系,映射关系也是一种变量之间的依赖关系,这是一门变量数学的科学分支.

人们从初中到高中再到大学,直到走入工作岗位,都离不开用函数思想探究问题,用函数知识和函数模型解决各类实际问题.

根据不完全统计,在历届高考各类试卷中,涉及函数的内容和函数的思想方法均占50%左右.在各类国内外高中数学竞赛中,函数是重要的知识模块.本书便于读者透彻理解函数,明了函数的功能和作用.

本书共有8章,题目选自国内外各类书刊杂论、各类竞赛题、自编题和探究题.主要内容有函数最值、分段函数、函数零点、多项式函数、函数的双重最值、三角变换、三角方程、三角不等式、解三角形、确定参数、函数应用、数列和函数极限等,完全覆盖了高中与函数相关的全部内容.

本书对每道题剖释了解题的思维过程,给出了简洁、明了、详尽的解答,并穿插了合适的变形题和拓展题,有利于激发兴趣、夯实基础、拓展视野、总结方法、提高数学能力和数学素养.

第1章到第8章分别有125、67、84、90、73、67、130和141道题目(含小题),共有777题.众多的题型和丰富的内容,给予读者广阔的演练、思考和提升空间,期望读者能获得举一反三、问一答十的效果.

本书中数列极限的"$\varepsilon - N$"理论、数列和函数极限的计算、凸函数理论和应用、拉格朗日定理的应用等诸多内容是与高等数学接轨的,希望读者在学习这些知识后能用高等数学的方法去解答各类问题.

书中蕴含的数形结合思想、分类讨论思想、数学归纳法、反证法、构造法、图解法、类比法、举反例法等值得读者去总结、探究和运用.

作者期望广大读者刻苦钻研,愉快求知,返思创新,赢得成功.

欢迎广大读者不吝赐教.

马传渔　陈荣华

2020 年 10 月 16 日

目 录

前言 ·· i

第1章 函数综述 ·· 1

    1.1 函数的基本概念 ·· 1

    1.2 对数函数、指数函数和反函数 ··· 10

    1.3 反比例函数、对勾函数、复合函数和幂函数 ··· 22

    1.4 函数的有界性、单调性、奇偶性和周期性 ··· 34

    1.5 分段函数 ··· 49

第2章 函数最值和二次问题 ·· 60

    2.1 函数最值 ··· 60

    2.2 数集和代数式的最值 ·· 67

    2.3 函数的取值范围 ·· 76

    2.4 二次问题 ··· 84

第3章 三角计算、三角证明和三角函数的图像 ·· 99

    3.1 三角计算 ··· 99

    3.2 三角证明 ··· 115

    3.3 三角函数的图像 ·· 124

第4章 三角变换、反三角函数和三角方程、三角不等式及三角形中的等式 ············ 144

    4.1 三角变换 ··· 144

    4.2 反三角函数和三角方程 ·· 160

    4.3 三角不等式 ··· 168

    4.4 三角形中的等式 ·· 180

第 5 章 函数图像、多项式函数和双重最值 ········· 197

- 5.1 函数图像 ········· 199
- 5.2 多项式函数 ········· 216
- 5.3 双重最值 ········· 228

第 6 章 导函数的几个应用 ········· 236

- 6.1 利用导函数求函数的极值 ········· 238
- 6.2 利用导函数求函数的最值 ········· 249
- 6.3 利用导函数证明不等式 ········· 261
- 6.4 利用导函数确定参数 ········· 274
- 6.5 利用导函数讨论函数零点 ········· 284

第 7 章 函数方程和函数思想 ········· 297

- 7.1 函数方程 ········· 297
- 7.2 函数思想解方程 ········· 316
- 7.3 函数思想解不等式 ········· 333
- 7.4 函数与数列 ········· 342

第 8 章 数形结合法、凸函数和函数极限 ········· 370

- 8.1 数形结合法 ········· 370
- 8.2 凸函数 ········· 385
- 8.3 凸函数的实际应用 ········· 398
- 8.4 函数极限 ········· 432

参考文献 ········· 445

第1章 函数综述

1.1 函数的基本概念

1. 函数的定义

设 x,y 是两个变量，D 是一个非空实数集合，$\forall x \in D$，如果按一个对应规则 f，总有唯一确定的 y 值与之对应，则称 y 是 x 的函数，记作 $y = f(x)$. 又称 x 为自变量，x 的取值范围 D 称为函数 $f(x)$ 的定义域，称 y 为因变量或函数. 有时候，也将函数 $f(x)$ 的定义域 D 记作 D_f，也可以用 $y = y(x)$ 表示 y 是 x 的函数，右端的字母 y 就是对应规则的记号.

当自变量 x 取定值 x_0 时，函数的对应值记作 $f(x_0)$，或 $y|_{x=x_0}$，即 $f(x_0)$ 是 $x = x_0$ 时 $f(x)$ 的函数值.

$f(x)$ 的全体函数值的集合 $\{y \mid y = f(x), x \in D\}$ 称为函数 $y = f(x)$ 的值域，记作 Y，或 Y_f. 对于不同的函数，函数定义中的对应规则可用不同的字母来表示. 例如，$y = g(x)$，$y = F(x)$，….

函数的定义有两个基本要素：定义域与对应规则. 因此，只有当两个函数的定义域与对应规则完全相同时，才认为它们是同一个函数. 例如，$f(x) = x$，$y(x) = x(\sin^2 x + \cos^2 x)$，则 $f(x), g(x)$ 表示同一函数.

映射的定义 一般地，设 A, B 是两个集合，如果按照某种对应法则 f，对于集合 A 中的任何一个元素，在集合 B 中都有唯一的元素和它对应，则这样的对应叫做从集合 A 到集合 B 的映射，记作 $f: A \to B$.

如果给定一个从集合 A 到集合 B 的映射，那么和 A 中的元素 a 对应的 B 中的元素 b 叫做 a 的像，a 叫做 b 的原像.

函数的另一种定义 从非空数集 A 到非空数集 B 的一个映射 $f: A \to B$，叫做 A 到 B 的函数，记作 $y = f(x)$，其中 $x \in A$，$y \in B$，原像集 A 叫做函数的定义域，像集 C 叫做函数的值域. 一般地，$C \subseteq B$.

2. 函数的表示法

函数常用的表示法有 3 种：解析法（又叫公式法）、表格法和图形法.

(1) 解析法. 用解析式表示函数的方法称为解析法. 能明显地表示为 $y=f(x)$ 的函数称为显函数,记作 $y=f(x)$. 例如, $y=\sin x, y=2^x+1$ 都是显函数. 若因变量 y 和自变量 x 的对应法则用一个方程 $F(x,y)=0$ 来表示,则称函数 $y=f(x)$ 为由 $F(x,y)=0$ 所确定的隐函数. 例如,由 $x^2-y-1=0, x^2+y^2-1=0, x+y-\mathrm{e}^{xy}=0$ 三个方程分别确定的函数 $y=y(x)$ 称为隐函数. 然而,由第一个方程可得显函数 $y=x^2-1$. 对于第二个方程,它的图形是 xOy 平面上以原点为圆心的单位圆周. 如果将"满足这个方程"作为 x 与 y 之间的对应法则,尽管当 $x=1$ 或 $x=-1$ 时,只对应 $y=0$ 一个值,但当 x 取开区间 $(-1,1)$ 内任一个值时,对应的 y 却有两个值,不符合函数的定义. 为此,要将 $x^2+y^2-1=0$ 写成两个显函数 $y=\sqrt{1-x^2}$ 与 $y=-\sqrt{1-x^2}$. 前者的图像是上半圆周,函数值 $y\geqslant 0$;后者的图像是下半圆周,函数值 $y\leqslant 0$. 对于第三个方程,则不能写为显函数 $y=y(x)$ 的形式.

(2) 表格法. 用表格形式列出 x,y 之间的各组对应值的方法称为表格法. 例如,对数表、三角函数表就是用表格法来表示函数关系的.

(3) 图形法. 在 xOy 平面上建立直角坐标系,则函数 $y=f(x)$ 在 xOy 平面上的图形通常为曲线. 这种用函数的图形来表示函数的方法称为图形法.

记
$$\operatorname{graph} f = \{(x,y) \mid y=f(x), x\in D\},$$
称 $\operatorname{graph} f$ 为函数 $y=f(x)$ 的图形或图像. 例如, $y=x^2$ 的图形是一条抛物线,即 $\operatorname{graph} x^2$ 是一条抛物线.

对于函数 $y=f(x)$,如果没有指明自变量的取值范围,则定义域就是解析式 $y=f(x)$ 有意义的 x 的取值范围. 若解析式是由若干个数学式子组合而成的,则这个函数的定义域必须取这几个式子允许取值的公共部分. 特别地,当函数关系表示一个实际问题中的两个变量之间的关系时,要注意实际问题中变量的意义与取值范围.

函数值域的求法多种多样,需根据函数表达式加以选用. 常用方法有:配方法、换元法、判别式法、基本不等式法等. 此外,还可以利用函数的单调性与数形转换等方法.

题 1 在下列各对函数中,表示同一函数的是(   ).

A. $f(x)=\lg x^2, g(x)=2\lg x$

B. $f(x)=\lg \dfrac{x+1}{x-1}, g(x)=\lg(x+1)-\lg(x-1)$

C. $f(x)=\sqrt{x^2}, g(x)=x$

D. $f(x)=x, g(x)=\sqrt[3]{x^3}$

思路剖释 从解析式和定义域进行分析. 选项 A 和 B 可写成相同的解析式,但其定义域不相同. 对于选项 C,虽然定义域都是 R,但其解析式分别为 $|x|$ 和 x;对于选项 D, $f(x)$ 与 $g(x)$ 表示同一函数,故选 D.

题 2 计算下列各题.

(1) 函数 $y=\sqrt{7+6x-x^2}$ 的定义域是_____.

(2) 函数 $y = \sqrt{\log_2 x - 1}$ 的定义域是_____.

(3) 设函数 $f(x) = \sqrt{6 + x - x^2}$ 的定义域为 D,在 $[-4, 5]$ 上随机抽取一个数 x,则 $x \in D$ 的概率是_____.

(4) 设函数 $y = \sqrt{4 - x^2}$ 的定义域为 A,函数 $y = \ln(1 - x)$ 的定义域为 B,则 $A \cap B =$ ( ).

A. $(1, 2)$ B. $(1, 2]$ C. $(-2, 1)$ D. $[-2, 1)$

思路剖释 (1) 由题意,得 $7 + 6x - x^2 \geqslant 0$,即 $x^2 - 6x - 7 \leqslant 0$,亦即 $(x - 7)(x + 1) \leqslant 0$,解得 $-1 \leqslant x \leqslant 7$.故所求定义域为 $[-1, 7]$.

(2) 由题意,得 $\log_2 x - 1 \geqslant 0$,即 $\log_2 x \geqslant 1$,解得 $x \geqslant 2$,故所求定义域为 $[2, +\infty)$.

(3) 由题意,得 $6 + x - x^2 \geqslant 0$,即 $x^2 - x - 6 \leqslant 0$,亦即 $(x - 3)(x + 2) \leqslant 0$,解得 $-2 \leqslant x \leqslant 3$,故 $D = [-2, 3]$.结合几何模型,得所求概率 $p = \dfrac{3 - (-2)}{5 - (-4)} = \dfrac{5}{9}$.

(4) 由 $4 - x^2 \geqslant 0$,得 $-2 \leqslant x \leqslant 2$,故 $A = [-2, 2]$.再由 $1 - x > 0$,得 $x < 1$,故 $B = (-\infty, 1)$,于是 $A \cap B = [-2, 1)$,故选 D.

题 3 求下列函数的定义域.

(1) $y = \dfrac{1}{2 - |x|} + \sqrt{x^2 - 1}$.

(2) $y = \sqrt{\sin x} + \lg(9 - x^2)$.

(3) $y = \sqrt{3 - 2x - x^2}$ 的定义域是_____.

(4) 已知 $f(x^2 - 3) = \lg \dfrac{x^2}{x^2 - 6}$,则 $f(x)$ 的定义域是_____.

思路剖释 (1) 由 $\begin{cases} 2 - |x| \neq 0, \\ x^2 - 1 \geqslant 0, \end{cases}$ 得 $\begin{cases} x \neq \pm 2 \\ x \leqslant -1 \text{ 或 } x \geqslant 1. \end{cases}$ 故函数 y 的定义域为 $(-\infty, -2) \cup (-2, -1] \cup [1, 2) \cup (2, +\infty)$.

(2) 由 $\begin{cases} \sin x \geqslant 0, \\ 9 - x^2 > 0, \end{cases}$ 得 $\begin{cases} 2n\pi \leqslant x \leqslant 2n\pi + \pi (n \in \mathbf{Z}), \\ x^2 < 9. \end{cases}$

注意 $x^2 < 9$ 等价于 $-3 < x < 3$,故在 $2n\pi \leqslant x \leqslant 2n\pi + \pi$ 中只能取 $n = 0$,所以所求定义域为 $[0, 3)$.

(3) 由 $3 - 2x - x^2 \geqslant 0$,知 $x^2 + 2x - 3 \leqslant 0$,即 $(x + 3)(x - 1) \leqslant 0$,解得 y 的定义域是 $[-3, 1]$.

(4) 令 $u = x^2 - 3$,则 $f(x)$ 的定义域就是 u 的值域,要使 $\lg \dfrac{x^2}{x^2 - 6}$ 有意义,必须且只需 $x^2 - 6 > 0$,即 $x^2 - 3 > 3$,所以 $u > 3$,故 $f(x)$ 的定义域为 $(3, +\infty)$.

题 4 求下列函数的值域.

(1) $y = 2x - 1 - \sqrt{13 - 4x}$.

(2) $y = \dfrac{x + 2}{x^2 + 3x + 6}$.

(3) $y = \sqrt{x-5} - \sqrt{24-3x}$.

(4) $y = \sqrt{x^2+2x+2} + \sqrt{x^2-2x+2}$.

(5) $y = \dfrac{x^2+4x+3}{x^2+x-6}$.

(6) $f(x) = \dfrac{\sqrt{x^2+1}}{x-1}$.

思路剖释 (1) 方法 1（换元法） 令 $t = \sqrt{13-4x}$，则 $t \geqslant 0$，且 $x = \dfrac{13-t^2}{4}$. 故

$$y = 2 \times \dfrac{13-t^2}{4} - 1 - t = -\dfrac{1}{2}t^2 - t + \dfrac{11}{2}$$
$$= -\dfrac{1}{2}(t^2+2t) + \dfrac{11}{2}$$
$$= -\dfrac{1}{2}(t+1)^2 + 6.$$

因为 $[0,+\infty)$ 是关于 t 的二次函数的单调递减区间，故当 $t \in [0,+\infty)$ 时，$y_{\max} = \dfrac{11}{2}$，于是函数的值域为 $\left(-\infty, \dfrac{11}{2}\right]$.

方法 2（单调性法） 因为函数在其定义域 $\left(-\infty, \dfrac{13}{4}\right]$ 内单调递增，所以当 $x = \dfrac{13}{4}$ 时，$y_{\max} = 2 \times \dfrac{13}{4} - 1 = \dfrac{11}{2}$，故函数的值域为 $\left(-\infty, \dfrac{11}{2}\right]$.

(2) 由原式，得 $yx^2 + (3y-1)x + 6y - 2 = 0$.

当 $y \neq 0$ 时，令 $\Delta = (3y-1)^2 - 4y(6y-2) \geqslant 0$，解得 $-\dfrac{1}{5} \leqslant y \leqslant \dfrac{1}{3}$.

当 $y = 0$ 时，$x = -2$.

因为对于任何实数 x，原表达式均有意义，故函数的值域为 $\left[-\dfrac{1}{5}, \dfrac{1}{3}\right]$.

(3) 由 $x-5 \geqslant 0, 24-3x \geqslant 0$，知函数的定义域为 $[5,8]$. 故

$$y\big|_{x=5} = -3, \quad y\big|_{x=8} = \sqrt{3}.$$

函数在区间 $[5,8]$ 上是单调递增函数，从而函数的值域为 $[-3,\sqrt{3}]$.

(4) 函数表达式可变形为 $y = \sqrt{(x+1)^2+1^2} + \sqrt{(x-1)^2+1^2}$，与两点间距离公式相似，可构图求解.

$y = \sqrt{(x+1)^2+1^2} + \sqrt{(x-1)^2+1^2}$ 表示动点 $P(x,1)$ 到定点 $A(1,0), B(-1,0)$ 的距离之和，故 $y \geqslant 2\sqrt{2}$，即值域为 $[2\sqrt{2}, +\infty)$.

(5) 因为 $y = \dfrac{x^2+4x+3}{x^2+x-6} = \dfrac{(x+3)(x+1)}{(x+3)(x-2)} = 1 + \dfrac{3}{x-2}$，所以 $y \neq 1$，且 $y \neq \dfrac{2}{5}$，即值域为 $\left(-\infty, \dfrac{2}{5}\right) \cup \left(\dfrac{2}{5}, 1\right) \cup (1, +\infty)$.

(6) 设 $x = \tan\theta\left(-\dfrac{\pi}{2} < \theta < \dfrac{\pi}{2},\text{且}\ \theta \neq \dfrac{\pi}{4}\right)$,则

$$f(x) = \dfrac{\dfrac{1}{\cos\theta}}{\tan\theta - 1} = \dfrac{1}{\sin\theta - \cos\theta} = \dfrac{1}{\sqrt{2}\sin\left(\theta - \dfrac{\pi}{4}\right)}.$$

设 $u = \sqrt{2}\sin\left(\theta - \dfrac{\pi}{4}\right)$.当 $\theta = -\dfrac{\pi}{4}$ 时,$u = -\sqrt{2}$;当 $\theta = \dfrac{\pi}{2}$ 时,$u = 1$,从而 $-\sqrt{2} \leqslant u \leqslant 1, u \neq 0$.

故 $f(x) = \dfrac{1}{u} \in \left(-\infty, -\dfrac{\sqrt{2}}{2}\right] \cup (1, +\infty)$.

题 5 求下列函数的值域.

(1) $y = 2x - 1, x \in [-1, 2]$.

(2) $y = \dfrac{1}{x}, x \in [-1, 0) \cup (0, 2]$.

(3) $y = x^2 - 2x + 2, x \in [-1, 2]$.

思路剖释 (1) 一次函数的图像是直线,若定义域为闭区间 $[a, b]$,则相应的值域可由 $f(a), f(b)$ 决定.如图 1.1(a) 所示,所求值域为 $[-3, 3]$.

(2) 反比例函数被其定义域分割成互不相交的两部分,故其值域由若干个区间所组成.如图 1.1(b) 所示,所求值域为 $(-\infty, -1] \cup \left[\dfrac{1}{2}, +\infty\right)$.

(3) 对于一般二次函数 $y = ax^2 + bx + c(a \neq 0)$,若定义域为实数集,则值域为 $(-\infty, m)$ 或 $[m, +\infty)$,其中 m 为唯一的最值 $\dfrac{4ac - b^2}{4a}$.根据其是最大值或最小值决定值域是左开区间还是右开区间.

若其定义域为区间 (p, q),根据其相应抛物线的对称轴 $x = -\dfrac{b}{2a}$ 是否穿过区间 (p, q) 确定其值域.如图 1.1(c) 所示,本题中对称轴 $x = 1$ 穿过定义区间 $[-1, 2]$,则最小值在函数的值域中,函数值域为 $[1, 5]$.若取定义域为 $[-1, 0]$,则抛物线的对称轴 $x = 1$ 不穿过定义区间 $[-1, 0]$,函数值域为 $[2, 5]$.

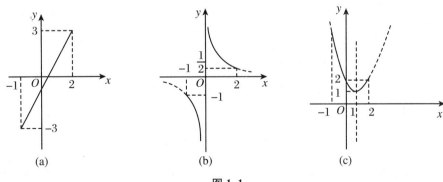

图 1.1

题 6 求下列各题中 a 的取值范围.

(1) 若 $f(x)=2x+a$,当 $x\in(0,+\infty)$ 时,$f(x)>1$ 恒成立.

(2) 若 $f(x)=2x+a$,当 $x\in(0,+\infty)$ 时,$f(x)$ 的值域为 $(1,+\infty)$.

思路剖析 (1) 要使 $f(x)>1$ 恒成立,只需满足 $f(x)$ 在指定区间上的任意值大于 1 即可.由 $2x+a>1$,得 $a>1-2x$.因 $x\in(0,+\infty)$,故 $a\geqslant 1$ 为所求.

(2) 要使得 $f(x)$ 的值域为 $(1,+\infty)$,那么 $f(x)$ 的值"能且只能"取 $(1,+\infty)$ 中的任一值.由于 $f(x)=2x+a$,当 $x\in(0,+\infty)$ 时的值域为 $(a,+\infty)$,故 $a=1$ 为所求.

题 7 已知正实数 a 满足 $a^a=(9a)^{8a}$,则 $\log_a 3a$ 的值为_____.

思路剖析 由题设,知
$$9a = a^{\frac{1}{8}},$$
则
$$3a = \sqrt{9a^2} = \sqrt{9a\cdot a} = \sqrt{a^{\frac{1}{8}}\cdot a} = a^{\frac{9}{16}}.$$
因此 $\log_a 3a = \log_a a^{\frac{9}{16}} = \dfrac{9}{16}$.

题 8 已知函数 $f(x)=-\dfrac{1}{2}x^2+x$,若 $f(x)$ 的定义域为 $[m,n]$ $(m<n)$,值域为 $[km,kn]$ $(k>1)$,求 n 的值.

思路剖析 利用配方法,知
$$f(x) = -\frac{1}{2}(x-1)^2 + \frac{1}{2} \leqslant \frac{1}{2}, \qquad ①$$
于是 $kn\leqslant\dfrac{1}{2}$,故 $n\leqslant\dfrac{1}{2k}<1$(因为 $k>1$),当然 $m<1$.

函数 $f(x)$ 的图像的对称轴为 $x=1$,又 x^2 的系数小于 0,故由式①,知 $f(x)$ 在闭区间 $[m,n]$ 上为单调递增函数.因为 $f(x)$ 在闭区间 $[m,n]$ 上连续,所以取到最值.故最小值为 $f(m)$,最大值为 $f(n)$,从而
$$\begin{cases} f(m) = -\dfrac{1}{2}m^2 + m = km, & ② \\ f(n) = -\dfrac{1}{2}n^2 + n = kn, & ③ \end{cases}$$

解得 $\begin{cases} m=0, \\ n=2(1-k), \end{cases}$ 或 $\begin{cases} n=0, \\ m=2(1-k). \end{cases}$

当 $m=0$ 时,$n<0$,不符合区间假设 $m<n$,故舍去.而 $n=0$,$m=2(1-k)$ (<0) 满足题意,故 $n=0$ 为所求.

注 由式②、③,可构作一元二次方程 $-\dfrac{1}{2}t^2+t=kt$.

题 9 计算下列各题.

(1) 设函数 $f(x)$ 的定义域为 $(-\infty,1]$,则函数 $f(\log_2(x^2-1))$ 的定义域是_____.

(2) $y = \dfrac{x^2-1}{x^2+1}$ 的值域为 _____.

(3) 已知函数 $f(x)$ 的定义域为 $[-1,1]$,求 $f(ax)+f\left(\dfrac{x}{a}\right)$ 的定义域,其中 $a>0$.

思路剖释 (1) 由题意,得
$$\begin{cases} x^2-1>0, \\ \log_2(x^2-1)\leqslant 1, \end{cases}$$

故 $0<x^2-1\leqslant 2$,即 $1<x^2\leqslant 3$,解得 $-\sqrt{3}\leqslant x<-1$ 或 $1<x\leqslant \sqrt{3}$.故所求定义域为 $[-\sqrt{3}, -1)\cup(1,\sqrt{3}]$.

(2) 因 $1+x^2\geqslant 1$,故由 $y=1-\dfrac{2}{x^2+1}$,得
$$1-\dfrac{2}{1}\leqslant 1-\dfrac{2}{x^2+1}<1,$$

即 $-1\leqslant 1-\dfrac{2}{x^2+1}<1$.故函数的值域为 $[-1,1)$.

(3) 依题意,有 $-1\leqslant ax\leqslant 1$,$-1\leqslant \dfrac{x}{a}\leqslant 1$,因 $a>0$,故 $-\dfrac{1}{a}\leqslant x\leqslant \dfrac{1}{a}$,且 $-a\leqslant x\leqslant a$.当 $a\geqslant 1$ 时,$-\dfrac{1}{a}\leqslant x\leqslant \dfrac{1}{a}$;当 $0<a<1$ 时,$-a\leqslant x\leqslant a$.

因此所求函数的定义域为:当 $a\geqslant 1$ 时,$-\dfrac{1}{a}\leqslant x\leqslant \dfrac{1}{a}$;当 $0<a<1$ 时,$-a\leqslant x\leqslant a$.

题 10 若函数 $f(x)=x^2+a|x-1|$ 在 $[0,+\infty)$ 内单调递增,则实数 a 的取值范围是 _____.

思路剖释 先去绝对值,利用二次函数图像的对称轴讨论函数的单调性.

在 $[1,+\infty)$ 内,$f(x)=x^2+ax-a$ 单调递增,等价于 $-\dfrac{a}{2}\leqslant 1$,故 $a\geqslant -2$.

在 $[0,1]$ 上,$f(x)=x^2-ax+a$ 单调递增,等价于 $\dfrac{a}{2}\leqslant 0$,得 $a\leqslant 0$.

因此实数 $a\in[-2,0]$.

题 11 设 $A=\{x\mid -2\leqslant x\leqslant a, a>-2\}$,$B=\{y\mid y=2x+3, x\in A\}$,$C=\{z\mid z=x^2, x\in A\}$,且 $C\subseteq B$,求实数 a 的取值范围.

思路剖释 A 是闭区间 $[-2,a]$,当 a 变化时,A 也在变化.B 是函数 $y=2x+3(x\in A)$ 的值域,C 是函数 $z=x^2(x\in A)$ 的值域.下面借助图像进行分类讨论.

(1) 如图 1.2 所示,易得 $B=\{y\mid -1\leqslant y\leqslant 2a+3\}$.

(2) 如图 1.3 所示,当 $-2<a<0$ 时,$C=\{z\mid a^2\leqslant z\leqslant 4\}$.因 $C\subseteq B$,故 $2a+3\geqslant 4$,解得 $a\geqslant \dfrac{1}{2}$,与 $-2<a<0$ 矛盾.

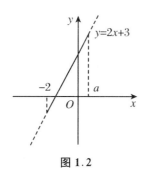
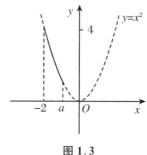

图 1.2　　　　　　　　　图 1.3

(3) 如图 1.4 所示,当 $0 \leqslant a \leqslant 2$ 时,$C=\{z \mid 0 \leqslant z \leqslant 4\}$. 因 $C \subseteq B$,故 $2a+3 \geqslant 4$,解得 $a \geqslant \dfrac{1}{2}$,所以 $\dfrac{1}{2} \leqslant a \leqslant 2$.

(4) 如图 1.5 所示,当 $a>2$ 时,$C=\{z \mid 0 \leqslant z \leqslant a^2\}$. 因 $C \subseteq B$,故 $2a+3 \geqslant a^2$,$(a-3)(a+1) \leqslant 0$. 又 $a>2$,故 $a+1>0$,于是 $a \leqslant 3$. 从而 $2<a \leqslant 3$.

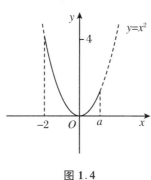
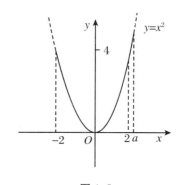

图 1.4　　　　　　　　　图 1.5

综上所述,可得 $\dfrac{1}{2} \leqslant a \leqslant 3$.

从以上讨论不难看出,学习集合、解答与集合相关的问题时,要紧密联系图像.

题 12　已知 $a,b \in \mathbf{R}$,函数 $f(x)=ax-b$,若 $\forall x \in [-1,1]$,有 $0 \leqslant f(x) \leqslant 1$,则 $\dfrac{3a+b+1}{a+2b-2}$ 的取值范围是(　　).

A. $\left[-\dfrac{1}{2}, 0\right]$　　B. $\left[-\dfrac{4}{5}, 0\right]$　　C. $\left[-\dfrac{1}{2}, \dfrac{2}{7}\right]$　　D. $\left[-\dfrac{4}{5}, \dfrac{2}{7}\right]$

思路剖释　先取特殊值,确定参数 a,b 的取值范围. 由题意,得

$$\begin{cases} 0 \leqslant f(1) \leqslant 1, \\ 0 \leqslant f(-1) \leqslant 1, \end{cases} \quad 即 \quad \begin{cases} 0 \leqslant a-b \leqslant 1, \\ -1 \leqslant a+b \leqslant 0. \end{cases}$$

采用换元法,令 $u=a+b$,$v=a-b$,得

$$a=\dfrac{u+v}{2}, \quad b=\dfrac{u-v}{2} \quad (-1 \leqslant u \leqslant 0, 0 \leqslant v \leqslant 1).$$

故

$$原式 = \frac{3 \times \frac{u+v}{2} + \frac{u-v}{2} + 1}{\frac{u+v}{2} + 2 \times \frac{u-v}{2} - 2} = \frac{4u + 2v + 2}{3u - v - 4}$$

$$= \frac{-6u + 2v + 8 + 10u - 6}{3u - v - 4} = -2 + \frac{10u - 6}{3u - v - 4}$$

$$= -2 + \frac{2}{\frac{3u - v - 4}{5u - 3}} = -2 + \frac{10}{\frac{15u - 5v - 20}{5u - 3}}$$

$$= -2 + \frac{10}{3 - \frac{5v + 11}{5u - 3}}.$$

问题转化为求上式的最小值与最大值.

先求最小值.

因 $-1 \leqslant u \leqslant 0, 0 \leqslant v \leqslant 1$,故 $5v+11 \geqslant 0, 5u-3 < 0$,求原式的最小值,即求 $3 - \frac{5v+11}{5u-3}$ 的最大值. 取 $v=1, u=0$,得最小值为

$$-2 + \frac{10}{3 - \left(-\frac{16}{3}\right)} = -2 + \frac{10}{\frac{25}{3}} = -2 + \frac{6}{5} = -\frac{4}{5}.$$

再求最大值,仿上,取 $v=0, u=-1$,得最大值

$$-2 + \frac{10}{3 - \left(-\frac{11}{8}\right)} = -2 + \frac{16}{7} = \frac{2}{7}.$$

综上所述,得

$$-\frac{4}{5} \leqslant \frac{3a + b + 1}{a + 2b - 2} \leqslant \frac{2}{7}.$$

题 13 求函数 $y = \frac{x^2 + x - 1}{x^2 + x + 1}$ 的值域.

思路剖释 方法 1 因 $x^2 + x + 1 = \left(x + \frac{1}{2}\right)^2 + \frac{3}{4} > 0$ 恒成立,故原函数可变形为

$$(y-1)x^2 + (y-1)x + y + 1 = 0.$$

若 $y=1$,则上式化简为 $y+1=0$,两者矛盾,故 $y \neq 1$.

由 $\Delta \geqslant 0$,可得

$$(y-1)^2 - 4(y-1)(y-1) \geqslant 0,$$

即

$$y^2 - 2y + 1 - 4y^2 + 4 \geqslant 0,$$

故 $3y^2 + 2y - 5 \leqslant 0$,即 $(3y+5)(y-1) \leqslant 0$,求得 $y \in \left[-\frac{5}{3}, 1\right]$. 又 $y \neq 1$,故 $y \in \left[-\frac{5}{3}, 1\right)$.

方法 2 设 $x^2 + x + 1 = t$,则

$$y = 1 - \frac{2}{t} \quad \left(t \geq \frac{3}{4}\right).$$

因 $t \geq \frac{3}{4}$，故 $-\frac{5}{3} \leq 1 - \frac{2}{t} < 1$，即函数值域为 $\left[-\frac{5}{3}, 1\right)$.

注 题设给出的函数本身显然是关于变元 x 的函数，若将 $x^2 + x$ 或 $x^2 + x + 1$ 整体地看作一个变元，则求解函数值域就较为简单，或形如 $y = \frac{a_2 x^2 + b_2 x + c_2}{a_1 x^2 + b_1 x + c_1}$ (a_1, a_2 不同时为 0) 的值域问题，一般将函数化为关于 x 的方程 $m(y)x^2 + n(y)x + p(y) = 0$ 的形式，然后分 $m(y) = 0$ 和 $m(y) \neq 0$ 这两种情况讨论，只有当 $m(y) \neq 0$ 时，才可利用 $\Delta \geq 0$ 求 y 的取值范围，同时还应注意检验等号取到的可能性. 此法是处理分式函数值域时经常采用的一种方法，运用过程中注意条件 $x \in \mathbf{R}$.

1.2 对数函数、指数函数和反函数

1. 指数函数 $y = a^x$ (常数 $a > 0$，且 $a \neq 1$)

指数函数的定义域 $D = (-\infty, +\infty)$，$\forall x \in D$，恒有 $a^x > 0$，故其图形在 x 轴上方，且过点 $(0, 1)$. 一般地，当 $a > 1$ 时，$y = a^x$ 严格单调增加；当 $0 < a < 1$ 时，$y = a^x$ 严格单调减少，如图 1.6 所示.

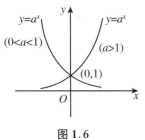

图 1.6

2. 对数函数 $y = \log_a x$ (常数 $a > 0$，且 $a \neq 1$)

对数函数的定义域 $D = (0, +\infty)$，故其图形在 y 轴右方，且过点 $(1, 0)$. 一般地，当 $a > 1$ 时，$y = \log_a x$ 严格单调增加；当 $0 < a < 1$ 时，$y = \log_a x$ 严格单调减少，如图 1.7 所示. 由于对数函数 $y = \log_a x$ 是指数函数 $y = a^x$ 的反函数，故在同一坐标平面内两函数图像是关于直线 $y = x$ 对称的，如图 1.8 所示.

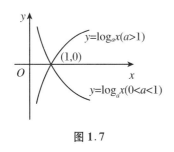

图 1.7

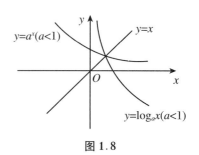

图 1.8

对数函数有下面的运算性质：

(1) $\log_a 1 = 0$.

(2) $\log_a a = 1$.

(3) $\log_a(xy) = \log_a x + \log_a y$.

(4) $\log_a\left(\dfrac{x}{y}\right) = \log_a x - \log_a y$.

(5) $\log_a x^y = y\log_a x$.

(6) $\log_a x = \dfrac{\log_b x}{\log_b a}$（换底公式）.

(7) $a^x = b^{x\log_b a}$.

3．反函数

已给函数 $y = f(x), x \in D$，值域为 Y，如果对于 Y 中的每个值 y_0，都有 D 中唯一的一个值 x_0 与之对应，即满足 $f(x_0) = y_0$，则在 Y 上就确定了以 y 为自变量、x 为因变量的函数，记此函数为 $x = f^{-1}(y), y \in Y$，并称此函数为 $y = f(x)$ 的反函数，$y = f(x)$ 则称为直接函数.

由反函数的定义知道：反函数 $x = f^{-1}(y)$ 的定义域与值域恰好分别是直接函数的值域与定义域.

因为习惯上用 x 表示自变量，y 表示因变量，所以将 $y = f(x)$ 的反函数 $x = f^{-1}(y)$ 记作 $y = f^{-1}(x), x \in Y$．从而在求 $y = f(x)$ 的反函数时，可先从方程 $y = f(x)$ 中解出 x，得 $x = f^{-1}(y)$．然后，再将 x, y 对换，所得的 $y = f^{-1}(x)$ 即为 $y = f(x)$ 的反函数．例如，由 $y = x^3, x \in (-\infty, +\infty)$ 可解得 $x = \sqrt[3]{y}, y \in (-\infty, +\infty)$．再将 x, y 对换，得 $y = \sqrt[3]{x}, x \in (-\infty, +\infty)$，这就是 $y = x^3 (x \in (-\infty, +\infty))$ 的反函数.

直接函数 $y = f(x)$ 与其反函数 $y = f^{-1}(x)$ 的图像在同一平面直角坐标系中是关于直线 $y = x$ 对称的，如图 1.9 所示.

因为若点 $A(a, b) \in \mathrm{graph}\, f$，则由反函数定义，知必有点 $B(b, a) \in \mathrm{graph}\, f^{-1}$．由于点 $A(a, b)$ 与点 $B(b, a)$ 关于直线 $y = x$ 对称，从而 $\mathrm{graph}\, f^{-1}$ 关于直线 $y = x$ 对称．例如，函数 $y = x^3 (x \in (-\infty, +\infty))$ 的图像与其反函数 $y = \sqrt[3]{x} (x \in (-\infty, +\infty))$ 的图像显然是关于直线 $y = x$ 对称的，如图 1.10 所示.

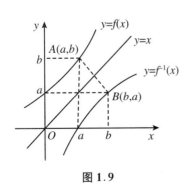

图 1.9

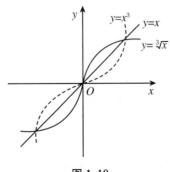

图 1.10

记函数 $y=f(x)$ 在定义区间 (a,b) 内是严格单调递增函数(或严格单调递减函数),其值域为 (c,d),则必存在反函数 $y=f^{-1}(x)$,$x\in(c,d)$,且在区间 (c,d) 内也是严格单调递增函数(或严格单调递减函数).

4. 高考中有关反函数的五种题型

(1) 求反函数的解析式.

(2) 求反函数的定义域和值域.

(3) 求反函数的值.

(4) 考查反函数的单调性和奇偶性.

(5) 考查互为反函数的图像的对称性.

题1 计算下列各题.

(1) 若 $a>b$,则( ).

A. $\ln(a-b)>0$ B. $3^a<3^b$

C. $a^3-b^3>0$ D. $|a|>|b|$

(2) 已知 $a=\log_5 2$,$b=\log_{0.5} 0.2$,$c=0.5^{0.2}$,则 a,b,c 的大小关系为( ).

A. $a<c<b$ B. $a<b<c$

C. $b<c<a$ D. $c<a<b$

(3) 已知 $a=\log_2 e$,$b=\ln 2$,$c=\log_{\frac{1}{2}}\frac{1}{3}$,则 a,b,c 的大小关系为( ).

A. $a>b>c$ B. $b>a>c$

C. $c>b>a$ D. $c>a>b$

(4) 若 $a>b>0$,且 $ab=1$,则下列不等式成立的是( ).

A. $a+\dfrac{1}{b}<\dfrac{b}{2^a}<\log_2(a+b)$

B. $\dfrac{b}{2^a}<\log_2(a+b)<a+\dfrac{1}{b}$

C. $a+\dfrac{1}{b}<\log_2(a+b)<\dfrac{b}{2^a}$

D. $\log_2(a+b)<a+\dfrac{1}{b}<\dfrac{b}{2^a}$

(5) 设 x,y,z 为正数,且 $2^x=3^y=5^z$,则( ).

A. $2x<3y<5z$ B. $5z<2x<3y$

C. $3y<5z<2x$ D. $3y<2x<5z$

(6) 已知奇函数 $f(x)$ 在 $\mathbf{R}$ 上是单调递增函数,$g(x)=xf(x)$.若 $a=g(-\log_2 5.1)$,$b=g(2^{0.8})$,$c=g(3)$,则 a,b,c 的大小关系为( ).

A. $a<b<c$ B. $c<b<a$

C. $b<a<c$ D. $b<c<a$

思路剖释 (1) 因 $\ln 1=0$,故 $\ln(a-b)$ 的符号不能确定;又因 $3^a>3^b$,故选项 A,B 都

不正确. 取特殊值 $a=1, b=-7$, 则 $|a|<|b|$, 故选项 D 不对. 因 $a^3-b^3=(a-b)(a^2+ab+b^2)$, 而 a^2+ab+b^2 非负, 当 $a>b$ 时, 它取正, 所以 $a^3-b^3>0$, 故选 C.

(2) 因 $b=\log_{0.5}0.2=\dfrac{\log_5 0.2}{\log_5 0.5}=\dfrac{\log_5 \dfrac{1}{5}}{\log_5 \dfrac{1}{2}}=\dfrac{1}{\log_5 \dfrac{1}{2}}=\log_2 5>\log_2 4=2$, 又因 $0<a=\log_5 2<\log_5\sqrt{5}=\dfrac{1}{2}$, 且 $\dfrac{1}{2}=0.5^1<c=0.5^{0.2}<0.5^0=1$, 所以 $a<c<b$, 故选 A.

(3) 根据对数函数的图像和性质, 知
$$\log_{\frac{1}{2}}\dfrac{1}{3}=\log_2 3>\log_2 \mathrm{e}>\log_2 2=1=\ln\mathrm{e}>\ln 2,$$
所以 $c>a>b$, 故选 D.

(4) 因 $a>b>0$, 且 $ab=1$, 故 $a>1, 0<b<1$, 所以 $a+\dfrac{1}{b}>2\sqrt{\dfrac{a}{b}}>2, \log_2(a+b)=\log_2\left(a+\dfrac{1}{a}\right)>\log_2 2\sqrt{a\times\dfrac{1}{a}}=\log_2 2=1, 2^{a+\frac{1}{b}}>a+\dfrac{1}{b}>a+b$, 于是 $a+\dfrac{1}{b}>\log_2(a+b)$. 又因 $0<\dfrac{b}{2^a}<1$, 所以 $\dfrac{b}{2^a}<\log_2(a+b)<a+\dfrac{1}{b}$, 故选 B.

(5) 令 $2^x=3^y=5^z=k$, 则 $x=\log_2 k, y=\log_3 k, z=\log_5 k$, 所以 $\dfrac{2x}{3y}=\dfrac{2\lg k}{\lg 2}\cdot\dfrac{\lg 3}{3\lg k}=\dfrac{\lg 9}{\lg 8}>1$, 则 $2x>3y$; $\dfrac{2x}{5z}=\dfrac{2\lg k}{\lg 2}\cdot\dfrac{\lg 5}{5\lg k}=\dfrac{\lg 25}{\lg 32}<1$, 则 $2x<5z$; $\dfrac{3y}{5z}=\dfrac{3\lg k}{\lg 3}\cdot\dfrac{\lg 5}{5\lg k}=\dfrac{\lg 125}{\lg 243}<1$, 则 $3y<5z$. 故选 D.

(6) 由题设奇函数 $f(x)$ 在 $\mathbf{R}$ 上是单调递增函数, 知 $g(x)=xf(x)$ 是 $\mathbf{R}$ 上的偶函数, 且在 $(0,+\infty)$ 内是单调递增函数, 而 $0<2^{0.8}<\log_2 5.1<3$, 于是有
$$g(2^{0.8})<g(\log_2 5.1)<g(3).$$
又因 $g(x)$ 为偶函数, 所以
$$g(2^{0.8})<g(-\log_2 5.1)<g(3),$$
即 $b<a<c$, 故选 C.

题 2 计算下列各题.

(1) 函数 $f(x)=\log_2 x+1(x\geqslant 4)$ 的反函数 $f^{-1}(x)$ 的定义域是_____.

(2) 函数 $f=-\sqrt{1-x}(x\leqslant 1)$ 的反函数是( ).

A. $y=x^2-1(-1\leqslant x\leqslant 0)$ B. $y=x^2-1(0\leqslant x\leqslant 1)$
C. $y=1-x^2(x\leqslant 0)$ D. $y=1-x^2(0\leqslant x\leqslant 1)$

(3) 函数 $y=\dfrac{\mathrm{e}^x-1}{\mathrm{e}^x+1}$ 的反函数的定义域是_____.

(4) 计算 $\dfrac{1-2\log_6 5\cdot\log_{10}3\cdot\log_{15}2}{\log_6 5\cdot\log_{10}3+\log_{10}3\cdot\log_{15}2+\log_{15}2\cdot\log_6 5}=$_____.

思路剖释 (1) 由互换性, 知只需求原函数 $f(x)=\log_2 x+1(x\geqslant 4)$ 的值域即可.

$$f(x) = \log_2 x + 1 \geqslant 3,$$

反函数 $f^{-1}(x)$ 的定义域是 $[3, +\infty)$.

(2) 本题可用"三步法"求解析式,但用部分估整体法更简捷,由反函数的定义域即可判定.

由原函数 $y = -\sqrt{1-x} \leqslant 0$,知反函数的定义域为 $(-\infty, 0]$,故选 C.

注 $y = f(x)$ 的定义域为 A,值域为 $B \Leftrightarrow y = f^{-1}(x)$ 的定义域为 B,值域为 A.

(3) 原函数可写成 $y = 1 - \dfrac{2}{\mathrm{e}^x + 1}$,其定义域为 $(-\infty, +\infty)$.而值域为 $(-1, 1)$,故其反函数的定义域是 $(-1, 1)$.

(4) 令 $a = \log_6 5, b = \log_{10} 3, c = \log_{15} 2$,则利用换底公式,得

$$a = \frac{\ln 5}{\ln 2 + \ln 3}, \quad b = \frac{\ln 3}{\ln 2 + \ln 5}, \quad c = \frac{\ln 2}{\ln 3 + \ln 5},$$

从而 $\dfrac{a}{a+1} + \dfrac{b}{b+1} + \dfrac{c}{c+1} = 1$,化简得

$$2abc + (ab + bc + ca) = 1,$$

故

$$\text{原式} = \frac{1 - 2bac}{ab + bc + ca} = 1.$$

题 3 计算下列各题.

(1) 函数 $f(x) = x^2 + 1 (x \leqslant 0)$ 的反函数为 $f^{-1}(x)$,则 $f^{-1}(x) = $ _____.

(2) 求函数 $y = \dfrac{\mathrm{e}^x}{\mathrm{e}^x + 1}$ 的反函数.

(3) 设 $g(x) = \ln(2^x + 1)$,则 $g(-4) - g(-3) + g(-2) - g(-1) + g(1) - g(2) + g(3) - g(4) = $ _____.

思路剖释 (1) 因 $x \leqslant 0$,故 $y = x^2 + 1$,解得

$$x = -\sqrt{y-1} \quad (y \geqslant 1).$$

故 $f^{-1}(x) = -\sqrt{x-1} (x \geqslant 1)$.

注 求反函数的一般步骤:反解→互换→表示出定义域.称此为"三步法".

(2) 显然,$y = \dfrac{\mathrm{e}^x}{\mathrm{e}^x + 1}$ 的定义域为 $(-\infty, +\infty)$,值域为 $(0, 1)$.由 $\mathrm{e}^x y + y = \mathrm{e}^x$,解得 $x = \ln \dfrac{y}{1-y}$,故所求反函数为 $y = \ln \dfrac{x}{1-x}$,定义域为 $(0, 1)$.

注 事实上,求反函数 $y = \ln \dfrac{x}{1-x}$ 的定义域可直接从其函数本身来求,即由 $\dfrac{x}{1-x} > 0$,得 $0 < x < 1$.

(3) 利用配对法,考虑 $g(4) - g(-4), g(3) - g(-3), g(2) - g(-2), g(1) - g(-1)$,为此,计算 $g(x) - g(-x)$ 的值,故

$$g(x) - g(-x) = \ln(2^x + 1) - \ln(2^{-x} + 1) = \ln\frac{2^x + 1}{2^{-x} + 1} = \ln\frac{2^x + 1}{\frac{1}{2^x} + 1} = \ln 2^x = x\ln 2.$$

因此,原式 $= (-4)\ln 2 + 3\ln 2 + (-2)\ln 2 + 1 \times \ln 2 = -2\ln 2$.

题 4 计算下列各题.

(1) 若函数 $f(x) = \dfrac{x}{x+2}$,则 $f^{-1}\left(\dfrac{1}{3}\right) = $ _____ .

(2) 若函数 $y = f(x)$ 的反函数是 $y = g(x)$,$f(a) = b$,$ab \neq 0$,则 $g(b)$ 等于( ).

A. a　　　　　B. a^{-1}　　　　　C. b　　　　　D. b^{-1}

(3) 若函数 $f(x) = 2x^2 - 4x + 9(x \geq 1)$ 满足 $f^{-1}(a+1) = 3$,求 $f(a)$.

思路剖释 (1) **方法 1** 由 $f(x) = \dfrac{x}{x+2}$,得 $f^{-1}(x) = \dfrac{2x}{1-x}$,故 $f^{-1}\left(\dfrac{1}{3}\right) = 1$.

方法 2 由 $f^{-1}\left(\dfrac{1}{3}\right) = a$,得 $f(a) = \dfrac{1}{3}$,即 $\dfrac{a}{a+2} = \dfrac{1}{3}$,解得 $a = 1$,即 $f^{-1}\left(\dfrac{1}{3}\right) = 1$.

注 已知函数 $y = f(x)$ 的解析式,求反函数值 $f^{-1}(a)$ 有两种方法:① 先求出反函数的解析式 $y = f^{-1}(x)$,再把 $x = a$ 代入;② 用性质 $f(a) = b \Leftrightarrow f^{-1}(b) = a$,等价转化为求解方程 $f(x) = a$ 的问题,解出 x.

(2) 由 $f(a) = b$,知 $f^{-1}(b) = a$,又因 $g(b)$ 就是 $f^{-1}(b)$,故选 A.

(3) 由函数与反函数的概念,可知原函数的定义域即为反函数的值域,原函数的值域即为反函数的定义域.有了这种对应意识,则代数表达式 $f^{-1}(a+1)$ 既可以看作反函数在自变量为 $a+1$ 时的函数值,又可以看作原函数在函数值为 $a+1$ 时的自变量的取值.

方法 1 由 $y = 2x^2 - 4x + 9(x \geq 1)$,知 $y = 2(x-1)^2 + 7$. 由 $x \geq 1$,知 $f(x)$ 的反函数为 $f^{-1}(x) = 1 + \sqrt{\dfrac{x}{2} - \dfrac{7}{2}}(x \geq 7)$. 由 $f^{-1}(a+1) = 3$,得 $1 + \sqrt{\dfrac{1}{2}(a+1) - \dfrac{7}{2}} = 3$,解得 $a = 14$. 故 $f(a) = f(14) = 2 \times 14^2 - 4 \times 14 + 9 = 345$.

方法 2 由 $f^{-1}(a+1) = 3$,知函数 $f(x) = 2x^2 - 4x + 9(x \geq 1)$ 在自变量为 3 时的函数值为 $a+1$,故 $f(3) = a+1$,即 $2 \times 3^2 - 4 \times 3 + 9 = a+1$,解得 $a = 14$. 故 $f(a) = f(14) = 345$.

题 5 求解下列各题.

(1) 函数 $y = \dfrac{e^x - e^{-x}}{2}$ 的反函数是( ).

A. 是奇函数,它在 $(0, +\infty)$ 内是单调递减函数

B. 是偶函数,它在 $(0, +\infty)$ 内是单调递减函数

C. 是奇函数,它在 $(0, +\infty)$ 内是单调递增函数

D. 是偶函数,它在 $(0, +\infty)$ 内是单调递增函数

(2) 已知函数 $f(x) = 3^x - \left(\dfrac{1}{3}\right)^x$,则 $f(x)$ ( ).

A. 是奇函数,且在 **R** 上是单调递增函数

B. 是偶函数,且在 **R** 上是单调递增函数

C. 是奇函数,且在 **R** 上是单调递减函数

D. 是偶函数,且在 **R** 上是单调递减函数

(3) 正实数 u,v,w 均不等于 1,若 $\log_u vw + \log_v w = 5$,$\log_v u + \log_w v = 3$,则 $\log_w u$ 的值为_____.

思路剖释 (1) 反函数的单调性与奇偶性可用定义法来判定,也常用以下性质:① 原函数与其反函数的单调性一致;② 若原函数为奇函数,则其反函数也为奇函数,反之亦然. 易得原函数 $y = \dfrac{e^x - e^{-x}}{2}$ 是奇函数且为单调递增函数,故选 C.

(2) 函数 $f(x) = 3^x - \left(\dfrac{1}{3}\right)^x$ 的定义域为 $(-\infty, +\infty)$. 因 $f(-x) = 3^{-x} - \left(\dfrac{1}{3}\right)^{-x} = \left(\dfrac{1}{3}\right)^x - 3^x = -\left[3^x - \left(\dfrac{1}{3}\right)^x\right] = -f(x)$,故 $f(x)$ 为奇函数. 由于 $y = 3^x$ 是单调递增函数,而 $y = \left(\dfrac{1}{3}\right)^x$ 是单调递减函数,所以 $f(x) = 3^x - \left(\dfrac{1}{3}\right)^x$ 是单调递增函数,故选 A.

(3) 令 $\log_u v = a$, $\log_v w = b$, 则

$$\log_v u = \dfrac{1}{a}, \quad \log_w v = \dfrac{1}{b}, \quad \log_u vw = \log_u v + \log_u v \cdot \log_v w = a + ab,$$

条件化为 $a + ab + b = 5$, $\dfrac{1}{a} + \dfrac{1}{b} = 3$,由此可得 $ab = \dfrac{5}{4}$,因此 $\log_w u = \log_w v \cdot \log_v u = \dfrac{1}{ab} = \dfrac{4}{5}$.

题 6 求解下列各题.

(1) 设常数 $a \in \mathbf{R}$,函数 $f(x) = \log_2(x+a)$,若 $f(x)$ 的反函数的图像过点 $(3,1)$,则 $a = $ _____.

(2) 将 $y = 2^x$ 的图像(   ),再作关于直线 $y = x$ 对称的图像,可得 $y = \log_2(x+1)$ 的图像.

A. 先向左平行移动一个单位

B. 先向右平行移动一个单位

C. 先向上平行移动一个单位

D. 先向下平行移动一个单位

(3) 如果直线 $y = ax + 2$ 与直线 $y = 3x - b$ 关于直线 $y = x$ 对称,则(   ).

A. $a = \dfrac{1}{3}, b = 6$ B. $a = \dfrac{1}{3}, b = -6$

C. $a = 3, b = -2$ D. $a = 3, b = 6$

(4) 设函数 $f(x) = 1 - \sqrt{1 - x^2}$ ($-1 \leqslant x \leqslant 0$),则函数 $f^{-1}(x)$ 的图像是(   ).

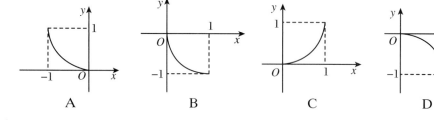

A　　　　B　　　　C　　　　D

思路剖释 (1) 根据原函数与反函数的图像的性质,知函数 $f(x)$ 的图像过点 $(1,3)$,从而 $3=\log_2(1+a)$,求得 $a=7$.

(2) 逆向思考.关于直线 $y=x$ 对称的图像,它们对应的函数互为反函数,由于函数 $y=\log_2(x+1)$ 的反函数是 $y=2^x-1$,它的图像可由函数 $y=2^x$ 的图像向下平移一个单位得到,故选 D.

注 互为反函数的图像关于直线 $y=x$ 对称,若函数 $f(x)$ 的图像过点 $M(a,b)$,则其反函数的图像必过点 $M'(b,a)$.关于 $y=x$ 的对称问题往往能转化为解反函数问题.

(3) 根据求反函数的"三步法",知 $y=3x-b$ 的反函数为 $y=\dfrac{1}{3}(x+b)$.由题意,得 $a=\dfrac{1}{3}$,$2=\dfrac{b}{3}$,即 $b=6$,故选 A.

(4) 函数 $f(x)$ 的值域为 $[0,1]$,又 $f(x)$ 与 $f^{-1}(x)$ 的图像关于 $y=x$ 对称,故选 B.

换一种思路:$y=-\sqrt{1-x^2}$ 的图像是下半单位圆周,又 $-1\leqslant x\leqslant 0$,向上平移一个单位,再作 $y=x$ 的对称图形,所求答案也是选 B.

题 7 设定义在 $(0,+\infty)$ 内的函数 $y=f(x)$ 的反函数为 $f^{-1}(x)$,若 $g(x)=\begin{cases}3^x-1,&x\leqslant 0\\ f(x),&x>0\end{cases}$ 为奇函数,则 $f^{-1}(x)=2$ 的解为_____.

思路剖释 因 $f(x)$ 的定义域为 $(0,+\infty)$,故当 $x>0$ 时,$f(x)=g(x)$.又当 $x>0$ 时,$-x<0$,故 $g(-x)=3^{-x}-1$.而 $g(-x)=-g(x)$,所以当 $x>0$ 时,有 $3^{-x}-1=-f(x)$,于是 $f(x)=-3^{-x}+1$,从而 $f(2)=-3^{-2}+1=\dfrac{8}{9}$.根据原函数与反函数的定义域与值域的对应关系,知 $f^{-1}(x)=2$ 的解为 $x=\dfrac{8}{9}$.

题 8 求解下列各题.

(1) 不等式 $2^{x^2-x}<4$ 的解集是_____.

(2) 方程 $\log_2(9^{x-1}-5)=\log_2(3^{x-1}-2)+2$ 的解是_____.

(3) 已知实数 a,b 满足 $a+\lg a=10$,$b+10^b=10$,则 $\lg(a+b)=$_____.

(4) 设 $n\in\mathbf{N}^*$,则 $\lg 12,\lg 75,\lg(n^2-16n+947)$ 这三个数能构造_____个不同的三角形.

思路剖释 (1) 原不等式写成 $2^{x^2-x}<2^2$,由此得 $x^2-x<2$,即 $(x-2)(x+1)<0$,求得 $\{x\mid -1<x<2\}$.

(2) 由原方程,得 $\log_2(9^{x-1}-5)=\log_2 4(3^{x-1}-2)$,故有 $9^{x-1}-5=4(3^{x-1}-2)$.令 $t=3^{x-1}$,得 $t^2-4t+3=0$,求得 $t=1$ 或 $t=3$,相应可得 $x=1$ 或 $x=2$.经检验,$x=1$ 是原方程的增根,故方程的解为 $x=2$.

(3) 由题意,得 $\lg a=10-a$,$10^b=10-b$,故 a 为 $\begin{cases}y=\lg x,\\ y=10-x\end{cases}$ 的交点的横坐标,b 为

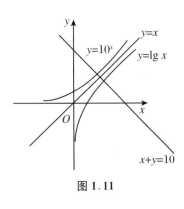

图 1.11

$\begin{cases} y = 10^x, \\ y = 10 - x \end{cases}$ 的交点的纵坐标. 又由 $y = \lg x$ 与 $y = 10^x$ 关于直线 $y = x$ 对称,$y = 10 - x$ 关于直线 $y = x$ 对称,所以两个交点关于直线 $y = x$ 对称,如图 1.11 所示. 故 $10 - b = a$,因此 $\lg(a+b) = 1$.

注 $y = 10 - x$ 的反函数仍为 $y = 10 - x$.

(4) 由三角形两边之和大于第三边,两边之差小于第三边,得

$$\lg(n^2 - 16n + 947) < \lg 75 + \lg 12 = \lg(75 \times 12) = \lg 900,$$

即

$$\lg(n^2 - 16n + 947) > \lg 75 - \lg 12 = \lg \frac{75}{12}.$$

则 $\frac{75}{12} < n^2 - 16n + 947 \leqslant 900$,因 n 为整数,故 $n^2 - 16n + 947$ 也为整数,取 $7 \leqslant n^2 - 16n + 947 \leqslant 899$,即 $-940 \leqslant n^2 - 16n \leqslant -48$. 经试值 $n = 1$ 或 $n = 10$,可逐步求得 $n = 4, 5, \cdots, 12$ 满足不等式.

令 $f(n) = n^2 - 16n + 947$,则 $f(n) = (n-8)^2 + 883$. 由于 graph f 关于 $n = 8$ 对称,从而 $f(4) = f(12), f(5) = f(11), f(6) = f(10), f(7) = f(9)$,因此 $f(n) = n^2 - 16n + 947$ 只能取到 5 个不同的值 4,5,6,7,8,故填 5.

题 9 计算下列各题.

(1) 设 $n \in \mathbf{N}^*$,记 $f(n) = \log_2 3 \times \log_3 4 \times \cdots \times \log_{n-1} n$,则 $f(2^2) + f(2^3) + \cdots + f(2^{10}) = $ _____.

(2) 已知函数 $f(x)$ 满足 $f(p+q) = f(p)f(q), f(1) = 3$,则 $\frac{f^2(1)+f(2)}{f(1)} + \frac{f^2(2)+f(4)}{f(3)} + \frac{f^2(3)+f(6)}{f(5)} + \frac{f^2(4)+f(8)}{f(7)} + \frac{f^2(5)+f(10)}{f(9)}$ 的值为( ).

A. 15　　　　B. 30　　　　C. 75　　　　D. 60

(3) 若函数 a, b 满足 $2 + \log_2 a = 3 + \log_3 b = \log_6(a+b)$,则 $\frac{1}{a} + \frac{1}{b} = $ _____.

思路剖释 (1) 利用换底公式 $\log_a b = \frac{\log_2 b}{\log_2 a}$,得

$$f(n) = \log_2 3 \times \frac{\log_2 4}{\log_2 3} \times \cdots \times \frac{\log_2 n}{\log_2 (n-1)} = \log_2 n,$$

于是

$$f(2^k) = \log_2 2^k = k,$$

因此

$$f(2^2) + f(2^3) + \cdots + f(2^{10}) = 2 + 3 + \cdots + 10 = 54.$$

(2) 由 $f(p+q) = f(p)f(q), f(1) = 3$,知

$$f(2) = f(1+1) = f(1) \times f(1) = 3^2,$$
$$f(3) = f(1+2) = f(1) \times f(2) = 3^3,$$
$$f(4) = f(1+3) = f(1) \times f(3) = 3 \times 3^3 = 3^4,$$
$$\cdots.$$

以此类推,有 $f(10) = 3^{10}$. 于是

$$原式 = \frac{3^2 + 3^2}{3} + \frac{3^4 + 3^4}{3^3} + \frac{3^6 + 3^6}{3^5} + \frac{3^8 + 3^8}{3^7} + \frac{3^{10} + 3^{10}}{3^9}$$
$$= 2 \times 3 + 2 \times 3 + 2 \times 3 + 2 \times 3 + 2 \times 3 = 5 \times 6 = 30.$$

换一种思路,对于指数函数的运算法则,有 $a^{p+q} = a^p \cdot a^q$. 注意到 $f(1) = 3$,从而可取特殊的指数 $y = 3^x$ 来加以计算. 同样可得原式的值为 30.

(3) **方法 1** 设 $2 + \log_2 a = 3 + \log_3 b = \log_6(a+b) = k$,则 $\log_2 a = k-2$,故 $a = 2^{k-2}$. 类似可得 $b = 3^{k-3}, a + b = 6^k$. 于是

$$\frac{1}{a} + \frac{1}{b} = \frac{a+b}{ab} = \frac{6^k}{2^{k-2} 3^{k-3}} = 2^2 \times 3^3 = 4 \times 27 = 108.$$

方法 2 由原式,得

$$\log_2 4 + \log_2 a = \log_3 27 + \log_3 b = \log_6(a+b),$$

即

$$\log_2(4a) = \log_3(27b) = \log_6(a+b).$$

运用换底公式,上式化为

$$\frac{\log_6(4a)}{\log_6 2} = \frac{\log_6(27b)}{\log_6 3} = \log_6(a+b),$$

即

$$\log_6(4a) = \log_6(a+b)^{\log_6 2},$$
$$\log_6(27b) = \log_6(a+b)^{\log_6 3}.$$

由以上两式,得

$$4a = (a+b)^{\log_6 2},$$
$$27b = (a+b)^{\log_6 3}.$$

以上两式相乘,有

$$4a \cdot 27b = (a+b)^{\log_6 2} \cdot (a+b)^{\log_6 3},$$

即

$$108ab = (a+b)^{\log_6 2 + \log_6 3},$$

亦即 $108ab = a+b$,故 $\dfrac{1}{a} + \dfrac{1}{b} = 108$.

题 10 设 a, b, c 均大于 1,且满足

$$\begin{cases} \lg a + \log_b c = 3, & \text{①} \\ \lg b + \log_a c = 4, & \text{②} \end{cases}$$

求 $\lg a \cdot \lg c$ 的最大值.

思路剖释 令 $x=\lg a, y=\lg c$,利用对数换底公式,方程组①、②化为

$$\begin{cases} x+\dfrac{y}{\lg b}=3, \\ \lg b+\dfrac{y}{x}=4, \end{cases}$$

即

$$\begin{cases} \dfrac{y}{\lg b}=3-x, \\ \lg b=4-\dfrac{y}{x}. \end{cases}$$

两式相乘,化简、整理,得

$$y=\frac{4}{3}(3x-x^2).$$

于是

$$xy=\frac{2}{3}(6-2x)x^2 \leqslant \frac{2}{3}\left(\frac{6-2x+x+x}{3}\right)^3=\frac{8}{3},$$

当 $6-2x=x$,即 $x=2$ 时,上式取得等号,此时,$y=\dfrac{8}{3}$. 因此 $\lg a \lg c$ 的最大值为 $2\times\dfrac{8}{3}$,即 $\dfrac{16}{3}$.

题 11 已知实数 x,y 满足

$$2^x+3^y=4^x+9^y, \qquad ①$$

试求 $U=8^x+27^y$ 的取值范围.

思路剖释 利用换元法、配方法、数形结合思维解题.

令 $a=2^x, b=3^y$,则 $a>0, b>0$,式①化为

$$\left(a-\frac{1}{2}\right)^2+\left(b-\frac{1}{2}\right)^2=\frac{1}{2}. \qquad ②$$

由平面 aOb 中的图像,知 $t=a+b\in(1,2]$. 又 $ab=\dfrac{(a+b)^2-(a^2+b^2)}{2}=\dfrac{t^2-t}{2}$,

于是

$$U=8^x+27^y=a^3+b^3=(a+b)^3-3ab(a+b)$$
$$=t^3-3\times\frac{t^2-t}{2}\times t=-\frac{t^3}{2}+\frac{3}{2}t^2.$$

记 $f(t)=-\dfrac{t^3}{2}+\dfrac{3}{2}t^2$,则当 $t\in(1,2]$ 时,

$$f'(t)=-\frac{3}{2}t^2+3t=-\frac{3}{2}t(t-2)\geqslant 0.$$

于是,$f(t)$ 在区间 $(1,2]$ 内是单调递增函数,易得,当 $t\in(1,2]$ 时,$f(t)\in(1,2]$.

综上所述,$U=8^x+27^y$ 的取值范围是 $(1,2]$.

注 参见本章1.3中题13.

题12 已知 $x,y\in\mathbf{R}^+$,$x\neq 1$,$y\neq 1$,满足 $\log_2 x=\log_y 16$,$xy=64$,则 $\left(\log_2\dfrac{x}{y}\right)^2$ 的值为 ( ).

A. $\dfrac{25}{2}$ B. 20 C. $\dfrac{45}{2}$ D. 32

思路剖析 由题意,得
$$\log_2 x=\log_y 16=\dfrac{\log_2 16}{\log_2 y}=\dfrac{4}{\log_2 y},$$
故
$$\log_2 x\cdot\log_2 y=4. \qquad ①$$
又由 $xy=64$,取以2为底的对数,得
$$\log_2 x+\log_2 y=6, \qquad ②$$
故
$$\left(\log_2\dfrac{x}{y}\right)^2=(\log_2 x-\log_2 y)^2=(\log_2 x+\log_2 y)^2-4\log_2 x\cdot\log_2 y,$$
将式①、②代入上式,得
$$\left(\log_2\dfrac{x}{y}\right)^2=6^2-4\times 4=20.$$

题13 设 $a,b\in\mathbf{R}$,且具有性质 $\sqrt{\lg a}+\sqrt{\lg b}+\lg\sqrt{a}+\lg\sqrt{b}=100$. 其中,$\sqrt{\lg a}$,$\sqrt{\lg b}$,$\lg\sqrt{a}$,$\lg\sqrt{b}\in\mathbf{Z}^+$,则 $ab=$ ( ).

A. 10^{52} B. 10^{100} C. 10^{144} D. 10^{164}

思路剖析 采用换元法,设 $m=\sqrt{\lg a}$,$n=\sqrt{\lg b}$,则 $m,n\in\mathbf{Z}^+$,且题设式化为 $m+n+\dfrac{1}{2}m^2+\dfrac{1}{2}n^2=100$,利用配方法,上式化为
$$(m+1)^2+(n+1)^2=202.$$
因 $(m+1)^2\leqslant 15^2$,$(n+1)^2\leqslant 15^2$,故 $\{m+1,n+1\}=\{11,9\}$,即 $\{m,n\}=\{10,8\}$,从而得 $m+n=18$,$mn=80$. 又因
$$m^2+n^2=\lg a+\lg b=\lg ab,$$
因此
$$ab=10^{m^2+n^2}=10^{(m+n)^2-2mn}=10^{18^2-2\times 80}=10^{164}.$$
故选 D.

1.3 反比例函数、对勾函数、复合函数和幂函数

1. 反比例函数

如果两个变量 x, y 之间的关系可以表示成 $y = \dfrac{k}{x}$ (k 为非零常数),则称 y 是 x 的反比例函数.

反比例函数 $y = \dfrac{k}{x}$ 的定义域为 $D = (-\infty, 0) \cup (0, +\infty)$,即自变量取值是不等于零的全体实数.

当 $k > 0$ 时,$y = \dfrac{k}{x}$ 的图像的两个分支分别位于第一、三象限内,y 随 x 的增加而减少,即 $y = \dfrac{k}{x}$ 是单调递减函数.

当 $k < 0$ 时,$y = \dfrac{k}{x}$ 的图像的两个分支分别位于第二、四象限内,y 随 x 的增加而增加,即 $y = \dfrac{k}{x}$ 是单调递增函数.

反比例函数的图像是双曲线,两条渐近线的方程为 $y = 0$ 和 $x = 0$,如图 1.12 和图 1.13 所示.

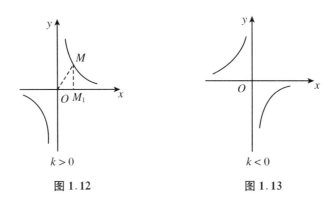

图 1.12　　　　　　图 1.13

设 M 为反比例函数 $y = \dfrac{k}{x}$ 的图像上的任意一点,它向坐标轴作垂线,垂足为 M_1,则 $\triangle OMM_1$ 的面积为 $S_{\triangle OMM_1} = \dfrac{|k|}{2}$,这就是反比例函数 $y = \dfrac{k}{x}$ 中比例系数 k 的几何意义.

将直角坐标系 xOy 绕原点 O 按逆时针方向旋转角度 θ,可得到新的直角坐标系 $x'Oy'$,

如图 1.14 所示. 此时,点 $P(x,y)$ 的坐标为 $P(x',y')$,它们的坐标变换公式为
$$\begin{cases} x = x'\cos\theta - y'\sin\theta, \\ y = x'\sin\theta + y'\cos\theta. \end{cases}$$

若取 $\theta = 45°$,因 $\cos 45° = \sin 45° = \dfrac{1}{\sqrt{2}}$,则上述变换公式化为
$$\begin{cases} x = \dfrac{1}{\sqrt{2}}(x' - y'), \\ y = \dfrac{1}{\sqrt{2}}(x' + y'). \end{cases}$$

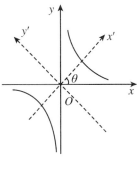

图 1.14

将此式代入 $y = \dfrac{k}{x}$,得 $x'^2 - y'^2 = 2k$,显然,它的图形是双曲线.

2. 对勾函数

(1) 设 $f(x) = ax + \dfrac{b}{x}$,则称其为对勾函数. 当 $a \neq 0, b = 0$ 时,$f(x)$ 为正比例函数;当 $a = 0, b \neq 0$ 时,$f(x)$ 为反比例函数.

当 $a \neq 0, b \neq 0$ 时,对勾函数 $f(x) = ax + \dfrac{b}{x}$ 的图像是由正比例函数 $y = ax$ 和反比例函数 $y = \dfrac{b}{x}$ 这两个函数的图像叠加而成.

当 a, b 同取正号时,对勾函数的图像如图 1.15 所示;当 a, b 同取负号时,对勾函数的图像如图 1.16 所示.

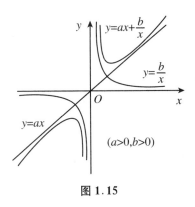

图 1.15

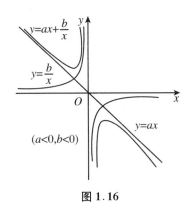

图 1.16

当 a, b 异号时,对勾函数的图像如图 1.17 所示.

(2) 当 $a > 0, b > 0$ 时,对勾函数有下列性质:

① 顶点坐标为 $\left(\sqrt{\dfrac{b}{a}}, 2\sqrt{ab}\right)$ 和 $\left(-\sqrt{\dfrac{b}{a}}, -2\sqrt{ab}\right)$.

② 定义域为 $(-\infty, 0) \cup (0, +\infty)$.

③ 值域为 $(-\infty, -2\sqrt{ab}] \cup [2\sqrt{ab}, +\infty)$.

④ 单调增加区间为 $\left(-\infty,-\sqrt{\dfrac{b}{a}}\right]$ 和 $\left[\sqrt{\dfrac{b}{a}},+\infty\right)$.

⑤ 单调减少区间为 $\left(-\sqrt{\dfrac{b}{a}},0\right)$ 和 $\left(0,\sqrt{\dfrac{b}{a}}\right)$.

⑥ 渐近线有两条:$y=ax$ 和 $x=0$,如图 1.18 所示.

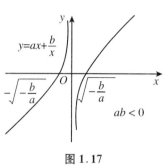

图 1.17

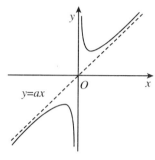

图 1.18

3. 幂函数 $y=x^\mu$(μ 为实常数)

(1) 常值函数 $y=C$.

常值函数的定义域为 $(-\infty,+\infty)$,表示 $\forall x\in(-\infty,+\infty)$,对应的 y 值均为常数 C,它的几何图形是一条平行于 x 轴的直线,如图 1.19 所示.

(2) 幂函数 $y=x^\mu$(μ 为实常数).

幂函数的定义域 D 随 μ 而定,但不管 μ 为何值,它在 $(0,+\infty)$ 内总是有定义的. 例如,当 $\mu=1$ 时,$y=x$,$D=(-\infty,+\infty)$;当 $\mu=\dfrac{1}{2}$ 时,$y=\sqrt{x}$,$D=[0,+\infty)$;当 $\mu=-\dfrac{1}{2}$ 时,$y=\dfrac{1}{\sqrt{x}}$,$D=(0,+\infty)$.

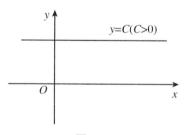

图 1.19

一般地,当 $\mu>0$ 时,幂函数的图像都过原点 $(0,0)$ 和点 $(1,1)$,且在第一象限内是严格单调递增函数,如图 1.20 所示;当 $\mu<0$ 时,幂函数的图像都过点 $(1,1)$,且在第一象限内是严格单调递减函数,如图 1.21 所示.

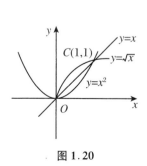

图 1.20

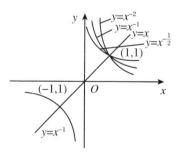

图 1.21

4. 复合函数

已知函数 $y=f(u), u\in D_f, y\in Y_f$. 又 $u=g(x), x\in D_g, u\in Y_g$. 若 $Y_g \cap D_f \neq \varnothing$(空集),则称函数 $y=f(g(x))$ 为由函数 $y=f(u), u=g(x)$ 复合而成的复合函数,其中 x 为自变量,y 为因变量,而 u 称为中间变量.

(1) 由复合函数的定义可知,并不是任意两个函数都能复合成一个复合函数. 例如,函数 $y=f(u)=\sqrt{u}, u=g(x)=-x^2-1$ 就不能复合成复合函数 $y=\sqrt{-x^2-1}$. 这是因为 $u=-x^2-1$ 的值域 $Y_g<0$,而 $y=\sqrt{u}$ 的定义域 $D_f\geqslant 0$,从而有 $Y_g\cap D_f=\varnothing$. 又如,函数 $y=f(u)=\ln u, u=g(x)=\sin x$ 就能复合成复合函数 $y=f(g(x))=\ln\sin x$. 这是因为 $u=\sin x$ 的值域 $Y_g=[-1,1], y=\ln u$ 的定义域 $D_f=(0,+\infty), Y_g\cap D_f=[-1,1]\cap(0,+\infty)=(0,1]\neq\varnothing$.

(2) 一般来说,复合函数的定义域是 $u=g(x)$ 定义域的一部分,复合函数的定义域可直接从复合函数的表达式中求得. 例如,$y=\ln\sin x$ 这一复合函数定义域的求法为:由 $\sin x>0$,得 $2k\pi<x<(2k+1)\pi(k=0,\pm 1,\pm 2,\cdots)$.

(3) 只要满足复合函数定义中的条件,两个或两个以上的函数都可以复合成复合函数. 例如,由 $y=f(u), u=g(v), v=\varphi(x)$ 可复合成复合函数 $y=f(g(\varphi(x)))$.

两个单调递增函数的复合函数是单调递增函数;两个单调递减函数的复合函数也是单调递增函数;一个单调递增函数和一个单调递减函数的复合函数是单调递减函数.

5. 不动点

(1) 有限区间 D 上函数 $f(x)$ 的不动点.

对于任意定义在区间 D 上的函数 $f(x)$,若实数 $x_0\in D$ 满足 $f(x_0)=x_0$,则称 x_0 为函数 $f(x)$ 在 D 上的一个不动点.

(2) 无限区间内函数 $f(x)$ 的不动点.

设函数 $y=f(x)$ 的定义域是 $\mathbf{R}$,若 $c\in\mathbf{R}$,使 $f(c)=c$,则称 c 是 $f(x)$ 的一个不动点.

(3) 函数 $f(x)$ 图像上的不动点.

设函数 $f(x)$ 的定义域为 D,若存在 $x_0\in D$,使 $f(x_0)=x_0$ 成立,则称以 (x_0,y_0) 为坐标的点为函数 $f(x)$ 图像上的不动点.

题 1 下列选项中,阴影部分的面积最小的是(   ).

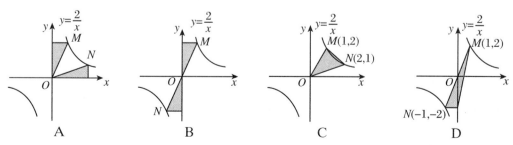

思路剖释 本题考查的是反比例函数中比例系数 k 的几何意义,即反比例函数的图像

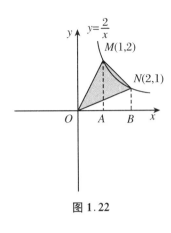

图 1.22

上任意一点向坐标轴作垂线,这一点和垂足以及坐标原点所构成的三角形的面积是 $\frac{|k|}{2}$,且保持不变,在选项 A 中,因 M,N 两点均在反比例函数 $y=\frac{2}{x}$ 的图像上,故 $S_{阴影}=2$;在选项 B 中,因 M,N 两点均在反比例函数 $y=\frac{2}{x}$ 的图像上,故 $S_{阴影}=2$;在选项 C 中,如图 1.22 所示,分别过点 M,N 作 $MA \perp x$ 轴于点 A,$NB \perp x$ 轴于点 B,则 $S_{阴影}=S_{\triangle OAM}+S_{梯形ABNM}-S_{\triangle OBN}=\frac{1}{2} \times 2 \times 1 + \frac{1}{2} \times (2+1) \times 1 - \frac{1}{2} \times 2 \times 1 = \frac{3}{2}$;在选项 D 中,$S_{阴影}=\frac{1}{2} \times 1 \times 4 = 2$. 因为 $\frac{3}{2} < 2$,所以选项 C 中阴影部分的面积最小. 故选 C.

题 2 两个反比例函数 $y=\frac{3}{x}$,$y=\frac{6}{x}$ 在第一象限内的图像如图 1.23 所示,点 $P_1,P_2,P_3,\cdots,P_{2019}$ 在反比例函数 $y=\frac{6}{x}$ 图像上,它们的横坐标分别是 $x_1,x_2,x_3,\cdots,x_{2019}$,纵坐标分别是 $1,3,5,\cdots$,共 2019 个连续奇数,过点 $P_1,P_2,P_3,\cdots,P_{2019}$ 分别作 y 轴的平行线,与 $y=\frac{3}{x}$ 的图像交点依次是 $Q_1(x_1,y_1),Q_2(x_2,y_2),Q_3(x_3,y_3),\cdots,Q_{2019}(x_{2019},y_{2019})$,则 $y_{2019}=$( ).

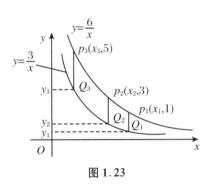

图 1.23

思路剖释 因点 $P_1,P_2,P_3,\cdots,P_{2019}$ 在反比例函数 $y=\frac{6}{x}$ 的图像上,它们的纵坐标顺次取 $1,3,\cdots,4037$ 共 2019 个连续奇数,它的相应的横坐标顺次取 $\frac{6}{1},\frac{6}{3},\cdots,\frac{6}{4037}$. 于是 $P_1\left(\frac{6}{1},1\right),P_2\left(\frac{6}{3},3\right),P_3\left(\frac{6}{5},5\right),\cdots,P_{2019}\left(\frac{6}{4037},4037\right)$. 设 $Q_1(x_1,y_1),Q_2(x_2,y_2),Q_3(x_3,y_3),\cdots,Q_{2019}(x_{2019},y_{2019})$,因 P_k 与 $Q_k(k=1,2,\cdots,2019)$ 的横坐标相同,又 $Q_1,Q_2,Q_3,\cdots,Q_{2019}$ 均在反比例函数 $y=\frac{3}{x}$ 的图像上,所以根据图像,得点 Q_{2019} 的横坐标为 $\frac{6}{4037}$,故点 Q_{2019} 的纵坐标为 $\frac{3}{\frac{6}{4037}}=\frac{4037}{2}$.

题 3 求解下列各题.

(1) 求函数 $f(x)=2x+\frac{1}{x}-2$ 在 $(0,+\infty)$ 内的不动点.

(2) 若函数 $f(x)=2x+\frac{1}{x}+a$ 在 $(0,+\infty)$ 内没有不动点,求 a 的取值范围.

思路剖释 (1) 设 x_0 是 $f(x)=2x+\dfrac{1}{x}-2$ 在 $(0,+\infty)$ 内的不动点,则 $2x_0+\dfrac{1}{x_0}-2=x_0$,即 $x_0^2-2x_0+1=0$,解得 $x_0=1$. 故 1 是 $f(x)=2x+\dfrac{1}{x}-2$ 在 $(0,+\infty)$ 内的不动点.

(2) 从问题的反面入手,若函数 $f(x)$ 在 $(0,+\infty)$ 内有不动点,则方程 $f(x)=x$,即 $2x+\dfrac{1}{x}+a=x$ 在 $(0,+\infty)$ 内有解,亦即 $x^2+ax+1=0$ 有解,于是其判别式 $\Delta=a^2-4\geqslant 0$,得 $a\geqslant 2$ 或 $a\leqslant -2$.

当 $a\geqslant 2$ 时,方程的两根都是负数;当 $a\leqslant -2$ 时,方程的两根都是正数.因此,当且仅当 $a\leqslant -2$ 时,$f(x)$ 在 $(0,+\infty)$ 内有不动点.于是,当 $f(x)$ 在 $(0,+\infty)$ 内没有不动点时,$a>-2$.

题 4 设 $f(x)$ 的不动点数目是有限多个,判断下述命题是否正确.若正确,请给予证明;若不正确,请举一个例子说明.

(1) $f(x)$ 是奇函数,则 $f(x)$ 的不动点数目是奇数.

(2) $f(x)$ 是偶函数,则 $f(x)$ 的不动点数目是偶数.

思路剖释 由不动点定义可知,$f(x)$ 的不动点个数就是 $y=f(x)$ 与 $y=x$ 的图像交点的个数,我们不妨考虑特殊函数 $y=x^3$,显然 $y=x^3$ 与 $y=x$ 的图像有三个交点,因而猜想 (1) 可能正确.

现将 (1) 证明如下.

因 $f(x)$ 为奇函数,且 $x\in\mathbf{R}$,故 $f(0)=-f(0)$,即 $f(0)=0$.因此,0 是 $f(x)$ 的一个不动点.

假设 $c\neq 0$ 是 $f(x)$ 的不动点,则 $f(c)=c$,又因 $f(x)$ 为奇函数,所以 $f(-c)=-f(c)=-c$,因此 $-c$ 也是 $f(x)$ 的不动点.显然 $c\neq -c$,这表明如果存在 $f(x)$ 的非零不动点,则必成对.

又因 $f(x)$ 只有有限个不动点,所以 $f(x)$ 的不动点数目为奇数.

猜想 (2) 不正确.

例如,$f(x)=1$ 是偶函数,设 c 是 $f(x)=1$ 的不动点,则一方面 $f(c)=c$,另一方面 $f(c)=1$,由此得 $c=1$.因此 $f(x)=1$ 有且只有一个不动点,故命题不正确.

题 5 已知函数 $f(x)=6x-6x^2$,记 $g_1(x)=f(x)$,$g_2(x)=f(g_1(x))$,$g_3(x)=f(g_2(x))$,$\cdots$,$g_n(x)=f(g_{n-1}(x))$,$\cdots$.

(1) 求证:如果存在一个实数 x_1,满足 $g_1(x_0)=x_0$,那么对一切 $n\in\mathbf{N}^*$,$g_n(x_0)=x_0$.

(2) 若实数 x_0 满足 $g_n(x_0)=x_0$,则称 x_0 为稳定不动点,试求出所有这些稳定不动点.

(3) 考查区间 $A=(-\infty,0)$,对任意实数 $x\in A$,有 $g_1(x)=f(a)<0$,$g_2(x)=f(g_1(x))=f(a)<0$,且 $n\geqslant 2$ 时,$g_n(x)<0$. 试问是否存在区间 $B(A\cap B=\varnothing)$,对于区间 B 内的任意实数 x,只要 $n\geqslant 2$,都有 $g_n(x)<0$.

思路剖释 (1) 采用数学归纳法.当 $n=1$ 时,$g_1(x_0)=x_0$ 是已知条件,结论成立.

假设当 $n=k$ 时,结论成立.即 $g_k(x_0)=x_0(k\in\mathbf{N}^*)$,则
$$g_{k+1}(x_0)=f(g_k(x_0))=f(x_0)=g_1(x_0)=x_0.$$

所以对一切 $n \in \mathbf{N}^*$,若 $g_1(x_0) = x_0$,则 $g_n(x_0) = x_0$.

(2) 由(1),知稳定不动点 x_0,只需满足
$$f(x_0) = x_0.$$
由此,有
$$6x_0 - 6x_0^2 = x_0.$$
解得 $x_0 = 0$ 或 $x_0 = \dfrac{5}{6}$. 所以 $f(x)$ 的稳定不动点为 0 和 $\dfrac{5}{6}$.

(3) 因
$$f(x) < 0 \Leftrightarrow 6x - 6x^2 < 0 \Leftrightarrow x < 0 \text{ 或 } x > 1,$$
故
$$g_n(x) < 0 \Leftrightarrow f(g_{n-1}(x)) < 0 \Leftrightarrow g_{n-1}(x) < 0 \text{ 或 } g_{n-1}(x) > 1.$$
要使对一切 $n \in \mathbf{N}^*, n \geqslant 2$,都有 $g_n(x) < 0$,必须有 $g_1(x) < 0$ 或 $g_1(x) > 1$. 所以解得 $x < 0$ 或 $x > 1$.

由 $g_1(x) < 0$,得 $6x - 6x^2 < 0$,解得 $x < 0$ 或 $x > 1$.

由 $g_1(x) > 1$,得 $6x - 6x^2 > 1$,解得 $\dfrac{3 - \sqrt{3}}{6} < x < \dfrac{3 + \sqrt{3}}{6}$.

故对于区间 $\left(\dfrac{3 - \sqrt{3}}{6}, \dfrac{3 + \sqrt{3}}{6}\right)$ 和 $(1, +\infty)$ 内的任意实数 x,只要 $n \in \mathbf{N}^*, n \geqslant 2$,都有 $g_n(x) < 0$.

题 6 (1) 若函数 $f(x) = \dfrac{3x + a}{x + b}$ 的图像上有两个关于原点对称的不动点,求 a, b 应满足的条件.

(2) 在(1)的条件下,若 $a = 8$,记函数 $f(x)$ 图像上的两个不动点分别为 A 和 A',P 为函数 $f(x)$ 图像上的另一点,且其纵坐标 $y_P > 3$,求点 P 到直线 AA' 距离的最小值及取得最小值时点 P 的坐标.

思路剖释 (1) 若点 (x_0, y_0) 是不动点,则有
$$f(x_0) = \dfrac{3x_0 + a}{x_0 + b} = x_0,$$
整理得 $x_0^2 + (b - 3)x_0 - a = 0$.

根据题意可判断方程有两个根,且这两个根的绝对值相等,符号相反. 由韦达定理,得
$$\begin{cases} b - 3 = 0, \\ -a < 0, \end{cases}$$
即 $b = 3, a > 0$.

因 $f(x) = 3 + \dfrac{a - 9}{x + 3}$,故 $a \neq 9$. 故 a, b 应满足 $b = 3, a > 0$,且 $a \neq 9$.

(2) 在(1)的条件下,当 $a = 8$ 时,
$$f(x) = \dfrac{3x + 8}{x + 3}.$$

由 $\dfrac{3x+8}{x+3}=x$，得两个不动点为

$$A(2\sqrt{2},2\sqrt{2}),\quad A'(-2\sqrt{2},-2\sqrt{2}).$$

设点 $P(x,y)$，则 $y>3$，即

$$\dfrac{3x+8}{x+3}>3,$$

解得 $x<-3$.

直线 AA' 的方程为 $y=x$，设点 $P(x,y)$ 到直线 AA' 的距离为 d，则

$$\begin{aligned}
d &= \dfrac{|x-y|}{\sqrt{2}} \\
&= \dfrac{1}{\sqrt{2}}\left|x-\dfrac{3x+8}{x+3}\right|=\dfrac{1}{\sqrt{2}}\cdot\left(\dfrac{x^2-8}{-x-3}\right) \\
&= \dfrac{1}{\sqrt{2}}\left(-x-3+\dfrac{1}{-x-3}+6\right) \\
&\geq \dfrac{1}{\sqrt{2}}(2+6)=4\sqrt{2},
\end{aligned}$$

当且仅当 $-x-3=\dfrac{1}{-x-3}$，即 $x=-4$ 时上式取等号，此时 $x=-4,y=4$，点 P 的坐标为 $(-4,4)$.

题 7 对于函数 $f(x)$，若存在 $x_0\in\mathbf{R}$，使 $f(x_0)=x_0$ 成立，则称 x_0 为 $f(x)$ 的不动点. 已知函数 $f(x)=ax^2+(b+1)x+(b-1)(a\neq 0)$.

(1) 当 $a=1,b=-2$ 时，求函数 $f(x)$ 的不动点.

(2) 若对任意实数 b，函数 $f(x)$ 恒有两个相异的不动点，求 a 的取值范围.

(3) 在(2)的条件下，若 $y=f(x)$ 的图像上 A,B 两点的横坐标是函数 $f(x)$ 的不动点，且 A,B 两点关于直线 $y=kx+\dfrac{1}{2a^2+1}$ 对称，求 b 的最小值.

思路剖释 (1) 当 $a=1,b=-2$ 时，$f(x)=x^2-x-3$. 由 $x^2-x-3=x$，得 $x^2-2x-3=0$. 解得 $x_1=-1,x_2=3$. 故 $f(x)$ 的不动点为 -1 或 3.

(2) 由于对于任意实数 b，函数 $f(x)=ax^2+(b+1)x+(b-1)(a\neq 0)$ 恒有两个相异的不动点，所以对于任意实数 b，方程

$$ax^2+(b+1)x+(b-1)=x,$$

即 $ax^2+bx+(b-1)=0$ 恒有两个相异的实数根. 于是

$$\Delta=b^2-4ab+4a>0,$$

对任意实数 b 恒成立. 因此 $\Delta'=(4a)^2-16a<0$，解得 $0<a<1$. 故 $f(x)$ 恒有两个相异的不动点时，a 的取值范围为 $0<a<1$.

(3) 由题意，知 A,B 两点应在直线 $y=x$ 上，设 $A(x_1,x_1),B(x_2,x_2)$. 因 A,B 关于直线 $y=kx+\dfrac{1}{2a^2+1}$ 对称，所以 $k=-1$.

设 AB 的中点为 $M(x',y')$，又 x_1,x_1 是方程 $ax^2+bx+(b-1)=0$ 的两个根，故 $x'=$

$y' = \dfrac{x_1 + x_2}{2} = -\dfrac{b}{2a}$. 由于点 M 在直线 $y = -x + \dfrac{1}{2a^2 + 1}$ 上,故 $-\dfrac{b}{2a} = \dfrac{b}{2a} + \dfrac{1}{2a^2 + 1}$,于是

$$b = -\dfrac{a}{2a^2 + 1} = -\dfrac{1}{2a + \dfrac{1}{a}}$$

$$\geqslant -\dfrac{1}{2\sqrt{2a \cdot \dfrac{1}{a}}} = -\dfrac{1}{2\sqrt{2}} = -\dfrac{\sqrt{2}}{4}.$$

当且仅当 $2a = \dfrac{1}{a}$,即 $a = \dfrac{\sqrt{2}}{2} \in (0,1)$ 时取等号. 故 b 的最小值为 $-\dfrac{\sqrt{2}}{4}$.

题 8 求函数 $y = \dfrac{1}{x^2 - 2x}$ 的值域.

思路剖释 方法 1 设 $u = x^2 - 2x, y = \dfrac{1}{u}$,则 $y = \dfrac{1}{x^2 - 2x}$ 由上述两个函数复合而成. 因 $x^2 - 2x \neq 0$,故 $x \neq 0$,且 $x \neq 2$. 而 $u = x^2 - 2x = (x-1)^2 - 1$,于是 u 的值域为 $[-1, 0) \cup (0, +\infty)$. 因此, $y = \dfrac{1}{u}$,即 $y = \dfrac{1}{x^2 - 2x}$ 的值域为 $(-\infty, -1] \cup (0, +\infty)$.

方法 2 利用图形法解之.

画出图 1.24,代表 $u = x^2 - 2x (x \neq 0,$ 且 $x \neq 2)$ 的图像;画出图 1.25,代表 $y = \dfrac{1}{u} (u \neq 0)$ 的图像. 从图中看出, $y = \dfrac{1}{x^2 - 2x}$ 的值域为 $(-\infty, -1] \cup (0, +\infty)$.

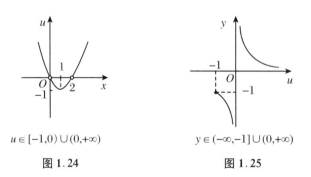

图 1.24　　　　图 1.25

题 9 计算下列各题.

(1) 设 $y = 1 + u, u = \ln v, v = \cos x$,试将 y 表示成 x 的函数.

(2) 指出 $y = \sin^2(\sqrt{1 - x - x^2})$ 是由哪些简单函数复合而成的.

(3) 设函数 $f(x) = \dfrac{x}{1-x} (x \neq 1)$,求 $f(f(x))$.

(4) 已知 $y = f(x)$ 是定义在 **R** 上的单调递减函数,并设 $f_1(x) = f(x), f_2(x) = f_1(f_1(x)), f_3(x) = f_1(f_2(x)), \cdots, f_{n+1}(x) = f_1(f_n(x))$,则在 $f_1(x), f_2(x), \cdots, f_{2015}(x)$,这 2015 个函数中,有(　　).

A. 2015 个单调递增函数

B. 2015 个单调递减函数

C. 1007 个单调递增函数,有 1008 个单调递减函数

D. 1008 个单调递减函数,有 1007 个单调递减函数

思路剖释 (1) 将 $u=\ln v, v=\cos x$,依次代入到 $y=1+u$ 中,得
$$y=1+u=1+\ln v=1+\ln\cos x.$$
从而 $y=1+\ln\cos x$ 为所求的复合函数.

(2) 设 $y=u^2, u=\sin v, v=\sqrt{w}, w=1-x-x^2$,则 $y=\sin^2(\sqrt{1-x-x^2})$ 就由以上四个简单函数复合而成,其中 x 为自变量,u,v,w 为中间变量.

注 会将一个较复杂的函数分解成由若干个简单函数的复合十分重要,这将给求函数导数时带来很大的帮助.

(3) 令 $f(x)=u$,则 $f(f(x))=f(u)=\dfrac{u}{1-u}$. 因为 $f(x)=\dfrac{x}{1-x}(x\neq 1)$,从而 $u=\dfrac{x}{1-x}$ $(x\neq 1)$,故

$$f(u)=\dfrac{\dfrac{x}{1-x}}{1-\dfrac{x}{1-x}}=\dfrac{x}{1-2x}\quad\left(x\neq\dfrac{1}{2}\right).$$

即 $f(f(x))=\dfrac{x}{1-2x}\left(x\neq 1,\text{且}\ x\neq\dfrac{1}{2}\right)$.

注 $u=f(x)=\dfrac{x}{1-x}$ 的 $Y_g=(-\infty,-1)\bigcup(-1,+\infty)$ [Y_g 为 $u=f(x)$ 的值域],$y=f(u)=\dfrac{u}{1-u}$ 的 $D_f=(-\infty,1)\bigcup(1,+\infty)$. 因 $Y_g\bigcap D_f\neq\varnothing$,所以 $f(f(x))$ 有意义.而其定义域的求法,则既要使 $f(x)$ 有意义,又要使 $f(f(x))$ 有意义.故 $f(f(x))$ 的定义域应为 $x\neq 1$,且 $x\neq\dfrac{1}{2}$.

(4) 根据复合函数单调性的性质,由 $f(x)$ 是 **R** 上的单调递减函数,知 $f_2(x)$ 为 **R** 上的单调递增函数,$f_3(x)$ 为 **R** 上的单调递减函数,依次类推,知 $f_{2014}(x)$ 为单调递增函数,而 $f_{2015}(x)$ 为单调递减函数.换言之,这 2015 个函数的单调性,以减、增、减、增……的形式出现,因此共有 1007 个单调递增函数,1008 个递减函数.故选 C.

题 10 若函数 $f(x)=\dfrac{x}{\sqrt{1+x^2}}$,且 $f_n(x)=\underbrace{f(f(\cdots f(x)))}_{n\text{个}}$,则 $f_{99}(1)=$ _____ .

思路剖释 由题可设,知

$$f_2(x)=f(f(x))=f\left(\dfrac{x}{\sqrt{1+x^2}}\right)=\dfrac{\dfrac{x}{\sqrt{1+x^2}}}{\sqrt{1+\left(\dfrac{x}{\sqrt{1+x^2}}\right)^2}}=\dfrac{x}{\sqrt{1+2x^2}},$$

$$f_3(x) = f(f_2(x)) = f\left(\frac{x}{\sqrt{1+2x^2}}\right) = \frac{\frac{x}{\sqrt{1+2x^2}}}{\sqrt{1+\left(\frac{x}{\sqrt{1+2x^2}}\right)^2}} = \frac{x}{\sqrt{1+3x^2}},$$

依次类推,知

$$f_n(x) = \frac{x}{\sqrt{1+nx^2}}.$$

于是,

$$f_{99}(1) = \frac{1}{\sqrt{1+99\times 1^2}} = \frac{1}{10}.$$

题 11 计算下列各题.

(1) 已知 $f(x) = 1 + x$,求 $f(1+x)$ 和 $f(1+f(x))$.

(2) 设 $f(x) = \begin{cases} x+1, & x<1, \\ 2x+1, & 1 \leqslant x < 2, \\ x-1, & x \geqslant 2, \end{cases}$ 求 $f(x+1)$.

思路剖析 (1) 令 $u = 1+x$,得 $f(u) = 1+u$,故 $f(1+x) = 1+(1+x) = 2+x$. 又令 $u = 1+f(x)$,得

$$f(1+f(x)) = 1+(1+f(x)) = 2+f(x) = 2+(1+x) = 3+x.$$

(2) 令 $u = 1+x$,则有

$$f(x+1) = f(u) = \begin{cases} u+1, & u<1 \\ 2u+1, & 1 \leqslant u < 2 \\ u-1, & u \geqslant 2 \end{cases}$$

$$= \begin{cases} (x+1)+1, & x+1<1, \\ 2(x+1)+1, & 1 \leqslant x+1 < 2, \\ x+1-1, & x+1 \geqslant 2, \end{cases}$$

即

$$f(x+1) = \begin{cases} x+2, & x<0, \\ 2x+3, & 0 \leqslant x < 1, \\ x, & x \geqslant 1. \end{cases}$$

题 12 设 $f(x+2) = x^2 - x - 1$,求 $f(x)$.

思路剖析 方法 1 令 $u = x+2$,则 $x = u-2$,于是 $f(x+2) = x^2 - x - 1$ 变为

$$f(u) = (u-2)^2 - (u-2) - 1 = u^2 - 5u + 5.$$

从而 $f(x) = x^2 - 5x + 5$.

方法 2 因

$$f(x+2) = x^2 - x - 1 = (x+2)^2 - 5(x+2) + 5,$$

令 $u = x+2$,得 $f(u) = u^2 - 5u + 5$,从而 $f(x) = x^2 - 5x + 5$.

注 若已知复合函数 $y=f(g(x))$ 的表达式,欲求 $f(x)$ 的表达式,一般采用两种方法. 第一种方法为换元法,即本题中的方法 1,可令 $u=g(x)$,从中解出 $x=g^{-1}(u)$. 这时 $f(g(x))$ 变为 $f(u)$,再在 $f(u)$ 的表达式中将 u 换成 x,即得 $f(x)$ 的表达式;第二种方法为拼凑法,即本题中的方法 2,先将 $f(g(x))$ 的表达式凑成关于 $g(x)$ 的函数表达式,再将 $g(x)$ 换成 u,然后,再将 u 换成 x,即得 $f(x)$ 的表达式.

题 13 已知 $4^x+4^y=2^{x+1}+2^{y+1}$,试求 $p=2^x+2^y$ 的取值范围.

思路剖释 方法 1 由 $p=2^x+2^y$,得 $2^x=p-2^y$,代入已知式,得
$$2\cdot(2^y)^2-2p\cdot 2^y+p^2-2p=0.$$
同理,用 $2^y=p-2^x$,代入已知,得
$$2\cdot(2^x)^2-2p\cdot 2^x+p^2-2p=0.$$
因此,$2^x,2^y$ 都是方程 $2t^2-2pt+p^2-2p=0$ 的根,故该方程应有正根,因此,
$$\begin{cases} \Delta=16p-4p^2\geqslant 0, \\ t_1+t_2=p>0, \\ t_1\cdot t_2=\dfrac{p^2-2p}{2}>0. \end{cases}$$

由 $16p-4p^2\geqslant 0$,解得 $0<p\leqslant 4$;由 $p^2-2p>0$,解得 $p>2$ 或 $p<0$.故 p 的取值范围是 $2<p\leqslant 4$.

注 要防止错将 $0<p\leqslant 4$ 作为答案.

方法 2 因
$$4^x+4^y=(2^x)^2+(2^y)^2=(2^x+2^y)^2-2\times 2^x\times 2^y=p^2-2\times 2^x\times 2^y,$$
$$2^{x+1}+2^{y+1}=2\times(2^x+2^y)=2p,$$
故已知式可化为
$$p^2-2p=2\times 2^x\times 2^y. \qquad ①$$
熟知,当 $A\geqslant 0,B\geqslant 0$ 时,$AB\leqslant\left(\dfrac{A+B}{2}\right)^2$,故式①右边
$$2\times 2^x\times 2^y\leqslant 2\times\left(\dfrac{2^x+2^y}{2}\right)^2=\dfrac{p^2}{2}.$$
式①化为 $p^2-2p\leqslant\dfrac{p^2}{2}$,解得
$$0\leqslant p\leqslant 4. \qquad ②$$
另一方面,在式①中,右端 $2\times 2^x\times 2^y=2^{x+y+1}>0$,故 $p^2-2p>0$,解得
$$p>2,\quad 或\quad p<0. \qquad ③$$
由式②③,得 $2<p\leqslant 4$.

方法 3 利用配方法,已知式可化为 $(2^x-1)^2+(2^y-1)^2=2$,令

$$\begin{cases} 2^x - 1 = \sqrt{2}\cos\alpha, \\ 2^y - 1 = \sqrt{2}\sin\alpha, \end{cases} (0 \leqslant \alpha \leqslant 2\pi)$$

由于 $2^x > 0, 2^y > 0$，所以

$$\begin{cases} \sqrt{2}\cos\alpha > -1, \\ \sqrt{2}\sin\alpha > -1. \end{cases}$$

根据正弦与余弦函数的图像，知

$$0 \leqslant \alpha < \frac{3\pi}{4} \quad 或 \quad \frac{7\pi}{4} < \alpha < 2\pi,$$

所以

$$p = 2 + \sqrt{2}(\cos\alpha + \sin\alpha) = 2 + 2\cos\left(\alpha - \frac{\pi}{4}\right).$$

因 $0 \leqslant \alpha < \frac{3\pi}{4}$ 或 $\frac{7\pi}{4} < \alpha < 2\pi$，故 $0 < \cos\left(\alpha - \frac{\pi}{4}\right) \leqslant 1$，从而 $2 < p \leqslant 4$.

方法 4 根据方法 3 中所述，令 $u = 2^x, v = 2^y$，则已知式可化为

$$(u-1)^2 + (v-1)^2 = 2,$$

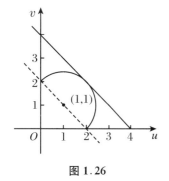

图 1.26

因 $u > 0, v > 0$，所以点 (u,v) 的轨迹是以 $(1,1)$ 为圆心、$\sqrt{2}$ 为半径的圆在第一象限的圆弧. 由题意，直线 $u + v = p$ 与其有交点，且其在 v 轴上的截距为 p，如图 1.26 所示，利用平面几何知识，得 $2 < p \leqslant 4$.

注 参见本章 1.2 节中的题 11.

1.4 函数的有界性、单调性、奇偶性和周期性

1. 函数的有界性

已知函数 $y = f(x), x \in D$. 如果存在正数 $M_0 > 0$，使得 $\forall x \in D$，恒有 $|f(x)| \leqslant M_0$，则称函数 $f(x)$ 在 D 上是有界的；如果不存在这样的常数 M_0，就称函数 $f(x)$ 在 D 上是无界的.

$f(x)$ 在 D 上是无界的，意即对任意给出的 $M_1 > 0$，总可找到某个 $x_0 \in D$，使得 $|f(x_0)| > M_1$.

根据有界函数的定义，当 $f(x)$ 为有界函数时，$\text{graph} f$ 总是位于两条平行直线 $y = -M_0$

与 $y = M_0$ 之间,如图 1.27 所示.

函数的有界性是与自变量 x 的取值范围密切相关的. 例如, $y = \sin x$ 与 $y = \cos x$ 在定义域 $(-\infty, +\infty)$ 内是有界的,而 $y = x^2$ 在定义域 $(-\infty, +\infty)$ 内是无界的,但在 $[-1, 2]$ 上是有界的,并且在任何有限子区间内它都是有界的.

有界函数的定义可以换一种说法,即若 $\forall x \in D$,恒有 $m \leqslant f(x) \leqslant M$,这里 m 与 M 为两个常数,则 $f(x)$ 在 D 上是有界的.

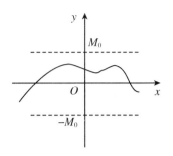

图 1.27

事实上,取 $M_0 = \max\{|m|, |M|\}$,则 $\forall x \in D$,恒有 $|f(x)| \leqslant M_0$ 成立,即 $f(x)$ 有界,称 M 为函数 $f(x)$ 的上界; m 为函数 $f(x)$ 的下界.

2. 函数的单调性

(1) 已知函数 $y = f(x), x \in D$,又区间 $I \subseteq D$. 若 $\forall x_1, x_2 \in I$,当 $x_1 < x_2$ 时,恒有
$$f(x_1) \leqslant f(x_2), \qquad ①$$
则称 $y = f(x)$ 在区间 I 内单调增加,又称 $y = f(x)$ 为区间 I 内的单调递增函数.

类似地,若将式①改成
$$f(x_1) \geqslant f(x_2), \qquad ②$$
则称 $y = f(x)$ 在区间 I 内单调减少,又称 $y = f(x)$ 为区间 I 内的单调递减函数.

(2) 单调增加函数与单调减少函数统称为单调函数,而 I 称为函数 $f(x)$ 的单调区间.

若分别将式①、②改成严格的不等号,则称 $f(x)$ 为严格的单调函数.

单调增加函数的图形是一条沿 x 轴正向上升的曲线,如图 1.28 所示;
单调减少函数的图形是一条沿 x 轴正向下降的曲线,如图 1.29 所示.

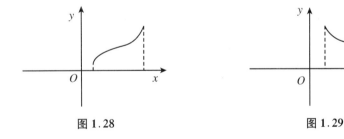

图 1.28　　　　图 1.29

(3) 判别函数在某区间 I 内单调性的方法.

方法 1　利用单调函数的定义来判别.

方法 2　利用 $\operatorname{graph} f$ 来判别. 如果 $\operatorname{graph} f$ 在 I 内是一条沿 Ox 轴正向上升(下降)的曲线,则称函数 $f(x)$ 在 I 内单调增加(单调减少).

方法 3　(i) 若 $f(x)$ 在 $[-a, a]$ 上为奇函数,则 $f(x)$ 在区间 $(-a, 0)$ 和 $(0, a)$ 内的单调性保持一致;

(ii) 若 $f(x)$ 在 $[-a, a]$ 上为偶函数,则称 $f(x)$ 在区间 $(-a, 0)$ 和 $(0, a)$ 内的单调性恰

好相反.

方法 4 (i) 若 $g(x)$ 为单调递增函数,则复合函数 $f(g(x))$ 与 $f(x)$ 的单调性相同;

(ii) 若 $g(x)$ 为单调递减函数,则复合函数 $f(g(x))$ 与 $f(x)$ 的单调性相反.

方法 5 若 $f(x)$ 在 I 内为单调递增函数(单调递减函数),则 $-f(x)$ 在 I 内为单调递减函数(单调递增函数).

方法 6 (导数法)设函数 $y=f(x)$ 在区间 I 内可导.导函数 $f'(x)$ 在 I 内恒有:

(i) 若 $f'(x)>0$,则 $f(x)$ 在区间 I 内单调增加;

(ii) 若 $f'(x)<0$,则 $f(x)$ 在区间 I 内单调减少.

(4) 单调函数的一个性质.

若函数 $f(x)$ 在区间 I 上是单调递增函数(或单调递减函数),则对于任意的 $x_1, x_2 \in D$,恒有

$$(x_1-x_2)[f(x_1)-f(x_2)] \geqslant 0 \quad (\leqslant 0).$$

3. 函数的奇偶性

(1) 已给函数 $y=f(x), x \in D$.定义域 D 关于原点对称,即若 $x \in D$,必有 $-x \in D$.如果 $\forall x \in D$,恒有

$$f(-x)=f(x),$$

则称 $f(x)$ 为 D 上的偶函数.

如果 $\forall x \in D$,恒有

$$f(-x)=-f(x),$$

则称 $f(x)$ 为 D 上的奇函数.

若 $f(x)$ 既非偶函数又非奇函数就称 $f(x)$ 为非奇非偶函数.

例如,$y=x^2, y=|x|, y=\cos x$ 都是 $(-\infty,+\infty)$ 内的偶函数,$y=x^3, y=\operatorname{sgn} x, y=\sin x$ 都是 $(-\infty,+\infty)$ 内的奇函数,而 $y=x+x^2$ 是一个非奇非偶函数.

偶函数的图形关于 y 轴对称,如图 1.30 所示;奇函数的图形关于原点对称,如图 1.31 所示.

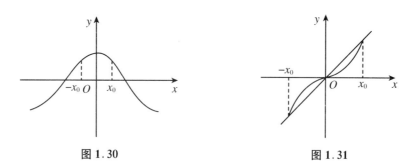

图 1.30　　　　　　图 1.31

对任一函数 $y=f(x)$,除 $y=0$ 外,其奇偶性只有三种情形:奇函数、偶函数、非奇非偶函数.

(2) 广义奇(偶)函数.

对于定义在实数集 **R** 上的函数 $f(x)$,若存在常数 a,使得:

(i) $f(a-x)=f(a+x)$ 或 $f(x)=f(2a-x)$,则称 $f(x)$ 为 **R** 上的广义偶函数;

(ii) $f(a-x)=-f(a+x)$ 或 $f(x)=-f(2a-x)$,则称 $f(x)$ 为 **R** 上的广义奇函数.

显然,当 $a=0$ 时,即为一般的奇、偶函数.

广义偶函数的图像关于直线 $x=a$ 对称;广义奇函数的图像关于点 $(a,0)$ 呈中心对称.

(3) 奇(偶)函数相加或相乘.

奇(偶)函数加上奇(偶)函数仍为奇(偶)函数.

奇函数乘以奇函数为偶函数;偶函数乘以偶函数仍为偶函数;奇函数与偶函数相乘为奇函数.

4. 函数的周期性

(1) 已知函数 $y=f(x), x\in D$,又区间 $T>0$,使得 $\forall x\in D$,且 $x+T\in D$,恒有
$$f(x+T)=f(x),$$
则称 $f(x)$ 是周期函数,T 为周期.

由定义可见,若 T 为 $f(x)$ 的周期,则 $kT(k\in \mathbf{N}^*)$ 也是 $f(x)$ 的周期.如果存在最小正数 T_0,使 T_0 为 $f(x)$ 的周期,则称 T_0 为 $f(x)$ 的最小周期,$f(x)$ 的周期一般指的是最小周期.例如,$y=\sin x$ 的周期为 2π,指的就是最小周期.同样,$y=\tan x$ 的周期为 π,指的也是最小周期.周期函数的定义域不会是一个有限区间.

(2) 周期函数.

(i) 若 $f(x+T)=f(x)$,则 $f(x)$ 为周期函数,周期为 T;

(ii) 若 $f(x+a)=-f(x)$,则 $f(x)$ 为周期函数,周期为 $2a$;

(iii) 若 $f(x+a)=-\dfrac{1}{f(x)}$,则 $f(x)$ 为周期函数,周期为 $2a$.

(3) 周期性的性质.

设函数 $y=f(x)$ 定义在实数集上,已知 $x=a$ 和 $x=b(a\neq b)$ 是 graph f 的两条对称轴,则:

(i) 函数 $y=f(x)$ 是以 $2|b-a|$ 为周期的周期函数;

(ii) 若直线 $x=a$ 和 $x=b$ 之间,graph f 再没有其他平行于 y 轴的对称轴,则 $T=2|b-a|$ 是 $f(x)$ 的最小周期.

题1 求解下列各题.

(1) 已知 $a\in\left\{-2,-1,-\dfrac{1}{2},\dfrac{1}{2},1,2,3\right\}$.若幂函数 $f(x)=x^a$ 为奇函数,且在 $(0,+\infty)$ 内单调递减,则 $a=$ _____.

(2) 设函数 $f(x)=\mathrm{e}^x+a\mathrm{e}^{-x}$($a$ 为常数).若 $f(x)$ 为奇函数,则 $a=$ _____;若 $f(x)$ 是 **R** 上的单调递增函数,则 a 的取值范围是 _____.

(3) 设 $f(x)$ 是定义域为 **R** 上的偶函数,且在 $(0,+\infty)$ 内单调递减,则( ).

A. $f\left(\log_3 \dfrac{1}{4}\right) > f(2^{-\frac{3}{2}}) > f(2^{-\frac{2}{3}})$

B. $f\left(\log_3 \dfrac{1}{4}\right) > f(2^{-\frac{2}{3}}) > f(2^{-\frac{3}{2}})$

C. $f(2^{-\frac{3}{2}}) > f(2^{-\frac{2}{3}}) > f\left(\log_3 \dfrac{1}{4}\right)$

D. $f(2^{-\frac{2}{3}}) > f(2^{-\frac{3}{2}}) > f\left(\log_3 \dfrac{1}{4}\right)$

思路剖释 （1）由幂函数是奇函数，知 $a = \{-1, 1, 3\}$，再由幂函数在 $(0, +\infty)$ 内单调递减，得 $a = 1$.

（2）由函数 $f(x) = e^x + ae^{-x}$ 为奇函数，故有 $f(0) = 1 + a = 0$，即得 $a = -1$. 再由 $f(x)$ 在 $\mathbf{R}$ 上单调增加，知 $\forall x \in \mathbf{R}$，有 $f'(x) \geqslant 0$. 而 $f'(x) = e^x - ae^{-x} = \dfrac{e^{2x} - a}{e^x} \geqslant 0$，因此对任意 $x \in \mathbf{R}, a \leqslant (e^x)^2$ 恒成立，故 a 的取值范围为 $(-\infty, 0]$.

（3）因 $f(x)$ 是定义域为 $\mathbf{R}$ 上的偶函数，且 $\log_3 \dfrac{1}{4} = -\log_3 4$，所以 $f\left(\log_3 \dfrac{1}{4}\right) = f(\log_3 4)$. 又 $0 < 2^{-\frac{3}{2}} < 2^{-\frac{2}{3}} < 1 < \log_3 4$，注意到 $f(x)$ 在 $(0, +\infty)$ 内单调递减，所以 $f(2^{-\frac{3}{2}}) > f(2^{-\frac{2}{3}}) > f\left(\log_3 \dfrac{1}{4}\right)$，故选 C.

题 2 求解下列各题.

（1）在下列函数中，以 $\dfrac{\pi}{2}$ 为周期且在区间 $\left(\dfrac{\pi}{4}, \dfrac{\pi}{2}\right)$ 单调递增的是（　　）.

A. $f(x) = |\cos 2x|$ B. $f(x) = |\sin 2x|$

C. $f(x) = \cos|x|$ D. $\sin|x|$

（2）若周期函数 $f(x)$ 的周期为 T，且 $a > 0$，则函数 $f(ax + b)$ 的周期为 $\dfrac{T}{a}$，试证之.

（3）已知 $f(x)$ 是定义在 $\mathbf{R}$ 上的函数，$f(x) = 1$，且对任意 $x \in \mathbf{R}$ 都有 $f(x+5) \geqslant f(x) + 5, f(x+1) \leqslant f(x) + 1$，若 $g(x) = f(x) + 1 - x$，则 $g(2000) = $ _____.

思路剖释 （1）函数 $f(x) = \sin|x|$ 不是周期函数，排除选项 D；函数 $f(x) = \cos|x|$ 在 $\left(\dfrac{\pi}{4}, \dfrac{\pi}{2}\right)$ 内单调递减，排除选项 C；函数 $f(x) = |\sin 2x|$ 在 $\left(\dfrac{\pi}{4}, \dfrac{\pi}{2}\right)$ 内也单调递减，排除选项 B，故选 A.

（2）因 $f(x)$ 周期为 T，所以 $f(x) = f(x+T)$. 记 $f(u) = f(u+T)$，令 $u = ax + b$，则
$$f(ax + b) = f(ax + b + T) = f\left[a\left(x + \dfrac{T}{a}\right) + b\right].$$

故 $f(ax + b)$ 的周期为 $\dfrac{T}{a}$.

（3）由题意，知 $f(x) = g(x) + x - 1$. 因 $f(x+5) \geqslant f(x) + 5$，故
$$g(x+5) + (x+5) - 1 \geqslant g(x) + (x-1) + 5,$$

$$g(x+1)+(x+1)-1 \leqslant g(x)+(x-1)+1,$$

即

$$g(x+5) \geqslant g(x), \quad g(x+1) \leqslant g(x).$$

由上两式,得

$$g(x) \leqslant g(x+5) \leqslant g(x+4) \leqslant g(x+3) \leqslant g(x+2) \leqslant g(x+1) \leqslant g(x),$$

即

$$g(x) \leqslant g(x+1) \leqslant g(x),$$

因此

$$g(x+1) = g(x).$$

故 $g(x)$ 是周期为 1 的周期函数. 又因 $g(1)=1$,故 $g(2000)=1$.

注 利用 $A \leqslant B \leqslant A$,导出 $A=B$,称为夹逼法.

题 3 求解下列各题.

(1) 设函数 $f(x)$ 定义在 $\mathbf{R}$ 上,对任意 $a,b \in \mathbf{R}$,有 $f(a+b)+f(a-b)=2f(a) \cdot f(b)$,且 $f(0) \neq 0$.

(i) 求证: $f(x)$ 是偶函数.

(ii) 若存在正数 m,使 $f(m)=0$,求满足条件 $f(x+T)=f(x)$ 的一个 T 的值($T \neq 0$).

(2) 函数 $y=f(x)$ 定义在实数集上,已知 $x=a$ 和 $x=b$(其中 $a \neq b$)是函数的两条对称轴. 证明:

(i) 函数 $y=f(x)$ 是以 $2|b-a|$ 为周期的周期函数;

(ii) 若直线 $x=a$ 与 $x=b$ 之间,$f(x)$ 再没有其他平行于 y 轴的对称轴,则 $T=2|b-a|$ 是 $f(x)$ 的最小正周期.

思路剖释 (1) (i) 因为 $f(a+b)+f(a-b)=2f(a) \cdot f(b)$,令 $a=b=0$,得 $f(0)+f(0)=2f(0) \cdot f(0)$,所以

$$f(0)=1, \quad 或 \quad f(0)=0(舍去).$$

又令 $a=0$,则

$$f(b)+f(-b)=2f(0) \cdot f(b)=2f(b),$$
$$f(-b)=f(b),$$

从而 $f(-x)=f(x)$,即 $f(x)$ 为偶函数.

(ii) 因为 $f(m)=0$,令 $a=m+x, b=m$,则

$$f(2m+x)+f(x)=2f(m+x)f(m)=0,$$

所以

$$f(2m+x)=-f(x),$$
$$f(x+4m)=-f(x+2m)=-[-f(x)]=f(x).$$

故 T 的一个值为 $4m$.

(2) (i) 因为 $x=a$ 是函数 $y=f(x)$ 的一条对称轴,所以

$$f(a-x)=f(a+x),$$
$$f(2a-x)=f[a-(x-a)]=f[a+(x-a)]=f(x).$$

同理
$$f(2b-x)=f(x).$$
不妨设 $a<b$,则
$$\begin{aligned}f(x+2|b-a|)&=f[x+2(b-a)]\\&=f(x+2b-2a)\\&=f[2b-(x+2b-2a)]\\&=f(2a-x)=f(x).\end{aligned}$$
所以 $y=f(x)$ 是以 $2|b-a|$ 为周期的周期函数.

(ii) 用反证法证明.

设 $a<b$,若 $f(x)$ 有小于 $2|b-a|$ 的正周期,则可设为 $T^{*}=\dfrac{2(b-a)}{k},k>1$. 于是
$$\begin{aligned}f(x)&=f(2a-x)=f(T^{*}+2a-x)\\&=f\left[\frac{2(b-a)}{k}+2a-x\right]\\&=f\left[2\cdot\frac{b+(k-1)a}{k}-x\right].\end{aligned}$$
由(i)可知,$x=\dfrac{b+(k-1)a}{k}$ 为 $f(x)$ 的一条平行于 y 轴的对称轴.

又因
$$\frac{b+(k-1)a}{k}>\frac{a+(k-1)a}{k}=a,$$
$$\frac{b+(k-1)a}{k}<\frac{b+(k-1)b}{k}=b,$$
即 $x=\dfrac{b+(k-1)a}{k}$ 在 $x=a$ 与 $x=b$ 之间,而 $f(x)$ 在 $x=a$ 与 $x=b$ 之间没有平行于 y 轴的对称轴,矛盾.所以 $f(x)$ 的最小正周期为 $2|b-a|$.

注 函数 $y=f(x)$ 为广义偶函数,具有性质 $f(2a-x)=f(x)$,$f(2b-x)=f(x)$,可应用上述两式去证明 $f(x+2|b-a|)=f(x)$,则(2)(i)可解决.在(2)(ii)中,证明最小正周期可采用反证法,这也是解最小正周期问题的一般方法.

题 4 设函数 $f(x)=|\sin x|+|\cos x|$,试讨论 $f(x)$ 的有界性、奇偶性、单调性、周期性,求其极值,并画出 $\operatorname{graph} f, x\in[0,2\pi]$.

思路剖释 因 $y=\sin x$ 和 $y=\cos x$ 都是有界函数,$|\sin x|\leqslant 1$,$|\cos x|\leqslant 1$,故 $|f(x)|\leqslant 2|$,因此,$f(x)$ 是有界函数.

又因
$$\begin{aligned}f(-x)&=|\sin(-x)|+|\cos(-x)|=|-\sin x|+|\cos x|\\&=|\sin x|+|\cos x|=f(x),\end{aligned}$$
故 $f(x)$ 为偶函数.

因
$$f\left(x+\frac{\pi}{2}\right)=\left|\sin\left(x+\frac{\pi}{2}\right)\right|+\left|\cos\left(x+\frac{\pi}{2}\right)\right|=|\cos x|+|-\sin x|$$

$$= |\cos x| + |\sin x| = f(x),$$

故 $\dfrac{\pi}{2}$ 是 $f(x)$ 的周期.

下证 $\dfrac{\pi}{2}$ 是 $f(x)$ 的最小周期.

事实上,假设存在 $T_1, 0 < T_1 < \dfrac{\pi}{2}, \forall x \in \mathbf{R}$ 都满足
$$f(x + T_1) = f(x),$$
即
$$|\sin(x + T_1)| + |\cos(x + T_1)| = |\sin x| + |\cos x|,$$
则当 $x = 0$ 时,有
$$\sin T_1 + \cos T_1 = 1,$$
即
$$\sqrt{2}\sin\left(T_1 + \dfrac{\pi}{4}\right) = 1.$$

因 $0 < T_1 < \dfrac{\pi}{2}$,故 $T_1 + \dfrac{\pi}{4} = \dfrac{\pi}{4}$,得 $T_1 = 0$,矛盾.

至此,证明了任何 $T_1 \left(0 < T_1 < \dfrac{\pi}{2}\right)$ 都不是已知函数的周期,因此最小周期为 $\dfrac{\pi}{2}$.

当 $x \in \left[0, \dfrac{\pi}{2}\right]$ 时,$f(x) = \sin x + \cos x$,即 $f(x) = \sqrt{2}\sin\left(x + \dfrac{\pi}{4}\right)$.

当 $x \in \left[0, \dfrac{\pi}{4}\right]$ 时,函数 $f(x)$ 是单调递增函数;当 $x \in \left[\dfrac{\pi}{4}, \dfrac{\pi}{2}\right]$ 时,函数 $f(x)$ 是单调递减函数.

当 $x \in \left[\dfrac{k\pi}{2}, \dfrac{k\pi}{2} + \dfrac{\pi}{4}\right] (k \in \mathbf{Z})$ 时,函数 $f(x)$ 是单调递增函数;当 $x \in \left[\dfrac{k\pi}{2} + \dfrac{\pi}{4}, \dfrac{k\pi}{2} + \dfrac{\pi}{2}\right] (k \in \mathbf{Z})$ 时,函数 $f(x)$ 是单调递减函数.

当 $x = \dfrac{k\pi}{2}(k \in \mathbf{Z})$ 时,$f(x)_{\min} = 1$;当 $x = \dfrac{k\pi}{2} + \dfrac{\pi}{4}(k \in \mathbf{Z})$ 时,$f(x)_{\max} = \sqrt{2}$. 故 $f(x) \in [1, \sqrt{2}]$.

当 $x \in [0, 2\pi]$ 时,画出 $\mathrm{graph}\, f$,如图 1.32 所示.

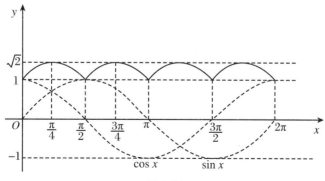

图 1.32

题 5 求解下列各题.

(1) 函数 $f(x) = \dfrac{x}{1-2^x} - \dfrac{x}{2}$ (   ).

A. 是偶函数但不是奇函数 B. 是奇函数但不是偶函数
C. 既是偶函数又是奇函数 D. 既不是偶函数又不是奇函数

(2) 设函数 $f(x) = \ln(1+x) - \ln(1-x)$,则 $f(x)$ 是(   ).

A. 奇函数,且在 $(0,1)$ 内单调递增 B. 奇函数,且在 $(0,1)$ 内单调递减
C. 偶函数,且在 $(0,1)$ 内单调递增 D. 偶函数,且在 $(0,1)$ 内单调递减

(3) 已知定义在 **R** 上的偶函数 $y = f(x)$ 在区间 $(2,6)$ 内单调递增,则对函数 $y = -2f(2-x)$ 的单调性而言,下列各结论中正确是(   ).

A. 区间 $(4,8)$ 内单调递增 B. 区间 $(4,8)$ 内单调递减
C. 区间 $(-4,0)$ 内单调递增 D. 区间 $(-4,0)$ 内单调递减

(4) 在下列函数中,既不是奇函数,也不是偶函数的是(   ).

A. $y = \sqrt{1+x^2}$ B. $y = x + \dfrac{1}{x}$

C. $2^x + \dfrac{1}{2^x}$ D. $y = x + \mathrm{e}^x$

(5) 若 $f(x) = x\ln(x + \sqrt{a+x^2})$ 为偶函数,则 $a = $ _____.

(6) 若 $y = \dfrac{2^x+1}{2^x-a}$ 是奇函数,则使 $f(x) > 3$ 成立的 x 的取值范围为(   ).

A. $(-\infty, -1)$ B. $(-1, 0)$ C. $(0, 1)$ D. $(1, +\infty)$

思路剖释 (1) 函数 $f(x)$ 的定义域为 $(-\infty, 0) \cup (0, +\infty)$.

因

$$f(-x) = \dfrac{-x}{1-2^{-x}} + \dfrac{x}{2} = x\left(\dfrac{-1}{1-2^{-x}} + \dfrac{1}{2}\right) = x\left(-1 - \dfrac{1}{2^x-1} + \dfrac{1}{2}\right)$$

$$= x\left(\dfrac{-1}{2^x-1} - \dfrac{1}{2}\right) = f(x),$$

于是 $f(x)$ 为偶函数,当然 $f(x)$ 不是奇函数.故选 A.

(2) $f(0) = 0$.定义域为

$$\begin{cases} 1+x > 0, \\ 1-x > 0 \end{cases} \Rightarrow -1 < x < 1,$$

因

$$f(-x) = \ln(1-x) - \ln(1+x) = -f(x),$$

故 $f(x)$ 是奇函数.又因

$$f'(x) = \dfrac{1}{1+x} - \dfrac{1}{1-x} \times (-1) = \dfrac{1}{1+x} + \dfrac{1}{1-x} = \dfrac{2}{1-x^2} > 0,$$

所以 $f(x)$ 单调递增.故选 A.

(3) 因 $2<x<6$，所以 $-2>-x>-6$，从而 $-4<2-x<0$. 依题意，知 $f(2-x)=f(x-2)$，$x\in(-4,0)$，且在此开区间内单调递增，从而 $y=-2f(2-x)$ 在 $(-4,0)$ 内单调递减. 故选 D.

(4) 对函数 $y=\sqrt{1+x^2}$ $(x\in\mathbf{R})$，$f(-x)=\sqrt{1+(-x)^2}=\sqrt{1+x^2}=f(x)$，所以函数 $y=\sqrt{1+x^2}$ 是偶函数；

对函数 $y=x+\dfrac{1}{x}$ $(x\neq 0)$，$f(-x)=-x+\dfrac{1}{-x}=-\left(x+\dfrac{1}{x}\right)=-f(x)$，所以 $y=x+\dfrac{1}{x}$ 是奇函数；

对函数 $y=2^x+\dfrac{1}{2^x}$ $(x\in\mathbf{R})$，$f(-x)=2^{-x}+\dfrac{1}{2^{-x}}=\dfrac{1}{2^x}+2^x=f(x)$，所以 $y=2^x+\dfrac{1}{2^x}$ 是偶函数；

对函数 $y=x+\mathrm{e}^x$ $(x\in\mathbf{R})$，$f(-x)=-x+\dfrac{1}{\mathrm{e}^x}\neq f(x)$，所以 $y=x+\mathrm{e}^x$ 既不是奇函数，也不是偶函数.

故选 D.

注 判断函数的奇偶性的一般方法是：① 求函数的定义域；② 证明 $f(-x)=f(x)$ 或 $f(-x)=-f(x)$ 成立，或者通过举反例证明以上两式不成立，如果二者皆未做到是不能下任何结论的，切忌主观臆断.

(5) 由 $f(x)=x\ln(x+\sqrt{a+x^2})$，得
$$\begin{aligned}f(-x)&=-x\ln(-x+\sqrt{a+x^2})\\&=-x\ln\dfrac{(\sqrt{a+x^2}+x)(-x+\sqrt{a+x^2})}{\sqrt{a+x^2}+x}\\&=-x\ln\dfrac{a}{x+\sqrt{a+x^2}}=x\ln(x+\sqrt{a+x^2})-x\ln a=f(x)-x\ln a,\end{aligned}$$
所以 $x\ln a=0$，即得 $a=1$.

(6) **方法 1** 因为 $f(x)$ 为奇函数，所以有 $f(1)+f(-1)=0$，即
$$\dfrac{2+1}{2-a}+\dfrac{\frac{1}{2}+1}{\frac{1}{2}-a}=0,$$
解得 $a=1$. 故 $y=\dfrac{2^x+1}{2^x-1}$.

题设 $f(x)>3$，即 $f(x)-3>0$，亦即
$$\dfrac{2^x+1}{2^x-1}-3=\dfrac{2^x+1-3\times 2^x+3}{2^x-1}=\dfrac{2(2-2^x)}{2^x-1}>0.$$
由此，得 $1<2^x<2$，所以 $0<x<1$. 故选 C.

方法 2 因

$$f(-x) = \frac{2^{-x}+1}{2^{-x}-a} = \frac{\frac{1}{2^x}+1}{\frac{1}{2^x}-a} = \frac{1+2^x}{1-2^x \cdot a},$$

由 $f(-x) = -f(x)$,得

$$\frac{1+2^x}{1-2^x \cdot a} = -\frac{1+2^x}{2^x-a}.$$

由分子相同,即得

$$1-2^x \cdot a = a - 2^x.$$

由此,得 $a=1$.

题 6 求证:定义在 $[-l, l](l>0)$ 上的任何函数 $f(x)$ 都可以唯一地表示为一个偶函数与一个奇函数的和.

思路剖释 采用构造法.取 $g(x) = f(x)+f(-x)$, $h(x) = f(x)-f(-x)$, 易见 $g(-x) = f(-x)+f(x) = g(x)$, 故 $g(x)$ 是偶函数; $h(-x) = f(-x)-f(x) = -h(x)$, 故 $h(x)$ 是奇函数.

注意到 $\frac{g(x)}{2}$ 是偶函数, $\frac{h(x)}{2}$ 是奇函数, 且 $f(x) = \frac{g(x)}{2} + \frac{h(x)}{2}$, 从而 $f(x)$ 可表示为一个偶函数 $\frac{g(x)}{2}$ 与一个奇函数 $\frac{h(x)}{2}$ 之和.

下证唯一性. 若 $f(x)$ 又可表示为偶函数 $\phi(x)$ 与奇函数 $\varphi(x)$ 之和,即
$$f(x) = \phi(x) + \varphi(x),$$
则
$$f(-x) = \phi(-x) + \varphi(-x) = \phi(x) - \varphi(x).$$

将上两式相加,得
$$\phi(x) = \frac{f(x)+f(-x)}{2} = \frac{g(x)}{2},$$

两式相减,得
$$\varphi(x) = \frac{f(x)-f(-x)}{2} = \frac{h(x)}{2}.$$

这就证得了唯一性.

题 7 求解下列各题.

(1) 函数 $f(x) = \log_{0.3}(x^2+x-2)$ 的单调递增区间是( ).

A. $(-\infty, -2)$ B. $(-\infty, 1)$ C. $(-2, 1)$ D. $(1, +\infty)$

(2) 下列函数既是奇函数,又在区间 $[-1,1]$ 上单调递减的是( ).

A. $f(x) = \sin x$ B. $f(x) = -|x+1|$

C. $f(x) = \ln\frac{2-x}{2+x}$ D. $f(x) = \frac{1}{2}(a^x+a^{-x})$

(3) 已知函数 $f(x) = \left(\frac{1}{a^x-1} + \frac{1}{2}\right)x^2 + bx + 6(a, b$ 为常数, $a>1)$, 且 $f(\lg\log_8 1000) = 8$,

则 $f(\lg\lg 2)$ 的值是( ).

A. 8　　　　　B. 4　　　　　C. -4　　　　　D. -8

思路剖释　（1）由 $x^2+x-2>0$，解得 $x>1$ 或 $x<-2$. 因抛物线 $y=x^2+x-2$ 开口向上，当 $x<-2$ 时，单调递减；当 $x>1$ 时，单调递增. 又 $0<0.3<1$，函数 $y=\log_{0.3}u$ 单调递减. 因此，当 $x<-2$ 时，$f(x)$ 为单调递增函数；当 $x>1$ 时，$f(x)$ 为单调递减函数. 故选 A.

（2）观测单调性. 可考虑选项 C 或 D.

若 $f(x)=\ln\dfrac{2-x}{2+x}$，则

$$f(-x)=\ln\dfrac{2+x}{2-x}=-\ln\dfrac{2-x}{2+x}=-f(x).$$

因此，$f(x)=\ln\dfrac{2-x}{2+x}$ 为奇函数.

又 $t=\dfrac{2-x}{2+x}=-1+\dfrac{4}{2+x}$ 为区间 $[-1,1]$ 上的单调递减函数，$y=\ln t$ 为区间 $(0,+\infty)$ 内的单调递增函数，而 $f(x)=\ln\dfrac{2-x}{2+x}$ 为 $y=\ln t$ 与 $t=\dfrac{2-x}{2+x}$ 的复合函数，从而函数 $f(x)=\ln\dfrac{2-x}{2+x}$ 在区间 $[-1,1]$ 上单调递减. 故选 C.

（3）由已知，得

$$f(\lg\log_8 1000)=f\left(\lg\dfrac{\lg 10^3}{\lg 8}\right)=f\left(\lg\dfrac{3}{3\lg 2}\right)=f(-\lg\lg 2)=8.$$

又

$$\dfrac{1}{a^{-x}-1}+\dfrac{1}{2}=\dfrac{a^x}{1-a^x}+\dfrac{1}{2}=-1+\dfrac{1}{1-a^x}+\dfrac{1}{2}=-\dfrac{1}{a^x-1}-\dfrac{1}{2},$$

令 $F(x)=f(x)-6$，则有 $F(-x)=-F(x)$，从而有

$$f(-\lg\lg 2)=F(-\lg\lg 2)+6=-F(\lg\lg 2)+6=8.$$

即知

$$F(-\lg\lg 2)=-2,\quad f(\lg\lg 2)=F(\lg\lg 2)+6=4.$$

故选 B.

题 8　已知 a,b 为实数，$a>2$，函数 $f(x)=\left|\ln x-\dfrac{a}{x}\right|+b(x>0)$. 若 $f(1)=\mathrm{e}+1$，$f(2)=\dfrac{\mathrm{e}}{2}-\ln 2+1$.

(1) 求实数 a,b；

(2) 求函数 $f(x)$ 的单调区间；

(3) 若实数 c,d 满足 $c>d$，$cd=1$，求证：$f(c)<f(d)$.

思路剖释　（1）由题意 $f(1)=\mathrm{e}+1$，$f(2)=\dfrac{\mathrm{e}}{2}-\ln 2+1$，得 $|a|+b=\mathrm{e}+1$，$\left|\ln 2-\dfrac{a}{2}\right|+b=\dfrac{\mathrm{e}}{2}-\ln 2+1$，因为 $a>2$，所以 $a>2\ln 2$，从而 $a+b=\mathrm{e}+1$，且 $\dfrac{a}{2}+b=\dfrac{\mathrm{e}}{2}+$

1，解得 $a = \mathrm{e}, b = 1$.

(2) 由(1)，得 $f(x) = \left| \ln x - \dfrac{\mathrm{e}}{x} \right| + 1$. 因为 $\ln x, -\dfrac{\mathrm{e}}{x}$ 在 $(0, +\infty)$ 内均单调递增，又 $\ln \mathrm{e} - \dfrac{\mathrm{e}}{\mathrm{e}} = 0$. 令 $g(x) = \ln x - \dfrac{\mathrm{e}}{x}$，则：

(i) 当 $x > \mathrm{e}$ 时，$g(x) > g(\mathrm{e}) = 0$，从而 $f(x) = \ln x - \dfrac{\mathrm{e}}{x} + 1$ 单调递增；

(ii) 当 $0 < x < \mathrm{e}$ 时，$g(x) < g(\mathrm{e}) = 0$，从而 $f(x) = \dfrac{\mathrm{e}}{x} - \ln x + 1$ 单调递减.

故 $f(x)$ 的单调递减区间为 $(0, \mathrm{e})$；单调递增区间为 $(\mathrm{e}, +\infty)$.

(3) 因为 $c > d, cd = 1$，所以 $d = \dfrac{1}{c}, c > 1$，于是

$$f(c) = \left| \dfrac{\mathrm{e}}{c} - \ln c \right| + 1, \quad f(d) = f\left(\dfrac{1}{c}\right) = |\mathrm{e} c + \ln c| + 1 = \mathrm{e} c + \ln c + 1.$$

又因当 $c > 1$ 时，$\mathrm{e} c + \ln c > \ln c + \dfrac{\mathrm{e}}{c} > \left| \ln c - \dfrac{\mathrm{e}}{c} \right|$，所以 $f(c) < f(d)$.

题 9 设 $f(x)$ 是定义域在 $\mathbf{R}$ 上的以 2 为周期的偶函数，在区间 $[0,1]$ 上严格单调递减，且满足 $f(\pi) = 1, f(2\pi) = 2$，则不等式组 $\begin{cases} 1 \leqslant x \leqslant 2, \\ 1 \leqslant f(x) \leqslant 2 \end{cases}$ 的解集为 _____．

思路剖释 因 $f(x)$ 为偶函数，且在 $[0,1]$ 上严格单调递减，故 $f(x)$ 在 $[-1, 0]$ 上严格单调递增. 又不等式组中，$1 \leqslant x \leqslant 2$，$f(x)$ 的周期为 2，所以 $f(x)$ 在 $[1, 2]$ 上严格单调递增.

依题设 $f(\pi) = 1, f(2\pi) = 2$，利用周期性，使自变量在 $[1, 2]$ 内，则有 $f(\pi - 2) = f(\pi) = 1$，这里 $\pi - 2 \in [1, 2]$；$f(8 - 2\pi) = f(-2\pi) = f(2\pi) = 2$，这里 $8 - 2\pi \in [1, 2]$. 因此，得

$$1 \leqslant f(x) \leqslant 2 \Leftrightarrow f(\pi - 2) \leqslant f(x) \leqslant f(8 - 2\pi).$$

又 $1 < \pi - 2 < 8 - 2\pi < 2$，故解集为 $\{x \mid \pi - 2 \leqslant x \leqslant 8 - 2\pi\}$ 或 $x \in [\pi - 2, 8 - 2\pi]$.

题 10 已知函数

$$f(x) = a \tan^{2017} x + bx^{2017} + c \ln(x + \sqrt{x^2 + 1}) + 20, \quad \text{①}$$

其中 a, b, c 均为实数. 若

$$f(\ln \log_5 21) = 17, \quad \text{②}$$

求 $f(\ln \log_{21} 5)$ 的值.

思维剖释 令

$$g(x) = a \tan^{2017} x + bx^{2017} + c \ln(x + \sqrt{x^2 + 1}), \quad \text{③}$$

则

$$f(x) = g(x) + 20. \quad \text{④}$$

易见 $\ln(x + \sqrt{x^2 + 1})$ 为奇函数，又 $\tan^{2017} x$ 与 x^{2017} 均为奇函数，故 $g(x)$ 为奇函数，即 $g(-x) = -g(x)$.

由式④，知

$$f(-x) - 20 = -[f(x) - 20],$$

即
$$f(-x) = 40 - f(x). \quad ⑤$$

注意到
$$f(\ln\log_{21} 5) = \ln\frac{1}{\log_5 21} = -\ln\log_5 21, \quad ⑥$$

于是,由式②、⑤、⑥,得
$$f(\ln\log_{21} 5) = f(-\ln\log_5 21) = 40 - f(\ln\log_5 21) = 40 - 17 = 23.$$

题 11 已知符号函数 $\operatorname{sgn} x = \begin{cases} 1, x > 0, \\ 0, x = 0, \\ -1, x < 0, \end{cases}$ $f(x)$ 是 **R** 上的单调递增函数,$g(x) = f(x) - f(ax)(a > 1)$,则( ).

A. $\operatorname{sgn}[g(x)] = \operatorname{sgn} x$ B. $\operatorname{sgn}[g(x)] = -\operatorname{sgn} x$
C. $\operatorname{sgn}[g(x)] = \operatorname{sgn}[f(x)]$ D. $\operatorname{sgn}[g(x)] = -\operatorname{sgn}[f(x)]$

思路剖释 因为 $f(x)$ 是 **R** 上的单调递增函数,取函数 $f(x) = x$,则 $g(x) = x - ax$,即 $g(x) = (1-a)x(a > 1)$.因为 $a > 1$,所以 $g(x)$ 是 **R** 上的单调递减函数.

根据符号函数的定义,知
$$\operatorname{sgn} x = \begin{cases} 1, x > 0, \\ 0, x = 0, \\ -1, x < 0, \end{cases} \quad \operatorname{sgn}[g(x)] = \begin{cases} -1, x > 0, \\ 0, x = 0, \\ 1, x < 0 \end{cases} = -\operatorname{sgn} x.$$

故选 B.

注 (1)善于将抽象函数 $f(x)$ 转化为具体的函数 $f(x) = x$ 进行讨论是解题的突破口.
(2)要注意验算,因符号函数是单调递增函数,而 $g(x)$ 是单调递减函数,故其复合函数 $\operatorname{sgn}[g(x)]$ 是单调递减函数,而 $-\operatorname{sgn} x$ 也是单调递减函数.

题 12 若函数 $f(x) = -\frac{1}{2}x^2 + \frac{13}{2}$ 在区间 $[a, b]$ 上的最小值为 $2a$,最大值为 $2b$,求 $[a, b]$.

思路剖释 因函数 $f(x) = -\frac{1}{2}x^2 + \frac{13}{2}$ 的对称轴为 $x = 0$,故分三种情况讨论区间 $[a, b]$.

(i) 若 $0 \leqslant a < b$,则 $f(x)$ 在 $[a, b]$ 上单调递减,故 $f(a) = 2b, f(b) = 2a$.于是,有
$$\begin{cases} 2b = -\frac{1}{2}a^2 + \frac{13}{2}, \\ 2a = -\frac{1}{2}b^2 + \frac{13}{2}, \end{cases}$$

解得 $[a, b] = [1, 3]$.

(ii) 若 $a < 0 < b$,则 $f(x)$ 在 $[a, 0]$ 上单调递增,在 $[0, b]$ 上单调递减.因此 $f(x)$ 在 $x = 0$ 处取得最大值 $2b$,在 $x = a$ 或 $x = b$ 处取得最小值 $2a$,故 $2b = \frac{13}{2}, b = \frac{13}{4}$.又 $a < 0, f(b) = -\frac{1}{2}\left(\frac{13}{4}\right)^2 + \frac{13}{2} = \frac{39}{32} > 0$,故 $f(x)$ 在 $x = a$ 处取得最小值 $2a$,即 $2a = -\frac{1}{2}a^2 + \frac{13}{2}$,解得 $a = -2 - \sqrt{17}$.于是 $[a, b] = \left[-2 - \sqrt{17}, \frac{13}{4}\right]$.

(iii) 当 $a<b\leqslant 0$ 时, $f(x)$ 在 $[a,b]$ 上单调递增, 故 $f(a)=2b$, $f(b)=2a$, 即
$$2a=-\frac{1}{2}a^2+\frac{13}{2}, \quad 2b=-\frac{1}{2}b^2+\frac{13}{2}.$$

故 a,b 是二次方程 $2t=-\frac{1}{2}t^2+\frac{13}{2}$, 即 $t^2+4t-13=0$ 的两个根, 且两根异号. 因此, 当 $a<b\leqslant 0$ 时, 满足条件 $a<b<0$ 的区间不存在.

综上所述, 所求区间为 $[1,3]$ 或 $\left[-2-\sqrt{17},\frac{13}{4}\right]$.

题 13 解方程组.

$$\begin{cases} x^3-y^2-y=\frac{1}{3}, \\ y^3-z^2-z=\frac{1}{3}, \\ z^3-x^2-x=\frac{1}{3}. \end{cases} \quad ①$$

思路剖释 方程组①可写成

$$\begin{cases} x^3=y^2+y+\frac{1}{3}, \\ y^3=z^2+z+\frac{1}{3}, \\ z^3=x^2+x+\frac{1}{3}. \end{cases} \quad ②$$

构造函数 $f(t)=\sqrt[3]{t^2+t+\frac{1}{3}}$, 则原方程组即为

$$\begin{cases} x^3=f^3(y), \\ y^3=f^3(z), \\ z^3=f^3(x). \end{cases}$$

所以

$$\begin{cases} x=f(y), \\ y=f(z), \\ z=f(x). \end{cases} \quad ③$$

对于 $t\in\mathbf{R}$, 有
$$f(t)=\sqrt[3]{t^2+t+\frac{1}{3}}=\sqrt[3]{\left(t+\frac{1}{2}\right)^2+\frac{1}{12}}>0.$$

故 $x>0, y>0, z>0$. 易知当 $t>0$ 时, $f(t)$ 严格递增. 若 $x>y$, 则 $f(x)>f(y)$.

由方程组③, 知 $z>x$, 从而 $z>y$, 于是 $f(z)>f(y)$. 再由方程组③, 得 $y>x$, 与假定 $x>y$ 矛盾, 因此 $x=y$. 同理可证 $y=z$, 于是 $x=y=z$. 利用实系数一元三次方程求根公式, 得
$$x=y=z=\frac{1}{\sqrt[3]{4}-1}.$$

1.5 分 段 函 数

有些函数在其定义域的不同部分,对应法则由不同的解析式表示,这类函数称为分段函数.分段函数的定义域是其各段定义区域的并集,求在点 x_0 处的函数值 $y(x_0)$ 时,应将 x_0 值代入其所属范围的解析表达式中进行计算.常见的分段函数有下面三种.

(1) 绝对值函数 $y=|x|$.

$$|x|=\begin{cases} x, & x>0, \\ 0, & x=0, \\ -x, & x<0. \end{cases}$$

点 $x=0$ 是 $y=|x|$ 的一个分界点,绝对值函数的对称轴是 $x=0$.

类似地,绝对值函数 $y=|x-a|$ 的一个分界点是 $x=a$;$y=|x-a|$ 的对称轴是 $x=a$.

常见的性质有:

(i) $|x| \geqslant 0$;

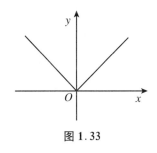

图 1.33

(ii) $|x| \leqslant a$ 当且仅当 $-a \leqslant x \leqslant a$;

(iii) $|x| \geqslant a(a>0)$ 当且仅当 $x \geqslant a$ 或 $x \leqslant -a$;

(iv) $|x+y| \leqslant |x|+|y|$;

(v) $|x-y| \geqslant ||x|-|y||$;

(vi) $\sqrt{x^2} = |x|$.

(vii) $y=|x|$ 的图像如图 1.33 所示.

$x=0$ 是 $y=|x|$ 的连续点,但 $y=|x|$ 在 $x=0$ 处不可导,即 $x=0$ 处导数不存在.

(2) 符号函数 $y=\operatorname{sgn} x$.

$$\operatorname{sgn} x = \begin{cases} 1, & x>0, \\ 0, & x=0, \\ -1, & x<0. \end{cases}$$

符号函数 $y=\operatorname{sgn} x$ 是一个分段函数,其定义域为 $(-\infty, +\infty)$,值域为 $\{-1,0,1\}$ 根据符号函数与绝对值的定义,有

$$|x| = x \cdot \operatorname{sgn} x.$$

$y=\operatorname{sgn} x$ 的图像如图 1.34 所示.

(3) 取整函数 $y=[x]$.

取整函数 $y=[x]$,这里 $[x]$ 表示不超过 x 的最大整数.例如,$[2.6]=2$,$[0.1]=0$,$[-0.1]=-1$,$[\sqrt{3}]=1$,等.如果

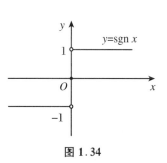

图 1.34

$a \in \mathbf{Z}$,则当 $x \in [a, a+1)$ 时,$[x] = a$. 因此,$y = [x]$ 的定义域是 $(-\infty, +\infty)$,值域为 $\mathbf{Z}$,分段函数 $y = [x]$ 的图像如图 1.35(a) 所示. 其中 $x = 0, \pm 1, \pm 2, \cdots$ 都是取整函数 $y = [x]$ 的间断点.

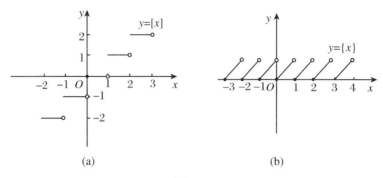

图 1.35

对任意的实数 x,记 $\{x\} = x - [x]$,称其为实数 x 的小数部分,整数部分就是 $[x]$. $[x]$ 和 $\{x\}$ 具有下述性质.

(i) $y = \{x\}$ 的定义域为 $\mathbf{R}$,值域为 $[0, 1)$,且
$$x = [x] + \{x\}.$$
函数 $y = \{x\}$ 的图像如图 1.35(b) 所示,它是以 1 为周期的周期函数.

(ii) $y = [x]$ 是不减函数,即若 $x_1 \leqslant x_2$,则 $[x_1] \leqslant [x_2]$.

(iii) $[x + n] = n + [x]$,$\{x + n\} = \{x\}$,其中 $x \in \mathbf{R}, n \in \mathbf{N}^*$.

(iv) $[x + y] \geqslant [x] + [y]$,$\{x + y\} \leqslant \{x\} + \{y\}$,其中 $x, y \in \mathbf{R}$.

(v) $\left[\sum\limits_{k=1}^{n} x_k\right] \geqslant \sum\limits_{k=1}^{n} [x_k]$,其中 $x_k \in \mathbf{R}, k = 1, 2, \cdots, n$.

(vi) $\left[\dfrac{nx}{y}\right] \geqslant n \left[\dfrac{x}{y}\right]$,其中 $n \in \mathbf{N}^*, x, y \in \mathbf{R}$.

(vii) $[xy] \geqslant [x] \cdot [y]$,$\left[\prod\limits_{k=1}^{n} x_k\right] \geqslant \prod\limits_{k=1}^{n} [x_k]$ $(k = 1, 2, \cdots, n)$,其中 $x, y \in \mathbf{R}^+$.

(viii) $[\sqrt[n]{x}]^n \leqslant [x]$,其中 $x \in \mathbf{R}^+, n \in \mathbf{N}^*$.

(ix) $\left[\dfrac{x}{n}\right] = \left[\dfrac{[x]}{n}\right]$,其中 $x \in \mathbf{R}^+, n \in \mathbf{N}^*$.

题 1 计算下列各题.

(1) 设函数 $f(x) = \begin{cases} 3x - b, & x < 1, \\ 2, & x \geqslant 1. \end{cases}$ 若 $f\left(f\left(\dfrac{5}{6}\right)\right) = 4$,则 $b = (\quad)$.

A. 1　　　　B. $\dfrac{7}{8}$　　　　C. $\dfrac{3}{4}$　　　　D. $\dfrac{1}{2}$

(2) 设 $f(x)$ 是定义在 $\mathbf{R}$ 上且周期为 2 的函数,在区间 $[-1, 1)$ 内,

$$f(x)=\begin{cases} x+a, & -1\leqslant x<0,\\ \left|\dfrac{2}{5}-x\right|, & 0\leqslant x<1,\end{cases}$$ 其中 $a\in \mathbf{R}$. 若 $f\left(-\dfrac{5}{2}\right)=f\left(\dfrac{9}{2}\right)$, 则 $f(5a)$ 的值是_____.

思路剖释 (1) 首先, $f\left(\dfrac{5}{6}\right)=3\times\dfrac{5}{6}-b=\dfrac{5}{2}-b$, 故题设为

$$f\left(\dfrac{5}{2}-b\right)=4. \qquad ①$$

当 $\dfrac{5}{2}-b<1$, 即 $b>\dfrac{3}{2}$ 时, 式①为

$$3\times\left(\dfrac{5}{2}-b\right)-b=4.$$

求得 $b=\dfrac{7}{8}$, 这与 $b>\dfrac{3}{2}$ 矛盾, 故舍去.

当 $\dfrac{5}{2}-b\geqslant 1$, 即 $b\leqslant\dfrac{3}{2}$ 时, 式①为

$$2^{\frac{5}{2}-b}=4.$$

再由 $\dfrac{5}{2}-b=2$, 知 $b=\dfrac{1}{2}$ 为所求.

故选 D.

(2) 由于

$$f\left(-\dfrac{5}{2}\right)=f\left(-2\times 1-\dfrac{1}{2}\right)=f\left(-\dfrac{1}{2}\right)=-\dfrac{1}{2}+a,$$

$$f\left(\dfrac{9}{2}\right)=f\left(2\times 2+\dfrac{1}{2}\right)=f\left(\dfrac{1}{2}\right)=\left|\dfrac{2}{5}-\dfrac{1}{2}\right|=\dfrac{1}{10},$$

则有 $-\dfrac{1}{2}+a=\dfrac{1}{10}$, 解得 $a=\dfrac{3}{5}$. 故 $f(5a)=f(3)=f(2\times 2-1)=f(-1)=-1+a=-\dfrac{2}{5}$.

注 解答本题涉及分段函数问题, 要注意结合自变量的取值情况分类分析, 根据不同的条件对应不同的解析式, 进而分析与应用.

题2 设函数 $f(x)=\begin{cases} 3x-1, & x<1,\\ 2^x, & x\geqslant 1,\end{cases}$ 则满足 $f(f(a))=2^{f(a)}$ 的 a 的取值范围是( ).

A. $\left[\dfrac{2}{3},1\right]$ B. $[0,1]$ C. $\left[\dfrac{2}{3},+\infty\right)$ D. $[1,+\infty)$

思路剖释 因 $f(f(a))=2^{f(a)}$ 的表达式是指数函数, 根据分段函数的定义, 知 $f(a)\geqslant 1$. 当 $a<1$ 时, $f(a)=3a-1$. 由 $3a-1\geqslant 1$, 解得 $a\geqslant\dfrac{2}{3}$, 故 $1>a\geqslant\dfrac{2}{3}$; 当 $a\geqslant 1$ 时, $f(a)=2^a$. 由 $2^a\geqslant 1$, 解得 $a\geqslant 0$, 故 $a\geqslant 1$.

综上所述, 得 $a\geqslant\dfrac{2}{3}$, 故选 C.

题 3 计算下列各题.

(1) 设函数 $f(x)=\begin{cases}1+\log_2(2-x), & x<1,\\ 2^{x-1}, & x\geq 1,\end{cases}$ 则 $f(-2)+f(\log_2 12)=(\quad)$.

A. 3　　　　B. 6　　　　C. 9　　　　D. 12

(2) 已知函数 $f(x)=\begin{cases}x+\dfrac{2}{x}-3, & x\geq 1,\\ \lg(x^2+1), & x<1,\end{cases}$ 则 $f(f(-3))=\underline{\quad}$, $f(x)$ 的最小值是 _____.

(3) 设 $[x]$ 表示不超过 x 的最大整数,则 $[\lg 1]+[\lg 2]+\cdots+[\lg 2010]=\underline{\quad}$.

思路剖释 (1) 由

$$f(x)=\begin{cases}1+\log_2(2-x), & x<1,\\ 2^{x-1}, & x\geq 1,\end{cases}$$

得 $f(-2)=3$. 又 $f(\log_2 12)=2^{\log_2 12-1}=12\times 2^{-1}=6$,所以 $f(-2)+f(\log_2 12)=3+6=9$. 故选 C.

注 会用对数恒等式 $a^{\log_a N}=N$.

(2) 因为 $f(-3)=\lg 10=1$,所以 $f(f(-3))=f(1)=1+2-3=0$.

当 $x\geq 1$ 时,$f(x)=x+\dfrac{2}{x}-3\geq 2\sqrt{2}-3$,当且仅当 $x=\sqrt{2}$ 时取等号.

当 $x<1$ 时,$x^2+1\geq 1$,$\lg(x^2+1)\geq 0$,当且仅当 $x=0$ 时取等号,且 $2\sqrt{2}-3<0$,所以 $f(x)$ 的最小值是 $2\sqrt{2}-3$.

(3) $[\lg 1]=[\lg 2]=\cdots=[\lg 9]=0$,共 9 个. $[\lg 10]=[\lg 11]=\cdots=[\lg 99]=1$,共 90 个. $[\lg 100]=[\lg 101]=\cdots=[\lg 999]=2$,共 900 个. $[\lg 1000]=[\lg 1001]=\cdots=[\lg 2010]=3$,共 1011 个. 故原式 $=0\times 9+1\times 90+2\times 900+3\times 1011=4923$.

题 4 计算下列各题.

(1) 已知 $\lambda\in\mathbf{R}$,函数 $f(x)=\begin{cases}x-4, & x\geq\lambda,\\ x^2-4x+3, & x<\lambda,\end{cases}$ 当 $\lambda=2$ 时,不等式 $f(x)<0$ 的解集是 _____,若函数 $f(x)$ 恰有两个零点,则 λ 的取值范围是 _____.

(2) 设 $f(x)=\begin{cases}x^2-ax+2, & x\leq 0,\\ |x+a|+|x-1|, & x>0.\end{cases}$

若函数 $f(x)$ 的最小值为 $a+1$,则实数 a 的取值范围是 _____.

思路剖释 (1) 结合题目,得当 $\lambda=2$ 时,原函数变成

$$f(x)=\begin{cases}x-4, & x\geq 2,\\ x^2-4x+3, & x<2.\end{cases}$$

令 $f(x)<0$,得

$$\begin{cases}x\geq 2,\\ x-4<0,\end{cases}\quad \text{或} \quad \begin{cases}x<2,\\ x^2-4x+3<0,\end{cases}$$

解得 $1<x<4$,结合图像,使得该函数有两个零点,容易得到 $1<\lambda\leqslant 3$ 或 $\lambda>4$.

注 本题在求解 x 的取值范围时,容易忽视分段函数自身的限制条件,从而得到错误答案.

(2) 分类讨论如下.

(i) $a\leqslant 0$.

当 $x\leqslant 0$ 时,$f(x)=\left(x-\dfrac{a}{2}\right)^2+2-\dfrac{a^2}{4}$ 的最小值为 $2-\dfrac{a^2}{4}$.

当 $x>0$ 时,$f(x)=|x+a|+|x-1|$ 的最小值为 $|a+1|$.

若 $-1\leqslant a\leqslant 0$,则 $2-\dfrac{a^2}{4}>a+1\geqslant 0$ 满足 $f_{\min}=a+1$.

若 $a<-1$,则由 $f_{\min}=a+1$,知 $2-\dfrac{a^2}{4}=a+1\Rightarrow a=-2-2\sqrt{2}$.

故 $a=-2-2\sqrt{2}$ 或 $-1\leqslant a\leqslant 0$.

(ii) $a>0$.

当 $x\leqslant 0$ 时,$f(x)$ 单调递减,$f(x)$ 的最小值为 $f(0)=2$.

当 $x>0$ 时,$f(x)=|x+a|+|x-1|$ 的最小值为 $|a+1|=a+1$.

由题意,知 $\min\{2,a+1\}=a+1$,因此 $0<a\leqslant 1$.

综上所述,a 的取值范围是 $a=-2-2\sqrt{2}$ 或 $-1\leqslant a\leqslant 1$.

题 5 已知函数 $f(x)=\begin{cases} x^3, & x\leqslant a, \\ x^2, & x>a. \end{cases}$ 若存在实数 b,使得 $g(x)=f(x)-b$ 有两个零点,则 a 的取值范围是_____.

思路剖释 根据分段函数的表达式,原问题等价于方程 $x^3=b$ $(x\leqslant a)$ 与方程 $x^2=b$ $(x>a)$ 的根的个数之和为 2.

(i) 若两个方程各有一根,知关于 b 的不等式组 $\begin{cases} b^{\frac{1}{3}}\leqslant a, \\ \sqrt{b}>a, \\ -\sqrt{b}\leqslant a \end{cases}$ 有解,从而 $a>1$.

(ii) 若 $x^3=b$ $(x\leqslant a)$ 无解,方程 $x^2=b$ $(x>a)$ 有两个根,则关于 b 的不等式组 $\begin{cases} b^{\frac{1}{3}}>a, \\ -\sqrt{b}>a \end{cases}$ 有解,从而 $a<0$.

综上所述,实数 a 的取值范围是 $(-\infty,0)\cup(1,+\infty)$.

题 6 设 $[x]$ 表示不超过实数 x 的最大整数,若 $\left[x-\dfrac{1}{2}\right]\left[x+\dfrac{1}{2}\right]$ 为素数,则实数 x 的取值范围为_____.

思路剖释 由于 $\left[x-\dfrac{1}{2}\right]$,$\left[x+\dfrac{1}{2}\right]$ 均为整数,要使 $\left[x-\dfrac{1}{2}\right]\left[x+\dfrac{1}{2}\right]$ 为素数,$\left[x-\dfrac{1}{2}\right]$,$\left[x+\dfrac{1}{2}\right]$ 中必须一个为 1 或 -1.

(i) 当 $\left[x-\dfrac{1}{2}\right]=1$ 时,$1\leqslant x-\dfrac{1}{2}<2$,即 $\dfrac{3}{2}\leqslant x<\dfrac{5}{2}$,此时,$\left[x+\dfrac{1}{2}\right]=2$,满足题意.

(ii) 当 $\left[x+\dfrac{1}{2}\right]=-1$ 时,$-1\leqslant x+\dfrac{1}{2}<0$,$-\dfrac{3}{2}\leqslant x<-\dfrac{1}{2}$,此时,$\left[x-\dfrac{1}{2}\right]=-2$,满足题意.

(iii) 当 $\left[x+\dfrac{1}{2}\right]=1$ 或 $\left[x-\dfrac{1}{2}\right]=-1$ 时,易知 $\left[x-\dfrac{1}{2}\right]\left[x+\dfrac{1}{2}\right]$ 不是素数.

综上所述,x 的取值范围是 $-\dfrac{3}{2}\leqslant x<-\dfrac{1}{2}$ 或 $\dfrac{3}{2}\leqslant x<\dfrac{5}{2}$.

题 7 已知函数 $f(x)=|x+1|-2|x-a|$,$a>0$.

(1) 当 $a=1$ 时,求不等式 $f(x)>1$ 的解集.

(2) 若 $f(x)$ 的图像与 x 轴围成的三角形面积大于 6,求 a 的取值范围.

思路剖释 (1) 当 $a=1$ 时,$f(x)>1$ 化为
$$|x+1|-2|x-1|-1>0. \qquad ①$$
绝对值函数 $y=|x+1|$ 与 $y=|x-1|$ 的分界点为 $x=-1$ 和 $x=1$,从而可分段进行求解.

(i) 当 $x\leqslant -1$ 时,式①化为 $x-4>0$,即 $x>4$,与假定 $x\leqslant -1$ 矛盾,故无解.

(ii) 当 $-1<x<1$ 时,式①化为 $3x-2>0$,解得 $\dfrac{2}{3}<x<1$.

(iii) 当 $x\geqslant 1$ 时,式①化为 $-x+2>0$,解得 $1\leqslant x<2$.

因此,解集是 $\left(\dfrac{2}{3},1\right)\cup[1,2)$.

(2) 绝对值函数的分界点为 $x=-1$ 和 $x=a$,题设 $a>0$,因此,分段函数 $f(x)$ 的表达式为
$$f(x)=\begin{cases} x-1-2a, & x<-1, \\ 3x+1-2a, & -1\leqslant x\leqslant a, \\ -x+1+2a, & x>a. \end{cases}$$
作出分段函数 $\operatorname{graph} f$,如图 1.36 所示.

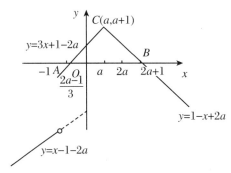

图 1.36

$\operatorname{graph} f$ 与 x 轴围成的三个角的三个顶点分别为 $A\left(\dfrac{2a-1}{3},0\right)$,$B(2a+1,0)$,$C(a,a+1)$,故
$$S_{\triangle ABC}=\dfrac{1}{2}\times(a+1)\times\left(2a+1-\dfrac{2a-1}{3}\right)=\dfrac{2}{3}(a+1)^2.$$

依题意,$\dfrac{2}{3}(a+1)^2>6$,即 $(a+1)^2>9$,也即 $|a+1|>3$,解得 $a+1>3$ 或 $a+1<-3$(因 $a>0$,舍去). 所以求得 $a>2$,即 a 的取值范围是 $(2,+\infty)$.

题8 一个正实数,其小数部分、整数部分和其本身成等比数列,则该正实数的小数部分为_____.

思路剖析 设该正数的小数部分为 a,整数部分为 b,则此数为 $a+b$.依题意,有
$$a(a+b)=b^2, \qquad ①$$
即
$$a^2+ab-b^2=0.$$
解得
$$a=\frac{-b\pm\sqrt{b^2+4b^2}}{2},$$
亦即
$$a=\frac{-1\pm\sqrt{5}}{2}b. \qquad ②$$

若 $b=0$,则由式①,得 $a=0$,与正实数假设相矛盾.于是 $b>0$(不能为负数,不然与正实数假设相矛盾),$a>0$(由式②,知 a 不能为零),从而得 $a=\frac{-1+\sqrt{5}}{2}b$.因 $0<a<1$,故 $b=1$,即得 $a=\frac{\sqrt{5}-1}{2}$.因此,该正数的小数部分为 $\frac{\sqrt{5}-1}{2}$.

题9 对于非负整数 x,函数 $f(x)$ 的定义如下:
$$f(x)=\begin{cases}0, & x=0,\\ f\left(\dfrac{x}{10}\right)+\left[\lg\dfrac{10}{x-10\left[\dfrac{x-1}{10}\right]}\right], & x>0.\end{cases}$$

其中 $[x]$ 代表不超过 x 的最大整数.试问:$f(x)$ 在 $0\leqslant x\leqslant 1999$ 中取最大值时,x 是多少?

思路剖析 设 $x=\overline{abcd}$ $(0\leqslant x\leqslant 1999)$,分 $d=0$ 和 $d\neq 0$ 两种情形讨论如下.

(i) 当 $d\neq 0$ $(x\neq 0)$ 时,将 $f(x)$ 记作
$$f_1(x)=f(\overline{abc})+\left[\lg\frac{10}{\overline{abcd}-\overline{abc0}}\right],$$
即
$$f_1(x)=f(\overline{abc})+\left[\lg\frac{10}{d}\right]. \qquad ①$$

(ii) 当 $d=0$ 时,将 $f(x)$ 记作
$$f_2(x)=f(\overline{abc})+[\lg 1],$$
即
$$f_2(x)=f(\overline{abc}).$$

因此 $f_1(x)\geqslant f_2(x)$,若要使 $f(x)$ 取得最大值,则在式①中,取 $d=1$.故
$$f(x)=f(\overline{abc})+1.$$
仿刚才做法,可得 $a=b=c=1$.故当 $x=1111$ 时,$\max\limits_{x\in[0,1999]}f(x)=4$.

题 10 设 $a = \sqrt{3x+1} + \sqrt{3y+1} + \sqrt{3z+1}$,其中 $x+y+z=1, x,y,z \geq 0$,则 $[a]=$ _____.($[x]$ 表示不超过实数 x 的最大整数)

思路剖释 采用平方法.由
$$\begin{aligned}a^2 &= 3x+1+3y+1+3z+1+2\sqrt{(3x+1)(3y+1)}\\&\quad +2\sqrt{(3y+1)(3z+1)}+2\sqrt{(3z+1)(3x+1)}\\&\leq 3x+1+3y+1+3z+1+(3x+1)+(3y+1)\\&\quad +(3y+1)+(3z+1)+(3z+1)+(3x+1)\\&=3[(3x+1)+(3y+1)+(3z+1)]\\&=3[3(x+y+z)+3]=3\times 6=18,\end{aligned}$$
得 $a \leq \sqrt{18} < 5$.

另一方面,$x,y,z \in [0,1]$,于是,$x \geq x^2, y \geq y^2, z \geq z^2$.故
$$\begin{aligned}a &= \sqrt{x+2x+1}+\sqrt{y+2y+1}+\sqrt{z+2z+1}\\&\geq \sqrt{x^2+2x+1}+\sqrt{y^2+2y+1}+\sqrt{z^2+2z+1}\\&=(x+1)+(y+1)+(z+1)=4,\end{aligned}$$
从而 $4 \leq a < 5$,因此 $[a]=4$.

注 本题用到 $\dfrac{a+b}{2} \geq \sqrt{ab}$($a,b$ 均为非负数).

题 11 已知函数 $f(x)=\begin{cases} x^2+2x+a, & x<0,\\ \ln x, & x>0,\end{cases}$ 其中 a 是实数. 设 $A(x_1,f(x_1))$, $B(x_2,f(x_2))$ 为该函数图像上的两点,且 $x_1<x_2$.

(1) 指出函数 $f(x)$ 的单调区间.

(2) 如函数 $f(x)$ 的图像在点 A, B 处的切线互相垂直,且 $x_2<0$,求 x_2-x_1 的最小值.

(3) 若函数 $f(x)$ 的图像在点 A, B 处的切线重合,求 a 的取值范围.

思路剖释 (1) 函数 $f(x)$ 的单调递减区间为 $(-\infty,-1)$,单调递增区间为 $[-1,0) \cup (0,+\infty)$.

(2) 由导数的几何意义可知,点 A 处的切线斜率为 $f'(x_1)$,点 B 处的切线斜率为 $f'(x_2)$,故当点 A 处的切线与点 B 处的切线垂直时,$f'(x_1)f'(x_2)=-1$.

当 $x<0$ 时,对函数 $f(x)$ 求导,得 $f'(x)=2x+2$.因为 $x_1<x_2<0$,所以 $(2x_1+2)(2x_2+2)=-1$,从而 $2x_1+x<0, 2x_2+2>0$,故
$$x_2-x_1=\dfrac{1}{2}[-(2x_1+2)+2x_2+2] \geq \sqrt{[-(2x_1+2)](2x_2+2)}=1.$$

当且仅当 $-(2x_1+2)=2x_2+2=1$,即 $x_1=-\dfrac{3}{2}$ 且 $x_2=-\dfrac{1}{2}$ 时等号成立.所以当函数 $f(x)$ 的图像在点 A,B 处的切线互相垂直时,x_2-x_1 的最小值为 1.

(3) (i) 当 $x_1<x_2<0$ 或 $x_2>x_1>0$ 时,$f'(x_1) \neq f'(x_2)$,故 $x_1<0<x_2$.

(ii) 当 $x_1<0$ 时,函数 $f(x)$ 的图像在点 $(x_1,f(x_1))$ 处的切线方程为

$$y - (x_1^2 + 2x_1 + a) = (2x_1 + 2)(x - x_1),$$

即 $y = (2x_1 + 2)x - x_1^2 + a$.

(iii) 当 $x_2 > 0$ 时,函数 $f(x)$ 的图像在点 $(x_2, f(x_2))$ 处的切线方程为

$$y - \ln x_2 = \frac{1}{x_2}(x - x_2),$$

即 $y = \frac{1}{x_2} \cdot x + \ln x_2 - 1$.

两切线重合的充要条件是

$$\begin{cases} \dfrac{1}{x_2} = 2x_1 + 2, & \text{①} \\ \ln x_2 - 1 = -x_1^2 + a. & \text{②} \end{cases}$$

由式①及 $x_1 < 0 < x_2$,知 $-1 < x_1 < 0$. 由式①、②,得

$$a = x_1^2 + \ln \frac{1}{2x_1 + 2} - 1 = x_1^2 - \ln(2x_1 + 2) - 1.$$

令 $t = \dfrac{1}{x_2}$,则 $0 < t < 2$,且 $a = \dfrac{1}{4}t^2 - t - \ln t$. 设 $h(t) = \dfrac{1}{4}t^2 - t - \ln t$ $(0 < t < 2)$,则

$$h'(t) = \frac{1}{2}t - 1 - \frac{1}{t} = \frac{(t-1)^2 - 3}{2t} < 0.$$

所以 $h(t)$ $(0 < t < 2)$ 为单调递减函数,$h(t) > h(2) = -\ln 2 - 1$,故 $a > -\ln 2 - 1$. 当 $t \in (0, 2)$ 且 t 趋近于 0 时,$h(t)$ 无限增大,所以 a 的取值范围是 $(-\ln 2 - 1, +\infty)$. 故当函数 $f(x)$ 的图像在点 A, B 处的切线重合时,a 的取值范围是 $(-\ln 2 - 1, +\infty)$.

题 12 求所有正整数 n,使得

$$n - [n\{\sqrt{n}\}] = 2 \quad \text{①}$$

成立. 这里 $[x]$ 表示不超过 x 的整数部分,$\{x\}$ 表示 x 的小数部分,即 $0 \leqslant \{x\} < 1, x = [x] + \{x\}$.

思路剖释 如果 n 是完全平方数,则记 $n = p^2$,从而 $\{\sqrt{n}\} = \{p\} = 0$. 由式①,得 $n = 2$,这与 n 为完全平方根矛盾,所以 n 不是完全平方数,故存在正整数 t 使得

$$(t-1)^2 < n < t^2. \quad \text{②}$$

此时 $[\sqrt{n}] = t - 1$. 原方程左边为

$$\begin{aligned}
n - [n\{\sqrt{n}\}] &= n - [n(\sqrt{n} - [\sqrt{n}])] \\
&= n - [n(\sqrt{n} - (t-1))] \\
&= n - [n\sqrt{n}] + (t-1)n \\
&= nt - [n\sqrt{n}], \quad \text{③}
\end{aligned}$$

因此原方程等价于

$$nt = 2 + [n\sqrt{n}]. \quad \text{④}$$

因 $(t-1)^2 < n < t^2$,故可设

$$n = t^2 - k. \qquad ⑤$$

(i) 当 $k \geqslant 2$ 时,有

$$n\sqrt{n+2} \leqslant n\sqrt{n+k} = nt = 2 + n[\sqrt{n}] \leqslant 2 + n\sqrt{n},$$

即

$$n(\sqrt{n+2} - \sqrt{n}) \leqslant 2.$$

两边同时乘以 $\sqrt{n+2} + \sqrt{n}$,得

$$2n \leqslant 2(\sqrt{n+2} + \sqrt{n}),$$

即

$$n \leqslant \sqrt{n+2} + \sqrt{n}.$$

上式两边平方,得

$$n^2 \leqslant 2n + 2 + 2\sqrt{n(n+2)} < 2n + 2 + 2(n+1),$$

这里用到 $n(n+2) < (n+1)^2$,因此,$n^2 < 4(n+1)$. 此式只有 $n = 1, 2, 3, 4$,才有可能成立. 分类讨论如下.

若 $n=1$,由式①,得 $0 = 2$,矛盾.

若 $n=2$,式①左边为 $2 - [2 \times 0.4142] = 2 - [0.8284\cdots] = 2$,故 $n=2$ 是原方程的一个解.

若 $n=3$,式①左边为 $3 - [3 \times 0.732\cdots] = 3 - 2 = 1$,不为 2,矛盾.

若 $n=4$,式①式左边为 $4 - [4 \times \{2\}] = 4 - [4 \times 0] = 4$,不为 2,矛盾.

综上所述,$n=2$ 是原方程的一个解.

(ii) 当 $k=1$ 时,得

$$n = t^2 - 1. \qquad ⑥$$

同理可得

$$n \leqslant 2(\sqrt{n+1} + \sqrt{n}) < 4\sqrt{n+1},$$

即 $t^2 - 1 < 4t$. 由此得 $t \leqslant 4$. 代入式⑥,得 $n = 3, 8, 15$.

仿照(i),经检验 $n=8, n=15$ 是原方程①的解,所以求得式①的解为 $n=2, n=8$ 和 $n=15$.

题 13 已知函数 $f(x) = \begin{cases} x^2 - x + 3, & x \leqslant 1, \\ x + \dfrac{2}{x}, & x > 1. \end{cases}$ 设 $a \in \mathbf{R}$,若关于 x 的不等式 $f(x) \geqslant \left|\dfrac{x}{2} + a\right|$ 在 $\mathbf{R}$ 上恒成立,则 a 的取值范围是( ).

A. $\left[-\dfrac{47}{16}, 2\right]$ B. $\left[-\dfrac{47}{16}, \dfrac{39}{16}\right]$ C. $[-2\sqrt{3}, 2]$ D. $\left[-2\sqrt{3}, \dfrac{39}{16}\right]$

思路剖释 **方法 1** 由于 $f'(x) = \begin{cases} 2x - 1, & x \leqslant 1, \\ 1 - \dfrac{2}{x^2}, & x > 1, \end{cases}$ 关于 x 的不等式 $f(x) \geqslant \left|\dfrac{x}{2} + a\right|$ 在

R 上恒成立,所以当直线 $y=\left|\dfrac{x}{2}+a\right|$ 与曲线 $f(x)$ 的两边相切时取得最值.

当 $x\leqslant 1$ 时,由 $2x-1=-\dfrac{1}{2}$,得 $x=\dfrac{1}{4}$,可得切点 $\left(\dfrac{1}{4},\dfrac{45}{16}\right)$,代入 $y=-\dfrac{x}{2}-a$,得 $a=-\dfrac{47}{16}$.

当 $x>1$ 时,由 $1-\dfrac{2}{x^2}=\dfrac{1}{2}$,得 $x=2$,可得切点 $(2,3)$,代入 $y=\dfrac{x}{2}+a$,得 $a=2$.

综上所述,$a\in\left[-\dfrac{47}{16},2\right]$.

方法 2 由关于 x 的不等式 $f(x)\geqslant\left|\dfrac{x}{2}+a\right|$ 在 R 上恒成立,解得

$$-f(x)-\dfrac{x}{2}\leqslant a\leqslant f(x)-\dfrac{x}{2}.$$

令 $g(x)=-f(x)-\dfrac{x}{2}$,$h(x)=f(x)-\dfrac{x}{2}$,则只要 $g(x)_{\max}\leqslant a\leqslant h(x)_{\min}$ 即可.

对于 $g(x)=-f(x)-\dfrac{x}{2}$,当 $x\leqslant 1$ 时,$g(x)=-f(x)-\dfrac{x}{2}=-\left(x-\dfrac{1}{4}\right)^2-\dfrac{47}{16}$,则当 $x=\dfrac{1}{4}$ 时取得最大值,为 $-\dfrac{47}{16}$;当 $x>1$ 时,$g(x)=-f(x)-\dfrac{x}{2}=-\dfrac{3x}{2}-\dfrac{2}{x}\leqslant -2\sqrt{3}$,当且仅当 $\dfrac{3x}{2}=\dfrac{2}{x}$,即 $x=\dfrac{2\sqrt{3}}{3}$ 时取得最大值,为 $-2\sqrt{3}$.故 $g(x)_{\max}=-\dfrac{47}{16}$.

对于 $h(x)=f(x)-\dfrac{x}{2}$,当 $x\leqslant 1$ 时,$h(x)=f(x)-\dfrac{x}{2}=\left(x-\dfrac{3}{4}\right)^2+\dfrac{37}{16}$,则当 $x=\dfrac{3}{4}$ 时取得最小值,为 $\dfrac{37}{16}$;当 $x>1$ 时,$h(x)=f(x)-\dfrac{x}{2}\geqslant 2$,当且仅当 $\dfrac{x}{2}=\dfrac{2}{x}$,即 $x=2$ 时取得最小值,为 2.故 $h(x)_{\min}=2$.

综上所述,$a\in\left[-\dfrac{47}{16},2\right]$.故选 A.

第 2 章 函数最值和二次问题

2.1 函 数 最 值

设函数 $y = f(x)$ 在区间 I 上有定义,如果存在一点 $\xi \in I$,使得 $\forall x \in I$,恒有
$$f(x) \leqslant f(\xi),$$
则称函数 $f(x)$ 在区间 I 上有最大值 $f(\xi)$,又称 $f(x)$ 可在 I 上取到最大值 $f(\xi)$,记作
$$f(\xi) = \max_{x \in I}\{f(x)\}.$$

同样,如果存在一点 $\eta \in I$,使得 $\forall x \in I$,恒有
$$f(x) \geqslant f(\eta),$$
则称函数 $f(x)$ 在区间 I 上有最小值 $f(\eta)$,又称 $f(x)$ 可在 I 上取到最小值 $f(\eta)$,记作
$$f(\eta) = \min_{x \in I}\{f(x)\}.$$

最大值与最小值统称为最值. 取到最大值的点 ξ 称为最大值点, 取到最小值的点 η 称为最小值点, 最大值点与最小值点统称为最值点.

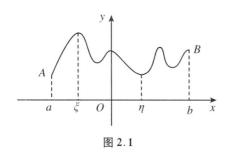

图 2.1

设函数 $y = f(x)$ 在闭区间 $[a, b]$ 上连续,则 $f(x)$ 必能在 $[a, b]$ 上取到最大值与最小值.

本定理从几何直观上看是十分明显的,如图 2.1 所示,在点 $A(a, f(a))$ 到点 $B(b, f(b))$ 的这条连续曲线上,$y = f(x)$ 具有峰点 $(\xi, f(\xi))$ 与谷点 $(\eta, f(\eta))$. 在峰点处,$f(x)$ 取得最大值 $f(\xi)$;在谷点处,$f(x)$ 取得最小值 $f(\eta)$.

题 1 若对于实数 x,函数 $f(x) = \sqrt{3x^2 + 7}$,$g(x) = x^2 + \dfrac{16}{x^2 + 1} - 1$,则函数 $g(f(x))$ 的最小值为 _____.

思路剖释 由题意,知
$$g(f(x)) = 3x^2 + 7 + \frac{16}{3x^2 + 8} - 1.$$

令 $t=3x^2+8(t\geqslant 8)$,则

$$h(t)=g(f(x))=t+\frac{16}{t}-2.$$

易知,$h(t)$ 是区间 $[8,+\infty)$ 内的单调递增函数,所以,$h(t)\geqslant h(8)=8$.故最小值为 8.

题 2 函数 $y=-4x+3\sqrt{4x^2+1}$ 的最小值为_____.

思路剖释 $y>-4x+3\sqrt{4x^2}=-4x+|6x|\geqslant 0$,原式为 $y+4x=3\sqrt{4x^2+1}$,两边平方,得

$$(y+4x)^2=9(4x^2+1).$$

整理,得

$$20x^2-8xy+(9-y^2)=0. \quad \text{①}$$

判别式

$$\Delta=64y^2-80(9-y^2)\geqslant 0.$$

得 $y^2\geqslant 5$.

又 $y>0$,则 y 的最小值为 $\sqrt{5}$. 最小值在 $x=\frac{1}{\sqrt{5}}$ 时取到.

注 将 $y=\sqrt{5}$ 代入式①,化简得 $(\sqrt{5}x-1)^2=0$.

题 3 求解下列各题.

(1) 函数 $y=2x-5+\sqrt{11-3x}$ 的最大值是_____.

(2) 已知函数 $f(x)=\begin{cases}x+\dfrac{2}{x}-3, & x\geqslant 1,\\ \lg(x^2+1), & x<1,\end{cases}$ 则 $f(f(-3))=$_____,$f(x)$ 的最小值是 _____.

思路剖释 (1) 令 $\sqrt{11-3x}=t$,则

$$\begin{aligned}6y&=12x-30+6\sqrt{11-3x}\\&=-4(11-3x)+6\sqrt{11-3x}+14\\&=-4t^2+6t+14\\&=-\left(2t-\frac{3}{2}\right)^2+\frac{65}{4}\leqslant\frac{65}{4}.\end{aligned}$$

故 $y\leqslant\dfrac{65}{24}$,当 $t=\dfrac{3}{4}$,即 $x=\dfrac{167}{48}$ 时取得等号.

(2) 因为 $f(-3)=\lg 10=1$,所以 $f(f(-3))=f(1)=1+2-3=0$.

(i) 当 $x\geqslant 1$ 时,$f(x)=x+\dfrac{2}{x}-3\geqslant 2\sqrt{2}-3$,当且仅当 $x=\sqrt{2}$ 时取等号;

(ii) 当 $x<1$ 时,$x^2+1\geqslant 1$,$\lg(x^2+1)\geqslant 0$,当且仅当 $x=0$ 时取等号,又 $2\sqrt{2}-3<0$,所以 $f(x)$ 的最小值是 $2\sqrt{2}-3$.

题 4 设 $f^{-1}(x)$ 为 $f(x)=2^{x-2}+\dfrac{x}{2}(x\in[0,2])$ 上的反函数,则 $y=f(x)+f^{-1}(x)$ 的最大值为 _____.

思路剖析 因为 $f(x)=2^{x-2}+\dfrac{x}{2}(x\in[0,2])$ 在定义域上单调递增,又 $f(0)=\dfrac{1}{4}$,$f(2)=2$,故 $f(x)$ 的反函数 $f^{-1}(x)$ 在 $\left[\dfrac{1}{4},2\right]$ 上也是单调递增的. 于是 $y=f(x)+f^{-1}(x)$ 在其定义域上的最大值为 $f(2)+f^{-1}(2)=2+2=4$.

题 5 设正实数 x,y,z 满足 $x^2-3xy+4y^2-z=0$,则当 $\dfrac{xy}{z}$ 取得最大值时,$\dfrac{2}{x}+\dfrac{1}{y}-\dfrac{2}{z}$ 的最大值为(   ).

A. 0   B. 1   C. $\dfrac{9}{4}$ D. 3

思路剖析 由题设,得 $z=x^2-3xy+4y^2$,代入 $\dfrac{xy}{z}$,得 $\dfrac{xy}{z}=\dfrac{xy}{x^2-3xy+4y^2}=\dfrac{1}{\dfrac{x}{y}+\dfrac{4y}{x}-3}$.

利用均值不等式,知
$$\dfrac{x}{y}+\dfrac{4y}{x}\geqslant 2\sqrt{\dfrac{x}{y}\cdot\dfrac{4y}{x}}=4,$$
于是
$$\dfrac{xy}{z}\leqslant\dfrac{1}{4-3}=1.$$

当且仅当 $\dfrac{x}{y}=\dfrac{4y}{x}$ 时,等号成立. 取 $x=2y$,从而 $z=2y^2$,此时,
$$\dfrac{2}{x}+\dfrac{1}{y}-\dfrac{2}{z}=\dfrac{1}{y}+\dfrac{1}{y}-\dfrac{2}{2y^2}=\dfrac{2}{y}-\dfrac{1}{y^2}$$
$$=-\left(\dfrac{1}{y}-1\right)^2+1\leqslant 1.$$

故选 B.

题 6 设 $a,b\in[0,1]$,求 $S=\dfrac{a}{1+b}+\dfrac{b}{1+a}+(1-a)(1-b)$ 的最大值和最小值.

思路剖析 易知
$$S=\dfrac{a}{1+b}+\dfrac{b}{1+a}+(1-a)(1-b)$$
$$=\dfrac{1+a+b+a^2b^2}{(1+a)(1+b)}$$
$$=1-\dfrac{ab(1-ab)}{(1+a)(1+b)}\leqslant 1,$$

于是,当 $ab=0$ 或 $ab=1$ 时,上式等号成立.所以,S 的最大值为 1.

令 $T=\dfrac{ab(1-ab)}{(1+a)(1+b)}$,$x=\sqrt{ab}$,则

$$T=\dfrac{ab(1-ab)}{1+a+b+ab}\leqslant \dfrac{ab(1-ab)}{1+2\sqrt{ab}+ab}$$
$$=\dfrac{x^2(1-x^2)}{(1+x)^2}=\dfrac{x^2(1-x)}{1+x}.$$

下证

$$\dfrac{x^2(1-x)}{1+x}\leqslant \dfrac{5\sqrt{5}-11}{2}. \qquad ①$$

事实上,式①即是

$$\left(x-\dfrac{\sqrt{5}-1}{2}\right)^2(x+\sqrt{5}-2)\geqslant 0,$$

所以 $T\leqslant \dfrac{5\sqrt{5}-11}{2}$,从而 $S\geqslant \dfrac{13-5\sqrt{5}}{2}$.当 $a=b=\dfrac{\sqrt{5}-1}{2}$ 时,上式等号成立.所以,S 的最小值为 $\dfrac{13-5\sqrt{5}}{2}$.

题 7 若实数 x,y 满足 $2x^2+3xy+2y^2=1$,则 $x+y+xy$ 的最小值为 _____.

思路剖释 令

$$k=x+y+xy, \qquad ①$$

则

$$xy=k-(x+y), \qquad ②$$

于是 $2x^2+3xy+2y^2=1$,配方,得

$$2(x+y)^2=1+xy, \qquad ③$$

将式②代入式③,得

$$2(x+y)^2=k-(x+y)+1.$$

故

$$2(x+y)^2+(x+y)-(k+1)=0. \qquad ④$$

将上式视为关于 $x+y$ 的二次方程,由 $x+y$ 为实数,知判别式 $\Delta=1+8(k+1)\geqslant 0$,得 $k\geqslant -\dfrac{9}{8}$.故 $-\dfrac{9}{8}$ 为所求.

变题:等号何时成立?换言之,取到最小值时,$x=?$ $y=?$

当 $k=-\dfrac{9}{8}$ 时,式④的解为(判别式为 0)

$$x+y=\dfrac{-1}{2\times 2}=-\dfrac{1}{4}. \qquad ⑤$$

代入式②,得

$$xy=-\dfrac{9}{8}+\dfrac{1}{4}=-\dfrac{7}{8}. \qquad ⑥$$

构造一元二次方程,使得两根之和为 $\frac{1}{4}$,两根之积为 $-\frac{7}{8}$,得
$$t^2 + \frac{t}{4} - \frac{7}{8} = 0,$$
即
$$8t^2 + 2t - 7 = 0.$$
解得 $t_1 = \frac{-1+\sqrt{57}}{8}, t_2 = \frac{-1-\sqrt{57}}{8}$. 因此,取到最小值时,有
$$\begin{cases} x = \frac{-1+\sqrt{57}}{8}, \\ y = \frac{-1-\sqrt{57}}{8}, \end{cases} 或 \begin{cases} x = \frac{-1-\sqrt{57}}{8}, \\ y = \frac{-1+\sqrt{57}}{8}. \end{cases}$$

题 8 函数 $f(x) = a^{2x} + 3a^x - 2(a>0, a\neq 1)$ 在区间 $x \in [-1, 1]$ 上的最大值为 8,求它在这个区间上的最小值.

思路剖释 令 $a^x = y$,则原函数化为
$$g(y) = y^2 + 3y - 2,$$
且 $g(y)$ 在 $\left(-\frac{3}{2}, +\infty\right)$ 内是单调递增的.

(i) 当 $0 < a < 1$ 时,$y \in [a, a^{-1}]$,$g(y)_{\max} = a^{-2} + 3a^{-1} - 2 = 8 \Rightarrow a^{-1} = 2 \Rightarrow a = \frac{1}{2}$. 故 $g(y)_{\min} = \left(\frac{1}{2}\right)^2 + 3 \times \frac{1}{2} - 2 = -\frac{1}{4}$.

(ii) 当 $a > 1$ 时,$y \in [a^{-1}, a]$,$g(y)_{\max} = a^2 + 3a - 2 = 8 \Rightarrow a = 2$. 故 $g(y)_{\min} = 2^{-2} + 3 \times 2^{-1} - 2 = -\frac{1}{4}$.

综上所述,$f(x)$ 在 $x \in [-1, 1]$ 上的最小值为 $-\frac{1}{4}$.

题 9 设二次函数 $f(x) = ax^2 + bx + c$ 满足条件:
(1) 当 $x \in \mathbf{R}$ 时,$f(x-4) = f(2-x)$,且 $f(x) \geq x$.
(2) 当 $x \in (0, 2)$ 时,$f(x) \leq \left(\frac{x+1}{2}\right)^2$.
(3) $f(x)$ 在 $\mathbf{R}$ 上的最小值为 0.

求最大的 $m(m>1)$,使得存在 $t \in \mathbf{R}$,只要 $x \in [1, m]$,就有 $f(x+t) \leq x$.

思路剖释 因为 $f(x-4) = f(2-x)$,所以函数 $f(x)$ 的图像关于直线 $x = -1$ 对称,则 $-\frac{b}{2a} = -1$,即 $b = 2a$. 由条件(3),得 $f(-1) = 0$,故 $a - b + c = 0$. 由条件(1),得 $f(1) \geq 1$. 由条件(2),得 $f(1) \leq 1$,所以 $f(1) = 1$,即 $a + b + c = 1$. 故有
$$\begin{cases} b = 2a, \\ a - b + c = 0, \\ a + b + c = 1, \end{cases}$$

求得 $b=\frac{1}{2}, a=\frac{1}{4}, c=\frac{1}{4}$. 所以 $f(x)=\frac{1}{4}x^2+\frac{1}{2}x+\frac{1}{4}$.

假设存在 $t\in\mathbf{R}$, 只要 $x\in[1,m]$, 就有 $f(x+t)\leqslant x$, 取 $x=1$, 有 $f(1+t)\leqslant 1$, 即 $\frac{1}{4}(t+1)^2+\frac{1}{2}(t+1)+\frac{1}{4}\leqslant 1$, 解得 $-4\leqslant t\leqslant 0$.

对 $-4\leqslant t\leqslant 0$, 取 $x=m$, 有 $f(m+t)\leqslant m$, 即 $\frac{1}{4}(t+m)^2+\frac{1}{2}(t+m)+\frac{1}{4}\leqslant m$, 化简得 $m^2-2(1-t)m+t^2+2t+1\leqslant 0$, 解得 $(1-t)-\sqrt{-4t}\leqslant m\leqslant(1-t)+\sqrt{-4t}$, 所以有 $m\leqslant(1-t)-\sqrt{-4t}\leqslant 1-(-4)+\sqrt{-4\cdot(-4)}=9$. 当 $t=-4$ 时, 对任意的 $x\in[1,9]$, 恒有 $f(x-4)-x=\frac{1}{4}(x^2-10x+9)=\frac{1}{4}(x-1)(x-9)\leqslant 0$, 所以 m 的最大值为 9.

题 10 已知 $f(x)=x^2+2px-2$ 在区间 $[-2,0]$ 上的最小值为 $g(p)$.

(1) 求 $g(p)$ 的表达式;

(2) 当 $g(p)=-3$ 时, 求 $f(x)$ 在区间 $[-2,0]$ 上的最大值.

思路剖释 (1) $f(x)=x^2+2px-2=(x+p)^2-p^2-2$.

(i) 当 $-p<-2$, 即 $p>2$ 时, $f(x)$ 在区间 $[-2,0]$ 上的最小值为 $f(-2)=2-4p$.

(ii) 当 $-2\leqslant -p\leqslant 0$, 即 $0\leqslant p\leqslant 2$ 时, $f(x)$ 在区间 $[-2,0]$ 上的最小值为 $f(-p)=-p^2-2$.

(iii) 当 $-p>0$, 即 $p<0$ 时, $f(x)$ 在区间 $[-2,0]$ 上的最小值为 $f(0)=-2$. 故有

$$g(p)=\begin{cases} 2-4p, & p>2, \\ -p^2-2, & 0\leqslant p\leqslant 2, \\ -2, & p<0. \end{cases}$$

(2) 由 $g(p)=-3$, 知 $\begin{cases} p>2, \\ 2-4p=-3 \end{cases}$ 或 $\begin{cases} 0\leqslant p\leqslant 2, \\ -p^2-2=-3 \end{cases}$. 故 $p=1$, $f(x)=x^2+2x-2=(x+1)^2-3$. 所以 $f(x)$ 在区间 $[-2,0]$ 上的最大值为 -2.

题 11 已知函数 $f(x)=ax^2+2bx+4c(a,b,c\in\mathbf{R})$.

(1) 若 $a+c=0$, 且 $f(x)$ 在 $[-2,2]$ 上的最大值是 $\frac{2}{3}$, 最小值是 $-\frac{1}{2}$, 求证: $\left|\frac{b}{a}\right|\leqslant 2$.

(2) 当 $b=4$, $c=\frac{3}{4}$ 时, 对于给定的负数 a, 有一个最大的正数 $M(a)$, 使得 $x\in[0,M(a)]$ 时都有 $|f(x)|\leqslant 5$, 问: a 为何值时, $M(a)$ 最大? 并求出这个最大值 $M(a)$.

思路剖释 (1) 涉及二次函数的问题, 二次项系数的正负决定了二次函数图像的开口方向, 也影响到最值. 对于给定区间上的二次函数的最值问题, 需要讨论对称轴与区间端点的关系, 结合图像的单调性来完成.

(1) 分类讨论如下.

(i) 若 $a=0$, 由 $a+c=0$, 得 $c=0$, 则

$$f(x)=2bx.$$

当 $x \in [-2,2]$ 时,$f_{\min}(x) = -4|b| = -\dfrac{1}{2}$,$f_{\max}(x) = 4|b| = \dfrac{2}{3}$,无解. 故 $a \neq 0$.

(ii) 若 $a \neq 0$,则 $c = -a$,所以

$$f(x) = ax^2 + 2bx - 4a = a\left(x + \dfrac{b}{a}\right)^2 - 4a - \dfrac{b^2}{a}.$$

若 $\left|\dfrac{b}{a}\right| > 2$,则有 $-\dfrac{b}{a} < -2$ 或 $-\dfrac{b}{a} > 2$,即 $-\dfrac{b}{a} \notin [-2,2]$,可以判断 $f(x)$ 为 $[-2,2]$ 上的单调函数,所以 $f_{\min}(x) = -4|b| = -\dfrac{1}{2}$,$f_{\max}(x) = 4|b| = \dfrac{2}{3}$,无解. 故 $\left|\dfrac{b}{a}\right| \leqslant 2$.

(2) 当 $b = 4$,$c = \dfrac{3}{4}$ 时,则

$$f(x) = a\left(x + \dfrac{4}{a}\right)^2 + 3 - \dfrac{16}{a}.$$

因为 $a < 0$,所以当 $x = -\dfrac{4}{a}$ 时,$f(x)$ 取最大值 $3 - \dfrac{16}{a}$,讨论如下.

(i) 若 $3 - \dfrac{16}{a} > 5$,即 $-8 < a < 0$,则 $0 < M(a) < -\dfrac{4}{a}$. 此时,函数 $f(x)$ 在 $[0, M(a)]$ 上是单调递增函数,所以 $f_{\max}(x) = f(M(a)) \leqslant 5$,即

$$aM^2(a) + 8M(a) + 3 \leqslant 5 \Rightarrow aM^2(a) + 8M(a) - 2 \leqslant 0 \,(a < 0).$$

故 $M(a) \leqslant \dfrac{-8 + \sqrt{64 + 8a}}{2a} = \dfrac{4}{\sqrt{64 + 8a} + 8} < \dfrac{1}{2}$.

(ii) 若 $3 - \dfrac{16}{a} \leqslant 5$,则 $a \leqslant -8$,而 $f(0) = 3$,此时,$f(M(a)) \geqslant -5$,即

$$aM^2(a) + 8M(a) + 3 \geqslant -5 \Rightarrow aM^2(a) + 8M(a) + 8 \geqslant 0 \,(a < 0),$$

所以

$$M(a) \leqslant \dfrac{-8 - \sqrt{64 - 32a}}{2a} = \dfrac{16}{\sqrt{64 - 32a} - 8} = \dfrac{4}{\sqrt{4 - 2a} - 2} \leqslant \dfrac{4}{\sqrt{20} - 2} = \dfrac{\sqrt{5} + 1}{2},$$

当且仅当 $a = -8$ 时取等号. 由于 $\dfrac{\sqrt{5} + 1}{2} > \dfrac{1}{2}$,所以当 $a = -8$ 时,$M(a)$ 取最大值 $\dfrac{\sqrt{5} + 1}{2}$.

题 12 求证:$\sqrt{3} + \sqrt{7} < 2\sqrt{5}$.

思路剖释 若 $a_1, a_2, a_3, a_4 \in (0, +\infty)$,且满足

$$a_1 < a_2 \leqslant a_3 < a_4, \quad 且 \quad a_1 + a_4 = a_2 + a_3 = A,$$

则函数 $f(x) = \sqrt{A - x} + \sqrt{x} = \sqrt{A + 2\sqrt{-\left(x - \dfrac{A}{2}\right)^2 + \dfrac{1}{4}A^2}} \,(x \geqslant 0)$ 在区间 $\left[0, \dfrac{A}{2}\right]$ 上单调递增. 显然,$a_1, a_2 \in \left[0, \dfrac{A}{2}\right]$,故有 $f(a_1) < f(a_2)$.

方法 1 构造函数 $f(x) = \sqrt{10 - x} + \sqrt{x} \,(x \geqslant 0)$,于是 $f(x) = \sqrt{(\sqrt{10 - x} + \sqrt{x})^2} = \sqrt{10 + 2\sqrt{-(x - 5)^2 + 25}}$ 在区间 $[0, 5]$ 上单调递增. 由 $f(3) < f(5)$,得 $\sqrt{3} + \sqrt{7} < 2\sqrt{5}$.

方法 2 构造函数 $f(x)=\sqrt{x+1}-\sqrt{x}$，即
$$f(x)=\frac{1}{\sqrt{x+1}+\sqrt{x}}\quad (x\geqslant 0).$$

当 $x\geqslant 0$ 时，函数 $f(x)$ 为单调递减函数，故 $f(3)>f(6)$，即 $\sqrt{4}-\sqrt{3}>\sqrt{7}-\sqrt{6}$，亦即 $\sqrt{3}+\sqrt{7}<\sqrt{4}+\sqrt{6}$．又 $f(4)>f(5)$，故 $\sqrt{5}-\sqrt{4}>\sqrt{6}-\sqrt{5}$，即 $\sqrt{4}+\sqrt{6}<\sqrt{5}+\sqrt{5}=2\sqrt{5}$，从而 $\sqrt{3}+\sqrt{7}<2\sqrt{5}$．

题 13 设正系数一元二次方程 $ax^2+bx+c=0$ 有实根，证明：$\max\{a,b,c\}\geqslant\dfrac{4}{9}(a+b+c)$．

思路剖释 在 a,b,c 三元中，根据 $\max\{a,b,c\}$ 分别对 a,b,c 进行分类讨论．

(i) 当 $a=\max\{a,b,c\}$ 时，要证的结论转化为 $a>\dfrac{4}{5}(b+c)$．

由已知，得 $x^2+\dfrac{b}{a}x+\dfrac{c}{a}=0$ 有实根．不妨令 $\dfrac{b}{a}=\lambda,\dfrac{c}{a}=u$，则 $\Delta=\lambda^2-4u\geqslant 0$，即 $u\leqslant\dfrac{1}{4}\lambda^2$，于是 $\lambda+u\leqslant\dfrac{1}{4}\lambda^2+\lambda$．注意到 $\lambda\in(0,1]$，因此 $\lambda+u\leqslant\dfrac{1}{4}+1=\dfrac{5}{4}$，则 $\dfrac{b}{a}+\dfrac{c}{a}\leqslant\dfrac{5}{4}$，$a\geqslant\dfrac{4}{5}(b+c)$．故此时结论成立．

(ii) 当 $b=\max\{a,b,c\}$ 时，要证的结论转化为 $b>\dfrac{4}{5}(a+c)$．

由已知，得 $\dfrac{a}{b}x^2+x+\dfrac{c}{b}=0$ 有实根．不妨令 $\dfrac{a}{b}=\lambda,\dfrac{c}{b}=u$，则 $\Delta=1-4\lambda u\geqslant 0$，即 $u\leqslant\dfrac{1}{4\lambda}$，于是 $\lambda+u\leqslant\lambda+\dfrac{1}{4\lambda}$．当 $\lambda\in\left(0,\dfrac{1}{4}\right)$ 时，$u\in(1,+\infty)$，与 $u<1$ 矛盾；当 $\lambda\in\left[\dfrac{1}{4},1\right]$ 时，$\lambda+\dfrac{1}{4\lambda}\leqslant\dfrac{5}{4}$ 成立，即 $\lambda+u\leqslant\dfrac{5}{4}$ 成立，则 $\dfrac{a}{b}+\dfrac{c}{b}\leqslant\dfrac{5}{4}$，$b\geqslant\dfrac{4}{5}(a+c)$，于是结论成立．

(iii) 当 $c=\max\{a,b,c\}$ 时，类似(1)可证结论成立．

综上所述，结论成立．

2.2 数集和代数式的最值

设 X 是一个数集．若 $\forall x\in X$，有 $x\leqslant M$，即数集 X 内的任何 x 都小于某个常数 M，则称 M 为数集 X 的一个上界；同样，若 $\forall x\in X$，有 $x\geqslant m$，即数集 X 内的任何 x 都大于某个常数 m，则称 m 为数集 X 的一个下界．既有上界又有下界的数集称为有界集．无上界或无下界的数集统称为无界集．

例如，数集 $X=(0,1)$ 是有界集，可取 1 作为上界，0 作为下界．又如，自然数集合 $\mathbf{N}$ 可取

0 为下界,但无上界,因此,$\mathbf{N}$ 是无界集.进一步地,对于数集 $X=(0,1)$,小于 0 的数都可作为 X 的下界;大于 1 的数都可作为 X 的上界.从而可以断言:若 X 是有界集,则具有无限多个上界与无限多个下界.

若数集 X 有上界,则 X 的最小上界称为 X 的上确界,记作 $\sup X$;若数集 X 有下界,则 X 的最大下界称为 X 的下确界,记作 $\inf X$.

例如,$X=(0,1)$,则 $\sup X=1$,$\inf X=0$.此时,X 的上确界与下确界都不属于数集 X.又如,

$$X=\left\{-1,\frac{1}{2},-\frac{1}{3},\frac{1}{4},\cdots,(-1)^n\frac{1}{n},\cdots\right\},$$

则 $\sup X=\frac{1}{2}$,$\inf X=-1$.此时,X 的上确界与下确界都属于集合 X.关于上、下确界有下面的确界定理.

每一个非空的有上界(或有下界)的集合具有唯一的上确界(或下确界).

如果数集 Z 能取得上确界 $\sup Z$,则它就是数集 Z 的最大值 $\max Z$;如果数集 Z 能取得下确界 $\inf Z$,则它就是数集 Z 的最小值 $\min Z$.

题 1 已知 $a^2+b^2+c^2=1$,求 $ab+bc+ca$ 的最大值和最小值.

思路剖释 利用代数公式和恒等变形.

先求最大值.因为 $a^2+b^2+c^2-ab-bc-ca=\frac{1}{2}[(a-b)^2+(b-c)^2+(c-a)^2]$ 非负,所以 $a^2+b^2+c^2-ab-bc-ca\geqslant 0$,从而 $ab+bc+ca\leqslant a^2+b^2+c^2=1$.故当且仅当 $a=b=c=\frac{1}{\sqrt{3}}$ 时,$ab+bc+ca$ 取得最大值 1.

再求最小值.因为 $|a||b+c|\leqslant\frac{a^2+(b+c)^2}{2}$,所以

$$ab+bc+ca=a(b+c)+bc\geqslant-\frac{a^2+(b+c)^2}{2}+bc$$

$$=-\frac{a^2+b^2+c^2}{2}=-\frac{1}{2}.$$

故当且仅当 $a+b+c=0$ 且 $a^2+b^2+c^2=1$,即 $a=\frac{2}{\sqrt{6}}$,$b=-\frac{1}{\sqrt{6}}$,$c=-\frac{1}{\sqrt{6}}$ 时,$ab+bc+ca$ 取得最小值 $-\frac{1}{2}$.

题 2 已知 $a,b,c\in\mathbf{R}^+$,满足 $abc(a+b+c)=1$.

(1) 求 $S=(a+c)(b+c)$ 的最小值;

(2) 当 S 取最小值时,求 c 的最大值.

思路剖释 (1) 因为

$$(a+c)(b+c)=ab+ac+bc+c^2=ab+(a+b+c)c=ab+\frac{1}{ab}$$

$$\geqslant 2\sqrt{ab \cdot \frac{1}{ab}} = 2,$$

等号成立的条件是 $ab=1$. 当 $a=b=1, c=\sqrt{2}-1$ 时，S 可取最小值 2.

(2) 当 S 取最小值时，$ab=1$，从而 $c(a+b+c)=1$，即 $c^2+(a+b)c-1=0$. 令 $t=a+b$，则 $t \geqslant 2\sqrt{ab}=2$，从而 $c = \frac{-t+\sqrt{t^2+4}}{2}$ 或 $c = \frac{-t-\sqrt{t^2+4}}{2} < 0$ (舍去). 故 $c = \frac{-t+\sqrt{t^2+4}}{2} = \frac{2}{\sqrt{t^2+4}+t}$，它在 $t \in [2,+\infty)$ 内单调递减，所以在 $t=2$ 时，c 有最大值，为 $\sqrt{2}-1$.

题 3 设 $a, b, c > 0$，且 $ab=2, a^2+b^2+c^2=6$，求 $bc+ca$ 的最大值.

思路剖析 方法 1 $6-c^2=a^2+b^2 \geqslant 2ab=4$，即 $0 < c^2 \leqslant 2$，故 $0 < c \leqslant \sqrt{2}$，所以
$$bc+ca \leqslant \frac{b^2+c^2}{2}+\frac{c^2+a^2}{2} = \frac{1}{2}c^2+3 \leqslant 4 \quad (\text{因为 } 0 < c \leqslant \sqrt{2}).$$

当且仅当 $c=\sqrt{2}, a=b=\sqrt{2}$ 时，$bc+ca$ 取到最大值 4.

方法 2 因为 $a^2+b^2+c^2=6$，所以 $(a+b)^2=10-c^2$，即 $a+b=\sqrt{10-c^2}$，从而 a, b 为一元二次方程 $t^2-\sqrt{10-c^2}\,t+2=0$ 的两个根，故其判别式 $\Delta=10-c^2-8 \geqslant 0$，求得 $0 < c \leqslant \sqrt{2}$. 故
$$(bc+ca)^2 = c^2(a+b)^2 = c^2(10-c^2) = -(c^2-5)^2+25.$$

因 $0 < c \leqslant \sqrt{2}$，故当 $c=\sqrt{2}$ ($a=b=\sqrt{2}$) 时，$bc+ca$ 取到最大值 4.

方法 3 构造向量 $\boldsymbol{m}=(a,b,c), \boldsymbol{n}=(b,c,a)$.

由 $\boldsymbol{m} \cdot \boldsymbol{n} \leqslant |\boldsymbol{m}||\boldsymbol{n}|$，得
$$ab+bc+ca \leqslant \sqrt{a^2+b^2+c^2} \cdot \sqrt{a^2+b^2+c^2} = a^2+b^2+c^2 = 6,$$

即 $2+bc+ca \leqslant 6$，故 $bc+ca \leqslant 4$. 当且仅当 $\frac{a}{b}=\frac{b}{c}=\frac{c}{a}$，即 $a=b=c$ 时，等号成立，而 $ab=2$，故 $a=b=c=\sqrt{2}$ 时取到最大值 4.

题 4 设 $f(x)=(x^2-8x+c_1)(x^2-8x+c_2)(x^2-8x+c_3)(x^2-8x+c_4)$，$M=\{x|f(x)=0\}$. 已知 $M=\{x_1,x_2,x_3,x_4,x_5,x_6,x_7,x_8\} \subseteq \mathbf{N}$，那么 $\max\{c_1,c_2,c_3,c_4\} - \min\{c_1,c_2,c_3,c_4\} = \underline{\qquad}$.

思路剖析 题设中 $M=\{x|f(x)=0\}$ 表示函数 $f(x)$ 零点所构成的集合，又已知 $M=\{x_1,x_2,x_3,x_4,x_5,x_6,x_7,x_8\} \subseteq \mathbf{N}$，说明 $f(x)=0$ 有 8 个自然数根，而 $\{c_1,c_2,c_3,c_4\}$ 是一个四元集. 令 $x^2-8x+c=0$ 的两根为 α, β，则 $\alpha+\beta=8$. (α,β) 的不等非负整数值只有 $(0,8),(1,7),(2,6),(3,5)$，因为 $0 \times 8=0, 1 \times 7=7, 2 \times 6=12, 3 \times 5=15$，所以 $\{c_1,c_2,c_3,c_4\}=\{0,7,12,15\}$，故 $\max\{c_1,c_2,c_3,c_4\}=15, \min\{c_1,c_2,c_3,c_4\}=0$. 因此，原式 $=15-0=15$.

题5 设集合 $\left\{\dfrac{3}{a}+b \mid 1\leqslant a\leqslant b\leqslant 2\right\}$ 中的最大元素与最小元素分别为 M,m,则 $M-m$ 的值为_____.

思路剖释 由 $1\leqslant a\leqslant b\leqslant 2$,知 $\dfrac{3}{a}+b\leqslant\dfrac{3}{1}+2=5$,当 $a=1,b=2$ 时,得最大元素 $M=5$. 又 $\dfrac{3}{a}+b\geqslant\dfrac{3}{a}+a\geqslant 2\sqrt{\dfrac{3}{a}\cdot a}=2\sqrt{3}$,当 $a=b=\sqrt{3}$ 时,取得最小元素 $m=2\sqrt{3}$. 因此 $M-m=5-2\sqrt{3}$.

题6 若实数 a,b,c 满足
$$2^a+4^b=2^c,\quad 4^a+2^b=4^c,$$
求 c 的最小值.

思路剖释 令 $2^a=x(>0),2^b=y(>0),2^c=z(>0)$,则有
$$\begin{cases}x+y^2=z,\\ x^2+y=z^2,\end{cases}$$
问题转化为解此不定方程组,采用消元法,则有
$$z^2-y=x^2=(z-y^2)^2=z^2-2zy^2+y^4,$$
消去 z^2,解出
$$\begin{aligned}z&=\dfrac{y^4+y}{2y^2}=\dfrac{1}{2}\left(y^2+\dfrac{1}{y}\right)=\dfrac{1}{4}\left(2y^2+\dfrac{1}{y}+\dfrac{1}{y}\right)\\ &\geqslant\dfrac{1}{4}\times 3\times\sqrt[3]{2y^2\times\dfrac{1}{y}\times\dfrac{1}{y}}\\ &=\dfrac{3}{4}\sqrt[3]{2}.\end{aligned}$$
当 $2y^2=\dfrac{1}{y}$,即 $y=\dfrac{1}{\sqrt[3]{2}}$ 时,$z_{\min}=\dfrac{3}{4}\sqrt[3]{2}$. 此时,
$$x=z-y^2=\dfrac{3}{4}\sqrt[3]{2}-\left(\dfrac{1}{\sqrt[3]{2}}\right)^2=\dfrac{3}{4}\sqrt[3]{2}-\left(\dfrac{\sqrt[3]{4}}{2}\right)^2=\dfrac{3}{4}\sqrt[3]{2}-\dfrac{1}{4}(2\sqrt[3]{2})=\dfrac{\sqrt[3]{2}}{4}.$$
由 $c=\log_2 z$,知
$$c_{\min}=\log_2\left(\dfrac{3}{4}\sqrt[3]{2}\right)=\log_2 3+\log_2\sqrt[3]{2}-\log_2 4=\log_2 3+\dfrac{1}{3}-2=\log_2 3-\dfrac{5}{3}.$$

题7 设 $a>0,b>0$ 满足
$$ab(a+b)=4, \qquad\qquad ①$$
则 $2a+b$ 的最小值为_____.

思路剖释 采用平方法,因
$$(2a+b)^2=4a^2+4ab+b^2=4(a^2+ab)+b^2, \qquad\qquad ②$$
故由式①,得
$$a(a+b)=\dfrac{4}{b},$$

即
$$a^2 + ab = \frac{4}{b}.$$

上式代入式②,得
$$(2a+b)^2 = \frac{16}{b} + b^2 = \frac{8}{b} + \frac{8}{b} + b^2$$
$$\geqslant 3 \times \sqrt[3]{\frac{8}{b} \times \frac{8}{b} \times b^2}$$
$$= 3 \times 4 = 12.$$

当 $b^2 = \frac{8}{b}$,即 $b = 2$ 时,上式等号成立. 此时,$a = \sqrt{3} - 1, b = 2$. 因此 $2a + b$ 的最小值为 $2\sqrt{3}$.

题 8 求解下列各题.

(1) 设 $x, y \in \mathbf{R}$,则 $\dfrac{2x + \sqrt{2}y}{2x^4 + 4y^4 + 9}$ 的最大值为 _____.

(2) 设 $x, y, z \in \mathbf{R}^+$,$x + y + z = 1$,则代数式 xy^2z^3 的最大值是 _____.

思路剖释 (1) 分母 x^4 开 4 次方为 x,故考虑用均值不等式,则有
$$2x^4 + 2 + 2 + 2 \geqslant 4 \cdot \sqrt[4]{2x^4 \times 2 \times 2 \times 2} = 8x, \qquad ①$$
$$4y^4 + 1 + 1 + 1 \geqslant 4 \cdot \sqrt[4]{4y^4 \times 1 \times 1 \times 1} = 4\sqrt{2}y. \qquad ②$$

由①+②,得
$$2x^4 + 4y^4 + 9 \geqslant 8x + 4\sqrt{2}y,$$

从而
$$\frac{2x + \sqrt{2}y}{2x^4 + 4y^4 + 9} \leqslant \frac{1}{4}.$$

当 $2x^4 = 2$,且 $4y^4 = 1$,即 $x = 1, y = \dfrac{\sqrt{2}}{2}$ 时,取到最大值 $\dfrac{1}{4}$.

(2) 由 $1 = x + y + z = x + \dfrac{y}{2} + \dfrac{y}{2} + \dfrac{z}{3} + \dfrac{z}{3} + \dfrac{z}{3} \geqslant 6\sqrt[6]{x \cdot \dfrac{y}{2} \cdot \dfrac{y}{2} \cdot \dfrac{z}{3} \cdot \dfrac{z}{3} \cdot \dfrac{z}{3}}$,得

$\dfrac{1}{4 \times 27} xy^2z^3 \leqslant \left(\dfrac{1}{6}\right)^6$,即 $xy^2z^3 \leqslant \dfrac{1}{2^4 \cdot 3^3} = \dfrac{1}{432}$,当 $x = \dfrac{y}{2} = \dfrac{z}{3} = \dfrac{1}{6}$,即 $x = \dfrac{1}{6}, y = \dfrac{1}{3}, z = \dfrac{1}{2}$ 时,取得等号.

题 9 已知 $x + y = -1$,且 x, y 均为负实数,则 $xy + \dfrac{1}{xy}$ 有( ).

A. 最大值 $\dfrac{17}{4}$ B. 最小值 $\dfrac{17}{4}$

C. 最大值 $-\dfrac{17}{4}$ D. 最小值 $-\dfrac{17}{4}$

思路剖释 方法 1 因为 x, y 为负实数,故 $-x, -y$ 均为正实数,于是
$$1 = (-x) + (-y) \geqslant 2\sqrt{(-x)(-y)} = 2\sqrt{xy}.$$

两边平方,得
$$0 \leqslant xy \leqslant \frac{1}{4}. \qquad ①$$

构造函数 $f(t) = t + \frac{1}{t}$,则 $f'(t) = 1 - \frac{1}{t^2} < 0, t \in (0,1)$,故 $f(t)$ 在 $(0,1)$ 内单调递减, $f(t)$ 在 $(1, +\infty)$ 内单调递增,故由式①,知 $f(xy) \geqslant \frac{1}{4}$. 当且仅当 $-x = -y$,即 $x = y = -\frac{1}{2}$ 时,等号成立,此时,

$$f(xy)\Big|_{x=y=-\frac{1}{2}} = \left(-\frac{1}{2}\right) \times \left(-\frac{1}{2}\right) + \frac{1}{\left(-\frac{1}{2}\right) \times \left(-\frac{1}{2}\right)}$$
$$= \frac{1}{4} + 4 = \frac{17}{4},$$

它是最小值. 故选 B.

注 (1) 用整体化思想解题,将 xy 看成一个整体.

(2) 注意变量的变化范围,即函数的定义域,强调 $0 \leqslant xy \leqslant \frac{1}{4}$.

方法 2 将两个变量 x, y 化为一个变量.

因为 $x + y = -1$,得 $y = -(x+1)$,从而得

$$\text{原式} = xy + \frac{1}{xy} = -x^2 - x - \frac{1}{x(x+1)}$$
$$= -x^2 - x - \left(\frac{1}{x} - \frac{1}{x+1}\right)$$
$$= -x^2 - x - \frac{1}{x} + \frac{1}{x+1}.$$

对原式求导,得

$$\left(xy + \frac{1}{xy}\right)' = -2x - 1 - \left[\frac{-1}{x^2} + \frac{1}{(x+1)^2}\right] = -(2x+1) + \frac{1}{x^2} - \frac{1}{(x+1)^2}$$
$$= -(2x+1) + \frac{2x+1}{x^2(x+1)^2} = -(2x+1)\left[1 - \frac{1}{x^2(x+1)^2}\right]$$
$$= -(2x+1)\frac{[x(x+1)-1][x(x+1)+1]}{x^2(x+1)^2}$$
$$= -(2x+1)\frac{(x^2+x-1)(x^2+x+1)}{x^2(x+1)^2}.$$

令 $\left(xy + \frac{1}{xy}\right)' = 0$,由 $x^2 + x + 1 > 0$,得 $2x + 1 = 0$,故 $x = -\frac{1}{2}$. 或由 $x^2 + x - 1 = 0$,得黄金数 $\varphi = \frac{-1 + \sqrt{5}}{2} \approx 0.618$, 和 $\Phi^* = -\frac{1 + \sqrt{5}}{2} \approx -1.618$. 因 $\varphi \Phi^* = -1, \varphi + \Phi^* = -1$,取 $x = \varphi$,则 $y = \Phi^*$;取 $x = \Phi^*$,则 $y = \varphi$. 由式①, $0 \leqslant xy \leqslant \frac{1}{4}$,知不合题意.

由 $2x+1=0$,得 $x=-\dfrac{1}{2}$,此时,$x^2+x-1<0$. 当 $x>-\dfrac{1}{2}$ 时,$\left(xy+\dfrac{1}{xy}\right)'>0$;当 $x<-\dfrac{1}{2}$ 时,$\left(xy+\dfrac{1}{xy}\right)'<0$. 故 $x=-\dfrac{1}{2}$ 为极小值点,所求最小值为

$$\left(xy+\dfrac{1}{xy}\right)\bigg|_{x=-\frac{1}{2}} = \dfrac{1}{4} + \dfrac{1}{\frac{1}{4}} = \dfrac{17}{4}.$$

故选 B.

题 10 已知函数 a,b 满足 $a+3b=7$,则 $\dfrac{1}{1+a}+\dfrac{4}{1+b}$ 的最小值为 _____.

思路剖释 先证一个有用的不等式.

设 $a,b,c,d>0$,则

$$\dfrac{a^2}{c}+\dfrac{b^2}{d} \geqslant \dfrac{(a+b)^2}{c+d}.$$ ①

事实上,

$$\begin{aligned}\dfrac{a^2}{c}+\dfrac{b^2}{d}-\dfrac{(a+b)^2}{c+d} &= \dfrac{a^2d+b^2c}{cd}-\dfrac{a^2+2ab+b^2}{c+d}\\&=\dfrac{(a^2d+b^2c)(c+d)-cd(a^2+2ab+b^2)}{cd(c+d)}\\&=\dfrac{a^2d^2+b^2c^2-2abcd}{cd(c+d)}\\&=\dfrac{(ad-bc)^2}{cd(c+d)}\geqslant 0.\end{aligned}$$

由上,知欲证不等式①成立,则

$$\dfrac{1}{1+a}+\dfrac{4}{1+b}=\dfrac{1}{1+a}+\dfrac{12}{6+3b}=\dfrac{1^2}{1+a}+\dfrac{(\sqrt{12})^2}{6+3b}$$
$$\geqslant \dfrac{(1+\sqrt{12})^2}{1+a+6+3b}=\dfrac{(1+\sqrt{12})^2}{14}=\dfrac{13+4\sqrt{3}}{14}.$$

在上述不等式中,等号成立的条件是 $ad-bc=0$,即

$$1\times(6+3b)-\sqrt{2}(1+a)=0.$$

又因 $3b=7-a$,所以

$$a=\dfrac{13-\sqrt{12}}{1+\sqrt{12}}=-1+\dfrac{14}{1+\sqrt{12}},$$

从而 $3b=7-a=8-\dfrac{14}{1+\sqrt{12}}$,故有

$$\text{原式} = \dfrac{1}{1+a}+\dfrac{4}{1+b}=\dfrac{1}{1+a}+\dfrac{12}{6+3b}=\dfrac{13+4\sqrt{3}}{14}.$$

因此,最小值是 $\dfrac{13+4\sqrt{3}}{14}$.

题 11 已知 x, y 均为正实数,则 $\dfrac{x}{2x+y} + \dfrac{y}{x+2y}$ 的最大值为( ).

A. 2　　　　B. $\dfrac{2}{3}$　　　　C. 4　　　　D. $\dfrac{4}{3}$

思路剖析　**方法1**　令 $s = 2x+y, t = x+2y$,则
$$x = \dfrac{1}{3}(2s - t), \quad t = \dfrac{1}{3}(2t - s).$$

所以有
$$\dfrac{x}{2x+y} + \dfrac{y}{x+2y} = \dfrac{4}{3} - \dfrac{1}{3}\left(\dfrac{t}{s} + \dfrac{s}{t}\right) \leqslant \dfrac{2}{3}.$$

方法2　令 $\dfrac{y}{x} = t$,则 $t \in (0, +\infty)$,于是
$$\dfrac{x}{2x+y} + \dfrac{y}{x+2y} = \dfrac{1}{t+2} + \dfrac{t}{2t+1} = f(t).$$

所以有
$$f'(t) = -\dfrac{3(t^2 - 1)}{(t+2)^2 (2t+1)^2}.$$

显然,当 $t < 1$ 时,$f'(t) < 0$,故函数 $f(t)$ 在 $t = 1$ 即 $x = y$ 时取得最大值,即 $f(1) = \dfrac{2}{3}$.故选 B.

题 12　求解下列各题.

(1) 使不等式 $\dfrac{1}{n+1} + \dfrac{1}{n+2} + \cdots + \dfrac{1}{2n+1} < a - 2019\dfrac{1}{3}$ 对一切正整数 n 都成立的最小正整数 a 的值为_____.

(2) 已知 $a^2 + b^2 - kab = 1, c^2 + d^2 - kcd = 1, a, b, c, d \in \mathbf{R}$,且 $|k| < 2$. 求证:$|ac - bd| \leqslant \dfrac{2}{\sqrt{4-k^2}}$.

思路剖析　(1) 设 $f(n) = \dfrac{1}{n+1} + \dfrac{1}{n+2} + \cdots + \dfrac{1}{2n+1}$,显然,$f(n)$ 单调递减,且 $f(1) = \dfrac{1}{2}$,则由 $f(n)$ 的最大值 $f(1) < a - 2019\dfrac{1}{3}$,可得 $a = 2020$.

(2) 要证结论,即证 $(4-k^2)(ac-bd)^2 - 4 \leqslant 0$,由此构造一元二次函数 $f(x) = x^2 - \sqrt{4-k^2}(ac-bd)x + 1$. 如果能证明 $f(x)$ 非负,则结论成立.

令 $f(x) = x^2 - \sqrt{4-k^2}(ac-bd)x + 1$,由已知,则有
$$f(x) = (a^2 + b^2 - kab)x^2 - \sqrt{4-k^2}(ac-bd)x + 1 + (c^2 + d^2 - kcd)$$
$$= \left[\dfrac{\sqrt{2-k}}{2}(a+b)x - \dfrac{\sqrt{2+k}}{2}(c-d)\right]^2$$
$$\quad + \left[\dfrac{\sqrt{2+k}}{2}(a-b)x - \dfrac{\sqrt{2-k}}{2}(c+d)\right]^2$$

$\geqslant 0$,

所以 $f(x)$ 的判别式非正，即 $\Delta = (4-k^2)(ac-bd)^2 - 4 \leqslant 0$. 故 $|ac-bd| \leqslant \dfrac{2}{\sqrt{4-k^2}}$ 成立.

题 13 求解下列各题.

(1) 四个整数，和为 4，平方和为 8，求四个数中最大的一个.

(2) 设 a, b, c 为正数，且 $a+b+c=1$，求 $\left(a+\dfrac{1}{a}\right)^2 + \left(b+\dfrac{1}{b}\right)^2 + \left(c+\dfrac{1}{c}\right)^2$ 的最小值.

(3) 已知实数 p, q, r, a, b, c 满足
$$a^2 + p^2 = b^2 + q^2 = c^2 + r^2 = k^2,$$
则有不等式
$$aq + br + cp \leqslant \dfrac{3}{2} k^2$$
成立，并给出等式成立的充要条件.

思路剖释 (1) 设四个数为 a, b, c, d，根据列方程思想并排序，设这四个数中最大的为 a，则
$$\begin{cases} a+b+c+d = 4, & \text{①} \\ a^2+b^2+c^2+d^2 = 8, & \text{②} \end{cases}$$
借助柯西不等式，得
$$(1^2+1^2+1^2)(b^2+c^2+d^2) \geqslant (1 \times b + 1 \times c + 1 \times d)^2,$$
即
$$3(b^2+c^2+d^2) \geqslant (b+c+d)^2. \quad \text{③}$$
因 $b^2+c^2+d^2 = 8-a^2$, $b+c+d = 4-a$，故式③为
$$3 \times (8-a^2) \geqslant (4-a)^2,$$
即 $a^2 - 2a - 2 \leqslant 0$. 因 $a^2 - 2a - 2 = 0$ 的两根为 $a_1 = 1+\sqrt{3}$, $a_2 = 1-\sqrt{3}$，故 $1-\sqrt{3} \leqslant a \leqslant 1+\sqrt{3}$. 于是 a 的最大值为 $1+\sqrt{3}$.

(2) 原式展开，得
$$\left(a+\dfrac{1}{a}\right)^2 + \left(b+\dfrac{1}{b}\right)^2 + \left(c+\dfrac{1}{c}\right)^2 = a^2+b^2+c^2 + \dfrac{1}{a^2}+\dfrac{1}{b^2}+\dfrac{1}{c^2} + 6,$$
因
$$a^2+b^2+c^2 \geqslant \dfrac{1}{3}(a+b+c)^2 = \dfrac{1}{3}, \quad \dfrac{1}{a^2}+\dfrac{1}{b^2}+\dfrac{1}{c^2} \geqslant \dfrac{1}{3}\left(\dfrac{1}{a}+\dfrac{1}{b}+\dfrac{1}{c}\right)^2,$$
又因
$$\dfrac{1}{a}+\dfrac{1}{b}+\dfrac{1}{c} = (a+b+c)\left(\dfrac{1}{a}+\dfrac{1}{b}+\dfrac{1}{c}\right) \geqslant 3^2 = 9,$$
所以
$$\left(a+\dfrac{1}{a}\right)^2 + \left(b+\dfrac{1}{b}\right)^2 + \left(c+\dfrac{1}{c}\right)^2 \geqslant \dfrac{1}{3} + \dfrac{81}{3} + 6 = \dfrac{100}{3},$$

当且仅当 $a=b=c=\dfrac{1}{3}$ 时等号成立. 故 $\left(a+\dfrac{1}{a}\right)^2+\left(b+\dfrac{1}{b}\right)^2+\left(c+\dfrac{1}{c}\right)^2$ 的最小值是 $\dfrac{100}{3}$.

(3) 当 $k=0$ 时,原式左、右两边均为零,显然成立.

当 $k\neq 0$ 时,由柯西不等式与平均值不等式,得
$$(aq+br+cp)^2 \leqslant (a^2+b^2+p^2)(q^2+r^2+c^2)$$
$$= (k^2+b^2)(q^2+k^2) = k^4+b^2q^2+k^2(b^2+q^2)$$
$$= 2k^2+b^2q^2$$
$$= 2k^2+\left(\dfrac{b^2+q^2}{2}\right)^2$$
$$= \dfrac{9}{4}k^4,$$

即 $aq+br+cp \leqslant \dfrac{3}{2}k^2$.

从证明过程中,可知等式成立的充要条件为存在 λ,μ 使得 $\lambda a=\mu q, \lambda b=\mu r, \lambda p=\mu c$ 及 $b^2=q^2$. 由于 $\lambda\neq 0,\mu\neq 0$, 故等式成立的充要条件为 $\dfrac{a}{q}=\dfrac{b}{r}=\dfrac{p}{c}, b^2=q^2=\dfrac{k^2}{2}$.

注意到 $a^2+p^2=b^2+q^2=k^2$, 即可解得
$$a=b=c=p=q=r=\pm\dfrac{\sqrt{2}}{2}k.$$

注 柯西不等式.

已给非零实数组 a_1,a_2,a_3, 非零实数组 b_1,b_2,b_3, 则
$$\left(\sum_{k=1}^{3}a_kb_k\right)^2 \leqslant \left(\sum_{k=1}^{3}a_k^2\right)\cdot\left(\sum_{k=1}^{3}b_k^2\right),$$

当且仅当 $\dfrac{a_k}{b_k}(k=1,2,3)$ 为定值时,等号成立.

2.3 函数的取值范围

题 1 求解下列各题.

(1) 已知 $f(x)=x^2-(k+1)x+2$, 若当 $x>0$ 时, $f(x)$ 恒大于零,则 k 的取值范围为_____.

(2) 函数 $y=\cos^2 x+\sqrt{3}\sin x\cdot\cos x$ 在区间 $\left[-\dfrac{\pi}{6},\dfrac{\pi}{4}\right]$ 上的值域为( ).

A. $\left[-\dfrac{1}{2},1\right]$ B. $\left[-\dfrac{1}{2},\dfrac{\sqrt{3}}{2}\right]$ C. $\left[0,\dfrac{2}{3}\right]$ D. $\left[0,\dfrac{\sqrt{3}+1}{2}\right]$

思路剖释 (1) 由题意,得 $(k+1)x \leqslant x^2+2$, 即 $k+1 \leqslant x + \dfrac{2}{x}$, 又因 $x + \dfrac{2}{x} \geqslant 2\sqrt{x \times \dfrac{2}{x}} = 2\sqrt{2}$, 并在 $x = \dfrac{2}{x}$, 即 $x = \sqrt{2}$ 时取得等号, 所以 $k+1 \leqslant \sqrt{2} + \dfrac{2}{\sqrt{2}}$. 故 k 的取值范围为 $(-\infty, 2\sqrt{2}-1)$.

(2) 注意到,
$$y = \cos^2 x + \sqrt{3}\sin x \cdot \cos x$$
$$= \dfrac{1}{2}\cos 2x + \dfrac{1}{2} + \dfrac{\sqrt{3}}{2}\sin 2x$$
$$= \sin\left(2x + \dfrac{\pi}{6}\right) + \dfrac{1}{2},$$

由 $x \in \left[-\dfrac{\pi}{6}, \dfrac{\pi}{4}\right]$, 且据 $\sin\left(2x + \dfrac{\pi}{6}\right) + \dfrac{1}{2}$ 的单调性, 知当 $x = -\dfrac{\pi}{6}$ 时, y 取最小值 0; 当 $x = \dfrac{\pi}{6}$ 时, y 取最大值 $\dfrac{3}{2}$. 因此 $y \in \left[0, \dfrac{3}{2}\right]$.

题 2 设 $x, y \in \mathbf{R}$, 满足 $x^2 + 2\cos y = 1$, 则 $x - \cos y$ 的取值范围是_____.

思路剖释 因为 $x^2 = 1 - 2\cos y$, $|\cos y| \leqslant 1$, 故 $x^2 \in [-1, 3]$, 从而 $x \in [-\sqrt{3}, \sqrt{3}]$. 又 $\cos y = \dfrac{1-x^2}{2}$, 故 $x - \cos y = x - \dfrac{1-x^2}{2} = \dfrac{1}{2}(x+1)^2 - 1$. 当 $x = -1$ 时, $\min(x - \cos y) = 1$, 此时, $\cos y = 0$, 得 $y = \dfrac{\pi}{2}$; 当 $x = \sqrt{3}$ 时, $\max(x - \cos y) = \dfrac{1}{2}(\sqrt{3}+1)^2 - 1 = \sqrt{3}+1$, 此时, $\cos y = -1$, 得 $y = \pi$. 故 $[-1, \sqrt{3}+1]$ 为所求.

题 3 若函数 $f(x) = x^2 + a|x-1|$ 在 $[0, +\infty)$ 内单调递增, 则实数 a 的取值范围是_____.

思路剖释 为去掉绝对值, 将 $[0, +\infty)$ 分为 $[1, +\infty)$ 和 $[0,1]$ 两个区间加以讨论.

(i) 在 $[1, +\infty)$ 内, $f(x) = x^2 + a|x-1|$, 即 $f(x) = x^2 + ax - a$. 对称轴为 $x = -\dfrac{a}{2}$, 依题意单调递增, 得 $-\dfrac{a}{2} \leqslant 1$, 故
$$a \geqslant -2. \qquad ①$$

(ii) 在 $[0,1]$ 内, $f(x) = x^2 - ax + a$, 对称轴为 $x = \dfrac{a}{2}$, 依题意单调递增, 得 $\dfrac{a}{2} \leqslant 0$, 故
$$a \leqslant 0. \qquad ②$$

因此由式①、②, 得 $a \in [-2, 0]$.

题 4 已知函数 $f(x) = \log_a(x^2 - ax + 3)$ ($a>0$, 且 $a \neq 1$) 满足: 对于任意实数 x_1, x_2, 当 $x_1 < x_2 \leqslant \dfrac{a}{2}$ 时, 总有 $f(x_1) - f(x_2) > 0$, 则实数 a 的取值范围是( ).

A. $(0, 3)$ 　　　 B. $(1, 3)$ 　　　 C. $(2, 2\sqrt{3})$ 　　　 D. $(1, 2\sqrt{3})$

思路剖释 由条件,知 $f(x)$ 在 $\left(-\infty,\dfrac{a}{2}\right]$ 内为单调递减函数,又因 $g(x)=x^2-ax+3$ 在 $\left(-\infty,\dfrac{a}{2}\right]$ 内也是单调递减函数,所以 $a>1$. 因此,

$$\begin{cases} a>1, \\ g\left(\dfrac{a}{2}\right)=\dfrac{1}{4}a^2-\dfrac{1}{2}a^2+3>0, \end{cases}$$

解得 $1<a<2\sqrt{3}$. 故 a 的取值范围是 $(1,2\sqrt{3})$.

题 5 已知 $b,c\in\mathbf{R}$,二次函数 $f(x)=x^2+bx+c$ 在 $(0,1)$ 内与 x 轴有两个不同的交点,求 $c^2+(1+b)c$ 的取值范围.

思路剖释 方法 1 因 $f(0)=c,f(1)=1+b+c$,故

$$c^2+(1+b)c=c(1+b+c)=f(0)\cdot f(1).$$

令 r,s 为二次函数的两个零点,则 $f(x)=(x-r)(x-s)$,从而

$$c=f(0)=rs,\quad 1+b+c=f(1)=(1-r)(1-s),$$

其中 $r,s\in(0,1)$. 所以有

$$0<c^2+(1+b)c=f(0)f(1)=rs(1-r)(1-s)<\left(\dfrac{r+1-r}{2}\right)^2\left(\dfrac{s+1-s}{2}\right)^2=\dfrac{1}{4}.$$

方法 2 由题设,知

$$f(0)=c>0,\quad f(1)=1+b+c>0\Rightarrow(1+b)c+c^2>0,$$

令 r,s 为二次函数的两个零点,则 $r+s=-b,rs=c$,从而得

$$(1+b)c+c^2=rs(1-r)(1-s)<\left(\dfrac{r+1-r}{2}\right)^2\left(\dfrac{s+1-s}{2}\right)^2=\dfrac{1}{4}.$$

综上两种方法,均可得 $c^2+(1+b)c$ 的取值范围为 $(0,4)$.

题 6 设 $\forall x\in[1,2]$,恒有

$$|2^x-a|<|5-2^x| \qquad ①$$

成立,求实数 a 的取值范围.

思路剖释 采用换元法. 设 $t=2^x$,则 $t\in[2,4]$. 式①为

$$|t-a|<|5-t|\quad(t\in[2,4]),$$

采用平方法,得

$$(t-a)^2<(5-t)^2,$$

即

$$10t-2at+a^2-25<0.$$

加减 t^2,得

$$(t-a)^2-(5-t)^2<0,$$

故有

$$(2t-a-5)(5-a)<0. \qquad ②$$

给定实数 a,构造函数 $f(t)=(2t-a-5)(5-a)$,则 $f(t)$ 是关于 t 的一次函数或常值函

数.因 $t\in[2,4]$,故 $f(t)<0$,等价于
$$f(2) = (-1-a)(5-a) < 0, \quad ③$$
$$f(4) = (3-a)(5-a) < 0. \quad ④$$
若 $a>5$,由式③,得 $-1-a>0$,故 $a<-1$,与 $a>5$ 矛盾.所以 $a<5$,此时,$-1-a<0$ 与 $3-a<0$,即 $a>-1$ 或 $a>3$,取 $a>3$.因此,实数 a 的取值范围为 $3<a<5$.

题 7 已知函数 $f(x)=\begin{cases}-x^2+2x,&x\leqslant 0,\\ \ln(x+1),&x>0,\end{cases}$ 若 $|f(x)|\geqslant ax$,则 a 的取值范围是( ).

A. $(-\infty,0]$ B. $(-\infty,1]$ C. $[-2,1]$ D. $[-2,0]$

思路剖释 当 $x\leqslant 0$ 时,$\dfrac{|f(x)|}{x}\leqslant a$,即求 $\dfrac{|f(x)|}{x}$ 的最大值.而 $\dfrac{|f(x)|}{x}=\dfrac{x^2-2x}{x}=x-2$,所以当 $x\leqslant 0$ 时,$\dfrac{|f(x)|}{x}$ 的最大值为 -2;当 $x>0$ 时,$\dfrac{|f(x)|}{x}\geqslant a$,即求 $\dfrac{|f(x)|}{x}$ 的最小值.$\dfrac{|f(x)|}{x}=\dfrac{\ln(x+1)}{x}=y$,显然当 x 趋向于正无穷大时,y 的值趋向于 0,所以 $a\leqslant 0$.

综上所述,a 的取值范围为 $[-2,0]$,故选 D.

题 8 求函数 $y=x+\sqrt{x^2-3x+2}$ 的值域.

思路剖释 方法 1 $x^2-3x+2\geqslant 0$,即 $(x-1)(x-2)\geqslant 0$,故函数的定义域为 $(-\infty,1]\cup[2,+\infty)$,原函数可变形为
$$\sqrt{x^2-3x+2}=y-x. \quad ①$$
因左端非负,两边平方,得 $x^2-3x+2=(y-x)^2$,解得
$$x=\dfrac{y^2-2}{2y-3}.$$
从而由式①,$y-x\geqslant 0$,得 $(-\infty,1]\cup[2,+\infty)$.因此
$$y-x=y-\dfrac{y^2-2}{2y-3}\geqslant 0,$$
即
$$\dfrac{(y-1)(y-2)}{2y-3}\geqslant 0,$$
亦即
$$\begin{cases}(y-1)(y-2)\geqslant 0,\\ 2y-3>0,\end{cases} \text{或} \begin{cases}(y-1)(y-2)\leqslant 0,\\ 2y-3<0.\end{cases}$$
所以不等式组的解为
$$\begin{cases}y\geqslant 1 \text{ 或 } y\geqslant 2,\\ y>\dfrac{3}{2},\end{cases} \text{或} \begin{cases}1\leqslant y\leqslant 2,\\ y<\dfrac{3}{2}.\end{cases}$$
因此所求值域为 $\left[1,\dfrac{3}{2}\right)\cup[2,+\infty)$.

方法 2 函数 y 的定义域为 $(-\infty,1] \cup [2,+\infty)$. 因 $x^2 - 3x + 2 = \left(x - \frac{3}{2}\right)^2 - \frac{1}{4} < \left(x - \frac{3}{2}\right)^2$，抛物线 $y_1 = x^2 - 3x + 2$ 的对称轴为 $x = \frac{3}{2}$，故当 $x \in [2,+\infty)$ 时，函数 $y_1 = x^2 - 3x + 2$ 单调增加，又 $y|_{x=2} = 2$，所以函数 y 的值域为 $[2,+\infty)$. 另一方面，当 $x \in (-\infty,1]$ 时，函数 $y_1 = x^2 - 3x + 2$ 单调减少，又 $y|_{x=1} = 1$，将函数 y 进行恒等变形，得

$$y = x - \frac{3}{2} + \sqrt{x^2 - 3x + 2} + \frac{3}{2},$$

即

$$y = \frac{\left(x - \frac{3}{2}\right)^2 - (x^2 - 3x + 2)}{x - \frac{3}{2} - \sqrt{x^2 - 3x + 2}} + \frac{3}{2},$$

亦即

$$y = \frac{\frac{1}{4}}{x - \frac{3}{2} - \sqrt{x^2 - 3x + 2}} + \frac{3}{2}.$$

所以当 $x \to -\infty$ 时，$y \to \frac{3}{2}$，故 $1 \leqslant y < \frac{3}{2}$.

综上所述，函数 y 的值域为 $\left[1, \frac{3}{2}\right) \cup [2, +\infty)$.

题9 已知 $a \in \mathbf{R}$，函数 $f(x) = \left|x + \frac{4}{x} - a\right| + a$ 在区间 $[1,4]$ 上的最大值是 5，则 a 的取值范围是 _____.

思路剖释 $x \in [1,4]$，$x + \frac{4}{x} \in [4,5]$，分类讨论如下.

(i) 当 $a \geqslant 5$ 时，$f(x) = a - x - \frac{4}{x} + a = 2a - x - \frac{4}{x}$，函数的最大值为 $2a - 4 = 5$，故 $a = \frac{9}{2}$（舍去）.

(ii) 当 $a \leqslant 4$ 时，$f(x) = x + \frac{4}{x} + a - a = x + \frac{4}{x} \leqslant 5$，此时成立.

(iii) 当 $4 < a < 5$ 时，$[f(x)]_{\max} = \max\{|4-a|+a, |5-a|+a\}$，则

$$\begin{cases} |4-a|+a \geqslant |5-a|+a, \\ |4-a|+a = 5, \end{cases} \quad \text{或} \quad \begin{cases} |4-a|+a < |5-a|+a, \\ |4-a|+a = 5, \end{cases}$$

解得 $a = \frac{9}{2}$ 或 $a < \frac{9}{2}$.

综上所述，实数 a 的取值范围是 $\left(-\infty, \frac{9}{2}\right]$.

注 充分利用对勾函数性质，去掉绝对值符号后，进行分类讨论.

题 10 设 $f(x)=\log_a(x-2a)+\log_a(x-3a)$,其中 $a>0$,且 $a\neq 1$.若在区间 $[a+3,a+4]$ 上,$f(x)\leqslant 1$ 恒成立,求 a 的取值范围.

思路剖释 原式化简,得

$$f(x)=\log_a(x^2-5ax+6a^2)=\log_a\left[\left(x-\frac{5a}{2}\right)^2-\frac{a^2}{2}\right].$$

由 $\begin{cases}x-2a>0,\\ x-3a>0,\end{cases}$ 得 $x>3a$,由题意,知 $a+3>3a$,故 $a<\frac{3}{2}$,从而 $(a+3)-\frac{5a}{2}=\frac{3}{2}(a-2)>0$. 故函数 $g(x)=\left(x-\frac{5a}{2}\right)^2-\frac{a^2}{4}$ 在区间 $[a+3,a+4]$ 上单调递增.

(i) 若 $0<a<1$,则 $f(x)$ 在区间 $[a+3,a+4]$ 上单调递减,所以 $f(x)$ 在区间 $[a+3,a+4]$ 上的最大值为 $f(a+3)=\log_a(2a^2-9a+9)$. 在区间 $[a+3,a+4]$ 上不等式 $f(x)\leqslant 1$ 恒成立,等价于不等式 $\log_a(2a^2-9a+9)\leqslant 1$ 成立,从而 $2a^2-9a+9\geqslant a$,解得 $a\geqslant\frac{5+\sqrt{7}}{2}$ 或 $a\leqslant\frac{5-\sqrt{7}}{2}$. 结合 $0<a<1$,得 $0<a<1$.

(ii) 若 $1<a<\frac{3}{2}$,则 $f(x)$ 在区间 $[a+3,a+4]$ 上单调递增,所以 $f(x)$ 在区间 $[a+3,a+4]$ 上的最大值为 $f(a+4)=\log_a(2a^2-12a+16)$. 在区间 $[a+3,a+4]$ 上不等式 $f(x)\leqslant 1$ 恒成立,等价于不等式 $\log_a(2a^2-12a+16)\leqslant 1$ 成立,从而 $2a^2-12a+16\leqslant a$,即 $2a^2-13a+16\leqslant 0$,解得 $\frac{13-\sqrt{41}}{4}\leqslant a\leqslant\frac{13+\sqrt{41}}{4}$. 易知 $\frac{13-\sqrt{41}}{4}>\frac{3}{2}$,不符合题意.

综上所述,a 的取值范围为 $(0,1)$.

题 11 已知函数 $f(x)=\log_a\frac{1-m(x-2)}{x-3}(a>0,a\neq 1)$,对于定义域内的任意 x 都有 $f(2-x)+f(2+x)=0$ 成立.

(1) 求实数 m 的值.

(2) 若当 $x\in(b,a)$ 时,$f(x)$ 的取值范围恰为 $(1,+\infty)$,求实数 a,b 的值.

思路剖释 (1) 由 $f(x)=\log_a\frac{1-m(x-2)}{x-3}$ 及 $f(2-x)+f(2+x)=0$,得

$$\log_a\frac{1-m[(2-x)-2]}{(2-x)-3}+\log_a\frac{1-m[(2+x)-2]}{(2+x)-3}=0,$$

解得 $m=\pm 1$. 当 $m=1$ 时,函数 $f(x)$ 无意义,所以 $m=-1$.

(2) 当 $m=-1$ 时,$f(x)=\log_a\frac{x-1}{x-3}$,其定义域为 $(-\infty,1)\cup(3,+\infty)$,故 $(b,a)\subset(-\infty,1)$ 或 $(b,a)\subset(3,+\infty)$.

(i) 若 $(b,a)\subset(3,+\infty)$,则 $3\leqslant b<a$. 为研究 $x\in(b,a)$ 时 $f(x)$ 的值域,可考虑 $f(x)=\log_a\frac{x-1}{x-3}$ 在 $(3,+\infty)$ 内的单调性.

下证 $f(x)$ 在 $(3,+\infty)$ 内单调递减.

事实上,任取 $x_1,x_2\in(3,+\infty)$,且 $x_1<x_2$,则
$$\frac{x_1-1}{x_1-3}-\frac{x_2-1}{x_2-3}=\frac{3(x_2-x_1)}{(x_1-3)(x_2-3)}>0.$$

又 $a>1$,所以 $\log_a\frac{x_1-1}{x_1-3}>\log_a\frac{x_2-1}{x_2-3}$,即 $f(x_1)>f(x_2)$.因此当 $(b,a)\subset(3,+\infty)$ 时,$f(x)$ 在 $(3,+\infty)$ 内单调递减.

由题意,当 $x\in(b,a)$ 时,$f(x)$ 的取值范围为 $(1,+\infty)$,所以必有 $b=3$,且 $f(a)=1$,解之,得 $a=2+\sqrt{3}$(又因 $a>3$,所以舍去 $a=2-\sqrt{3}$).

(ii) 若 $(b,a)\subset(-\infty,1)$,则 $b<a\leqslant 1$.又因 $a>0,a\neq 1$,所以 $0<a<1$.此时,同上可证 $f(x)$ 在 $(-\infty,1)$ 内单调递增,所以 $f(x)$ 在 (b,a) 内的取值范围应为 $(f(b),f(a))$,而 $f(a)$ 为常数,故 $f(x)$ 的取值范围不可能恰为 $(1,+\infty)$.所以在这种情况下,a,b 无解.

综上所述,符合题意的实数 a,b 的值为 $a=2+\sqrt{3},b=3$.

题 12 设函数 $f(x)=x|x-a|+b$.

(1) 求证:$f(x)$ 为奇函数的充要条件是 $a^2+b^2=0$.

(2) 设常数 $b<2\sqrt{2}-3$,且对于任意 $x\in[0,1]$,$f(x)<0$ 恒成立,求实数 a 的取值范围.

思路剖释 (1) 充分性 若 $a^2+b^2=0$,即 $a=b=0$,则 $f(x)=x|x|$.因 $f(-x)=-x|-x|=-x|x|=-f(x)$ 对于一切 $x\in\mathbf{R}$ 恒成立,故 $f(x)$ 是奇函数.

必要性 若 $f(x)$ 是奇函数,则对于一切 $x\in\mathbf{R}$,$f(-x)=-f(x)$ 恒成立,即
$$-x|-x-a|+b=-x|x-a|-b.$$
令 $x=0$,得 $b=-b$,所以 $b=0$.再令 $x=a$,得 $2a|a|=0$,所以 $a=0$,即 $a^2+b^2=0$.

(2) 方法 1 因 $b<2\sqrt{2}-3<0$,故当 $x=0$ 时,a 取任意实数不等式恒成立,故考虑 $x\in(0,1]$ 时,原不等式变为 $|x-a|<-\frac{b}{x}$,即 $x+\frac{b}{x}<a<x-\frac{b}{x}$.所以只需在 $x\in(0,1]$ 时,满足
$$\begin{cases}a>\left(x+\dfrac{b}{x}\right)_{\max},\\ a<\left(x-\dfrac{b}{x}\right)_{\min}.\end{cases}\qquad\begin{matrix}①\\②\end{matrix}$$

对于式①,当 $b<0$ 时,在 $(0,1]$ 内,$f(x)=x+\frac{b}{x}$ 为单调递增函数,故
$$\left(x+\frac{b}{x}\right)_{\max}=f(1)=1+b. \qquad ③$$

所以 $a>1+b$.

对于式②,当 $-1\leqslant b<0$ 时,在 $(0,1]$ 内,$x-\frac{b}{x}=x+\frac{-b}{x}\geqslant 2\sqrt{-b}$.当 $x=\sqrt{-b}$ 时,$x-\frac{b}{x}=2\sqrt{-b}$,故

$$\left(x - \frac{b}{x}\right)_{\min} = 2\sqrt{-b}. \qquad ④$$

所以 $a < 2\sqrt{-b}$.

由式③、④,要使 a 存在,必须有 $\begin{cases} 1+b < 2\sqrt{-b}, \\ -1 \leqslant b < 0, \end{cases}$ 即 $-1 \leqslant b < -3+2\sqrt{2}$. 故当 $-1 \leqslant b < -3+2\sqrt{2}$ 时,$1+b < a < 2\sqrt{-b}$;当 $b < -1$ 时,在 $(0,1]$ 内,$f(x) = x - \frac{b}{x}$ 为单调递减函数,故 $\left(x - \frac{b}{x}\right)_{\min} = f(1) = 1-b$. 所以当 $b < -1$ 时,$1+b < a < 1-b$.

综上所述,当 $-1 \leqslant b < -3+2\sqrt{2}$ 时,a 的取值范围是 $(1+b, 2\sqrt{-b})$;当 $b < -1$ 时,a 的取值范围是 $(1+b, 1-b)$.

方法 2 $f(x) = x|x-a| + b < 0$ ($x \in [0,1]$),$b < 2\sqrt{2} - 3$ 恒成立,即 $x|x-a| < -b$. 由于 b 是负数,故 $x^2 - ax < -b$,且 $x^2 - ax > b$.

(i) 当 $x^2 - ax < -b$ 在 $x \in [0,1]$ 时,$b < 2\sqrt{2} - 3$ 恒成立,设 $g(x) = x^2 - ax + b$,则

$$\begin{cases} g(0) < 0, \\ g(1) < 0, \\ \dfrac{4b - a^2}{4} < 0, \end{cases} \quad 即 \quad \begin{cases} b < 0, & ① \\ 1 - a + b < 0, & ② \\ a^2 > 4b. & ③ \end{cases}$$

其中式①、③显然成立,由式②,得

$$a > 1 + b. \qquad ④$$

(ii) 当 $x^2 - ax - b > 0$ 在 $x \in [0,1]$ 时,$b < 2\sqrt{2} - 3$ 恒成立,设 $h(x) = x^2 - ax - b$,则

$$\begin{cases} \dfrac{a}{2} < 0, \\ h(0) > 0, \end{cases} \quad 即 \quad a < 0.$$

结合式④,当 $b < -1$ 时,$1+b < a < 0$;当 $-1 \leqslant b < -3+2\sqrt{2}$ 时,a 值不存在.

或得

$$\begin{cases} 0 \leqslant \dfrac{a}{2} \leqslant 1, \\ \dfrac{-4a - a^2}{4} > 0, \end{cases} \quad 即 \quad \begin{cases} 0 \leqslant a \leqslant 2, \\ -2\sqrt{-b} < a < 2\sqrt{-b}. \end{cases}$$

结合式④,当 $b < -1$ 时,$0 < a \leqslant 2$;当 $-1 \leqslant b < -3+2\sqrt{2}$ 时,$b+1 < a < 2\sqrt{-b}$.

或得

$$\begin{cases} \dfrac{a}{2} > 1, \\ h(1) > 0, \end{cases} \quad 即 \quad \begin{cases} a > 2, \\ a < 1 - b. \end{cases}$$

结合式④,当 $b < -1$ 时,$2 < a < 1-b$;当 $-1 \leqslant b < -3+2\sqrt{2}$ 时,a 不存在.

综上所述,当 $-1 \leqslant b < -3+2\sqrt{2}$ 时,$b+1 < a < 2\sqrt{-b}$;当 $b < -1$ 时,$b+1 < a < 1-b$.

题 13 求解下列各题.

(1) 已知 a,b,x,y 为正实数,满足
$$a + b + \frac{1}{a} + \frac{9}{b} = 8, \quad ax^2 + by^2 = 18,$$
则 $ax + by$ 的取值范围是_____.

(2) 已知 $0 \leqslant y \leqslant x \leqslant \frac{\pi}{2}$,且
$$4\cos^2 y + 4\cos x \sin y - 4\cos^2 x \leqslant 1,$$
则 $x + y$ 的取值范围是_____.

思路剖释 (1) 由
$$8 = a + b + \frac{1}{a} + \frac{9}{b} = \left(a + \frac{1}{a}\right) + \left(b + \frac{9}{b}\right) \geqslant 2 + 2\sqrt{9} = 8,$$

且不等式等号成立,得 $a = 1, b = 3$. 故 $ax^2 + by^2 = 18$, 即为 $\frac{x^2}{18} + \frac{y^2}{6} = 1$. 令 $x = 3\sqrt{2}\cos\theta, y = \sqrt{6}\sin\theta \left(0 < \theta < \frac{\pi}{2}\right)$, 知

$$ax + by = 3\sqrt{2}\cos\theta + 3\sqrt{6}\sin\theta = 6\sqrt{2}\sin\left(\theta + \frac{\pi}{6}\right) \in (3\sqrt{2}, 6\sqrt{2}).$$

(2) 依题意,有

$$4\cos^2 y + 4\cos x \sin y - 4\cos^2 x - 1$$
$$= 2(\cos 2y + 1) + 4\cos x \sin y - 2(1 + \cos 2x) - 1$$
$$= 2(\cos 2y - \cos 2x) + 4\cos x \sin y - 1$$
$$= 4\sin(x + y)\sin(x - y) + 2[\sin(x + y) - \sin(x - y)] - 1$$
$$= [2\sin(x + y) - 1][2\sin(x - y) + 1] \leqslant 0.$$

因 $0 \leqslant y \leqslant x \leqslant \frac{\pi}{2}$, 所以 $2\sin(x - y) + 1 > 0, 2\sin(x + y) - 1 \leqslant 0$, 即 $\sin(x + y) \leqslant \frac{1}{2}$, 故 $x + y \in \left[0, \frac{\pi}{6}\right] \cup \left[\frac{5\pi}{6}, \pi\right]$.

2.4 二次问题

1. 二次问题

二次问题主要有以下内容:

(1) 二次三项式 $ax^2 + bx + c$, 不失一般性,设 $a > 0$.

(2) 一元二次方程 $ax^2 + bx + c = 0$.

(3) 一元二次不等式 $ax^2 + bx + c \geq 0$ 或 $ax^2 + bx + c \leq 0$.

(4) 二次函数 $y = ax^2 + bx + c$.

2. 二次三项式 $ax^2 + bx + c$

二次三项式 $ax^2 + bx + c$ 可利用因式分解或待定系数法求解. 如果有 $ax^2 + bx + c = a(x - x_1)(x - x_2)$, 且 $x_1 < x_2$, 因设 $a > 0$, 故当 $x \geq x_2$ 或 $x \leq x_1$ 时, $ax^2 + bx + c \geq 0$; 当 $x_1 \leq x \leq x_2$ 时, $ax^2 + bx + c \leq 0$. 换言之, $ax^2 + bx + c \geq 0$ 的解集为 $(-\infty, x_1] \cup [x_2, +\infty)$; $ax^2 + bx + c \leq 0$ 的解集为 $[x_1, x_2]$.

3. 一元二次方程 $ax^2 + bx + c = 0 \, (a > 0)$

(1) 求根公式:

$$x = \frac{-b \pm \sqrt{b^2 - 4ac}}{2a}.$$ ①

对于 $x^2 + px + q = 0$, 求根公式为

$$x = \frac{-p \pm \sqrt{p^2 - 4q}}{2}.$$ ②

特别地: (i) 当 $p = 2p^*$, 即 p 为偶数时, 式②可简化为

$$x = -p^* \pm \sqrt{p^{*2} - q}.$$

例如, $x^2 - 4x - 9 = 0$ 的两根可直接写出为 $x = 2 \pm \sqrt{2^2 - (-9)}$, 即 $x = 2 \pm \sqrt{13}$.

(ii) 当 $b = 2b^*$, 即 b 为偶数时, 式①可简化为

$$x = \frac{-b^* \pm \sqrt{b^{*2} - ac}}{a}.$$

例如, $3x^2 - 4x - 1 = 0$ 的两根可直接写出为

$$x = \frac{2 \pm \sqrt{2^2 - 3 \times (-1)}}{3} = \frac{2 \pm \sqrt{7}}{3}.$$

(2) $ax^2 + bx + c = 0$ 可用因式分解法或待定系数法求根.

(3) 采用图像法, 求抛物线 $y = ax^2 + bx + c$ 的图像与 x 轴的交点, 交点的横坐标就是 $ax^2 + bx + c = 0$ 的根.

4. 一元二次方程 $ax^2 + bx + c = 0$ 的根与系数关系和判别式

(1) 韦达定理(根与系数的关系): 设 $ax^2 + bx + c = 0$ 的两根为 x_1, x_2, 则

$$\begin{cases} x_1 + x_2 = -\dfrac{b}{a}, \\ x_1 x_2 = \dfrac{c}{a}. \end{cases}$$

(2) 判别式 Δ: $ax^2 + bx + c = 0$ 的判别式为 $\Delta = b^2 - 4ac$.

(i) 若 $\Delta > 0$, 则 $ax^2 + bx + c = 0$ 有两个不同的实根.

(ii) 若 $\Delta = 0$, 则 $ax^2 + bx + c = 0$ 有两个相同的实根 $x = -\dfrac{b}{2a}$.

(iii) 若 $\Delta<0$，则 $ax^2+bx+c=0$ 无实根，即有一对共轭复根.

5. 二次函数 $y=ax^2+bx+c$

(1) 利用配方法，可得

$$y=a\left(x+\frac{b}{2a}\right)^2+\frac{4ac-b^2}{4a},$$

即

$$y=a\left(x+\frac{b}{2a}\right)^2-\frac{\Delta}{4a}.$$

其中，Δ 为判别式.

(2) 当判别式 $\Delta<0$ 时，抛物线 $y=ax^2+bx+c$ 与 x 轴无交点. 当 $a>0$ 时，抛物线开口向上，恒有 $ax^2+bx+c>0$；当 $a<0$ 时，抛物线开口向下，恒有 $ax^2+bx+c<0$.

当判别式 $\Delta>0$ 时，抛物线与 x 轴交于不同的两点，表示 $ax^2+bx+c=0$ 有两个不同的实根.

当判别式 $\Delta=0$ 时，抛物线与 x 轴相切，表示 $ax^2+bx+c=0$ 有两个相同的实根.

6. 二次函数的解析式

(1) 一般式：$f(x)=ax^2+bx+c(a\neq 0)$.

(2) 顶点式：$f(x)=a(x-m)^2+n$，顶点为 (m,n).

(3) 零点式：$f(x)=a(x-x_1)(x-x_2)$.

(4) 三点式：

$$f(x)=\frac{(x-x_1)(x-x_2)}{(x_3-x_1)(x_3-x_2)}f(x_3)+\frac{(x-x_1)(x-x_3)}{(x_2-x_1)(x_2-x_3)}f(x_2)+\frac{(x-x_2)(x-x_3)}{(x_1-x_2)(x_1-x_3)}f(x_1).$$

7. 二次函数的图像和性质

(1) $f(x)=ax^2+bx+c(a\neq 0)$ 的图像是一条抛物线，顶点坐标为 $\left(-\frac{b}{2a},\frac{4ac-b^2}{4a}\right)$. 对称轴的方程为 $x=-\frac{b}{2a}$，当 $a>0$ 时开口向上，当 $a<0$ 时开口向下.

(2) $\Delta=b^2-4ac$，当 $\Delta>0$、$\Delta=0$、$\Delta<0$ 时，抛物线与 x 轴分别有两个交点、有一个交点、无交点.

(3) 单调性：当 $a>0$ 时，$f(x)$ 在 $\left(-\infty,-\frac{b}{2a}\right]$ 内为单调递减函数，在 $\left[-\frac{b}{2a},+\infty\right)$ 内为单调递增函数；当 $a<0$ 时相反.

(4) 奇偶性：当 $b=0$ 时，$f(x)$ 为偶函数. 若 $f(m+x)=f(m-x)$ 对 $x\in\mathbf{R}$ 恒成立，则 $x=m$ 为其对称轴.

(5) 最值：当 $x\in\mathbf{R}$ 时，$f(x)$ 的最值为 $\frac{4ac-b^2}{4a}$，$a>0$ 时有最小值无最大值，$a<0$ 时有最大值无最小值；当 $x\in[m,n]$，且 $-\frac{b}{2a}\in[m,n]$ 时，$f(x)$ 的最值可从 $f(m),f(n),$

$f\left(-\dfrac{b}{2a}\right)$ 中选取;当 $x\in[m,n]$,且 $-\dfrac{b}{2a}\notin[m,n]$ 时,$f(x)$ 的最值可从 $f(m),f(n)$ 中选取.

题1 求解下列各题.

(1) 已知实数 x,y,z 满足 $x+y=6,z^2=xy-9$,求证:$x=y$.

(2) 已知函数 $f(x)=x^2-53x+196+|x^2-53x+196|$,则 $f(1)+f(2)+f(3)+\cdots+f(50)=(\quad)$.

A. 660   B. 664   C. 668   D. 672

(3) 求方程 $x^2+xy+y^2-3x-3y+3=0$ 的实数解.

(4) 已知关于 x 的不等式 $(a^2-4)x^2+(a+2)x-1\geqslant 0$ 的解集是空集,求实数 a 的取值范围.

思路剖释 (1) 因为 $x+y=6,z^2=xy-9$,所以 x,y 可看成是方程 $t^2-6t+(z^2+9)=0$ 的两个根.

因为 x,y 都是实数,所以
$$\Delta=36-4z^2-36=-4z^2\geqslant 0,$$
故 $z^2\leqslant 0$. 又 z 是实数,必有 $z^2\geqslant 0$,所以 $z^2=0$,即 $z=0$. 此时 $\Delta=0$,所以方程有两个相等实根,即 $x=y$.

(2) 令 $x^2-53x+196=0$,即
$$(x-4)(x-49)=0.$$
求得 $x_1=4,x_2=49$.

当 $4\leqslant x\leqslant 49$ 时,$x^2-53x+196\leqslant 0$,从而 $f(x)=0(4\leqslant x\leqslant 49)$,因此

原式 $= f(1)+f(2)+f(3)+\cdots+f(50)$
$= f(1)+f(2)+f(3)+f(50)$
$= 2[(1-4)(1-49)+(2-4)(2-49)+(3-4)(3-49)+46\times 1]$
$= 660.$

故选 A.

注 利用二次函数的性质去掉绝对值,使原式简化为求四个函数值 $f(1),f(2),f(3),f(50)$ 之和.

(3) 把原方程变形为 $x^2+(y-3)x+(y^2-3y+3)=0$. 因所求 x 是实数,所以 $\Delta\geqslant 0$,即 $(y-3)^2-4(y^2-3y+3)\geqslant 0$,整理得 $(y-1)^2\leqslant 0$. 又所求 y 也是实数,所以必有 $(y-1)^2=0$,即 $y=1$. 把 $y=1$ 代入原方程,得 $x=1$. 因此原方程的实数解为 $x=1,y=1$.

(4) 首先要判断不等式的次数,然后才能确定解决问题的思路方法,即 (a^2-4) 是否为零.下列分类讨论.

(i) 当 $a^2-4>0$ 时,不等式 $(a^2-4)x^2+(a+2)x-1\geqslant 0$ 的解集不可能为空集.

(ii) 当 $a^2-4=0$ 时,若 $a=2$,则 $(a^2-4)x^2+(a+2)x-1\geqslant 0$ 的解为 $x\geqslant\dfrac{1}{4}$,不合题意;若 $a=-2$,则 $(a^2-4)x^2+(a+2)x-1\geqslant 0$ 的解为空集.

(iii) 当 $a^2-4<0$ 时,如果不等式 $(a^2-4)x^2+(a+2)x-1\geqslant 0$ 的解集是空集,则 $\Delta=(a+2)^2+4(a^2-4)<0$,解得 $-2<a<\dfrac{6}{5}$.

综上所述,a 的取值范围是 $-2\leqslant a<\dfrac{6}{5}$.

点评 本题易错解,由 $\Delta=(a+2)^2+4(a^2-4)<0$,解得 $-2<a<\dfrac{6}{5}$.

注 判别式与韦达定理是解题的两大有力武器,熟悉下面二次方程根的分布是必要的.

设二次方程 $ax^2+bx+c=0(a\neq 0)$,

方程有两正根 $\Leftrightarrow \begin{cases} \Delta\geqslant 0, \\ x_1 x_2=\dfrac{c}{a}>0, \\ x_1+x_2=-\dfrac{b}{a}>0. \end{cases}$

方程有两负根 $\Leftrightarrow \begin{cases} \Delta\geqslant 0, \\ x_1 x_2=\dfrac{c}{a}>0, \\ x_1+x_2=-\dfrac{b}{a}<0. \end{cases}$

方程有一正根、一负根 $\Leftrightarrow x_1 x_2=\dfrac{c}{a}<0$(此时隐含 $\Delta>0$).

另外,若 $a>0$,且判别式 $\Delta<0$,则恒有 $ax^2+bx+c>0$,这一结论是有用的.

题 2 求解下列各题.

(1) 求一切实数 p,使得关于 x 的二次方程
$$5x^2-5px+66p-1=0 \qquad ①$$
的两个根都是自然数.

(2) 已知实数 x,y 满足 $x^3+y^3=128$,求 $x+y$ 的取值范围.

思路剖释 (1) 设两个根为 α,β,则由根与系数的关系,得
$$\begin{cases} \alpha+\beta=p, & ② \\ \alpha\beta=\dfrac{66p-1}{5}. & ③ \end{cases}$$

由式②、③,得
$$5\alpha\beta-66(\alpha+\beta)=-1,$$
上式两边同时乘以 5,然后两边再加上 66^2,得
$$5\times 5\alpha\beta-5\times 66(\alpha+\beta)+66^2=-5+66^2,$$
即
$$(5\alpha-66)(5\beta-66)=4351,$$
亦即
$$(5\alpha-66)(5\beta-66)=19\times 229,$$

这里 19,229 都是质数.

采用排序法,设 $\alpha \geqslant \beta$,则上述不定方程等价于

$$\begin{cases} 5\alpha - 66 = 229, \\ 5\beta - 66 = 19, \end{cases} \text{或} \quad \begin{cases} 5\alpha - 66 = 229 \times 19, \\ 5\beta - 66 = 1, \end{cases}$$

由后一个方程组,解得 $\beta = \dfrac{57}{5}$(舍去). 由前一个方程组,解得 $\alpha = 59, \beta = 17$. 因此,所求的 $p = 59 + 17 = 76$.

变题:求一切实数 p,使得关于 x 的三次方程 $5x^3 - 5(p+1)x^2 + (71p-1)x - (66p-1) = 0$ 的三个根都是自然数.

求解三次方程通常可采用降次法,将三次方程降成二次方程求解. 用 $x = 0, x = -1, x = 1$ 等特殊值代入原方程,发现 $x = 1$ 是三次方程的根,故有

$$5x^3 - 5(p+1)x^2 + (71p-1)x - (66p-1) = (x-1)(5x^2 + Bx + 66p - 1).$$

用待定系数法,比较两边 x 或 x^2 的系数,得 $B = -5p$,这样,就可用本题方法求解了.

(2) 设 $x + y = t$,因为

$$x^3 + y^3 = (x+y)((x+y)^2 - 3xy) = t(t^2 - 3xy) = 128,$$

所以

$$xy = \dfrac{1}{3}t^2 - \dfrac{128}{3t}.$$

又因 x 和 y 是方程

$$z^2 - tz + \left(\dfrac{1}{3}t^2 - \dfrac{128}{3t}\right) = 0$$

的两根,所以

$$\Delta = t^2 - 4\left(\dfrac{1}{3}t^2 - \dfrac{128}{3t}\right) \geqslant 0,$$

得

$$\dfrac{512 - t^3}{3t} \geqslant 0.$$

当 $t < 0$ 时,$512 - t^3 \leqslant 0$,$t^3 \geqslant 512$,$t \geqslant 8$,矛盾.

当 $t > 0$ 时,$512 - t^3 \geqslant 0$,$t^3 \leqslant 512$,$t \leqslant 8$,所以 $0 < t \leqslant 8$,即 $0 < x + y \leqslant 8$.

故 $x + y$ 的取值范围是 $0 < x + y \leqslant 8$.

注 给出两个代数公式:

$$x^2 + y^2 + z^2 - xy - yz - xz = \dfrac{1}{2}[(x-y)^2 + (y-z)^2 + (z-x)^2];$$

$$x^3 + y^3 + z^3 - 3xyz = (x+y+z)(x^2+y^2+z^2-xy-yz-zx).$$

题 3 求最小的实数 A,使对每个满足条件

$$|f(x)| \leqslant 1 \quad (0 \leqslant x \leqslant 1)$$

的二次多项式 $f(x)$ 都有不等式 $f'(0) \leqslant A$.

思路剖释 设二次三项式 $f(x) = ax^2 + bx + c$,当 $0 \leqslant x \leqslant 1$ 时满足不等式

$$|f(x)| \leqslant 1.$$

特别地,应当有不等式

$$|f(0)| \leqslant 1, \quad \left|f\left(\frac{1}{2}\right)\right| \leqslant 1, \quad |f(1)| \leqslant 1.$$

因为 $f(0) = c, f\left(\frac{1}{2}\right) = \frac{a}{4} + \frac{b}{2} + c, f(1) = a + b + c$,又因 $f'(x) = 2ax + b, f'(0) = b$,所以根据题意,采用待定系数法,将 $f'(0)$ 用 $f(0)$、$f\left(\frac{1}{2}\right)$、$f(1)$ 的线性组合表出.

设 $f'(0) = xf\left(\frac{1}{2}\right) + yf(1) + zf(0)$,则

$$b = x\left(\frac{a}{4} + \frac{b}{2} + c\right) + y(a + b + c) + zc.$$

比较两边 a, b, c 系数,得

$$\begin{cases} \dfrac{x}{4} + y = 0, \\ \dfrac{x}{2} + y = 1, \\ x + y + z = 0. \end{cases}$$

解得 $x = 4, y = -1, z = -3$. 因此 $f'(0) = 4f\left(\frac{1}{2}\right) - f(1) - 3f(0)$,从而得

$$|f'(0)| \leqslant 4\left|f\left(\frac{1}{2}\right)\right| + |f(1)| + 3|f(0)| \leqslant 4 + 3 + 1 = 8,$$

于是 $A \leqslant 8$.

下面采用构造法. 构造一个二次三项式,使得 $f'(0) = 8$,于是 $b = 8$. 又因 $f(0) = c$,$|f(0)| \leqslant 1$,试探取 $c = \pm 1$. 进一步,由 $f(1) = a + b + c$,试探取 $A = -8$. 于是构造二次三项式 $f(x) = -8x^2 + 8x - 1$,此时,$f'(0) = 8$. 故 $A = 8$ 为所求.

题 4 求解下列各题.

(1) 若函数 $f(x) = x^2 + ax + b$ 在区间 $[0,1]$ 上的最大值是 M,最小值是 m,则 $M - m$ ( ).

A. 与 a 有关,且与 b 有关 B. 与 a 有关,但与 b 无关

C. 与 a 无关,且与 b 无关 D. 与 a 无关,但与 b 有关

(2) 对二次函数 $f(x) = x^2 + ax + b$(a 为非零整数),四位同学分别给出下列结论,其中有且只有一个结论是错误的,则错误的结论是( ).

A. -1 是 $f(x)$ 的零点 B. 1 是 $f(x)$ 的极值点

C. 3 是 $f(x)$ 的极值点 D. 点 $(2,8)$ 在曲线 $y = f(x)$ 上

思路剖释 (1) $f(x) = x^2 + ax + b$ 的对称轴为 $x = -\dfrac{a}{2}$.

(i) 当 $-\dfrac{a}{2} \leqslant 0$ 时,函数 $f(x)$ 在 $[0,1]$ 上单调递增,所以 $M = f(1) = 1 + a + b, m = f(0) = b$,所以 $M - m = 1 + a$.

(ii) 当 $0<-\dfrac{a}{2}\leqslant\dfrac{1}{2}$ 时,函数 $f(x)$ 在 $\left[0,-\dfrac{a}{2}\right]$ 上单调递减,$\left[-\dfrac{a}{2},1\right]$ 上单调递增,所以 $M=f(1)=1+a+b$,$m=f\left(-\dfrac{a}{2}\right)=\dfrac{a^2}{4}-\dfrac{a^2}{2}+b=-\dfrac{a^2}{4}+b$,所以 $M-m=1+a+b-\left(-\dfrac{a^2}{4}+b\right)=1+a+\dfrac{a^2}{4}$.

(iii) 当 $\dfrac{1}{2}<-\dfrac{a}{2}<1$ 时,函数 $f(x)$ 在 $\left[0,-\dfrac{a}{2}\right]$ 上单调递减,$\left[-\dfrac{a}{2},1\right]$ 上单调递增,所以 $M=f(0)=b$,$m=f\left(-\dfrac{a}{2}\right)=\dfrac{a^2}{4}-\dfrac{a^2}{2}+b=-\dfrac{a^2}{4}+b$,所以 $M-m=\dfrac{a^2}{4}$.

(iv) 当 $-\dfrac{a}{2}\geqslant 1$ 时,函数 $f(x)$ 在 $[0,1]$ 上单调递减,所以 $M=f(0)=b$,$m=f(1)=1+a+b$,所以 $M-m=-1-a$.

综上所述,$M-m$ 与 b 无关.故选 B.

(2)(i)若选项 B,C,D 都正确,则 $f(x)=a(x-1)^2+3$,$a>0$,代入点 $(2,8)$,解得 $a=5$ 是整数,此时函数没有零点,选项 A 错误,适合假设.

(ii)若选项 A,B,D 均正确,则

$$\begin{cases} f(-1)=a-b+c=0, \\ f(2)=4a+2b+c=8, \\ -\dfrac{b}{2a}=1, \end{cases}$$

解得

$$\begin{cases} a=-\dfrac{8}{3}\notin\mathbf{Z}, \\ b=\dfrac{16}{3}, \\ c=8, \end{cases}$$

不适合题意.故选项 C 一定正确.

(iii)若选项 B 不正确,选项 A,C,D 正确,则

$$\begin{cases} f(-1)=a-b+c=0, \\ f(2)=4a+2b+c=8, \\ \dfrac{4ac-b^2}{4a}=3, \end{cases}$$

无解,所以选项 B 一定正确.

(iv)若选项 D 不正确,选项 A,B,C 正确,则

$$\begin{cases} f(-1)=a-b+c=0, \\ -\dfrac{b}{2a}=1, \\ \dfrac{4ac-b^2}{4a}=3, \end{cases}$$

解得 $a = -\dfrac{3}{4} \notin \mathbf{Z}$,舍去. 故选项 D 一定正确.

综上所述,故选 A.

题 5 已知函数 $f(x) = \dfrac{1}{a} - \dfrac{1}{x}\,(a>0, x>0)$,求证:

(1) 若 $f(x)$ 在 $[m,n]$ 上的值域是 $[m,n]\,(m\neq n)$,求 a 的取值范围,并求相应的 m,n 的值.

(2) 若 $f(x) \leqslant 2x$ 在 $(0,+\infty)$ 内恒成立,求 a 的取值范围.

思路剖释 (1) 易知 $f(x)$ 在 $(0,+\infty)$ 内是单调增加的,因 $f(x)$ 在 $[m,n]$ 上的值域是 $[m,n]$,又 $f(x)$ 单调递增,故 $f(m) = m, f(n) = n$.

于是 m,n 是方程 $\dfrac{1}{a} - \dfrac{1}{x} = x$ 的两根. 整理,得 $x^2 - \dfrac{1}{a}x + 1 = 0$,

$$\Delta = \left(\dfrac{1}{a}\right)^2 - 4 > 0 \Rightarrow 0 < a < \dfrac{1}{2}.$$

故 $m = \dfrac{-1-\sqrt{1-4a^2}}{2a}, n = \dfrac{1+\sqrt{1-4a^2}}{2a}$.

(2) 不等式 $\dfrac{1}{a} - \dfrac{1}{x} \leqslant 2x$ 在 $(0,+\infty)$ 内恒成立,就是 $\dfrac{1}{a} \leqslant 2x + \dfrac{1}{x}$ 在 $(0,+\infty)$ 内恒成立.

令 $t = 2x + \dfrac{1}{x}$,只需求 t 的最小值,而 $t = 2x + \dfrac{1}{x} \geqslant 2\sqrt{2}$,因此 $\dfrac{1}{a} \leqslant 2\sqrt{2}$,即 $a \geqslant \dfrac{\sqrt{2}}{4}$.

题 6 已知函数 $f(x) = x^2 - 2x + 2, x \in [t, t+1]$ 的最小值是 $g(t)$,试写出函数 $S = g(t)$ 的解析表达式.

思路剖释 $f(x) = x^2 - 2x + 2 = (x-1)^2 + 1, x \in [t, t+1]$.

(i) 当 $t \leqslant 1 \leqslant t+1$,即 $0 \leqslant t \leqslant 1$ 时,$f(x)$ 在 $[t, t+1]$ 上的最小值 $g(t) = f(1) = 1$.

(ii) 当 $1 > t+1$,即 $t < 0$ 时,$f(x)$ 在 $[t, t+1]$ 上的最小值 $g(t) = f(t+1) = t^2 + 1$.

(iii) 当 $1 < t$,即 $t > 1$ 时,$f(x)$ 在 $[t, t+1]$ 上的最小值 $g(t) = f(t) = (t-1)^2 + 1$.

综上所述,
$$S = g(t) = \begin{cases} t^2 + 1, & t < 0, \\ 1, & 0 \leqslant t \leqslant 1, \\ (t-1)^2 + 1, & t > 1. \end{cases}$$

题 7 已知 $f(x) = ax^3 + bx^2 + cx + d$ 是定义在 $\mathbf{R}$ 上的函数,其图像交 x 轴于 A, B, C 这 3 个点. 若点 B 的坐标为 $(2, 0)$,且 $f(x)$ 在 $[-1, 0]$ 和 $[4, 5]$ 上有相同的单调性,在 $[0, 2]$ 和 $[4, 5]$ 上有相反的单调性.

(1) 求 c 的值.

(2) 在函数 $f(x)$ 的图像上是否存在一点 $M(x_0, y_0)$,使得 $f(x)$ 在点 M 的切线斜率为 $3b$? 若存在,求出点 M 的坐标;若不存在,请说明理由.

(3) 求 $|AC|$ 的取值范围.

思路剖释 (1) 因为 $f(x)$ 在 $[-1, 0]$ 和 $[0, 2]$ 上有相反的单调性,所以 $x = 0$ 是 $f(x)$ 的一个极值点,故 $f'(x) = 0$,即 $3x^2 + 2bx + c = 0$ 有一个解为 $x = 0$,得 $c = 0$.

(2) 因为 $f(x)$ 交 x 轴于点 $B(2,0)$,所以
$$8a + 4b + d = 0,$$
即 $d = -4(b+2a)$. 令 $f'(x) = 0$,有 $3x^2 + 2bx = 0$,解得
$$x_1 = 0, \quad x_2 = -\frac{2b}{3a}.$$
由 $f(x)$ 在 $[0,2]$ 和 $[4,5]$ 上有相反的单调性,得
$$\begin{cases} -\dfrac{2b}{3a} \geqslant 2, \\ -\dfrac{2b}{3a} \leqslant 4, \end{cases}$$
解得 $-6 \leqslant -\dfrac{b}{a} \leqslant -3$.

假设存在点 $M(x_0, y_0)$,使得 $f(x)$ 在点 M 的切线斜率为 $3b$,则 $f'(x_0) = 3b$,即
$$3ax_0^2 + 2bx_0 - 3b = 0.$$
因为 $\Delta = (2b)^2 - 4 \times 3a \times (-3b) = 4ab\left(\dfrac{b}{a} + 9\right)$,且 $-6 \leqslant -\dfrac{b}{a} \leqslant -3$,所以 $\Delta < 0$,故不存在点 $M(x_0, y_0)$,使得 $f(x)$ 在点 M 的切线斜率为 $3b$.

(3) 依题意,可令
$$\begin{aligned} f(x) &= a(x-\alpha)(x-2)(x-\beta) \\ &= a[x^3 - (2+\alpha+\beta)x^2 + (2\alpha + 2\beta + \alpha\beta)x - 2\alpha\beta], \end{aligned}$$
则
$$\begin{cases} b = -a(2+\alpha+\beta), \\ d = -2a\alpha\beta, \end{cases}$$
解得
$$\begin{cases} \alpha + \beta = -\dfrac{b}{a} - 2, \\ \alpha\beta = -\dfrac{d}{2a}, \end{cases}$$
从而
$$\begin{aligned} |AC| &= |\alpha - \beta| = \sqrt{\left(-\dfrac{b}{a} - 2\right)^2 + \dfrac{2d}{a}} \\ &= \sqrt{\left(\dfrac{b}{a} - 2\right)^2 - 16}. \end{aligned}$$
因为 $-6 \leqslant -\dfrac{b}{a} \leqslant -3$,所以当 $\dfrac{b}{a} = -6$ 时,$|AC|_{\max} = 4\sqrt{3}$;当 $\dfrac{b}{a} = -3$ 时,$|AC|_{\min} = 3$. 故 $3 \leqslant |AC| \leqslant 4\sqrt{3}$.

注 研究三次函数的基本出发点就是研究导函数的值域分布,利用二次函数或二次方程解决其单调性、极值点或斜率的范围等问题.

题 8 已知函数 $f(x)=ax^2+bx+1(a,b\in\mathbf{R},a>0)$，设方程 $f(x)=x$ 的 2 个实数根为 x_1 和 x_2，则

(1) 若 $x_1<2<x_2<4$，设函数 $f(x)$ 的对称轴为 $x=x_0$，求证：$x_0>-1$.

(2) 若 $|x_1|<2$，$|x_2-x_1|=2$，求 b 的取值范围.

思路剖释 由于条件 $x_1<2<x_2<4$ 实际上给出了 $f(x)=x$ 的 2 个实数根所在的区间，因此可以考虑利用上述图像特征进行等价转化. 设 $g(x)=f(x)-x=ax^2+(b-1)x+1$，$g(x)=0$ 的 2 个根为 x_1 和 x_2.

(1) 由 $a>0$ 及 $x_1<2<x_2<4$，可得

$$\begin{cases} g(2)<0, \\ g(4)>0, \end{cases}$$

即

$$\begin{cases} 4a+2b-1<0, \\ 16a+4b-3>0, \end{cases}$$

因此

$$\begin{cases} 3+3\times\dfrac{b}{2a}-\dfrac{3}{4a}<0, \\ -4-2\times\dfrac{b}{2a}+\dfrac{3}{4a}<0, \end{cases}$$

两式相加得 $-\dfrac{b}{2a}<1$，所以 $x_0>-1$.

(2) 由 $(x_1-x_2)^2=\left(\dfrac{b-1}{a}\right)^2-\dfrac{4}{a}$，可得

$$2a+1=\sqrt{(b-1)^2+1}.$$

因为 $x_1x_2=\dfrac{1}{a}$，所以 x_1,x_2 同号. 因此 $|x_1|<2$，$|x_2-x_1|=2$ 等价于

$$\begin{cases} 0<x_1<2<x_2, \\ 2a+1=\sqrt{(b-1)^2+1}, \end{cases}$$

或

$$\begin{cases} x_2<-2<x_1<0, \\ 2a+1=\sqrt{(b-1)^2+1}, \end{cases}$$

即

$$\begin{cases} g(2)>0, \\ g(0)>0, \\ 2a+1=\sqrt{(b-1)^2+1}, \end{cases}$$

因此 $A=(-\infty,2-\sqrt{2})\cup[2+\sqrt{2},+\infty)$.

(2) 因为 $x_1+x_2=-a$，$x_1x_2=a-\dfrac{1}{2}$，所以

$$f(a) = (x_1 - 3x_2)(x_2 - 3x_1)$$
$$= 16x_1 x_2 - 3(x_1 + x_2)^2$$
$$= -3a^2 + 16a - 8.$$

又因为对称轴 $a = \dfrac{8}{3}$,所以

$$f(a)_{\max} = f(2 + \sqrt{2}) = 6 + 4\sqrt{2}.$$

因此,可把问题转化为对任意的 $t \in [-1, 1]$,不等式 $m^2 + tm + 4\sqrt{2} + 6 \geqslant 6 + 4\sqrt{2}$ 恒成立,即 $m^2 + tm \geqslant 0$.

设 $g(t) = m^2 + tm$,要使不等式 $m^2 + tm \geqslant 0$ 对任意的 $t \in [-1, 1]$ 恒成立,只需

$$\begin{cases} g(-1) \geqslant 0, \\ g(1) \geqslant 0, \end{cases}$$

解得 $m \geqslant 1$ 或 $m = 0$.

题 9 设函数 $f(x) = 3ax^2 - 2bx + c$.若 $a - b + c = 0$,$f(0) > 0$,$f(1) > 0$,求 $\dfrac{a + 3b + 7c}{2a + b}$ 的取值范围.

思路剖释 由题意,知

$$f(0) = c > 0, \qquad ①$$
$$f(1) = 3a - 2b + c > 0, \qquad ②$$
$$a - b + c = 0, \qquad ③$$

由式①、③及式②、③,分别得

$$a < b, \quad 2a > b \Rightarrow 2a > b > a.$$

将 $b = a + c$ 代入式②,得

$$a > c \Rightarrow a > 0.$$

则由 $2a > b$,得 $1 < \dfrac{b}{a} < 2$.故

$$\frac{a + 3b + 7c}{2a + b} = \frac{10b - 6a}{2a + b} = 10 - \frac{2b}{\dfrac{b}{a} + 2} \in \left(\frac{4}{3}, \frac{7}{2}\right).$$

题 10 已知 $a, b \in \mathbf{Z}$,且 $a + b$ 为方程 $x^2 + ax + b = 0$ 的一个根,则 b 的最大可能值为 _____.

思路剖释 由题设,知

$$(a + b)^2 + a(a + b) + b = 0$$
$$\Rightarrow 2a^2 + 3ab + b^2 + b = 0.$$

因为 $a, b \in \mathbf{Z}$,所以,$\Delta = 9b^2 - 8(b^2 + b) = b^2 - 8b$ 必为完全平方数.设 $b^2 - 8b = m^2$ ($m \in \mathbf{N}$),则

$$(b - 4)^2 - m^2 = 16$$
$$\Rightarrow (b - 4 + m)(b - 4 - m) = 16.$$

$$\Rightarrow \begin{cases} b-4+m=8, \\ b-4-m=2, \end{cases} \text{或} \quad \begin{cases} b-4+m=4, \\ b-4-m=4. \end{cases}$$

或

$$\Rightarrow \begin{cases} b-4+m=0, \\ b-4-m=-8, \end{cases} \text{或} \quad \begin{cases} b-4+m=-4, \\ b-4-m=-4. \end{cases}$$

$$\Rightarrow b=9,8,-1,0.$$

故 b 的最大可能值为 9.

题 11 设 $k,m\in\mathbf{R}$,且 $\forall x\in[a,b]$ 恒有

$$|x^2-kx-m|\leqslant 1 \qquad ①$$

成立. 证明: $b-a\leqslant 2\sqrt{2}$.

思路剖释 凑出因式 $b-a$,自然想到平方法. 首先构造函数

$$f(x)=x^2-kx-m \quad (x\in[a,b]), \qquad ②$$

取特殊值 $x=a$ 与 $x=b$. 因为式①即为 $-1\leqslant x^2-kx-m\leqslant 1$,故有

$$f(a)=a^2-ka-m\leqslant 1, \qquad ③$$

$$f(b)=b^2-kb-m\leqslant 1. \qquad ④$$

又有

$$f\left(\frac{a+b}{2}\right)=f\left(\frac{a+b}{2}\right)^2-k\times\frac{a+b}{2}-m\geqslant -1, \qquad ⑤$$

其中 $\frac{a+b}{2}\in[a,b]$.

由 ③+④-2×⑤,得

$$a^2+b^2-a\left(\frac{a+b}{2}\right)^2\leqslant 4,$$

即 $\frac{(b-a)^2}{2}\leqslant 4$. 于是 $\frac{|b-a|}{\sqrt{2}}\leqslant 2$,即 $b-a\leqslant 2\sqrt{2}$.

注 (1) $|x|\leqslant a\Leftrightarrow -a\leqslant x\leqslant a$; $|x|\geqslant a\Leftrightarrow x\geqslant a$ 或 $x\leqslant -a$. $(a>0)$

(2) 若 $A\leqslant a, B\geqslant b$,则 $A-B\leqslant a-b$.

题 12 求解下列各题.

(1) 设二次函数 $f(x)=ax^2+bx+c(a,b,c\in\mathbf{R},a\neq 0)$ 满足条件:

(i) 当 $x\in\mathbf{R}$ 时,$f(x-4)=f(2-x)$,且 $f(x)\geqslant x$;

(ii) 当 $x\in(0,2)$ 时,$f(x)\leqslant\left(\frac{x+1}{2}\right)^2$;

(iii) $f(x)$ 在 $\mathbf{R}$ 上的最小值为 0.

求最大的 $m(m>1)$,使得存在 $t\in\mathbf{R}$,只要 $x\in[1,m]$,就有 $f(x+t)\leqslant x$.

(2) 设 $f(x)=3ax^2+2bx+c$,若 $a+b+c=0, f(0)>0, f(1)>0$,求证:

(i) $a>0$ 且 $-2<\frac{b}{a}<-1$;

(ii) 方程 $f(x)=0$ 在 $(0,1)$ 内有 2 个实根.

思路剖释 (1) 首先,应根据题设条件建立 a,b,c 的三个方程组成的方程组.由 $f(x-4)=f(2-x)$,知函数 $f(x)$ 图像的对称性,可获得 a,b 的一个方程;其次,根据 $x\leqslant f(x)\leqslant \left(\dfrac{x+1}{2}\right)^2$,对 $x=1$ 时,可得 $f(1)=1$,又可得 a,b,c 的一个方程;最后,根据 $f(x)$ 在 **R** 上的最小值为 0 可得 a,b,c 的又一个方程.

解以上三个方程组成的方程组可求得 a,b,c 的值,即获得 $f(x)$ 的表达式,然后抓住 $x=1$ 时,$f(t+1)\leqslant 1$ 可求出 t 的取值范围,再根据 m 与 t 的关系可求出 m 的最大值.

因 $f(x-4)=f(2-x)$,故函数的图像关于 $x=-1$ 对称,所以 $-\dfrac{b}{2a}=-1, b=2a$,由 (iii),知 $x=-1$ 时,$y=0$,即 $a-b+c=0$;由 (i),得 $f(1)\geqslant 1$;由 (ii),得 $f(1)\leqslant 1$;于是 $f(1)=1$,即 $a+b+c=1$.结合 $a-b+c=0$ 及 $b=2a$,求得 $a=\dfrac{1}{4}, b=\dfrac{1}{2}, c=\dfrac{1}{4}$,因此 $f(x)=\dfrac{1}{4}x^2+\dfrac{1}{2}x+\dfrac{1}{4}, f(x-4)-x=\dfrac{1}{4}(x^2-10x+9)=\dfrac{1}{4}(x-1)(x-9)\leqslant 0$,所以 m 的最大值为 9.

注 (1) 结论 $f(1)=1$ 的获得是求出 $f(x)$ 表达式的关键.

(2) 根据二次函数确定不等关系,从不等式性质中推出所需的范围;对于第 (2) 小题,证明二次方程的根的分布范围,利用数形结合,对称轴在 $(0,1)$ 之间,端点与顶点异号即可.

(i) 因为 $f(0)>0, f(1)>0$,所以 $c>0, 3a+2b+c>0$.由条件 $a+b+c=0$,消去 b,得 $a>c>0$;由条件 $a+b+c=0$,消去 c,得 $a+b<0, 2a+b>0$,故 $-2<\dfrac{b}{a}<-1$.

(ii) 抛物线 $f(x)=3ax^2+2bx+c$ 的顶点坐标为 $\left(-\dfrac{b}{3a}, \dfrac{3ac-b^2}{3a}\right)$,在 $-2<\dfrac{b}{a}<-1$ 的两边乘 $-\dfrac{1}{3}$,得 $\dfrac{1}{3}<-\dfrac{b}{3a}<\dfrac{2}{3}$.

又因为 $f(0)>0, f(1)>0$,而

$$f\left(-\dfrac{b}{3a}\right)=-\dfrac{a^2+c^2-ac}{3a}<0,$$

所以方程 $f(x)=0$ 在区间 $\left(0,-\dfrac{b}{3a}\right)$ 与 $\left(-\dfrac{b}{3a},1\right)$ 内分别有 1 个实根.故方程 $f(x)=0$ 在 $(0,1)$ 内有 2 个实根.

题 13 求解下列各题.

(1) 对于任意闭区间 I,用 M_I 表示函数 $y=\sin x$ 在 I 上的最大值,若正实数 a 满足 $M_{[0,a]}=2M_{[a,2a]}$,则 a 的值是_____.

(2) 若函数 $f(x)=x^2-2ax-2a|x-1|+1$ 有且仅有三个零点,则实数 a 的值为_____.

(3) 已知函数 $f(x)=x^2+|x+a-1|+(a+1)^2$ 的最小值大于 5.求 a 的取值范围.

思路剖释 (1) 若 $0<a<\dfrac{\pi}{2}$,则由 $y=\sin x$ 的图像性质,得

$$0 < M_{[0,a]} = \sin a \leqslant M_{[a,2a]},$$

与条件不符.

于是 $a > \dfrac{\pi}{2}$,此时 $M_{[0,a]} = 1$,从而 $M_{[a,2a]} = \dfrac{1}{2}$.因此,存在非负整数 k,使得

$$2k\pi + \dfrac{5\pi}{6} \leqslant a < 2a \leqslant 2k\pi + \dfrac{13\pi}{6}, \qquad ①$$

且式①中两处"$\leqslant$"至少有一处取到等号.

(i) 当 $k=0$ 时,得 $a = \dfrac{5\pi}{6}$ 或 $2a = \dfrac{13\pi}{6}$.经检验,$a = \dfrac{5\pi}{6}$ 或 $\dfrac{13\pi}{12}$ 均满足题意.

(ii) 当 $k \geqslant 1$ 时,由

$$2k\pi + \dfrac{13\pi}{6} < 2\left(2k\pi + \dfrac{5\pi}{6}\right),$$

知不存在满足式①的 a.

综上所述,a 的值为 $\dfrac{5\pi}{6}$ 或 $\dfrac{13\pi}{12}$.

(2) 设 $t = |x-a|\,(t \geqslant 0)$,则原问题等价于方程 $t^2 - 2at + 1 - a^2 = 0$ 有两根 $t_1 = 0$,$t_2 = 0$.由 $t_1 = 0$,得 $a = \pm 1$.经检验 $a = 1$ 为所求.

(3) 由题意,知 $f(x)$ 为分段的二次函数,即

$$f(x) = \begin{cases} \left(x - \dfrac{1}{2}\right)^2 + a^2 + a + \dfrac{7}{4}, & x \leqslant 1-a, \\ \left(x + \dfrac{1}{2}\right)^2 + a^2 + 3a - \dfrac{1}{4}, & x \geqslant 1-a. \end{cases}$$

(i) 当 $1-a > \dfrac{1}{2}$,即 $a < \dfrac{1}{2}$ 时,得

$$f(x)_{\min} = \min\{f_1(x), f_2(x)\} = f_1(x)_{\min} = f_1\left(\dfrac{1}{2}\right) = a^2 + a + \dfrac{7}{4} > 5$$

$$\Rightarrow a < \dfrac{-1-\sqrt{14}}{2}.$$

(ii) 当 $1-a \leqslant -\dfrac{1}{2}$,即 $a \geqslant \dfrac{3}{2}$ 时,得

$$f(x)_{\min} = \min\{f_1(x), f_2(x)\} = f_2(x)_{\min} = f_2\left(-\dfrac{1}{2}\right) = a^2 + 3a - \dfrac{1}{4} > 5$$

$$\Rightarrow a \geqslant \dfrac{3}{2}.$$

(iii) 当 $-\dfrac{1}{2} < 1-a \leqslant \dfrac{1}{2}$,即 $\dfrac{1}{2} \leqslant a < \dfrac{3}{2}$ 时,得

$$f(x)_{\min} = \min\{f_1(x), f_2(x)\} = f(1-a) = 2a^2 + 2 > 5.$$

$$\Rightarrow \dfrac{\sqrt{6}}{2} < a < \dfrac{3}{2}.$$

综上所述,$a \in \left(-\infty, \dfrac{-1-\sqrt{14}}{2}\right) \cup \left(\dfrac{\sqrt{6}}{2}, +\infty\right)$.

第3章 三角计算、三角证明和三角函数的图像

3.1 三角计算

1. 三角函数的概念

以角 α 的顶点为坐标原点,始边为 x 轴正半轴建立直角坐标系,在角 α 的终边上任取一个异于原点的点 $P(x,y)$. 若点 P 到原点的距离记为 r,则

$$\sin\alpha = \frac{y}{r}, \quad \cos\alpha = \frac{x}{r},$$

$$\tan\alpha = \frac{y}{x}, \quad \cot\alpha = \frac{x}{y},$$

$$\sec\alpha = \frac{r}{x}, \quad \csc\alpha = \frac{r}{y}.$$

2. 公式

(1) 同角三角函数的基本关系

平方关系是

$$\sin^2\alpha + \cos^2\alpha = 1, \quad 1 + \tan^2\alpha = \sec^2\alpha, \quad 1 + \cot^2\alpha = \csc^2\alpha.$$

倒数关系是

$$\tan\alpha \cdot \cot\alpha = 1, \quad \sin\alpha \cdot \csc\alpha = 1, \quad \cos\alpha \cdot \sec\alpha = 1.$$

相除关系是

$$\tan\alpha = \frac{\sin\alpha}{\cos\alpha}, \quad \cot\alpha = \frac{\cos\alpha}{\sin\alpha}.$$

(2) 诱导公式

例如 $\pm\alpha$,$180°\pm\alpha$,$90°\pm\alpha$,$270°\pm\alpha$,$360°\pm\alpha$ 等与 α 的三角函数关系,可概括为 $k \cdot 90° + \alpha(k \in \mathbf{Z})$ 的各三角函数值. 当 k 为偶数时,得 α 的同名函数值;当 k 为奇数时,得 α 的异名函数值. 然后在前面加上一个把 α 看成锐角时原函数值的符号,即"奇变偶不变,符号看象限".

(3) 加法定理

$$\sin(\alpha \pm \beta) = \sin\alpha\cos\beta \pm \cos\alpha\sin\beta,$$
$$\cos(\alpha \pm \beta) = \cos\alpha\cos\beta \mp \sin\alpha\sin\beta,$$
$$\tan(\alpha \pm \beta) = \frac{\tan\alpha \pm \tan\beta}{1 \mp \tan\alpha \cdot \tan\beta}.$$

(4) 二倍角公式
$$\sin 2\alpha = 2\sin\alpha\cos\alpha,$$
$$\cos 2\alpha = \cos^2\alpha - \sin^2\alpha = 2\cos^2\alpha - 1 = 1 - 2\sin^2\alpha,$$
$$\tan 2\alpha = \frac{2\tan\alpha}{1 - \tan^2\alpha}.$$

升幂公式
$$1 + \cos\alpha = 2\cos^2\frac{\alpha}{2}, \quad 1 - \cos\alpha = 2\sin^2\frac{\alpha}{2}.$$

降幂公式
$$\sin^2\alpha = \frac{1 - \cos 2\alpha}{2}, \quad \cos^2\alpha = \frac{1 + \cos 2\alpha}{2}.$$

(5) 三倍角公式
$$\sin 3\alpha = 3\sin\alpha - 4\sin^3\alpha = 4\sin\left(\frac{\pi}{3} - \alpha\right)\sin\alpha\sin\left(\frac{\pi}{3} + \alpha\right),$$
$$\cos 3\alpha = 4\cos^3\alpha - 3\cos\alpha = 4\cos\left(\frac{\pi}{3} - \alpha\right)\cos\alpha\cos\left(\frac{\pi}{3} + \alpha\right),$$
$$\tan 3\alpha = \tan\left(\frac{\pi}{3} - \alpha\right)\tan\alpha\tan\left(\frac{\pi}{3} + \alpha\right).$$

(6) 半角公式
$$\sin\frac{\alpha}{2} = \pm\sqrt{\frac{1-\cos\alpha}{2}}, \quad \cos\frac{\alpha}{2} = \pm\sqrt{\frac{1+\cos\alpha}{2}},$$
$$\tan\frac{\alpha}{2} = \pm\sqrt{\frac{1-\cos\alpha}{1+\cos\alpha}} = \frac{1-\cos\alpha}{\sin\alpha} = \frac{\sin\alpha}{1+\cos\alpha}.$$

(7) 万能公式
$$\sin\alpha = \frac{2\tan\frac{\alpha}{2}}{1+\tan^2\frac{\alpha}{2}}, \quad \cos\alpha = \frac{1-\tan^2\frac{\alpha}{2}}{1+\tan^2\frac{\alpha}{2}}, \quad \tan\alpha = \frac{2\tan\frac{\alpha}{2}}{1-\tan^2\frac{\alpha}{2}}.$$

令 $u = \tan\frac{\alpha}{2}$，则万能变换公式为

$$\begin{cases} \sin x = \dfrac{2u}{1+u^2}, \\ \cos x = \dfrac{1-u^2}{1+u^2}, \\ \tan x = \dfrac{2u}{1-u^2}. \end{cases}$$

(8) 积化和差公式

$$\sin\alpha \cdot \cos\beta = \frac{1}{2}[\sin(\alpha+\beta) + \sin(\alpha-\beta)],$$

$$\cos\alpha \cdot \sin\beta = \frac{1}{2}[\sin(\alpha+\beta) - \sin(\alpha-\beta)],$$

$$\cos\alpha \cdot \cos\beta = \frac{1}{2}[\cos(\alpha+\beta) + \cos(\alpha-\beta)],$$

$$\sin\alpha \cdot \sin\beta = -\frac{1}{2}[\cos(\alpha+\beta) - \cos(\alpha-\beta)].$$

(9) 和差化积公式

$$\sin\alpha + \sin\beta = 2\sin\frac{1}{2}(\alpha+\beta)\cos\frac{1}{2}(\alpha-\beta),$$

$$\sin\alpha - \sin\beta = 2\cos\frac{1}{2}(\alpha+\beta)\sin\frac{1}{2}(\alpha-\beta),$$

$$\cos\alpha + \cos\beta = 2\cos\frac{1}{2}(\alpha+\beta)\cos\frac{1}{2}(\alpha-\beta),$$

$$\cos\alpha - \cos\beta = -2\sin\frac{1}{2}(\alpha+\beta)\sin\frac{1}{2}(\alpha-\beta).$$

3. 三角函数化简

解决三角函数化简问题的常用方法是:异角化同角、异次化同次(升幂或降次)、异名化同名(切割化弦、弦切互化)、特殊值与特殊角的三角函数互化.

4. 三角求值

三角求值问题可分为含条件的求值问题和不含条件的求值问题.对于第一类问题,应充分利用已知角与未知角间的隐含关系,并注意角的范围对三角函数值的制约作用,见题 2;对于第二类问题,应通过分析函数名称、角之间的关系及其结构特征,把相关表达式设法转化为特殊角的三角函数式,或构成约去(消去)非特殊角的三角函数式的机会,见题 1.

题 1 计算下列各题.

(1) 若 $\alpha \in \left(0, \frac{\pi}{2}\right)$, $2\sin 2\alpha = \cos 2\alpha + 1$, 则 $\sin\alpha = ($).

A. $\frac{1}{5}$ B. $\frac{\sqrt{5}}{5}$ C. $\frac{\sqrt{3}}{3}$ D. $\frac{2\sqrt{5}}{5}$

(2) 若 $f(x) = \cos x - \sin x$ 在 $[-a, a]$ 是单调递减函数,则 a 的最大值是( ).

A. $\frac{\pi}{4}$ B. $\frac{\pi}{2}$ C. $\frac{3\pi}{4}$ D. π

(3) 若 $\sin\alpha + \cos\beta = 1$, $\cos\alpha + \sin\beta = 0$, 则 $\sin(\alpha+\beta) =$ _____.

(4) 若 $\tan\left(\alpha - \frac{\pi}{4}\right) = \frac{1}{6}$, 则 $\tan\alpha =$ _____.

(5) 函数 $f(x) = \sin^2 x + \sqrt{3}\cos x - \frac{3}{4}\left(x \in \left[0, \frac{\pi}{2}\right]\right)$ 的最大值是_____.

(6) 设 $\alpha_1, \alpha_2 \in \mathbf{R}$,且 $\dfrac{1}{2+\sin\alpha_1} + \dfrac{1}{2+\sin(2\alpha_2)} = 2$,则 $|10\pi - \alpha_1 - \alpha_2|$ 的最小值等于_____.

思路剖释 (1) 因 $2\sin 2\alpha = \cos 2\alpha + 1$,故 $4\sin\alpha\cos\alpha = 2\cos^2\alpha$. 又因 $\alpha \in \left(0, \dfrac{\pi}{2}\right)$,故 $\cos\alpha = 2\sin\alpha$. 又 $\sin^2\alpha + \cos^2\alpha = 1$,故 $\sin\alpha = \dfrac{\sqrt{5}}{5}$.

(2) $f(x) = \cos x - \sin x = \sqrt{2}\cos\left(x + \dfrac{\pi}{4}\right)$,由 $2k\pi \leqslant x + \dfrac{\pi}{4} \leqslant \pi + 2k\pi$,得 $2k\pi - \dfrac{\pi}{4} \leqslant x \leqslant 2k\pi + \dfrac{3\pi}{4}(k \in \mathbf{Z})$,所以函数 $f(x)$ 的单调递减区间是 $\left[2k\pi - \dfrac{\pi}{4}, 2k\pi + \dfrac{3\pi}{4}\right](k \in \mathbf{Z})$. 令 $k = 0$,则单调递减区间是 $\left[-\dfrac{\pi}{4}, \dfrac{3\pi}{4}\right]$,所以要使函数 $f(x)$ 在 $[-a, a]$ 上单调递减,只需 $\begin{cases} -a \geqslant -\dfrac{\pi}{4}, \\ a \leqslant \dfrac{3\pi}{4}, \end{cases}$ 解得 $a \leqslant \dfrac{\pi}{4}$. 故 a 的最大值是 $\dfrac{\pi}{4}$.

(3) 由题意,知
$$\begin{cases} \sin\alpha + \cos\beta = 1, \\ \cos\alpha + \sin\beta = 0, \end{cases}$$
两边平方,得
$$\begin{cases} \sin^2\alpha + \cos^2\beta + 2\sin\alpha\cos\beta = 1, \\ \cos^2\alpha + \sin^2\beta + 2\sin\beta\cos\alpha = 0, \end{cases}$$
两边相加,得 $2 + 2(\sin\alpha\cos\beta + \cos\alpha\sin\beta) = 1$,即 $2 + 2\sin(\alpha+\beta) = 1$,解得 $\sin(\alpha+\beta) = -\dfrac{1}{2}$.

(4) 由于 $\tan\left(\alpha - \dfrac{\pi}{4}\right) = \dfrac{\tan\alpha - \tan\dfrac{\pi}{4}}{1 + \tan\alpha\tan\dfrac{\pi}{4}} = \dfrac{\tan\alpha - 1}{1 + \tan\alpha} = \dfrac{1}{6}$,可得 $\tan\alpha = \dfrac{7}{5}$.

(5) $f(x) = -\cos^2 x + \sqrt{3}\cos x + \dfrac{1}{4}$,因为 $x \in \left[0, \dfrac{\pi}{2}\right]$,所以 $\cos x \in [0, 1]$,故当且仅当 $\cos x = \dfrac{\sqrt{3}}{2} \in [0, 1]$ 时,$f(x) = -\cos^2 x + \sqrt{3}\cos x + \dfrac{1}{4}$ 取得最大值,为 1.

注 一般将复合的三角函数化为 $y = A\sin(\omega x + \varphi)$ 或 $f(x) = a\cos^2 x + b\cos x + c(a \neq 0)$ 的形式来求解.

(6) 结合题意,有 $\dfrac{1}{2+\sin\alpha_1} \in \left[\dfrac{1}{3}, 1\right]$,$\dfrac{1}{2+\sin(2\alpha_2)} \in \left[\dfrac{1}{3}, 1\right]$,所以 $\dfrac{1}{2+\sin\alpha_1} + \dfrac{1}{2+\sin(2\alpha_2)} = 2$,即 $\sin\alpha_1 = \sin(2\alpha_2) = -1$. 故 $\alpha_1 = -\dfrac{\pi}{2} + 2k\pi$,$\alpha_2 = -\dfrac{\pi}{4} + k\pi$,于是 $|10\pi - \alpha_1 - \alpha_2|_{\min} = \left\{\left|\dfrac{3}{4}\pi\right|, \left|-\dfrac{1}{4}\pi\right|\right\}_{\min} = \dfrac{\pi}{4}$.

题2 化简下列各式.

(1) $\dfrac{1}{\sin 10°} - \dfrac{\sqrt{3}}{\cos 10°}$.

(2) $\dfrac{1}{\cos^2 280°} - \dfrac{3}{\sin^2 280°}$.

(3) $\sin^2 130° + \sin 70° \cos 80° =$ _____.

(4) 已知 $\theta \in \left[\dfrac{5\pi}{4}, \dfrac{3\pi}{2}\right]$, 则 $\sqrt{1 - \sin 2\theta} - \sqrt{1 + \sin 2\theta}$ 可化简为( ).

A. $2\sin \theta$ B. $-2\sin \theta$ C. $-2\cos \theta$ D. $2\cos \theta$

思路剖释 (1)

$$\dfrac{1}{\sin 10°} - \dfrac{\sqrt{3}}{\cos 10°} = 4 \times \dfrac{\dfrac{1}{2}\cos 10° - \dfrac{\sqrt{3}}{2}\sin 10°}{2\sin 10° \cdot \cos 10°}$$

$$= 4 \times \dfrac{\sin 30° \cos 10° - \cos 30° \sin 10°}{\sin 20°}$$

$$= 4 \times \dfrac{\sin(30° - 10°)}{\sin 20°} = 4.$$

(2) 方法1

$$原式 = \dfrac{1}{\sin^2 10°} - \dfrac{3}{\cos^2 10°} = \dfrac{\cos^2 10° - 3\sin^2 10°}{\sin^2 10° \cos^2 10°}$$

$$= \dfrac{4(\cos 10° + \sqrt{3}\sin 10°)(\cos 10° - \sqrt{3}\sin 10°)}{\sin^2 20°}$$

$$= \dfrac{4 \cdot 2\sin(10° + 30°) \cdot [-2\sin(10° - 30°)]}{\sin^2 20°}$$

$$= \dfrac{16\sin 40° \sin 20°}{\sin^2 20°} = 32\cos 20°.$$

方法2

$$原式 = \dfrac{\cos^2 10° - 3\sin^2 10°}{\sin^2 10° \cos^2 10°} = \dfrac{\dfrac{1 + \cos 20°}{2} - \dfrac{3(1 - \cos 20°)}{2}}{\sin^2 10° \cos^2 10°}$$

$$= \dfrac{2\cos 20° - 1}{\sin^2 10° \cos^2 10°} = \dfrac{2(\cos 20° - \cos 60°)}{\sin^2 10° \cos^2 10°}$$

$$= \dfrac{16\sin 40° \sin 20°}{\sin^2 20°} = 32\cos 20°.$$

(3)

$$\sin^2 130° + \sin 70° \cos 80° = \cos^2 40° + \sin 70° \sin 10°$$

$$= \dfrac{1 + \cos 80°}{2} + \sin 70° \sin 10°$$

$$= \dfrac{1}{2} + \dfrac{1}{2}(\cos 70° \cos 10° - \sin 70° \sin 10°) + \sin 70° \sin 10°$$

$$= \frac{1}{2} + \frac{1}{2}(\cos 70° \cos 10° + \sin 70° \sin 10°)$$

$$= \frac{1}{2} + \frac{1}{2}\cos 60° = \frac{3}{4}.$$

(4) 因为 $\theta \in \left[\frac{5\pi}{4}, \frac{3\pi}{2}\right]$, 所以 $\sqrt{1-\sin 2\theta} - \sqrt{1+\sin 2\theta} = |\cos\theta - \sin\theta| - |\cos\theta + \sin\theta|$
$= 2\cos\theta$. 故选 D.

注 当 $\theta \in \left[\frac{5\pi}{4}, \frac{3\pi}{2}\right]$ 时, $0 \geqslant \cos\theta > \sin\theta$.

题 3 求解下列各题.

(1) 若 $\tan\alpha = \frac{3}{4}$, 则 $\cos^2\alpha + 2\sin 2\alpha = ($ $)$.

A. $\frac{64}{25}$ B. $\frac{48}{25}$ C. 1   D. $\frac{16}{25}$

(2) 满足 $2\sin^2 x - \sin x + \cos x - \sin 2x = 0$ 的两个锐角的和是($\quad$).

A. $\frac{7\pi}{6}$ B. $\frac{5\pi}{12}$ C. $\frac{\pi}{2}$ D. $\frac{7\pi}{12}$

(3) 若 $\tan\alpha = 2\tan\frac{\pi}{5}$, 则 $\dfrac{\cos\left(\alpha - \frac{3\pi}{10}\right)}{\sin\left(\alpha - \frac{\pi}{5}\right)}$ 等于($\quad$).

A. 1   B. 2   C. 3   D. 4

(4) 已知 $\sin\left(\frac{\pi}{4} - \alpha\right) = -\frac{4}{5}$, $\sin\left(\frac{3}{4}\pi + \beta\right) = \frac{5}{13}$, $\frac{\pi}{4} < \alpha < \frac{3}{4}\pi$, $0 < \beta < \frac{\pi}{4}$, 求 $\sin(\alpha - \beta)$.

(5) 已知 $x \in (0, \pi)$, 求 $y = \dfrac{\sin 2x}{\sin x + \cos x - 1}$ 的值域.

思路剖释 (1) $\cos^2\alpha + 2\sin 2\alpha = \dfrac{\cos^2\alpha + 4\sin\alpha\cos\alpha}{\cos^2\alpha + \sin^2\alpha} = \dfrac{1 + 4\tan\alpha}{1 + \tan^2\alpha} = \dfrac{64}{25}$. 故选 A.

(2) 用因式分解法, 得

$$(\sin x - \cos x)(2\sin x - 1) = 0,$$

即

$$\sin x = \cos x \quad 或 \quad \sin x = \frac{1}{2}.$$

所以两个锐角分别为 $\frac{\pi}{4}$ 和 $\frac{\pi}{6}$, 两个锐角之和为 $\frac{5\pi}{12}$. 故选 B.

(3)

$$\dfrac{\cos\left(\alpha - \frac{3\pi}{10}\right)}{\sin\left(\alpha - \frac{\pi}{5}\right)} = \dfrac{\cos\alpha\cos\frac{3\pi}{10} + \sin\alpha\sin\frac{3\pi}{10}}{\sin\alpha\cos\frac{\pi}{5} - \cos\alpha\sin\frac{\pi}{5}} = \dfrac{\cos\frac{3\pi}{10} + \tan\alpha\sin\frac{3\pi}{10}}{\tan\alpha\cos\frac{\pi}{5} - \sin\frac{\pi}{5}}$$

$$= \frac{\cos\frac{3\pi}{10} + 2\tan\frac{\pi}{5}\sin\frac{3\pi}{10}}{2\tan\frac{\pi}{5}\cos\frac{\pi}{5} - \sin\frac{\pi}{5}} = \frac{\cos\frac{\pi}{5}\cos\frac{3\pi}{10} + 2\sin\frac{\pi}{5}\sin\frac{3\pi}{10}}{\sin\frac{\pi}{5}\cos\frac{\pi}{5}}$$

$$= \frac{\frac{1}{2}\left(\cos\frac{5\pi}{10} + \cos\frac{\pi}{10}\right) + \left(\cos\frac{\pi}{10} - \cos\frac{5\pi}{10}\right)}{\frac{1}{2}\sin\frac{2\pi}{5}}$$

$$= \frac{3\cos\frac{\pi}{10}}{\cos\frac{\pi}{10}} = 3.$$

故选 C.

(4) 由条件,得

$$-\frac{\pi}{2} < \frac{\pi}{4} - \alpha < 0, \quad \frac{3}{4}\pi < \frac{3}{4}\pi + \beta < \pi.$$

故

$$\cos\left(\frac{\pi}{4} - \alpha\right) = \frac{3}{5}, \quad \cos\left(\frac{3}{4}\pi + \beta\right) = -\frac{12}{13},$$

$$\sin(\alpha - \beta) = \sin\left[\left(\frac{\pi}{4} - \alpha\right) + \left(\frac{3}{4}\pi + \beta\right)\right] = \left(-\frac{4}{5}\right) \times \left(-\frac{12}{13}\right) + \frac{3}{5} \times \frac{5}{13} = \frac{63}{65}.$$

(5)

$$y = \frac{1 + \sin 2x - 1}{\sin x + \cos x - 1} = \frac{(\sin x + \cos x)^2 - 1}{\sin x + \cos x - 1}$$

$$= \sin x + \cos x + 1 = \sqrt{2}\sin\left(x + \frac{\pi}{4}\right) + 1.$$

因 $x + \frac{\pi}{4} \in \left(\frac{\pi}{4}, \frac{5}{4}\pi\right)$,且 $\sin x + \cos x \neq 1$,故值域为 $(0, 2) \cup (2, \sqrt{2}+1]$.

题 4 求解下列各题.

(1) 若 $\cos\left(\frac{\pi}{4} - \alpha\right) = \frac{3}{5}$,则 $\sin 2\alpha = ($).

A. $\frac{7}{25}$ B. $\frac{1}{5}$ C. $-\frac{1}{5}$ D. $-\frac{7}{25}$

(2) 设 $\sin\theta + \cos\theta = \frac{\sqrt{2}}{3}, \frac{\pi}{2} < \theta < \pi$,则 $\tan\theta - \cot\theta$ 的值是_____.

(3) 设 $x \in \left(-\frac{3\pi}{4}, \frac{\pi}{4}\right)$,且 $\cos\left(\frac{\pi}{4} - x\right) = -\frac{3}{5}$,则 $\cos 2x$ 的值为( ).

A. $-\frac{7}{25}$ B. $-\frac{24}{25}$ C. $\frac{24}{25}$ D. $\frac{7}{25}$

(4) 设 $\alpha, \beta \in (0, \pi), \cos\alpha, \cos\beta$ 是方程 $5x^2 - 3x - 1 = 0$ 的两根,则 $\sin\alpha \cdot \sin\beta$ 的值为_____.

思路剖释 （1）因为 $\cos\left(\dfrac{\pi}{4}-\alpha\right)=\dfrac{3}{5}$，所以 $\cos\dfrac{\pi}{4}\cos\alpha+\sin\dfrac{\pi}{4}\sin\alpha=\dfrac{3}{5}$，即
$$\sin\alpha+\cos\alpha=\dfrac{3\sqrt{2}}{5}.$$
两边平方，得 $2\sin\alpha\cos\alpha=-\dfrac{7}{25}$，即 $\sin2\alpha=-\dfrac{7}{25}$．故选 D．

（2）首先，因为
$$(\sin\theta\pm\cos\theta)^2=\sin^2\theta\pm2\sin\theta\cos\theta+\cos^2\theta,$$
即
$$(\sin\theta\pm\cos\theta)^2=1\pm2\sin\theta\cos\theta,$$
所以
$$\sin\theta\cos\theta=\dfrac{(\sin\theta+\cos\theta)^2-1}{2}, \qquad ①$$
或
$$\sin\theta\cos\theta=\dfrac{1-(\sin\theta-\cos\theta)^2}{2}. \qquad ②$$

题设 $\sin\theta+\cos\theta=\dfrac{\sqrt{2}}{3}$，由式①，得
$$\sin\theta\cos\theta=-\dfrac{7}{18}.$$
再由式②，得
$$(\sin\theta-\cos\theta)^2=\dfrac{16}{9}.$$
故
$$\sin\theta-\cos\theta=\pm\dfrac{4}{3}.$$
因为 $\dfrac{\pi}{2}<\theta<\pi$，所以 $\sin\theta-\cos\theta=\dfrac{4}{3}$，故
$$\tan\theta-\cot\theta=\dfrac{(\sin\theta+\cos\theta)(\sin\theta-\cos\theta)}{\sin\theta\cos\theta}=-\dfrac{8\sqrt{2}}{7}.$$

（3）
$$\cos\left(\dfrac{\pi}{4}-x\right)=\cos\dfrac{\pi}{4}\cos x+\sin\dfrac{\pi}{4}\sin x=\dfrac{1}{\sqrt{2}}(\cos x+\sin x),$$
$$\sin\left(\dfrac{\pi}{4}-x\right)=\sin\dfrac{\pi}{4}\cos x-\cos\dfrac{\pi}{4}\sin x=\dfrac{1}{\sqrt{2}}(\cos x-\sin x).$$
两式相乘，得
$$\cos^2 x-\sin^2 x=2\cos\left(\dfrac{\pi}{4}-x\right)\sin\left(\dfrac{\pi}{4}-x\right),$$
即

$$\cos 2x = 2\cos\left(\frac{\pi}{4} - x\right)\sin\left(\frac{\pi}{4} - x\right).$$

因 $x \in \left(-\frac{3\pi}{4}, \frac{\pi}{4}\right)$, 故

$$\frac{\pi}{4} - x \in (0, \pi),$$

从而

$$\sin\left(\frac{\pi}{4} - x\right) = \frac{4}{5},$$

于是

$$\cos 2x = 2 \times \left(-\frac{3}{5}\right) \times \frac{4}{5} = -\frac{24}{25}.$$

故选 B.

(4) 由一元二次方程根与系数关系,得

$$\begin{cases} \cos\alpha + \cos\beta = \frac{3}{5}, & \text{①} \\ \cos\alpha \cdot \cos\beta = -\frac{1}{5}, & \text{②} \end{cases}$$

所以

$$\sin\alpha\sin\beta = \sqrt{1-\cos^2\alpha} \cdot \sqrt{1-\cos^2\beta} = \sqrt{1-(\cos^2\alpha + \cos^2\beta) + \cos^2\alpha \cdot \cos^2\beta}. \quad \text{③}$$

将式①平方,结合式②,有

$$\cos^2\alpha + \cos^2\beta = \frac{9}{25} - 2\cos\alpha\cos\beta = \frac{9}{25} + \frac{2}{5} = \frac{19}{25}. \quad \text{④}$$

故由式②、③、④,得

$$\sin\alpha\sin\beta = \sqrt{1 - \frac{19}{25} + \frac{1}{25}} = \frac{\sqrt{7}}{5}.$$

题 5 求解下列各题.

(1) 若 $\tan\alpha = -2, \tan(\alpha + \beta) = \frac{1}{7}$, 则 $\tan\beta$ 的值为_____.

(2) 若

$$\sin\alpha + \cos\alpha = \frac{1}{5}, \quad \text{①}$$

则 $|\sin\alpha - \cos\alpha| = $ _____.

(3) 若实数 α 满足 $\cos\alpha = \tan\alpha$, 则 $\frac{1}{\sin\alpha} + \cos^4\alpha = $ _____.

思路剖释 (1) **方法 1**

$$\tan\beta = \tan[(\alpha + \beta) - \alpha] = \frac{\tan(\alpha + \beta) - \tan\alpha}{1 - \tan(\alpha + \beta)\tan\alpha} = 3.$$

方法 2

$$\frac{1}{7} = \tan(\alpha+\beta) = \frac{\tan\alpha + \tan\beta}{1-\tan\alpha\tan\beta} = \frac{-2+\tan\beta}{1+2\tan\beta},$$

解得

$$\tan\beta = 3.$$

(2) 式①两边平方,得

$$1 + 2\sin\alpha\cos\alpha = \frac{1}{25},$$

即

$$2\sin\alpha\cos\alpha = -\frac{24}{25}.$$

又

$$(\sin\alpha-\cos\alpha)^2 = 1 - 2\sin\alpha\cos\alpha = 1 + \frac{24}{25} = \frac{49}{25},$$

故

$$|\sin\alpha - \cos\alpha| = \frac{7}{5}.$$

(3) 由题设,得

$$\sin\alpha = \cos^2\alpha.$$

于是,得

$$\frac{1}{\sin\alpha} + \cos^4\alpha = \frac{\cos^2\alpha + \sin^2\alpha}{\sin\alpha} + \sin^2\alpha = \frac{\sin\alpha + \sin^2\alpha}{\sin\alpha} + \sin^2\alpha$$
$$= 1 + \sin\alpha + \sin^2\alpha = 1 + \cos^2\alpha + \sin^2\alpha$$
$$= 2.$$

题 6 计算下列各题.

(1) $\tan 20° + 4\cos 70° = $ _____.

(2) 求 $(1+\tan 1°)(1+\tan 2°)\cdots(1+\tan 44°)(1+\tan 45°)$ 的值.

思路剖释 (1)

$$\tan 20° + 4\cos 70° = \frac{\sin 20°}{\cos 20°} + 4\sin 20°$$
$$= \frac{\sin 20° + 4\sin 20°\cos 20°}{\cos 20°} = \frac{\sin 20° + 2\sin 40°}{\cos 20°}$$
$$= \frac{\sin 20° + \sin 40° + \sin 40°}{\cos 20°} = \frac{2\sin 30°\cos 10° + \sin 40°}{\cos 20°}$$
$$= \frac{\sin 80° + \sin 40°}{\cos 20°} = \frac{2\sin 60°\cos 20°}{\cos 20°} = \sqrt{3}.$$

(2) $1 + \tan 45° = 2$,将 $1+\tan 1°$ 与 $1+\tan 44°$ 配对,$1+\tan 2°$ 与 $1+\tan 43°$,顺次下去.

注意到

$$(1+\tan 1°)(1+\tan 44°) = 1 + \tan 1° + \tan 44° + \tan 1° \cdot \tan 44°, \qquad ①$$

又因

$$1 = \tan 45° = \tan(1° + 44°) = \frac{\tan 1° + \tan 44°}{1 - \tan 1° \cdot \tan 44°},$$

即

$$\tan 1° + \tan 44° + \tan 1° \cdot \tan 44° = 1, \qquad ②$$

将式②代入式①,得

$$(1 + \tan 1°)(1 + \tan 44°) = 2.$$

类似地可得

$$(1 + \tan 2°)(1 + \tan 43°) = 2,$$
$$\cdots,$$
$$(1 + \tan 22°)(1 + \tan 23°) = 2.$$

将上面 22 个式子相乘,得原式 $= 2^{23}$.

题 7 已知 $\sec x + \tan x = \frac{22}{7}$,$\csc x + \cot x = \frac{m}{n}$,这里 $\frac{m}{n}$ 是既约分数,求 $m + n$.

思路剖释 方法 1 因为 $\sec x + \tan x = \frac{22}{7}$,即 $\frac{1 + \sin x}{\cos x} = \frac{22}{7}$,亦即

$$\frac{1 + \cos\left(\frac{\pi}{2} - x\right)}{\sin\left(\frac{\pi}{2} - x\right)} = \frac{22}{7},$$

所以 $\tan\left(\frac{\pi}{4} - \frac{x}{2}\right) = \frac{22}{7}$.

又因

$$\tan \frac{\pi}{4} = \tan\left[\frac{x}{2} + \left(\frac{\pi}{4} - \frac{x}{2}\right)\right] = \frac{\tan \frac{x}{2} + \tan\left(\frac{\pi}{4} - \frac{x}{2}\right)}{1 - \tan \frac{x}{2} \tan\left(\frac{\pi}{4} - \frac{x}{2}\right)} = 1,$$

解得 $\tan \frac{x}{2} = \frac{29}{15}$,所以

$$\frac{m}{n} = \csc x + \cot x = \frac{1 + \cos x}{\sin x} = \cot \frac{x}{2} = \frac{15}{29}.$$

因为 $\frac{m}{n}$ 为既约分数,所以 $m = 15$,$n = 29$,故

$$m + n = 44.$$

方法 2 利用万能代换.令 $\tan \frac{x}{2} = t$,得

$$\frac{1 + t^2}{1 - t^2} + \frac{2t}{1 - t^2} = \frac{22}{7},$$

即 $29t^2 + 14t - 15 = 0$ ($t \neq \pm 1$),解出 $t = \frac{15}{29}$ ($t = -1$ 舍去),即得 $\tan \frac{x}{2} = \frac{15}{29}$,下同方法 1.

题 8 若锐角 α 满足

$$\frac{1}{\sqrt{\tan\frac{\alpha}{2}}} = \sqrt{2\sqrt{3}} \cdot \sqrt{\tan 10°} + \sqrt{\tan\frac{\alpha}{2}},$$

则 $\alpha = $ _____.

思路剖释 由题设,可得

$$\frac{1}{\sqrt{\tan\frac{\alpha}{2}}} - \sqrt{\tan\frac{\alpha}{2}} = \sqrt{2\sqrt{3}} \cdot \sqrt{\tan 10°},$$

两边平方,得

$$\frac{\cos\frac{\alpha}{2}}{\sin\frac{\alpha}{2}} + \frac{\sin\frac{\alpha}{2}}{\cos\frac{\alpha}{2}} - 2 = 2\sqrt{3}\tan 10°,$$

整理,得

$$\frac{2}{\sin\alpha} = 2 + 2\sqrt{3}\tan 10°,$$

即

$$\sin\alpha = \frac{1}{1+\sqrt{3}\tan 10°} = \frac{\cos 10°}{\cos 10° + \sqrt{3}\sin 10°} = \frac{\cos 10°}{2\sin 40°} = \frac{\cos 10° \cdot \cos 40°}{\sin 80°}$$
$$= \cos 40° = \sin 50°.$$

因 α 为锐角,所以 $\alpha = 50°$.

题 9 设 $x + \sin x \cdot \cos x - 1 = 0, 2\cos y - 2y + \pi + 4 = 0$,则 $\sin(2x - y)$ 的值为 _____.

思路剖释 由 $x + \sin x \cdot \cos x - 1 = 0$,得

$$2x + \sin 2x = 2. \qquad ①$$

再由 $2\cos y - 2y + \pi + 4 = 0$,得

$$\frac{\pi}{2} - y + \sin\left(\frac{\pi}{2} - y\right) = -2. \qquad ②$$

设函数 $f(x) = x + \sin x$,则

$$f'(x) = 1 + \cos x \geqslant 0.$$

因为 $f(x)$ 在 $\mathbf{R}$ 上单调递增且为奇函数.

由式①、②,得

$$f(2x) = 2, \quad f\left(\frac{\pi}{2} - y\right) = -2,$$

即

$$f(2x) = 2, \quad f\left(-\left(\frac{\pi}{2} - y\right)\right) = 2,$$

于是 $2x = -\left(\frac{\pi}{2} - y\right)$,即 $2x - y = -\frac{\pi}{2}$. 故 $\sin(2x - y) = -1$.

注 由题设得式①,将 $2x$ 看成变量.同样,式②中将 $\frac{\pi}{2}-y$ 看成变量.

题 10 给定实数 $a>1$,求函数 $f(x)=\dfrac{(a+\sin x)(4+\sin x)}{1+\sin x}$ 的最小值.

思路剖释 先作恒等变形.

$$f(x)=\frac{(a+\sin x)(4+\sin x)}{1+\sin x}=\frac{4a+4\sin x+a\sin x+\sin^2 x}{1+\sin x}$$

$$=\frac{1+\sin^2 x+2\sin x+2\sin x+a\sin x+4a-1}{1+\sin x}$$

$$=1+\sin x+\frac{2\sin x+a\sin x+4a-1}{1+\sin x}$$

$$=1+\sin x+\frac{(a+2)\sin x+(a+2)+3a-3}{1+\sin x},$$

故

$$f(x)=1+\sin x+\frac{3(a-1)}{1+\sin x}+a+2.$$

(i) 当 $1<a\leqslant\dfrac{7}{3}$ 时,$0<\sqrt{3(a-1)}\leqslant 2$,

$$f(x)=1+\sin x+\frac{3(a-1)}{1+\sin x}+a+2\geqslant 2\sqrt{3(a-1)}+a+2,$$

且当 $\sin x=\sqrt{3(a-1)}-1(\in(-1,1])$ 时不等式等号成立,故 $f_{\min}(x)=2\sqrt{3(a-1)}+a+2$.

(ii) 当 $a>\dfrac{7}{3}$ 时,$\sqrt{3(a-1)}>2$,对勾函数 $y=t+\dfrac{3(a-1)}{t}$ 在 $(0,\sqrt{3(a-1)}]$ 内是单调递减的,故

$$f_{\min}(x)=f(1)=2+\frac{3(a-1)}{2}+a+2=\frac{5(a+1)}{2}.$$

综上所述,$f_{\min}(x)=\begin{cases}2\sqrt{3(a-1)}+a+2, & 1<a\leqslant\dfrac{7}{3},\\ \dfrac{5(a+1)}{2}, & a>\dfrac{7}{3}.\end{cases}$

题 11 求解下列各题.

(1) 函数 $f(x)=2\cos x+\sin 2x (x\in \mathbf{R})$ 的值域是 _____.

(2) 设函数 $f(x)=3\sin x+2\cos x+1$.若实数 a,b,c 使得 $af(x)+bf(x-c)=1$ 对任意实数 x 恒成立,则 $\dfrac{b\cos c}{a}$ 的值为( ).

A. $-\dfrac{1}{2}$ B. $\dfrac{1}{2}$ C. -1 D. 1

思路剖释 (1) 采用平方法.

$$f^2(x)=(2\cos x+\sin 2x)^2=4\cos^2 x+8\cos^2 x\sin x+4\sin^2 x\cos^2 x$$

$$=4\cos^2 x(1+2\sin x+\sin^2 x)=4\cos^2 x(1+\sin x)^2$$

$$= \frac{4}{3}(3-3\sin x)(1+\sin x)^3$$
$$\leqslant \frac{4}{3}\left[\frac{(3-3\sin x)+(1+\sin x)+(1+\sin x)+(1+\sin x)}{4}\right]^4$$
$$= \frac{27}{4}.$$

当且仅当 $3-3\sin x = 1+\sin x$,即 $\sin x = \frac{1}{2}$ 时,等号成立. 于是,当 $\sin x = \frac{1}{2}$, $\cos x = \frac{\sqrt{3}}{2}$ 时,$f(x)$ 取得最大值 $\frac{3\sqrt{3}}{2}$;当 $\sin x = \frac{1}{2}$, $\cos x = -\frac{\sqrt{3}}{2}$ 时,$f(x)$ 取得最小值 $-\frac{3\sqrt{3}}{2}$. 故函数 $f(x)$ 的值域为 $\left[-\frac{3\sqrt{3}}{2}, \frac{3\sqrt{3}}{2}\right]$.

(2) 由题设,可得
$$f(x) = \sqrt{13}\sin(x+\varphi) + 1,$$
$$f(x-c) = \sqrt{13}\sin(x+\varphi-c) + 1,$$

其中 $0<\varphi<\frac{\pi}{2}$, $\tan\varphi = \frac{2}{3}$.

于是,$af(x) + bf(x-c) = 1$ 可化为
$$\sqrt{13}a\sin(x+\varphi) + \sqrt{13}b\sin(x+\varphi-c) + a + b = 1,$$

则
$$\sqrt{13}(a+b\cos c)\sin(x+\varphi) - \sqrt{13}b\sin c \cdot \cos(x+\varphi) + (a+b-1) = 0.$$

由已知条件,上式对任意 $x\in \mathbf{R}$ 恒成立,故必有
$$\begin{cases} a + b\cos c = 0, & \text{①} \\ b\sin c = 0, & \text{②} \\ a + b - 1 = 0. & \text{③} \end{cases}$$

若 $b=0$,则式①与式③矛盾,故 $b\neq 0$. 所以,由式②,知 $\sin c = 0$. 当 $\cos c = 1$ 时,则式①与式③矛盾,故 $\cos c = -1$. 由式①、③,知 $a = b = \frac{1}{2}$,所以 $\frac{b\cos c}{a} = -1$. 故选 C.

题 12 设 $a = \sin(\sin 2010°)$, $b = \sin(\cos 2010°)$, $c = \cos(\sin 2010°)$, $d = \cos(\cos 2010°)$,则 a, b, c, d 的大小关系是( ).

A. $a<b<c<d$ B. $b<a<c<d$

C. $c<d<b<a$ D. $d<c<a<b$

思路剖释 因为 $2010° = 5\times 360° + 180° + 30°$,所以
$$a = \sin(-\sin 30°) = -\sin(\sin 30°) < 0,$$
$$b = \sin(-\cos 30°) = -\sin(\cos 30°) < 0,$$
$$c = \cos(-\sin 30°) = \cos(\sin 30°) > 0,$$
$$d = \cos(-\cos 30°) = \cos(\cos 30°) > 0.$$

又 $\sin 30° < \cos 30°$，于是 $b < a < d < c$．故选 B．

题 13 求解下列各题．

(1) 已知函数 $f(x) = \sin^4 x$，记 $g(x) = f(x) + f\left(\dfrac{\pi}{2} - x\right)$，试求 $g(x)$ 在区间 $\left[\dfrac{\pi}{6}, \dfrac{3\pi}{8}\right]$ 上的最大值和最小值．

(2) 已知 $f(x) = 2(2\cos x + 1)\sin^2 x + \cos 3x\,(x \in \mathbf{R})$，求函数 $f(x)$ 的最大值．

(3) 求函数 $y = \sin^4 x \cdot \cos x + \sin x \cdot \cos^4 x\left(0 < x < \dfrac{\pi}{2}\right)$ 的最大值．

(4) 已知函数 $f(x) = \sin x + \sqrt{1 + \cos^2 x}\,(x \in \mathbf{R})$，则函数 $f(x)$ 的取值范围为 _____．

(5) 若三个角 α、β、γ 成等差数列，公差为 $\dfrac{\pi}{3}$，则 $\tan\alpha \cdot \tan\beta + \tan\beta \cdot \tan\gamma + \tan\gamma \cdot \tan\alpha = $ _____．

(6) 计算 $\cos\dfrac{2\pi}{7} \cdot \cos\dfrac{4\pi}{7} \cdot \cos\dfrac{6\pi}{7}$ 的值为 _____．

思路剖释 (1) 因 $f\left(\dfrac{\pi}{2} - x\right) = \cos^4 x$，故

$$g(x) = \sin^4 x + \cos^4 x = (\sin^2 x + \cos^2 x)^2 - 2\sin^2 x \cdot \cos^2 x,$$

即

$$g(x) = 1 - \dfrac{1}{2}\sin^2 2x.$$

由 $x \in \left[\dfrac{\pi}{6}, \dfrac{3\pi}{8}\right]$，得 $2x \in \left[\dfrac{\pi}{3}, \dfrac{3\pi}{4}\right]$．于是 $\sin 2x \in \left[\dfrac{\sqrt{2}}{2}, 1\right]$，因此 $g(x) \in \left[\dfrac{1}{2}, \dfrac{3}{4}\right]$．

故 $g(x)$ 在区间 $\left[\dfrac{\pi}{6}, \dfrac{3\pi}{8}\right]$ 上的最大值为 $g\left(\dfrac{3\pi}{8}\right) = \dfrac{3}{4}$，最小值为 $g\left(\dfrac{\pi}{4}\right) = \dfrac{1}{2}$．

(2)

$$\begin{aligned}
f(x) &= 2\sin 2x \cdot \sin x + 2\sin^2 x + \cos(2x + x) \\
&= 2\sin 2x \cdot \sin x + 2\sin^2 x + \cos 2x \cdot \cos x - \sin 2x \cdot \sin x \\
&= \sin 2x \cdot \sin x + \cos 2x \cdot \cos x + 2\sin^2 x \\
&= \cos(2x - x) + 2\sin^2 x \\
&= 2\sin^2 x + \cos x \\
&= -2\cos^2 x + \cos x + 2 \\
&= -2\left(\cos x - \dfrac{1}{4}\right)^2 + \dfrac{17}{8} \\
&\leqslant \dfrac{17}{8}.
\end{aligned}$$

当 $\cos x = \dfrac{1}{4}$ 时，函数 $f(x)$ 取最大值 $\dfrac{17}{8}$．

(3)

$$y = \sin x \cos x(\sin^3 x + \cos^3 x)$$

$$= \sin x \cdot \cos x (\sin x + \cos x)(1 - \sin x \cdot \cos x)$$

$$\leqslant (\sin x + \cos x) \cdot \left[\frac{\sin x \cdot \cos x + (1 - \sin x \cdot \cos x)}{2}\right]^2$$

$$= \frac{1}{4}(\sin x + \cos x)$$

$$= \frac{1}{4} \cdot \sqrt{2} \sin\left(x + \frac{\pi}{4}\right)$$

$$\leqslant \frac{\sqrt{2}}{4}.$$

$$\sin x \cdot \cos x = 1 - \sin x \cdot \cos x, \quad \sin 2x = 1.$$

因为 $0 < 2x < \pi$,所以

$$2x = \frac{\pi}{2}, \quad x = \frac{\pi}{4}.$$

此时第一个不等式中的等号成立,即 $\sin\left(x + \frac{\pi}{4}\right) = 1$. 因为 $0 < x + \frac{\pi}{4} < \pi$,所以 $x + \frac{\pi}{4} = \frac{\pi}{2}$, $x = \frac{\pi}{4}$,此时第二个不等式中的等号成立.

综上所述,当 $x = \frac{\pi}{4}$ 时,函数有最大值 $\frac{\sqrt{2}}{4}$.

(4) $f(x) = \sin x + \sqrt{1 + \cos^2 x} \leqslant \sqrt{2(\sin^2 x + 1 + \cos^2 x)} = 2$,且 $|\sin x| \leqslant 1 \leqslant \sqrt{1 + \cos^2 x}$,所以 $0 \leqslant \sin x + \sqrt{1 + \cos^2 x} \leqslant 2$,由此可得,

当 $\sqrt{1 + \cos^2 x} = \sin x$,即 $x = 2k\pi + \frac{\pi}{2}(k \in \mathbf{Z})$ 时, $y_{\min} = 2$;

当 $\sqrt{1 + \cos^2 x} = -\sin x$,即 $x = 2k\pi - \frac{\pi}{2}(k \in \mathbf{Z})$ 时, $y_{\min} = 0$.

综上所述,函数 $f(x)$ 的取值范围为 $[0, 2]$.

注 $(a-b)^2 = a^2 - 2ab + b^2$ 的变形公式为 $(a+b)^2 \leqslant 2(a^2 + b^2)$,即 $a + b \leqslant \sqrt{2(a^2 + b^2)}$.

(5) 依题设,可令 $\alpha = \beta - \frac{\pi}{3}$, $\gamma = \beta + \frac{\pi}{3}$,则

$$\tan \alpha = \frac{\tan \beta - \sqrt{3}}{1 + \sqrt{3}\tan \beta}, \quad \tan \gamma = \frac{\tan \beta + \sqrt{3}}{1 - \sqrt{3}\tan \beta}.$$

所以

$$\tan \alpha \cdot \tan \beta = \frac{\tan^2 \beta - \sqrt{3}\tan \beta}{1 + \sqrt{3}\tan \beta},$$

$$\tan \beta \cdot \tan \gamma = \frac{\tan^2 \beta + \sqrt{3}\tan \beta}{1 - \sqrt{3}\tan \beta},$$

$$\tan \gamma \cdot \tan \alpha = \frac{\tan^2 \beta - 3}{1 - 3\tan^2 \beta}.$$

故
$$\tan\alpha \cdot \tan\beta + \tan\beta \cdot \tan\gamma + \tan\gamma \cdot \tan\alpha = \frac{9\tan^2\beta - 3}{1 - 3\tan^2\beta} = -3.$$

(6) 记 $S = \cos\frac{2\pi}{7} \cdot \cos\frac{4\pi}{7} \cdot \cos\frac{6\pi}{7}$,则由 $S = -\cos\frac{\pi}{7} \cdot \cos\frac{2\pi}{7} \cdot \cos\frac{4\pi}{7}$,得

$$-S \cdot 8\sin\frac{\pi}{7} = 8\sin\frac{\pi}{7} \cdot \cos\frac{\pi}{7} \cdot \cos\frac{2\pi}{7} \cdot \cos\frac{4\pi}{7}$$
$$= 4\sin\frac{2\pi}{7} \cdot \cos\frac{2\pi}{7} \cdot \cos\frac{4\pi}{7}$$
$$= 2\sin\frac{4\pi}{7} \cdot \cos\frac{4\pi}{7} = \sin\frac{8\pi}{7}$$
$$= -\sin\frac{\pi}{7},$$

所以
$$S = \frac{1}{8}.$$

3.2 三 角 证 明

1. 三角证明通常通过三角恒等变形来完成

变形的主要策略是"三看",即一看角(有无特殊角、角之间有无等量关系或和差倍分关系,或互余、互补关系,应保留什么角、消去什么角等);二看函数名称(尽量减少函数名称的种类,最好化为同名函数,函数名称较多时最好只保留"弦函数");三看次数与特征(尽量降低次数、消去参数、减少项数或因子数、改变运算关系).

2. 三角条件等式的证明方法

三角条件等式的证明方法主要有代入法、综合法、分析法、消去法等.具体证明时,关键在于如何使用条件,有三种使用方法:①直接代入;②直推结论;③变形.

3. 三角恒等变换常用方法

(1) 切割化弦法.
(2) 角的变换或拼凑新角.
(3) 用和差化积或积化和差公式.
(4) 用1的代换.
(5) 逆用三角公式.
(6) 用降幂、升幂公式.
(7) 变量分离法.

题1 证明下列各题.

(1) $\dfrac{\tan x + \tan x \sin x}{\tan x + \sin x} \cdot \dfrac{1 + \sec x}{1 + \csc x} = \tan x$.

(2) $\cos^2\left(\theta - \dfrac{2}{3}\pi\right) + \cos^2\theta + \cos^2\left(\theta + \dfrac{2}{3}\pi\right) = \dfrac{3}{2}$.

(3) $\dfrac{2\cos 10° - \sin 20°}{\cos 20°} = \sqrt{3}$.

思路剖析 (1) 左边 $= \dfrac{\dfrac{\sin x}{\cos x} + \dfrac{\sin x}{\cos x} \cdot \sin x}{\dfrac{\sin x}{\cos x} + \sin x} \cdot \dfrac{1 + \dfrac{1}{\cos x}}{1 + \dfrac{1}{\sin x}}$

$= \dfrac{\sin x(1+\sin x)}{\sin x(1+\cos x)} \cdot \dfrac{\cos x + 1}{\sin x + 1} \cdot \tan x = \tan x =$ 右边.

证毕.

(2) 左边 $= \dfrac{1}{2}\left[1 + \cos\left(2\theta - \dfrac{4}{3}\pi\right)\right] + \dfrac{1}{2}(1 + \cos 2\theta) + \dfrac{1}{2}\left[1 + \cos\left(2\theta + \dfrac{4}{3}\pi\right)\right]$

$= \dfrac{3}{2} + \dfrac{1}{2}\left[\cos\left(2\theta - \dfrac{4}{3}\pi\right) + \cos\left(2\theta + \dfrac{4}{3}\pi\right) + \cos 2\theta\right]$

$= \dfrac{3}{2} + \dfrac{1}{2}\left(2\cos 2\theta \cos \dfrac{4}{3}\pi + \cos 2\theta\right) = \dfrac{3}{2} =$ 右边.

证毕.

(3) 左边 $= \dfrac{\sin 80° + (\sin 80° - \sin 20°)}{\cos 20°} = \dfrac{\sin 80° + 2\cos 50° \sin 30°}{\cos 20°}$

$= \dfrac{\sin 80° + \sin 40°}{\cos 20°} = \dfrac{2\sin 60° \cos 20°}{\cos 20°} = \sqrt{3} =$ 右边.

证毕.

题2 求证下列各题.

(1) $\sin^4\alpha \cdot \cos^2\alpha = \dfrac{1}{32}(2 - \cos 2\alpha - 2\cos 4\alpha + \cos 6\alpha)$.

(2) $\tan 70° = \tan 20° + 2\tan 40° + 4\tan 10°$.

(3) 设 $f(x) = \cos^2 x + \cos^2(x - \theta) - 2\cos\theta\cos x\cos(x - \theta)$ (θ 为常数),则 $f(x)$ 是常值函数.

思路剖析 (1) 方法1

左边 $= \left(\dfrac{1 - \cos 2\alpha}{2}\right)^2 \cdot \dfrac{1 + \cos 2\alpha}{2} = \dfrac{(1 - \cos 2\alpha)(1 + \cos 2\alpha)(1 - \cos 2\alpha)}{8}$

$= \dfrac{\sin^2 2\alpha(1 - \cos 2\alpha)}{8} = \dfrac{(1 - \cos 4\alpha)(1 - \cos 2\alpha)}{16}$

$= \dfrac{1 - \cos 2\alpha - \cos 4\alpha + \cos 4\alpha \cos 2\alpha}{16}$

$= \dfrac{1}{32}(2 - 2\cos 2\alpha - 2\cos 4\alpha + \cos 6\alpha + \cos 2\alpha) =$ 右边.

证毕.

方法 2

$$\text{右边} = \frac{1}{32}[(2 - 2\cos 4\alpha) + (\cos 6\alpha - \cos 2\alpha)]$$

$$= \frac{1}{32}(4\sin^2 2\alpha - \sin 4\alpha \sin 2\alpha)$$

$$= \frac{1}{32} \cdot 4\sin^2 2\alpha (1 - \cos 2\alpha)$$

$$= \frac{1}{32} \cdot 16\sin^2\alpha\cos^2\alpha \cdot 2\sin^2\alpha$$

$$= \sin^4\alpha\cos^2\alpha = \text{左边}.$$

证毕.

(2) 方法 1 本题即证:$\tan 70° - \tan 20° = 2\tan 40° + 4\tan 10°$. 因为

$$\tan 70° - \tan 20° = \tan 50°(1 + \tan 70° \tan 20°) = 2\tan 50°,$$

$$2\tan 40° + 4\tan 10° = 2(\tan 40° + \tan 10°) + 2\tan 10°$$

$$= 2\tan 50°(1 - \tan 40° \tan 10°) + 2\tan 10°$$

$$= 2\tan 50° - 2\tan 10° + 2\tan 10°$$

$$= 2\tan 50°,$$

所以原等式成立.

方法 2

$$\text{右边} = \tan 20° + 2(\tan 40° + \tan 10°) + 2\tan 10°$$

$$= \tan 20° + 2\tan 50°(1 - \tan 40° \tan 10°) + 2\tan 10°$$

$$= \tan 20° + 2\tan 50°$$

$$= \tan 20° + \tan 50° + \tan 50°$$

$$= \tan 70°(1 - \tan 50° \tan 20°) + \tan 50°$$

$$= \tan 70° - \tan 50° + \tan 50° = \tan 70° = \text{左边}.$$

证毕.

(3)

$$f(x) = \frac{1 + \cos 2x}{2} + \frac{1 + \cos 2(x - \theta)}{2} - \cos\theta[\cos(2x - \theta) + \cos\theta]$$

$$= 1 - \cos^2\theta + \frac{1}{2}[\cos 2(x - \theta) + \cos 2x] - \cos\theta\cos(2x - \theta)$$

$$= \sin^2\theta + \cos(2x - \theta)\cos\theta - \cos\theta\cos(2x - \theta)$$

$$= \sin^2\theta = \text{常数}.$$

所以 $f(x)$ 为常值函数.

题 3 证明恒等式:

$$\cot 10° - 4\cos 10° = \sqrt{3}.$$

①

思路剖释 方法1(倒推法) 若式①成立,则

$$\frac{\cos 10°}{\sin 10°} - 4\cos 10° = \sqrt{3},$$

$$\frac{\cos 10° - 4\cos 10°\sin 10°}{\sin 10°} = \sqrt{3},$$

$$\cos 10° - 2\sin 20° = \sqrt{3}\sin 10°,$$

$$\cos 10° - \sqrt{3}\sin 10° = 2\sin 20°,$$

$$\frac{1}{2}\cos 10° - \frac{\sqrt{3}}{2}\sin 10° = \sin 20°,$$

$$\sin 30°\cos 10° - \cos 30°\sin 10° = \sin 20°. \qquad ②$$

所以左边 $= \sin 20°$,故式②成立.倒推回去,式①得证.

方法2 建立直角三角形模型(数形结合).

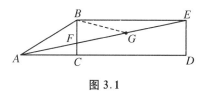

图 3.1

按题意,出现 $\cot 10°$ 与 $\sqrt{3}$,可构作 Rt$\triangle ACB$ 和 Rt$\triangle ADE$:$\angle BAC = 30°$,$\angle EAD = 10°$,且 $BC = ED = 1$.如图3.1所示,则 $AC = \sqrt{3}$,$AB = 2$,$AD = \cot 10°$.故只需证明

$$CD(= BE) = 4\cos 10°. \qquad ③$$

事实上,因为 $BC \underline{\parallel} ED = 1$,所以 $BE \parallel AD$,故 $\angle BEF = 10°$.设 G 是 Rt$\triangle BEF$ 斜边 EF 的中点,连接 BG,知 $\angle BGA = 20°$($\triangle BGE$ 为等腰三角形).因此,由 $\angle BAG = 30° - 10° = 20°$,知 $\triangle ABG$ 为等腰三角形,于是 $BA = BG = \frac{1}{2}EF$.因为 $BA = 2$,所以 $EF = 4$,从而 $BE(= CD) = 4\cos 10°$,式③得证.而 $AD - CD = AC$,故

$$\cot 10° - 4\cos 10° = \sqrt{3}.$$

证毕.

题4 证明 $\sin^3 \frac{\alpha}{3} + 3\sin^3 \frac{\alpha}{3^2} + \cdots + 3^{n-1}\sin^3 \frac{\alpha}{3^n} = \frac{1}{4}\left(3^n \sin \frac{\alpha}{3^n} - \sin \alpha\right)(n \in \mathbf{N}^*)$.

思路剖释 因为

$$\begin{cases} \sin \alpha = 3\sin \frac{\alpha}{3} - 4\sin^3 \frac{\alpha}{3}, \\ \sin^3 \frac{\alpha}{3} = \frac{1}{4}\left(3\sin \frac{\alpha}{3} - \sin \alpha\right), \\ \sin^3 \frac{\alpha}{3^2} = \frac{1}{4}\left(3\sin \frac{\alpha}{3^2} - \sin \frac{\alpha}{3}\right), \end{cases} \qquad ①$$

所以

$$3\sin^3 \frac{\alpha}{3^2} = \frac{1}{4}\left(3^2 \sin \frac{\alpha}{3^2} - 3\sin \frac{\alpha}{3}\right). \qquad ②$$

同理可得

$$3\sin^3\frac{\alpha}{3^3} = \frac{1}{4}\left(3^3\sin\frac{\alpha}{3^3} - 3^2\sin\frac{\alpha}{3^2}\right), \qquad ③$$

$$\cdots,$$

$$3^{n-1}\sin^3\frac{\alpha}{3^n} = \frac{1}{4}\left(3^n\sin\frac{\alpha}{3^n} - 3^{n-1}\sin\frac{\alpha}{3^{n-1}}\right). \qquad ⓝ$$

将以上 n 个等式两边分别相加，即得所证等式.

注 (1) 思考方向有二：从左到右变形——降次；从右到左变形——升幂.

(2) 可化为证明 $\tan 70° - \tan 20° = 2\tan 40° + 4\tan 10°$，再联系和角正切公式的变通形式；也可尝试能否直接由右边推出左边.

(3) 可从探求常数入手，令 $x = 0$，得常数应为 $1 - \cos^2\theta = \sin^2\theta$，再从降次、积化和差等角度变形，推证一般结论成立.

(4) 先回到特殊情形，当 $n = 1$ 时，即证 $\sin^3\frac{\alpha}{3} = \frac{1}{4}\left(3\sin\frac{\alpha}{3} - \sin\alpha\right)$. 借助三倍角的正弦公式便知该式成立，继而由该式类比可得.

(5) 在题3的证明中能否从利用 $1 = \sin^2\theta + \cos^2\theta$ 及配方法入手加以变形论证？

变题：求使 $A\cos^2\theta + B\cos^2(\alpha + \theta) + C\cos\theta\cos(\alpha + \theta)$ 的值与 θ 无关的充要条件.

提示：若 $f(\theta) = A\cos^2\theta + B\cos^2(\alpha + \theta) + C\cos\theta\cos(\alpha + \theta)$ 的值与 θ 无关，从特例入手，由 $f(0) = f(-\alpha) = f\left(\frac{\pi}{2}\right)$，可得 $A = B$，且 $C = -2A\cos\alpha$；反之仿上证法亦可推证：若 $A = B$，且 $C = -2A\cos\alpha$，则 $f(\theta) = \cdots = A\sin^2\alpha$（与 θ 无关）. 故所要寻求的充要条件是 $A = B$，且 $C = -2A\cos\alpha$.

题5 证明恒等式.

设 $\alpha, \beta \in \left(0, \frac{\pi}{2}\right)$，且 $\sin(\alpha + \beta) + \cos(\alpha + \beta)\cos(\alpha - \beta) = 1$，求证：$\alpha + \beta = \frac{\pi}{2}$.

思路剖释 由已知，得
$$1 - \sin(\alpha + \beta) = \cos(\alpha + \beta)\cos(\alpha - \beta).$$
两边同乘以 $1 + \sin(\alpha + \beta)$，得
$$\cos^2(\alpha + \beta) = \cos(\alpha + \beta)\cos(\alpha - \beta)[1 + \sin(\alpha + \beta)],$$
即
$$\cos(\alpha + \beta)[\cos(\alpha + \beta) - \cos(\alpha - \beta) - \sin(\alpha + \beta)\cos(\alpha - \beta)] = 0,$$
亦即
$$\cos(\alpha + \beta)\left(-2\sin\alpha\sin\beta - \frac{1}{2}\sin 2\alpha - \frac{1}{2}\sin 2\beta\right) = 0. \qquad ①$$
而 $\alpha, \beta \in \left(0, \frac{\pi}{2}\right)$，所以 $-2\sin\alpha\sin\beta - \frac{1}{2}\sin 2\alpha - \frac{1}{2}\sin 2\beta < 0$.

由式①，知只能
$$\cos(\alpha + \beta) = 0.$$

因为 $0 < \alpha + \beta < \pi$,所以 $\alpha + \beta = \dfrac{\pi}{2}$.

证毕.

变题:已知锐角 α,β 满足等式 $\sin^2\alpha + \sin^2\beta = \sin(\alpha+\beta)$,求 $\alpha+\beta$ 的值.

提示:事实上,已知即 $\dfrac{1-\cos 2\alpha}{2} + \dfrac{1-\cos 2\beta}{2} = \sin(\alpha+\beta)$,以下可化为原题情形,进而得 $\alpha + \beta = \dfrac{\pi}{2}$.

题 6 求证:$\dfrac{\sin 1°}{\cos 1°\cos 2°} + \dfrac{\sin 1°}{\cos 2°\cos 3°} + \cdots + \dfrac{\sin 1°}{\cos(n-1)°\cos n°} = \dfrac{\sin(n-1)°}{\cos 1°\cos n°}$.

思路剖释 利用 $\dfrac{\sin 1°}{\cos(n-1)°\cos n°} = \dfrac{\sin[n° - (n-1)°]}{\cos(n-1)°\cos n°} = \tan n° - \tan(n-1)°$ $(n \geq 2, n \in \mathbf{N}^*)$,得

$$\text{原式左边} = (\tan 2° - \tan 1°) + (\tan 3° - \tan 2°) + \cdots + [\tan n° - \tan(n-1)°]$$
$$= \tan n° - \tan 1°$$
$$= \dfrac{\sin n°}{\cos n°} - \dfrac{\sin 1°}{\cos 1°}$$
$$= \dfrac{\sin n° \cdot \cos 1° - \cos n° \cdot \sin 1°}{\cos 1° \cdot \cos n°}$$
$$= \dfrac{\sin(n-1)°}{\cos 1° \cdot \cos n°}.$$

证毕.

题 7 求证:对于一切 $n \in \mathbf{N}$ 及任一实数 $x \neq \dfrac{m\pi}{2^k}$ $(k = 0,1,2,\cdots,n, m \in \mathbf{Z})$,有 $\dfrac{1}{\sin 2x} + \dfrac{1}{\sin 4x} + \cdots + \dfrac{1}{\sin 2^n x} = \cot x - \cot 2^n x$.

思路剖释 根据左端表达式,考虑下式

$$\cot 2^{n-1}x - \cot 2^n x = \dfrac{\cos 2^{n-1}x}{\sin 2^{n-1}x} - \dfrac{\cos 2^n x}{\sin 2^n x}$$
$$= \dfrac{\sin 2^n x \cdot \cos 2^{n-1}x - \cos 2^n x \cdot \sin 2^{n-1}x}{\sin^{n-1}x \cdot \sin 2^n x}$$
$$= \dfrac{\sin 2^{n-1}x}{\sin 2^{n-1}x \cdot \sin 2^n x} = \dfrac{1}{\sin 2^n x},$$

故

$$\text{原式} = (\cot x - \cot 2x) + (\cot 2x - \cot 2^2 x) + \cdots + (\cot 2^{n-1}x - \cot 2^n x)$$
$$= \cot x - \cot 2^n x.$$

证毕.

注 裂项法有用.

题 8 若 $x = r\sin\dfrac{\theta - \alpha}{2}, y = r\sin\dfrac{\theta + \alpha}{2}$,求证:$x^2 + y^2 - 2xy\cos\alpha = r^2\sin^2\alpha$.

思路剖释 已知即为

$$\begin{cases} x = r\left(\sin\dfrac{\theta}{2}\cos\dfrac{\alpha}{2} - \cos\dfrac{\theta}{2}\sin\dfrac{\alpha}{2}\right), \\ y = r\left(\sin\dfrac{\theta}{2}\cos\dfrac{\alpha}{2} + \cos\dfrac{\theta}{2}\sin\dfrac{\alpha}{2}\right), \end{cases}$$

解得

$$\sin\frac{\theta}{2} = \frac{y+x}{2r\cos\dfrac{\alpha}{2}}, \quad \cos\frac{\theta}{2} = \frac{y-x}{2r\cos\dfrac{\alpha}{2}}$$

两式平方相加，得

$$\frac{(y+x)^2}{4r^2\cos^2\dfrac{\alpha}{2}} + \frac{(y-x)^2}{4r^2\sin^2\dfrac{\alpha}{2}} = 1,$$

即

$$(y+x)^2\sin^2\frac{\alpha}{2} + (y-x)^2\cos^2\frac{\alpha}{2} = 4r^2\sin^2\frac{\alpha}{2}\cos^2\frac{\alpha}{2},$$

亦即

$$x^2 + y^2 - 2xy\left(\cos^2\frac{\alpha}{2} - \sin^2\frac{\alpha}{2}\right) = r^2\sin^2\alpha,$$

故

$$x^2 + y^2 - 2xy\cos\alpha = r^2\sin^2\alpha.$$

证毕.

题 9 已知 $\dfrac{\tan(\theta+\alpha)}{a} = \dfrac{\tan(\theta+\beta)}{b} = \dfrac{\tan(\theta+\gamma)}{c}$，求证：

$$\frac{a+b}{a-b}\sin^2(\alpha-\beta) + \frac{b+c}{b-c}\sin^2(\beta-\gamma) + \frac{c+a}{c-a}\sin^2(\gamma-\alpha) = 0.$$

思路剖释 设

$$\frac{\tan(\theta+\alpha)}{a} = \frac{\tan(\theta+\beta)}{b} = \frac{\tan(\theta+\gamma)}{c} = \frac{1}{k},$$

则

$$a = k\tan(\theta+\alpha), \quad b = k\tan(\theta+\beta), \quad c = k\tan(\theta+\gamma),$$

$$\frac{a+b}{a-b}\sin^2(\alpha-\beta) = \frac{\tan(\theta+\alpha) + \tan(\theta+\beta)}{\tan(\theta+\alpha) - \tan(\theta+\beta)} \cdot \sin^2(\alpha-\beta)$$

$$= \frac{\dfrac{\sin(\theta+\alpha)}{\cos(\theta+\alpha)} + \dfrac{\sin(\theta+\beta)}{\cos(\theta+\beta)}}{\dfrac{\sin(\theta+\alpha)}{\cos(\theta+\alpha)} - \dfrac{\sin(\theta+\beta)}{\cos(\theta+\beta)}} \cdot \sin^2(\alpha-\beta)$$

$$= \frac{\sin(\theta+\alpha)\cos(\theta+\beta) + \cos(\theta+\alpha)\sin(\theta+\beta)}{\sin(\theta+\alpha)\cos(\theta+\beta) - \cos(\theta+\alpha)\sin(\theta+\beta)} \cdot \sin^2(\alpha-\beta)$$

$$= \frac{\sin(2\theta+\alpha+\beta)}{\sin(\alpha-\beta)} \cdot \sin^2(\alpha-\beta) = \sin(2\theta+\alpha+\beta) \cdot \sin(\alpha-\beta)$$

$$= \frac{1}{2}[\cos 2(\theta+\beta) - \cos 2(\theta+\alpha)]. \qquad ①$$

同理可证

$$\frac{b+c}{b-c}\sin^2(\beta-\gamma) = \frac{1}{2}[\cos 2(\theta+\gamma) - \cos 2(\theta+\beta)], \qquad ②$$

$$\frac{c+a}{c-a}\sin^2(\gamma-\alpha) = \frac{1}{2}[\cos 2(\theta+\alpha) - \cos 2(\theta+\gamma)]. \qquad ③$$

由①+②+③,原式得证.

题 10 证明下列各题.

(1) 若 $\sin\beta = m\sin(2\alpha+\beta)(m\neq 1)$,则 $\tan(\alpha+\beta) = \frac{1+m}{1-m}\tan\alpha$.

(2) 若 $5\sin\beta = \sin(2\alpha+\beta)$,则 $2\tan(\alpha+\beta) = 3\tan\alpha$.

思路剖释 (1) 由条件,得

$$5\sin[(\alpha+\beta)-\alpha] = \sin[(\alpha+\beta)+\alpha],$$

化简,得

$$4\sin(\alpha+\beta)\cos\alpha = 6\cos(\alpha+\beta)\sin\alpha.$$

故

$$2\tan(\alpha+\beta) = 3\tan\alpha.$$

证毕.

(2) 由条件,得

$$\frac{\sin\beta}{\sin(2\alpha+\beta)} = \frac{m}{1},$$

由合分比定理,得

$$\frac{\sin(2\alpha+\beta)+\sin\beta}{\sin(2\alpha+\beta)-\sin\beta} = \frac{1+m}{1-m},$$

故

$$\frac{2\sin(\alpha+\beta)\cos\alpha}{2\cos(\alpha+\beta)\sin\alpha} = \frac{1+m}{1-m}, \tan(\alpha+\beta) = \frac{1+m}{1-m}\tan\alpha.$$

证毕.

注 本题也可用角的变换法.

题 11 设 $a_1, a_2, \cdots, a_n$ 均为实常数,x 是实数,

$$f(x) = \sin(a_1+x) + \frac{1}{2}\sin(a_2+x) + \cdots + \frac{1}{2^{n-1}}\sin(a_n+x).$$

若 $f(x_1) = f(x_2) = 0$,且 $f\left(\frac{x_1+x_2}{2}\right) \neq 0$,求证:$x_1 - x_2 = k\pi(k\in\mathbf{Z})$.

思路剖释 由 $f(x_1) = 0$,得

$$\sin(a_1+x_1) + \frac{1}{2}\sin(a_2+x_1) + \cdots + \frac{1}{2^{n-1}}\sin(a_n+x_1) = 0. \qquad ①$$

由 $f(x_2)=0$，得

$$\sin(a_1+x_2)+\frac{1}{2}\sin(a_2+x_2)+\cdots+\frac{1}{2^{n-1}}\sin(a_n+x_2)=0. \quad ②$$

再由①+②，得

$$[\sin(a_1+x_1)+\sin(a_1+x_2)]+\frac{1}{2}[\sin(a_2+x_1)+\sin(a_2+x_2)]+\cdots$$

$$+\frac{1}{2^{n-1}}[\sin(a_n+x_1)+\sin(a_n+x_2)]=0.$$

和差化积，得

$$2\cos\frac{x_1-x_2}{2}\left[\sin\left(a_1+\frac{x_1+x_2}{2}\right)+\frac{1}{2}\sin\left(a_2+\frac{x_1+x_2}{2}\right)+\cdots+\frac{1}{2^{n-1}}\sin\left(a_n+\frac{x_1+x_2}{2}\right)\right]=0,$$

即

$$2\cos\frac{x_1-x_2}{2}\cdot f\left(\frac{x_1+x_2}{2}\right)=0.$$

而 $f\left(\dfrac{x_1+x_2}{2}\right)\neq 0$，所以只能 $\cos\dfrac{x_1-x_2}{2}=0$，即 $\dfrac{x_1-x_2}{2}=\dfrac{k\pi}{2}$，故

$$x_1-x_2=k\pi \quad (k\in \mathbf{Z}).$$

证毕.

题 12 已知角 α,β 满足 $x\sin\beta+y\cos\alpha=\sin\alpha$，$x\sin\alpha+y\cos\beta=\sin\beta$，求证：$x^2-y^2=1$.

思路剖释 依题设，求解二元一次方程组，得

$$x=\frac{\sin(\beta-\alpha)}{\sin\alpha\cdot\cos\alpha-\sin\beta\cdot\cos\beta}=-\frac{2\sin(\alpha-\beta)}{\sin 2\alpha-\sin 2\beta}$$

$$=-\frac{\sin(\alpha-\beta)}{\cos(\alpha+\beta)\cdot\sin(\alpha-\beta)}=-\frac{1}{\cos(\alpha+\beta)},$$

$$y=\frac{\sin^2\alpha-\sin^2\beta}{\sin\alpha\cdot\cos\alpha-\sin\beta\cdot\cos\beta}=\frac{\sin^2\alpha\cdot\cos^2\beta+\sin^2\alpha\sin^2\beta-\sin^2\beta(\cos^2\alpha+\sin^2\alpha)}{\cos(\alpha+\beta)\cdot\cos(\alpha-\beta)}$$

$$=\frac{\sin(\alpha+\beta)\cdot\sin(\alpha-\beta)}{\cos(\alpha+\beta)\cdot\sin(\alpha-\beta)}=\tan(\alpha+\beta).$$

于是 $y^2+1=\tan^2(\alpha+\beta)+1=x^2$，故 $x^2-y^2=1$.

证毕.

题 13 设 $0<x<\dfrac{\pi}{2}$，求证：

$$0<\frac{x-\sin x}{\tan x-\sin x}<\frac{1}{3}.$$

思路剖释 当 $0<x<\dfrac{\pi}{2}$ 时，$\tan x>x>\sin x$. 事实上，令 $f(x)=x-\sin x$，则

$$f'(x)=1-\cos x>0,$$

故 $f(x)$ 在区间 $\left(0,\dfrac{\pi}{2}\right)$ 内单调递增. 因此 $f(x)>f(0)=0$，即 $x>\sin x$. 类似可证 $\tan x>x$.

要证原命题,只需证明
$$g(x) = \tan x - \sin x - 3(x - \sin x) > 0.$$
因为
$$g'(x) = \frac{1}{\cos^2 x} - \cos x - 3(1 - \cos x)$$
$$= \frac{1}{\cos^2 x} + 2\cos x - 3$$
$$= \left(\frac{1}{\cos^2 x} + \cos x + \cos x\right) - 3,$$

据均值不等式,得
$$g'(x) \geqslant 3\left(\frac{1}{\cos^2 x} \cos x \cdot \cos x\right)^{\frac{1}{3}} - 3 = 0.$$

又 $g'(x) = 0$,当且仅当 $x = 0$. 故 $g(x)$ 在区间 $\left(0, \frac{\pi}{2}\right)$ 内单调递增,从而 $g(x) > g(0) = 0$.

证毕.

3.3 三角函数的图像

1. 三角函数线

在图 3.2 中,有向线段 MP, OM, AT, BS 分别表示角 α 终边落在四个象限时的正弦线、余弦线、正切线、余切线.

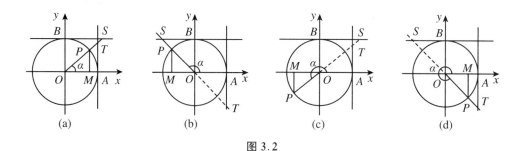

图 3.2

2. 三角函数的图像和性质

如表 3.1 所示.

表 3.1

函数	$y=\sin x$	$y=\cos x$	$y=\tan x$	$y=\cot x$
图像				
定义域	$(-\infty,+\infty)$	$(-\infty,+\infty)$	$\left\{x \mid x \neq k\pi+\dfrac{\pi}{2}\right\}$ $(k \in \mathbf{Z})$	$\{x \mid x \neq k\pi\}$ $(k \in \mathbf{Z})$
值域	$[-1,1]$	$[-1,1]$	$(-\infty,+\infty)$	$(-\infty,+\infty)$
奇偶性	奇	偶	奇	奇
单调性	单调递增区间: $\left[2k\pi-\dfrac{\pi}{2},2k\pi+\dfrac{\pi}{2}\right]$ $(k \in \mathbf{Z})$ 单调递减区间: $\left[2k\pi+\dfrac{\pi}{2},2k\pi+\dfrac{3\pi}{2}\right]$ $(k \in \mathbf{Z})$	单调递增区间: $[2k\pi-\pi,2k\pi]$ $(k \in \mathbf{Z})$ 单调递减区间: $[2k\pi,2k\pi+\pi]$ $(k \in \mathbf{Z})$	单调递增区间: $\left(k\pi-\dfrac{\pi}{2},k\pi+\dfrac{\pi}{2}\right)$ $(k \in \mathbf{Z})$	单调递减区间: $(k\pi,k\pi+\pi)$ $(k \in \mathbf{Z})$
周期性	$T=2\pi$	$T=2\pi$	$T=\pi$	$T=\pi$
最值	$x=2k\pi+\dfrac{\pi}{2}(k \in \mathbf{Z})$ 时, $y_{\max}=1$ $x=2k\pi-\dfrac{\pi}{2}(k \in \mathbf{Z})$ 时, $y_{\min}=-1$	$x=2k\pi(k \in \mathbf{Z})$ 时, $y_{\max}=1$ $x=2k\pi+\pi(k \in \mathbf{Z})$ 时, $y_{\min}=-1$	无	无
对称性	对称轴: $x=k\pi+\dfrac{\pi}{2}(k \in \mathbf{Z})$ 对称中心: $(k\pi,0)$ $(k \in \mathbf{Z})$	对称轴: $x=k\pi(k \in \mathbf{Z})$ 对称中心: $\left(k\pi+\dfrac{\pi}{2},0\right)$ $(k \in \mathbf{Z})$	对称中心: $(k\pi,0)$ $(k \in \mathbf{Z})$	对称中心: $\left(k\pi+\dfrac{\pi}{2},0\right)$ $(k \in \mathbf{Z})$

3. 函数 $y=A\sin(\omega x+\varphi)$ 的图像和性质

(1) 当表示一个振动量时,A 叫做振幅,$T=\dfrac{2\pi}{|\omega|}$ 叫做周期,$f=\dfrac{1}{T}=\dfrac{|\omega|}{2\pi}$ 叫做频率,$\omega x+\varphi$ 叫做相位,ω 叫做初相.

(2) 函数 $y=\sin(\omega x+\varphi)(\omega>0)$ 图像可由 $y=\sin x$ 图像经过下列两种途径变换得到.

途径1 将 $y=\sin x$ 的图像向左($\varphi>0$)或向右($\varphi<0$)移动 $|\varphi|$ 个单位,得到 $y=\sin(x+\varphi)$ 的图像(相位变换);所得图像上所有点的纵坐标保持不变,横坐标伸长($0<\omega<1$)或缩短($\omega>1$)到原来的 $\dfrac{1}{\omega}$ 倍,得到 $y=\sin(\omega x+\varphi)$ 的图像(周期变换).

途径2 由 $y=\sin x$ 的图像上所有点的纵坐标保持不变,横坐标伸长($0<\omega<1$)或缩短($\omega>1$)到原来的 $\dfrac{1}{\omega}$ 倍,得到函数 $y=\sin\omega x$ 的图像(周期变换);再将所得图像向左($\varphi>0$)或向右($\varphi<0$)移动 $\dfrac{|\varphi|}{\omega}$ 个单位,得到 $y=\sin(\omega x+\varphi)$ 的图像(相位变换).

4. 函数 $y=A\sin(\omega x+\varphi)+B(A>0,\omega>0)$ 的性质

最大值是 $A+B$,最小值是 $B-A$,周期是 $T=\dfrac{2\pi}{\omega}$,频率是 $f=\dfrac{\omega}{2\pi}$,相位是 $\omega x+\varphi$,初相是 φ;其图像的对称轴是直线 $\omega x+\varphi=k\pi+\dfrac{\pi}{2}(k\in\mathbf{Z})$,凡是该图像与直线 $y=B$ 的交点都是该图像的对称中心.

5. 三角函数图像的考查

主要考查的内容有:① 图像的平移变换;② 由图像确定解析式;③ 三角函数图像的对称性;④ 三角函数图像的应用.

性质的考查主要有:① 求三角函数周期;② 求单调区间及比较大小;③ 判断三角函数的奇偶性等.同时三角法还经常与方程、不等式、复数、向量等知识相联系,形成综合应用问题,解决时注意换元法、待定系数法、基本不等式法、化归与转化、数形结合等数学思想及三角法的运用.

题1 求解下列各题.

(1)若将函数 $y=2\sin 2x$ 的图像向左平移 $\dfrac{\pi}{12}$ 个单位长度,则平移后图像的对称轴为( ).

A. $x=\dfrac{k\pi}{2}-\dfrac{\pi}{6}(k\in\mathbf{Z})$ B. $x=\dfrac{k\pi}{2}+\dfrac{\pi}{6}(k\in\mathbf{Z})$

C. $x=\dfrac{k\pi}{2}-\dfrac{\pi}{12}(k\in\mathbf{Z})$ D. $x=\dfrac{k\pi}{2}+\dfrac{\pi}{12}(k\in\mathbf{Z})$

(2)函数 $y=\sin x-\sqrt{3}\cos x$ 的图像可由函数 $y=\sin x+\sqrt{3}\cos x$ 的图像至少向右平移_____个单位长度得到.

(3)将函数 $y=\sin\left(2x-\dfrac{\pi}{3}\right)$ 图像上的点 $P\left(\dfrac{\pi}{4},t\right)$ 向左平移 $s(s>0)$ 个单位长度得到点 P',若 P' 位于 $y=\sin 2x$ 的图像上,则( ).

A. $t=\dfrac{1}{2}$,s 的最小值为 $\dfrac{\pi}{6}$ B. $t=\dfrac{\sqrt{3}}{2}$,s 的最小值为 $\dfrac{\pi}{6}$

C. $t=\dfrac{1}{2}$,s 的最小值为 $\dfrac{\pi}{3}$ D. $t=\dfrac{\sqrt{3}}{2}$,s 的最小值为 $\dfrac{\pi}{3}$

(4) 为了得到函数 $y=\sin\left(2x-\dfrac{\pi}{3}\right)$ 的图像,只需把函数 $y=\sin 2x$ 图像上所有的点( ).

A. 向左平行移动 $\dfrac{\pi}{3}$ 个单位长度 B. 向右平行移动 $\dfrac{\pi}{3}$ 个单位长度

C. 向左平行移动 $\dfrac{\pi}{6}$ 个单位长度 D. 向右平行移动 $\dfrac{\pi}{6}$ 个单位长度

思路剖释 (1) 平移后图像表达式为
$$y=2\sin 2\left(x+\dfrac{\pi}{12}\right).$$

令
$$2\left(x+\dfrac{\pi}{12}\right)=k\pi+\dfrac{\pi}{2},$$

得对称轴方程为
$$x=\dfrac{k\pi}{2}+\dfrac{\pi}{6}\quad(k\in\mathbf{Z}).$$

故选 B.

(2) 因为 $y=\sin x+\sqrt{3}\cos x=2\sin\left(x+\dfrac{\pi}{3}\right)$,$y=\sin x-\sqrt{3}\cos x=2\sin\left(x-\dfrac{\pi}{3}\right)=2\sin\left[\left(x-\dfrac{2\pi}{3}\right)+\dfrac{\pi}{3}\right]$,所以函数 $y=\sin x-\sqrt{3}\cos x$ 的图像可由函数 $y=\sin x+\sqrt{3}\cos x$ 的图像至少向右平移 $\dfrac{2\pi}{3}$ 个单位长度得到.

(3) 将 $x=\dfrac{\pi}{4}$ 代入,得 $t=\sin\dfrac{\pi}{6}=\dfrac{1}{2}$. 将函数 $y=\sin\left(2x-\dfrac{\pi}{3}\right)$ 图像上的点 P 向左平移 s 个单位,得点 $P'\left(\dfrac{\pi}{4}-s,\dfrac{1}{2}\right)$. 若 P' 位于函数 $y=\sin 2x$ 的图像上,则
$$\sin\left(\dfrac{\pi}{2}-2s\right)=\cos 2s=\dfrac{1}{2},$$

即
$$2s=\pm\dfrac{\pi}{3}+2k\pi\quad(k\in\mathbf{Z}),$$

故
$$s=\pm\dfrac{\pi}{6}+k\pi\quad(k\in\mathbf{Z}).$$

由 $s>0$,得当 $k=0$ 时,s 的最小值为 $\dfrac{\pi}{6}$. 故选 A.

注 (1) 要弄清楚是平移哪个函数的图像,得到哪个函数的图像;要注意平移前后两个函数的名称是否一致,若不一致,应先利用诱导公式化为同名函数.

(2) 由 $y=A\sin\omega x$ 的图像得到 $y=A\sin(\omega x+\varphi)$ 的图像时,需平移的单位数为 $\dfrac{|\varphi|}{\omega}$,而

不是 $|\varphi|$.

(4) 由于 $y = \sin\left(2x - \dfrac{2\pi}{3}\right) = \sin\left[2\left(x - \dfrac{\pi}{6}\right)\right]$, 故只需把函数 $y = \sin 2x$ 的图像上所有的点向右平移移动 $\dfrac{\pi}{6}$ 个单位长度即可. 故选 D.

注 三角函数的图像平移时,平移方向遵照"左加右减,上加下减"的规律执行,即:① 将三角函数 $y = f(x)$ 的图像向 x 轴负(或正)方向平移 $\varphi(\varphi > 0)$ 个单位,则将 $y = f(x)$ 中的 x 用 $x + \varphi$(或 $x - \varphi$)代换,所得新三角函数图像的函数解析式为 $y = f(x + \varphi)$[或 $y = f(x - \varphi)$];② 将 $y = f(x)$ 的图像向 y 轴正(或负)方向平移 $m(m > 0)$ 个单位,则将 $y = f(x)$ 中的 $f(x)$ 用 $f(x) + m$[或 $f(x) - m$]代换,所得新图像的三角函数的解析式为 $y = f(x) + m$[或 $y = f(x) - m$],再整理.

题 2 求解下列各题.

(1) 要得到函数 $y = \sin\left(4x - \dfrac{\pi}{3}\right)$ 的图像,只需将函数 $y = \sin 4x$ 的图像( ).

A. 向左平移 $\dfrac{\pi}{12}$ 个单位   B. 向右平移 $\dfrac{\pi}{12}$ 个单位

C. 向左平移 $\dfrac{\pi}{3}$ 个单位   D. 向右平移 $\dfrac{\pi}{3}$ 个单位

(2) 已知曲线 $C_1 : y = \cos x$, $C_2 : y = \sin\left(2x + \dfrac{2\pi}{3}\right)$, 则下面结论正确的是( ).

A. 把 C_1 上各点的横坐标伸长到原来的 2 倍,纵坐标不变,再把得到的曲线向右平移 $\dfrac{\pi}{6}$ 个单位长度,得到曲线 C_2

B. 把 C_1 上各点的横坐标伸长到原来的 2 倍,纵坐标不变,再把得到的曲线向左平移 $\dfrac{\pi}{12}$ 个单位长度,得到曲线 C_2

C. 把 C_1 上各点的横坐标缩短到原来的 $\dfrac{1}{2}$ 倍,纵坐标不变,再把得到的曲线向右平移 $\dfrac{\pi}{6}$ 个单位长度,得到曲线 C_2

D. 把 C_1 上各点的横坐标缩短到原来的 $\dfrac{1}{2}$ 倍,纵坐标不变,再把得到的曲线向左平移 $\dfrac{\pi}{12}$ 个单位长度,得到曲线 C_2

(3) 某同学用"五点法"作函数 $f(x) = A\sin(\omega + \varphi)\left(\omega > 0, |\varphi| < \dfrac{\pi}{2}\right)$ 在某一周期内的图像时,列表并填入了部分数据,如表 3.2 所示.

表 3.2

$\omega x+\varphi$	0	$\dfrac{\pi}{2}$	π	$\dfrac{3\pi}{2}$	2π
x		$\dfrac{\pi}{3}$		$\dfrac{5\pi}{6}$	
$A\sin(\omega x+\varphi)$	0	5		-5	0

(i) 请将表 3.2 的数据补充完整,并直接写出函数 $f(x)$ 的解析式.

(ii) 将 $y=f(x)$ 图像上所有点向左平行移动 $\theta(\theta>0)$ 个单位长度,得到 $y=g(x)$ 的图像,若 $y=g(x)$ 图像的一个对称中心为 $\left(\dfrac{5\pi}{12},0\right)$,求 θ 的最小值.

思路剖释 (1) 因为 $y=\sin\left(4x-\dfrac{\pi}{3}\right)=\sin\left[\left(x-\dfrac{\pi}{12}\right)\right]$,所以只需将 $y=\sin 4x$ 向右移动 $\dfrac{\pi}{12}$ 个单位即可. 故选 B.

(2) 因为

$$y=\sin\left(2x+\dfrac{2\pi}{3}\right)=\cos\left(\dfrac{\pi}{2}-2x-\dfrac{2\pi}{3}\right)=\cos\left(-2x-\dfrac{\pi}{6}\right)=\cos 2\left(x+\dfrac{\pi}{12}\right),$$

所以把 C_1 上各点的横坐标伸长到原来的 2 倍,纵坐标不变,再把得到的曲线向左平移 $\dfrac{\pi}{12}$ 个单位长度,即可得到曲线 C_2. 故选 B.

注 在函数 $f(x)=A\sin(\omega x+\varphi)$ 的图像平移变换中要注意 ω 的影响,变换有两种顺序:一种是 $y=\sin x$ 的图像向左平移 φ 个单位,得 $y=\sin(x+\varphi)$,再把横坐标变为原来的 $\dfrac{1}{\omega}$,纵坐标不变,得 $y=\sin(\omega x+\varphi)$ 的图像;另一种是把 $y=\sin x$ 的图像横坐标变为原来的 $\dfrac{1}{\omega}$,纵坐标不变,得 $y=\sin \omega x$ 的图像,再向左平移 $\dfrac{\varphi}{\omega}$ 个单位,得 $y=\sin(\omega x+\varphi)$ 的图像.

(3) (i) 根据表中已知数据,解得 $A=5,\omega=2,\varphi=-\dfrac{\pi}{6}$,数据补全如表 3.3 所示.

表 3.3

$\omega x+\varphi$	0	$\dfrac{\pi}{2}$	π	$\dfrac{3\pi}{2}$	2π
x	$\dfrac{\pi}{12}$	$\dfrac{\pi}{3}$	$\dfrac{7\pi}{12}$	$\dfrac{5\pi}{6}$	$\dfrac{13\pi}{12}$
$A\sin(\omega x+\varphi)$	0	5	0	-5	0

函数的表达式为 $f(x)=5\sin\left(2x-\dfrac{\pi}{6}\right)$.

(ii) 由(i),知 $f(x)=5\sin\left(2x-\dfrac{\pi}{6}\right)$,得

$$g(x) = 5\sin\left(2x + 2\theta - \frac{\pi}{6}\right).$$

因为 $y = \sin x$ 的对称中心为 $(k\pi, 0)(k \in \mathbf{Z})$. 令 $2x + 2\theta - \frac{\pi}{6} = k\pi$, 解得

$$x = \frac{k\pi}{2} + \frac{\pi}{12} - \theta \quad (k \in \mathbf{Z}).$$

由于函数 $y = g(x)$ 的图像关于点 $\left(\frac{5\pi}{12}, 0\right)$ 成中心对称, 令 $\frac{k\pi}{2} + \frac{\pi}{12} - \theta = \frac{5\pi}{12}$, 解得

$$\theta = \frac{k\pi}{2} - \frac{\pi}{3} \quad (k \in \mathbf{Z}).$$

由 $\theta > 0$ 可知, 当 $k = 1$ 时, θ 取得最小值 $\frac{\pi}{6}$.

题 3 求解下列各题.

(1) 已知函数 $f(x) = \sin^2 x - \sin^2\left(x - \frac{\pi}{6}\right), x \in \mathbf{R}$.

(i) 求 $f(x)$ 的最小正周期;

(ii) 求 $f(x)$ 在区间 $\left[-\frac{\pi}{3}, \frac{\pi}{4}\right]$ 上的最大值和最小值.

(2) 已知函数 $f(x) = \sin(\omega x + \varphi)\left(\omega > 0, |\varphi| \leqslant \frac{\pi}{2}\right)$, $x = -\frac{\pi}{4}$ 为 $f(x)$ 的零点, $x = \frac{\pi}{4}$ 为 $y = f(x)$ 图像的对称轴, 且 $f(x)$ 在 $\left(\frac{\pi}{18}, \frac{5\pi}{36}\right)$ 内单调, 则 ω 的最大值为( ).

A. 11　　　　B. 9　　　　C. 7　　　　D. 5

(3) 已知函数 $f(x) = \sin^2 \omega x + \sqrt{3}\sin \omega x \cdot \sin\left(\omega x + \frac{\pi}{2}\right) (\omega > 0)$ 的最小正周期是 $\frac{\pi}{2}$, 求 $f(x)$ 在 $\left[\frac{\pi}{8}, \frac{\pi}{4}\right]$ 上的最大值与最小值.

思路剖释 (1)(i) 因为

$$f(x) = \frac{1 - \cos 2x}{2} - \frac{1 - \cos\left(2x - \frac{\pi}{3}\right)}{2} = \frac{1}{2}\left(\frac{1}{2}\cos 2x + \frac{\sqrt{3}}{2}\sin 2x\right) - \frac{1}{2}\cos 2x$$

$$= \frac{\sqrt{3}}{4}\sin 2x - \frac{1}{4}\cos 2x = \frac{1}{2}\sin\left(2x - \frac{\pi}{6}\right),$$

所以 $f(x)$ 的最小正周期 $T = \frac{2\pi}{2} = \pi$.

(ii) 因为 $f(x)$ 在区间 $\left[-\frac{\pi}{3}, -\frac{\pi}{6}\right]$ 上是单调递减函数, 在区间 $\left[-\frac{\pi}{6}, \frac{\pi}{4}\right]$ 上是单调递增函数, 且

$$f\left(-\frac{\pi}{3}\right) = -\frac{1}{4}, \quad f\left(-\frac{\pi}{6}\right) = -\frac{1}{2}, \quad f\left(\frac{\pi}{4}\right) = \frac{\sqrt{3}}{4},$$

所以 $f(x)$ 在区间 $\left[-\dfrac{\pi}{3},\dfrac{\pi}{4}\right]$ 上的最大值为 $\dfrac{\sqrt{3}}{4}$,最小值为 $-\dfrac{1}{2}$.

注 解决三角函数的相关问题一般需先根据两角和与差的正、余弦公式以及二倍角公式、辅助角公式化简为 $y=A\sin(\omega x+\varphi)$ 的形式,然后根据题目要求进行解题.

(2) 因为 $x=-\dfrac{\pi}{4}$ 为函数 $f(x)$ 的零点,$x=\dfrac{\pi}{4}$ 为 $y=f(x)$ 图像的对称轴,所以 $\dfrac{\pi}{4}-\left(-\dfrac{\pi}{4}\right)=\dfrac{T}{4}+kT$,即 $\dfrac{\pi}{2}=\dfrac{4k+1}{4}T=\dfrac{4k+1}{4}\cdot\dfrac{2\pi}{\omega}$,所以 $\omega=4k+1(k\in\mathbf{N}^*)$.又 $f(x)$ 在 $\left(\dfrac{\pi}{18},\dfrac{5\pi}{36}\right)$ 内单调,所以 $\dfrac{5\pi}{36}-\dfrac{\pi}{18}=\dfrac{\pi}{12}\leqslant\dfrac{T}{2}=\dfrac{2\pi}{2\omega}$,即 $\omega\leqslant12$.由此 ω 的最大值为 9.故选 B.

(3)
$$f(x)=\dfrac{1-\cos 2\omega x}{2}+\dfrac{\sqrt{3}}{2}\sin 2\omega x=\dfrac{\sqrt{3}}{2}\sin 2\omega x-\dfrac{1}{2}\cos 2\omega x+\dfrac{1}{2}$$
$$=\sin\left(2\omega x-\dfrac{\pi}{6}\right)+\dfrac{1}{2},$$

由条件,知 $T=\dfrac{2\pi}{2\omega}=\dfrac{\pi}{2}$,则 $\omega=2$.于是 $f(x)=\sin\left(4x-\dfrac{\pi}{6}\right)+\dfrac{1}{2}$,当 $\dfrac{\pi}{8}\leqslant x\leqslant\dfrac{\pi}{4}$ 时,$\dfrac{\pi}{3}\leqslant 4x-\dfrac{\pi}{6}\leqslant\dfrac{5\pi}{6}$,故 $\dfrac{1}{2}\leqslant\sin\left(4x-\dfrac{\pi}{6}\right)\leqslant 1$,即 $1\leqslant\sin\left(4x-\dfrac{\pi}{6}\right)+\dfrac{1}{2}\leqslant\dfrac{3}{2}$.所以 $f(x)$ 在 $x=\dfrac{\pi}{6}$ 时取最大值 $\dfrac{3}{2}$,在 $x=\dfrac{\pi}{4}$ 时取最小值 1.

题 4 求解下列各题.

(1) 将函数 $f(x)=\sin 2x$ 的图像向右平移 $\varphi\left(0<\varphi<\dfrac{\pi}{2}\right)$ 个单位后得到函数 $g(x)$ 的图像,若对于满足 $|f(x_1)-g(x_2)|=2$ 的 x_1、x_2 有 $|x_1-x_2|_{\min}=\dfrac{\pi}{3}$,则 $\varphi=$( ).

A. $\dfrac{5\pi}{12}$ B. $\dfrac{\pi}{3}$ C. $-\dfrac{\pi}{4}$ D. $\dfrac{\pi}{6}$

(2) 已知函数
$$f(x)=\sin\omega x+\cos\omega x\ (\omega>0)\ (x\in\mathbf{R}),$$
若函数 $f(x)$ 在区间 $(-\omega,\omega)$ 内单调递增,且函数 $y=f(x)$ 的图像关于直线 $x=\omega$ 对称,则 $\omega=$ _____.

(3) 设 $f(x)=\sin\left(\dfrac{11}{6}\pi x+\dfrac{\pi}{3}\right)$.

(i) 求 $f(x)$ 的最小正周期.

(ii) 对于任意正数 α,是否总能找到不小于 α,且又不大于 $\alpha+1$ 的两个数 a,b,使 $f(a)=1$ 而 $f(b)=-1$?

(iii) 若限定 α 为任意自然数,请重新回答和论证上述问题.

思路剖释 (1) 函数 $f(x)$ 向右平移 φ 个单位后,得到

$$g(x) = \sin(2x - 2\varphi).$$

因 $|f(x_1) - g(x_2)| = 2$，而 $|f(x)| \leqslant 1, |g(x)| \leqslant 1$，所以取 $f(x_1) = 1, g(x_2) = -1$.

令
$$2x_1 = \frac{\pi}{2} + 2k\pi \quad (k \in \mathbf{Z}),$$
$$2x_2 - 2\varphi = -\frac{\pi}{2} + 2m\pi \quad (m \in \mathbf{Z}),$$

从而
$$x_1 - x_2 = \frac{\pi}{2} - \varphi + (k - m)\pi,$$

又 $|x_1 - x_2|_{\min} = \frac{\pi}{3}$，所以 $\frac{\pi}{2} - \varphi = \frac{\pi}{3}$，于是 $\varphi = \frac{\pi}{6}$ 为所求.

(2) 由 $f(x) = \sin \omega x + \cos \omega x$，得
$$f(x) = \sqrt{2}\sin\left(\omega x + \frac{\pi}{4}\right),$$

因 $f(x)$ 的图像关于直线 $x = \omega$ 对称，故
$$f(\omega) = \sqrt{2}\sin\left(\omega^2 + \frac{\pi}{4}\right) = \pm\sqrt{2}.$$

故
$$\omega^2 + \frac{\pi}{4} = \frac{\pi}{2} + k\pi \quad (k \in \mathbf{Z}),$$

即
$$\omega^2 = \frac{\pi}{4} + k\pi \quad (k \in \mathbf{Z}).$$

因函数 $f(x)$ 在区间 $(-\omega, \omega)$ 内单调递增，故 $\omega^2 + \frac{\pi}{4} \leqslant \frac{\pi}{2}$，即得 $\omega^2 \leqslant \frac{\pi}{4}$. 取 $k = 0$，得 $\omega^2 = \frac{\pi}{4}$，于是 $\omega = \frac{\sqrt{\pi}}{2}$.

(3) (i) 最小正周期 $= \dfrac{2\pi}{\dfrac{11}{6}\pi} = \dfrac{12}{11}$.

(ii) 未必. 如令 $\alpha = \dfrac{15}{22}$，当 $x \in \left[\dfrac{15}{22}, \dfrac{37}{22}\right]$ 时，
$$\frac{11}{6}\pi x + \frac{\pi}{3} \in \left[\left(1 + \frac{7}{12}\right)\pi, \left(3 + \frac{5}{12}\right)\pi\right],$$

但 $\sin x$ 在此区间上大于 -1.

(iii) 对于任意自然数 n，在 $[n, n+1]$ 上至少有一个数 a，使 $f(a) = 1$，也至少有一个数 b，使 $f(b) = -1$. 事实上，在 $[n, n+1]$ 上插入 10 个等分点，连同两个端点共 12 个数：$n = \dfrac{11n}{11}, \dfrac{11n+1}{11}, \cdots, \dfrac{11n+10}{11}, \dfrac{11n+11}{11} = n+1$. 它们的分子是 12 个连续自然数，被 12 除后的

余数中必有一个是1,一个是7,把这两个数记为 $a=\dfrac{12k+1}{11},b=\dfrac{12k+7}{11}$,其中 k 是正整数,从而
$$f(a)=\sin\left(2k\pi+\dfrac{\pi}{2}\right)=1,\quad f(b)=\sin\left(2k\pi+\dfrac{3\pi}{2}\right)=-1.$$

注 思考:如何求函数 $y=\sin(\cos x)$ 的最小正周期?

提示:由诱导公式,得 $\sin[\cos(x+2\pi)]=\sin(\cos x)$,可知 2π 是函数的周期.假设最小正周期是 $T,0<T<2\pi$,则 $\sin[\cos(x+T)]=\sin(\cos x)$.特别地,令 $x=0$,得 $\sin(\cos T)=\sin 1$.另一方面,$-1\leqslant\cos T<1$,根据正弦函数的单调性,知 $\sin(\cos T)<\sin 1$,两者矛盾.故 T 不是函数的周期.所以函数的最小正周期是 2π.

题 5 求解下列各题.

(1) 函数 $f(x)=6\cos^2\dfrac{\omega x}{2}+\sqrt{3}\sin\omega x-3(\omega>0)$ 在一个周期内的图像如图 3.3 所示,A 为图像的最高点,B,C 为图像与 x 轴的交点,且 $\triangle ABC$ 为正三角形.

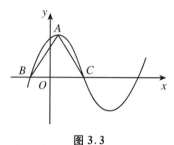

图 3.3

(i) 求 ω 的值及函数的值域;

(ii) 若 $f(x_0)=\dfrac{8\sqrt{3}}{5}$,且 $x_0\in\left(-\dfrac{10}{3},\dfrac{2}{3}\right)$,求 $f(x_0+1)$ 的值.

(2) 设函数 $f(x)=\sqrt{3}\sin(\omega x+\varphi)\left(\omega>0,-\dfrac{\pi}{2}\leqslant\varphi<\dfrac{\pi}{2}\right)$ 的图像关于直线 $x=\dfrac{\pi}{3}$ 对称,且图像上相邻两个最高点的距离为 π.

(i) 求 ω 和 φ 的值;

(ii) 若 $f\left(\dfrac{\alpha}{2}\right)=\dfrac{\sqrt{3}}{4}\left(\dfrac{\pi}{6}<\alpha<\dfrac{2\pi}{3}\right)$,求 $\cos\left(\alpha+\dfrac{\pi}{3}\right)$ 的值.

思路剖释 (1)(i) 因 $\cos^2\dfrac{\omega x}{2}=\dfrac{1+\cos\omega x}{2}$,所以
$$f(x)=3\cos\omega x+\sqrt{3}\sin\omega x=2\sqrt{3}\sin\left(\omega x+\dfrac{\pi}{3}\right).$$

振幅为 $2\sqrt{3}$,点 A 为图像的最高点,故正 $\triangle ABC$ 的高为 $2\sqrt{3}$,从而正三角形的边长 $BC=\dfrac{2}{\sqrt{3}}\times 2\sqrt{3}=4$.由图像,知函数的周期为 8.由 $\dfrac{2\pi}{\omega}=8$,得 $\omega=\dfrac{\pi}{4}$.故函数 $f(x)$ 的值域为 $[-2\sqrt{3},2\sqrt{3}]$.

(ii) 由题设,知
$$f(x)=2\sqrt{3}\sin\left(\dfrac{\pi}{4}x+\dfrac{\pi}{3}\right).$$

因 $f(x_0)=\dfrac{8}{5}\sqrt{3}$,所以 $2\sqrt{3}\sin\left(\dfrac{\pi}{4}x_0+\dfrac{\pi}{3}\right)=\dfrac{8}{5}\sqrt{3}$,即

$$\sin\left(\frac{\pi}{4}x_0 + \frac{\pi}{3}\right) = \frac{4}{5}.$$

由题设 $x_0 \in \left(-\frac{10}{3}, \frac{2}{3}\right)$,知

$$\frac{\pi x_0}{4} + \frac{\pi}{3} \in \left(-\frac{\pi}{2}, \frac{\pi}{2}\right).$$

于是

$$\cos\left(\frac{\pi x_0}{4} + \frac{\pi}{3}\right) = \sqrt{1 - \sin^2\left(\frac{\pi x_0}{4} + \frac{\pi}{3}\right)} = \frac{3}{5},$$

从而

$$f(x_0 + 1) = 2\sqrt{3}\sin\left[\frac{\pi}{4}(x_0 + 1) + \frac{\pi}{3}\right] = 2\sqrt{3}\sin\left[\left(\frac{\pi x_0}{4} + \frac{\pi}{3}\right) + \frac{\pi}{4}\right]$$

$$= 2\sqrt{3}\left[\sin\left(\frac{\pi x_0}{4} + \frac{\pi}{3}\right)\cos\frac{\pi}{4} + \cos\left(\frac{\pi x_0}{4} + \frac{\pi}{3}\right)\sin\frac{\pi}{4}\right]$$

$$= 2\sqrt{3}\left(\frac{4}{5} \times \frac{\sqrt{2}}{2} + \frac{3}{5} \times \frac{\sqrt{2}}{2}\right) = \frac{7\sqrt{6}}{5}.$$

注 在图 3.3 中 B,C 两点的坐标不易求得,故利用正 $\triangle ABC$ 的高来确定 BC 的长,从而求出周期为 $2BC$,再确定 ω 的值.

(2)(i) 因 $f(x)$ 的图像上相邻两个最高点的距离为 π,所以 $f(x)$ 的最小周期 $T = \pi$,从而 $\omega = \frac{2\pi}{T} = 2$.

由 $f(x)$ 的图像关于直线 $x = \frac{\pi}{3}$ 对称,故有

$$2 \times \frac{\pi}{3} + \varphi = k\pi + \frac{\pi}{2} \quad (k = 0, \pm 1, \pm 2, \cdots).$$

因 $-\frac{\pi}{2} < \varphi < \frac{\pi}{2}$,故 $\varphi = -\frac{\pi}{6}$. 于是,得

$$f(x) = \sqrt{3}\sin\left(2x - \frac{\pi}{6}\right).$$

(ii) 由(i),得

$$f\left(\frac{\alpha}{2}\right) = \sqrt{3}\sin\left(2 \times \frac{\alpha}{2} - \frac{\pi}{6}\right) = \frac{\sqrt{3}}{4},$$

即

$$\sin\left(\alpha - \frac{\pi}{6}\right) = \frac{1}{4}.$$

由 $\frac{\pi}{6} < \alpha < \frac{2\pi}{3}$,得 $0 < \alpha - \frac{\pi}{6} < \frac{\pi}{2}$,于是

$$\cos\left(\alpha - \frac{\pi}{6}\right) = \sqrt{1 - \sin^2\left(\alpha - \frac{\pi}{6}\right)} = \frac{\sqrt{15}}{4},$$

$$\cos\left(\alpha + \frac{3\pi}{2}\right) = \sin\alpha = \sin\left[\left(\alpha - \frac{\pi}{6}\right) + \frac{\pi}{6}\right]$$
$$= \sin\left(\alpha - \frac{\pi}{6}\right)\cos\frac{\pi}{6} + \cos\left(\alpha - \frac{\pi}{6}\right)\sin\frac{\pi}{6}$$
$$= \frac{1}{4} \times \frac{\sqrt{3}}{2} + \frac{\sqrt{15}}{4} \times \frac{1}{2} = \frac{\sqrt{3} + \sqrt{15}}{8}.$$

题 6 已知 $(\sin\alpha, \sin\beta)$ 为函数 $f(x) = \sqrt[3]{x^3 + t^3}$ 与 $g(x) = 3tx^2 + (3t^2+1)x + t$ 图像的公共点,证明: $|t| \leqslant 1$.

思路剖释 由题意,知
$$\sin\beta = \sqrt[3]{\sin^3\alpha + t^3}, \qquad ①$$
$$\sin\beta = 3t\sin^2\alpha + (3t^2+1)\sin\alpha + t. \qquad ②$$

由式①,得
$$\sin^3\beta = \sin^3\alpha + t^3. \qquad ③$$

由②+③,得
$$\sin^3\beta + \sin\beta = (\sin\alpha + t)^3 + \sin\alpha + t.$$

令 $f(x) = x^3 + x$,则
$$f(\sin\beta) = f(\sin\alpha + t).$$

由于函数 $f(x) = x^3 + x$ 为 **R** 上的单调增函数,于是,得
$$\sin\beta = \sin\alpha + t.$$

将上式代入式②,得
$$3t\sin^2\alpha + 3t^2\sin\alpha = 0.$$
$$\Rightarrow t = 0 \text{ 或 } t = -\sin\alpha \text{ 或 } \sin\alpha = 0$$
$$\Rightarrow t = 0 \text{ 或 } t = -\sin\alpha \text{ 或 } t = \sin\beta$$
$$\Rightarrow |t| \leqslant 1.$$

题 7 已知函数 $f(x) = \sin^2 x - \cos^2 x - 2\sqrt{3}\sin x\cos x$ $(x \in \mathbf{R})$.

(1) 求 $f\left(\dfrac{2\pi}{3}\right)$ 的值;

(2) 求 $f(x)$ 的最小正周期及单调递增区间.

思路剖释 (1) 由 $\sin\dfrac{2\pi}{3} = \dfrac{\sqrt{3}}{2}$, $\cos\dfrac{2\pi}{3} = -\dfrac{1}{2}$, $f\left(\dfrac{2\pi}{3}\right) = \left(\dfrac{\sqrt{3}}{2}\right)^2 - \left(-\dfrac{1}{2}\right)^2 - 2\sqrt{3} \times \dfrac{\sqrt{3}}{2} \times \left(-\dfrac{1}{2}\right)$,得 $f\left(\dfrac{2\pi}{3}\right) = 2$.

(2) 由 $\cos 2x = \cos^2 x - \sin^2 x$ 与 $\sin 2x = 2\sin x\cos x$,得 $f(x) = -\cos 2x - \sqrt{3}\sin 2x = -2\sin\left(2x + \dfrac{\pi}{6}\right)$. 所以 $f(x)$ 的最小正周期是 π.

由正弦函数的性质,得 $\dfrac{\pi}{2} + 2k\pi \leqslant 2x + \dfrac{\pi}{6} \leqslant \dfrac{3\pi}{2} + 2k\pi (k \in \mathbf{Z})$,解得 $\dfrac{\pi}{6} + k\pi \leqslant x \leqslant \dfrac{2\pi}{3} +$

$k\pi(k\in\mathbf{Z})$,所以 $f(x)$ 的单调递增区间是 $\left[\dfrac{\pi}{6}+k\pi,\dfrac{2\pi}{3}+k\pi\right](k\in\mathbf{Z})$.

注 函数 $y=A\sin(\omega x+\varphi)(A>0,\omega>0)$ 的性质:

(1) 奇偶性:$\varphi=k\pi$ 时,函数 $y=A\sin(\omega x+\varphi)$ 为奇函数;$\varphi=k\pi+\dfrac{\pi}{2}(k\in\mathbf{Z})$ 时,函数 $y=A\sin(\omega x+\varphi)$ 为偶函数.

(2) 周期性:$y=A\sin(\omega x+\varphi)$ 存在周期性,其最小正周期为 $T=\dfrac{2\pi}{\omega}$.

(3) 单调性:根据 $y=\sin t$ 和 $t=\omega x+\varphi(\omega>0)$ 的单调性来研究. 由 $-\dfrac{\pi}{2}+2k\pi\leqslant\omega x+\varphi\leqslant\dfrac{\pi}{2}+2k\pi(k\in\mathbf{Z})$ 得单调递增区间;由 $\dfrac{\pi}{2}+2k\pi\leqslant\omega x+\varphi\leqslant\dfrac{3\pi}{2}+2k\pi(k\in\mathbf{Z})$ 得单调递减区间.

(4) 对称性:利用 $y=\sin x$ 的对称中心为 $(k\pi,0)(k\in\mathbf{Z})$ 求解,令 $\omega x+\varphi=k\pi(k\in\mathbf{Z})$,求得 x,ω.

利用 $y=\sin x$ 的对称轴为 $x=k\pi+\dfrac{\pi}{2}(k\in\mathbf{Z})$ 求解,令 $\omega x+\varphi=k\pi+\dfrac{\pi}{2}(k\in\mathbf{Z})$ 得其对称轴.

题 8 求解下列各题.

(1) 设函数 $f(x)=\dfrac{\sqrt{2}}{2}\cos\left(2x+\dfrac{\pi}{4}\right)+\sin^2 x$.

(i) 求 $f(x)$ 的最小周期;

(ii) 设函数 $g(x)$ 对任意的 $x\in\mathbf{R}$ 有 $g\left(x+\dfrac{\pi}{2}\right)=g(x)$,且当 $x\in\left[0,\dfrac{\pi}{2}\right]$ 时,$g(x)=\dfrac{1}{2}-f(x)$,求函数 $g(x)$ 在区间 $[-\pi,0]$ 上的解析式.

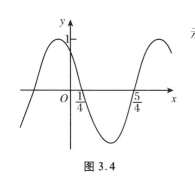

图 3.4

(2) 函数 $f(x)=\cos(\omega x+\varphi)$ 的部分图像如图 3.4 所示,则 $f(x)$ 的单调递减区间为( ).

A. $\left(k\pi-\dfrac{1}{4},k\pi+\dfrac{3}{4}\right)(k\in\mathbf{Z})$

B. $\left(2k\pi-\dfrac{1}{4},2k\pi+\dfrac{3}{4}\right)(k\in\mathbf{Z})$

C. $\left(k-\dfrac{1}{4},k+\dfrac{3}{4}\right)(k\in\mathbf{Z})$

D. $\left(2k-\dfrac{1}{4},2k+\dfrac{3}{4}\right)(k\in\mathbf{Z})$

(3) 已知函数 $y=\sin x+a\cos x$ 的图像关于 $x=\dfrac{5\pi}{3}$ 对称,则函数 $y=a\sin x+\cos x$ 的图像的一条对称轴的方程是( ).

A. $x=\dfrac{\pi}{3}$　　　　B. $x=\dfrac{2\pi}{3}$　　　　C. $x=\dfrac{11\pi}{6}$　　　　D. $x=\pi$

思路剖释　（1）（i）由于

$$f(x)=\dfrac{\sqrt{2}}{2}\cos\left(2x+\dfrac{\pi}{4}\right)+\sin^2 x$$
$$=\dfrac{1}{2}\cos 2x-\dfrac{1}{2}\sin 2x+\dfrac{1}{2}(1-\cos 2x)$$
$$=\dfrac{1}{2}-\dfrac{1}{2}\sin 2x,$$

故函数 $f(x)$ 的最小周期 $T=\dfrac{2\pi}{2}=\pi$.

(ii) 当 $x\in\left[0,\dfrac{\pi}{2}\right]$ 时，

$$g(x)=\dfrac{1}{2}-f(x)=\dfrac{1}{2}\sin 2x.$$

当 $x\in\left[-\dfrac{\pi}{2},0\right]$ 时，$x+\dfrac{\pi}{2}\in\left[0,\dfrac{\pi}{2}\right]$，

$$g(x)=g\left(x+\dfrac{\pi}{2}\right)=\dfrac{1}{2}\sin 2\left(x+\dfrac{\pi}{2}\right)=-\dfrac{1}{2}\sin 2x.$$

当 $x\in\left[-\pi,-\dfrac{\pi}{2}\right]$ 时，$x+\pi\in\left[0,\dfrac{\pi}{2}\right]$，

$$g(x)=g\left(x+\dfrac{\pi}{2}\right)=g(x+\pi)=\dfrac{1}{2}\sin 2(x+\pi)=\dfrac{1}{2}\sin 2x.$$

综上所述，函数 $g(x)$ 在 $[-\pi,0]$ 上的解析式为

$$g(x)=\begin{cases}-\dfrac{1}{2}\sin 2x,&x\in\left[-\dfrac{\pi}{2},0\right],\\ \dfrac{1}{2}\sin 2x,&x\in\left[-\pi,-\dfrac{\pi}{2}\right].\end{cases}$$

(2) 由图 3.4，知最小正周期 $T=2\left(\dfrac{5}{4}-\dfrac{1}{4}\right)=2$，即 $\omega=\pi$，所以 $f(x)=\cos(\pi x+\varphi)$.

因点 $\left(\dfrac{1}{4},0\right)$ 在函数图像上，所以 $\cos\left(\dfrac{\pi}{4}+\varphi\right)=0$，于是 $\dfrac{\pi}{4}+\varphi=k\pi+\dfrac{\pi}{2}(k\in\mathbf{Z})$．令 $k=0$，得 $\varphi=\dfrac{\pi}{4}$，故 $f(x)=\cos\left(\pi x+\dfrac{\pi}{4}\right)$.

由 $2k\pi<\pi x+\dfrac{\pi}{4}<2k\pi+\pi(k\in\mathbf{Z})$，解得 $2k-\dfrac{1}{4}<x<2k+\dfrac{3}{4}(k\in\mathbf{Z})$，即函数 $f(x)$ 的单调递减区间是 $\left(2k-\dfrac{1}{4},2k+\dfrac{3}{4}\right)(k\in\mathbf{Z})$．故选 D．

注　利用三角函数图像与 x 轴的相邻两个交点之间的距离为三角函数的 $\dfrac{1}{2}$ 个最小正周期．求形如 $y=A\sin(\omega x+\varphi)+k$ 的函数的单调区间时，只需把 $\omega x+\varphi$ 看作一个整体代入 $y=\sin x$ 的相应单调区间内即可，若 ω 为负，则要先把 ω 化为正数．

(3) 方法 1
$$y = \sin x + a\cos x = \sqrt{a^2+1}\sin(x+\varphi),$$
其中 $\tan\varphi = a$. 其对称轴方程应由等式
$$x + \varphi = k\pi + \frac{\pi}{2} \quad (k \in \mathbf{Z})$$
得到,即 $x = k\pi + \frac{\pi}{2} - \varphi \, (k \in \mathbf{Z})$.

已知直线 $x = \frac{5\pi}{3}$ 是其一条对称轴,故有
$$\tan\frac{5\pi}{3} = \tan\left(k\pi + \frac{\pi}{2} - \varphi\right),$$
即 $\tan\varphi = -\frac{\sqrt{3}}{3}$, 故 $a = -\frac{\sqrt{3}}{3}$. 此时
$$y = a\sin x + \cos x = -\frac{\sqrt{3}}{3}\sin x + \cos x$$
$$= \frac{2\sqrt{3}}{3}\left[\sin x \cdot \left(-\frac{1}{2}\right) + \cos x \cdot \frac{\sqrt{3}}{2}\right] = \frac{2\sqrt{3}}{3}\sin\left(x + \frac{2\pi}{3}\right),$$
其对称轴方程由 $x + \frac{2\pi}{3} = k\pi + \frac{\pi}{2}$ 得到,即 $x = k\pi - \frac{\pi}{6}(k \in \mathbf{Z})$. 取 $k=2$, 得 $x = \frac{11\pi}{6}$. 故选 C.

方法 2 $x + \frac{5\pi}{3}$ 是函数 $y = \sin x + a\cos x$ 的图像的一条对称轴,则
$$\sin\frac{5\pi}{3} + a\cos\frac{5\pi}{3} = \pm\sqrt{a^2+1},$$
解得 $a = -\frac{\sqrt{3}}{3}$. 以下同方法 1.

方法 3 记 $f(x) = \sin x + a\cos x$, 由条件, 知其对称轴方程为 $x = k\pi + \frac{5\pi}{3}(k \in \mathbf{Z})$, 又
$$y = a\sin x + \cos x = a\cos\left(\frac{\pi}{2} - x\right) + \sin\left(\frac{\pi}{2} - x\right) = f\left(\frac{\pi}{2} - x\right),$$
而 $y = f\left(\frac{\pi}{2} - x\right)$ 的图像可由 $y = f(x)$ 的图像先关于 y 轴对称, 再向右平移 $\frac{\pi}{2}$ 个单位长度得到, 从而可得 $y = f\left(\frac{\pi}{2} - x\right)$ 的对称轴为
$$x = k\pi - \frac{5\pi}{3} + \frac{\pi}{2} \quad (k \in \mathbf{Z}).$$
取 $k=3$ 得其一条对称轴方程为 $x = \frac{11\pi}{6}$. 故选 C.

注 (1) 掌握形如函数 $y = A\sin(\omega x + \varphi)$ 的图像的性质, 并注意理解, 如本题中的方法 1 是直接运用结论. 方法 2 运用了其对称轴是经过图像最高或最低点并与 x 轴垂直的直线的结论.

(2) 由一个函数的性质推测另一个函数的性质, 注意分析两函数及图像之间的关系, 其

途径主要是图像变换.

题 9 计算下列各题.

(1) 函数 $f(x) = \dfrac{\sin x + x}{\cos x + x^2}$ 在 $[-\pi, \pi]$ 的图像大致为( ).

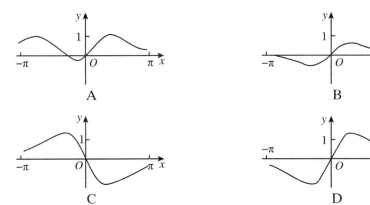

(2) 设函数 $f(x) = 2\sin(\omega x + \varphi)(x \in \mathbf{R})$,其中 $\omega > 0, |\varphi| < \pi$. 若 $f\left(\dfrac{5\pi}{8}\right) = 2, f\left(\dfrac{11\pi}{8}\right) = 0$,且 $f(x)$ 的最小正周期大于 2π,则( ).

A. $\omega = \dfrac{2}{3}, \varphi = \dfrac{\pi}{12}$　　　　　　B. $\omega = \dfrac{2}{3}, \varphi = -\dfrac{11\pi}{12}$

C. $\omega = \dfrac{1}{3}, \varphi = -\dfrac{11\pi}{24}$　　　　　　D. $\omega = \dfrac{1}{3}, \varphi = \dfrac{7\pi}{24}$

(3) 函数 $f(x) = |\sin 2x + \sin 3x + \sin 4x|$ 的最小正周期为 _____.

(4) 设 $f(x) = \cos \omega x$ 的最小正周期为 6,则 $\sum\limits_{k=1}^{2018} f(k)$ 的值为( ).

A. 0　　　　B. 1　　　　C. $\dfrac{1}{2}$　　　　D. $\dfrac{\sqrt{3}}{2}$

思路剖释　(1) 由题设,知 $f(\pi) > 0$,对照图像,排除选项 B、C;又因给定函数为奇函数,其图像必关于坐标原点对称,故排除选项 A. 经检验,选 D.

(2) 因 $\dfrac{11\pi}{8} - \dfrac{5\pi}{8} = \dfrac{3\pi}{4}$,又 $f(x)$ 的最小正周期大于 2π,故周期为 $T = \dfrac{3\pi}{4} \times 4 = 3\pi$. 于是 $\omega = \dfrac{2\pi}{T} = \dfrac{2}{3}$,故得 $f(x) = 2\sin\left(\dfrac{2}{3}x + \varphi\right)$. 又由 $f\left(\dfrac{5\pi}{8}\right) = 2\sin\left(\dfrac{2}{3} \times \dfrac{5\pi}{8} + \varphi\right) = 2$,可得 $\dfrac{5\pi}{12} + \varphi = 2k\pi + \dfrac{\pi}{2}(k \in \mathbf{Z})$,解得 $\varphi = 2k\pi + \dfrac{\pi}{12}(k \in \mathbf{Z})$. 结合条件 $|\varphi| < \pi$,得 $\varphi = \dfrac{\pi}{12}$. 故选 A.

(3) 因 $\sin 2x + \sin 4x = 2\sin 3x \cdot \cos x$,故
$$f(x) = |2\sin 3x \cdot \cos x + \sin 3x|,$$
即
$$f(x) = |\sin 3x| \cdot |1 + 2\cos x|.$$

因 $|\sin 3x|$ 的最小正周期为 $\dfrac{\pi}{3}$,而 $|1 + 2\cos x|$ 的最小正周期为 2π,所以 $f(x)$ 的最小正周期为 2π.

(4) 由最小正周期为 6,知 $6\omega = 2\pi$,得 $\omega = \dfrac{\pi}{3}$.故当 m 为整数时,有 $\sum_{k=1}^{6} f(6m+k) = 0$,即每个完整周期内六个函数值之和为零.又因 $2018 = 6 \times 336 + 2$,故原式 $= f(1) + f(2) = \cos\dfrac{\pi}{3} + \cos\dfrac{2\pi}{3} = 0$.故选 A.

题 10 设函数 $f(x) = \sin\left(\omega x - \dfrac{\pi}{6}\right) + \sin\left(\omega x - \dfrac{\pi}{2}\right)$,其中 $0 < \omega < 3$.已知 $f\left(\dfrac{\pi}{6}\right) = 0$.

(1) 求 ω;

(2) 将函数 $y = f(x)$ 图像上各点的横坐标伸长为原来的 2 倍(纵坐标不变),再将得到的图像向左平移 $\dfrac{\pi}{4}$ 个单位,得到函数 $y = g(x)$ 的图像,求 $g(x)$ 在 $\left[-\dfrac{\pi}{4}, \dfrac{3\pi}{4}\right]$ 上的最小值.

思路剖释 (1) 因为 $f(x) = \sin\left(\omega x - \dfrac{\pi}{6}\right) + \sin\left(\omega x - \dfrac{\pi}{2}\right)$,所以

$$f(x) = \dfrac{\sqrt{3}}{2}\sin\omega x - \dfrac{1}{2}\cos\omega x - \cos\omega x$$

$$= \dfrac{\sqrt{3}}{2}\sin\omega x - \dfrac{3}{2}\cos\omega x$$

$$= \sqrt{3}\left(\dfrac{1}{2}\sin\omega x - \dfrac{\sqrt{3}}{2}\cos\omega x\right)$$

$$= \sqrt{3}\sin\left(\omega x - \dfrac{\pi}{3}\right).$$

由题设,知 $f\left(\dfrac{\pi}{6}\right) = 0$,所以 $\dfrac{\omega\pi}{6} - \dfrac{\pi}{3} = k\pi (k \in \mathbf{Z})$,故 $\omega = 6k + 2 (k \in \mathbf{Z})$.又 $0 < \omega < 3$,所以 $\omega = 2$.

(2) 由(1),得

$$f(x) = \sqrt{3}\sin\left(2x - \dfrac{\pi}{3}\right),$$

所以

$$g(x) = \sqrt{3}\sin\left(x + \dfrac{\pi}{4} - \dfrac{\pi}{3}\right) = \sqrt{3}\sin\left(x - \dfrac{\pi}{12}\right).$$

又因 $x \in \left[-\dfrac{\pi}{4}, \dfrac{3\pi}{4}\right]$,所以 $x - \dfrac{\pi}{12} \in \left[-\dfrac{\pi}{3}, \dfrac{2\pi}{3}\right]$.当 $x - \dfrac{\pi}{12} = -\dfrac{\pi}{3}$,即 $x = -\dfrac{\pi}{4}$ 时,$g(x)$ 取得最小值 $-\dfrac{3}{2}$.

题 11 已知函数 $f(x) = \sin(\omega x + \varphi)(\omega > 0, 0 < \varphi < \pi)$ 的周期为 π,图像的一个对称中心为 $\left(\dfrac{\pi}{4}, 0\right)$.将函数 $f(x)$ 图像上所有点的横坐标伸长到原来的 2 倍(纵坐标不变),再将所得到的图像向右平移 $\dfrac{\pi}{2}$ 个单位长度后,得到函数 $g(x)$ 的图像.

(1) 求函数 $f(x)$ 与 $g(x)$ 的解析式.

(2) 是否存在 $x_0 \in \left(\dfrac{\pi}{6}, \dfrac{\pi}{4}\right)$,使得 $f(x_0), g(x_0), f(x_0)g(x_0)$ 按照某种顺序成等差数列?若存在,请确定 x_0 的个数;若不存在,说明理由.

(3) 求实数 a 与正整数 n,使得 $F(x) = f(x) + ag(x)$ 在 $(0, n\pi)$ 内恰有 2013 个零点.

思路剖释 (1) 由函数 $f(x) = \sin(\omega x + \varphi)$ 的周期为 π, $\omega > 0$,得 $\omega = \dfrac{2\pi}{T} = 2$. 又曲线 $y = f(x)$ 的一个对称中心为 $\left(\dfrac{\pi}{4}, 0\right)$, $\varphi \in (0, \pi)$,故 $f\left(\dfrac{\pi}{4}\right) = \sin\left(2 \times \dfrac{\pi}{4} + \varphi\right) = 0$,得 $\varphi = \dfrac{\pi}{2}$,所以 $f(x) = \cos 2x$.

将函数 $f(x)$ 图像上所有点的横坐标伸长到原来的 2 倍(纵坐标不变)后,可得 $y = \cos x$ 的图像;再将 $y = \cos x$ 的图像向右平移 $\dfrac{\pi}{2}$ 个单位长度后,得到函数 $g(x) = \cos\left(x - \dfrac{\pi}{2}\right)$ 的图像.故 $g(x) = \sin x$.

(2) 当 $x \in \left(\dfrac{\pi}{6}, \dfrac{\pi}{4}\right)$ 时,$\dfrac{1}{2} < \sin x < \dfrac{\sqrt{2}}{2}$, $0 < \cos 2x < \dfrac{1}{2}$,故 $\sin x > \cos 2x > \sin x \cos 2x$. 问题转化为方程 $2\cos 2x = \sin x + \sin x \cos 2x$ 在 $\left(\dfrac{\pi}{6}, \dfrac{\pi}{4}\right)$ 内是否有解.

设 $G(x) = \sin x + \sin x \cdot \cos x - 2\cos x$, $x \in \left(\dfrac{\pi}{6}, \dfrac{\pi}{4}\right)$,则
$$G'(x) = \cos x + \cos x \cos 2x + 2\sin 2x(2 - \sin x).$$

因为 $x \in \left(\dfrac{\pi}{6}, \dfrac{\pi}{4}\right)$,所以 $G'(x) > 0$, $G(x)$ 在 $\left(\dfrac{\pi}{6}, \dfrac{\pi}{4}\right)$ 内单调递增.又 $G\left(\dfrac{\pi}{6}\right) = -\dfrac{1}{4} < 0$,$G\left(\dfrac{\pi}{4}\right) = \dfrac{\sqrt{2}}{2} > 0$,且函数 $G(x)$ 的图像连续不断,故可知函数 $G(x)$ 在 $\left(\dfrac{\pi}{6}, \dfrac{\pi}{4}\right)$ 内存在唯一零点 x_0,即存在唯一的 $x_0 \in \left(\dfrac{\pi}{6}, \dfrac{\pi}{4}\right)$ 满足题意.

(3) 依题意,$F(x) = a\sin x + \cos 2x$,令 $F(x) = a\sin x + \cos 2x = 0$. 当 $\sin x = 0$,即 $x = k\pi (k \in \mathbf{Z})$ 时,$\cos 2x = 1$,从而 $x = k\pi (k \in \mathbf{Z})$ 不是方程 $F(x) = 0$ 的解,所以方程 $F(x) = 0$ 等价于关于 x 的方程 $a = -\dfrac{\cos 2x}{\sin x}$, $x \neq k\pi (k \in \mathbf{Z})$.

现研究 $x \in (0, \pi) \cup (\pi, 2\pi)$ 时,方程 $a = -\dfrac{\cos 2x}{\sin x}$ 的解的情况.

令 $h(x) = -\dfrac{\cos 2x}{\sin x}$, $x \in (0, \pi) \cup (\pi, 2\pi)$,则问题转化为研究直线 $y = a$ 与曲线 $y = h(x) (x \in (0, \pi) \cup (\pi, 2\pi))$ 的交点情况.

$h'(x) = \dfrac{\cos x(2\sin^2 x + 1)}{\sin^2 x}$,令 $h'(x) = 0$,得 $x = \dfrac{\pi}{2}$ 或 $x = \dfrac{3\pi}{2}$.

当 x 变化时,$h'(x)$, $h(x)$ 的变化情况如表 3.4 所示.

表 3.4

x	$\left(0,\dfrac{\pi}{2}\right)$	$\dfrac{\pi}{2}$	$\left(\dfrac{\pi}{2},\pi\right)$	$\left(\pi,\dfrac{3\pi}{2}\right)$	$\dfrac{3\pi}{2}$	$\left(\dfrac{3\pi}{2},2\pi\right)$
$h'(x)$	+	0	−	−	0	+
$h(x)$	↗	1	↘	↘	−1	↗

由表可知,当 $x>0$ 且 x 趋近于 0 时,$h(x)$ 趋向于 $-\infty$;当 $x<\pi$ 且 x 趋近于 π 时,$h(x)$ 趋向于 $-\infty$;当 $x>\pi$ 且 x 趋近于 π 时,$h(x)$ 趋向于 $+\infty$;当 $x<2\pi$ 且 x 趋近于 2π 时,$h(x)$ 趋向于 $+\infty$. 故当 $a>1$ 时,直线 $y=a$ 与曲线 $y=h(x)$ 在 $(0,\pi)$ 内无交点,在 $(\pi,2\pi)$ 内有 2 个交点;当 $a<-1$ 时,直线 $y=a$ 与曲线 $y=h(x)$ 在 $(0,\pi)$ 内有 2 个交点,在 $(\pi,2\pi)$ 内无交点;当 $-1<a<1$ 时,直线 $y=a$ 与曲线 $y=h(x)$ 在 $(0,\pi)$ 内有 2 个交点,在 $(\pi,2\pi)$ 内有 2 个交点.

由函数 $h(x)$ 的周期性,可知当 $a\neq\pm 1$ 时,直线 $y=a$ 与曲线 $y=h(x)$ 在 $(0,n\pi)$ 内总有偶数个交点,从而不存在正整数 n,使得直线 $y=a$ 与曲线 $y=h(x)$ 在 $(0,n\pi)$ 内恰有 2013 个交点. 又当 $a=1$ 或 $a=-1$ 时,直线 $y=a$ 与曲线 $y=h(x)$ 在 $(0,\pi)\cup(\pi,2\pi)$ 内有 3 个交点,由周期性,$2013=3\times 671$,所以依题意得 $n=671\times 2=1342$.

综上所述,当 $a=1,n=1342$ 或 $a=-1,n=1342$ 时,函数 $F(x)=f(x)+ag(x)$ 在 $(0,n\pi)$ 内恰有 2013 个零点.

题 12 求解下列各题.

(1) 已知函数 $f(x)=\sin\left(2x-\dfrac{\pi}{6}\right)-m$ 在 $\left[0,\dfrac{\pi}{2}\right]$ 上有两个零点,则 m 的取值范围为( ).

A. $\left(\dfrac{1}{2},1\right)$ B. $\left[\dfrac{1}{2},1\right]$ C. $\left[\dfrac{1}{2},1\right)$ D. $\left(\dfrac{1}{2},1\right]$

(2) 函数 $f(x)=4\cos^2\dfrac{x}{2}\cos\left(\dfrac{\pi}{2}-x\right)-2\sin x-|\ln(x+1)|$ 的零点个数为 _____.

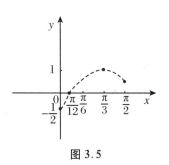

图 3.5

思路剖释 (1) 问题等价于函数 $f_1(x)=\sin\left(2x-\dfrac{\pi}{6}\right)$ 与直线 $y=m$ 在 $\left[0,\dfrac{\pi}{2}\right]$ 上有两个交点,作出 graph f_1,如图 3.5 所示.

令 $2x-\dfrac{\pi}{6}=0$,得 $x=\dfrac{\pi}{12}$. 再令 $2x-\dfrac{\pi}{6}=\dfrac{\pi}{2}$,得 $x=\dfrac{\pi}{3}$. 如图 3.5 所示,当 $x=\dfrac{\pi}{2}$ 时,$f\left(\dfrac{\pi}{2}\right)=\sin\left(\pi-\dfrac{\pi}{6}\right)=\sin\dfrac{\pi}{6}=\dfrac{1}{2}$. 再由 $\sin\left(2x-\dfrac{\pi}{2}\right)=\dfrac{1}{2}$,得 $x=\dfrac{\pi}{6}$. 又因 $y=m$ 是平行于 x 轴的一簇直线,因此根据题意,知 $\dfrac{1}{2}\leqslant m<1$. 故选 C.

(2) 因为

$$f(x) = 4\cos^2\frac{x}{2}\cos\left(\frac{\pi}{2} - x\right) - 2\sin x - |\ln(x+1)|$$
$$= 2(1+\cos x)\sin x - 2\sin x - |\ln(x+1)|$$
$$= \sin 2x - |\ln(x+1)|,$$

所以函数 $f(x)$ 的零点个数为 $y = \sin 2x$ 与 $y = |\ln(x+1)|$ 图像的交点的个数. 函数 $y = \sin 2x$ 与 $y = |\ln(x+1)|$ 的图像如图 3.6 所示,由图知两函数图像有 2 个交点,所以函数 $f(x)$ 有 2 个零点.

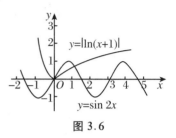

图 3.6

注 对于已知函数的零点个数,一般利用数形结合转化为两个图像的交点个数,这时图像一定要准确.这种数形结合的方法直观明了.

题 13 曲线 $f(x) = 4\sin\left(2x + \frac{\pi}{3}\right)$ 与直线 $y = \frac{1}{2}x$ 的交点的个数是_____.

思路剖释 因正弦函数是有界函数,即 $\left|\sin\left(2x + \frac{\pi}{3}\right)\right| \leqslant 1$,故 $|f(x)| \leqslant 4$,且函数 $f(x)$ 的最大值为 4,最小值为 -4.

根据题意,有 $\left|\frac{1}{2}x\right| \leqslant 4$,得 $-8 \leqslant x \leqslant 8$. 对 $2x + \frac{\pi}{3}$ 作如下的估值:

$$-5\pi < 2 \times (-8) + \frac{\pi}{3} = -16 + \frac{\pi}{3} < -\frac{9}{2}\pi,$$

$$\frac{9}{2}\pi < 2 \times 8 + \frac{\pi}{3} = 16 + \frac{\pi}{3} < \frac{11}{2}\pi.$$

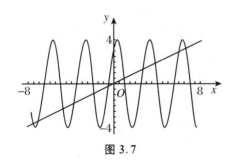

图 3.7

因此,$f(x) = 4\sin\left(2x + \frac{\pi}{3}\right)$ 在 $[-8, 8]$ 上取得 5 个最大值 4 和 5 个最小值 -4. 当 $x = 8$ 时,$y = 4$;当 $x = -8$ 时,$y = -4$. 故曲线 $f(x) = 4\sin\left(2x + \frac{\pi}{3}\right)$ 与直线 $y = \frac{1}{2}x$ 的交点的个数是 11,如图 3.7 所示.

第4章 三角变换、反三角函数和三角方程、三角不等式及三角形中的等式

4.1 三角变换

1. 三角法

利用三角函数知识解决有关代数、几何问题的方法叫做三角法. 其特点是进行三角代换或者将几何图形中的线段、面积用某些角的三角函数表示,通过三角变换、利用三角函数的性质达到计算和证明的目的. 解决问题的关键是根据已知条件灵活转化为三角问题.

2. 三角变换

由于三角函数式中包含着不同的角、不同的函数名称以及不同的结构形式,因此三角变换的目标可能是角,可能是函数名称,也可能是式子的结构形式,应从问题的实际出发,进行三角变换. 除了三角本身的恒等变换方法外,必须运用换元的方法,把三角、代数和几何三者融为一体.

(1) 用 $x = \sin t$ 或 $x = \cos t$ 作正弦或余弦三角代换时,既要考虑 t 的取值范围,又要考虑 x 的取值范围,会用公式 $\cos^2 x + \sin^2 x = 1$ 作 1 的代换.

(2) 用 $x = \tan\alpha, y = \tan\beta$ 作正切函数的三角代换时,要注意公式 $\tan(\alpha+\beta) = \dfrac{\tan\alpha + \tan\beta}{1 - \tan\alpha \cdot \tan\beta}$ 的灵活运用.

(3) 根据题设条件和题的结构,可作正、余弦函数的变形代换. 例如,$x = \cos^2 A, y = \sin^2 B; u = \sin 2x; x = \sin^2\alpha, y = \sin 2\beta$,等.

(4) 用 $x = \csc\theta$ 作余割(或正割)三角代换时,会利用倒数关系 $\csc\theta = \dfrac{1}{\sin\theta}$ 和平方关系 $\csc^2\theta = 1 + \cot^2\theta, \sec^2\theta = 1 + \tan^2\theta$ 等公式.

(5) 万能变换旨在将三角函数转化为有理函数.

令 $u = \tan\dfrac{x}{2}$,则

$$\sin x = \frac{2\sin\dfrac{x}{2}\cos\dfrac{x}{2}}{\cos^2\dfrac{x}{2} + \sin^2\dfrac{x}{2}},$$

分子、分母同除以 $\cos^2 \dfrac{x}{2}$，得

$$\sin x = \dfrac{2\tan \dfrac{x}{2}}{1 + \tan^2 \dfrac{x}{2}} = \dfrac{2u}{1+u^2}.$$

同理，得

$$\cos x = \dfrac{\cos^2 \dfrac{x}{2} - \sin^2 \dfrac{x}{2}}{\cos^2 \dfrac{x}{2} + \sin^2 \dfrac{x}{2}} = \dfrac{1 - \tan^2 \dfrac{x}{2}}{1 + \tan^2 \dfrac{x}{2}} = \dfrac{1-u^2}{1+u^2},$$

$$\tan x = \dfrac{2\tan \dfrac{x}{2}}{1 - \tan^2 \dfrac{x}{2}} = \dfrac{2u}{1-u^2}.$$

通常，称 $u = \tan \dfrac{x}{2}$ 为万能变换. 万能变换公式为

$$\begin{cases} \sin x = \dfrac{2u}{1+u^2}, \\ \cos x = \dfrac{1-u^2}{1+u^2}, \\ \tan x = \dfrac{2u}{1-u^2}, \end{cases}$$

即

$$\begin{cases} \sin x = \dfrac{2\tan \dfrac{x}{2}}{1 + \tan^2 \dfrac{x}{2}}, \\ \cos x = \dfrac{1 - \tan^2 \dfrac{x}{2}}{1 + \tan^2 \dfrac{x}{2}}, \\ \tan x = \dfrac{2\tan \dfrac{x}{2}}{1 - \tan^2 \dfrac{x}{2}}. \end{cases}$$

题 1 函数

$$y = \dfrac{(\sin x - 1)(\cos x - 1)}{2 + \sin 2x} \quad (x \in \mathbf{R})$$

的最大值为（　　）.

A. $\dfrac{\sqrt{2}}{2}$ B. 1 C. $\dfrac{1}{2} + \dfrac{\sqrt{2}}{2}$ D. $\sqrt{2}$

思路剖释 依题意，得

$$y = \frac{\sin x \cdot \cos x - (\sin x + \cos x) + 1}{2 + 2\sin x \cdot \cos x}.$$

令
$$t = \sin x + \cos x = \sqrt{2}\sin\left(x + \frac{\pi}{4}\right) \in [-\sqrt{2}, \sqrt{2}],$$

则 $\sin x \cdot \cos x = \frac{1}{2}(1 - t^2)$,故

$$y = \frac{\frac{1}{2}(t^2 - 1) - t + 1}{2 + (t^2 - 1)} = \frac{1}{2} - \frac{t}{t^2 + 1}.$$

令 $g(t) = \frac{t}{t^2 + 1} (t \in [-\sqrt{2}, \sqrt{2}])$,于是, $g'(t) = \frac{1 - t^2}{(t^2 + 1)^2}$. 由 $g'(t) = 0$,知 $t = -1$ 或 1. 又 $g(-\sqrt{2}) = -\frac{\sqrt{2}}{3}, g(-1) = -\frac{1}{2}, g(1) = \frac{1}{2}, g(\sqrt{2}) = \frac{\sqrt{2}}{3}$,所以 $g(t)$ 的最小值为 $g(-1) = -\frac{1}{2}, y$ 的最大值为 $\frac{1}{2} - \left(-\frac{1}{2}\right) = 1$. 故选 B.

题 2 已知函数 $f(x) = 2(\sin^4 x + \cos^4 x) + m(\sin x + \cos x)^4$ 在 $x \in \left[0, \frac{\pi}{2}\right]$ 上有最大值 5,求实数 m 的值.

思路剖释 由题意,知
$$f(x) = 2(\sin^2 x + \cos^2 x)^2 - 4\sin^2 x\cos^2 x + m(\sin x + \cos x)^4$$
$$= 2 - (2\sin x\cos x)^2 + m(\sin x + \cos x)^4.$$

令 $t = \sin x + \cos x = \sqrt{2}\sin\left(x + \frac{\pi}{4}\right) \in [1, \sqrt{2}]$,则 $2\sin x\cos x = t^2 - 1$,从而,得
$$f(x) = 2 - (t^2 - 1)^2 + mt^4 = (m - 1)t^4 + 2t^2 + 1.$$

令 $u = t^2 \in [1, 2]$,由题意,知 $g(u) = (m - 1)u^2 + 2u + 1$ 在 $u \in [1, 2]$ 上有最大值 5.

当 $m - 1 = 0$ 时, $g(u) = 2u + 1$ 在 $u = 2$ 时有最大值 5,故 $m = 1$ 符合条件.

当 $m - 1 > 0$ 时, $g(u)_{\max} \geq g(2) > 2 \times 2 + 1 = 5$,矛盾.

当 $m - 1 < 0$ 时, $g(u) < 2u + 1 \leq 5$,矛盾.

综上所述,所求的实数 $m = 1$.

题 3 求解下列各题.

(1) 已知正实数 a, b 满足
$$a^2 + b^2 = 1, \quad \text{①}$$
$$a^3 + b^3 + 1 = m(a + b + 1)^3, \quad \text{②}$$
求 m 的最小值.

(2) 代数式 $a\sqrt{2 - b^2} + b\sqrt{2 - a^2}$ 的最大值是 _____.

(3) 设函数 $y = \sin x \cdot \cos x(\sin x + \cos x), x \in \left[-\frac{\pi}{4}, \frac{\pi}{2}\right]$,则 y 的值域为 _____.

思路剖释 (1) 由式①,令

$$\begin{cases} a = \cos\theta, \\ b = \sin\theta, \end{cases} \left(0 < \theta < \frac{\pi}{2}\right)$$

则由式②,得
$$m = \frac{a^3 + b^3 + 1}{(a+b+1)^3} = \frac{\cos^3\theta + \sin^3\theta + 1}{(\cos\theta + \sin\theta + 1)^3}$$
$$= \frac{(\cos\theta + \sin\theta)(\cos^2\theta - \sin\theta\cos\theta + \sin^2\theta) + 1}{(\cos\theta + \sin\theta + 1)^3}.$$

因为
$$\sin\theta \cdot \cos\theta = \frac{(\cos\theta + \sin\theta)^2 - 1}{2},$$

所以
$$m = \frac{\left(1 - \frac{x^2-1}{2}\right) + 1}{(x+1)^3} = \frac{2 + 3x - x^3}{2(x+1)^3} = \frac{-x^2 + x + 2}{2(x+1)^2} = \frac{-x+2}{2(x+1)},$$

故
$$m = \frac{3}{2(x+1)} - \frac{1}{2}.$$

注意到 $x = \sin\theta + \cos\theta = \sqrt{2}\sin\left(\theta + \frac{\pi}{4}\right)$,又 $0 < \theta < \frac{\pi}{2}$,故 $1 < x \leqslant \sqrt{2}$. 函数 $m(x) = \frac{3}{2(x+1)} - \frac{1}{2}$ 在 $(1, \sqrt{2}]$ 内单调递减,因此
$$m(\sqrt{2}) \leqslant m(x) < m(1),$$

故 m 的最小值是
$$m(\sqrt{2}) = \frac{3}{2(\sqrt{2}+1)} - \frac{1}{2} = \frac{3\sqrt{2}-4}{2}.$$

(2) 由题意,知 $-\sqrt{2} \leqslant a \leqslant \sqrt{2}$,$-\sqrt{2} \leqslant b \leqslant \sqrt{2}$,故可设 $a = \sqrt{2}\sin\alpha$,$b = \sqrt{2}\sin\beta$,且 $\alpha, \beta \in \left[-\frac{\pi}{2}, \frac{\pi}{2}\right]$. 依题设,有
$$a\sqrt{2-b^2} + b\sqrt{2-a^2} = \sqrt{2}\sin\alpha\sqrt{2-2\sin^2\beta} + \sqrt{2}\sin\beta\sqrt{2-2\sin^2\alpha}$$
$$= 2(\sin\alpha |\cos\beta| + \sin\beta |\cos\alpha|).$$

因为 $\alpha, \beta \in \left[-\frac{\pi}{2}, \frac{\pi}{2}\right]$,所以 $\cos\alpha, \cos\beta \in [0,1]$. 故
$$2(\sin\alpha |\cos\beta| + \sin\beta |\cos\alpha|) = 2\sin(\alpha + \beta).$$

由假设,知 $\alpha, \beta \in [-\pi, \pi]$,所以 $2\sin(\alpha+\beta) \leqslant 2$. 故 $a\sqrt{2-b^2} + b\sqrt{2-a^2}$ 的最大值为 2.

(3) 令 $t = \sin x + \cos x$,$x \in \left[-\frac{\pi}{4}, \frac{\pi}{2}\right]$,则
$$t = \sqrt{2}\sin\left(x + \frac{\pi}{4}\right) \in [0, \sqrt{2}].$$

由 $\sin x \cdot \cos x = \dfrac{t^2-1}{2}$,知 $y = \dfrac{1}{2}(t^3 - t)$. 由单调性可得 $y \in \left[-\dfrac{\sqrt{3}}{9}, \dfrac{\sqrt{2}}{2}\right]$.

题 4 计算下列各题.

(1) 函数 $f(x) = \sin^4 x \cdot \tan x + \cos^4 x \cdot \cot x$ 的值域是_____.

(2) 函数 $f(x) = 2x - \sqrt{4x - x^2}$ 的值域是_____.

(3) 已知 m 为常数,函数 $f(x) = \sin^4 x + m\sin x \cdot \cos x + \cos^4 x$ 的值域为 $\left[0, \dfrac{9}{8}\right]$,求 m 的值.

(4) 设 $f(x) = \sin^4 x - \sin x \cos x + \cos^4 x$,则 $f(x)$ 的值域是_____.

(5) 函数 $f(x) = \dfrac{\sqrt{x^2+1}}{x-1}$ 的值域为_____.

思路剖释 (1) 因为

$$f(x) = \sin^4 x \cdot \dfrac{\sin x}{\cos x} + \cos^4 x \cdot \dfrac{\cos x}{\sin x} = \dfrac{\sin^6 x + \cos^6 x}{\sin x \cos x} = \dfrac{2 - \dfrac{3}{2}\sin^2 2x}{\sin 2x},$$

令 $t = \sin 2x$,则 $t \in [-1, 0) \cup (0, 1]$,所以

$$f(x) = \dfrac{2 - \dfrac{3}{2}t^2}{t} = \dfrac{2}{t} - \dfrac{3}{2}t.$$

易知函数 $g(t) = \dfrac{2}{t} - \dfrac{3}{2}t$ 在区间 $[-1, 0)$ 与 $(0, 1]$ 上都是单调递减函数,所以 $g(t)$ 的值域为 $\left(-\infty, -\dfrac{1}{2}\right] \cup \left[\dfrac{1}{2}, +\infty\right)$. 故 $f(x)$ 的值域为 $\left(-\infty, -\dfrac{1}{2}\right] \cup \left[\dfrac{1}{2}, +\infty\right)$.

(2) 根式型函数求值域问题,可以利用三角换元法以及导数法.

方法 1 因为 $f(x) = 2x - \sqrt{x(4-x)}$,定义域 $x \in [0, 4]$,所以可设 $x = 4\sin^2\theta, \theta \in \left[0, \dfrac{\pi}{2}\right]$,则

$$f(x) = 8\sin^2\theta - \sqrt{4\sin^2\theta \cdot 4\cos^2\theta} = 8\sin^2\theta - 4\sin\theta\cos\theta$$

$$= 8 \cdot \dfrac{1-\cos 2\theta}{2} - 2\sin 2\theta = 4 - 2(2\cos 2\theta + \sin 2\theta)$$

$$= 4 - 2\sqrt{5}\sin(2\theta + \varphi).$$

其中 $\cos\varphi = \dfrac{1}{\sqrt{5}}, \sin\varphi = \dfrac{2}{\sqrt{5}}, \varphi \in \left(0, \dfrac{\pi}{2}\right)$.

令 $\alpha = 2\theta + \varphi \in [\varphi, \pi + \varphi]$,则 $\sin\alpha \in \left[-\dfrac{2}{\sqrt{5}}, 1\right]$,于是 $f(x) \in [4 - 2\sqrt{5}, 8]$,即所求值域是 $[4 - 2\sqrt{5}, 8]$.

方法 2 由于 $f(x)$ 的定义域为 $[0, 4]$,

$$f'(x) = 2 - \dfrac{4 - 2x}{2\sqrt{4x - x^2}},$$

令 $f'(x)=0$,则得
$$x_1 = \frac{10-4\sqrt{5}}{5}, \quad x_2 = \frac{10+4\sqrt{5}}{5}(舍去).$$

注意到 $f(0)=0, f(4)=8, f\left(\frac{10-4\sqrt{5}}{5}\right)=4-2\sqrt{5}$,故 $f(x)$ 的值域是 $[4-2\sqrt{5}, 8]$.

(3) 由题设,知
$$f(x) = (\sin^2 x + \cos^2 x)^2 - 2\sin^2 x \cdot \cos^2 x + m\sin x \cdot \cos x$$
$$= 1 + \frac{m}{2}\sin 2x - \frac{1}{2}\sin^2 2x.$$

采用换元法. 令 $t = \sin 2x (-1 \leqslant t \leqslant 1)$,则
$$f(x) = g(t) = 1 + \frac{m}{2}t - \frac{1}{2}t^2$$
$$= -\frac{1}{2}\left(t - \frac{m}{2}\right)^2 + \frac{m^2+8}{8}.$$

(i) 若 $-1 \leqslant \frac{m}{2} \leqslant 1$,则 $\frac{m^2+8}{8} = \frac{9}{8}$,即 $m = \pm 1$.

当 $m=1$ 时,$f(x)$ 的最小值为 $g(-1) = 0$,符合题意.

当 $m=-1$ 时,$f(x)$ 的最小值为 $g(1) = 0$,也符合题意.

(ii) 若 $\frac{m}{2} > 1$,则
$$\begin{cases} g(1) = \frac{9}{8}, \\ g(-1) = 0, \end{cases} 即 \begin{cases} 1 + \frac{m}{2} - \frac{1}{2} = \frac{9}{8}, \\ 1 - \frac{m}{2} - \frac{1}{2} = 0. \end{cases}$$

此时,这样的 m 不存在.

(iii) 若 $\frac{m}{2} < -1$,则
$$\begin{cases} g(-1) = \frac{9}{8}, \\ g(1) = 0, \end{cases} 即 \begin{cases} 1 - \frac{m}{2} - \frac{1}{2} = \frac{9}{8}, \\ 1 + \frac{m}{2} - \frac{1}{2} = 0. \end{cases}$$

此时,这样的 m 不存在.

综上所述,$m = \pm 1$.

(4) 由题意,得
$$f(x) = \sin^4 x - \sin x \cos x + \cos^4 x$$
$$= (\cos^2 + \sin^2 x)^2 - 2\sin^2 x \cos^2 x - \sin x \cos x$$
$$= 1 - \frac{1}{2}\sin 2x - \frac{1}{2}\sin^2 2x,$$

令 $t = \sin 2x$,则

$$f(x) = g(t) = 1 - \frac{1}{2}t - \frac{1}{2}t^2 = \frac{9}{8} - \frac{1}{2}\left(t + \frac{1}{2}\right)^2.$$

因此

$$\min_{-1\leqslant t\leqslant 1} g(t) = g(1) = \frac{9}{8} - \frac{1}{2} \times \frac{9}{4} = 0,$$

$$\max_{-1\leqslant t\leqslant 1} g(t) = g\left(-\frac{1}{2}\right) = \frac{9}{8} - \frac{1}{2} \times 0 = \frac{9}{8},$$

即得 $0 \leqslant f(x) \leqslant \frac{9}{8}$. 故 $f(x)$ 的值域为 $\left[0, \frac{9}{8}\right]$.

(5) 设 $x = \tan\theta\left(-\frac{\pi}{2} < \theta < \frac{\pi}{2}, \text{且 } \theta \neq \frac{\pi}{4}\right)$, 则

$$f(x) = \frac{\frac{1}{\cos\theta}}{\tan\theta - 1} = \frac{1}{\sin\theta - \cos\theta}$$

$$= \frac{1}{\sqrt{2}\sin\left(\theta - \frac{\pi}{4}\right)}.$$

设 $u = \sqrt{2}\sin\left(\theta - \frac{\pi}{4}\right)$, 则 $-\sqrt{2} \leqslant u < 1$, 且 $u \neq 0$, 即 $u \in [-\sqrt{2}, 0) \cup (1, +\infty)$, 因此 $f(u) = \frac{1}{u} \in \left(-\infty, -\frac{\sqrt{2}}{2}\right] \cup (1, +\infty)$. 故 $f(x)$ 的值域为 $\left(-\infty, -\frac{\sqrt{2}}{2}\right] \cup (1, +\infty)$.

题 5 求解下列各题.

(1) 在实数集 **R** 上解方程组 $\begin{cases} \sqrt{x(1-y)} + \sqrt{y(1-x)} = \frac{1}{2}, \\ \sqrt{x(1-x)} + \sqrt{y(1-y)} = \frac{\sqrt{3}}{4}. \end{cases}$

(2) 函数 $f(x) = \sqrt{16\sin^2 x + 9\cos^2 x} + \sqrt{16\cos^2 x + 9\sin^2 x}$ 的值域为 _____.

(3) 求函数 $y = \sqrt{4-x} + \sqrt{x-2}$ 的值域.

思路剖释 (1) 设 $x = \sin^2\alpha, y = \sin^2\beta\left(0 \leqslant \alpha, \beta \leqslant \frac{\pi}{2}\right)$, 原方程化为

$$\begin{cases} \sin\alpha\cos\beta + \sin\beta\cos\alpha = \frac{1}{2}, \\ \sin\alpha\cos\alpha + \sin\beta\cos\beta = \frac{\sqrt{3}}{4}, \end{cases}$$

即

$$\begin{cases} \sin(\alpha + \beta) = \frac{1}{2}, \\ \sin(\alpha + \beta)\cos(\alpha - \beta) = \frac{\sqrt{3}}{4}. \end{cases}$$

两式相除, 得

$$\cos(\alpha-\beta)=\frac{\sqrt{3}}{2},$$

故

$$\alpha-\beta=\pm\frac{\pi}{6},\quad \alpha+\beta=\frac{\pi}{6} \text{ 或 } \frac{5\pi}{6},$$

注意到,函数定义域为$[2,4]$,函数y是$[2,4]$上的单调递增函数,故y的最大值为$\sqrt{4-4}+\sqrt{4-2}=\sqrt{2}$.所以解得

$$\begin{cases}\alpha=0,\\ \beta=\frac{\pi}{6};\end{cases}\begin{cases}\alpha=\frac{\pi}{6},\\ \beta=0;\end{cases}\begin{cases}\alpha=\frac{\pi}{2},\\ \beta=\frac{\pi}{3};\end{cases}\begin{cases}\alpha=\frac{\pi}{3},\\ \beta=\frac{\pi}{2}.\end{cases}$$

因此,原方程组的解为

$$\begin{cases}x=0,\\ y=\frac{1}{4};\end{cases}\begin{cases}x=\frac{1}{4},\\ y=0;\end{cases}\begin{cases}x=1,\\ y=\frac{3}{4};\end{cases}\begin{cases}x=\frac{3}{4},\\ y=1\end{cases}$$

(2) 设$a=\sqrt{16\sin^2 x+9\cos^2 x}$,$b=\sqrt{16\cos^2 x+9\sin^2 x}$,则$f(x)=a+b$.

因$a^2+b^2=25$,又$2ab=\sqrt{4\times144+49\sin^2 2x}$,而$0\leqslant\sin^2 2x\leqslant1$,故$24\leqslant2ab\leqslant25$,从而$49\leqslant(a+b)^2\leqslant50$,于是$7\leqslant a+b\leqslant5\sqrt{2}$.

由函数$f(x)$在实数域上的连续性,知$7\leqslant f(x)\leqslant5\sqrt{2}$.故所求的值域为$[7,5\sqrt{2}]$.

(3) 考虑运用三角代换,但要注意取值的范围.

基于原函数式可变为$\frac{\sqrt{ax+b}}{y}+\frac{\sqrt{cx+d}}{y}=1$,且$ac<0$,所以可根据$\sin^2\alpha+\cos^2\alpha=1$使用如下变换法:$\sqrt{ax+b}=y\sin^2\alpha$及$\sqrt{cx+d}=y\cos^2\alpha$,从而变无理式为有理式,结合三角函数有界性求解.

令$\begin{cases}4-x=y^2\sin^4\alpha,\\ x-2=y^2\cos^4\alpha,\end{cases}$消去$x$,得

$$y^2=\frac{2}{1-\frac{1}{2}\sin^2 2\alpha}.$$

当$\sin^2 2\alpha=0$时,y^2有最小值2,即y有最小值$\sqrt{2}$;当$\sin^2 2\alpha=1$时,y^2有最大值4,即y有最大值2.故原函数的值域为$[\sqrt{2},2]$.

题6 计算下列各题.

(1) 函数$y=|\cos x|+|\cos 2x|$($x\in\mathbf{R}$)的最小值是_____.

(2) 已知$f(x)=\cos 2x+p|\cos x|+p$($x\in\mathbf{R}$),记$f(x)$的最大值为$h(p)$,则$h(p)$的表达式为_____.

(3) 任给7个实数,证明:其中有2个实数x,y,满足$0\leqslant\frac{x-y}{1+xy}<\frac{\sqrt{3}}{3}$.

思路剖释 （1）先将三角函数式化为一个角的一个三角函数，再运用换元法，化归为一个代数函数（一元二次函数等）．

令 $t=|\cos x|\in[0,1]$，则 $y=t+|2t^2-1|$．当 $\dfrac{\sqrt{2}}{2}\leqslant t\leqslant 1$ 时，$y=2t^2+t-1=2\left(t+\dfrac{1}{4}\right)^2-\dfrac{9}{8}$，解得 $\dfrac{\sqrt{2}}{2}\leqslant y\leqslant 2$；当 $0\leqslant t<\dfrac{\sqrt{2}}{2}$ 时，$y=-2t^2+t+1=-2\left(t-\dfrac{1}{4}\right)^2+\dfrac{9}{8}$，解得 $\dfrac{\sqrt{2}}{2}\leqslant y\leqslant \dfrac{9}{8}$．所以 y 可取到 $\dfrac{\sqrt{2}}{2}$，故最小值为 $\dfrac{\sqrt{2}}{2}$．

（2）因 $\cos 2x=2\cos^2 x-1$，故令 $|\cos x|=u$，则 $0\leqslant u\leqslant 1$，且 $f(x)=F(u)=2u^2+pu+p-1$．又因抛物线 $y=F(u)$ 顶点的横坐标为 $-\dfrac{p}{4}$，所以

$$h(p)=\begin{cases}F(1), & -\dfrac{p}{4}\leqslant\dfrac{1}{2},\\ F(0), & -\dfrac{p}{4}>\dfrac{1}{2},\end{cases}$$

即

$$h(p)=\begin{cases}p-1, & p<-2,\\ 2p+1, & p\geqslant -2.\end{cases}$$

（3）由于 $\dfrac{x-y}{1+xy}$ 与两角差的正切公式在形式上相类似，若作代换 $x=\tan\alpha$，$y=\tan\beta$，则待证结论转化为 $0\leqslant\tan(\alpha-\beta)<\dfrac{\sqrt{3}}{3}$，故只需证明 $0\leqslant\alpha-\beta<\dfrac{\pi}{6}$．

设这 7 个实数为 $\tan\theta_i$，$\theta_i\in\left(-\dfrac{\pi}{2},\dfrac{\pi}{2}\right)$，$i=1,2,\cdots,7$．将 $\left(-\dfrac{\pi}{2},\dfrac{\pi}{2}\right)$ 均分成 6 个区间，根据抽屉原理，知 θ_i 中至少有 2 个角在同一个区间内．设此 2 个角为 θ_1,θ_2，则 $0\leqslant\theta_1-\theta_2<\dfrac{\pi}{6}$．于是，$0\leqslant\dfrac{\tan\theta_1-\tan\theta_2}{1+\tan\theta_1\tan\theta_2}<\dfrac{\sqrt{3}}{3}$．

题 7 计算下列各题．

（1）已知函数 $y=(a\cos^2 x-3)\sin x$ 的最小值为 -3，则实数 a 的取值范围是 _____．

（2）函数 $y=\dfrac{\sqrt{1-x^2}}{2+x}$ 的值域为 _____．

（3）已知函数

$$f(x)=a\sin x-\dfrac{1}{2}\cos 2x+a-\dfrac{3}{a}+\dfrac{1}{2},$$

其中 $a\in\mathbf{R}$ 且 $a\neq 0$．

(i) 若对任意 $x\in\mathbf{R}$，都有 $f(x)\leqslant 0$，求 a 的取值范围．

(ii) 若 $a\geqslant 2$，且存在 $x\in\mathbf{R}$，使 $f(x)\leqslant 0$，求 a 的取值范围．

思路剖释 （1）令 $\sin x=t$．于是，原函数化为

$$g(t) = [a(1-t^2)-3]t \quad (t \in [-1,1]).$$

由 $g(t)$ 在 $[-1,1]$ 内的最小值为 -3,得 $g(t)-(-3) \geq 0$,即
$$at(1-t^2) + 3(1-t) \geq 0,$$

亦即 $(1-t)[at(1+t)+3] \geq 0$. 因 $t \in [-1,1]$,故
$$a(t^2+t) \geq -3. \qquad ①$$

当 $t = 0, -1$ 时,式①总成立.

当 $0 < t \leq 1$ 时,$0 < t^2 + t \leq 2$,故由式①,得 $2a \geq -3$,即得 $a \geq -\dfrac{3}{2}$.

当 $-1 < t < 0$ 时,$t^2 + t = \left(t + \dfrac{1}{2}\right)^2 - \dfrac{1}{4}$,所以 $-\dfrac{1}{4} \leq t^2 + t < 0$. 故由式①,得 $a(t^2+t) \geq a \times \left(-\dfrac{1}{4}\right) \geq -3$,即得 $a \leq 12$.

综上所述,$-\dfrac{3}{2} \leq a \leq 12$.

(2) **方法1** 由 $1 - x^2 \geq 0$,得 $|x| \leq 1$,即 $x \in [-1,1]$. 令 $x = \cos\alpha, \alpha \in [0,\pi]$,则
$$y = \dfrac{\sin\alpha}{2 + \cos\alpha} \ (\geq 0),$$

即
$$2y = \sin\alpha - y\cos\alpha$$
$$= \sqrt{1+y^2}\left(\dfrac{1}{\sqrt{1+y^2}}\sin\alpha - \dfrac{y}{\sqrt{1+y^2}}\cos\alpha\right)$$
$$= \sqrt{1+y^2}\sin(\alpha+\theta)$$
$$\leq \sqrt{1+y^2},$$

故
$$0 \leq 2y \leq \sqrt{1+y^2}.$$

两边平方,得
$$4y^2 \leq 1 + y^2,$$

即 $y^2 \leq \dfrac{1}{3}$. 故 $|y| \leq \sqrt{\dfrac{1}{3}}$. 因 $y \geq 0$,故 $y \in \left[0, \dfrac{\sqrt{3}}{3}\right]$.

方法2 因 $y \geq 0$,且最小值为 0,故
$$y' = \dfrac{\dfrac{-x(2+x)}{\sqrt{1-x^2}} - \sqrt{1-x^2}}{(2+x)^2} = \dfrac{-2\left(x + \dfrac{1}{2}\right)}{(2+x)^2\sqrt{1-x^2}}.$$

令 $y' = 0$,得驻点 $x = -\dfrac{1}{2}$. 在点 $x = -\dfrac{1}{2}$ 处,y' 的符号由"$+$"变到"$-$",因此 $y_{\max} = y|_{x=-\frac{1}{2}} = \dfrac{\sqrt{3}}{3}$. 故值域为 $\left[0, \dfrac{\sqrt{3}}{3}\right]$.

(3) (i) 由于 $f(x) = \sin^2 x + a\sin x + a - \dfrac{3}{a}$，令 $t = \sin x(-1 \leqslant t \leqslant 1)$，则

$$g(t) = t^2 + at + a - \dfrac{3}{a}.$$

由题设，知

$$\begin{cases} g(-1) = 1 - \dfrac{3}{a} \leqslant 0, \\ g(1) = 1 + 2a - \dfrac{3}{a} \leqslant 0. \end{cases}$$

由上述第一式，解得 $0 < a \leqslant 3$；上述第二式为 $2a^2 + a - 3 \leqslant 0$，即 $(a-1)(2a+3) \leqslant 0$，因此得 $-\dfrac{3}{2} \leqslant a \leqslant 1$. 故 a 的取值范围为 $0 < a \leqslant 1$.

(ii) 因为 $a \geqslant 2$，所以 $-\dfrac{a}{2} \leqslant -1$. 又 $g(t)$ 的对称轴为 $t = -\dfrac{a}{2}$，故 $g(t)_{\min} = g(-1) = 1 - \dfrac{3}{a}$，即 $f(x)_{\min} = 1 - \dfrac{3}{a}$. 由题设，知 $1 - \dfrac{3}{a} \leqslant 0$，解得 $0 < a \leqslant 3$，故 a 的取值范围是 $[2,3]$.

题 8 求方程 $x\sqrt{y-1} + y\sqrt{x-1} = xy$ 的实数解.

思路剖释 因 $x \geqslant 1, y \geqslant 1$，故可作三角代换 $x = \sec^2 \alpha, y = \sec^2 \beta, \alpha, \beta \in \left[0, \dfrac{\pi}{2}\right)$. 在三角代换下，原方程可化为

$$\sec^2 \alpha \cdot \tan \beta + \sec^2 \beta \cdot \tan \alpha = \sec^2 \alpha \cdot \sec^2 \beta,$$

即

$$\sin \beta \cos \beta + \sin \alpha \cos \alpha = 1,$$

故 $\sin 2\alpha + \sin 2\beta = 2$. 因 $\sin 2\alpha \leqslant 1, \sin 2\beta \leqslant 1$，故 $\sin 2\alpha = 1, \sin 2\beta = 1$. 由 $\alpha, \beta \in \left[0, \dfrac{\pi}{2}\right)$，于是 $\alpha = \beta = \dfrac{\pi}{4}$. 故原方程的解为 $\begin{cases} x = 2, \\ y = 2. \end{cases}$

题 9 求解下列各题.

(1) 已知 $\dfrac{x+y}{1-xy} = \sqrt{2}$，求 $\dfrac{|1-xy|}{\sqrt{x^2+1} \cdot \sqrt{y^2+1}}$ 的值.

(2) 任给 13 个互不相等的实数，求证：其中至少有两个实数 x, y 满足 $0 < \dfrac{x-y}{1+xy} < 2 - \sqrt{3}$.

(3) 若 $ab \neq -1, bc \neq -1, ca \neq -1$，求证：

$$\dfrac{a-b}{1+ab} + \dfrac{b-c}{1+bc} + \dfrac{c-a}{1+ac} = \dfrac{a-b}{1+ab} \cdot \dfrac{b-c}{1+bc} \cdot \dfrac{c-a}{1+ac}.$$

思路剖释 (1) 设 $x = \tan \alpha, y = \tan \beta, \alpha, \beta \in \left(-\dfrac{\pi}{2}, \dfrac{\pi}{2}\right)$，则已知式为

$$\tan(\alpha + \beta) = \sqrt{2}.$$

所以
$$\frac{|1-xy|}{\sqrt{x^2+1}\cdot\sqrt{y^2+1}}=\frac{|1-\tan\alpha\cdot\tan\beta|}{\sqrt{1+\tan^2\alpha}\cdot\sqrt{1+\tan^2\beta}}=\frac{|1-\tan\alpha\cdot\tan\beta|}{|\sec\alpha|\cdot|\sec\beta|}$$
$$=\cos\alpha\cdot\cos\beta\cdot|1-\tan\alpha\cdot\tan\beta|=|\cos(\alpha+\beta)|$$
$$=\frac{1}{\sqrt{1+\tan^2(\alpha+\beta)}}=\frac{\sqrt{3}}{3}.$$

(2) 采用构造法. 记 13 个互不相等的实数 $a_1<a_2<\cdots<a_{13}$, 取点 $A_i(1,a_i)$, 连射线 OA_i ($i=1,2,\cdots,13$), 由 $\angle A_1OA_2+\angle A_2OA_3+\cdots+\angle A_{12}OA_{13}=\angle A_1OA_{13}<180°$, 知必存在 i 使 $\angle A_iOA_{i+1}<15°$ (抽屉原理), 如图 4.1 所示. 记 $x=a_{i+1}=\tan\alpha, y=a_i=\tan\beta$, 其中 $0<\alpha,\beta<90°$, 得 $0<\tan(\alpha-\beta)<\tan15°=2-\sqrt{3}$, 即 $0<\dfrac{x-y}{1+xy}<2-\sqrt{3}$.

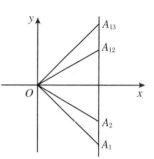

图 4.1

(3) 这是一道纯代数题, 若采用通分的方法证明, 十分繁杂. 本题从结构特征出发, 联想到两角和的正切, 引入三角方法证明, 则简洁明了.

设 $a=\tan\alpha, b=\tan\beta, c=\tan\gamma$, 则
$$\tan(\alpha-\beta)=\frac{a-b}{1+ab},\quad \tan(\beta-\gamma)=\frac{b-c}{1+bc},\quad \tan(\gamma-\alpha)=\frac{c-a}{1+ca}.$$
因
$$-\tan(\alpha-\beta)=\tan(\beta-\alpha)=\tan[(\beta-\gamma)+(\gamma-\alpha)]=\frac{\tan(\beta-\gamma)+\tan(\gamma-\alpha)}{1-\tan(\beta-\gamma)\tan(\gamma-\alpha)},$$
故
$$\tan(\alpha-\beta)+\tan(\beta-\gamma)+\tan(\gamma-\alpha)=\tan(\alpha-\beta)\tan(\beta-\gamma)\tan(\gamma-\alpha).$$
于是
$$\frac{a-b}{1+ab}+\frac{b-c}{1+bc}+\frac{c-a}{1+ac}=\frac{a-b}{1+ab}\cdot\frac{b-c}{1+bc}\cdot\frac{c-a}{1+ac}.$$

题 10 设 $a,b,c\in\mathbf{R}^+$, 且 $abc+a+c=b$, 试确定 $p=\dfrac{2}{a^2+1}-\dfrac{2}{b^2+1}+\dfrac{3}{c^2+1}$ 的最大值.

思路剖释 令 $a=\tan\alpha, b=\tan\beta, c=\tan\gamma$ ($0°<\alpha,\beta,\gamma<90°$), 则
$$\tan(\alpha+\gamma)=\tan\beta.$$
又因 $0°<\alpha+\gamma<180°, 0°<\beta<90°$, 所以 $\alpha+\gamma=\beta$. 故
$$p=\frac{2}{\tan^2\alpha+1}-\frac{2}{\tan^2\beta+1}+\frac{3}{\tan^2\gamma+1}$$
$$=2\cos^2\alpha-2\cos^2\beta+3\cos^2\gamma$$
$$=2\cos^2\alpha-2\cos^2(\alpha+\gamma)+3\cos^2\gamma$$

$$= \cos 2\alpha - \cos 2(\alpha + \gamma) + 3\cos^2 \gamma$$
$$= 2\sin\gamma \sin(2\alpha + \gamma) + 3\cos^2 \gamma$$
$$\leqslant 2\sin\gamma + 3\cos^2 \gamma = -3\left(\sin\gamma - \frac{1}{3}\right)^2 + \frac{10}{3}.$$

当 $\sin\gamma = \frac{1}{3}$ 且 $2\alpha + \gamma = 90°$ 时,上式取等号,此时 $a = \frac{\sqrt{2}}{2}, b = \frac{\sqrt{2}}{2}, c = \frac{\sqrt{2}}{4}$. 故 p 的最大值为 $\frac{10}{3}$.

变题: 若 $x, y \in \mathbf{R}, a, b \in \mathbf{R}^+$,且 $|x| \leqslant a, |y| \leqslant b$,求证:
$$|xy \pm \sqrt{(a^2 - x^2)(b^2 - y^2)}| \leqslant ab.$$

提示: 可设 $x = a\cos\alpha, y = b\cos\beta, \alpha, \beta \in [0, \pi]$,则
$$\text{左边} = |ab\cos\alpha\cos\beta \pm ab\sin\alpha\sin\beta|,$$
然后利用两角和的余弦公式及有界性易证.

题 11 设 $x, y, z \in \mathbf{R}, xy + yz + zx = 1$,求证:
$$\frac{x}{1-x^2} + \frac{y}{1-y^2} + \frac{z}{1-z^2} = \frac{4xyz}{(1-x^2)(1-y^2)(1-z^2)}.$$

思路剖释 根据代数式 $\frac{x}{1-x^2}$ 的形式,宜采用正切函数进行换元.

设 $x = \tan\frac{\alpha}{2}, y = \tan\frac{\beta}{2}, z = \tan\frac{\gamma}{2}$,则
$$\tan\alpha = \frac{2x}{1-x^2}, \quad \tan\beta = \frac{2y}{1-y^2}, \quad \tan\gamma = \frac{2z}{1-z^2}. \quad ①$$

依题设,有
$$\tan\frac{\alpha}{2}\tan\frac{\beta}{2} + \tan\frac{\beta}{2}\tan\frac{\gamma}{2} + \tan\frac{\gamma}{2}\tan\frac{\alpha}{2} = 1,$$
于是
$$\tan\frac{\alpha}{2}\left(\tan\frac{\beta}{2} + \tan\frac{\gamma}{2}\right) = 1 - \tan\frac{\beta}{2}\tan\frac{\gamma}{2}. \quad ②$$

如果 $1 - \tan\frac{\beta}{2}\tan\frac{\gamma}{2} \neq 0$,则由式②,得
$$\tan\frac{\alpha}{2} \cdot \frac{\tan\frac{\beta}{2} + \tan\frac{\gamma}{2}}{1 - \tan\frac{\beta}{2} \cdot \tan\frac{\gamma}{2}} = 1.$$

即 $\tan\frac{\alpha}{2} \cdot \tan\frac{\beta + \gamma}{2} = 1$,亦即
$$\tan\frac{\alpha}{2} = \cot\frac{\beta+\gamma}{2} = \tan\left(\frac{\pi}{2} - \frac{\beta+\gamma}{2}\right).$$

由此,得 $\frac{\alpha}{2} = \frac{\pi}{2} - \frac{\beta+\gamma}{2} + k\pi (k \in \mathbf{Z})$. 因此 $\alpha + \beta + \gamma = (2k+1)\pi$,
$$\tan\alpha + \tan\beta + \tan\gamma = \tan\alpha\tan\beta\tan\gamma. \quad ③$$

将式①代入式③,得

$$\frac{2x}{1-x^2} + \frac{2y}{1-y^2} + \frac{2z}{1-z^2} = \frac{8xyz}{(1-x^2)(1-y^2)(1-z^2)},$$

故

$$\frac{x}{1-x^2} + \frac{y}{1-y^2} + \frac{z}{1-z^2} = \frac{4xyz}{(1-x^2)(1-y^2)(1-z^2)}.$$

如果 $1 - \tan\frac{\beta}{2}\tan\frac{\gamma}{2} = 0$，即 $1 - yz = 0$，则 $yz = 1$，代入已知条件，有

$$x(y+z) = 0. \qquad ④$$

因为 $yz = 1$，所以 $y + z \neq 0$，于是由式④可得 $x = 0$，把上述关系分别代入原式两边，则有

$$\frac{x}{1-x^2} + \frac{y}{1-y^2} + \frac{z}{1-z^2} = \frac{y}{1-y^2} + \frac{z}{1-z^2} = \frac{y}{1-y^2} + \frac{\frac{1}{y}}{1-\left(\frac{1}{y}\right)^2} = \frac{y}{1-y^2} + \frac{y}{y^2-1} = 0.$$

又

$$\frac{4xyz}{(1-x^2)(1-y^2)(1-z^2)} = 0,$$

故

$$\frac{x}{1-x^2} + \frac{y}{1-y^2} + \frac{z}{1-z^2} = \frac{4xyz}{(1-x^2)(1-y^2)(1-z^2)}.$$

综上所述，结论成立．

题 12 已知 $a > 0$，$a \neq 1$，试求使方程 $\log_a(x - ak) = \log_{a^2}(x^2 - a^2)$ 有解的 k 的取值范围．

思路剖释 由对数的性质，知原方程等价于 $x - ak = \sqrt{x^2 - a^2}$（$|x| > a$）．

令 $x = a\csc\theta$，$\theta \in \left(0, \frac{\pi}{2}\right) \cup \left(\pi, \frac{3\pi}{2}\right)$，则

$$k = \csc\theta - \cot\theta = \frac{1 - \cos\theta}{\sin\theta} = \tan\frac{\theta}{2},$$

而 $\frac{\theta}{2} \in \left(0, \frac{\pi}{4}\right) \cup \left(\frac{\pi}{2}, \frac{3\pi}{4}\right)$．又因 $\left(0, \frac{\pi}{4}\right)$ 和 $\left(\frac{\pi}{2}, \frac{3\pi}{4}\right)$ 是函数 $y = \tan\frac{\theta}{2}$ 的单调增区间，所以当 $\frac{\theta}{2} \in \left(0, \frac{\pi}{4}\right)$，即 $x \in (a, +\infty)$ 时，$k \in (0, 1)$；当 $\frac{\theta}{2} \in \left(\frac{\pi}{2}, \frac{3\pi}{4}\right)$，即 $x \in (-\infty, -a)$ 时，$k \in (-\infty, -1)$．故当 $k \in (-\infty, -1) \cup (0, 1)$ 时，原方程有解．

变题：设 $x, y \in \mathbf{R}^+$ 且 $\frac{19}{x} + \frac{98}{y} = 1$，求 $x + y$ 的最小值是多少？

提示：因 $x, y \in \mathbf{R}^+$，可设 $\frac{19}{x} = \sin^2\theta$，$\frac{98}{y} = \cos^2\theta$，$\theta \in \left(0, \frac{\pi}{2}\right)$，故

$$x + y = 19\csc^2\theta + 98\sec^2\theta = 19 + 98 + 19\cot^2\theta + 98\tan^2\theta$$
$$\geqslant 117 + 2\sqrt{19 \times 98} = 117 + 14\sqrt{38}.$$

题 13 求解下列各题.

(1) 设 $\theta \in \left(0, \dfrac{\pi}{2}\right)$，则 $\dfrac{2\sin\theta \cdot \cos\theta}{(\sin\theta+1)(\cos\theta+1)}$ 的最大值是_____.

(2) 已知 $A \setminus B \in \left(0, \dfrac{\pi}{2}\right)$，$\dfrac{\sin A}{\sin B} = \sin(A+B)$，求 $\tan A$ 的最大值.

(3) 函数 $f(x) = \sqrt{2x-x^2} + x$ 的值域为_____.

(4) 若 $\cos^4\theta + \sin^4\theta + (\cos\theta \cdot \sin\theta)^4 + \dfrac{1}{\sin^4\theta + \cos^4\theta} = \dfrac{41}{16}$，则 $\sin^2\theta = $ _____.

(5) 函数 $y = \dfrac{x-x^3}{2(1+2x^2+x^4)}$ 的值域是_____.

(6) 函数 $y = \dfrac{3-\sin x}{1+\cos x}$ 的最小值是_____.

思路剖释 (1) 令 $t = \sin\theta + \cos\theta$，则 $t = \sqrt{2}\sin\left(\theta + \dfrac{\pi}{4}\right)$，且 $t \in (1, \sqrt{2}]$. 又因 $2\sin\theta \cdot \cos\theta = (\sin\theta + \cos\theta)^2 - 1$，故 $\sin\theta \cdot \cos\theta = \dfrac{t^2-1}{2}$. 于是，得

$$\dfrac{2\sin\theta \cdot \cos\theta}{(\sin\theta+1)(\cos\theta+1)} = \dfrac{t^2-1}{\dfrac{t^2-1}{2}+t+1} = \dfrac{2(t^2-1)}{(t+1)^2} = \dfrac{2(t-1)}{t+1}$$

$$= 2 - \dfrac{4}{t+1} \in (0, 6-4\sqrt{2}].$$

故所求最大值为 $6 - 4\sqrt{2}$.

(2) 由题设等式，得

$$\sin A = \sin B(\sin A \cdot \cos B + \cos A \cdot \sin B),$$

两边同时除以 $\cos A$，得

$$\tan A = \sin B(\tan A \cdot \cos B + \sin B).$$

令 $t = \tan A$，则上式化为

$$2t = t\sin 2B + 1 - \cos 2B,$$

即

$$2t - 1 = \sqrt{1+t^2}\sin(2B-\theta),$$

其中 θ 为锐角，$\sin\theta = \dfrac{1}{\sqrt{1+t^2}}$. 故 $|2t-1| \leqslant \sqrt{t^2+1}$，两边平方，得

$$t(3t-4) \leqslant 0.$$

因为 $t > 0$，所以 $t \leqslant \dfrac{4}{3}$. 于是，当 $A = \arctan\dfrac{4}{3}$，$B = \dfrac{1}{2}\left(\dfrac{\pi}{2} + \arctan\dfrac{3}{5}\right)$ 时，题设等式成立. 故 $\tan A$ 的最大值为 $\dfrac{4}{3}$.

(3) 由题设，知

$$f(x) = \sqrt{1-(x-1)^2} + x.$$

令 $x-1=\sin\alpha\left(-\dfrac{\pi}{2}\leqslant\alpha\leqslant\dfrac{\pi}{2}\right)$,则

$$f(x)=\cos\alpha+1+\sin\alpha,$$

即

$$f(x)=\sqrt{2}\sin\left(\alpha+\dfrac{\pi}{4}\right)+1.$$

因为 $-\dfrac{\pi}{2}\leqslant\alpha\leqslant\dfrac{\pi}{2}$,所以 $-\dfrac{\pi}{4}\leqslant\alpha+\dfrac{\pi}{4}\leqslant\dfrac{3\pi}{4}$. 于是

$$-\dfrac{\sqrt{2}}{2}\leqslant\sin\left(\alpha+\dfrac{\pi}{4}\right)\leqslant 1.$$

故 $f(x)$ 的值域为 $[0,\sqrt{2}+1]$.

(4) 令 $x=\cos^2\theta\cdot\sin^2\theta$,则 $\cos^4\theta+\sin^4\theta=(\sin^2\theta+\cos^2\theta)^2-2\sin^2\theta\cdot\cos^2\theta=1-2x$. 于是,原方程化为

$$1-2x+x^2+\dfrac{1}{1-2x}=\dfrac{41}{16},$$

即

$$\left[(1-x)^2-\dfrac{9}{16}\right]+\left(\dfrac{1}{1-2x}-2\right)=0,$$

亦即

$$-\left(x-\dfrac{1}{4}\right)\left(\dfrac{7}{4}-x\right)+\dfrac{4x-1}{1-2x}=0,$$

故

$$\left(x-\dfrac{1}{4}\right)\left(\dfrac{4}{1-2x}+x-\dfrac{7}{4}\right)=0.$$

注意到

$$0\leqslant x\leqslant\left(\dfrac{\sin^2\theta+\cos^2\theta}{2}\right)^2=\dfrac{1}{4},$$

则

$$\dfrac{4}{1-2x}+x-\dfrac{7}{4}\geqslant 4+0-\dfrac{7}{4}>0.$$

从而 $x-\dfrac{1}{4}=0$. 故 $\cos^2\theta=\sin^2\theta=\dfrac{1}{2}$.

(5) 原函数化简,得

$$y=\dfrac{x(1-x^2)}{2(1+x^2)^2}=\dfrac{1}{4}\cdot\dfrac{2x}{1+x^2}\cdot\dfrac{1-x^2}{1+x^2},$$

此式具有万能变换公式的模型. 故可设 $x=\tan\theta$,则

$$y=\dfrac{1}{4}\cdot\sin 2\theta\cdot\cos 2\theta=\dfrac{1}{8}\sin 4\theta.$$

故所求值域为 $\left[-\dfrac{1}{8},\dfrac{1}{8}\right]$.

(6) 利用万能变换公式. 令 $t = \tan \dfrac{x}{2}$, 则
$$\sin x = \frac{2t}{1+t^2}, \quad \cos x = \frac{1-t^2}{1+t^2},$$
从而
$$y = \frac{3 - \dfrac{2t}{1+t^2}}{1 + \dfrac{1-t^2}{1+t^2}},$$
即
$$3t^2 - 2t + 3 - 2y = 0.$$
它是变量 t 的一元二次方程,其判别式 $\Delta = 4 - 4 \times 3 \times (3-2y) \geqslant 0$,解得 $y \geqslant \dfrac{4}{3}$. 故所求最小值为 $\dfrac{4}{3}$.

4.2 反三角函数和三角方程

1. 单调函数的反函数

严格单调函数的反函数是必定存在的.

2. 反三角函数

由于正弦函数 $y = \sin x$ 定义域 **R** 中的点与值域 $Y = [-1,1]$ 上的点不是一一对应的,所以在定义域 **R** 中它没有反函数. 但如果限制 x 的取值区间为 $\left[-\dfrac{\pi}{2}, \dfrac{\pi}{2}\right]$,因 $y = \sin x$ 在 $\left[-\dfrac{\pi}{2}, \dfrac{\pi}{2}\right]$ 上是严格单调增加的函数,从而它就有反函数 $y = \arcsin x$,其定义域为 $[-1,1]$,值域为 $\left[-\dfrac{\pi}{2}, \dfrac{\pi}{2}\right]$. 类似地,正切函数 $y = \tan x$ 在 $\left(-\dfrac{\pi}{2}, \dfrac{\pi}{2}\right)$ 内严格单调增加,故有反函数 $y = \arctan x$,其定义域为 $(-\infty, +\infty)$,值域为 $\left(-\dfrac{\pi}{2}, \dfrac{\pi}{2}\right)$. 余弦函数 $y = \cos x$ 在 $[0, \pi]$ 上严格单调减少,故有反函数 $y = \arccos x$,其定义域为 $[-1,1]$,值域为 $[0, \pi]$. 如表 4.1 所示.

表 4.1

反三角函数	定义	定义域	值域	性质
$y = \arcsin x$	$y = \sin x, x \in \left[-\dfrac{\pi}{2}, \dfrac{\pi}{2}\right]$ 的反函数	$[-1,1]$	$\left[-\dfrac{\pi}{2}, \dfrac{\pi}{2}\right]$	奇函数 单调递增函数
$y = \arccos x$	$y = \cos x, x \in [0, \pi]$ 的反函数	$[-1,1]$	$[0, \pi]$	非奇非偶 单调递减函数
$y = \arctan x$	$y = \tan x, x \in \left(-\dfrac{\pi}{2}, \dfrac{\pi}{2}\right)$ 的反函数	$(-\infty, +\infty)$	$\left(-\dfrac{\pi}{2}, \dfrac{\pi}{2}\right)$	奇函数 单调递增函数

3. 反三角函数的图像

反三角函数的图像,如图 4.2 所示.

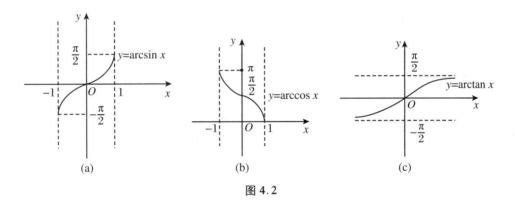

图 4.2

4. 常用关系式

当 $x \in [-1,1]$ 时,

$$\sin(\arcsin x) = x, \quad \cos(\arccos x) = x;$$

$$\sin(\arccos x) = \sqrt{1-x^2}, \quad \cos(\arcsin x) = \sqrt{1-x^2};$$

$$\arcsin(-x) = -\arcsin x, \quad \arccos(-x) = \pi - \arccos x,$$

$$\arcsin x + \arccos x = \frac{\pi}{2};$$

$$\tan(\arctan x) = x, \quad \cot(\operatorname{arccot} x) = x.$$

对任意的 $x \in \mathbf{R}$,有

$$\arctan(-x) = -\arctan x, \quad \operatorname{arccot}(-x) = \pi - \operatorname{arccot} x,$$

$$\arctan x + \operatorname{arccot} x = \frac{\pi}{2}.$$

当 $x \neq 0$ 时,有

$$\tan(\text{arccot}\,x) = \frac{1}{x}, \quad \cot(\arctan x) = \frac{1}{x}.$$

5. 单调区间

$y = \sin x$ 的单调递增区间是 $\left[2k\pi - \frac{\pi}{2}, 2k\pi + \frac{\pi}{2}\right](k \in \mathbf{Z})$，单调递减区间是 $\left[2k\pi + \frac{\pi}{2}, 2k\pi + \frac{3\pi}{2}\right](k \in \mathbf{Z})$；$y = \cos x$ 的单调递增区间是 $[2k\pi - \pi, 2k\pi](k \in \mathbf{Z})$，单调递减区间是 $[2k\pi, 2k\pi + \pi](k \in \mathbf{Z})$；$y = \tan x$ 的单调递增区间是 $\left(k\pi - \frac{\pi}{2}, k\pi + \frac{\pi}{2}\right)(k \in \mathbf{Z})$.

因 $y = \sin x$ 与 $y = \arcsin x$ 互为反函数，所以它们的图像是关于直线 $y = x$ 对称的. 如果 $y = \sin x$ 的定义域为 $\left[-\frac{\pi}{2}, \frac{\pi}{2}\right]$，值域是 $[-1, 1]$，此时，$y = \arcsin x$ 的定义域为 $[-1, 1]$，值域是 $\left[-\frac{\pi}{2}, \frac{\pi}{2}\right]$. 简言之，两者的定义域与值域彼此互换.

6. 最简三角方程的解集

(1) $|a| > 1$ 时，$\sin x = a$ 的解集为空集.

(2) $|a| \leqslant 1$ 时，$\sin x = a$ 的解集为 $\{x \mid x = n\pi + (-1)^n \cdot \arcsin a, n \in \mathbf{Z}\}$.

(3) $|a| > 1$ 时，$\cos x = a$ 的解集为空集.

(4) $|a| \leqslant 1$ 时，$\cos x = a$ 的解集为 $\{x \mid x = 2n\pi \pm \arccos a, n \in \mathbf{Z}\}$.

(5) $a \in \mathbf{R}$，方程 $\tan x = a$ 的解集为 $\{x \mid x = n\pi + \arctan a, n \in \mathbf{Z}\}$.

(6) $a \in \mathbf{R}$，方程 $\cot x = a$ 的解集为 $\{x \mid x = n\pi + \text{arccot}\,a, n \in \mathbf{Z}\}$.

题 1 设 $a > 0, b > 0$，若 $(a+1)(b+1) = 2$，则 $\arctan a + \arctan b = (\quad)$.

A. $\frac{\pi}{2}$ B. $\frac{\pi}{3}$ C. $\frac{\pi}{4}$ D. $\frac{\pi}{6}$.

思路剖释 因 $\tan(\arctan a + \arctan b) = \frac{a+b}{1-ab}$，又 $(a+1)(b+1) = 2$，所以 $a+b = 1 - ab$，于是 $\arctan a + \arctan b = \frac{\pi}{4}$. 故选 C.

题 2 设 x_1, x_2 是方程 $x^2 - x\sin\frac{3}{5}\pi + \cos\frac{3}{5}\pi = 0$ 的两解，则 $\arctan x_1 + \arctan x_2$ = _____.

思路剖释 由韦达定理，得 $x_1 + x_2 = \sin\frac{3}{5}\pi, x_1 x_2 = \cos\frac{3}{5}\pi$. 于是

$$\tan(\arctan x_1 + \arctan x_2) = \frac{x_1 + x_2}{1 - x_1 x_2} = \frac{\sin\frac{3}{5}\pi}{1 - \cos\frac{3}{5}\pi} = \frac{\sin\frac{2}{5}\pi}{1 + \cos\frac{2}{5}\pi} = \tan\frac{\pi}{5}.$$

故 $\arctan x_1 + \arctan x_2 = \frac{\pi}{5}$.

题 3 函数 $y=\pi-3\arcsin\dfrac{x^2+4x+5}{2}$ 的值域是( ).

A. $\left[-\dfrac{\pi}{2},\dfrac{\pi}{2}\right]$ B. $\left[-\dfrac{\pi}{2},\dfrac{5\pi}{2}\right]$ C. $\left[\dfrac{\pi}{2},\dfrac{5\pi}{2}\right]$ D. $\left[\dfrac{\pi}{2},\dfrac{3\pi}{2}\right]$

思路剖释 $\dfrac{x^2+4x+5}{2}=\dfrac{1}{2}(x+2)^2+\dfrac{1}{2}>0$. 当 $x=-2$ 时, $\dfrac{x^2+4x+5}{2}$ 取值为 $\dfrac{1}{2}$; 当 $x=-1$ 时, 取值为 1. 因此 $\arcsin\dfrac{x^2+4x+5}{2}\in\left[\dfrac{\pi}{6},\dfrac{\pi}{2}\right]$, 函数 $y=\pi-\arcsin\dfrac{x^2+4x+6}{2}$ 的值域是 $\left[-\dfrac{\pi}{2},\dfrac{\pi}{2}\right]$. 故选 A.

题 4 已知 $y=\dfrac{\sin\theta\cdot\cos\theta}{2+\sin\theta+\cos\theta}$ ($\theta\in[0,2\pi)$).

(1) 求 y 的最小值.

(2) 求取得最小值时的 θ.

思路剖释 (1) 令 $t=2+\sin\theta+\cos\theta=2+\sqrt{2}\sin\left(\theta+\dfrac{\pi}{4}\right)\in[2-\sqrt{2},2+\sqrt{2}]$, 则

$$\sin\theta\cos\theta=\dfrac{(\sin\theta+\cos\theta)^2-1}{2}=\dfrac{(t-2)^2-1}{2}=\dfrac{t^2-4t+3}{2}.$$

所以

$$y=\dfrac{\sin\theta\cdot\cos\theta}{2+\sin\theta+\cos\theta}=\dfrac{t^2-4t+3}{2}=\dfrac{1}{2}\left(t+\dfrac{3}{t}\right)-2\geqslant\dfrac{1}{2}\cdot2\sqrt{3}-2=\sqrt{3}-2.$$

当 $t=\dfrac{3}{t}$, 即 $t=\sqrt{3}\in[2-\sqrt{2},2+\sqrt{2}]$ 时, $y_{\min}=\sqrt{3}-2$.

(2) 当 $t=\sqrt{3}$ 时, $2+\sqrt{2}\sin\left(\theta+\dfrac{\pi}{4}\right)=\sqrt{3}$, 即 $\sin\left(\theta+\dfrac{\pi}{4}\right)=\dfrac{\sqrt{6}-2\sqrt{2}}{2}$, 故

$$\theta+\dfrac{\pi}{4}=2\pi-\arcsin\dfrac{\sqrt{6}-2\sqrt{2}}{2}, \quad \text{或} \quad \theta+\dfrac{\pi}{4}=\pi+\arcsin\dfrac{\sqrt{6}-2\sqrt{2}}{2},$$

即

$$\theta=\dfrac{7\pi}{4}-\arcsin\dfrac{\sqrt{6}-2\sqrt{2}}{2}, \quad \text{或} \quad \theta=\dfrac{3\pi}{4}+\arcsin\dfrac{\sqrt{6}-2\sqrt{2}}{2}.$$

题 5 解三角方程: $a\sin\left(x+\dfrac{\pi}{4}\right)=\sin 2x+9$, 其中 a 为实常数.

思路剖释 令 $\sin\left(x+\dfrac{\pi}{4}\right)=t$, 则

$$\sin(2x)=-\cos\left(2x+\dfrac{\pi}{2}\right)=2\sin^2\left(x+\dfrac{\pi}{4}\right)-1=2t^2-1,$$

原方程化为

$$at=2t^2-1+9 \quad (t\in[-1,1]),$$

即 $2t^2-at+8=0$, 欲使原方程有解, 则 $2t^2-at+8=0$ 在 $[-1,1]$ 上有解. 令 $f(t)=2\left(t+\dfrac{4}{t}\right)$, 则 $f(t)$ 在 $(0,1]$ 内单调递减, 在 $[-1,0)$ 内也单调递减, 故 $f(t)\in[10,+\infty)\cup$

$(-\infty, -10]$,即

(i) 当 $a \in (-10, 10)$ 时,原方程无解.

(ii) 当 $a \in [10, +\infty) \cup (-\infty, -10]$ 时,原方程有解.此时,

$$t_1 = \frac{a + \sqrt{a^2 - 64}}{4}, \quad t_2 = \frac{a - \sqrt{a^2 - 64}}{4}.$$

(iii) 当 $a \in [10, +\infty)$ 时,$t_1 \geqslant \frac{10 + \sqrt{10^2 - 64}}{4}$ (舍去),所以 $t = \frac{a - \sqrt{a^2 - 64}}{4} \in (0, 1]$,故

$$x = k\pi + (-1)^k \arcsin \frac{a - \sqrt{a^2 - 64}}{4} - \frac{\pi}{4}.$$

(iv) 当 $a \in (-\infty, -10]$ 时,$t_2 < -1$,$t_1 \in [-1, 0)$,所以

$$x = k\pi + (-1)^k \arcsin \frac{a + \sqrt{a^2 - 64}}{4} - \frac{\pi}{4}.$$

综上所述,当 $a \in (-\infty, -10]$ 时,$x = k\pi + (-1)^k \arcsin \frac{a + \sqrt{a^2 - 64}}{4} - \frac{\pi}{4}$;当 $a \in (-10, 10)$ 时,原方程无解;当 $a \in [10, +\infty)$ 时,$x = k\pi + (-1)^k \arcsin \frac{a - \sqrt{a^2 - 64}}{4} - \frac{\pi}{4}$.

题 6 求满足 $\sin(x + \sin x) = \cos(x - \cos x)$ 的锐角 x.

思路剖释 原方程为

$$\cos\left[\frac{\pi}{2} - (x + \sin x)\right] = \cos(x - \cos x),$$

由余弦值相等的两角的联系,得

$$\frac{\pi}{2} - (x + \sin x) = 2k\pi \pm (x - \cos x) \quad (k \in \mathbf{Z}).$$

(i)

$$\frac{\pi}{2} - (x + \sin x) = 2k\pi + x - \cos x, \quad \sqrt{2}\sin\left(x - \frac{\pi}{4}\right) + 2x = \frac{\pi}{2} - 2k\pi.$$

考虑函数

$$f(x) = 2x + \sqrt{2}\sin\left(x - \frac{\pi}{4}\right),$$

当 $x \in \left(0, \frac{\pi}{2}\right)$ 时,$f(x)$ 是单调递增函数,故 $-1 < f(x) < \pi + 1$.由于 $k \in \mathbf{Z}$,所以 k 只能取 0,故得

$$2x + \sqrt{2}\sin\left(x - \frac{\pi}{4}\right) = \frac{\pi}{2}.$$

显然 $x = \frac{\pi}{4}$ 是方程的解.由 $f(x)$ 的单调性,知解是唯一的,所以方程的解是 $x = \frac{\pi}{4}$.

(ii)

$$\frac{\pi}{2}-(x+\sin x)=2k\pi-x+\cos x,\quad \sqrt{2}\sin\left(x+\frac{\pi}{4}\right)=\frac{\pi}{2}-2k\pi.$$

因 $0<x<\frac{\pi}{2}$,$\frac{\pi}{4}<x+\frac{\pi}{4}<\frac{3\pi}{4}$,故 $1<\sqrt{2}\sin\left(x+\frac{\pi}{4}\right)\leqslant\sqrt{2}$,即 $1<\frac{\pi}{2}-2k\pi\leqslant\sqrt{2}(k\in\mathbf{Z})$,$k$ 值不存在.

综上所述,所求锐角为 $x=\frac{\pi}{4}$.

题 7 求解下列三角方程.

(1) 方程 $3\sin x=1+\cos 2x$ 在区间 $[0,2\pi]$ 上的解为_____.

(2) 设 $a,b\in\mathbf{R},c\in[0,2\pi)$,若对任意实数 x 都有 $2\sin\left(3x-\frac{\pi}{3}\right)=a\sin(bx+c)$,则满足条件的有序实数组 (a,b,c) 的组数为_____.

(3) 方程 $\sin^4 x-\cos^4 x=1$ 的解为_____.

(4) 若存在钝角 α,使得 $\sin\alpha-\sqrt{3}\cos\alpha=\log_2(x^2-x+2)$ 成立,求实数 x 的取值范围.

思路剖释 (1) 原方程为 $3\sin x=2-2\sin^2 x$,即 $2\sin^2 x+3\sin x-2=0$,于是由 $(2\sin x-1)\cdot(\sin x+2)=0$,求得 $\sin x=\frac{1}{2}$.故 $x=\frac{\pi}{6}$ 或 $\frac{5\pi}{6}$.

(2) 当 $a=2$ 时,若 $b=3$,则 $c=\frac{5\pi}{3}$;若 $b=-3$,则 $c=\frac{4\pi}{3}$.当 $a=-2$ 时,若 $b=-3$,则 $c=\frac{\pi}{3}$;若 $b=3$,则 $c=\frac{2\pi}{3}$.故共有 4 组.

(3) 利用 $|\sin x|\leqslant 1,|\cos x|\leqslant 1$,由 $\sin^4 x\geqslant 1+\cos^4 x\geqslant 1$,知 $\cos x=0,\sin x=\pm 1$,所以
$$x=k\pi+\frac{\pi}{2}\quad(k\in\mathbf{Z}).$$

(4) 设 $\frac{\pi}{2}<\alpha<\pi$,则
$$\sin\alpha-\sqrt{3}\cos\alpha=2\sin\left(\alpha-\frac{\pi}{3}\right)\in(1,2].$$

将三角方程转换为解下列不等式
$$1<\log_2(x^2-x+2)\leqslant 2,$$
即
$$2<x^2-x+2\leqslant 4,$$
解得,$-1\leqslant x<0$ 或 $1<x\leqslant 2$.

题 8 在 $[0,\pi]$ 上,方程 $a\cos 2x+3a\sin x-2=0$ 有且仅有两个解,求 a 的取值范围.

思路剖释 原式可化为 $a(1+3\sin x-2\sin^2 x)=2$,因 $x\in[0,\pi]$,故 $\sin x\in[0,1]$,于是 $1+3\sin x-2\sin^2 x>0$,所以
$$\frac{2}{a}=-2\sin^2 x+3\sin x+1=\frac{17}{8}-2\left(\sin x-\frac{3}{4}\right)^2.$$

令 $t=\sin x$,作出 $f(t)=\frac{17}{8}-2\left(t-\frac{3}{4}\right)^2$ 及 $y=\frac{2}{a}$ 的图像可知,当 $1\leqslant\frac{2}{a}<2$ 或 $\frac{2}{a}=\frac{17}{8}$ 时,两

图像在$[0,1]$上只有一个交点,此时方程仅有两解,即$1<a\leqslant 2$或$a=\dfrac{16}{17}$.

题9 试证:在$(-\infty,+\infty)$内,有
$$\arctan x + \operatorname{arccot} x = \dfrac{\pi}{2}.$$

思路剖释 令$f(x)=\arctan x+\operatorname{arccot} x$,则$\forall x\in(-\infty,+\infty)$,有
$$f'(x)=\dfrac{1}{1+x^2}-\dfrac{1}{1+x^2}=0.$$
所以在区间$(-\infty,+\infty)$内,$f(x)$为常数,即
$$\arctan x + \operatorname{arccot} x = C,$$
其中C为常数.

当$x=1$时,由
$$\arctan 1 + \operatorname{arccot} 1 = \dfrac{\pi}{4}+\dfrac{\pi}{4}=\dfrac{\pi}{2},$$
得$C=\dfrac{\pi}{2}$,因此在$(-\infty,+\infty)$内,有
$$\arctan x + \operatorname{arccot} x = \dfrac{\pi}{2}.$$

注 如果函数$f(x)$在区间(a,b)内每一点处的导数都为零,即$\forall x\in(a,b)$,都有$f'(x)=0$,则在(a,b)内$f(x)=$常数.

题10 求解下列各题.

(1) 若$a=\log_\pi\left(\arccos\dfrac{\sqrt{3}}{2}\right)$,$b=\arccos\left(\log_\pi\dfrac{2}{\sqrt{3}}\right)$,$c=\arccos\left(\log_\pi\dfrac{\sqrt{3}}{2}\right)$,则$a,b,c$的大小关系是( ).

A. $b<a<c$ B. $a<b<c$ C. $c<a<b$ D. $b<c<a$

(2) 求满足方程组
$$\begin{cases} y = 4x^3 - 3x, \\ z = 4y^3 - 3y, \\ x = 4z^3 - 3z \end{cases}$$
的实数组(x,y,z)共有多少组?

思路剖释 (1) 由题意,知
$$a=\log_\pi\left(\arccos\dfrac{\sqrt{3}}{2}\right)=\log_\pi\dfrac{\pi}{6}<0,\quad b=\arccos\left(\log_\pi\dfrac{2}{\sqrt{3}}\right).$$

因为$0<\log_\pi\dfrac{2}{\sqrt{3}}<1$,所以$0<b<\dfrac{\pi}{2}$,由$\log_\pi\dfrac{\sqrt{3}}{2}<0$,可得$c>\dfrac{\pi}{2}$,所以$a<b<c$.故选B.

(2) 若$|x|>1$,则由$y=x^3+3(x^3-x)$,知$|y|>|x|$.同理可证$|x|>|z|$,$|z|>|y|$,矛盾.因此$|x|\leqslant 1$.

令$x=\cos\theta(0\leqslant\theta\leqslant\pi)$,则

$$y = 4\cos^3\theta - 3\cos\theta = \cos 3\theta,$$

同理,得

$$z = \cos 9\theta, \quad x = \cos 27\theta.$$

所以 θ 是方程 $\cos\theta - \cos 27\theta = 0$,即 $\sin 13\theta \cdot \sin 4\theta = 0$ 的解,于是可求得

$$\theta = \frac{k\pi}{13} \ (k = 0,1,2,\cdots,13) \quad 或 \quad \theta = \frac{k\pi}{14} \ (k = 0,1,2,\cdots,14),$$

故 $(x,y,z) = (\cos\theta,\cos 3\theta,\cos 9\theta)$ 共有 27 组实数组.

题 11 设 x_1、x_2、x_3 为方程 $x^3 - 17x - 18 = 0$ 的三个根,$-4 < x_1 < -3, 4 < x_3 < 5$.

(1) 求 x_2 的整数部分.

(2) 求 $\arctan x_1 + \arctan x_2 + \arctan x_3$ 的值.

思路剖释 由韦达定理,知

$$\begin{cases} x_1 + x_2 + x_3 = 0, \\ x_1 x_2 + x_2 x_3 + x_3 x_1 = -17, \\ x_1 x_2 x_3 = 18. \end{cases}$$

(1) 由 $x_1 \in (-4,-3), x_3 \in (4,5)$,知 $x_2 = -x_1 - x_3 \in (-2,0)$. 注意到 $f(x) = x^3 - 17x - 18$ 满足 $f(-1) = -2 < 0, f(-2) = 8 > 0$,故 $f(x)$ 在区间 $(-2,-1)$ 内有一个根,即 $x_2 \in (-2,-1)$. 因此,x_2 的整数部分为 -2.

(2) 设 $\arctan x_i = \theta_i (i = 1,2,3)$. 由 (1),知

$$\theta_1, \theta_2 \in \left(-\frac{\pi}{2}, -\frac{\pi}{4}\right), \quad \theta_3 \in \left(\frac{\pi}{4}, \frac{\pi}{2}\right).$$

于是,$\theta_1 + \theta_2 + \theta_3 \in \left(-\frac{3\pi}{4}, 0\right)$.

注意到

$$\tan(\theta_1 + \theta_2) = \frac{\tan\theta_1 + \tan\theta_2}{1 - \tan\theta_1 \cdot \tan\theta_2} = \frac{x_1 + x_2}{1 - x_1 x_2},$$

故

$$\tan(\theta_1 + \theta_2 + \theta_3) = \frac{\tan(\theta_1 + \theta_2) + \tan\theta_3}{1 - \tan(\theta_1 + \theta_2) \cdot \tan\theta_3}$$

$$= \frac{x_1 + x_2 + x_3 - x_1 x_2 x_3}{1 - (x_1 x_2 + x_2 x_3 + x_3 x_1)} = -1.$$

这表明,$\theta_1 + \theta_2 + \theta_3 = -\frac{\pi}{4}$,即所求为 $-\frac{\pi}{4}$.

题 12 试证:$|\arctan x - \arctan y| \leqslant |x - y|$.

思路剖释 令 $f(t) = \arctan t$,设 $x < y$,易见,函数 $\arctan t$ 在 $[x,y]$ 上连续,在 (x,y) 内可导. 根据拉格朗日中值定理,知 $\arctan t$ 在 (x,y) 内至少存在一点 ξ,使得

$$f(y) - f(x) = f'(\xi)(y - x) \quad (x < \xi < y).$$

因

$$f'(\xi) = (\arctan t)'|_{t=\xi} = \frac{1}{1+\xi^2},$$

故有
$$\arctan y - \arctan x = \frac{1}{1+\xi^2}(y-x).$$
又因 $\frac{1}{1+\xi^2} \leqslant 1$,所以
$$\arctan y - \arctan x \leqslant y - x. \qquad ①$$
若 $y<x$,同理可得
$$\arctan x - \arctan y \leqslant x - y. \qquad ②$$
由式①、②,得
$$|\arctan y - \arctan x| \leqslant |x-y|.$$

题 13 求二元函数 $f(x,y) = x^2 + 4xy + 2y^2$ 在 $\{(x,y) \mid x^2 + y^2 \leqslant 1, y \geqslant 0\}$ 上的最大值和最小值.

思路剖释 设 $x = k\cos\theta, y = k\sin\theta (0 \leqslant k \leqslant 1, 0 \leqslant \theta \leqslant \pi)$,则
$$f(x,y) = k^2(\cos^2\theta + 4\sin\theta\cos\theta + 2\sin^2\theta)$$
$$= k^2\left(\frac{1+\cos 2\theta}{2} + 2\sin 2\theta + 1 - \cos 2\theta\right)$$
$$= \frac{k^2}{2}(3 + 4\sin 2\theta - \cos 2\theta) = \frac{k^2}{2}[\sqrt{17}\sin(2\theta - \varphi) + 3],$$

其中 $\varphi = \arctan\frac{1}{4}$. 所以,

当 $2\theta - \varphi = \frac{\pi}{2}$,即 $\theta = \frac{\pi}{4} + \frac{1}{2}\arctan\frac{1}{4}$ 且 $k=1$ 时,$[f(x,y)]_{\max} = \frac{3+\sqrt{17}}{2}$;

当 $2\theta - \varphi = \frac{3\pi}{2}$,即 $\theta = \frac{3\pi}{4} + \frac{1}{2}\arctan\frac{1}{4}$ 且 $k=1$ 时,$[f(x,y)]_{\min} = \frac{3-\sqrt{17}}{2}$.

4.3 三角不等式

1. 三角不等式的概念

含三角函数的不等式称为三角不等式. 通常,利用三角函数图像、三角函数特性、三角公式和不等式性质求解三角不等式.

2. 三角形中的不等式

在 $\triangle ABC$ 中,a,b,c 表示三边长,A,B,C 表示对应角;p 表示半周长,即 $p = \frac{1}{2}(a+b+c)$;S 表示面积;h_a, h_b, h_c 表示对应边上的高;m_a, m_b, m_c 表示对应边上的中线;R 和 r 分别表示外接圆和内切圆半径. 在 $\triangle ABC$ 中,有下列三角不等式成立.

(1) $\sin A + \sin B + \sin C \leqslant \dfrac{3}{2}\sqrt{3}$.

(2) $\cos A + \cos B + \cos C \leqslant \dfrac{3}{2}$.

(3) $\sin A \cdot \sin B \cdot \sin C \leqslant \dfrac{3}{8}\sqrt{3}$.

(4) $\cos A \cdot \cos B \cdot \cos C \leqslant \dfrac{1}{8}$.

(5) $\sin \dfrac{A}{2} + \sin \dfrac{B}{2} + \sin \dfrac{C}{2} \leqslant \dfrac{3}{2}$.

(6) $\cos \dfrac{A}{2} + \cos \dfrac{B}{2} + \cos \dfrac{C}{2} \leqslant \dfrac{3}{2}\sqrt{3}$.

(7) $\sin \dfrac{A}{2} \cdot \sin \dfrac{B}{2} \cdot \sin \dfrac{C}{2} \leqslant \dfrac{1}{8}$.

(8) $\cos \dfrac{A}{2} \cdot \cos \dfrac{B}{2} \cdot \cos \dfrac{C}{2} \leqslant \dfrac{3}{8}\sqrt{3}$.

(9) $\cos 2A + \cos 2B + \cos 2C \geqslant -\dfrac{3}{2}$.

(10) $\cos^2 A + \cos^2 B + \cos^2 C \geqslant \dfrac{3}{4}$.

(11) $\sin^2 A + \sin^2 B + \sin^2 C \leqslant \dfrac{9}{4}$.

(12) $\tan^2\left(\dfrac{A}{2}\right) + \tan^2\left(\dfrac{B}{2}\right) + \tan^2\left(\dfrac{C}{2}\right) \geqslant 1$.

(13) $\left(\sin^2 \dfrac{A}{2} + \sin^2 \dfrac{B}{2} + \sin^2 \dfrac{C}{2}\right)^2 \leqslant \cos^2\left(\dfrac{A}{2}\right) + \cos^2\left(\dfrac{B}{2}\right) + \cos^2\left(\dfrac{C}{2}\right)$.

(14) $\sin \dfrac{A}{2} \cdot \sin \dfrac{B}{2} \cdot \sin \dfrac{C}{2} \leqslant \dfrac{1}{8}$.

(15) $\sin \dfrac{A}{2} \cdot \sin \dfrac{B}{2} + \sin \dfrac{B}{2} \cdot \sin \dfrac{C}{2} + \sin \dfrac{C}{2} \cdot \sin \dfrac{A}{2} \leqslant \dfrac{4\sqrt{3}}{3}$.

(16) $\sin A \cdot \sin B \cdot \sin C \leqslant \dfrac{3\sqrt{3}}{8}$.

(17) $\cos A (\sin B + \sin C) \geqslant -\dfrac{2\sqrt{6}}{9}$.

(18) $\tan \dfrac{A}{2} \cdot \tan \dfrac{B}{2} \cdot \tan \dfrac{C}{2} \leqslant \dfrac{\sqrt{3}}{9}$.

题 1 在 $\triangle ABC$ 中,求证: $\cos A + \cos B + \cos C \leqslant \dfrac{3}{2}$.

思路剖释 因为 $0 < B, C < \pi$,所以

$$-\dfrac{\pi}{2} < \dfrac{B-C}{2} < \dfrac{\pi}{2}, \quad 0 < \cos \dfrac{B-C}{2} \leqslant 1,$$

$$\cos A + \cos B + \cos C = -\cos(B+C) + 2\cos\frac{B+C}{2}\cos\frac{B-C}{2}$$

$$= 1 - 2\cos^2\frac{B+C}{2} + 2\cos\frac{B+C}{2}\cos\frac{B-C}{2}$$

$$\leqslant 1 - 2\sin^2\frac{A}{2} + 2\sin\frac{A}{2}$$

$$= -2\left[\left(\sin\frac{A}{2} - \frac{1}{2}\right)^2 - \frac{1}{4}\right] + 1$$

$$= -2\left(\sin\frac{A}{2} - \frac{1}{2}\right)^2 + \frac{3}{2} \leqslant \frac{3}{2},$$

当且仅当 $\sin\frac{A}{2} = \frac{1}{2}$ 且 $\cos\frac{B-C}{2} = 1$,即 $A = B = C = \frac{\pi}{3}$ 时,等号成立.

注 对不等式左边利用和差化积和三内角的联系进行恒等变形,利用 $0 < \cos\frac{B-C}{2} \leqslant 1$ 进行放缩,转化以 $\sin\frac{A}{2}$ 为变元的二次函数的极值,问题就简单了. 放缩是个难点,但却是问题由繁化简的关键,这在各种竞赛题中频频出现,对此要引起足够重视.

题 2 在 $\triangle ABC$ 中,求证:

(1) $\sin^2 A + \sin^2 B + \sin^2 C \leqslant \frac{9}{4}$;

(2) $\sin A + \sin B + \sin C \leqslant \frac{3\sqrt{3}}{2}$.

思路剖释 (1) 不失一般性,设 C 不是最大角,则 $\cos C > 0$,故

$$\sin^2 A + \sin^2 B + \sin^2 C = \frac{1 - \cos 2A}{2} + \frac{1 - \cos 2B}{2} + \sin^2 C$$

$$= 1 - \cos(A+B) \cdot \cos(A-B) + 1 - \cos^2 C$$

$$= 2 + \cos C \cdot \cos(A-B) - \cos^2 C \leqslant 2 + \cos C - \cos^2 C$$

$$= 2 + \cos C(1 - \cos C)$$

$$\leqslant 2 + \left(\frac{\cos C + 1 - \cos C}{2}\right)^2$$

$$= \frac{9}{4}.$$

(2) 易知

$$a^2 + b^2 + c^2 - ab - bc - ca \geqslant 0,$$

即

$$ab + bc + ca \leqslant a^2 + b^2 + c^2,$$

亦即

$$a + b + c \leqslant \sqrt{3(a^2 + b^2 + c^2)},$$

利用题(1)的结果,则有

$$\sin A + \sin B + \sin C \leqslant \sqrt{3(\sin^2 A + \sin^2 B + \sin^2 C)} \leqslant \frac{3\sqrt{3}}{2},$$

当且仅当 $A=B=C=60°$ 时,等号成立.

题 3 在 $\triangle ABC$ 中,求证: $\sin\frac{A}{2}\cdot\sin\frac{B}{2}\cdot\sin\frac{C}{2}\leqslant\frac{1}{8}$.

思路剖释 由余弦函数的有界性,知 $\cos\frac{B-C}{2}\leqslant 1$;由均值不等式,知 $x(1-x)\leqslant\frac{1}{4}$,这里 $0\leqslant x\leqslant 1$. 因 $\sin\frac{A}{2}>0,\sin\frac{B}{2}>0,\sin\frac{C}{2}>0$,故

$$\sin\frac{A}{2}\sin\frac{B}{2}\sin\frac{C}{2}=\frac{1}{2}\sin\frac{A}{2}\left(\cos\frac{B-C}{2}-\cos\frac{B+C}{2}\right)\leqslant\frac{1}{2}\sin\frac{A}{2}\left(1-\cos\frac{B+C}{2}\right)$$

$$=\frac{1}{2}\sin\frac{A}{2}\left(1-\sin\frac{A}{2}\right)\leqslant\frac{1}{2}\left[\frac{\sin\frac{A}{2}+1-\sin\frac{A}{2}}{2}\right]^2=\frac{1}{8}.$$

当且仅当 $\cos\frac{B-C}{2}=1,\sin\frac{A}{2}=1-\sin\frac{A}{2}$,即 $A=B=C$ 时,等号成立.

题 4 在 $\triangle ABC$ 中,求证: $\sin A\sin\frac{A}{2}+\sin B\sin\frac{B}{2}+\sin C\sin\frac{C}{2}\leqslant\frac{4\sqrt{3}}{3}$.

思路剖释 不等式左边为轮换式,故只要证明

$$\sin A\cdot\sin\frac{A}{2}\leqslant\frac{4\sqrt{3}}{9}.$$

事实上,

$$\sin A\cdot\sin\frac{A}{2}=2\sin^2\frac{A}{2}\cdot\cos\frac{A}{2}=2\cdot\sqrt{\left(\sin^2\frac{A}{2}\cdot\cos\frac{A}{2}\right)^2}$$

$$=\sqrt{2}\cdot\sqrt{\sin^2\frac{A}{2}\cdot\sin^2\frac{A}{2}\cdot 2\left(1-\sin^2\frac{A}{2}\right)}$$

$$\leqslant\sqrt{2}\cdot\sqrt{\left(\frac{2}{3}\right)^3}=\frac{4\sqrt{3}}{9}.$$

证毕.

题 5 在 $\triangle ABC$ 中,求证: $\cos A(\sin B+\sin C)\geqslant-\frac{2\sqrt{6}}{9}$.

思维剖释 方法 1 由 $0<A\leqslant\frac{\pi}{2}$,得 $\cos A\geqslant 0$,因为 $0<B,C<\pi$,所以 $\sin B>0,\sin C>0$,不等式成立.

由 $\frac{\pi}{2}<A<\pi$,得 $\cos A<0$. 故

$$\cos A(\sin B+\sin C)=\cos A\cdot 2\sin\frac{B+C}{2}\cos\frac{B-C}{2}$$

$$=2\cos\frac{A}{2}\cdot\cos A\cos\frac{B-C}{2}$$

$$\geqslant 2\cos\frac{A}{2}\cos A$$
$$= -2\sqrt{\cos^2\frac{A}{2}\cdot\cos^2 A}$$
$$= -2\sqrt{\frac{1+\cos A}{2}\cdot\cos^2 A}$$
$$= -\sqrt{2(1+\cos A)\cdot(-\cos A)(-\cos A)}$$
$$\geqslant -\sqrt{\left(\frac{2+2\cos A-\cos A-\cos A}{3}\right)^3}$$
$$= -\frac{2\sqrt{6}}{9}.$$

其中,第二个不等式等号成立的条件为
$$2(1+\cos A) = -\cos A,$$
此时
$$\cos A = -\frac{2}{3}, \quad A = \arccos\left(-\frac{2}{3}\right).$$

第一个不等式等号成立条件为
$$\cos\frac{B-C}{2} = 1,$$
此时
$$B = C, \quad 2B = \pi - A,$$
$$\cos 2B = -\cos A = \frac{2}{3}, \quad B = \frac{1}{2}\arccos\frac{2}{3}.$$

综上所述,当 $B = C = \frac{1}{2}\arccos\frac{2}{3}$ 时,原不等式等号成立.

方法 2 在方法 1 证明中,已证得
$$\cos A(\sin B + \sin C) \geqslant 2\cos A\cdot\cos\frac{A}{2}.$$

为此,只需证明 $\cos A\cdot\cos\frac{A}{2} \geqslant -\frac{\sqrt{6}}{9}$.

事实上,令 $t = \cos\frac{A}{2} > 0$,则 $\cos A = 2\cos^2\frac{A}{2} - 1 = 2t^2 - 1$. 因 A 为钝角,所以 $\cos A < 0$,故 $2t^2 - 1 < 0$. 于是,$0 < t < \frac{\sqrt{2}}{2}$,所以
$$\left(\cos A\cdot\cos\frac{A}{2}\right)^2 = (2t^2-1)^2\cdot t^2 = \frac{1}{4}[(1-2t^2)^2\cdot 4t^2]$$
$$\leqslant \frac{1}{4}\left(\frac{1-2t^2+(1-2t^2)+4t^2}{3}\right)^3 = \frac{2}{27}.$$

因 $\cos A\cdot\cos\frac{A}{2} < 0$,所以

$$-\cos A \cdot \cos\frac{A}{2} \leqslant \sqrt{\frac{2}{27}},$$

即

$$\cos A \cdot \cos\frac{A}{2} \geqslant -\frac{\sqrt{6}}{9}.$$

证毕.

注 显见 A 为锐角或直角时不等式成立,故只要考虑 A 为钝角的情况.

本题涉及和差化积、放缩、消元及利用代数不等式等方法的综合运用,尤其要注意 $\cos A < 0$,否则在放缩和利用代数不等式时,若仅是形式上模仿,必然导致错误.本题在能力训练上是一道好题.

题 6 在 $\triangle ABC$ 中,证明:

$$\sin A \cdot \sin B \cdot \sin C \leqslant \frac{3\sqrt{3}}{8}.$$

并分析该不等式何时取等号.

思路剖释 由题设,知 $0 < A, B, C < \pi$,且 $A + B + C = \pi$.由积化和差公式,得

$$y = \sin A \cdot \sin B \cdot \sin C$$

$$= \frac{1}{2}\sin A[\cos(B-C) - \cos(B+C)]$$

$$= \frac{1}{2}\sin A[\cos(B-C) - \cos(\pi - A)]$$

$$= \frac{1}{2}\sin A[\cos(B-C) + \cos A].$$

固定角 A.由于 $\sin A > 0$,且 $\cos(B-C) \leqslant 1$,于是

$$y \leqslant \frac{1}{2}\sin A(1+\cos A) = \sin A \cdot \cos^2\frac{A}{2}$$

$$= 2\sin\frac{A}{2} \cdot \cos^3\frac{A}{2},$$

其中,等号成立当且仅当 $\cos(B-C) = 1$,即 $B = C$.因为 $\sin\frac{A}{2} > 0, \cos\frac{A}{2} > 0$,所以

$$z = 2\sin\frac{A}{2} \cdot \cos^3\frac{A}{2}, \quad z^2 = 4\sin^2\frac{A}{2} \cdot \cos^6\frac{A}{2}$$

同时达到最大值.

由于 $\sin^2\frac{A}{2} > 0, 1 - \sin^2\frac{A}{2} > 0$,于是

$$z^2 = 4\sin^2\frac{A}{2}\left(1 - \sin^2\frac{A}{2}\right)^3 = \frac{4}{3} \times 3\sin^2\frac{A}{2}\left(1 - \sin^2\frac{A}{2}\right)^3$$

$$\leqslant \frac{4}{3}\left(\frac{3}{4}\right)^4 = \frac{27}{64}.$$

其中,等号成立当且仅当 $3\sin^2\frac{A}{2} = 1 - \sin^2\frac{A}{2}$,即 $A = \frac{\pi}{3}$.

故 $y = \sin A \cdot \sin B \cdot \sin C \leqslant \sqrt{\dfrac{27}{64}} = \dfrac{3\sqrt{3}}{8}$,当且仅当 $A = B = C = \dfrac{\pi}{3}$ 时,等号成立.

注 先固定角 A,作不等式估值,将问题转化求 $z = 2\sin\dfrac{A}{2} \cdot \cos^3\dfrac{A}{2}$ 的最大值,以确定不等式的上限.采用平方法,转化为求 z^2 的最大值.

作恒等变形应用均值不等式时,使得

$$3\sin^2\dfrac{A}{2} + \left(1 - \sin^2\dfrac{A}{2}\right) + \left(1 - \sin^2\dfrac{A}{2}\right) + \left(1 - \sin^2\dfrac{A}{2}\right) = 3.$$

题 7 在 $\triangle ABC$ 中,证明:

$$\tan^2\left(\dfrac{A}{2}\right) + \tan^2\left(\dfrac{B}{2}\right) + \tan^2\left(\dfrac{C}{2}\right) \geqslant 1.$$

当且仅当 $A = B = C = \dfrac{\pi}{3}$ 时等号成立.

思路剖释 因为 $\dfrac{C}{2} = \dfrac{\pi}{2} - \dfrac{A+B}{2}$,所以

$$\tan\dfrac{C}{2} = \cot\dfrac{A+B}{2} = \dfrac{1}{\tan\dfrac{A+B}{2}} = \dfrac{1 - \tan\dfrac{A}{2} \cdot \tan\dfrac{B}{2}}{\tan\dfrac{A}{2} + \tan\dfrac{B}{2}},$$

即

$$\tan\dfrac{A}{2} \cdot \tan\dfrac{B}{2} + \tan\dfrac{B}{2} \cdot \tan\dfrac{C}{2} + \tan\dfrac{C}{2} \cdot \tan\dfrac{A}{2} = 1.$$

记 $\tan\dfrac{A}{2} = x, \tan\dfrac{B}{2} = y, \tan\dfrac{C}{2} = z$,则上式化为

$$xy + yz + zx = 1.$$

又

$$2(x^2 + y^2 + z^2) - 2(xy + yz + zx) = (x-y)^2 + (y-z)^2 + (z-x)^2 \geqslant 0,$$

故 $x^2 + y^2 + z^2 \geqslant 1$,即原式成立.当且仅当 $x = y = z$,即 $A = B = C = \dfrac{\pi}{3}$ 时,等号成立.

题 8 在 $\triangle ABC$ 中,证明:

$$\left(\sin\dfrac{A}{2} + \sin\dfrac{B}{2} + \sin\dfrac{C}{2}\right)^2 \leqslant \cos^2\left(\dfrac{A}{2}\right) + \cos^2\left(\dfrac{B}{2}\right) + \cos^2\left(\dfrac{C}{2}\right).$$

思路剖释 把左式展开,利用倍角公式,得原不等式的等价不等式,即

$$\cos A + \cos B + \cos C \geqslant 2\left(\sin\dfrac{A}{2} \cdot \sin\dfrac{B}{2} + \sin\dfrac{B}{2} \cdot \sin\dfrac{C}{2} + \sin\dfrac{C}{2} \cdot \sin\dfrac{A}{2}\right). \qquad ①$$

三角形中的三个内角总有下述两种情况之一:或有两个内角不大于 $\dfrac{\pi}{3}$,或有两个内角不小于 $\dfrac{\pi}{3}$.不妨设这两个内角为 B, C,则不论哪种情况,均有

$$\left(\sin\dfrac{B}{2} - \dfrac{1}{2}\right)\left(\sin\dfrac{C}{2} - \dfrac{1}{2}\right) \geqslant 0,$$

于是
$$4\sin\frac{B}{2}\cdot\sin\frac{C}{2}\geqslant 2\left(\sin\frac{B}{2}+\sin\frac{C}{2}\right)-1,$$
因此
$$1+4\sin\frac{A}{2}\cdot\sin\frac{B}{2}\cdot\sin\frac{C}{2}\geqslant 2\sin\frac{A}{2}\left(\sin\frac{B}{2}+\sin\frac{C}{2}\right)+1-\sin\frac{A}{2}.$$
而
$$\sin\frac{B}{2}\cdot\sin\frac{C}{2}\leqslant\left(\frac{\sin\frac{B}{2}+\sin\frac{C}{2}}{2}\right)^2=\left(\sin\frac{C+B}{4}\cdot\cos\frac{C-B}{4}\right)^2$$
$$\leqslant\sin^2\left(\frac{\pi-A}{4}\right)=\frac{1}{2}\left(1-\sin\frac{A}{2}\right),$$
故知式①
$$\cos A+\cos B+\cos C=1+4\sin\frac{A}{2}\cdot\sin\frac{B}{2}\cdot\sin\frac{C}{2}$$
$$\geqslant 2\left(\sin\frac{A}{2}\cdot\sin\frac{B}{2}+\sin\frac{B}{2}\cdot\sin\frac{C}{2}+\sin\frac{C}{2}\cdot\sin\frac{A}{2}\right)$$
成立. 证毕.

注 参见本章 4.4 节头语中 3(取 $n=1$).

题9 证明:艾尔多斯－莫迪尔(Erdös－Mordell)不等式,即三角形内任一点到三顶点距离之和不小于到三边距离之和的两倍.

思路剖释 如图 4.3 所示,需证 $x+y+z\geqslant 2(p+q+m)$. 易知 $\angle DPE=180°-\angle C$,在 $\triangle DPE$ 中运用余弦定理,得

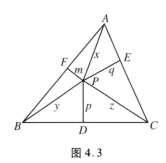

图 4.3

$$DE=\sqrt{p^2+q^2-2pq\cos\angle DPE}$$
$$=\sqrt{p^2+q^2+2pq\cos C}$$
$$=\sqrt{p^2+q^2+2pq\cos[180°-(A+B)]}$$
$$=\sqrt{p^2+q^2-2pq\cos(A+B)}$$
$$=\sqrt{p^2+q^2-2pq(\cos A\cdot\cos B-\sin A\cdot\sin B)}$$
$$=\sqrt{p^2+q^2+2pq\sin A\cdot\sin B-2pq\cos A\cdot\cos B}$$
$$=\sqrt{(p\sin B+q\sin A)^2+(p\cos B-q\cos A)^2}.$$

利用非负性,有
$$DE\geqslant p\sin B+q\sin A.$$

P,E,C,D 四点共圆,且以 PC 为直径. 注意到 $\triangle DEC$ 外接圆的直径为 z,故利用正弦定理,得
$$DE=z\sin C.$$
于是

$$z = \frac{DE}{\sin C} \geqslant \frac{p\sin B + q\sin A}{\sin C} = p \cdot \frac{\sin B}{\sin C} + q \cdot \frac{\sin A}{\sin C}.$$

同理可得

$$y \geqslant p \cdot \frac{\sin C}{\sin B} + m \cdot \frac{\sin A}{\sin B},$$

$$x \geqslant m \cdot \frac{\sin B}{\sin A} + q \cdot \frac{\sin C}{\sin A}.$$

上述三个不等式相加,则有

$$x + y + z \geqslant p\left(\frac{\sin C}{\sin B} + \frac{\sin B}{\sin C}\right) + q\left(\frac{\sin A}{\sin C} + \frac{\sin C}{\sin A}\right) + m\left(\frac{\sin B}{\sin A} + \frac{\sin A}{\sin B}\right),$$

故

$$x + y + z \geqslant 2(p + q + m).$$

题 10 设锐角 $\triangle ABC$ 的三条高 AD, BE, CF 交于点 H. 求证:垂足 $\triangle DEF$ 的周长不超过 $\triangle ABC$ 周长的一半,即

$$\text{周长}(\text{垂足 }\triangle DEF) \leqslant \frac{1}{2}(\text{周长 }\triangle ABC).$$

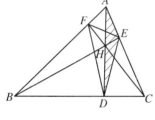

图 4.4

思路剖释 方法 1 如图 4.4 所示,熟知 A, E, D, B 四点共圆,记此圆为 Γ. 换言之,$\triangle ADE$ 的外接圆为 Γ,且外接圆的直径为 AB. 利用正弦定理,得 $\dfrac{DE}{\sin \angle DAE} = AB$,即

$$DE = c \cdot \sin \angle DAE,$$

这里 $c = AB$. 因 $\angle DAE = 90° - \angle C$,故

$$DE = c \cdot \cos C.$$

同理,可得

$$DF = b \cdot \cos B,$$

$$\begin{aligned} DE + DF &= c \cdot \cos C + b \cdot \cos B = 2R(\sin C \cdot \cos C + \sin B \cdot \cos B) \\ &= R(\sin 2C + \sin 2B) = 2R\sin(B + C) \cdot \cos(B - C) \\ &= 2R \cdot \sin(180° - A) \cdot \cos(B - C) \\ &= 2R\sin A \cdot \cos(B - C) = a \cdot \cos(B - C). \end{aligned}$$

因为

$$0 \leqslant \cos(B - C) \leqslant 1,$$

所以

$$DE + DF \leqslant a.$$

同理,可得

$$EF + ED \leqslant b, \quad FD + FE \leqslant c.$$

三式相加,即得

$$DE + EF + FD \leqslant \frac{1}{2}(a + b + c).$$

这表明:周长($\triangle DEF$)$\leqslant \dfrac{1}{2}$(周长$\triangle ABC$).

方法 2 如图 4.5 所示,设 BC 的中点为 M,作点 E 关于 BC 的对称点 E',连 $DE', EM, E'M, FM$.熟知$\angle 1 = \angle 2$,故$\angle 3 = \angle 4$.由对称点的作法,知$\angle 4 = \angle 5$,从而$\angle 3 = \angle 5$.因此 F, D, E' 三点共线.

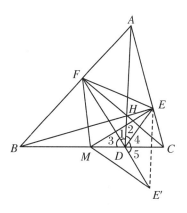

图 4.5

点 M 既是 Rt$\triangle BEC$ 斜边 BC 上的中点,又是 Rt$\triangle BFC$ 斜边 BC 上的中点,故
$$FM = ME = \dfrac{BC}{2} = \dfrac{a}{2}.$$

于是
$$DE + DF = DE' + DF = E'F \leqslant MF + ME'$$
$$= \dfrac{a}{2} + \dfrac{a}{2} = a,$$

即
$$DE + DF \leqslant a.$$

同理,得
$$EF + ED \leqslant b,$$
$$FD + FE \leqslant c.$$

将上述三式相加,命题得证.

题 11 求实数 a 的取值范围,使不等式

$$\sin 2\theta - (2\sqrt{2} + a\sqrt{2})\sin\left(\theta + \dfrac{\pi}{4}\right) - \dfrac{2\sqrt{2}}{\cos\left(\theta - \dfrac{\pi}{4}\right)} > -3 - 2a$$

对 $\theta \in \left[0, \dfrac{\pi}{2}\right]$ 恒成立.

思路剖释 设 $x = \sin\theta + \cos\theta, \theta \in \left[0, \dfrac{\pi}{2}\right]$,则

$$\sin 2\theta = 2\sin\theta \cdot \cos\theta = (\sin\theta + \cos\theta)^2 - 1 = x^2 - 1,$$

$$\sin\left(\theta + \dfrac{\pi}{4}\right) = \sin\theta \cdot \cos\dfrac{\pi}{4} + \cos\theta \cdot \sin\dfrac{\pi}{4} = \dfrac{x}{\sqrt{2}},$$

$$\cos\left(\theta - \dfrac{\pi}{4}\right) = \cos\theta \cdot \cos\dfrac{\pi}{4} + \sin\theta \cdot \sin\dfrac{\pi}{4} = \dfrac{x}{\sqrt{2}},$$

且 $x \in [1, \sqrt{2}]$.故原不等式可化为

$$x^2 - 1 - (2 + a)x - \dfrac{4}{x} + 3 + 2a > 0,$$

即

$$(x-2)\left(x+\frac{2}{x}-a\right)>0.$$

因 $x-2<0$,故 $x+\frac{2}{x}-a<0$,从而 $a>x+\frac{2}{x}$.函数 $y=x+\frac{2}{x}$ 的导函数 $y'=1-\frac{2}{x^2}\leqslant 0$, $x\in[1,\sqrt{2}]$,故 $y=x+\frac{2}{x}$ 在 $[1,\sqrt{2}]$ 上单调递减.当 $x=1$ 时,$y=3$,故 a 的取值范围为 $(3,+\infty)$,即当 $a>3$ 时,原不等式恒成立.

题 12 设函数 $f(x),g(x)$ 对于任意实数 x,均有 $-\frac{\pi}{2}<f(x)+g(x)<\frac{\pi}{2}$,且 $-\frac{\pi}{2}<f(x)-g(x)<\frac{\pi}{2}$,求证:对任意实数 x,均有 $\cos f(x)>\sin g(x)$.并由此证明:对任意实数 x,均有 $\cos(\cos x)>\sin(\sin x)$.

思路剖释 依条件,知 $f(x),g(x)$ 均在正弦函数的单调区间内,所以可利用单调性解题.

由条件可知,对任意实数 x,均有 $-\frac{\pi}{2}<f(x)<\frac{\pi}{2}$,$-\frac{\pi}{2}<g(x)<\frac{\pi}{2}$.如果 $0\leqslant f(x)<\frac{\pi}{2}$,则由条件 $-\frac{\pi}{2}<g(x)<\frac{\pi}{2}-f(x)\leqslant\frac{\pi}{2}$,结合 $y=\sin x$ 在 $\left[-\frac{\pi}{2},\frac{\pi}{2}\right]$ 上为单调递增函数,知 $\sin g(x)<\sin\left(\frac{\pi}{2}-f(x)\right)=\cos f(x)$.如果 $-\frac{\pi}{2}<f(x)<0$,则由条件 $-\frac{\pi}{2}<g(x)<\frac{\pi}{2}+f(x)<\frac{\pi}{2}$,仿前面的做法,知 $\sin g(x)<\sin\left(\frac{\pi}{2}+f(x)\right)=\cos f(x)$.故 $\cos f(x)>\sin g(x)$ 成立.

注意到对于任意实数 x,均有 $|\cos x\pm\sin x|=\sqrt{2}\left|\sin\left(\frac{\pi}{4}\pm x\right)\right|\leqslant\sqrt{2}<\frac{\pi}{2}$.所以结合已知不等式,有 $\cos(\cos x)>\sin(\sin x)$.

题 13 证明下列各题.

(1) 若 $0<\beta<\alpha<\frac{\pi}{2}$,则

$$\sin\alpha-\sin\beta<\alpha-\beta<\tan\alpha-\tan\beta.$$

(2) 已知 $x,y,z\in\mathbf{R}$,$0<x<y<z<\frac{\pi}{2}$,则

$$\frac{\pi}{2}+2\sin x\cos y+2\sin y\cos z>\sin 2x+\sin 2y+\sin 2z.$$

思路剖释 (1) 借助单位圆,用数形结合方法解题.作单位圆,如图 4.6 所示,$\widehat{AP_1}=\beta$,$\widehat{AP_2}=\alpha$,得

$$\widehat{P_1P_2}=\alpha-\beta,$$
$$M_1P_1=\sin\beta,\quad M_2P_2=\sin\alpha,$$
$$AT_1=\tan\beta,\quad AT_2=\tan\alpha,$$

$$S_{\triangle AP_2O} = \frac{1}{2}\sin\alpha, \quad S_{\triangle AP_1O} = \frac{1}{2}\sin\beta,$$

$$S_{\triangle AT_2O} = \frac{1}{2}\tan\alpha, \quad S_{\triangle AT_1O} = \frac{1}{2}\tan\beta.$$

由于 $S_{扇形OAP_2} = \frac{1}{2}\alpha, S_{扇形OAP_1} = \frac{1}{2}\beta$，则

$$S_{扇形OP_1P_2} = \frac{1}{2}\alpha - \frac{1}{2}\beta, \quad S_{\triangle OT_1T_2} = \frac{1}{2}\tan\alpha - \frac{1}{2}\tan\beta.$$

设 $\triangle OP_2C$ 面积为 S_1，则 $S_1 < S_{扇形OP_1P_2} < S_{\triangle OT_1T_2}$. 因为 $S_{\triangle OAP_2} - S_{\triangle OAP_1} < S_{\triangle OAP_2} - S_{\triangle OAC} = S_1$，所以 $\frac{1}{2}\sin\alpha - \frac{1}{2}\sin\beta$
$< S_1$. 于是

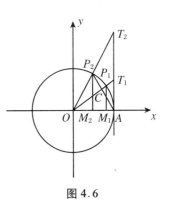

图 4.6

$$\frac{1}{2}\sin\alpha - \frac{1}{2}\sin\beta < \frac{1}{2}\alpha - \frac{1}{2}\beta < \frac{1}{2}\tan\alpha - \frac{1}{2}\tan\beta.$$

故结论成立.

(2) 将 $2x, 2y, 2z$ 利用倍角公式化为单角 x, y, z 的三角函数，利用公式将不等式转为证明

$$\frac{\pi}{4} > \sin x(\cos x - \cos y) + \sin y(\cos y - \cos z) + \sin z\cos z.$$

考虑到 x, y, z 均是锐角，故可结合三角函数线即单位圆来处理.

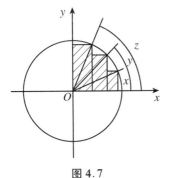

图 4.7

利用三角公式，可将不等式转为证明

$$\frac{\pi}{4} + \sin x\cos y + \sin y\cos z$$
$$> \sin x\cos x + \sin y\cos y + \sin z\cos z,$$

即证明

$$\frac{\pi}{4} > \sin x(\cos x - \cos y) + \sin y(\cos y - \cos z) + \sin z\cos z.$$

注意到上式右边是如图 4.7 所示单位圆中三个阴影矩形的面积之和，而 $\frac{\pi}{4}$ 为此单位圆在第一象限的面积，所以上式成立.

综上所述，原不等式成立.

4.4 三角形中的等式

1. 正弦定理和余弦定理

(1) 正弦定理
$$\frac{a}{\sin A} = \frac{b}{\sin B} = \frac{c}{\sin C} = 2R.$$

(2) 余弦定理
$$a^2 = b^2 + c^2 - 2bc\cos A,$$
$$b^2 = c^2 + a^2 - 2ca\cos B,$$
$$c^2 = a^2 + b^2 - 2ab\cos C.$$

2. 面积公式

$$\begin{aligned} S_{\triangle ABC} &= \frac{1}{2}bc\sin A = \frac{1}{2}ca\sin B = \frac{1}{2}ab\sin C \\ &= \sqrt{p(p-a)(p-b)(p-c)} \\ &= \frac{abc}{4R} \\ &= rp, \end{aligned}$$

其中 $p = \frac{1}{2}(a+b+c)$.

3. 几个等式

(1) $\tan nA + \tan nB + \tan nC = \tan nA \cdot \tan nB \cdot \tan nC$（$n$ 为正整数）.

(2) $\sin nA + \sin nB + \sin nC = 4\sin\frac{n\pi}{2} \cdot \cos\frac{nA}{2} \cdot \cos\frac{nB}{2} \cdot \cos\frac{nC}{2}$（$n$ 为奇数）.

(3) $\sin nA + \sin nB + \sin nC = -4\cos\frac{n\pi}{2} \cdot \sin\frac{nA}{2} \cdot \sin\frac{nB}{2} \cdot \sin\frac{nC}{2}$（$n$ 为偶数）.

(4) $\cos nA + \cos nB + \cos nC = 1 + 4\sin\frac{n\pi}{2} \cdot \sin\frac{nA}{2} \cdot \sin\frac{nB}{2} \cdot \sin\frac{nC}{2}$（$n$ 为奇数）.

(5) $\cos nA + \cos nB + \cos nC = -1 + 4\cos\frac{n\pi}{2} \cdot \cos\frac{nA}{2} \cdot \cos\frac{nB}{2} \cdot \cos\frac{nC}{2}$（$n$ 为偶数）.

4. 三角变换公式

(1) $\sin(\alpha+\beta) \cdot \sin(\alpha-\beta) = \sin^2\alpha - \sin^2\beta = \cos^2\beta - \cos^2\alpha$.

(2) $\cos(\alpha+\beta) \cdot \cos(\alpha-\beta) = \cos^2\alpha - \sin^2\beta$.

(3) $\cos 3\theta = 4\cos\theta \cdot \cos(60°-\theta) \cdot \cos(60°+\theta)$.

(4) $\sin 3\theta = 4\sin\theta \cdot \sin(60°-\theta) \cdot \sin(60°+\theta)$.

(5) $\sin\alpha + \sin\left(\alpha + \dfrac{2\pi}{3}\right) + \sin\left(\alpha - \dfrac{2\pi}{3}\right) = 0$.

(6) $\sin^2\alpha + \sin^2\left(\alpha + \dfrac{2\pi}{3}\right) + \sin^2\left(\alpha - \dfrac{2\pi}{3}\right) = \dfrac{3}{2}$.

(7) $\sin^3\alpha + \sin^3\left(\alpha + \dfrac{2\pi}{3}\right) + \sin^3\left(\alpha - \dfrac{2\pi}{3}\right) = -\dfrac{3}{4}\sin 3\alpha$.

(8) $\cos^3\alpha + \cos^3\left(\alpha + \dfrac{2\pi}{3}\right) + \cos^3\left(\alpha - \dfrac{2\pi}{3}\right) = \dfrac{3}{4}\cos 3\alpha$.

(9) $\sin\alpha + \sin\beta + \sin\gamma - \sin(\alpha+\beta+\gamma) = 4\sin\dfrac{\alpha+\beta}{2} \cdot \sin\dfrac{\beta+\gamma}{2} \cdot \sin\dfrac{\gamma+\alpha}{2}$.

(10) $\cos\alpha + \cos\beta + \cos\gamma - \cos(\alpha+\beta+\gamma) = 4\cos\dfrac{\alpha+\beta}{2} \cdot \cos\dfrac{\beta+\gamma}{2} \cdot \cos\dfrac{\gamma+\alpha}{2}$.

(11) $\cos x + \cos(x+d) + \cos(x+2d) + \cdots + \cos(x+nd) = \dfrac{\sin\dfrac{n+1}{2}d \cdot \cos\left(x+\dfrac{nd}{2}\right)}{\sin\dfrac{d}{2}}$.

(12) $\sin x + \sin(x+d) + \sin(x+2d) + \cdots + \sin(x+nd) = \dfrac{\sin\dfrac{n+1}{2}d \cdot \sin\left(x+\dfrac{nd}{2}\right)}{\sin\dfrac{d}{2}}$.

题1 求解下列各题.

(1) 在△ABC 中,D 是 BC 上的点,AD 平分∠BAC,△ABC 面积是△ADC 面积的 2 倍.

(i) 求 $\dfrac{\sin B}{\sin C}$;

(ii) 若 $AD = 1, DC = \dfrac{\sqrt{2}}{2}$,求 AC 的长.

(2) 在△ABC 中,已知 $AB=2, AC=3, A=60°$.

(i) 求 BC 的长;

(ii) 求 $\sin 2C$ 的值.

(3) 在△ABC 中,内角 A,B,C 所对的边分别是 a,b,c. 已知 $A=\dfrac{\pi}{4}, b^2-a^2=\dfrac{1}{2}c^2$.

(i) 求 $\tan C$ 的值;

(ii) 若△ABC 的面积为 3,求 b 的值.

思路剖释 (1)(i) 由题意,知

$$S_{\triangle ABD} = \dfrac{1}{2}AB \cdot AD\sin\angle BAD,$$

$$S_{\triangle ADC} = \dfrac{1}{2}AC \cdot AD\sin\angle CAD.$$

因为 $S_{\triangle ABD} = 2S_{\triangle ADC}, \angle BAD = \angle CAD$,所以 $AB = 2AC$. 由正弦定理可得

$$\frac{\sin B}{\sin C} = \frac{AC}{AB} = \frac{1}{2}.$$

(ii) 因为 $S_{\triangle ABD} : S_{\triangle ADC} = BD : DC$,所以 $BD = \sqrt{2}$. 在 $\triangle ABD$ 和 $\triangle ADC$ 中,由余弦定理,知
$$AB^2 = AD^2 + BD^2 - 2AD \cdot BD \cos\angle ADB,$$
$$AC^2 = AD^2 + DC^2 - 2AD \cdot DC \cos\angle ADC,$$
故
$$AB^2 + 2AC^2 = 3AD^2 + BD^2 + 2DC^2 = 6.$$
由(i),知 $AB = 2AC$,所以 $AC = 1$.

(2)(i) 由余弦定理,知
$$BC^2 = AB^2 + AC^2 - 2AB \cdot AC \cdot \cos A$$
$$= 4 + 9 - 2 \times 2 \times 3 \times \frac{1}{2} = 7,$$
所以 $BC = \sqrt{7}$.

(ii) 由正弦定理,知
$$\frac{AB}{\sin C} = \frac{BC}{\sin A},$$
所以
$$\sin C = \frac{AB}{BC} \cdot \sin A = \frac{2\sin 60°}{\sqrt{7}} = \frac{\sqrt{3}}{\sqrt{7}}.$$
因为 $AB < BC$,所以 C 为锐角,则
$$\cos C = \sqrt{1 - \sin^2 C} = \sqrt{1 - \frac{3}{7}} = \frac{2\sqrt{7}}{7}.$$
因此
$$\sin 2C = 2\sin C \cdot \cos C = 2 \times \frac{\sqrt{21}}{7} \times \frac{2\sqrt{7}}{7} = \frac{4\sqrt{3}}{7}.$$

(3)(i) 由 $b^2 - a^2 = \frac{1}{2}c^2$ 及正弦定理,得
$$\sin^2 B - \frac{1}{2} = \frac{1}{2}\sin^2 C,$$
所以 $-\cos 2B = \sin^2 C$. 又由 $A = \frac{\pi}{4}, B + C = \frac{3}{4}\pi$,得
$$-\cos 2B = \sin 2C = 2\sin C \cos C,$$
解得 $\tan C = 2$.

(ii) 由 $\tan C = 2, C \in (0, \pi)$,得
$$\sin C = \frac{2\sqrt{5}}{5}, \quad \cos C = \frac{\sqrt{5}}{5}.$$
又因

$$\sin B = \sin(A+C) = \sin\left(\frac{\pi}{4}+C\right),$$

所以 $\sin B = \frac{3\sqrt{10}}{10}$. 由正弦定理,得 $c = \frac{2\sqrt{2}}{3}b$. 又因 $A = \frac{\pi}{4}$, $\frac{1}{2}b\sin A = 3$, 所以 $bc = 6\sqrt{2}$, 故 $b = 3$.

题 2 求解下列各题.

(1) $\triangle ABC$ 的内角 A, B, C 的对边分别为 a, b, c, 已知 $\triangle ABC$ 的面积为 $\frac{a^2}{3\sin A}$.

(i) 求 $\sin B\sin C$;

(ii) 若 $6\cos B\cos C = 1$, $a = 3$, 求 $\triangle ABC$ 的周长.

(2) $\triangle ABC$ 的内角 A, B, C 的对边分别为 a, b, c, 已知 $\sin(A+C) = 8\sin^2\frac{B}{2}$.

(i) 求 $\cos B$;

(ii) 若 $a + c = 6$, $\triangle ABC$ 的面积为 2, 求 b.

(3) $\triangle ABC$ 的内角 A, B, C 的对边分别为 a, b, c. 已知 $\sin A + \sqrt{3}\cos A = 0$, $a = 2\sqrt{7}$, $b = 2$.

(i) 求 c;

(ii) 设 D 为 BC 边上一点,且 $AD \perp AC$, 求 $\triangle ABD$ 的面积.

思路剖释 (1)(i) 由题设,得 $\frac{1}{2}ac\sin B = \frac{a^2}{3\sin A}$, 即 $\frac{1}{2}c\sin B = \frac{a}{3\sin A}$. 由正弦定理,得

$$\frac{1}{2}\sin C\sin B = \frac{\sin A}{3\sin A}.$$

故 $\sin B\sin C = \frac{2}{3}$.

(ii) 由题设及(1),得

$$\cos B\cos C - \sin B\sin C = -\frac{1}{2},$$

即 $\cos(B+C) = -\frac{1}{2}$, 所以 $B+C = \frac{2\pi}{3}$, 故 $A = \frac{\pi}{3}$. 由题设,得 $\frac{1}{2}bc\sin A = \frac{a^2}{3\sin A}$, 即 $bc = 8$. 由余弦定理,得 $b^2 + c^2 - bc = 9$, 即 $(b+c)^2 - 3bc = 9$, 亦即 $b+c = \sqrt{33}$. 故 $\triangle ABC$ 的周长为 $3 + \sqrt{33}$.

注 利用三角形的边角关系进行"边转角""角转边". 另外,要注意 $b^2 + c^2$, bc, $b+c$ 三者之间的关系.

(2)(i) 由题设及 $A + B + C = \pi$, 得 $\sin B = 8\sin^2\frac{B}{2}$, 故

$$\sin B = 4(1 - \cos B).$$

两边平方,整理,得

$$17\cos^2 B - 32\cos B + 15 = 0,$$

解得 $\cos B = 1$(舍去)或 $\dfrac{15}{17}$.

(ii) 由 $\cos B = \dfrac{15}{17}$, 得 $\sin B = \dfrac{8}{17}$, 故
$$S_{\triangle ABC} = \dfrac{1}{2}ac\sin B = \dfrac{4}{17}ac.$$

又 $S_{\triangle ABC} = 2$, 故 $ac = \dfrac{17}{2}$. 由余弦定理及 $a + c = 6$, 得
$$\begin{aligned}b^2 &= a^2 + c^2 - 2ac\cos B \\ &= (a+c)^2 - 2ac(1 + \cos B) \\ &= 36 - 2 \times \dfrac{17}{2} \times \left(1 + \dfrac{15}{17}\right) \\ &= 4.\end{aligned}$$

故 $b = 2$.

(3) (i) 由已知, 得 $\tan A = -\sqrt{3}$, 所以 $A = \dfrac{2\pi}{3}$. 在 $\triangle ABC$ 中, 由余弦定理, 得
$$28 = 4 + c^2 - 4c\cos\dfrac{2\pi}{3},$$

即 $c^2 + 2c - 24 = 0$, 解得 $c = -6$(舍去)或 4.

(ii) 由题设, 得 $\angle CAD = \dfrac{\pi}{2}$, 所以 $\angle BAD = \angle BAC - \angle CAD = \dfrac{\pi}{6}$. 故 $\triangle ABD$ 面积与 $\triangle ACD$ 面积的比值为
$$\dfrac{\dfrac{1}{2}AB \cdot AD \cdot \sin\dfrac{\pi}{6}}{\dfrac{1}{2}AC \cdot AD} = 1.$$

又因 $\triangle ABC$ 的面积为 $\dfrac{1}{2} \times 4 \times 2\sin\angle BAC = 2\sqrt{3}$, 所以 $\triangle ABD$ 的面积为 $\sqrt{3}$.

注 正、余弦定理是应用极为广泛的两个定理, 它将三角形的边和角有机地联系起来, 从而使三角与几何产生联系, 为求与三角形有关的量(如面积、外接圆、内切圆半径和面积等)提供了理论依据, 也是判断三角形形状、证明三角形中有关等式的重要依据.

题 3 求解下列各题.

(1) 在 $\triangle ABC$ 中, 内角 A, B, C 所对的边分别为 a, b, c. 已知 $b + c = 2a$, $3c\sin B = 4a\sin C$.

(i) 求 $\cos B$ 的值;

(ii) 求 $\sin\left(2B + \dfrac{\pi}{6}\right)$ 的值.

(2) 在 $\triangle ABC$ 中, 角 A, B, C 的对边分别为 a, b, c.

(i) 若 $a = 3c$, $b = \sqrt{2}$, $\cos B = \dfrac{2}{3}$, 求 c 的值;

(ii) 若 $\dfrac{\sin A}{a} = \dfrac{\cos B}{2b}$,求 $\sin\left(B + \dfrac{\pi}{2}\right)$ 的值.

(3) 在 △ABC 中,角 A,B,C 的对边分别为 a,b,c.已知 $a > b, a = 5, c = 6, \sin B = \dfrac{3}{5}$.

(i) 求 b 和 $\sin A$ 的值;

(ii) 求 $\sin\left(2A + \dfrac{\pi}{4}\right)$ 的值.

(4) 在 △ABC 中,已知 $A = 120°, AB = 5, BC = 7$,则 $\dfrac{\sin B}{\sin C} = (\quad)$.

A. $\dfrac{8}{5}$ B. $\dfrac{5}{8}$ C. $\dfrac{5}{3}$ D. $\dfrac{3}{5}$

(5) 在 △ABC 中,$\cos B = \dfrac{1}{4}$,则 $\dfrac{1}{\tan A} + \dfrac{1}{\tan C}$ 的最小值为 _____.

(6) 在 △ABC 中,已知 $\sin A = 10\sin B \cdot \sin C, \cos A = 10\cos B \cdot \cos C$,则 $\tan A = $ _____.

思路剖释 (1) (i) 在 △ABC 中,由正弦定理 $\dfrac{b}{\sin B} = \dfrac{c}{\sin C}$,得 $b\sin C = c\sin B$,又由 $3c\sin B = 4a\sin C$,得 $3b\sin C = 4a\sin C$,即 $3b = 4a$.又由 $b + c = 2a$,得 $b = \dfrac{4}{3}a, c = \dfrac{2}{3}a$. 因此由余弦定理,得

$$\cos B = \dfrac{a^2 + c^2 - b^2}{2ac} = \dfrac{a^2 + \dfrac{4}{9}a^2 - \dfrac{16}{9}a^2}{2 \cdot a \cdot \dfrac{2}{3}a} = -\dfrac{1}{4}.$$

(ii) 由(i),得 $\sin B = \sqrt{1 - \cos^2 B} = \dfrac{\sqrt{15}}{4}$,即得

$$\sin 2B = 2\sin B\cos B = -\dfrac{\sqrt{15}}{8}, \quad \cos 2B = \cos^2 B - \sin^2 B = -\dfrac{7}{8},$$

故

$$\sin\left(2B + \dfrac{\pi}{6}\right) = \sin 2B\cos\dfrac{\pi}{6} + \cos 2B\sin\dfrac{\pi}{6} = -\dfrac{\sqrt{15}}{8} \times \dfrac{\sqrt{3}}{2} - \dfrac{7}{8} \times \dfrac{1}{2} = -\dfrac{3\sqrt{5} + 7}{16}.$$

注 解三角形时,如果式子中含有角的余弦或边的二次式,要考虑运用余弦定理;如果式子中含有角的正弦或边的一次式,则考虑用正弦定理;以上特征不明显时,则要考虑两个定理都有可能用到.

(2) (i) 因为 $a = 3c, b = \sqrt{2}, \cos B = \dfrac{2}{3}$,由余弦定理 $\cos B = \dfrac{a^2 + c^2 - b^2}{2ac}$,得

$$\dfrac{2}{3} = \dfrac{(3c)^2 + c^2 - (\sqrt{2})^2}{2 \times 3c \times c},$$

即 $c^2 = \dfrac{1}{3}$,所以 $c = \dfrac{\sqrt{3}}{3}$.

(ii) 因为 $\dfrac{\sin A}{a} = \dfrac{\cos B}{2b}$,由正弦定理 $\dfrac{a}{\sin A} = \dfrac{B}{\sin B}$,得 $\dfrac{\cos B}{2b} = \dfrac{\sin B}{b}$,所以 $\cos B = 2\sin B$,从而 $\cos^2 B = (2\sin B)^2$,即 $\cos^2 B = 4(1 - \cos^2 B)$,故 $\cos^2 B = \dfrac{4}{5}$. 又因为 $\sin B > 0$,所以 $\cos B = 2\sin B > 0$,从而 $\cos B = \dfrac{2\sqrt{5}}{5}$,因此 $\sin\left(B + \dfrac{\pi}{2}\right) = \cos B = \dfrac{2\sqrt{5}}{5}$.

(3)(i) 在 $\triangle ABC$ 中,因为 $a > b$,故由 $\sin B = \dfrac{3}{5}$ 可知, $\cos B = \dfrac{4}{5}$. 又由已知及余弦定理,得 $b^2 = a^2 + c^2 - 2ac\cos B = 13$,所以 $b = \sqrt{13}$.

由正弦定理 $\dfrac{a}{\sin A} = \dfrac{B}{\sin B}$,得 $\sin A = \dfrac{a\sin B}{b} = \dfrac{3\sqrt{13}}{13}$,所以 b 的值为 $\sqrt{13}$, $\sin A$ 的值为 $\dfrac{3\sqrt{13}}{13}$.

(ii) 由(i)及 $a < c$,得 $\cos A = \dfrac{2\sqrt{13}}{13}$,所以

$$\sin 2A = 2\sin A\cos A = \dfrac{12}{13}, \quad \cos 2A = 1 - 2\sin^2 A = -\dfrac{5}{13}.$$

故

$$\sin\left(2A + \dfrac{\pi}{4}\right) = \sin 2A\cos\dfrac{\pi}{4} + \cos 2A\sin\dfrac{\pi}{4} = \dfrac{7\sqrt{2}}{26}.$$

(4) 由正弦定理,得

$$\sin C = \dfrac{c}{a}\sin A = \dfrac{5}{7} \times \dfrac{\sqrt{3}}{2} = \dfrac{5\sqrt{3}}{14}.$$

于是 $\cot C = \dfrac{11}{5\sqrt{3}}$. 故

$$\dfrac{\sin B}{\sin C} = \dfrac{\sin(A+C)}{\sin C} = \dfrac{\sin A \cdot \cos C + \cos A \cdot \sin C}{\sin C}$$

$$= \sin A \cdot \cot C + \cos A$$

$$= \dfrac{\sqrt{3}}{2} \times \dfrac{11}{5\sqrt{3}} - \dfrac{1}{2} = \dfrac{3}{5}.$$

(5) 由 $\cos B = \dfrac{1}{4}$,知

$$\sin B = \sqrt{1 - \cos^2 B} = \dfrac{\sqrt{15}}{4}.$$

于是

$$\dfrac{1}{\tan A} + \dfrac{1}{\tan C} = \dfrac{\cos A}{\sin A} + \dfrac{\cos C}{\sin C} = \dfrac{\sin(A+C)}{\sin A \cdot \sin C} = \dfrac{\sin B}{\sin A \cdot \sin C}.$$

注意到

$$0 < \sin A \cdot \sin C = -\dfrac{1}{2}[\cos(A+C) - \cos(A-C)]$$

$$= -\frac{1}{2}[-\cos B - \cos(A-C)] = \frac{1}{8} + \frac{1}{2}\cos(A-C)$$
$$\leqslant \frac{1}{8} + \frac{1}{2} = \frac{5}{8},$$

当且仅当 $\angle A = \angle C$ 时,上式等号成立,所以

$$\frac{1}{\tan A} + \frac{1}{\tan C} \geqslant \frac{\sqrt{15}}{4} \times \frac{5}{8} = \frac{2\sqrt{15}}{5}.$$

故所求的最小值为 $\dfrac{2\sqrt{15}}{5}$.

(6) 由
$$\sin A - \cos A = 10(\sin B \cdot \sin C - \cos B \cdot \cos C)$$
$$= -10\cos(B+C) = 10\cos A,$$

得 $\sin A = 11\cos A$($\cos A \neq 0$),故得

$$\tan A = 11.$$

题 4 计算下列各题.

(1) 已知三角形的三边为连续自然数,若其最大角为最小角的两倍,则三角形周长为_____.

(2) 已知 $\triangle ABC$ 的外接圆半径为 R,且

$$2R(\sin^2 A - \sin^2 C) = (\sqrt{2}a - b)\sin B, \qquad ①$$

其中,a,b 分别为内角 A,B 的对边,则内角 C 的大小为_____.

(3) 在 $\triangle ABC$ 中,$\tan A : \tan B : \tan C = 1 : 2 : 3$,求 $\dfrac{AC}{AB}$.

(4) 设 $\triangle ABC$ 的内角 A、B、C 的对边分别为 a、b、c,且满足 $a\cos B - b\cos A = \dfrac{3}{5}c$,则 $\dfrac{\tan A}{\tan B} = $ _____.

(5) 设 A,B,C 为 $\triangle ABC$ 的三个内角,
$$4\sin A\sin B = \sin C, \qquad ①$$
$$\sin B - \sin A = \sin\frac{C}{2}, \qquad ②$$

求 $\cot A, \cot B$ 与 $\cot C$.

(6) 在 $\triangle ABC$ 中,$AC = \sqrt{2}$,$AB = 2$,且

$$\frac{\sqrt{3}\sin A + \cos A}{\sqrt{3}\cos A - \sin A} = \tan\frac{5\pi}{12},$$

则 $BC = $ _____.

思路剖释 (1) 设三角形的三边长为 $n-1, n, n+1$,最大角为 2θ,最小角为 θ,则由正弦定理,得

$$\frac{n-1}{\sin\theta} = \frac{n+1}{\sin 2\theta}.$$

由此,得 $\cos\theta = \frac{n+1}{2(n-1)}$. 又由余弦定理,得

$$\cos\theta = \frac{(n+1)^2 + n^2 - (n-1)^2}{2n(n+1)} = \frac{n+4}{2(n+1)}.$$

故由 $\cos\theta = \frac{n+1}{2(n-1)} = \frac{n+4}{2(n+1)}$,求得 $n=5$. 故三角形的周长为 15.

(2) 式①即

$$2R^2(\sin^2 A - \sin^2 C) = (\sqrt{2}a - b)R\sin B.$$

故由正弦定理,得

$$\frac{1}{2}(a^2 - c^2) = \frac{1}{2}(\sqrt{2}a - b)b,$$

即

$$a^2 - c^2 = (\sqrt{2}a - b)b,$$

亦即

$$a^2 + b^2 - c^2 = \sqrt{2}ab,$$

所以

$$\cos C = \frac{a^2 + b^2 - c^2}{2ab} = \frac{1}{\sqrt{2}}.$$

故 $C = 45°$.

(3) 设 $AC = b$,$AB = c$,$BC = a$,外接圆半径为 R,则

$$\tan A = \frac{\sin A}{\cos A} = \frac{\frac{a}{2R}}{\frac{b^2+c^2-a^2}{2bc}} = \frac{abc}{R(b^2+c^2-a^2)},$$

同理,可得

$$\tan B = \frac{abc}{R(a^2+c^2-b^2)},$$

$$\tan C = \frac{abc}{R(a^2+b^2-c^2)}.$$

由 $\tan A : \tan B : \tan C = 1 : 2 : 3$,得

$$(b^2+c^2-a^2) : (a^2+c^2-b^2) : (a^2+b^2-c^2) = 6 : 3 : 2.$$

不妨设 $b^2+c^2-a^2 = 6k^2$,$a^2+c^2-b^2 = 3k^2$,$a^2+b^2-c^2 = 2k^2 (k>0)$,解之,得 $b = 2k$,$c = \frac{3\sqrt{2}}{2}k$. 故 $\frac{AC}{AB} = \frac{b}{c} = \frac{2\sqrt{2}}{3}$.

(4) 方法 1 由题设及余弦定理,得

$$a \cdot \frac{c^2+a^2-b^2}{2ca} - b \cdot \frac{b^2+c^2-a^2}{2bc} = \frac{3}{5}c$$

$$\Rightarrow a^2 - b^2 = \frac{3}{5}c^2.$$

故

$$\frac{\tan A}{\tan B} = \frac{\sin A \cdot \cos B}{\sin B \cdot \cos A} = \frac{a \cdot \dfrac{c^2 + a^2 - b^2}{2ca}}{b \cdot \dfrac{b^2 + c^2 - a^2}{2bc}}$$

$$= \frac{c^2 + a^2 - b^2}{c^2 + b^2 - a^2} = 4.$$

方法 2 如图 4.8 所示,过点 C 作 $CD \perp AB$,垂足为点 D,则

$$a\cos B = DB,$$
$$b\cos A = AD.$$

由题设,得

$$DB - AD = \frac{3}{5}c.$$

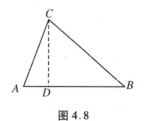

图 4.8

又 $DB + DA = c$,联立,解得

$$AD = \frac{1}{5}c, \quad DB = \frac{4}{5}c.$$

故

$$\frac{\tan A}{\tan B} = \frac{\dfrac{CD}{AD}}{\dfrac{CD}{DB}} = \frac{DB}{AD} = 4.$$

方法 3 由射影定理,得

$$a\cos B + b\cos A = c.$$

又 $a\cos B - b\cos A = \dfrac{3}{5}c$,与上式联立,解得

$$a\cos B = \frac{4}{5}c, \quad b\cos A = \frac{1}{5}c.$$

故

$$\frac{\tan A}{\tan B} = \frac{\sin A \cdot \cos B}{\sin B \cdot \cos A} = \frac{a\cos B}{b\cos A} = 4.$$

(5) 由式②,得

$$2\cos\frac{B+A}{2} \cdot \cos\frac{B-A}{2} = \sin\frac{C}{2},$$

即

$$2\sin\frac{C}{2} \cdot \sin\frac{B-A}{2} = \sin\frac{C}{2},$$

约去 $\sin\dfrac{C}{2}$,得 $\sin\dfrac{B-A}{2} = \dfrac{1}{2}$.结合 $0 < A, B < \pi$,得 $\dfrac{B-A}{2} = \dfrac{\pi}{6}$,即

$$B = A + \frac{\pi}{3}. \qquad ③$$

式①即为

$$4\sin A \cdot \sin B = \sin(A + B),$$

故

$$4\sin A \cdot \sin B = \sin A \cdot \cos B + \cos A \cdot \sin B,$$

上式两边同除以 $\sin A \cdot \sin B$，得 $\cot A + \cot B = 4$. 将式③代入上式，有

$$\cot A + \cot\left(A + \frac{\pi}{3}\right) = 4. \qquad ④$$

因为

$$\cot(A + B) = \frac{\cot A \cdot \cot B - 1}{\cot A + \cot B},$$

故

$$\cot\left(A + \frac{\pi}{3}\right) = \frac{\cot A - \sqrt{3}}{\sqrt{3}\cot A + 1}. \qquad ⑤$$

将式⑤代入式④，化简、整理，得 $\sqrt{3}\cot^2 A + 2(1 - 2\sqrt{3})\cot A - (4 + \sqrt{3}) = 0$，解得

$$\cot A = \frac{-(1 - 2\sqrt{3}) \pm \sqrt{(1 - 2\sqrt{3})^2 + \sqrt{3}(4 + \sqrt{3})}}{\sqrt{3}}$$

$$= \frac{-(1 - 2\sqrt{3}) \pm 4}{\sqrt{3}}.$$

由于 A 不能为钝角，不然由式③，知 B 也为钝角. 故取

$$\cot A = \frac{-(1 - 2\sqrt{3}) + 4}{\sqrt{3}} = \frac{3 + 2\sqrt{3}}{\sqrt{3}} = 2 + \sqrt{3}.$$

又由 $B = A + \frac{\pi}{3}$，知

$$\cot B = \cot\left(A + \frac{\pi}{3}\right) = \frac{\cot A - \sqrt{3}}{\sqrt{3}\cot A + 1} = \frac{(2 + \sqrt{3}) - \sqrt{3}}{\sqrt{3}(2 + \sqrt{3}) + 1} = 2 - \sqrt{3}.$$

$$\cot C = \cot[180° - (A + B)] = -\cot(A + B)$$

$$= -\frac{\cot A \cdot \cot B - 1}{\cot A + \cot B} = -\frac{(2 + \sqrt{3})(2 - \sqrt{3}) - 1}{(2 + \sqrt{3}) + (2 - \sqrt{3})} = 0.$$

注 $C = 90°$.

(6) 由题设条件，知

$$\frac{2\sin\left(A + \frac{\pi}{6}\right)}{2\cos\left(A + \frac{\pi}{6}\right)} = \tan\frac{5\pi}{12},$$

即

$$\tan\left(A+\frac{\pi}{6}\right)=\tan\frac{5\pi}{12}.$$

于是
$$A+\frac{\pi}{6}=\frac{5\pi}{12}+k\pi\quad(k\in\mathbf{Z}).$$

由 $0<A<\pi$,得 $A+\frac{\pi}{6}=\frac{5\pi}{12}$,故 $A=\frac{\pi}{4}$. 又由余弦定理,得

$$BC^2=AB^2+AC^2-2AB\cdot AC\cdot\cos\frac{\pi}{4}=2.$$

故 $BC=2$.

题 5 已知方程 $|x^2-2ax+b|=8$ 恰有三个实根,且它们为一个直角三角形的三边长,求 $a+b$ 的值.

思路剖释 注意到,方程
$$x^2-2ax+b-8=0 \qquad ①$$
的判别式 $\Delta_1=4(a^2-b+8)$;方程
$$x^2-2ax+b+8=0 \qquad ②$$
的判别式 $\Delta_2=4(a^2-b-8)$.

根据题意,原方程恰有三个实根,于是其中一个判别式为 0,另一个大于 0. 又因 $\Delta_1>\Delta_2$,则 $a^2-b-8=0$,从而方程②的重根为 a,方程①的两个根为 $a+4$、$a-4$. 故
$$a^2+(a-4)^2=(a+4)^2$$
$$\Rightarrow a=16$$
$$\Rightarrow b=a^2-8=248$$
$$\Rightarrow a+b=264.$$

题 6 在 $\triangle ABC$ 中,
$$3(\cot A+\cot B+\cot C)\leqslant 8\sin A\cdot\sin B\cdot\sin C,$$
试判定 $\triangle ABC$ 的形状.

思路剖释 令 $y_1=\cot A+\cot B+\cot C$,则
$$y_1=-\cot(A+B)+\cot A+\cot B=\frac{1-\cot A\cdot\cot B}{\cot A+\cot B}+\cot A+\cot B.$$

将上式整理为关于 $\cot A$ 的二次方程
$$\cot^2 A+(\cot B-y_1)\cot A+(\cot^2 B-y_1\cot B+1)=0,$$
由于 $\cot A$ 为实数,于是方程成立的条件为
$$\Delta\geqslant 0$$
$$\Rightarrow\Delta=(\cot B-y_1)^2-4(\cot^2 B-y_1\cot B+1)\geqslant 0$$
$$\Rightarrow 3\cot^2 B-2y_1\cot B-(y_1^2-4)\leqslant 0.$$

为使此不等式有解,必须
$$\Delta'=4y_1^2+12(y_1^2-4)\geqslant 0$$

$$\Rightarrow y_1^2 \geqslant 3.$$

由 $y_1 > 0$,得 $y_1 \geqslant \sqrt{3}$,当且仅当 $A = B = C = 60°$ 时,等号成立.

又令
$$y_2 = \sin A \cdot \sin B \cdot \sin C$$
$$= \frac{1}{2}[\cos(A-B) - \cos(A+B)]\sin C$$
$$\leqslant \frac{1}{2}(1 + \cos C)\sin C,$$

当且仅当 $A = B$ 时,等号成立,则
$$y_2^2 \leqslant \frac{1}{4}(1 + \cos C)^2 \sin^2 C$$
$$= \frac{1}{4}(1 + \cos C)^2(1 - \cos C)(1 + \cos C)$$
$$= \frac{1}{3 \times 4}(1 + \cos C)^3(3 - 3\cos C)$$
$$\leqslant \frac{1}{12}\left[\frac{3(1 + \cos C) + (3 - 3\cos C)}{4}\right]^4$$
$$= \left(\frac{3}{4}\right)^3.$$

于是 $y_2 \leqslant \frac{3\sqrt{3}}{8}$,当且仅当 $1 + \cos C = 3 - 3\cos C$,即 $C = 60°$ 时,等号成立.

因此,当且仅当 $A = B = C = 60°$ 时,$y_2 = \frac{3\sqrt{3}}{8}$. 于是 $8y_2 \leqslant 3\sqrt{3} \leqslant 3y_1$,当且仅当 $A = B = C = 60°$ 时,等号成立.

由题意,知 $8y_2 \geqslant 3y_1$,从而得 $8y_2 = 3y_1$,此时 $A = B = C = 60°$. 故 $\triangle ABC$ 为等边三角形.

题7 在 $\triangle ABC$ 中,若三条边 a,b,c 满足 $c^n = a^n + b^n (n > 2)$,试问:$\triangle ABC$ 为何种三角形?

思路剖释 当 $n = 2$ 时,$c^2 = a^2 + b^2$,$\triangle ABC$ 为直角三角形.现在是 $n > 2$,不妨取 $n = 3$ 加以讨论.取特殊值 $a = 1, b = 2$,则 $c = \sqrt[3]{9} \approx 2.08$.作草图,知 $\triangle ABC$ 为锐角三角形.于是猜测:$\triangle ABC$ 是锐角三角形.

事实上,因为 $c^n = a^n + b^n (n > 2)$,所以 c 为 $\triangle ABC$ 的最大边,故只需验证角 C 为锐角即可.由余弦定理,知 $\cos C = \frac{a^2 + b^2 - c^2}{2bc}$. 于是问题转化为证明 $a^2 + b^2 > c^2$,而 $a^2 + b^2 > c^2 \Leftrightarrow (a^2 + b^2)c^{n-2} > c^n \Leftrightarrow (a^2 + b^2)c^{n-2} - c^n > 0$.

由
$$(a^2 + b^2)c^{n-2} - c^n$$

$$= (a^2 + b^2)c^{n-2} - (a^n + b^n)$$
$$= a^2(c^{n-2} - a^{n-2}) + b^2(c^{n-2} - b^{n-2}) > 0,$$

得 $a^2 + b^2 > c^2$, 即 $\cos C > 0$, 故 C 为锐角, 亦即 $\triangle ABC$ 是锐角三角形.

题 8 设 $\triangle ABC$ 的周长为 12, 内切圆的半径为 1, 则（　　）.

A. $\triangle ABC$ 必为直角三角形

B. $\triangle ABC$ 必为锐角三角形

C. $\triangle ABC$ 必为直角三角形或锐角三角形

D. 以上结论都不对

思路剖释 因为 $\triangle ABC$ 的周长为 12, 所以 $\triangle ABC$ 的内切圆的半径为 1, 当且仅当 $\triangle ABC$ 的面积为 $\frac{12}{2} \times 1 = 6$. 于是, 有方程组

$$\begin{cases} \frac{1}{2}ab\sin C = 6, \\ a + b + \sqrt{a^2 + b^2 - 2ab\cos C} = 12. \end{cases}$$

由第二个方程, 得

$$a^2 + b^2 - 2ab\cos C = a^2 + b^2 + 144 + 2ab - 24a - 24b,$$

整理、化简, 得

$$a + b = 6 + \frac{1}{12}ab(1 + \cos C).$$

又由第一个方程, 得 $ab = \frac{12}{\sin C}$, 代入上式, 得 $a + b = 6 + \frac{1 + \cos C}{\sin C}$. 于是, a 和 b 是方程

$$x^2 - \left(6 + \frac{1 + \cos C}{\sin C}\right)x + \frac{12}{\sin C} = 0$$

的两个根. 特别地, $C = 90°$ 时, 解得 a, b 分别为 3, 4, 此时 $c = 5$, 方程的判别式 $\Delta = 7^2 - 4 \cdot 12 = 1$. 角 C 由 $90°$ 增加一个非常小的角度, 可以使得方程的判别式 Δ 仍大于 0, 这时仍可由方程组解出 a, b, 再得到 c, 这时三边长与 3, 4, 5 也相差很小. 因此有钝角三角形满足周长为 12, 内切圆的半径为 1. 故选 D.

题 9 记 $\triangle ABC$ 的三个内角为 A, B, C. 试问: 是否存在满足条件 $\cos A + \cos B = \cos C$ 的非等腰三角形? 请给出证明.

思路剖释 解三角形, 只需构造出一种即可. 需要保证三角形是非等腰三角形, 可以先取一个特殊角, 然后解三角方程.

结论是这样的三角形存在. 取 $B = 60°$, 可证存在 $A > B > C$ 的 $\triangle ABC$, 满足 $\cos A + \cos B = \cos C$, 即 $\cos A + \frac{1}{2} = \cos(120° - A)$, 化简, 得 $\frac{\sqrt{3}}{2}\sin A - \frac{3}{2}\cos A = \frac{1}{2}$.

又由辅助角公式, 得 $\sqrt{3}\sin(A - 60°) = \frac{1}{2}$, 即 $\sin(A - 60°) = \frac{\sqrt{3}}{6}$. 于是 $A = 60° + \arcsin\frac{\sqrt{3}}{6}$, C

$= 60° - \arcsin\dfrac{\sqrt{3}}{6}$. 满足题目要求.

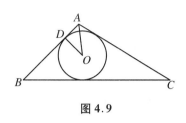

图 4.9

题 10 已知 $\triangle ABC$ 的内切圆半径为 2,且 $\tan A = -\dfrac{4}{3}$,求 $\triangle ABC$ 面积的最小值.

思路剖释 设 $AB = c$,$BC = a$,$AC = b$,D 为切点,如图 4.9 所示,则 $2AD + 2a = a + b + c$,故 $AD = \dfrac{1}{2}(b + c - a)$. 由 $\tan A = -\dfrac{4}{3}$,得

$$\tan A = \dfrac{2\tan\dfrac{A}{2}}{1 - \tan^2\dfrac{A}{2}}$$

$$\Rightarrow \left(\tan\dfrac{A}{2} - 2\right)\left(2\tan\dfrac{A}{2} + 1\right) = 0$$

$$\Rightarrow \tan\dfrac{A}{2} = 2 \text{ 或 } -\dfrac{1}{2}(\text{舍去}).$$

故 $\tan\angle DAO = 2$,所以 $DO = AD \cdot \tan\angle DAO = b + c - a = 2$. 又 $\sin A = \dfrac{4}{5}$,由 $S_{\triangle ABC} = \dfrac{1}{2}bc\sin A = \dfrac{1}{2}(a + b + c) \cdot 2$,即 $\dfrac{2}{5}bc = 2(b + c) - 2$,得

$$bc = 5(b + c) - 5 \geq 10\sqrt{bc} - 5.$$

设 $\sqrt{bc} = t$,则 $t^2 - 10t + 5 \geq 0$,所以 $t \geq 5 + 2\sqrt{5}$ 或 $t \leq 5 - 2\sqrt{5}$(舍). 故 $bc \geq 45 + 20\sqrt{5}$,所以 $S_{\triangle ABC} = \dfrac{2}{5}bc \geq 18 + 8\sqrt{5}$,$b = c = 5 + 2\sqrt{5}$ 时取等号. 故 $\triangle ABC$ 面积的最小值为 $18 + 8\sqrt{5}$.

题 11 在 $\triangle ABC$ 中,$AB = 2AC$,AD 是 A 的角平分线,且 $AD = kAC$.

(1) 求 k 的取值范围.

(2) 若 $S_{\triangle ABC} = 1$,问:k 为何值时,BC 最短?

思路剖释 解三角形,将问题转化为求三角函数的取值范围.

(1) 如图 4.10 所示,不妨设 $\angle CAB = 2\theta$,则由 $S_{\triangle ABD} + S_{\triangle ACD} = S_{\triangle ABC}$,得

$$\dfrac{1}{2}\sin\theta \cdot AB \cdot AD + \dfrac{1}{2}\sin\theta \cdot AC \cdot AD$$

$$= \dfrac{1}{2}\sin 2\theta \cdot AB \cdot AC,$$

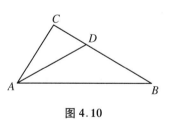

图 4.10

所以 $(AB + AC) \cdot AD = 2\cos\theta \cdot AB \cdot AC$,从而 $k = \dfrac{4}{3}\cos\theta \in \left(0, \dfrac{4}{3}\right)$.

(2) 由 $S_{\triangle ABC} = \dfrac{1}{2} \cdot 2AC \cdot AC \cdot \sin 2\theta = AC^2 \cdot \sin 2\theta$，知 $AC^2 = \dfrac{1}{\sin 2\theta}$，则

$$BC^2 = AB^2 + AC^2 - 2AB \cdot AC \cdot \cos 2\theta = (5 - 4\cos 2\theta) \cdot AC^2 = \dfrac{5 - 4\cos 2\theta}{\sin 2\theta}.$$

令 $y = \dfrac{5 - 4\cos 2\theta}{\sin 2\theta}$，则 $y\sin 2\theta + 4\cos 2\theta = 5, \sin(2\theta + \varphi) = \dfrac{5}{\sqrt{y^2 + 16}} \leqslant 1$，所以 $y \geqslant 3$，于是 $BC \geqslant \sqrt{3}$. 此时 $\tan 2\theta = \dfrac{3}{4}, \cos 2\theta = \dfrac{4}{5}$，于是 $\cos \theta = \dfrac{3}{\sqrt{10}}, k = \dfrac{4}{3}\cos \theta = \dfrac{2\sqrt{10}}{5}$.

题 12　$\triangle ABC$ 内接于单位圆 O，三个内角 A,B,C 的角平分线延长后分别交此圆于点 A_1, B_1, C_1，则 $\dfrac{AA_1 \cdot \cos\dfrac{A}{2} + BB_1 \cdot \cos\dfrac{B}{2} + CC_1 \cdot \cos\dfrac{C}{2}}{\sin A + \sin B + \sin C}$ 的值为（　　）.

A. 2　　　　　　　　　　B. 4
C. 6　　　　　　　　　　D. 8

思路剖释　将平面几何与三角知识融为一体，求出 $AA_1 \cdot \cos\dfrac{A}{2}$ 的三角表达式.

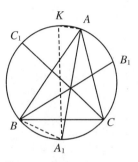

图 4.11

如图 4.11 所示，作外接圆 O 的直径 A_1K，则 $A_1K = 2$，连接 KA，则 $\triangle KA_1A$ 为直角三角形，且

$$\angle AKA_1 = \angle ABA_1 = \angle ABC + \angle A_1BC = \angle ABC + \dfrac{1}{2}\angle A.$$

于是，得

$$AA_1 = 2\sin\left(B + \dfrac{A}{2}\right) = 2\sin\left(B + \dfrac{180° - B - C}{2}\right) = 2\sin\left(90° + \dfrac{B - C}{2}\right) = 2\cos\dfrac{B - C}{2}.$$

故

$$AA_1 \cdot \cos\dfrac{A}{2} = 2\cos\left(\dfrac{B}{2} - \dfrac{C}{2}\right)\cos\dfrac{A}{2} = \cos\dfrac{A + B - C}{2} + \cos\dfrac{A + C - B}{2}$$

$$= \cos\left(\dfrac{\pi}{2} - C\right) + \cos\left(\dfrac{\pi}{2} - B\right) = \sin C + \sin B.$$

同理，可得

$$BB_1 \cdot \cos\dfrac{B}{2} = \sin A + \sin C, \quad CC_1 \cdot \cos\dfrac{C}{2} = \sin A + \sin B,$$

故

$$AA_1\cos\dfrac{A}{2} + BB_1\cos\dfrac{B}{2} + CC_1\cos\dfrac{C}{2} = 2(\sin A + \sin B + \sin C).$$

于是原式 $= \dfrac{2(\sin A + \sin B + \sin C)}{\sin A + \sin B + \sin C} = 2$. 故选 A.

题 13　设 $\triangle ABC$ 的内角 A, B, C 所对的边 a, b, c 成等比数列，则 $\dfrac{\sin A \cot C + \cos A}{\sin B \cot C + \cos B}$ 的

取值范围是( ).

A. $(0,+\infty)$
B. $\left(0,\dfrac{\sqrt{5}+1}{2}\right)$
C. $\left(\dfrac{\sqrt{5}-1}{2},\dfrac{\sqrt{5}+1}{2}\right)$
D. $\left(\dfrac{\sqrt{5}-1}{2},+\infty\right)$

思路剖释 设 a、b、c 的公比为 q,则 $b=aq$,$c=aq^2$,而

$$\dfrac{\sin A\cot C+\cos A}{\sin B\cot C+\cos B}=\dfrac{\sin A\cos C+\cos A\sin C}{\sin B\cos C+\cos B\sin C}$$

$$=\dfrac{\sin(A+C)}{\sin(B+C)}=\dfrac{\sin(\pi-B)}{\sin(\pi-A)}=\dfrac{\sin B}{\sin A}=\dfrac{b}{a}=q.$$

因此只需求 q 的取值范围即可. 因为 a,b,c 成等比数列,最大边只能是 a 或 c,因此 a,b,c 要构成三角形的三边,必须且只需满足 $a+b>c$,$b+c>a$,即有不等式组 $\begin{cases}a+aq>aq^2,\\ aq+aq^2>a,\end{cases}$ 故

$$\begin{cases}q^2-q-1<0,\\ q^2+q-1>0,\end{cases}$$

解得

$$\begin{cases}\dfrac{1-\sqrt{5}}{2}<q<\dfrac{\sqrt{5}+1}{2},\\ q>\dfrac{\sqrt{5}-1}{2} \text{ 或 } q<-\dfrac{\sqrt{5}+1}{2},\end{cases}$$

从而 $\dfrac{\sqrt{5}-1}{2}<q<\dfrac{\sqrt{5}+1}{2}$,因此所求的取值范围是 $\left(\dfrac{\sqrt{5}-1}{2},\dfrac{\sqrt{5}+1}{2}\right)$. 故选 C.

第5章 函数图像、多项式函数和双重最值

1. 基本初等函数

常值函数 $y=c$（常数）、指数函数 $y=a^x(a>0$ 且 $a\neq 1)$、对数函数 $y=\log_a x(a>0$ 且 $a\neq 1)$、幂函数 $y=x^\mu(\mu\in\mathbf{R})$、三角函数（$y=\sin x,y=\cos x,y=\tan x,y=\cot x,y=\sec x,y=\csc x$）和反三角函数（$y=\arcsin x,y=\arccos x$ 和 $y=\arctan x$）这 6 类函数称为基本初等函数. 它们的图像已在前面几章作了详细的介绍.

2. 初等函数

由基本初等函数经过有限次四则运算和有限次复合运算所得到的函数称为初等函数.

例如，$y=c$（常数）是零次多项式；$ax+b(a\neq 0)$ 是一次多项式；$ax^2+bx+c(a\neq 0)$ 是二次三项式，即二次多项式，而 $y=ax^2+bx+c(a\neq 0)$ 称为二次多项式函数，简称二次函数.

记 $P(x)=a_n x^n+a_{n-1}x^{n-1}+\cdots+a_1 x+a_0(a_n\neq 0)$，$Q(x)=b_m x^m+b_{m-1}x^{m-1}+\cdots+b_1 x+b_0(b_m\neq 0)$，称 $P(x)$ 和 $Q(x)$ 分别为 n 次和 m 次多项式函数.

再记 $R(x)=\dfrac{P(x)}{Q(x)}$，且 $Q(x)$ 恒不为零，则称 $R(x)=\dfrac{P(x)}{Q(x)}$ 为有理函数，又称 $\dfrac{P(x)}{Q(x)}$ 为有理分式，简称分式.

如果 $P(x)$ 的次数小于 $Q(x)$ 的次数，称 $\dfrac{P(x)}{Q(x)}$ 为真分式；如果 $P(x)$ 的次数大于或等于 $Q(x)$ 的次数，称 $\dfrac{P(x)}{Q(x)}$ 为假分式.

假分式总能写成整式与真分式之和.

多项式函数 $P(x)$ 与有理分式函数 $R(x)$ 都是初等函数.

一般来说，初等函数都可以用一个解析表达式表示.

3. 曲线的凹凸性与拐点

如果曲线上任一点处的切线均位于曲线的下方，则称此曲线弧是凹的，即为凹弧，图形可简画为"⌣". 如果曲线上任一点处的切线均位于曲线的上方，则称此曲线是凸的，即为凸弧，图形可简画为"⌢".

连续曲线上凹弧与凸弧的分界点称为曲线的拐点.

曲线的凹凸性与拐点显示了曲线的弯曲状况与变化趋势，有助于描绘函数的图形.

图 5.1 中的 Γ_1 与 Γ_3 为凹弧，Γ_2 与 Γ_4 为凸弧. 依凹凸性的定义，曲线的凹凸性与切线

关系密切,而切线的斜率与函数的导数有关.因此,曲线凹凸性的判定可用导数来实现.

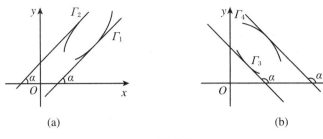

图 5.1

图 5.1 中的几何图形直观地表明:凹弧 Γ_1、Γ_3 上各点的切线的斜率随 x 的增大而增大,即函数 $f'(x)$ 是单调增加的,而凸弧 Γ_2、Γ_4 上各点的切线的斜率随 x 的增大而减少,即函数 $f'(x)$ 是单调减少的.根据函数的单调性可用导数的正负号取值的判定法则,注意到 $f''(x)$ 是 $f'(x)$ 的导数,就有下面曲线凹凸性的判别法.

结论 1 设函数 $f(x)$ 在区间 I 内二阶可导.

(1) 若 $\forall x \in I, f''(x) > 0$,则函数 $y = f(x)$ 的图像在 I 内是凹的,称 I 为函数 $f(x)$ 的图像的凹性区间;

(2) 若 $\forall x \in I, f''(x) < 0$,则函数 $y = f(x)$ 的图像在 I 内是凸的,称 I 为函数 $f(x)$ 的图像的凸性区间.

凹性区间、凸性区间统称为函数 $y = f(x)$ 的图像的凹凸区间.

下面给出曲线上拐点的判别法.

结论 2 设 $f(x)$ 在 $(a, x_0) \cup (x_0, b)$ 内二阶可导,在点 x_0 处连续,且 $f''(x_0)$ 存在或 $f''(x_0)$ 不存在.若 $f''(x)$ 在点 x_0 两侧异号,则 $(x_0, f(x_0))$ 是函数 $y = f(x)$ 图像的拐点.

为方便,满足 $f''(x_0) = 0$ 与 $f''(x_0)$ 不存在的点 $(x_0, f(x_0))$ 称为可疑拐点.

例如,基本初等函数 $y = \ln x (x > 0)$ 的图像的是凸的.事实上,$y = \ln x$ 的定义域为 $x > 0$.因 $y' = \dfrac{1}{x}, y'' = -\dfrac{1}{x^2} < 0$(当 $x > 0$ 时),由结论 1,知 $y = \ln x$ 的图像在整个定义域内是凸的.

4. 函数的作图

研究了函数的图像在定义域中的单调性与凹凸性,就能大致作出函数的图像.下面给出利用导数法描绘函数图像的基本步骤.

步骤 1:求函数 $f(x)$ 的定义域.

步骤 2:求函数 $f(x)$ 的图像与两坐标轴的交点.

步骤 3:讨论 $f(x)$ 的奇偶性与周期性.

步骤 4:求出 $f'(x)$ 以及使得 $f'(x) = 0$ 的点,即驻点,以及求出 $f'(x)$ 不存在的点.

步骤 5:求出 $f''(x)$ 及满足 $f''(x) = 0$ 的点,并求出 $f''(x)$ 不存在的点.

步骤 6:用步骤 4 与步骤 5 中所求出的各点将 $f(x)$ 的定义域分为若干个子区间.

步骤 7:列表给出 $f'(x), f''(x)$ 在各个子区间内的符号.

步骤 8：从表中确定函数 $f(x)$ 图像在各个子区间内的单调性、凹凸性，求出 $f(x)$ 的极值和拐点.

步骤 9：求函数 $f(x)$ 的图像的渐近线：

若 $\lim\limits_{x\to\infty} f(x) = c$，则 $y = c$ 为水平渐近线；

若 $\lim\limits_{x\to x_0} f(x) = \infty$，则 $x = x_0$ 为铅直渐近线.

步骤 10，描出函数 $f(x)$ 图像上的几个特殊点，并作图.

通俗地说，渐近线就是一条直线，当曲线向无穷远处不断延伸时，它与此直线无限接近，但直线不能穿越此直线.

5.1 函 数 图 像

函数图像蕴含着函数的各种信息，是函数的一种表现形式，是研究函数的基本工具.

1. 函数作图的常见方法

(1) 描点法.

实施要领在于描出函数图像的关键点. 常见的关键点有边界点、分段点、极值点、拐点、零点、对称中心等. 同时要兼顾与函数图像紧密相关的一些直线，如渐近线、对称轴等.

(2) 变换作图法.

① 函数图像的平移变换与伸缩变换.

平移变换：

$$y = f(x) \xrightarrow[\text{向上平移}b\text{个单位长度}]{\text{向右平移}a\text{个单位长度}} y - b = f(x - a).$$

伸缩变换：

$$y = f(x) \xrightarrow[y\text{伸长为原来的}B\text{倍}]{x\text{伸长为原来的}A\text{倍}} \frac{1}{B}y = f\left(\frac{1}{A}x\right)(A > 0, B > 0).$$

② 函数图像的对称变换与翻折变换.

对称变换：通过对称轴或对称中心进行作图.

翻折变换：

$$y = f(x) \xrightarrow[\text{再作关于}y\text{轴对称的图像}]{\text{保留}y\text{轴右侧的图像，去掉}y\text{轴左侧的图像}} y = f(|x|),$$

$$y = f(x) \xrightarrow[\text{将}x\text{轴下方的图像翻折到}x\text{轴上方去}]{\text{保留}x\text{轴上方的图像}} y = |f(x)|.$$

(3) 性质作图法.

研究函数的性质，如单调性、奇偶性、周期性、凹凸性等，并借助这些性质作图.

(4) 图解法.

利用直观图像的几何特性,解决问题的方法称为图解法.

2. 几个结论

(1) $f(x) = f(2a - x) \Leftrightarrow \operatorname{graph} f(x)$ 关于 $x = a$ 对称.

(2) $f(a + x) = f(a - x) \Leftrightarrow \operatorname{graph} f$ 关于 $x = a$ 对称.

(3) $f(a + x) = f(b - x) \Leftrightarrow \operatorname{graph} f$ 关于 $x = \dfrac{a + b}{2}$ 对称.

(4) $f(a + x) = -f(a - x) \Leftrightarrow \operatorname{graph} f$ 关于 $(a, 0)$ 对称.

(5) $f(a + x) = -f(b - x) \Leftrightarrow \operatorname{graph} f$ 关于 $\left(\dfrac{a + b}{2}, 0\right)$ 对称.

3. 函数的对称性

(1) 点 (x, y) 关于 y 轴的对称点为 $(-x, y)$,函数 $y = f(x)$ 关于 y 轴的对称曲线方程为 $y = f(-x)$.

(2) 点 (x, y) 关于 x 轴的对称点为 $(x, -y)$.函数 $y = f(x)$ 关于 x 轴的对称曲线方程为 $y = -f(x)$.

(3) 点 (x, y) 关于原点的对称点为 $(-x, -y)$.函数 $y = f(x)$ 关于原点的对称曲线方程 $y = -f(-x)$.

(4) 点 (x, y) 关于直线 $y = \pm x + a$ 的对称点为 $(\pm(y - a), \pm x + a)$.曲线 $f(x, y) = 0$ 关于直线 $y = \pm x + a$ 的对称曲线方程为 $f[\pm(y - a), \pm x + a] = 0$.

特别地,点 (x, y) 关于直线 $y = x$ 的对称点为 (y, x).曲线 $f(x, y) = 0$ 关于直线 $y = x$ 的对称曲线的方程为 $f(y, x) = 0$.

点 (x, y) 关于直线 $y = -x$ 的对称点为 $(-y, -x)$.曲线 $f(x, y) = 0$ 关于直线 $y = -x$ 的对称曲线的方程为 $f(-y, -x) = 0$.

(5) 曲线 $f(x, y) = 0$ 关于点 (a, b) 的对称曲线的方程为 $f(2a - x, 2b - y) = 0$.

(6) 形如 $y = \dfrac{ax + b}{cx + d}(c \neq 0, ad \neq bc)$ 的图像是双曲线,其两条渐近线的方程分别为 $x = -\dfrac{d}{c}$ 和 $y = \dfrac{a}{c}$.对称中心为 $\left(-\dfrac{d}{c}, \dfrac{a}{c}\right)$.

(7) 对于 $|f(x)|$ 的图像,先保留 $f(x)$ 原来在 x 轴上方的图像,作出 x 轴下方的图像关于 x 轴的对称图形,然后擦去 x 轴下方的图像即可得到.

对于 $f(|x|)$ 的图像,先保留 $f(x)$ 在 y 轴右方的图像,擦去 y 轴左方的图像,然后作出 y 轴右方的图像关于 y 轴的对称图形即可得到.(参阅翻折变换).

求对称曲线方程问题,实质上是利用代入法转化为求点的对称问题.证明函数图像的对称性,即证明图像任一点关于对称中心(对称轴)的对称点仍在图像上.

证明图像 c_1 与 c_2 的对称性,既要证明 c_1 上任一点关于对称中心(对称轴)的对称点仍在 c_2 上,又要证明 c_2 上任一点关于对称中心(对称轴)的对称点仍在 c_1 上.

题 1 计算下列各题.

(1) 设有三个函数,第一个函数是 $y=\varphi(x)$,第二个函数是第一个函数的反函数,而第三个函数的图像与第二个函数的图像关于直线 $x+y=0$ 对称,则第三个函数是( ).

A. $y=-\varphi(x)$ B. $y=-\varphi(-x)$
C. $y=-\varphi^{-1}(x)$ D. $y=-\varphi^{-1}(-x)$

(2) 函数 $y=f(x)$ 与 $y=-f^{-1}(-x)$ 的图像的位置关系是( ).

A. 关于 $y=x$ 对称 B. 关于 $x+y=0$ 对称
C. 关于原点对称 D. 重合

(3) 若函数 $f(x)$ 存在反函数 $f^{-1}(x)$,则与函数 $y=f(x-a)+b$ 的图像关于直线 $y=x$ 对称的图像所对应的函数是_____.

(4) 函数 $y=f(x)$ 的图像为 C,而 C 关于直线 $x=1$ 对称的图像为 C_1,将 C_1 向左平移 1 个单位长度后得到的图像为 C_2,则 C_2 所对应的函数为( ).

A. $y=f(-x)$ B. $y=f(1-x)$
C. $y=f(2-x)$ D. $y=f(3-x)$

(5) 函数 $y=f(x)$ 的导函数 $y=f'(x)$ 的图像如图 5.2 所示,则函数 $y=f(x)$ 的图像可能是( ).

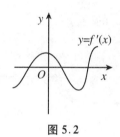

图 5.2

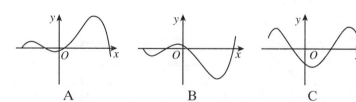

A B C D

(6) 定义在区间 $[0,3\pi]$ 上的函数 $y=\sin 2x$ 的图像与 $y=\cos x$ 的图像的交点个数是_____.

思路剖释 (1) 第二个函数为 $y=\varphi^{-1}(x)$,则第三个函数为 $y=-\varphi(-x)$.故选 B.

(2) 由 $y=-f^{-1}(-x)$,得 $-y=f^{-1}(-x)$.于是 $y=f(x)$ 图像上的点 (x,y) 对应于 $y=-f^{-1}(-x)$ 图像上的点 $(-y,-x)$,从而有 $\dfrac{y-x}{2}+\dfrac{x-y}{2}=0$,且 $\dfrac{y-(-x)}{x-(-y)}=1$,这表示这两个函数图像关于 $x+y=0$ 对称.故选 B.

(3) 令 $y=F(x)=f(x-a)+b$,则有 $y-b=f(x-a)$.于是 $x-a=f^{-1}(y-b)$,即 $y=f^{-1}(x-b)+a$ 为所求.

(4) 函数 $y=f(x)$ 的图像关于直线 $x=a$ 对称的充要条件是 $f(x)=f(2a-x)$,因为 $C_1:y=f(2-x)$,所以 $C_2:y=f[2-(x+1)]=f(1-x)$.故选 B.

(5) 根据导函数 $y=f'(x)$ 的图像可得原函数先减再增,再减再增,对比四个选项可得 D 符合题意.故选 D.

(6) 如图 5.3 所示,由 $y=\sin 2x$ 与 $y=\cos x$ 在 $[0,3\pi]$ 上的图像可知,当 $x\in[0,\pi]$ 时两者有 3 个交点,当 $x\in[\pi,2\pi]$ 时两者有 1 个交点,当 $x\in[2\pi,3\pi]$ 时两者有 3 个交点,总共有 7 个交点.

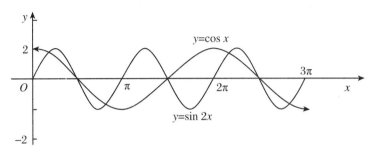

图 5.3

题 2 求解下列各题.

(1) 函数 $y=2x^2-e^{|x|}$ 在 $[-2,2]$ 的图像大致为(　　).

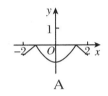 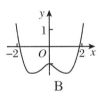 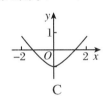 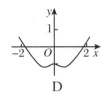
A　　　　　　B　　　　　　C　　　　　　D

(2) 函数 $f(x)=\dfrac{|1-x^2|}{1-|x|}$ 的图像是(　　).

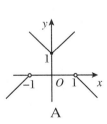 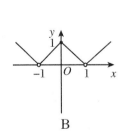 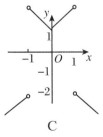 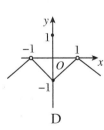
A　　　　　　B　　　　　　C　　　　　　D

思路剖释 (1) 由 $f(2)=8-e^2\in(0,1)$,可排除选项 A 和 B;又 $x\in(0,2)$,$y'=4x-e^x=0$ 有解,故函数在 $(0,1)$ 内有极值点,可排除选项 C,故选 D.

(2) 由 $f(x)=\dfrac{|1-x^2|}{1-|x|}$,得

$$f(x)=\begin{cases}\dfrac{|1-x^2|}{1-x},&x>0\\[2mm]\dfrac{|1-x^2|}{1+x},&x<0,\end{cases}$$

即
$$f(x) = \begin{cases} -(1+x), & x > 1, \\ 1+x, & 0 < x < 1, \\ 1-x, & -1 < x < 0, \\ x-1, & x < -1. \end{cases}$$

故选 C.

题 3 作出下列函数的图像.

(1) $y = \lg|x+1|$； (2) $y = \log_2(3-x)$；

(3) $y = |x^2+2x|-3$； (4) $y = x^2-2|x|-3$.

思路剖释 (1) 先作出 $y = \lg x$ 的图像,将 $y = \lg x$ 的图像向左平移 1 个单位得 $y = \lg(x+1)$ 的图像,然后将函数 $y = \lg(x+1)$ 的图像对称地翻折到直线 $x = -1$ 的左侧,并保留直线 $x = -1$ 右侧部分,即得 $y = \lg|x+1|$ 的图像(图 5.4).

(2) 先作出 $y = \log_2 x$ 的图像,将函数 $y = \log_2 x$ 的图像关于 y 轴对称地翻折得 $y = \log_2(-x)$ 的图像,再将 $y = \log_2(-x)$ 的图像向右平移 3 个单位就可以得到 $y = \log_2(3-x)$ 的图像(图 5.5).

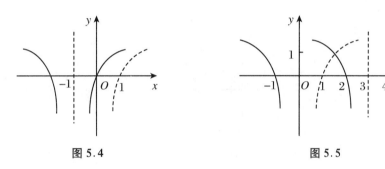

图 5.4   图 5.5

(3) 先作出函数 $y = x^2+2x-3$ 的图像,将图像在直线 $y = -3$ 下方部分对称地翻折到直线 $y = -3$ 上方,并将下方部分擦去即得函数 $y = |x^2+2x|-3$ 的图像(图 5.6).

(4) 由于 $y = x^2-2|x|-3$ 为偶函数,故要作函数 $y = x^2-2|x|-3$ 的图像,只要作出 $y = x^2-2x-3(x \geqslant 0)$ 的图像,再作关于 y 轴对称的图像,从而得所求函数的图像(图 5.7).

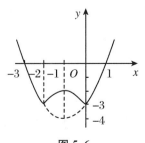

图 5.6

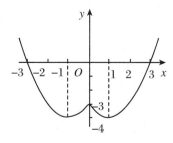

图 5.7

题 4 识别下列各题的图像.

(1) 函数 $y = kx + b\,(b<0)$ 和 $y = \dfrac{k}{x}$ 的图像为( ).

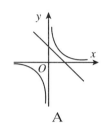 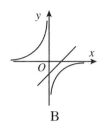 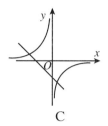 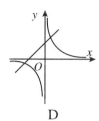

A　　　　　　B　　　　　　C　　　　　　D

(2) 方程:① $y = e^{\ln x}$,② $\log_x y = 1$,③ $y = \sqrt{x^2}$,④ $y = \sqrt[3]{x^3}$,⑤ $y = \dfrac{x^2}{|x|}$,⑥ $\lg \dfrac{y}{x} = 0$ 的图像依次是( ).

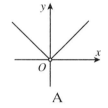 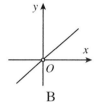 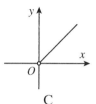

A　　　　　　　　B　　　　　　　　C

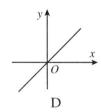 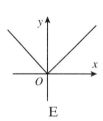 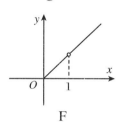

D　　　　　　　　E　　　　　　　　F

(3) 图 5.8 是下列四个函数中( )的图像.

A. $y = (\sin\theta)^{\log_{\sin\theta} x}$

B. $y = |\sin\theta|^{\log_{\sin\theta} x}$

C. $y = \sin\theta^{|\log_{\sin\theta} x|}$

D. $y = \sin\theta^{\log_{\sin\theta} |x|}$

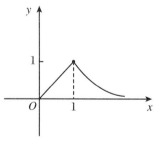

图 5.8

思路剖释 (1) 综合考查两个函数的特征.

因 $b<0$,直线方程 $y = kx + b$ 的截距小于零,故选项 A、D 不可能.

在选项 B 中,直线的斜率 $k>0$,但对 $y = \dfrac{k}{x}$,$k<0$,故选项 B 不可能.因此,只有选项 C.故选 C.

注 本题是同一直角坐标系中两个函数图像的识别.

(2) 方程①即 $y = x$,但 $x>0$,相应图像为 C;方程②即 $y = x$,且 $x>0$,$x \neq 1$,相应图像为 F;方程③即 $y = |x|$,相应图像为 E;方程④即 $y = x$,相应图像为 D;方程⑤即

$y = \begin{cases} x, x>0, \\ -x, x<0, \end{cases}$ 相应图像为 A;方程⑥即 $\frac{y}{x}=1, x\neq 0$,相应图像为 B.

综上所述,有①↔C,②↔F,③↔E,④↔D,⑤↔A,⑥↔B.

注 本题是多函数多图像的识别.

(3) 对数函数 $y=\log_a x(a>0,$ 且 $a\neq 1)$,当 $a>1$ 时,$y=\log_a x$ 单调递增;当 $0<a<1$ 时,$y=\log_a x$ 单调递减. 因 $0<\sin\theta<1$,所以 $y=\log_{\sin x} x$ 单调递减. 从而当 $0<x<1$ 时,$y(x)>y(1)$,又 $y(1)=0$,故 $\log_{\sin\theta} x>0$.

选项 A 即 $y=x$;选项 B 即 $y=x$(依对数定义,$\sin\theta>0$);选项 C 中,当 $0<x<1$ 时,$\log_{\sin\theta} x>0$,故 $y=\sin\theta^{\log_{\sin\theta} x}$,即 $y=x$,当 $x>1$ 时,$\log_{\sin\theta} x<0$,故 $y=\sin\theta^{-\log_{\sin\theta} x}$,即 $y=\frac{1}{x}$;选项 D 即 $y=|x|$.

对照图形,故选 C.

注 本题是多函数一个图像的识别.

题 5 求解下列各题.

(1) 已知函数 $f(x)$ 的图像是由函数 $g(x)=\cos x$ 的图像经如下变换得到的:先将 $g(x)$ 图像上所有点的纵坐标伸长到原来的 2 倍(横坐标不变),再将所得到的图像向右平移 $\frac{\pi}{2}$ 个单位长度. 求函数 $f(x)$ 的解析式,并求其图像的对称轴方程.

(2) 如图 5.9 所示,某港口一天 6 时到 18 时的水深变化曲线近似满足函数 $y=3\sin\left(\frac{\pi}{6}x+\varphi\right)+k$. 据此函数可知,这段时间水深(单位:$m$)的最大值为( ).

A. 5
B. 6
C. 8
D. 10

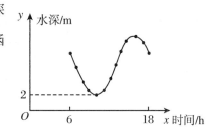

图 5.9

(3) 如图 5.10 所示,函数 $f(x)$ 的图像是折线段 ACB,则不等式 $f(x)\geq\log_2(x+1)$ 的解集是( ).

A. $\{x|-1<x\leq 0\}$
B. $\{x|-1\leq x\leq 1\}$
C. $\{x|-1<x\leq 1\}$
D. $\{x|-1<x\leq 2\}$

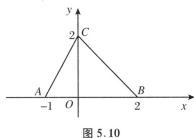

图 5.10

思路剖释 (1) 将 $g(x)=\cos x$ 的图像上所有点的纵坐标伸长到原来的 2 倍(横坐标不变),得到 $y=2\cos x$ 的图像,再将 $y=2\cos x$ 的图像向右平移 $\frac{\pi}{2}$ 个单位长度后得到 $y=2\cos\left(x-\frac{\pi}{2}\right)$ 的图

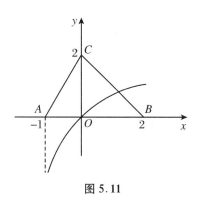

图 5.11

像,故 $f(x)=2\sin x$. 因此函数 $f(x)=2\sin x$ 图像的对称轴方程为 $x=k\pi+\dfrac{\pi}{2}(k\in\mathbf{Z})$.

(2)由图形,知 $f(x)_{\min}=-3+k=2$,求得 $k=5$,所以 $f(x)_{\max}=3+5=8$. 故选 C.

(3)当 $0\leqslant x\leqslant 2$ 时,$f(x)=2-x$. 由 $2-x=\log_2(x+1)$,得 $x=1$. 在同一直角坐标系中作出 graph f 和 graph $\log_2(x+1)$,如图 5.11 所示. 由图像可知,当 $f(x)\geqslant \log_2(x+1)$ 时,$-1<x\leqslant 1$. 故选 C.

题 6 已知 $f(x)=x^3+ax^2+bx+2$ 的图像关于点 $A(2,0)$ 对称,则 $f(1)=$ _____.

思路剖析 由题意,知
$$f(x+2)=(x+2)^3+a(x+2)^2+b(x+2)+2,$$
化简、整理,得
$$f(x+2)=x^3+(a+6)x^2+(b+4a+12)x+4a+2b+10.$$
因 $f(x)$ 的图像关于点 $A(2,0)$ 对称,故 $f(x+2)$ 为奇函数,从而得
$$\begin{cases}a+6=0,\\ 4a+2b+10=0.\end{cases}$$
解此方程组,得 $a=-6,b=7$. 于是 $f(x)=x^3-6x^2+7x+2$. 故
$$f(1)=1^3-6\times1^2+7\times1+2=4.$$

题 7 图 5.12 是函数 $y=\left(\dfrac{1}{2}\right)^x$ 和 $y=3x^2$ 图像的一部分,其中在 $x_1,x_2(-1<x_1<0<x_2)$ 处,两函数值相等.

(1)给出如下两个命题.

命题 1:当 $x<x_1$ 时,$\left(\dfrac{1}{2}\right)^x<3x^2$.

命题 2:当 $x>x_2$ 时,$\left(\dfrac{1}{2}\right)^x<3x^2$.

试判定这两个命题的真假,并说明理由.

(2)求证:$x_2\in(0,1)$.

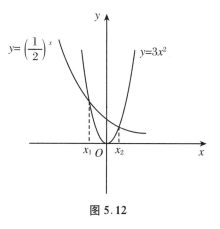

图 5.12

思路剖析 (1)命题 1 为假命题,举反例如下.

取 $x=-10$,则 $x<x_1$. 但是 $\left(\dfrac{1}{2}\right)^{-10}=2^{10}=1024$,而 $3\times(-10)^2=300$. 故 $\left(\dfrac{1}{2}\right)^x<3x^2$ 不成立.

命题 2 为真命题. 事实上,因函数 $y=\left(\dfrac{1}{2}\right)^x$ 在 $[x_2,+\infty)$ 内是单调递减函数,而函数

$y = 3x^2$ 在 $[x_2, +\infty)$ 内是单调递增函数,故当 $x > x_2$ 时,

$$\left(\frac{1}{2}\right)^x < \left(\frac{1}{2}\right)^{x_2} = 3x_2^2 < 3x^2,$$

即

$$\left(\frac{1}{2}\right)^x < 3x^2.$$

(2) 构造函数 $f(x) = 3x^2 - \left(\frac{1}{2}\right)^x$,则

$$f(0) = -1 < 0, \quad f(1) = \frac{5}{2} > 0.$$

故 $f(x)$ 在区间 $(0,1)$ 内有零点.

又因函数 $f(x) = 3x^2 - \left(\frac{1}{2}\right)^x$ 在 $(0, +\infty)$ 内有

$$f'(x) = 6x - \left(\frac{1}{2}\right)^x \ln\frac{1}{2} = 6x + \left(\frac{1}{2}\right)^x \ln 2 > 0,$$

故 $f(x)$ 为单调递增函数.因此 $f(x)$ 在 $(0,1)$ 内的零点唯一,即为 x_2.故 $x_2 \in (0,1)$.

题 8 设 $f(x) = \min\{3 + \log_{\frac{1}{4}} x, \log_2 x\}$,其中 $\min(p, q)$ 表示 p, q 中的较小者,求 $f(x)$ 的最大值.

思路剖释 用图像法解题,猜测 $f(x)$ 是一个分段函数.从 $f(x)$ 的图像,知 $f(x)$ 的最大值为 2.

易知 $f(x)$ 的定义域是 $(0, +\infty)$. $y_1 = 3 + \log_{\frac{1}{4}} x$ 在 $(0, +\infty)$ 内是单调递减函数,$y_2 = \log_2 x$ 在 $(0, +\infty)$ 内是单调递增函数,而当 $y_1 = y_2$,即 $3 + \log_{\frac{1}{4}} x = \log_2 x$ 时,$x = 4$.故由 $y_1 = 3 + \log_{\frac{1}{4}} x$ 和 $y_2 = \log_2 x$ 的图像(图 5.13),可知

$$f(x) = \begin{cases} 3 + \log_{\frac{1}{4}} x, & x \geqslant 4, \\ \log_2 x, & 0 < x < 4. \end{cases}$$

当 $x = 4$ 时,取得 $f(x)$ 最大值 2.

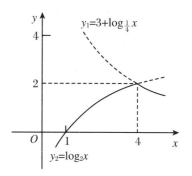

图 5.13

注 由于函数图像直观地反映了函数的特性,故将数量的关系问题转化为图形的性质问题,可使复杂问题简单化、抽象问题具体化.一般地,如果代数表达形式是关于实数 x 的等式 ($f(x) = 0$ 或 $f(x) = g(x)$),则实数 x 相应的几何形式就是函数 $y = f(x)$ 的图像与 x 轴交点的横坐标或函数 $y = f(x)$ 与 $y = g(x)$ 的图像的交点的横坐标;如果代数表达形式是关于实数 x 的不等式,则其几何形式就是数轴上的点集;如果代数表达形式是关于实数 x, y 的不等式,则其几何形式就是坐标平面内点的区域.

题 9 计算下列各题.

(1) 已知二次函数 $f(x) = ax^2 + bx + c$ 的图像经过点 $(-2, 0)$,且不等式 $2x \leqslant f(x) \leqslant \frac{1}{2}x^2 + 2$ 对一切实数 x 都成立.

(i) 求函数 $f(x)$ 的解析式.

(ii) 若对于一切 $x \in [-1, 1]$,不等式 $f(x+t) \leqslant f\left(\frac{x}{2}\right)$ 恒成立,求 t 的取值范围.

(2) 已知函数 $f(x) = ax^2 + bx + c (a \neq 0, a, b, c$ 均为常数),函数 $f_1(x)$ 的图像与函数 $f(x)$ 的图像关于 y 轴对称.函数 $f_2(x)$ 的图像与函数 $f_1(x)$ 的图像关于直线 $y = 1$ 对称,则函数 $f_2(x)$ 的解析式为 _____.

(3) 定义一种运算: $a * b = \begin{cases} a, a \leqslant b, \\ b, a > b, \end{cases}$ 则函数 $f(x) = \sin x * \cos x$ 的值域为 _____.

(4) 函数 $f(x) = \frac{x}{x+1} + \frac{x+1}{x+2} + \frac{x+2}{x+3} + \cdots + \frac{x+2010}{x+2011}$ 的图像的对称中心为 _____.

(5) 当 k 为什么实数时,方程 $x^2 - 2|x| + 3 = k$ 有 4 个互不相等的实根.

思路剖释 (1) 观察 $2x = \frac{1}{2}x^2 + 2$ 的特殊情形,结合图像解题.

(i) 当 $x = 2$ 时, $2x = \frac{1}{2}x^2 + 2 = 4$,于是 $f(2) = 4$,则

$$4a + 2b + c = 4. \qquad ①$$

由题设,知 $f(-2) = 0$,那么

$$4a - 2b + c = 0. \qquad ②$$

再注意到 $y = 2x$ 的图像必与 $f(x)$ 的图像相切,于是 $2x = ax^2 + bx + c$,即 $ax^2 + (b-2)x + c = 0$ 有两个相等的根,则有

$$\Delta = (b-2)^2 - 4ac = 0. \qquad ③$$

联立式①、②、③,得 $a = \frac{1}{4}, b = c = 1$,故 $f(x) = \frac{1}{4}x^2 + x + 1$.

(ii) 由题意知,对于一切 $x \in [-1, 1], f(x+t) \leqslant f\left(\frac{x}{2}\right)$ 恒成立.

利用图像分析.由图 5.14,知需对 $f(x)$ 右移至 $f(x+t)$.此时满足

$$\begin{cases} f(1+t) \leqslant f\left(\frac{1}{2}\right), \\ f(-1+t) \leqslant f\left(-\frac{1}{2}\right) = f\left(-\frac{7}{2}\right), \end{cases}$$

故

$$\begin{cases} 1 + t \leqslant \frac{1}{2}, \\ -1 + t \geqslant -\frac{7}{2}. \end{cases}$$

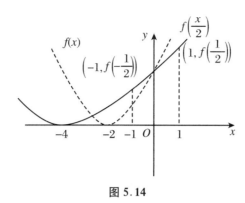

图 5.14

所以
$$t \in \left[-\frac{5}{2}, -\frac{1}{2}\right].$$

(2) 设点 $P(x, y)$ 在函数 $f_2(x)$ 的图像上,则点 P 关于直线 $y=1$ 的对称点 $P'(x, 2-y)$ 在函数 $f_1(x)$ 的图像上,进而点 P' 关于 y 轴的对称点 $P''(-x, 2-y)$ 在函数 $f(x)$ 的图像上. 于是
$$2 - y = a(-x)^2 + b(-x) + c,$$
即
$$y = -ax^2 + bx + 2 - c,$$
亦即
$$f_2(x) = -ax^2 + bx + 2 - c.$$

(3) 由题意,知
$$f(x) = \sin x * \cos x = \begin{cases} \sin x, & \sin x \leqslant \cos x, \\ \cos x, & \sin x > \cos x. \end{cases}$$

在同一直角坐标系中作出 $y_1 = \sin x$ 与 $y_2 = \cos x$ 的图像,进一步得到 $y = f(x)$ 的图像. 由图 5.15,可知
$$f(x)_{\min} = -1, \quad f(x)_{\max} = \frac{\sqrt{2}}{2},$$

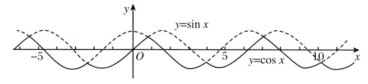

图 5.15

故函数 $f(x) = \sin x * \cos x$ 的值域为 $\left[-1, \frac{\sqrt{2}}{2}\right]$.

(4) 因为

$$f(x) = \frac{x}{x+1} + \frac{x+1}{x+2} + \frac{x+2}{x+3} + \cdots + \frac{x+2010}{x+2011}$$

$$= 2011 - \left(\frac{1}{x+1} + \frac{1}{x+2} + \frac{1}{x+3} + \cdots + \frac{1}{x+2011}\right),$$

记 $g(x) = \left(\frac{1}{x+1} + \frac{1}{x+2} + \frac{1}{x+3} + \cdots + \frac{1}{x+2011}\right)$,$g(x-1006) = \left(\frac{1}{x-1005} + \frac{1}{x-1004} + \frac{1}{x-1003} + \cdots + \frac{1}{x+1005}\right)$ 为奇函数,所以 $g(x)$ 的图像关于 $(-1006,0)$ 对称.故 $f(x)$ 的图像关于 $(-1006,2011)$ 点对称.

(5) 原方程即为 $x^2 - 2|x| + 1 = k - 2$. 设 $y = f(x) = x^2 - 2|x| + 1$,作出 $y = f(x)$ 的图像,如图 5.16 所示.

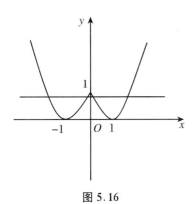

图 5.16

注意到 $y = k-2$ 是平行于 x 轴的直线,于是原方程有 4 个互不相等的实根,即直线 $y = k-2$ 应与曲线 $y = f(x)$ 有 4 个不同的交点. 由图像,知当 $0 < k-2 < 1$,即 $2 < k < 3$ 时,方程 $x^2 - 2|x| + 3 = k$ 有 4 个互不相等的实根.

题 10 求解下列各题.

(1) 已知 $1 \leqslant a \leqslant \sqrt{2}$,则方程 $\sqrt{a^2 - x^2} = \sqrt{2} - |x|$ 的相异实根的个数是_____.

(2) 设 $\alpha, \beta, \gamma \in \left(0, \frac{\pi}{2}\right)$,且 $\cot\alpha = \alpha$,$\sin(\cot\beta) = \beta$,$\cot(\sin\gamma) = \gamma$,则 α, β, γ 的大小关系是( ).

A. $\alpha < \beta < \gamma$ B. $\alpha < \gamma < \beta$
C. $\gamma < \beta < \alpha$ D. $\beta < \alpha < \gamma$

(3) 已知函数 $f(x) = \begin{cases} 2-|x|, & x \leqslant 2, \\ (x-2)^2, & x > 2, \end{cases}$ 函数 $g(x) = b - f(2-x)$,其中 $b \in \mathbf{R}$,若函数 $y = f(x) - g(x)$ 恰好有 4 个零点,则 b 的取值范围是( ).

A. $\left(\frac{7}{4}, +\infty\right)$ B. $\left(-\infty, \frac{7}{4}\right)$
C. $\left(0, \frac{7}{4}\right)$ D. $\left(\frac{7}{4}, 2\right)$

思路剖释 (1) 分别作出函数 $y = \sqrt{a^2-x^2}$ 和 $y = \sqrt{2} - |x|$ 的图像. 其中,$y = \sqrt{a^2-x^2}$ 表示以原点为圆心、a 为半径的上半圆周. 于是,问题转化为求这两个函数图像的交点个数. 由图 5.17,知所求交点个数为 $\begin{cases} 1, & a = 1, \\ 4, & 1 < a < \sqrt{2}, \\ 3, & a = \sqrt{2}. \end{cases}$

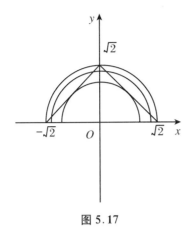

图 5.17

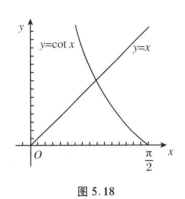

图 5.18

(2) 当 $x\in\left(0,\dfrac{\pi}{2}\right)$ 时,有 $0<\sin x<x$ 成立. 根据题意, 知 $\beta=\sin(\cot\beta)<\cot\beta$, 即 $\beta-\cot\beta<0$. 故当 $x\in\left(0,\dfrac{\pi}{2}\right)$ 时, $\cot x$ 为单调递减函数, 如图 5.18 所示, 所以 $\gamma=\cot(\sin\gamma)>\cot\gamma$, 即 $\gamma-\cot\gamma>0$; 当 $x\in\left(0,\dfrac{\pi}{2}\right)$ 时, 易见 $x-\cot x$ 是单调递增函数. 又 $\beta-\cot\beta<\alpha-\cot\alpha<\gamma-\cot\gamma$, 所以 $\beta<\alpha<\gamma$. 故选 D.

(3) 由题意, 设 $y=f(x)-g(x)$ 恰有 4 个零点, 所以设方程 $f(x)-g(x)=0$, 则 $b=f(x)+f(2-x)$ 有 4 个不同根, 即函数 $y=b, y=f(x)+f(2-x)$ 的图像有 4 个不同交点,

$$f(x)+f(2-x)=\begin{cases} x^2+x+2, & x<0, \\ 2, & 0\leqslant x\leqslant 2, \\ x^2-5x+8, & x>2. \end{cases}$$

因为

$$x^2+x+2=\left(x+\dfrac{1}{2}\right)^2=\dfrac{7}{4},$$

$$x^2-5x+8=\left(x-\dfrac{5}{2}\right)^2=\dfrac{7}{4},$$

作出函数图像如图 5.19 所示, 由图可得当 $\dfrac{7}{4}<b<2$ 时, 函数 $y=b, y=f(x)+f(2-x)$ 的图像有 4 个不同交点, 所以函数 $y=f(x)-g(x)$ 恰有 4 个零点时, b 的取值范围是 $\left(\dfrac{7}{4},2\right)$.

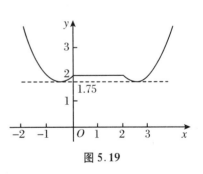

图 5.19

题 11 设 $[x]$ 为取整函数, 则方程 $2^x-2[x]-1=0$ 有( )个根.

A. 4   B. 3   C. 2   D. 1

思路剖释 由题意可知, 方程根的个数等于函数 $y=2^x-1$ 的图像与函数 $y=2[x]$ 的图

像的交点个数. 在同一平面直角坐标系中, 分别画出函数 $y = 2^x - 1$ 的图像与 $y = 2[x]$ 的图像, 如图 5.20 所示. 两函数的图像共有 3 个交点: 一个是原点, 另一个交点 $\in (1,2)$, 还有一个交点 $\in (2,3)$. 故选 B.

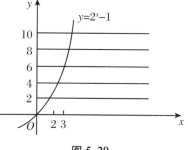

图 5.20

题 12 (1) 画出函数 $y = |x^2 - 2\sqrt{3}x + 1|$ 的图像.

(2) 为使方程 $|x^2 - 2\sqrt{3}x + 1| = \frac{1}{\sqrt{3}}x + b$ 有 4 个不同的实数根, 求 b 的变化范围.

思路剖释 去掉绝对值, 研究函数的图像.

(1) 函数 $y = |x^2 - 2\sqrt{3}x + 1|$ 的图像为图 5.21 中的实线部分, 其与 x 轴的交点 P 与 Q 的坐标分别为 $(\sqrt{3} - \sqrt{2}, 0)$ 与 $(\sqrt{3} + \sqrt{2}, 0)$.

(2) **方法 1** 方程 $|x^2 - 2\sqrt{3}x + 1| = \frac{1}{\sqrt{3}}x + b$ 的实数根就是函数 $y = |x^2 - 2\sqrt{3}x + 1|$ 与 $y = \frac{1}{\sqrt{3}}x + b$ 的图像交点的横坐标.

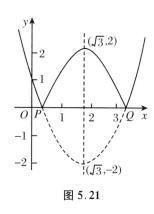

图 5.21

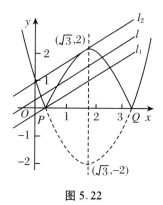

图 5.22

现作函数 $y = \frac{1}{\sqrt{3}}x + b$ 的图像, 这里 b 取不同的值, 直线 l 就不同, 但这些直线是相互平行的, 从图 5.22 中可以看出直线 l 介于 l_1 和 l_2 之间时, 该直线才与函数 $y = |x^2 - 2\sqrt{3}x + 1|$ 的图像有 4 个交点, 即方程 $|x^2 - 2\sqrt{3} + 1| = \frac{1}{\sqrt{3}}x + b$ 有 4 个不同的实数根.

过点 P 可求出 l_1 的表达式, 因 $P(\sqrt{3} - \sqrt{2}, 0)$, 故 $0 = \frac{1}{\sqrt{3}}(\sqrt{3} - \sqrt{2}) + b$, 解得 $b = -\frac{\sqrt{3} - \sqrt{2}}{\sqrt{3}}$. 故 l_1 为

$$y = \frac{1}{\sqrt{3}}x - \frac{\sqrt{3} - \sqrt{2}}{\sqrt{3}},$$ ①

l_2 与 $y=-(x^2-2\sqrt{3}x+1)$ 的图像相切,只有一个交点.要使方程 $-(x^2-2\sqrt{3}x+1)=\dfrac{1}{\sqrt{3}}x+b$ 有等根,必须 $\Delta=0$,即 $4(1+b)=\left(\dfrac{1}{\sqrt{3}}-2\sqrt{3}\right)^2$.解之,得 $b=\dfrac{13}{12}$,从而 l_2 为

$$y=\dfrac{1}{\sqrt{3}}x+\dfrac{13}{12}, \qquad ②$$

由式 ①、②,知 b 的变化范围为 $-\dfrac{3-\sqrt{6}}{3}<b<\dfrac{13}{12}$.

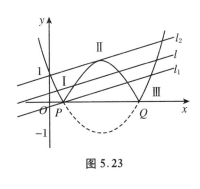

图 5.23

方法 2 函数 $y=|x^2-2\sqrt{3}+1|$ 的图像是将 $y=x^2-2\sqrt{3}x+1$ 的图像中位于 x 轴下方的部分(图 5.23 的虚线)翻折到 x 轴上方而成,图中 $P(\sqrt{3}-\sqrt{2},0)$,$Q(\sqrt{3}+\sqrt{2},0)$.也就是说,所求图像由三部分组成.

曲线 Ⅰ:$y=x^2-2\sqrt{3}+1$,$x<\sqrt{3}-\sqrt{2}$.

曲线 Ⅱ:$y=-(x^2-2\sqrt{3}+1)$,$\sqrt{3}-\sqrt{2}\leqslant x\leqslant\sqrt{3}+\sqrt{2}$.

曲线 Ⅲ:$y=x^2-2\sqrt{3}+1$,$x>\sqrt{3}+\sqrt{2}$.

这是函数 $y=|x^2-2\sqrt{3}x+1|$ 的分段表示法.

为使方程 ① 有 4 个不同的实数根,就要使直线 $l:y=\dfrac{1}{\sqrt{3}}x+b$ 与曲线 Ⅰ 和曲线 Ⅲ 各有一个交点,与曲线 Ⅱ 有两个不同的交点,从图 5.23 可以看出,只有当直线 l 位于直线 l_1 的上方、直线 l_2 的下方时才具有这种性质,这里直线 l_1 过点 $P(\sqrt{3}-\sqrt{2},0)$,直线 l_2 与曲线 Ⅱ 相切,它们的方程分别为 $y=\dfrac{1}{\sqrt{3}}x-\dfrac{3-\sqrt{6}}{3}$ 与 $y=\dfrac{1}{\sqrt{3}}x+\dfrac{13}{12}$.因此,所求的 b 的变化范围是 $-\dfrac{3-\sqrt{6}}{3}<b<\dfrac{13}{12}$.

注 探讨下面的解题思路.

为使

$$|x^2-2\sqrt{3}+1|=\dfrac{1}{\sqrt{3}}x+b, \qquad ①$$

有 4 个不同的实数根,只需

$$x^2-2\sqrt{3}+1=\dfrac{1}{\sqrt{3}}x+b, \qquad ②$$

和

$$-(x^2-2\sqrt{3}+1)=\dfrac{1}{\sqrt{3}}x+b, \qquad ③$$

各有两个不同的实数根,因此由方程 ② 的判别式

$$\Delta_2 = \left(2\sqrt{3} + \frac{1}{\sqrt{3}}\right)^2 - 4(1-b) = \frac{37}{3} + 4b > 0,$$

得 $b > -\frac{37}{12}$.

由方程③的判别式

$$\Delta_3 = \left(\frac{1}{\sqrt{3}} - 2\sqrt{3}\right)^2 - 4(1+b) = \frac{13}{3} - 4b > 0,$$

得 $b < \frac{13}{12}$,所以 b 的变化范围却是 $-\frac{37}{12} < b < \frac{13}{12}$.

究其理由,首先要领会方程②的方程③的实数根的几何意义是什么?方程②的两实数根表示 $y = x^2 - 2\sqrt{3}x + 1$ 的图像是图 5.24 的抛物线,故 $\Delta_2 > 0$,即 $b > -\frac{37}{12}$.只能保证直线 l 与图 5.24 中的抛物线有两个交点,它不能保证直线 l 与图 5.23 中的曲线 I 与 III(即图 5.24 中抛物线的位于 x 轴上方的左、右两段)各有一个交点(图 5.24 中与抛物线相切的直线 m_2 的方程是 $y = \frac{1}{\sqrt{3}}x - \frac{37}{12}$,因为方程②有等根时 $b = -\frac{37}{12}$).

例如,当 $b = -3\left(7 - \frac{37}{12}\right)$ 时,方程②的两个实数根为 $x_1 = \frac{4\sqrt{3}}{3}$ 与 $x_2 = \sqrt{3}$.容易验证,这时 x_1 与 x_2 都在 $\sqrt{3} - \sqrt{2}$ 与 $\sqrt{3} + \sqrt{2}$ 之间,也就是说,直线 $y = \frac{1}{\sqrt{3}}x - 3$ 根本不与图 5.23 中的曲线 I 和 III 相交,因此 b 的下限取 $-\frac{37}{12}$ 是错误的.

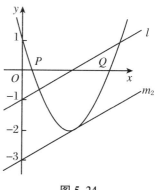

图 5.24

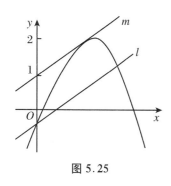

图 5.25

同样,$y = -(x^2 - 2\sqrt{3}x + 1)$ 的图像是图 5.23 中开口向下的抛物线,方程③的两个实数根表示这条抛物线与直线 l 的两个交点,因此,条件 $\Delta_3 > 0$ 即 $b < \frac{13}{12}$,只能保证直线 l 与图 5.25 中的抛物线有两个交点,但是,条件 $b < \frac{13}{12}$ 保证了直线 l 在直线 m_3(相应的 $b = \frac{13}{12}$)的下方,而直线 m_3 就是图 5.23 中的直线 l_2,因此,由方程③得出 b 的上限 $\frac{13}{12}$ 是正确的.

题 13 描绘函数 $f(x) = (2x - 5)\sqrt[3]{x^2}$ 的图像.

思路剖释 (1) 函数 $f(x)$ 的定义域为 $(-\infty, +\infty)$.

(2) 令 $f(x) = 0$,得 $x = 0$ 与 $x = \frac{5}{2}$,故图像与 x 轴交于 $(0, 0)$ 与 $\left(\frac{5}{2}, 0\right)$ 两点.

(3) 函数 $f(x)$ 既非奇函数也非偶函数, 也不是周期函数.

(4) 因 $f'(x) = \dfrac{10}{3} \cdot \dfrac{x-1}{x^{\frac{1}{3}}}, f''(x) = \dfrac{10}{9} \cdot \dfrac{2x+1}{x^{\frac{4}{3}}}$.

令 $f'(x) = 0$, 得驻点 $x = 1$. 又 $x = 0$ 时, $f'(x)$ 不存在.

令 $f''(x) = 0$, 得 $x = -\dfrac{1}{2}$. 且 $x = 0$ 时, $f''(x)$ 不存在.

(5) 以 $-\dfrac{1}{2}, 0, 1$ 为分界点将定义域 $(-\infty, +\infty)$ 分成 4 个子区间: $\left(-\infty, -\dfrac{1}{2}\right)$, $\left(-\dfrac{1}{2}, 0\right), (0, 1), (1, +\infty)$.

(6) 如表 5.1 所示.

表 5.1

x	$\left(-\infty, -\dfrac{1}{2}\right)$	$-\dfrac{1}{2}$	$\left(-\dfrac{1}{2}, 0\right)$	0	$(0, 1)$	1	$(1, +\infty)$
$f'(x)$	+	+	+	不存在	−	0	+
$f''(x)$	−	0	+	不存在	+	+	+
$f(x)$	⌢↗	拐点 $\left(-\dfrac{1}{2}, -3\sqrt[3]{2}\right)$	⌣↗	极大值 $f(0) = 0$	⌢↘	极小值 $f(1) = -3$	⌣↗

表 5.1 中, ⌢↗ 表示 $f(x)$ 的图形为单调上升且凸的; ⌢↘ 表示 $f(x)$ 的图形为单调下降且凹的; ⌣↗ 表示 $f(x)$ 的图形为单调上升且凹的.

(7) 因 $\lim\limits_{x \to \infty} f(x) = \lim\limits_{x \to \infty} (2x - 5)\sqrt[3]{x^2} = \infty$, 所以无水平渐近线, 又因函数 $f(x)$ 不存在无穷间断点, 所以无铅直渐近线.

(8) 作图, 如图 5.26 所示.

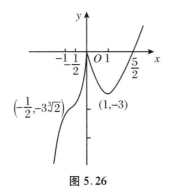

图 5.26

5.2 多项式函数

1. 基本概念

关于 x 的形如 $f(x) = a_n x^n + a_{n-1} x^{n-1} + \cdots + a_1 x + a_0 (a_n \neq 0)$ 的表达式称为关于 x 的一元 n 次多项式,或称为 n 次多项式函数. 这里 $a_0, a_1, \cdots, a_n$ 为常数(称为系数),非负整数 n 称为 $f(x)$ 的次数,记为 $\deg f(x)$. 当 $n = 0$ 且 $a_0 \neq 0$ 时,称为零次多项式,0 称为零多项式. a_n 称为首项系数,a_0 称为常数项. 当 $a_n, a_{n-1}, \cdots, a_1, a_0$ 分别取整数、有理数、实数、复数时,多项式 $f(x)$ 依次称为整系数、有理系数、实系数、复系数多项式.

两个多项式相等(或恒等),是指它们的次数相同,且同次项的系数都对应相等.

两个多项式相加减是将它们的同次项相加减;两个多项式乘积是由去括号展开且合并同次项而得.

若多项式 $f(x)$ 不能表示为两个次数比 $f(x)$ 低的实系数多项式的乘积,则称 $f(x)$ 为实数集上的不可约多项式.

2. 常用定理

(1) 带余除法定理:对于任意给定的多项式 $f(x)$ 及 $g(x) \neq 0$,存在唯一的多项式 $q(x)$ 及 $r(x)$,使得 $f(x) = g(x) \cdot q(x) + r(x)$ [这里 $r(x)$ 是零次多项式,或者 $r(x)$ 的次数 $\deg r(x) < \deg g(x)$].

(2) 因式分解定理:每个次数大于或等于 1 的复系数多项式,在复数集上都可以唯一地分解为一次因式的乘积;每个次数大于或等于 1 的实系数多项式在实数集上都可以唯一地分解为一次因式与二次不可约因式的乘积.

(3) 余数定理:多项式 $f(x)$ 除以 $x - a$ 的余数为 $f(a)$.

(4) 因式定理:$f(a) = 0$ [即 a 是多项式 $f(x)$ 的零点] 的充要条件是 $x - a$ 是多项式 $f(x)$ 的因式.

推论 若 $x - a, x - b (a \neq b)$ 都是多项式 $f(x)$ 的因式,则 $(x-a)(x-b)$ 也是 $f(x)$ 的因式.

(5) 韦达定理:记多项式 $f(x) = a_n x^n + a_{n-1} x^{n-1} + \cdots + a_1 x + a_0 (a_n \neq 0)$ 的根为 $x_1, x_2, \cdots, x_n$,记

$$\sigma_1(x_1, x_2, \cdots, x_n) = \sum_{j=1}^{n} x_j,$$

$$\sigma_2(x_1, x_2, \cdots, x_n) = \sum_{1 \leqslant j_1 < j_2 \leqslant n} x_{j_1} x_{j_2},$$

$$\cdots,$$
$$\sigma_k(x_1, x_2, \cdots, x_n) = \sum_{1 \leqslant j_1 < j_2 < \cdots < j_k \leqslant n} x_{j_1} x_{j_2} \cdots x_{j_k},$$
$$\cdots,$$
$$\sigma_n(x_1, x_2, \cdots, x_n) = x_1 x_2 \cdots x_n,$$

即 $\sigma_k (1 \leqslant k \leqslant n)$ 是 n 个数中每 k 个数之积的和.

韦达定理 n 个等式为

$$\begin{cases} x_1 + x_2 + \cdots + x_n = -\dfrac{a_{n-1}}{a_n}, \\ x_1 x_2 + x_2 x_3 + \cdots + x_1 x_n + \cdots + x_{n-1} x_n = \dfrac{a_{n-2}}{a_n}, \\ \cdots, \\ x_1 x_2 \cdots x_n = (-1)^n \cdot \dfrac{a_0}{a_n}. \end{cases} \qquad ①$$

式①可统一表述为

$$\sum_{1 \leqslant i_1 < i_2 < \cdots < i_k \leqslant n} x_{i_1} x_{i_2} \cdots x_{i_k} = (-1)^k \cdot \dfrac{a_{n-k}}{a_n},$$

其中 $k \in \{1, 2, 3, \cdots, n\}$.

3. 整系数多项式

若多项式 $f(x) = a_n x^n + a_{n-1} x^{n-1} + \cdots + a_1 x + a_0$ 的所有系数均为整数(或有理数),则称其为整系数(或有理系数)多项式.

若一个非零的整系数多项式的系数互素,则称其为本原多项式.

若多项式 $f(x)$ 不能表示为两个次数比 $f(x)$ 低的非零次的整系数多项式的乘积,则称其为整数集上的不可约多项式.

4. 常用定理

(1) 有理根定理:设 $f(x)$ 是一个整系数多项式,而既约分数 $\dfrac{q}{p}$ 是它的一个有理根,则 $p \mid a_n, q \mid a_0$.

推论 首项系数 a_n 为 1 的整系数多项式的有理根必是整数;整系数多项式的整数根必是常数项 a_0 的约数.

(2) 高斯引理:本原多项式 $f(x)$ 与本原多项式 $g(x)$ 的乘积仍是本原多项式.

(3) 高斯定理:若整系数多项式 $f(x)$ 在有理数范围内可约,则它在整数范围内也可约.

(4) 艾森斯坦(Eisenstein)判别法:设 $f(x) = a_n x^n + a_{n-1} x^{n-1} + \cdots + a_1 x + a_0$ 是整系数多项式,如果存在质数 p,使 $p \nmid a_n, p \mid a_i (i \neq n), p^2 \nmid a_0$,则 $f(x)$ 在有理数范围内不可约.

(5) 设 $f(x)$ 为整系数多项式,a, b 为两个不等的实数,则 $b - a \mid f(b) - f(a)$.

题 1 求解下列各题.

(1) 已知 $f(x) = 3x^2 - x + 4$, $g(x)$ 为整系数多项式,且
$$f(g(x)) = 3x^4 + 18x^3 + 50x^2 + 69x + 48.$$
求 $g(x)$ 所有系数的和.

(2) 设 $p(x)$ 为整系数多项式,整数 a,b,c 满足 $p(a) = b, p(b) = c, p(c) = a$,求证:
$$a = b = c.$$

思路剖释 (1) $g(x)$ 所有系数的和等于 $g(1)$, $g(1)$ 为整数,记作 k. 取 $x = 1$,得
$$f(x) = 3 + 18 + 50 + 69 + 48 = 188.$$
故
$$3k^2 - k + 4 = 188,$$
即
$$(3k + 23)(k - 8) = 0,$$
求得 $k = -\dfrac{23}{3}$(舍)或 8. 所以 $g(x)$ 所有系数的和为 8.

(2) 假设 a,b,c 不全相等. 不妨设 $a \neq b$,即 $p(c) \neq p(a) \Rightarrow c \neq a$; $c \neq a$ 也即 $p(b) \neq p(c) \Rightarrow b \neq c$. 于是 a,b,c 两两不等.

由 $b - a | p(b) - p(a)$,得
$$b - a | c - b \Rightarrow |b - a| \leqslant |c - b|.$$
同理,可得
$$c - b | a - c, \ a - c | b - a \Rightarrow |c - b| \leqslant |a - c|, \ |a - c| \leqslant |b - a|.$$
三个绝对值不等式结合,知 $|b - a| = |c - b| = |a - c|$,这是不可能的,矛盾. 故 $a = b = c$.

题 2 求解下列各题.

(1) 多项式 $p(x)$ 除以 $x - 1$,余式为 9;若除以 $x - 2$,则余式为 16. 求 $p(x)$ 除以 $(x-1)(x-2)$ 的余式.

(2) 求 x^{12} 除以 $(x+1)^2$ 的余式.

思路剖释 (1) 设 $p(x) = (x-1)(x-2)q(x) + r(x)$,其中 $r(x)$ 是余式. 因为除式 $(x-1)(x-2)$ 次数为 2,所以得 $r(x)$ 次数小于 2,故设 $r(x) = ax + b$.

$p(x)$ 除以 $x-1$,余式为 9 $\Rightarrow p(1) = 9 \Rightarrow r(1) = 9$,即 $a + b = 9$.

$p(x)$ 除以 $x-2$,余式为 16 $\Rightarrow p(2) = 16 \Rightarrow r(2) = 16$,即 $2a + b = 16$.

上面两式联立,解得 $a = 7, b = 2$. 所以,余式为 $7x + 2$.

(2) 设 $x^{12} = (x+1)^2 q(x) + r(x)$,因为余式 $r(x)$ 次数小于 2,故设
$$r(x) = ax + b.$$
取 $x = -1$,则
$$1 = r(-1) \Rightarrow -a + b = 1. \qquad ①$$
求导函数,得
$$12x^{11} = (x+1)^2 q'(x) + 2(x+1)q(x) + a.$$

再取 $x = -1$，则
$$-12 = a. \quad ②$$
结合式①、②，求得
$$a = -12, \quad b = -11.$$
故余式为 $-12x - 11$.

题 3 次数不大于 n 的多项式 $p(x)$ 满足
$$p(k) = \frac{k}{1+k},$$
对 $k = 0, 1, 2, \cdots, n$ 都成立，求 $p(n+1)$ 的值.

思路剖释 记 $q(x) = (x+1)p(x) - x$，则 $q(x)$ 次数不超过 $n+1$，且 $q(0) = q(1) = \cdots = q(n) = 0$，所以
$$q(x) = a \cdot x \cdot (x-1) \cdot (x-2) \cdots (x-n),$$
其中 a 为首项系数. 注意 $q(-1) = 1$，则
$$a \cdot (-1) \cdot (-2) \cdot (-3) \cdots (-1-n) = 1 \Rightarrow a = (-1)^{n+1} \cdot \frac{1}{(n+1)!},$$
于是
$$q(n+1) = a \cdot (n+1) \cdot n \cdot (n-1) \cdots 1 = (-1)^{n+1},$$
即
$$(n+2)p(n+1) - (n+1) = (-1)^{n+1}$$
$$\Rightarrow p(n+1) = \frac{(n+1) + (-1)^{n+1}}{n+2}.$$

注 由题设条件 $p(k) = \frac{k}{1+k}$，得 $(1+k)p(k) - k = 0$，从而构造函数 $q(x) = (1+x)p(x) - x$，用构造法解题.

题 4 计算下列各题.

(1) 已知 $f(x), g(x)$ 是定义在 $\mathbf{R}$ 上的单调递增的一次函数，$f(x)$ 为整数当且仅当 $g(x)$ 为整数. 证明：$\forall x \in \mathbf{R}$，$f(x) - g(x)$ 为整数.

(2) 证明：$\forall a, b, c \in \mathbf{R}$，方程
$$(x-a)(x-b) + (x-b)(x-c) + (x-c)(x-a) = 0 \quad ①$$
至少有一个解.

思路剖释 (1) 设 $f(x) = ax + b, g(x) = cx + d$. 因为 $f(x), g(x)$ 为单调递增函数，故 $a > 0, c > 0$.

首先证明 $a = c$.

采用反证法. 由对称性，不妨设 $a > c$.

取特殊值，当 $x = -\frac{b}{a}$ 时，$f(x) = 0$（它是整数），故由题设，知 $g\left(-\frac{b}{a}\right)$ 为整数；又当 $x = -\frac{b-1}{a}$ 时，$f(x) = 1$，故知 $g\left(-\frac{b-1}{a}\right)$ 也为整数. 从而，知

$$g\left(-\frac{b}{a}\right) - g\left(-\frac{b-1}{a}\right) = \left[c \times \left(-\frac{b}{a}\right) + d\right] - \left[c \times \left(-\frac{b-1}{a}\right) + d\right] = -\frac{c}{a}$$

仍为整数,但这与 $a > c > 0$ 矛盾.故证得 $a = c$.

注意到 $f\left(-\frac{b}{a}\right) = 0$, $g\left(-\frac{b}{a}\right)$ 为整数,由 $a = c$,得 $g\left(-\frac{b}{a}\right) = c \times \left(-\frac{b}{a}\right) + d = b - d$

为整数.再由 $a = c$,知 $\forall x \in \mathbf{R}$, $f(x) - g(x)$ 为整数.

(2) 构造函数:
$$f(x) = (x-a)(x-b) + (x-b)(x-c) + (x-c)(x-a). \qquad ②$$

采用排序法,设 $a \leqslant b \leqslant c$.

(i) 若 $a = b$ 或 $b = c$ 成立,则由式②,知
$$f(b) = (b-c)(b-a).$$

故至少有一个根,即 $x = b$.

(ii) 若 $a < b < c$(即均取严格的不等号),则
$$f(b) < 0.$$

而
$$f(a) = (a-b)(a-c) > 0.$$

$f(x)$ 为 $[a,b]$ 上的连续函数,且 $f(a)f(b) < 0$.故由闭区间上连续函数的性质,知至少存在一点 $x_0 \in (a,b)$,使得 $f(x_0) = 0$,即至少有一个根 $x = x_0$.证毕.

题 5 计算下列各题.

(1) 设函数 $f(x) = x^3 + ax^2 + bx + c$ ($x \in \mathbf{R}$),其中 a,b,c 为互不相同的非零整数,且
$$f(a) = a^3, \quad f(b) = b^3, \qquad ①$$
则 $a + b + c = $ _____.

(2) 已知多项式 $f(x) = x^{12} - x^6 + 1$ 除以 $x^2 + 1$ 的商式为 $q(x)$,余式 $r(x) = ax + b$,其中,a,b 为实数.则 b 的值为( ).

A. 0   B. 1   C. 2   D. 3

(3) 设 a,b,p,q 均为整数,$a \neq b$,且
$$x^2 + ax + b \mid x^3 + px^2 + qx^2 + 72, \quad x^2 + bx + a \mid x^3 + px^2 + qx + 72, \qquad ①$$
求 $x^3 + px^2 + qx + 72 = 0$ 的根.

思路剖释 (1) 构造函数:
$$g(x) = f(x) - x^3, \qquad ②$$
即
$$g(x) = ax^2 + bx + c. \qquad ③$$

由式①,知 $g(a) = 0$, $g(b) = 0$.这表示 a,b 是 $g(x) = 0$ 的两个相异的实根,从而
$$g(x) = a(x-a)(x-b). \qquad ④$$

由式③、④,比较两者系数,得
$$b = -a(a+b), \qquad ⑤$$

$$c = a^2 b. \qquad ⑥$$

由式⑤,知

$$b = -\frac{a^2}{a+1} = -\frac{a^2-1+1}{a+1} = -(a-1) - \frac{1}{a+1}. \qquad ⑦$$

因 b 是非零整数,知 $a+1 = \pm 1$ 中,取 $a = -2$.

由式⑦,得 $b = 4$. 再由式⑥,得 $c = 16$. 因此,$a+b+c = 18$.

(2) 设 $x^{12} - x^6 + 1 = (x^2+1)q(x) + ax + b$,其中 $q(x)$ 是关于 x 的 10 次多项式. 因 $i^2 + 1 = 0$,故在上式中取 $x = i$,有

$$i^{12} - i^6 + 1 = ai + b.$$

由于 $i^2 = -1, i^3 = -i, i^4 = 1$. 故 $i^{12} = 1, i^6 = -1$. 故

$$ai + b = 3.$$

比较上式实部,得 $b = 3$. 故选 D.

(3) 设 $p(x) = x^3 + px^2 + qx + 72$ 的三根(含重根)分别为 α, β, γ,则

$$p(x) = (x-\alpha)(x-\beta)(x-\gamma). \qquad ②$$

由题设,可设

$$\begin{aligned} x^2 + ax + b &= (x-\alpha)(x-\beta), \\ x^2 + bx + a &= (x-\alpha)(x-\gamma). \end{aligned} \qquad ③$$

因 $a \neq b$,故 $\beta \neq \gamma$,不妨设 $\beta > \gamma$. 由于 α 是方程③的等根,故

$$\alpha^2 + a\alpha + b = \alpha^2 + b\alpha + a,$$

即 $(a-b)\alpha = a - b$. 因 $a \neq b$,故

$$\alpha = 1. \qquad ④$$

式③利用韦达定理,得

$$\begin{cases} 1 + \beta = -a, \\ 1 \times \beta = b, \end{cases} \quad \text{或} \quad \begin{cases} 1 + \gamma = -b, \\ 1 \times \gamma = a. \end{cases}$$

于是

$$1 + \gamma = -\beta, \quad \text{或} \quad 1 + \beta = -\gamma. \qquad ⑤$$

对三次多项式 $p(x)$ 运用韦达定理,得 $\alpha\beta\gamma = -72$,即 $\beta\gamma = -72$. 用式⑤代入上式,得 $\gamma = -9, \beta = 8$(另一组解是 $\gamma = 8, \beta = -9$. 此时设 $\gamma > \beta$). 故 $p(x)$ 的三个根为 $1, -9, 8$.

题 6 已知实系数多项式函数 $y = ax^2 + bx + c$,对于任何 $|x| \leqslant 1$,均有 $|y| \leqslant 1$,试求 $|a| + |b| + |c|$ 的最大值.

思路剖释 先给出一个辅助命题:设实数 A, B 满足 $|A| \leqslant 2, |B| \leqslant 2$,则

$$|A+B| + |A-B| \leqslant 4.$$

事实上,不失一般性,令 $|A| \geqslant |B|$. 由 $A^2 \geqslant B^2$,有 $(A+B)(A-B) \geqslant 0$,于是

$$|A+B| + |A-B| = |(A+B) + (A-B)| = |2A| \leqslant 4.$$

再来解原题.

因当 $x = 0$ 时,$|y| \leqslant 1$,即

$$|c| \leqslant 1. \qquad ①$$

对于任何 $|x| \leqslant 1$,均有
$$|ax^2 + bx| = |y - c| \leqslant |y| + |c| \leqslant 2.$$

取 $x = 1$,得 $|a+b| \leqslant 2$;取 $x = -1$,得 $|a-b| \leqslant 2$.

根据辅助命题,有
$$|a| + |b| = \frac{1}{2}(|2a| + |2b|)$$
$$= \frac{1}{2}(|(a+b) + (a-b)| + |(a+b) - (a-b)|)$$
$$\leqslant \frac{1}{2} \times 4 = 2. \qquad ②$$

由式①、②,知 $|a| + |b| + |c| \leqslant 3$.

下面证 $|a| + |b| + |c|$ 可取到最大值 3. 取 $a = 2, b = 0, c = -1$,此时 $y = 2x^2 - 1$. 易验证当 $|x| \leqslant 1$ 时,$|y| \leqslant 1$. 故 $|a| + |b| + |c|$ 的最大值是 3.

注 关于绝对值的基本不等式

(1) $||a| - |b|| \leqslant |a+b| \leqslant |a| + |b|$.

(2) $||a| - |b|| \leqslant |a-b| \leqslant |a| + |b|$.

对于(1),可推广为
$$|a_1 + a_2 + \cdots + a_n| \leqslant |a_1| + |a_2| + \cdots + |a_n| \quad (n \in \mathbf{N}^*).$$

题 7 求解下列各题.

(1) 设 S_k 表示多项式 $x^3 - 5x^2 + 8x - 13$ 各根的 k 次方之和,$S_0 = 3, S_1 = 5, S_2 = 9$. 设 $a, b, c \in \mathbf{R}$,且 $S_{k+1} = aS_k + bS_{k-1} + cS_{k-2} (k = 2, 3, \cdots)$,则 $a + b + c = (\quad)$.

A. -6 \qquad B. 0 \qquad C. 6 \qquad D. 10

(2) 设 $p、q、r$ 为多项式 $x^3 - 22x^2 + 80x - 67$ 的三个不等实根. 若存在 $A, B, C \in \mathbf{R}$,满足
$$\frac{1}{s^3 - 22s^2 + 80s - 67} = \frac{A}{s-p} + \frac{B}{s-q} + \frac{C}{s-r},$$

其中 $s \notin \{p、q、r\}$,则 $\frac{1}{A} + \frac{1}{B} + \frac{1}{C} = (\quad)$.

A. 243 \qquad B. 244 \qquad C. 245 \qquad D. 246

思路剖释 (1) 由韦达定理,知
$$p + q + r = 5, \quad pq + qr + rp = 8, \quad pqr = 13,$$
故
$$5S_k + 13S_{k-2} = (p+q+r)(p^k + q^k + r^k) + pqr(p^{k-2} + q^{k-2} + r^{k-2})$$
$$= p^{k+1} + q^{k+1} + r^{k+1} + p^k q + p^k r + q^k p + q^k r + r^k p$$
$$\quad + r^k q + p^{k-1} qr + q^{k-1} pr + r^{k-1} pq$$
$$= p^{k+1} + q^{k+1} + r^{k+1} + (p^{k-1} + q^{k-1} + r^{k-1})(pq + qr + rp)$$

$$= S_{k+1} + 8S_{k-1}.$$

因为

$$S_{k+1} = 5S_k - 8S_{k-1} + 13S_{k-2} = aS_k + bS_{k-1} + cS_{k-2},$$

所以 $a = 5, b = -8, c = 13$,即

$$a + b + c = 10.$$

(2) 因为 $p 、 q 、 r$ 是多项式 $x^3 - 22x^2 + 80x - 67$ 的三个不等实根,所以

$$x^3 - 22x^2 + 80x - 67 = (x - p)(x - q)(x - r).$$

由韦达定理,知

$$p + q + r = 22, \quad pq + qr + rp = 80,$$

则

$$\frac{1}{s^3 - 22s^2 + 80s - 67} = \frac{1}{(s-p)(s-q)(s-r)} = \frac{A}{s-p} + \frac{B}{s-q} + \frac{C}{s-r}$$

$$= \frac{A(s-q)(s-r) + B(s-p)(s-r) + C(s-p)(s-q)}{(s-p)(s-q)(s-r)},$$

故

$$A(s-q)(s-r) + B(s-p)(s-r) + C(s-p)(s-q) = 1,$$

其中 $s \in \mathbf{R}, s \notin \{p, q, r\}$. 当 $s = p$ 时,$A = \dfrac{1}{(p-q)(p-r)}$.

类似地,

$$B = \frac{1}{(q-r)(q-p)}, \quad C = \frac{1}{(r-p)(r-q)}.$$

所以

$$\frac{1}{A} + \frac{1}{B} + \frac{1}{C} = (p-q)(p-r) + (q-r)(q-p) + (r-p)(r-q)$$

$$= p^2 + q^2 + r^2 - pq - qr - rp$$

$$= (p+q+r)^2 - 3(pq + qr + rp)$$

$$= 244.$$

题 8 求解下列各题.

(1) 设四次整系数多项式 $f(x)$ 满足: $f(1+\sqrt[3]{3}) = 1+\sqrt[3]{3}, f(1+\sqrt{3}) = 7+\sqrt{3}$,则 $f(x) = $ _____.

(2) 令 $p(x) = x^4 + ax^3 + bx^2 + cx + d$,其中 a, b, c, d 均为实数. 又设 $P(1) = 7, P(2) = 52, P(3) = 97$,则 $\dfrac{P(9) + P(-5)}{4} = $ _____.

思路剖释 (1) 令 $g(x) = f(x) - x, h(x) = g(x+1)$.

由 $h(\sqrt[3]{3}) = g(1+\sqrt[3]{3}) = 0$,得

$$h(x) = (x^3 - 3)(ax + b) \quad (a, b \in \mathbf{Z}),$$

所以

$$h(\sqrt{3}) = g(\sqrt{3}+1) = f(1+\sqrt{3}) - (1+\sqrt{3}) = 6,$$
即
$$(3\sqrt{3}-3)(a\sqrt{3}+b) = 6.$$
解得,$a = b = 1$,故
$$f(x) = g(x) + x = h(x-1) + x = x^4 - 3x^3 + 3x^2 - 3x.$$

(2) 注意到,$52-7 = 97-52 = 45, 7 = 45 \times 1 - 38, 52 = 45 \times 2 - 38, 97 = 45 \times 3 - 38$.

令 $Q(x) = P(x) - 45x + 38$,则 $Q(x)$ 是首项系数为 1 的四次多项式,且 $Q(1) = Q(2) = Q(3) = 0$.于是,对于某些 r,均有 $Q(x) = (x-1)(x-2)(x-3)(x-r)$,故

$$\frac{1}{4}[P(9) + P(-5)] = \frac{1}{4}[Q(9) + Q(-5)] + 26$$

$$= \frac{1}{4}[8 \times 7 \times 6(9-r) + 6 \times 7 \times 8(5+r)] + 26$$

$$= \frac{1}{4}(6 \times 7 \times 8 \times 14) + 26 = 1202.$$

题 9 试问:a, b, c 取何值时,多项式 $x^4 + ax^2 + bx + c$ 被 $(x-1)^3$ 整除?

思路剖释 先构造一个四次多项式 $q(x) = (x-1)^3 \cdot x + 3(x-1)^3$.因 $x^4 + ax^2 + bx + c$ 是四次多项式,且缺 x^3 项,故构作的 $q(x)$ 呈上述形式.显然,$q(x) = x^4 - 6x^2 + 8x - 3$,且它能被 $(x-1)^3$ 整除.

若 $p(x) = x^4 + ax^2 + bx + c$ 也能被 $(x-1)^3$ 整除,则 $p(x) - q(x)$ 也能被 $(x-1)^3$ 整除,即 $(x-1)^3 | (a+6)x^2 + (b-8)x + (c+3)$.由于 $(a+6)x^2 + (b-8)x + (c+3)$ 次数小于 3,只有恒等于 0,即 $(a+6)x^2 + (b-8)x + (c+3) \equiv 0$,所以 $a = -6, b = 8, c = -3$ 为唯一的取值.

题 10 求满足
$$(x^3 + 2x^2 + 3x + 2)p(x-1) = (x^3 - 4x^2 + 5x - 6)p(x)$$
的所有实系数多项式.

思路剖释 $x^3 + 2x^2 + 3x + 2 = x^3 + x^2 + (x^2 + 3x + 2) = x^2(x+1) + (x+1)(x+2) = (x+1)(x^2+x+2)$.类似地,$x^3 - 4x^2 + 5x - 6 = x^3 - 3x^2 - (x^2 - 5x + 6) = (x-3)(x^2-x+2)$.

由题给条件,得
$$(x+1)(x^2+x+2)p(x-1) = (x-3)(x^2-x+2)p(x). \qquad ①$$
将 $x = -1, x = 3$ 分别代入式①,得
$$p(-1) = 0, \quad p(2) = 0. \qquad ②$$
再分别将 $x = 0, x = 2$ 代入式①,并利用式②,得 $p(0) = 0, p(1) = 0$.故可设 $p(x) = x(x-1)(x+1)(x-2)q(x)$.代入式①,得
$$(x+1)(x^2+x+2)(x-1)(x-2)x \cdot (x-3)q(x-1)$$
$$= (x-3)(x^2-x+2)x(x-1)(x+1) \cdot (x-2)q(x),$$
即

$$(x^2 + x + 2)q(x-1) = (x^2 - x + 2)q(x). \qquad ②$$

又 $(x^2+x+2, x^2-x+2) = 1$,于是 $q(x) = (x^2+x+2)r(x)$.代入式②,得

$$(x^2 + x + 2)(x^2 - x + 2)r(x-1)$$
$$= (x^2 - x + 2)(x^2 + x + 2)r(x).$$

上式恒成立,说明 $r(x)$ 为一常数 C.故 $q(x) = C(x^2+x+2)$.从而,所求多项式 $p(x) = C(x^2+x+2)x(x-1)(x+1)(x-2)$,其中 C 为常数.

题 11 试问:多项式 $x^4 + 2x^2 + 2x + 2$ 能否分解为两个整系数多项式的乘积且次数均大于 0?

思路剖释 假设多项式 $x^4 + 2x^2 + 2x + 2$ 可分解为 $A(x) \cdot B(x)$,且 $A(x)$ 次数不超过 $B(x)$ 的次数,则 $A(x)$ 次数为 1 或 2.注意 $A(x)$ 的首项系数只能为 ± 1.

若 $A(x)$ 次数为 1,不妨设 $A(x) = x + a (a \in \mathbf{Z})$,则

$$x + a \mid x^4 + 2x^2 + 2x + 2.$$

记

$$p(x) = x^4 + 2x^2 + 2x + 2,$$

则 $p(-a) = 0$,即

$$a^4 + 2a^2 - 2a + 2 = 0 \Rightarrow a \mid 2, a = \pm 1, \pm 2.$$

易知 $\pm 1, \pm 2$ 均不是 $p(x)$ 的根.故 $A(x)$ 次数不为 1.

若 $A(x)$ 次数为 2,则 $B(x)$ 次数也为 2,不妨设

$$A(x) = x^2 + ax + b, \quad B(x) = x^2 + cx + d,$$

即有

$$(x^2 + ax + b)(x^2 + cx + d) = x^4 + 2x^2 + 2x + 2.$$

由 $bd = 2$,知 b, d 之中一奇一偶,不妨设 b 为偶数,则 d 为奇数.再由 $ad + bc = 2$ 及 bc 为偶数,知 ad 为偶数,但 d 为奇数 $\Rightarrow a$ 为偶数.再比较 2 次项系数,有

$$d + ac + b = 2,$$

但 b 为偶数,a 为偶数,d 为奇数 $\Rightarrow d + ac + b$ 为奇数,矛盾.故多项式 $x^4 + 2x^2 + 2x + 2$ 不能分解为两个次数大于 0 的整系数多项式的乘积.

题 12 求解下列各题.

(1) 在整数范围内分解 $f(x) = 2x^4 + x^3 - x^2 + 3x - 2$.

(2) 设 $f(x)$ 是 x 的整系数多项式,并且 $|f(x)| = 17$ 有五个互不相同的整数根,求证:方程 $f(x) = 0$ 没有整数根.

(3) 已知首项系数为 1 的多项式 $f(x)$ 的系数只取 1 或 -1,其根全是实数,试求出一切满足上述性质的多项式.

思路剖释 (1) 多项式 $f(x)$ 的可能的有理根为 $\pm 1, \pm 2, \pm \dfrac{1}{2}$.经检验,均不是 $f(x)$ 的根,因此 $f(x)$ 只可能分成两个二次整系数多项式之积.

设 $f(x) = (x^2 + ax + b)(2x^2 + cx + d)$,展开,比较系数,得

$$\begin{cases} 2a+c=1, & \text{①} \\ ac+2b+d=-1, & \text{②} \\ ad+bc=3, & \text{③} \\ bd=-2. & \text{④} \end{cases}$$

把式①、③看作关于 a,c 的方程,容易解得

$$a=\frac{b-3}{2b-d},$$

利用式④,得

$$a=\frac{b(b-3)}{2b^2-bd}=\frac{b(b-3)}{2b^2+2}. \quad \text{⑤}$$

由式④,又知 b 可能的取值为 $\pm 1,\pm 2$,代入式⑤检验可知,仅当 $b=-1$ 时,$a=1$ 为整数,此时 $c=-1,d=2$. 故 $f(x)$ 只能分解成 $(x^2+x-1)(2x^2-x+2)$.

(2) 假设 $f(x)=0$ 有整数根 x_0,则 $f(x)$ 能被 $x-x_0$ 整除,即

$$f(x)=(x-x_0)\cdot\varphi(x),$$

这里 $\varphi(x)$ 为整系数多项式. 设 a,b,c,d,e 为 $|f(x)|=17$ 的五个不同整数根,则 $|f(a)|=17$,即

$$|(a-x_0)\varphi(a)|=17.$$

因为 17 是质数,$a-x_0,\varphi(a)$ 都是整数,则 $|a-x_0|=1$ 或 17. 同理,$|b-x_0|,|c-x_0|,|d-x_0|,|e-x_0|$ 都等于 1 或 17. 由抽屉原理,这五个数中又有三个相同(同为 1 或 17),不妨设 $|a-x_0|,|b-x_0|,|c-x_0|$ 同为 1,于是 $a-x_0,b-x_0,c-x_0$ 三数都为 1 或 -1,它们又有两个相同,这与 a,b,c 是互不相同整数矛盾. 故 $f(x)=0$ 没有整数根.

(3) 若 $n=1$,显然这样的多项式只有两个:$x\pm 1$.

若 $n\geqslant 2$,利用韦达定理分析 n 可能取的值. 设 $f(x)=x^n+a_{n-1}x^{n-1}+\cdots+a_1 x+a_0$ 的 n 个实数根为 $x_1,x_2,\cdots,x_n$,则

$$x_1^2+x_2^2+\cdots+x_n^2=\sigma_1^2-2\sigma_2=(-a_{n-1})^2-2a_{n-2}=1-2a_2\geqslant 0,$$

即 $a_2\leqslant\frac{1}{2}$. 故 a_2 只能取 -1,且 $x_1^2+x_2^2+\cdots+x_n^2=3$.

又因

$$x_1^2\cdot x_2^2\cdots x_n^2=a_n^2=1,$$

根据平均不等式,得

$$3=x_1^2+x_2^2+\cdots+x_n^2\geqslant n\sqrt[n]{x_1^2\cdot x_2^2\cdots x_n^2}=n,$$

故 $n=2$ 或 3.

当 $n=2$ 时,四个多项式 $x^2\pm x\pm 1$ 中有实根的多项式为 $x^2\pm x-1$.

当 $n=3$ 时,从平均不等式等号成立的条件可知,$x_1^2=x_2^2=\cdots=x_3^2=1$,由此容易在八个多项式 $x^3\pm x^2\pm x\pm 1$ 中找到符合条件的多项式也有两个:$x^3\pm x^2-x-1$.

综上所述,符合条件的多项式共有六个:$x\pm 1$;$x^2\pm x-1$;$x^3\pm x^2-x-1$.

题 13 求解下列各题.

(1) 设 c 为复数,多项式 $p(x)=(x^2-2x+2)(x^2-cx+4)(x^2-4x+8)$ 恰有四个不等的复根,则 $|c|=$ (   ).

A. 2 B. $\sqrt{6}$ C. 3 D. $\sqrt{10}$

(2) 计算:$\prod\limits_{k=1}^{2018}\sin\dfrac{k\pi}{2019}=$ _____.

(3) 求所有以非负整数为系数的多项式 f,使得 $f(1)=7$,且 $f(2)=2017$.

思路剖释 (1) 注意到,
$$x^2-2x+2=(x-1)^2+1 \Rightarrow x=1\pm i,$$
$$x^2-4x+8=(x-2)^2+4 \Rightarrow x=2\pm 2i.$$

因为 $p(x)$ 恰有四个不等的复根,所以 x^2-cx+4 的根可能为 $1\pm i, 2\pm 2i$. 由于两根之积为 4,于是,x^2-cx+4 的根可能为 $1+i, 2-2i$;或 $1-i, 2+2i$. 因此,$c=3\pm i \Rightarrow |c|=\sqrt{10}$. 故选 D.

(2) 在复数范围内考虑 $z^n=1$ 的 n 个根.由于 $z_1=e^{\frac{2\pi i}{n}}$ 是 $z^n-1=0$ 的一个根,因此,有
$$z^n-1=(z-z_1)(z-z_1^2)\cdots(z-z_1^{n-1}).$$

又
$$z^n-1=(z-1)(z^{n-1}+z^{n-2}+\cdots+z+1),$$

于是
$$z^{n-1}+z^{n-2}+\cdots+z^2+z+1=(z-z_1)(z-z_1^2)\cdots(z-z_1^{n-1}).$$

上式中,令 $z=1$,得
$$n=(1-z_1)(1-z_1^2)\cdots(1-z_1^{n-1}).$$

注意到
$$\left|z_1^{-\frac{k}{2}}-z_1^{\frac{k}{2}}\right|=\left|\dfrac{1}{z_1^{\frac{k}{2}}}-z_1^{\frac{k}{2}}\right|=\left|\dfrac{1-z_1^k}{z_1^{\frac{k}{2}}}\right|=|1-z_1^k|,$$

而
$$\left|z_1^{-\frac{k}{2}}-z_1^{\frac{k}{2}}\right|=\left|e^{\frac{2\pi i}{n}\times(-\frac{k}{2})}-e^{\frac{2\pi i}{n}\times\frac{k}{2}}\right|$$
$$=\left|\cos\dfrac{2\pi}{n}\times\left(-\dfrac{k}{2}\right)+i\sin\dfrac{2\pi}{n}\times\left(-\dfrac{k}{2}\right)-\left[\cos\dfrac{2\pi}{n}\times\dfrac{k}{2}+i\sin\dfrac{2\pi}{n}\times\dfrac{k}{2}\right]\right|$$
$$=\left|2i\sin\dfrac{k\pi}{n}\right|=2\sin\dfrac{k\pi}{n},$$

故 $|1-z_1^k|=2\sin\dfrac{k\pi}{n}$.令 $n=2019$,得
$$\prod_{k=1}^{2018}\sin\dfrac{k\pi}{2019}=\dfrac{2019}{2^{2018}}.$$

(3) 设 $g(x)$ 是以非负整数为系数的多项式,且满足 $g(2)=2017$. 若 $g(x)$ 的某项 x^k 的系数大于 2,定义
$$h(x)=g(x)-2x^k+x^{k+1},$$

则 $h(2)=g(2)$,且 $h(1)<g(1)$.

重复上面的操作,可找到系数为 0 或 1 的多项式 $q(x)$,满足 $q(2)=2017$,且 $q(1)<g(1)$. 而当 $x=2$ 时,值为 2017 且系数为 0 或 1 的多项式唯一,即为
$$x^{10}+x^9+x^8+x^7+x^6+x^5+1. \qquad ①$$
当 $x=1$ 时,上式为 7. 因此,式①即为所求的多项式.

5.3 双 重 最 值

1. 双重最值问题

求最大(小)值中的最小(大)值问题,即形如:

求 $f(x)=\max\limits_{x\in I}\{a_1(x),a_2(x),\cdots,a_n(x)\}$ 的最小值;

求 $f(x)=\min\limits_{x\in I}\{a_1(x),a_2(x),\cdots,a_n(x)\}$ 的最大值;

求 $f(x)=\max\limits_{Y\in D} F(Y,x)$ 的最小值;

求 $f(x)=\min\limits_{Y\in D} F(Y,x)$ 的最大值($I\subseteq \mathbf{R}, D\subseteq I\times I\times \cdots \times I$)的问题,称为双重最值问题.

2. 双重最值问题的求解方法

双重最值问题因题型新、涉及的知识面广、技巧性强,具有一定的难度.

(1) 采用数形结合法,作出图像直观求解.

(2) 放缩不等式,或者采用不等式相加、相乘的形式,或者消元求解不等式.

(3) 先求最值再求双重最值.

(4) 采用分类讨论法求双重最值.

题 1 对于任意实数 a、b,$\max\{|a+b|,|a-b|,|1-b|\}$ 的最小值为 _____.

思路剖释 由题意,知
$$\max\{|a+b|,|a-b|,|1-b|\}$$
$$\geqslant \frac{|a+b|+|a-b|+2|1-b|}{4}$$
$$\geqslant \frac{|a+b-(a-b)|+|2-2b|}{4}$$
$$\geqslant \frac{|2b|+|2-2b|}{4} \geqslant \frac{|2b+(2-2b)|}{4}$$
$$= \frac{1}{2}.$$

当 $a=0, b=\dfrac{1}{2}$ 时,上式取得最小值 $\dfrac{1}{2}$.

题2 已知实数 a、b、c 满足 $a^2+b^2+c^2=\lambda(\lambda>0)$，求 $f=\min\{(a-b)^2,(b-c)^2,(c-a)^2\}$ 的最大值.

思路剖析 不妨设 $a\leqslant b\leqslant c$，令 $b=a+s,c=a+s+t(s,t\geqslant 0)$，则由条件，知
$$a^2+(a+s)^2+(a+s+t)^2=\lambda.$$
将上式整理成关于 a 的一元二次方程 $3a^2+2(2s+t)a+2s^2+2st+t^2-\lambda=1$，因为方程有解，所以
$$\Delta=4(2s+t)^2-12(2s^2+2st+t^2-\lambda)\geqslant 0$$
$$\Rightarrow s^2+st+t^2\leqslant \frac{3}{2}\lambda.$$
由于上式关于 s、t 对称，于是不妨设 $0\leqslant s\leqslant t$，则
$$f=\min\{(a-b)^2,(b-c)^2,(c-a)^2\}=s^2.$$
又 $\frac{3}{2}\lambda\geqslant s^2+st+t^2\geqslant 3s^2$，则 $s^2\leqslant\frac{\lambda}{2}$，当且仅当 $s=t=\sqrt{\frac{\lambda}{2}}$，即 $a=-\sqrt{\frac{\lambda}{2}},b=0,c=\sqrt{\frac{\lambda}{2}}$ 时，$s^2=\frac{\lambda}{2}$. 故 $f_{\max}=\frac{\lambda}{2}$.

题3 设 $a>0,b>0$，则 $\min\left\{\max\left(a,b,\frac{1}{a^2}+\frac{1}{b^2}\right)\right\}=$ _____.

思路剖析 设 $\max\left(a,b,\frac{1}{a^2}+\frac{1}{b^2}\right)=m$，则
$$a\leqslant m,\quad b\leqslant m,\quad \frac{1}{a^2}+\frac{1}{b^2}\leqslant m.$$
因 $a>0,b>0$，设 $\frac{1}{a}\geqslant\frac{1}{m},\frac{1}{b}\geqslant\frac{1}{m}$，于是 $\frac{1}{a^2}+\frac{1}{b^2}\geqslant\frac{2}{m^2}$，从而 $m\geqslant\frac{2}{m^2}$，由此得 $m\geqslant\sqrt[3]{2}$. 故
$$\min\left\{\max\left(a,b,\frac{1}{a^2}+\frac{1}{b^2}\right)\right\}=\sqrt[3]{2}.$$

题4 计算：$\max\limits_{a,b,c\in\mathbf{R}^+}\min\left\{\frac{1}{a},\frac{1}{b^2},\frac{1}{c^3},a+b^2+c^3\right\}=$ _____.

思路剖析 设 $t=\min\left\{\frac{1}{a},\frac{1}{b^2},\frac{1}{c^3}\right\}$，则 $0<t\leqslant\frac{1}{a},0<t\leqslant\frac{1}{b^2},0<t\leqslant\frac{1}{c^3}$，即 $0<a\leqslant\frac{1}{t}$，$0<b^2\leqslant\frac{1}{t},0<c^3\leqslant\frac{1}{t}$，所以
$$t\leqslant a+b^2+c^3\leqslant\frac{3}{t}.$$
于是 $t\leqslant\sqrt{3}$，上式等号成立当且仅当 $a=b^2=c^2=\frac{\sqrt{3}}{3}$ 时. 此时 $t=3\sqrt{2}$，故
$$\max\limits_{a,b,c\in\mathbf{R}^+}\min\left\{\frac{1}{a},\frac{1}{b^2},\frac{1}{c^3},a+b^2+c^3\right\}=\sqrt{3}.$$

题5 计算下列各题.

(1) 求函数 $f(x)=\max\{x^2+1,\cos x,2x\}(x\in\mathbf{R})$ 的最小值.

(2) 设 $a,b>0$,求 $S=\min\left\{a,\dfrac{b}{a^2+b^2}\right\}$ 的最大值.

思路剖释 (1) 因为
$$(x^2+1)-\cos x = x^2+(1-\cos x) \geqslant 0,$$
$$(x^2+1)-2x = (x-1)^2 \geqslant 0,$$
所以 $x^2+1 \geqslant \cos x$,$x^2+1 \geqslant 2x$. 于是,得
$$f(x) = \max\{x^2+1,\cos x,2x\} = x^2+1 \geqslant 1,$$
其中当 $x=0$ 时等号成立. 故 $f(x)$ 的最小值是 1.

注 排除不是最大或者不是最小的数.

(2) 若 $a \geqslant \dfrac{b}{a^2+b^2}$,则 $S = \dfrac{b}{a^2+b^2}$,所以
$$S^2 = \left(\dfrac{b}{a^2+b^2}\right)^2 \leqslant \dfrac{b}{a^2+b^2} \cdot a \leqslant \dfrac{ab}{2ab} = \dfrac{1}{2},$$
即 $S \leqslant \dfrac{\sqrt{2}}{2}$. 当 $a=b=\dfrac{\sqrt{2}}{2}$ 时等号成立.

若 $a \leqslant \dfrac{b}{a^2+b^2}$,则 $S = a$,所以
$$S^2 = a^2 \leqslant a \cdot \dfrac{b}{a^2+b^2} \leqslant \dfrac{ab}{2ab} = \dfrac{1}{2},$$
即 $S \leqslant \dfrac{\sqrt{2}}{2}$. 当 $a=b=\dfrac{\sqrt{2}}{2}$ 时等号成立.

综上所述,S 的最大值为 $\dfrac{\sqrt{2}}{2}$.

题 6 计算下列各题.

(1) 设函数 $f(x) = -x^2+(2m-4)x-(m+1)$ 的最大值为 $g(m)$,试求 $g(m)$ 的最小值.

(2) 设 $f(x) = x^2-2ax+a$ 在区间 $[-1,1]$ 上最小值为 $g(a)$,求 $g(a)$ 的最大值.

思路剖释 (1) 由 $f(x) = -[x-(m-2)]^2+m^2-5m+3$,则
$$g(m) = m^2-5m+3 = \left(m-\dfrac{5}{2}\right)^2-\dfrac{13}{4} \geqslant -\dfrac{13}{4}.$$
当 $m=\dfrac{5}{2}$ 时等号成立. 故 $g(m)$ 的最小值为 $-\dfrac{13}{4}$.

注 化归为已知问题求解,即用已知函数解析式求最值.

(2) 由题意,知 $f(x) = (x-a)^2+a-a^2$,且 $-1 \leqslant x \leqslant 1$. 所以,当 $a \geqslant 1$ 时,$g(a) = f(1) = 1-a$;当 $-1 < a < 1$ 时,$g(a) = f(a) = a-a^2$;当 $a \leqslant -1$ 时,$g(a) = f(-1) = 1+3a$. 于是,得

$$g(a) = \begin{cases} 1-a, & a \geqslant 1, \\ a-a^2, & -1 < a < 1, \\ 1+3a, & a \leqslant -1. \end{cases}$$

由于当 $a \geqslant 1$ 时，$g(a)$ 的最大值为 $g(1) = 0$；当 $-1 < a < 1$ 时，$g(a)$ 的最大值为 $g(a) = \frac{1}{4} - \left(\frac{1}{2} - a\right)^2 \leqslant \frac{1}{4}$；当 $a \leqslant -1$ 时，$g(a)$ 的最大值为 $g(-1) = -2$. 故 $g(a)$ 的最大值为 $\frac{1}{4}$.

题 7 计算下列各题.

(1) 设 $x \in \mathbf{R}$，试求 $f(x) = \max\{|3x-2|, |4x-5|\}$ 的最小值.

(2) 设 $a_i \geqslant 0, i = 1, 2, \cdots, 7$，且 $\sum_{i=1}^{7} a_i = 1$，试求 $S = \max\{a_1 + a_2 + a_3, a_2 + a_3 + a_4, a_3 + a_4 + a_5, a_4 + a_5 + a_6, a_5 + a_6 + a_7\}$ 的最小值.

(3) 设 $a, b \in \mathbf{R}$，试求 $S = \max\{|a+b|, |a-b|, |1-a|, |1-b|\}$ 的最小值.

思路剖释 (1) 由题意，知

$f(x) = \max\{|3x-2|, |4x-5|\}$
$= \max\{|3x-2|, |3x-2|, |3x-2|, |3x-2|, |4x-5|, |4x-5|, |4x-5|\}$
$\geqslant \frac{1}{7}(4 \cdot |3x-2| + 3 \cdot |4x-5|)$
$\geqslant \frac{1}{7}|4(3x-2) - 3(4x-5)| = 1,$

当 $x = 1$ 时等号成立. 故 $f(x)$ 的最小值为 1.

注 借助于大数或小数的性质解题.

利用最大(小)数的意义，有如下性质：

设 $a_i \in \mathbf{R}, i = 1, 2, \cdots, b \geqslant a_1$，则

(1) $\max\{b, a_2, a_3, \cdots\} \geqslant \max\{a_1, a_2, a_3, \cdots\}$.

(2) $\min\{b, a_2, a_3, \cdots\} \geqslant \min\{a_1, a_2, a_3, \cdots\}$.

(3) $\max\{a_1, a_2, a_3, \cdots\} \geqslant \max\{a_2, a_3, \cdots\}$.

(4) $\min\{a_1, a_2, a_3, \cdots\} \leqslant \min\{a_2, a_3, \cdots\}$.

(5) $\max\{a_1, a_2, \cdots, a_n\} \geqslant \frac{1}{n}(a_1 + a_2 + \cdots + a_n)$.

(6) $\min\{a_1, a_2, \cdots, a_n\} \leqslant \frac{1}{n}(a_1 + a_2 + \cdots + a_n)$.

(2) 因 $a_i \geqslant 0, i = 1, 2, \cdots, 7$，故 $a_3 + a_4 + a_5 \geqslant a_4$. 于是，有

$S \geqslant \max\{a_1 + a_2 + a_3, a_3 + a_4 + a_5, a_5 + a_6 + a_7\}$
$\geqslant \max\{a_1 + a_2 + a_3, a_4, a_5 + a_6 + a_7\}$
$\geqslant \frac{1}{3}[(a_1 + a_2 + a_3) + a_4 + (a_5 + a_6 + a_7)] = \frac{1}{3}.$

当 $a_1 = a_4 = a_7 = \frac{1}{3}$, $a_2 = a_3 = a_5 = a_6 = 0$ 时等号成立. 故 S 的最小值为 $\frac{1}{3}$.

(3) 若 $ab \geqslant 0$, 则
$$|a-b| \leqslant |a| + |b| = |a+b|.$$

于是,有
$$S = \max\{|a+b|, |1-a|, |1-b|\}$$
$$\geqslant \frac{1}{3}[|a+b| + |1-a| + |1-b|]$$
$$\geqslant \frac{1}{3}|(a+b) + (1-a) + (1-b)|$$
$$= \frac{2}{3},$$

当 $a = b = \frac{1}{3}$ 时等号成立.

若 $ab < 0$, 则 $|1-a|$, $|1-b|$ 中必有一个大于 1, 从而 $\max\{|1-a|, |1-b|\} > 1$. 于是,有
$$S \geqslant \max\{|1-a|, |1-b|\} > 1 > \frac{2}{3}.$$

综上所述,S 的最小值为 $\frac{2}{3}$.

题 8 已知函数 $f(x) = \frac{1}{4}x^3 - x^2 + x$.

(1) 求曲线 $y = f(x)$ 的斜率为 1 的切线方程.

(2) 当 $x \in [-2, 4]$ 时,求证:$x - 6 \leqslant f(x) \leqslant x$.

(3) 设 $F(x) = |f(x) - (x+a)|$ ($a \in \mathbf{R}$), 记 $F(x)$ 在区间 $[-2, 4]$ 上的最大值为 $M(a)$, 当 $M(a)$ 最小时,求 a 的值.

思路剖释 (1) 由 $f(x) = \frac{1}{4}x^3 - x^2 + x$, 得 $f'(x) = \frac{3}{4}x^2 - 2x + 1$. 令 $f'(x) = 1$, 即 $\frac{3}{4}x^2 - 2x + 1 = 1$, 得 $x = 0$ 或 $x = \frac{8}{3}$. 又 $f(0) = 0$, $f\left(\frac{8}{3}\right) = \frac{8}{27}$, 所以曲线 $y = f(x)$ 的斜率为 1 的切线方程是 $y = x$ 与 $y - \frac{8}{27} = x - \frac{8}{3}$, 即 $y = x$ 与 $y = x - \frac{64}{27}$.

(2) 令 $g(x) = f(x) - x$, $x \in [-2, 4]$. 由 $g(x) = \frac{1}{4}x^3 - x^2$, 得 $g'(x) = \frac{3}{4}x^2 - 2x$. 令 $g'(x) = 0$, 得 $x = 0$ 或 $x = \frac{8}{3}$.

$g'(x)$, $g(x)$ 的情况如表 5.2 所示, 所以 $g(x)$ 的最小值为 -6, 最大值为 0. 故 $-6 \leqslant g(x) \leqslant 0$, 即 $x - 6 \leqslant f(x) \leqslant x$.

表 5.2

x	-2	$(-2,0)$	0	$\left(0,\dfrac{8}{3}\right)$	$\dfrac{8}{3}$	$\left(\dfrac{8}{3},4\right)$	4
$g'(x)$		$+$		$-$		$+$	
$g(x)$	-6	↗	0	↘	$-\dfrac{64}{27}$	↗	0

(3) 由(2),知 $F(x)=|f(x)-x-a|=|g(x)-a|$,当 $x\in[-2,4]$ 时,$g(x)\in[-6,0]$.所以当 $a\geqslant 0$ 时,$F(x)_{\max}=M(a)=|-6-a|=a+6$,$M(a)_{\min}=6$,此时 $a=0$.

当 $a<0$ 时,$M(a)=\max\{|-6-a|,-a\}$.分两类情况讨论:

(i) 当 $-3<a<0$ 时,$M(a)=a+6$,$M(a)_{\min}>3$.

(ii) 当 $a\leqslant -3$ 时,$M(a)=-a$,$M(a)_{\min}=3$,$a=-3$.

综上所述,当 $M(a)$ 最小时,$a=-3$.

题 9 设 $x>1,y>1,t=\min\{\log_x 2,\log_2 y,\log_y(8x^2)\}$,则 t 的最大值是_____.

思路剖释 由题设,知 $\log_x 2\geqslant t$,$\log_2 y\geqslant t$,$\log_y(8x^2)\geqslant t$,则

$$t\leqslant \log_y(8x^2)=\dfrac{\log_2(8x^2)}{\log_2 y}=\dfrac{\log_2 8+\log_2 x^2}{\log_2 y},$$

故

$$t\leqslant \dfrac{3+2\log_2 x}{\log_2 y}=\dfrac{3+\dfrac{2}{\log_x 2}}{\log_2 y}\leqslant \dfrac{3+\dfrac{2}{t}}{t}.$$

所以 $t^2\leqslant 3+\dfrac{2}{t}$,即 $t^3-3t-2\leqslant 0$,亦即 $(t-2)(t+1)^2\leqslant 0$.由此,得 $t\leqslant 2$,当且仅当 $x=\sqrt{2}$,$y=4$ 时,等号成立.故所求的最大值为 2.

题 10 已知 $m>0$,若函数 $f(x)=x+\sqrt{100-mx}$ 的最大值为 $g(m)$,求 $g(m)$ 的最小值.

思路剖释 令 $t=\sqrt{100-mx}$,则

$$x=\dfrac{100-t^2}{m},$$

$$y=\dfrac{100-t^2}{m}+t=-\dfrac{1}{m}\left(t-\dfrac{m}{2}\right)^2+\dfrac{100}{m}+\dfrac{m}{4},$$

当 $t=\dfrac{m}{2}$ 时,y 有最大值 $\dfrac{100}{m}+\dfrac{m}{4}$,即 $g(m)=\dfrac{100}{m}+\dfrac{m}{4}$.

又因

$$g(m)=\dfrac{100}{m}+\dfrac{m}{4}\geqslant 2\sqrt{\dfrac{100}{m}\times \dfrac{m}{4}}=10,$$

当且仅当 $m=20$ 时等号成立.故当 $m=20$ 时,$g(m)$ 有最小值 10.

题 11 设函数

$$f(x)=\min\{x^2-1,x+1,-x+1\},$$

其中 $\min\{x,y,z\}$ 表示 x,y,z 中的最小者. 若 $f(a+2)>f(a)$, 则实数 a 的取值范围是_____.

思路剖释 采用分类讨论法. 令 $x+1=0$, 得 $x=-1$; $-x+1=0$, 得 $x=1$.

(i) 当 $a+2\leqslant -1$, 即 $a\leqslant -3$ 时, $a<a+2\leqslant -1$. 此时 $(f(x)=x+1)$, 得 $f(a+2)>f(a)$.

(ii) 当 $-1<a+2<0$ 时, $-3<a<-2$. 此时, 得 $f(a)\leqslant f(-2)=-1<f(a+2)$.

(iii) 当 $0\leqslant a+2\leqslant 1$ 时, $-2\leqslant a\leqslant -1$, 此时, 得 $f(a)>f(a+2)$.

(iv) 当 $1<a+2<2$ 时, 有 $-1<a<0$, 此时, 得 $f(a)<f(a+2)$.

(v) 当 $a+2\geqslant 2$ 时, $a\geqslant 0$. 此时, 得 $f(a)\geqslant f(a+2)$.

综上所述, 知 a 的取值范围是 $(-\infty,-2)\cup(-1,0)$.

题 12 设 $x\in\mathbf{R}$, 函数 $f(x)$ 是 $4x+1, x+2, -2x+4$ 三个函数中的最小者, 则 $f(x)$ 的最大值是( ).

A. $\dfrac{1}{3}$ B. $\dfrac{1}{2}$ C. $\dfrac{2}{3}$ D. $\dfrac{8}{3}$

思路剖释 方法 1 直线 $y=x+2$ 与直线 $y=4x+1$ 的交点为 $\left(\dfrac{1}{3},\dfrac{7}{3}\right)$, 直线 $y=-2x+4$ 与直线 $y=4x+1$ 的交点为 $\left(\dfrac{1}{2},3\right)$; 直线 $y=-2x+4$ 与直线 $y=x+2$ 的交点为 $\left(\dfrac{2}{3},\dfrac{8}{3}\right)$.

根据三个交点的横坐标 $\dfrac{1}{3},\dfrac{1}{2},\dfrac{2}{3}$, 进行分类讨论.

(i) 当 $x>\dfrac{2}{3}$ 时, $x+2>-2x+4, 4x+1>x+2$, 即 $4x+1>x+2>-2x+4$.

(ii) 当 $\dfrac{1}{2}<x\leqslant\dfrac{2}{3}$ 时, $x+2\leqslant -2x+4, 4x+1>-2x+4$, 即 $x+2\leqslant -2x+4<4x+1$.

(iii) 当 $\dfrac{1}{3}<x\leqslant\dfrac{1}{2}$ 时, $x+2\leqslant -2x+4, 4x+1\leqslant -2x+4, 4x+1>x+2$, 即 $x+2<4x+1\leqslant -2x+4$.

(iv) 当 $x\leqslant\dfrac{1}{3}$ 时, $x+2\leqslant -2x+4, 4x+1\leqslant -2x+4, 4x+1\leqslant x+2$, 即 $4x+1\leqslant x+2<-2x+4$.

因此
$$f(x)=\begin{cases}-2x+4, & x>\dfrac{2}{3}\\ x+2, & \dfrac{1}{3}<x\leqslant\dfrac{2}{3},\\ 4x+1, & x\leqslant\dfrac{1}{3}.\end{cases}$$

由此可见, $f(x)$ 的最大值为 $\dfrac{8}{3}$. 故选 D.

方法 2 在同一直角坐标系内,作出 $y=4x+1$, $y=x+2$, $y=-2x+4$, 如图 5.27 所示.

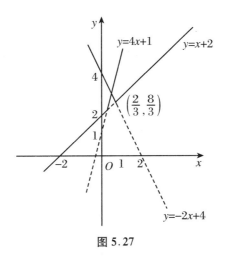

图 5.27

用图像法解本题. $f(x)$ 的图形如图 5.27 中的虚线所示,一目了然所求的最大值为 $\dfrac{8}{3}$. 故选 D.

注 利用图像考查图像上的最高点或最低点,直观求解.

题 13 求 $\max\{\min\{2x+4, 5-3x, x^2+1\}.\}$

思路剖释 在同一直角坐标系中,作出直线 $y=2x+4$、$y=5-3x$ 和抛物线 $y=x^2+1$ 的图像.

如图 5.28 所示,直线 $y=2x+4$ 与直线 $y=5-3x$ 的交点为 $A\left(\dfrac{1}{5}, \dfrac{22}{5}\right)$;直线 $y=2x+4$ 与抛物线 $y=x^2+1$ 的一个交点为 $B(-1,2)$,另一个交点为 $(3,10)$(图中未标出);直线 $y=5-3x$ 与抛物线 $y=x^2+1$ 的一个交点为 $C(1,2)$,另一个交点为 $(-4,17)$(图中未标出). $\min\{2x+4, 5-3x, x^2+1\}$ 的图像如粗实线所示. 所以直观得到 $\max\{\min\{2x+4, 5-3x, x^2+1\}\}=2$.

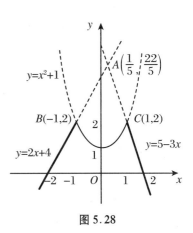

图 5.28

第6章 导函数的几个应用

1. 导数的定义

取定 $x_0 \in \mathbf{R}$ 及实数 $\delta > 0$,则开区间 $(x_0 - \delta, x_0 + \delta)$ 称为点 x_0 的 δ 邻域,记作 $U(x_0, \delta)$,即 $U(x_0, \delta) = \{x \mid |x - x_0| < \delta\}$,亦即

$$U(x_0, \delta) = \{x \mid x_0 - \delta < x < x_0 + \delta\},$$

称 x_0 为邻域中心,δ 为邻域半径(图 6.1).

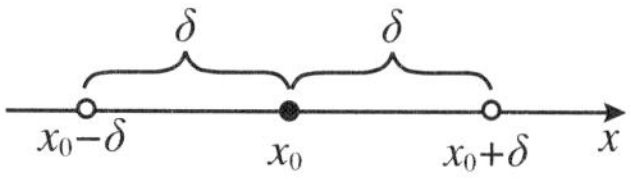

已知函数 $y = f(x)$,$x_0 \in D(f)$,点 $x \in U(x_0, \delta)$,记 $x = x_0 + \Delta x$,则称 Δx 为自变量增量,相应的函数增量 $\Delta y = f(x_0 + \Delta x) - f(x_0)$.

图 6.1

如果极限

$$\lim_{\Delta x \to 0} \frac{\Delta y}{\Delta x} = \lim_{\Delta x \to 0} \frac{f(x_0 + \Delta x) - f(x_0)}{\Delta x}$$

存在,则称此极限值为函数 $f(x)$ 在点 x_0 处的导数(或微商),记作

$$f'(x_0), \quad \text{或} \ y'|_{x=x_0}, \quad \text{或} \ \left.\frac{\mathrm{d}y}{\mathrm{d}x}\right|_{x=x_0}, \quad \text{或} \ \left.\frac{\mathrm{d}f}{\mathrm{d}x}\right|_{x=x_0},$$

即

$$f'(x_0) = \lim_{\Delta x \to 0} \frac{\Delta y}{\Delta x} = \lim_{\Delta x \to 0} \frac{f(x_0 + \Delta x) - f(x_0)}{\Delta x}. \qquad ①$$

这时,称函数 $f(x)$ 在点 x_0 处可导,x_0 为可导点. 如果极限 $\lim\limits_{\Delta x \to 0} \frac{\Delta y}{\Delta x}$ 不存在,则称函数 $f(x)$ 在点 x_0 处不可导,x_0 为不可导点.

特别地,当上述极限为无穷大时,导数不存在. 为方便起见,此时,也可称函数 $f(x)$ 在点 x_0 处的导数为无穷大.

若记 $x = x_0 + \Delta x$,则当 $\Delta x \to 0$ 时,有 $x \to x_0$,于是式①可记作

$$f'(x_0) = \lim_{x \to x_0} \frac{f(x) - f(x_0)}{x - x_0}. \qquad ②$$

由于点 x_0 处的导数 $f'(x_0)$ 是一个极限值,故 $f'(x_0)$ 是一个数值.

因导数是函数的增量与自变量增量比的极限,它反映了函数随自变量变化而变化的快慢程度,故也将导数称为函数 $f(x)$ 在点 x_0 处的变化率.

2. 导函数

如果函数 $y = f(x)$ 在区间 I 内每一点处都可导,则称函数 $f(x)$ 在 I 内可导,并称 $f(x)$

为区间 I 内的可导函数. 这时, $\forall x \in I$ 均有 $f'(x)$ 与之对应, 从而 $f'(x)$ 是区间 I 内的 x 的函数, 称为 $y = f(x)$ 在区间 I 内的导函数, 即

$$f'(x) = \lim_{\Delta x \to 0} \frac{f(x + \Delta x) - f(x)}{\Delta x}. \quad ③$$

$f'(x)$ 也记作 $y'(x), \dfrac{\mathrm{d}y}{\mathrm{d}x}$ 或 $\dfrac{\mathrm{d}f}{\mathrm{d}x}$. 显见, 若 $y = f(x)$ 为区间 I 内的可导函数, 则 $\forall x_0 \in I$, 有 $f'(x_0) = f'(x)|_{x=x_0}$. 换言之, 可导函数 $y = f(x)$ 在点 x_0 处的导数 $f'(x_0)$ 等于其导函数 $f'(x)$ 在点 x_0 处的函数值.

3. 求导法则

(1) 设 $u(x)$、$v(x)$ 在点 x 处可导, 则 $u(x) \pm v(x)$ 在点 x 处也可导, 且
$$(u(x) \pm v(x))' = u'(x) \pm v'(x).$$

(2) 设 $u(x)$、$v(x)$ 在点 x 处可导, 则 $u(x)v(x)$ 在点 x 处也可导, 且
$$(u(x)v(x))' = u'(x)v(x) + u(x)v'(x),$$

简写作
$$(uv)' = u'v + uv'.$$

(3) 设 $u(x)$、$v(x)$ 在点 x 处可导, 且 $v(x) \neq 0$, 则 $\dfrac{u(x)}{v(x)}$ 在点 x 处也可导, 且
$$\left(\frac{u(x)}{v(x)}\right)' = \frac{u'(x)v(x) - u(x)v'(x)}{v^2(x)} \quad (v(x) \neq 0),$$

简写作
$$\left(\frac{u}{v}\right)' = \frac{u'v - uv'}{v^2} \quad (v \neq 0).$$

特别地,
$$\left(\frac{1}{v}\right)' = -\frac{v'}{v^2} \quad (v \neq 0).$$

记住
$$\left(\frac{1}{x}\right)' = -\frac{1}{x^2}.$$

(4) 反函数的求导法则

设函数 $y = f(x)$ 与 $x = f^{-1}(y)$ 互为反函数. 如果 $f^{-1}(y)$ 可导, 且 $[f^{-1}(y)]' \neq 0$, 则
$$f'(x) = \frac{1}{[f^{-1}(y)]'}, \quad \text{或} \quad \frac{\mathrm{d}y}{\mathrm{d}x} = \frac{1}{\dfrac{\mathrm{d}x}{\mathrm{d}y}}.$$

简言之, 反函数的导数与直接函数的导数互为倒数.

(5) 复合函数的求导法则.

若 $y = f(u), u = g(v), v = \varphi(x)$, 则
$$\frac{\mathrm{d}y}{\mathrm{d}x} = \frac{\mathrm{d}y}{\mathrm{d}u} \cdot \frac{\mathrm{d}u}{\mathrm{d}v} \cdot \frac{\mathrm{d}v}{\mathrm{d}x}, \quad \text{或} \quad y_x' = y_u' \cdot u_v' \cdot v_x'.$$

4. 导数的基本公式

(1) $(C)' = 0$，C 为常数.

(2) $(x^\mu)' = \mu x^{\mu-1}$.

(3) $(a^x)' = a^x \ln a$ $(a>0$，且 $a \neq 1)$. 特别，$(e^x)' = e^x$.

(4) $(\log_a x)' = \dfrac{1}{x \ln a}$ $(a>0$，且 $a \neq 0, 1)$. 特别，$(\ln x)' = \dfrac{1}{x}$.

(5) $(\sin x)' = \cos x$.

(6) $(\cos x)' = -\sin x$.

(7) $(\tan x)' = \sec^2 x$.

(8) $(\cot x)' = -\csc^2 x$.

(9) $(\sec x)' = \sec x \tan x$.

(10) $(\csc x)' = -\csc x \cot x$.

(11) $(\arcsin x)' = \dfrac{1}{\sqrt{1-x^2}}$.

(12) $(\arccos x)' = -\dfrac{1}{\sqrt{1-x^2}}$.

(13) $(\arctan x)' = \dfrac{1}{1+x^2}$.

(14) $(\text{arccot}\, x)' = -\dfrac{1}{1+x^2}$.

6.1 利用导函数求函数的极值

1. 极值的定义

设函数 $y = f(x)$ 在点 x_0 的邻域 $U(x_0, \delta)$ 内有定义，则

(1) 若 $\forall x \in \mathring{U}(x_0, \delta)$ 恒有 $f(x) < f(x_0)$，则称 x_0 为 $f(x)$ 的极大值点，$f(x_0)$ 为 $f(x)$ 的极大值.

(2) 若 $\forall x \in \mathring{U}(x_0, \delta)$ 恒有 $f(x) > f(x_0)$，则称 x_0 为 $f(x)$ 的极小值点，$f(x_0)$ 为 $f(x)$ 的极小值.

极大值点与极小值点统称为极值点，极大值与极小值统称为极值.

注 (1) 函数的极值不一定是函数的最值，因为函数极值仅是局部概念. $f(x_0)$ 为极值仅是在点 x_0 的一个局部范围 $U(x_0, \delta)$ 内比较所有函数值而得. 然而，$f(x_0)$ 为最值是在 $f(x)$ 的整个定义域内比较所有函数值而得.

(2) 函数 $f(x)$ 在定义域中可以有若干个极大值点与极小值点,即可以有若干个极大值与极小值,且极小值可以大于极大值. 如图 6.2 所示,极小值点为 x_1, x_3, x_5, 极大值点为 x_2, x_4, 但极小值 $f(x_1)$ 大于极大值 $f(x_4)$. 又极大值 $f(x_2)$ 与 $f(x_4)$ 都不是 $f(x)$ 在 $[a,b]$ 上的最大值,最大值为 $f(b)$.

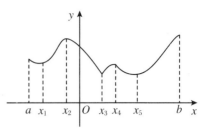

图 6.2

(3) $f'(x)$ 不存在的点可能是极值点. 比如,图 6.2 中,点 x_3 处 $f'(x)$ 不存在,但 x_3 是极小值点. 从而求 $f(x)$ 在 $[a,b]$ 上的极值点时,一定要同时考虑 $f(x)$ 的驻点和使得 $f'(x)$ 不存在的点. 把 $f(x)$ 的驻点以及不可导的点称为可疑极值点.

2. 极值的必要条件

如果点 x_0 是 $f(x)$ 的极值点,且 $f(x)$ 在点 x_0 处可导,则 $f'(x_0)=0$.

3. 极值的充分条件

一阶导数变号法 设函数 $f(x)$ 在 $U(x_0,\delta)$ 内连续,在 $\overset{\circ}{U}(x_0,\delta)$ 内可导. 则:

(1) 若当 $x\in(x_0-\delta,x_0)$ 时,$f'(x)>0$,当 $x\in(x_0,x_0+\delta)$ 时,$f'(x)<0$,即 $f'(x)$ 的符号由"+"变到"−",则 x_0 为极大值点,$f(x_0)$ 为极大值.

(2) 若当 $x\in(x_0-\delta,x_0)$ 时,$f'(x)<0$,当 $x\in(x_0,x_0+\delta)$ 时,$f'(x)>0$,即 $f'(x)$ 的符号由"−"变到"+",则 x_0 为极小值点,$f(x_0)$ 为极小值.

(3) 若当 $x\in\overset{\circ}{U}(x_0,\delta)$ 时,$f'(x)$ 的符号保持不变,则点 x_0 不是 $f(x)$ 的极值点.

二阶导数正负法 设函数 $f(x)$ 在点 x_0 处具有二阶导数,且 $f'(x_0)=0$,$f''(x_0)\neq0$,则:

(1) 当 $f''(x_0)<0$ 时,x_0 为极大值点,$f(x_0)$ 为极大值.

(2) 当 $f''(x_0)>0$ 时,x_0 为极小值点,$f(x_0)$ 为极小值.

4. 求函数单调区间与极值的步骤

步骤1:写出 $f(x)$ 的定义域.

步骤2:求导数 $f'(x)$.

步骤3:找出 $f(x)$ 的全部驻点与导数不存在的点,从而求出所有可疑极值点.

步骤4:用可疑极值点作为分界点,将定义域分成若干个子区间,列出表格.

步骤5:将 $f'(x)$ 的正负号填入表中各子区间内,并标出 $f(x)$ 的增减趋势.

步骤6:借助于表格,利用极值的充分条件得出结论.

题1 若 $x=-2$ 是函数 $f(x)=(x^2+ax-1)\mathrm{e}^{x-1}$ 的极值点,则 $f(x)$ 的极小值为( ).

A. -1 B. $-2\mathrm{e}^{-3}$ C. $5\mathrm{e}^{-3}$ D. 1

思路剖析:因 $f(x)=(x^2+ax-1)\mathrm{e}^{x-1}$,所以
$$f'(x)=(2x+a)\mathrm{e}^{x-1}+(x^2+ax-1)\mathrm{e}^{x-1},$$
即

$$f'(x) = [x^2 + (a+2)x + a - 1]e^{x-1}.$$

因 $x = -2$ 是 $f(x)$ 的极值点,知 $f'(-2) = 0$,故
$$(-2)^2 + (a+2) \times (-2) + a - 1 = 0.$$

求得 $a = -1$.从而 $f'(x) = (x^2 + x - 2)e^{x-1}$.

令 $f'(x) = 0$,得 $x^2 + x - 2 = 0$,即 $(x+2)(x-1) = 0$.除 $x = -2$ 外,又得极值点 $x = 1$.根据极值点的判别法,知 $x = 1$ 是极小值点.因 $f(-1) = [(-1)^2 + (-1) \times 1 - 1]e^0 = -1$.故选 A.

题 2 已知函数 $f(x) = x - a\ln x (a \in \mathbf{R})$.

(1) 当 $a = 2$ 时,求曲线 $y = f(x)$ 在点 $A(1, f(1))$ 处的切线方程.

(2) 求函数 $f(x)$ 的极值.

思路剖释 函数 $f(x)$ 的定义域为 $(0, +\infty)$,$f'(x) = 1 - \dfrac{a}{x}$.

(1) 当 $a = 2$ 时,
$$f(x) = x - 2\ln x, \quad f'(x) = 1 - \frac{2}{x} \quad (x > 0),$$

因而 $f(1) = 1, f'(1) = -1$,所以曲线 $y = f(x)$ 在点 $A(1, f(1))$ 处的切线方程为 $y - 1 = -(x - 1)$,即 $x + y - 2 = 0$.

(2) 由 $f'(x) = 1 - \dfrac{a}{x} = \dfrac{x - a}{x} (x > 0)$,知

(i) 当 $a \leqslant 0$ 时,$f'(x) > 0$,函数 $f(x)$ 为 $(0, +\infty)$ 内的增函数,函数 $f(x)$ 无极值.

(ii) 当 $a > 0$ 时,由 $f'(x) = 0$,解得 $x = a$.

当 $x \in (0, a)$ 时,$f'(x) < 0$;当 $x \in (a, +\infty)$ 时,$f'(x) > 0$,从而函数 $f(x)$ 在 $x = a$ 处取得极小值,且极小值为 $f(a) = a - a\ln a$,无极大值.

题 3 已知函数 $f(x) = x^2 e^{-x}$.

(1) 求 $f(x)$ 的极小值和极大值.

(2) 当曲线 $y = f(x)$ 的切线 l 的斜率为负数时,求 l 在 x 轴上截距的取值范围.

思路剖释 (1) $f(x)$ 的定义域为 $(-\infty, +\infty)$,$f'(x) = -e^{-x}x(x-2)$.

当 $x \in (-\infty, 0)$ 或 $x \in (2, +\infty)$ 时,$f'(x) < 0$;当 $x \in (0, 2)$ 时,$f'(x) > 0$.所以 $f(x)$ 在 $(-\infty, 0), (2, +\infty)$ 内单调递减,在 $(0, 2)$ 内单调递增.故当 $x = 0$ 时,$f(x)$ 取得极小值,极小值为 $f(0) = 0$;当 $x = 2$ 时,$f(x)$ 取得极大值,极大值为 $f(2) = 4e^{-2}$.

(2) 设切点为 $(t, f(t))$,则 l 的方程为 $y = f'(t)(x - t) + f(t)$,所以 l 在 x 轴上的截距为
$$m(t) = t - \frac{f(t)}{f'(t)} = t + \frac{t}{t-2} = t - 2 + \frac{2}{t-2} + 3.$$

由已知及式①,得 $t \in (-\infty, 0) \cup (2, +\infty)$.

令 $h(x) = x + \dfrac{2}{x} (x \neq 0)$,则当 $x \in (0, +\infty)$ 时,$h(x)$ 的取值范围为 $[2\sqrt{2}, +\infty)$;当

$x \in (-\infty, -2)$ 时, $h(x)$ 的取值范围是 $(-\infty, -3)$. 所以当 $t \in (-\infty, 0) \cup (2, +\infty)$ 时, $m(t)$ 的取值范围是 $(-\infty, 0) \cup [2\sqrt{2}+3, +\infty)$,

综上所述, l 在 x 轴上的截距的取值范围是 $(-\infty, 0) \cup [2\sqrt{2}+3, +\infty)$.

题 4 已知函数 $f(x) = \dfrac{1}{x} - x + a\ln x$.

(1) 讨论 $f(x)$ 的单调性.

(2) 若 $f(x)$ 存在两个极值点 x_1, x_2, 证明: $\dfrac{f(x_1) - f(x_2)}{x_1 - x_2} < a - 2$.

思路剖释 (1) 函数 $f(x)$ 的定义域为 $(0, +\infty)$, 且 $f'(x) = -\dfrac{1}{x^2} - 1 + \dfrac{a}{x} = -\dfrac{x^2 - ax + 1}{x^2}$.

当 $a \leqslant 0$ 时, $f'(x) < 0$, $f(x)$ 在 $(0, +\infty)$ 内单调递减; 当 $a > 0$ 时, $\Delta = a^2 - 4$. 分两种情况讨论.

(i) 若 $0 < a \leqslant 2$, 则 $\Delta = a^2 - 4 \leqslant 0$, 此时 $f'(x) \leqslant 0$, $f(x)$ 在 $(0, +\infty)$ 内单调递减.

(ii) 若 $a > 2$, 则 $\Delta = a^2 - 4 > 0$, 方程 $x^2 - ax + 1 = 0$ 有两根 x_1, x_2, 且 $\begin{cases} x_1 + x_2 = a > 0, \\ x_1 x_2 = 1 > 0, \end{cases}$ 故两根 x_1, x_2 都为正数, 且 $x_{1,2} = \dfrac{a \pm \sqrt{a^2 - 4}}{2}$.

当 $x \in \left(0, \dfrac{a - \sqrt{a^2 - 4}}{2}\right) \cup \left(\dfrac{a + \sqrt{a^2 - 4}}{2}, +\infty\right)$ 时, $f'(x) < 0$.

当 $x \in \left(\dfrac{a - \sqrt{a^2 - 4}}{2}, \dfrac{a + \sqrt{a^2 - 4}}{2}\right)$ 时, $f'(x) > 0$.

综上所述, 当 $a \leqslant 2$ 时, $f(x)$ 在 $(0, +\infty)$ 内单调递减; 当 $a > 2$ 时, $f(x)$ 在 $\left(0, \dfrac{a - \sqrt{a^2 - 4}}{2}\right)$ 和 $\left(\dfrac{a + \sqrt{a^2 - 4}}{2}, +\infty\right)$ 内单调递减, 在 $\left(\dfrac{a - \sqrt{a^2 - 4}}{2}, \dfrac{a + \sqrt{a^2 - 4}}{2}\right)$ 内单调递增.

(2) 因为 x_1, x_2 是 $f(x)$ 的两个极值点, 所以
$$\begin{cases} x_1 + x_2 = a > 0, \\ x_1 x_2 = 1 > 0. \end{cases}$$

故要证

$$\dfrac{f(x_1) - f(x_2)}{x_1 - x_2} = \dfrac{\left(\dfrac{1}{x_1} - x_1 + a\ln x_1\right) - \left(\dfrac{1}{x_2} - x_2 + a\ln x_2\right)}{x_1 - x_2} = -2 + \dfrac{a\ln\dfrac{x_1}{x_2}}{x_1 - x_2} < a - 2,$$

即证 $\dfrac{\ln\dfrac{x_1}{x_2}}{x_1 - x_2} < 1$. 不妨设 $x_1 > x_2$, 即证 $0 < \ln\dfrac{x_1}{x_2} < x_1 - x_2$, 两边平方, 得

$$\left(\ln\dfrac{x_1}{x_2}\right)^2 < (x_1 - x_2)^2 = \dfrac{x_1^2 - 2x_1 x_2 + x_2^2}{x_1 x_2} = \dfrac{x_1}{x_2} + \dfrac{x_2}{x_1} - 2,$$

令 $t=\dfrac{x_1}{x_2}>1$,即证 $\ln^2 t<t+\dfrac{1}{t}-2$. 令 $h(t)=\ln^2 t-t-\dfrac{1}{t}+2$,则

$$h(1)=0, \quad \text{且} \quad h'(t)=\dfrac{2\ln t}{t}-1+\dfrac{1}{t^2}=\dfrac{1}{t}\left(2\ln t-t+\dfrac{1}{t}\right),$$

令 $m(t)=2\ln t-t+\dfrac{1}{t}$,则

$$m'(t)=\dfrac{2}{t}-1-\dfrac{1}{t^2}=\dfrac{-t^2+2t-1}{t^2}=-\dfrac{(t-1)^2}{t^2}<0,$$

所以 $m(t)$ 在 $(1,+\infty)$ 内单调递减,$m(t)<m(1)=0$. 故 $h'(t)<0$,$h(t)$ 在 $(1,+\infty)$ 内单调递减,$h(t)<h(1)=0$,即 $\ln^2 t<t+\dfrac{1}{t}-2$ 恒成立,即 $\dfrac{f(x_1)-f(x_2)}{x_1-x_2}<a-2$ 恒成立.

题 5 已知函数 $f(x)=(2+x+ax^2)\ln(1+x)-2x$.

(1) 若 $a=0$,证明:当 $-1<x<0$ 时,$f(x)<0$;当 $x>0$ 时,$f(x)>0$.

(2) 若 $x=0$ 是 $f(x)$ 的极大值点,求 a.

思路剖释 (1) 当 $a=0$ 时,$f(x)=(2+x)\ln(1+x)-2x$,$f'(x)=\ln(1+x)-\dfrac{x}{1+x}$.

设函数 $g(x)=f'(x)=\ln(1+x)-\dfrac{x}{1+x}$,则

$$g'(x)=\dfrac{x}{(1+x)^2}.$$

当 $-1<x<0$ 时,$g'(x)<0$;当 $x>0$ 时,$g'(x)>0$. 故当 $x>-1$ 时,$g(x)\geqslant g(0)=0$,且仅当 $x=0$ 时,$g(x)=0$,从而 $f'(x)\geqslant 0$,且仅当 $x=0$ 时,$f'(x)=0$. 所以 $f(x)$ 在 $(-1,+\infty)$ 内单调递增. 又 $f(0)=0$,故当 $-1<x<0$ 时,$f(x)<0$;当 $x>0$ 时,$f(x)>0$.

(2) (i) 若 $a\geqslant 0$,由(1),知当 $x>0$ 时,$f(x)\geqslant(2+x)\ln(1+x)-2x>0=f(0)$,这与 $x=0$ 是 $f(x)$ 的极大值点矛盾.

(ii) 若 $a<0$,设函数 $h(x)=\dfrac{f(x)}{2+x+ax^2}=\ln(1+x)-\dfrac{2x}{2+x+ax^2}$,由于当 $|x|<\min\left\{1,\sqrt{\dfrac{1}{|a|}}\right\}$ 时,$2+x+ax^2>0$,故 $h(x)$ 与 $f(x)$ 符号相同.

又 $h(0)=f(0)=0$,故 $x=0$ 是 $f(x)$ 的极大值点,当且仅当 $x=0$ 是 $h(x)$ 的极大值点,

$$h'(x)=\dfrac{1}{1+x}-\dfrac{2(2+x+ax^2)-2x(1+2ax)}{(2+x+ax^2)^2}$$

$$=\dfrac{x^2(a^2x^2+4ax+6a+1)}{(x+1)(ax^2+x+2)^2}.$$

若 $6a+1>0$,则当 $0<x<-\dfrac{6a+1}{4a}$,且 $|x|<\min\left\{1,\sqrt{\dfrac{1}{|a|}}\right\}$ 时,$h'(x)>0$,故 $x=0$ 不是 $h(x)$ 的极大值点.

若 $6a+1<0$,则 $a^2x^2+4ax+6a+1=0$ 存在根 $x_1<0$,故当 $x\in(x_1,0)$,且 $|x|<\min\left\{1,\sqrt{\dfrac{1}{|a|}}\right\}$ 时,$h'(x)<0$,所以 $x=0$ 不是 $h(x)$ 的极大值点.

若 $6a+1=0$, 则
$$h'(x) = \frac{x^3(x-24)}{(x+1)(x^2-6x-12)^2}.$$

当 $x\in(-1,0)$ 时, $h'(x)>0$; 当 $x\in(0,1)$ 时, $h'(x)<0$. 所以 $x=0$ 是 $h(x)$ 的极大值点, 从而 $x=0$ 是 $f(x)$ 的极大值点.

综上所述, $a=-\dfrac{1}{6}$.

题 6 设函数 $f(x)=[ax^2-(4a+1)x+4a+3]\mathrm{e}^x$.

(1) 若曲线 $y=f(x)$ 在点 $(1,f(1))$ 处的切线与 x 轴平行, 求 a.

(2) 若 $f(x)$ 在 $x=2$ 处取得极小值, 求 a 的取值范围.

思路剖释 (1) 因为 $f(x)=[ax^2-(4a+1)x+4a+3]\mathrm{e}^x$, 所以
$$f'(x) = [2ax-(4a+1)]\mathrm{e}^x + [ax^2-(4a+1)x+4a+3]\mathrm{e}^x$$
$$= [ax^2-(2a+1)x+2]\mathrm{e}^x \quad (x\in\mathbf{R}),$$
$$f'(1) = (1-a)\mathrm{e}.$$

由题设, 知 $f'(1)=0$, 即 $(1-a)\mathrm{e}=0$, 解得 $a=1$. 此时 $f(1)=3\mathrm{e}\neq 0$. 故 a 的值为 1.

(2) 由(1), 得
$$f'(x) = [ax^2-(2a+1)x+2]\mathrm{e}^x = (ax-1)(x-2)\mathrm{e}^x.$$

(i) 若 $a<0$, 当 $x\in\left(\dfrac{1}{a},2\right)$ 时, $f'(x)>0$; 当 $x\in(2,+\infty)$ 时, $f'(x)<0$. 此时 $x=2$ 为 $f(x)$ 的极小值点.

(ii) 若 $a>\dfrac{1}{2}$, 则当 $x\in\left(\dfrac{1}{a},2\right)$ 时, $f'(x)<0$; 当 $x\in(2,+\infty)$ 时, $f'(x)>0$. 此时 $x=2$ 为 $f(x)$ 的极小值点.

(iii) 若 $0\leqslant a\leqslant\dfrac{1}{2}$, 则当 $x\in(0,2)$ 时, $f'(x)>0$; 当 $x\in(2,+\infty)$ 时, $f'(x)<0$. 此时 $x=2$ 为 $f(x)$ 的极大值点.

综上所述, a 的取值范围是 $\left(\dfrac{1}{2},+\infty\right)$.

注 (1) 导数的几何意义是切点处切线的斜率, 应用时主要体现在以下几个方面: ① 已知切点 $A(x_0,f(x_0))$ 求斜率 k, 即求该点处的导数值: $k=f'(x_0)$. ② 已知斜率 k, 求切点 $A(x_1,f(x_1))$, 即解方程 $f'(x_1)=k$. ③ 若求过点 $P(x_0,y_0)$ 的切线方程, 可设切点为 (x_1,y_1) 求解.

(2) 函数图像在每一点处的切线斜率的变化情况反映函数图像在相应点处的变化情况, 由切线的倾斜程度可以判断出函数图像升降的快慢.

求导数的极值, 在解方程 $f'(x)=0$, 求出函数定义域内的所有根后, 还要检验 $f'(x)$ 在 $f'(x)=0$ 的根 x_0 左右两侧值的符号, 如果左正右负, 那么 $f(x)$ 在 x_0 处取极大值; 如果左负右正, 那么 $f(x)$ 在 x_0 处取极小值.

(3) 含参数的函数的单调性或极值问题一般要分类讨论, 常见的分类讨论标准有以下

几种可能：① 方程 $f'(x)=0$ 是否有根；② 若 $f'(x)=0$ 有根，求出根后是否在定义域内；③ 若根在定义域内且有两个，比较根的大小是常见的分类方法.

题7 已知函数 $f(x)=\dfrac{1}{3}x^3+\dfrac{1}{2}bx^2+cx+d$ 在区间 $(0,2)$ 内既有极大值又有极小值，则 $c^2+2bc+4c$ 的取值范围是_____.

思路剖释 函数 $f(x)$ 在 $(0,2)$ 内既有极大值又有极小值，这表明 $f'(x)=x^2+bx+c$ 在区间 $(0,2)$ 内有两个不同的零点.

依题设，$f'(x)=x^2+bx+c$ 在区间 $(0,2)$ 内有两个不同的实根，不妨设为 x_1, x_2，这里 $x_1\neq x_2$，且 $x_1, x_2\in(0,2)$. 于是 $x_1+x_2=-b$，$x_1x_2=c$，从而，得

$$c^2+2bc+4c = c(c+2b+4) = x_1x_2(x_1x_2-2x_1-2x_2+4)$$
$$= x_1x_2(2-x_1)(2-x_2) = [x_1(2-x_1)]\cdot[x_2(2-x_2)]$$
$$< \left[\dfrac{x_1+(2-x_1)}{2}\right]^2\cdot\left[\dfrac{x_2+(2-x_2)}{2}\right]^2 = 1.$$

故 $c^2+2bc+4c$ 的取值范围为 $(0,1)$.

题8 已知函数 $f(x)=(x^2+bx+b)\sqrt{1-2x}\ (b\in\mathbf{R})$.

(1) 当 $b=4$ 时，求 $f(x)$ 的极值.

(2) 若 $f(x)$ 在区间 $\left(0,\dfrac{1}{3}\right)$ 内单调递增，求 b 的取值范围.

思路剖释 (1) 当 $b=4$ 时，

$$f'(x)=\dfrac{-5x(x+2)}{\sqrt{1-2x}},$$

由 $f'(x)=0$ 得 $x=-2$ 或 $x=0$.

(i) 当 $x\in(-\infty,-2)$ 时，$f'(x)<0$，$f(x)$ 单调递减.

(ii) 当 $x\in(-2,0)$ 时，$f'(x)>0$，$f(x)$ 单调递增.

(iii) 当 $x\in\left(0,\dfrac{1}{2}\right)$ 时，$f'(x)<0$，$f(x)$ 单调递减.

故 $f(x)$ 在 $x=-2$ 时取极小值 $f(-2)=0$，在 $x=0$ 时取极大值 $f(0)=4$.

(2) 由题意，知

$$f'(x)=\dfrac{-x[5x+(3b-2)]}{\sqrt{1-2x}}.$$

因为当 $x\in\left(0,\dfrac{1}{3}\right)$ 时，$\dfrac{-x}{\sqrt{1-2x}}<0$，依题意，当 $x\in\left(0,\dfrac{1}{3}\right)$ 时，有 $5x+(3b-2)\leqslant 0$，从而 $\dfrac{5}{3}+(3b-2)\leqslant 0$. 故 b 的取值范围为 $\left(-\infty,-\dfrac{1}{9}\right]$.

题9 已知 a 为常数，函数 $f(x)=\ln\dfrac{1-x}{1+x}-ax$.

(1) 求函数 $f(x)$ 的单调递减区间.

(2) 若 $a = -\dfrac{8}{3}$,求 $f(x)$ 的极值.

思路剖释 (1) 由题意,知函数 $f(x)$ 的定义域为 $(-1,1)$,
$$f(x) = \ln(1-x) - \ln(1+x) - ax.$$
注意到
$$f'(x) = \dfrac{-1}{1-x} - \dfrac{1}{1+x} - a = \dfrac{-2}{1-x^2} - a.$$
因为 $-1 < x < 1$,所以 $\dfrac{-2}{1-x^2} < -2$. 故:

(i) 当 $a \geqslant -2$ 时,$f'(x) < 0$ 恒成立. 于是,单调递减区间为 $(-1,1)$.

(ii) 当 $a < -2$ 时,由 $f'(x) < 0$,知
$$\dfrac{-2}{1-x^2} < a \Rightarrow x^2 > \dfrac{a+2}{a}$$
$$\Rightarrow \sqrt{\dfrac{a+2}{a}} < x < 1 \text{ 或 } -1 < x < -\sqrt{\dfrac{a+2}{a}}.$$
于是,单调递减区间为
$$\left(\sqrt{\dfrac{a+2}{a}},1\right) \cup \left(-1,-\sqrt{\dfrac{a+2}{a}}\right).$$

(2) 注意到 $a = -\dfrac{8}{3} < -2$. 由 $f'(x) = 0$,知驻点为 $x = -\dfrac{1}{2}$ 或 $\dfrac{1}{2}$. 所以当 $-1 < x < -\dfrac{1}{2}$ 时,$f'(x) < 0$;当 $-\dfrac{1}{2} < x < \dfrac{1}{2}$ 时,$f'(x) > 0$;当 $\dfrac{1}{2} < x < 1$ 时,$f'(x) < 0$. 故 $f(x)$ 的极小值为 $f\left(-\dfrac{1}{2}\right) = -\dfrac{4}{3} + \ln 3$,极大值为 $f\left(\dfrac{1}{2}\right) = \dfrac{4}{3} - \ln 3$.

题 10 若实数 x_0 满足 $f(x_0) = x_0$,则称 $x = x_0$ 为 $f(x)$ 的不动点.

已知函数 $f(x) = x^3 + ax^2 + bx + 3$,其中 a,b 为常数.

(1) 若 $a = 0$,求函数 $f(x)$ 的单调递增区间.

(2) 若 $a = 0$ 时,存在一个实数 x_0,使得 $x = x_0$ 既是 $f(x)$ 的不动点,又是 $f(x)$ 的极值点. 求实数 b 的值.

(3) 求证:不存在实数组 (a,b),使得 $f(x)$ 互异的两个极值点皆为不动点.

思路剖释 (1) 若 $a = 0$,$f(x) = x^3 + bx + 3$,则 $f'(x) = 3x^2 + b$.

当 $b \geqslant 0$ 时,显然 $f(x)$ 在 $\mathbf{R}$ 上单调递增;当 $b < 0$ 时,由 $f'(x) > 0$,知 $x > \sqrt{-\dfrac{b}{3}}$ 或 $x < -\sqrt{-\dfrac{b}{3}}$.

所以当 $b \geqslant 0$ 时,$f(x)$ 的单调递增区间为 $(-\infty, +\infty)$;当 $b < 0$ 时,$f(x)$ 的单调递增区间为 $\left(-\infty, -\sqrt{-\dfrac{b}{3}}\right)$,$\left(\sqrt{-\dfrac{b}{3}}, +\infty\right)$.

(2) 由条件,知

$$\begin{cases} 3x_0^2 + b = 0, \\ x_0^3 + bx_0 + 3 = x_0. \end{cases}$$

于是 $2x_0^3 + x_0 - 3 = 0$，即 $(x_0 - 1)(2x_0^2 + 2x_0 + 3) = 0$，解得 $x_0 = 1$，从而 $b = -3$.

(3) 假设存在一组实数 (a,b) 满足条件. 由条件，知 $f'(x) = 3x^2 + 2ax + b$，因为 $f(x)$ 有两个不同极值点，所以

$$\Delta = 4a^2 - 12b > 0, \qquad ①$$

即

$$a^2 > 3b.$$

设 $f(x)$ 的两个不同极值点为 x_1, x_2，其中 $x_1 < x_2$，则 x_1, x_2 是方程 $3x^2 + 2ax + b = 0$ 的两实根，所以 $x_1 + x_2 = -\dfrac{2a}{3}, x_1 x_2 = \dfrac{b}{3}$.

又由 x_1, x_2 是 $f(x)$ 的不动点，则 x_1, x_2 是方程 $x^3 + ax^2 + (b-1)x + 3 = 0$ 的两根，设其另一个根为 x_3，则

$$x^3 + ax^2 + (b-1)x + 3 = (x - x_1)(x - x_2)(x - x_3),$$

即

$$x^3 + ax^2 + (b-1)x + 3 = x^3 - (x_1 + x_2 + x_3)x^2 + (x_1 x_2 + x_2 x_3 + x_3 x_1)x - x_1 x_2 x_3.$$

故有

$$\begin{cases} x_1 + x_2 + x_3 = -a, \\ x_1 x_2 + x_2 x_3 + x_3 x_1 = b - 1, \\ x_1 x_2 x_3 = -3. \end{cases}$$

于是 $x_3 = -\dfrac{a}{3} = -\dfrac{9}{b}$，从而，得

$$ab = 27. \qquad ②$$

又

$$b - 1 = x_1 x_2 + (x_1 + x_2)x_3 = \dfrac{b}{3} + \left(-\dfrac{2a}{3}\right)\left(-\dfrac{a}{3}\right),$$

即 $\dfrac{2a^2}{9} - \dfrac{2b}{3} + 1 = 0$，故 $\dfrac{2a^2}{9} - \dfrac{18}{a} + 1 = 0$，即 $2a^3 + 9a - 162 = 0$.

令 $g(x) = 2x^3 + 9x - 162$，则 $g'(x) = 6x^2 + 9 > 0$. 故 $g(x)$ 在 **R** 上单调递增，从而 $g(x) = 0$ 至多有一个实根；又因 $g(0) = -162 < 0, g(4) = 2 > 0$，所以 $g(x) = 0$ 至少有一个实根，而 $g(x) = 0$ 恰有一个实数根 $x = a \in (0, 4)$. 由式①、②，知 $a^2 > 3b = \dfrac{81}{a}$，即 $a^3 > 81$，这与 $a \in (0, 4)$ 矛盾. 所以不存在实数组 (a, b)，使得 $f(x)$ 互异的两个极值点皆为不动点.

题 11 设函数 $f(x) = x^2 + b\ln(x+1)$，其中 $b \neq 0$.

(1) 当 $b > \dfrac{1}{2}$ 时，判断函数 $f(x)$ 在定义域内的单调性.

(2) 求函数 $f(x)$ 的极值点.

(3) 当 $b=-1$ 时,证明:对于任意的正整数 n,不等式
$$\ln\left(\frac{1}{n}+1\right) > \frac{1}{n^2} - \frac{1}{n^3}.$$
成立.

思路剖释 (1) 函数 $f(x)=x^2+b\ln(x+1)$ 的定义域为 $(-1,+\infty)$,则
$$f'(x) = 2x + \frac{b}{x+1} = \frac{2x^2+2x+b}{x+1}.$$
令 $g(x)=2x^2+2x+b$,则
$$g(x) = 2\left(x+\frac{1}{2}\right)^2 + b - \frac{1}{2}, \qquad ①$$
即 $g'(x)=4x+2=2(2x+1)$. 故 $g(x)$ 在 $\left(-\frac{1}{2},+\infty\right)$ 内单调递增,在 $\left(-1,-\frac{1}{2}\right)$ 内单调递减. 所以,得
$$g(x)_{\min} = g\left(-\frac{1}{2}\right) = -\frac{1}{2} + b \quad (\text{参见式 ①}).$$
而当 $b>\frac{1}{2}$ 时,$g(x)_{\min}=-\frac{1}{2}+b>0$,$g(x)=2x^2+2x+b>0$ 在 $(-1,+\infty)$ 内恒成立. 于是 $f'(x)>0$,即当 $b>\frac{1}{2}$ 时,函数 $f(x)$ 在定义域 $(-1,+\infty)$ 内单调递增.

(2) 分以下几种情形讨论.

(i) 由(1),知当 $b>\frac{1}{2}$ 时,函数 $f(x)$ 无极值点(因 $f(x)$ 单调递增).

(ii) 当 $b=\frac{1}{2}$ 时,$f'(x)=\dfrac{2\left(x+\frac{1}{2}\right)^2}{x+1}$,故当 $x\in\left(-1,-\frac{1}{2}\right)$ 时,$f'(x)>0$,当 $x\in\left(-\frac{1}{2},+\infty\right)$ 时,$f'(x)>0$. 因此当 $b=\frac{1}{2}$ 时,函数 $f(x)$ 在 $(-1,+\infty)$ 内无极值点.

(iii) 当 $b<\frac{1}{2}$ 时,解方程 $f'(x)=0$,得两个不同解:
$$x_1 = \frac{-1-\sqrt{1-2b}}{2}, \quad x_2 = \frac{-1+\sqrt{1-2b}}{2} \quad (x_1<x_2).$$
若 $b<0$,则 $x_1=\dfrac{-1-\sqrt{1-2b}}{2}<-1$,$x_1\notin(-1,+\infty)$,而 $x_2=\dfrac{-1+\sqrt{1-2b}}{2}\in(-1,+\infty)$. 此时,$f(x)$ 在 $(-1,+\infty)$ 内有唯一的极小值点,$x_2=\dfrac{-1+\sqrt{1-2b}}{2}$.(注意 $f(x)$ 单调递增,故是极小值点,不是极大值点.)

若 $0<b<\frac{1}{2}$,则 $x_1,x_2\in(-1,+\infty)$,$f'(x)$ 在 $(-1,x_1),(x_2,+\infty)$ 内都大于零,$f'(x)$ 在 (x_1,x_2) 内小于零.

此时,$f(x)$ 有一个极大值点 $x_1=\dfrac{-1-\sqrt{1-2b}}{2}$ 和一个极小值点 $x_2=\dfrac{-1+\sqrt{1-2b}}{2}$.

综上所述,

当 $b<0$ 时,$f(x)$ 在 $(-1,+\infty)$ 内有唯一的极小值点 $x_2=\dfrac{-1+\sqrt{1-2b}}{2}$.

当 $0<b<\dfrac{1}{2}$ 时,$f(x)$ 有一个极大值点 $x_1=\dfrac{-1-\sqrt{1-2b}}{2}$ 和一个极小值点 $x_2=\dfrac{-1+\sqrt{1-2b}}{2}$.

当 $b\geqslant\dfrac{1}{2}$ 时,函数 $f(x)$ 在 $(-1,+\infty)$ 内无极值点.

(3) 当 $b=-1$ 时,$f(x)=x^2-\ln(x+1)$.作辅助函数 $h(x)=x^3-f(x)$,即 $h(x)=x^3-x^2+\ln(x+1)$,则

$$h'(x)=3x^2-2x+\dfrac{1}{x+1}=\dfrac{3x^3+(x-1)^2}{x+1}>0,\ x\in[0,+\infty).$$

故 $h(x)$ 在 $(0,+\infty)$ 内单调递增.

当 $x\in(0,+\infty)$ 时,恒有 $h(x)>h(0)$,而 $h(0)=0$,所以 $h(x)>0$.故当 $x\in(0,+\infty)$ 时,$x^3-x^2+\ln(x+1)>0$,即

$$\ln(x+1)>x^2-x^3.$$

取 $x=\dfrac{1}{n}>0$,得

$$\ln\left(\dfrac{1}{n}+1\right)>\dfrac{1}{n^2}-\dfrac{1}{n^3}.$$

题 12 确定函数 $f(x)=(2x-5)\sqrt[3]{x^2}$ 的单调区间和极值.

思路剖释 函数的定义域为 $(-\infty,+\infty)$,则

$$f'(x)=2x^{\frac{2}{3}}+(2x-5)\times\dfrac{2}{3}\times x^{-\frac{1}{3}}=\dfrac{10}{3}x^{\frac{2}{3}}-\dfrac{10}{3}x^{-\frac{1}{3}}=\dfrac{10}{3}\cdot\dfrac{x-1}{x^{\frac{1}{3}}}.$$

令 $f'(x)=0$,得驻点 $x=1$.又当 $x=0$ 时,$f'(x)$ 不存在.以 $x=0$ 与 $x=1$ 为分点将区间 $(-\infty,+\infty)$ 分成三个子区间:$(-\infty,0),(0,1),(1,+\infty)$.如表 6.1 所示.

表 6.1

x	$(-\infty,0)$	0	$(0,1)$	1	$(1,+\infty)$
$f'(x)$	$+$	不存在	$-$	0	$+$
$f(x)$	↗		↘		↗

由表知:$(-\infty,0]$ 和 $[1,+\infty)$ 为 $f(x)$ 的单调递增区间;$[0,1]$ 为单调递减区间.

下面利用一阶导数变号法求函数 $f(x)$ 的极值.

在驻点 $x=1$ 的近旁,一阶导数 $f'(x)$ 的符号由"$-$"变到"$+$",故 $x=1$ 为极小值点,极小值为 $f(1)=(2\times1-5)\sqrt[3]{1^2}=-3$;

在导数不存在的点 $x=0$ 的近旁,一阶导数 $f'(x)$ 的符号由"$+$"变到"$-$",故 $x=0$ 为极

大值点,极大值为 $f(0)=0$.

题 13 确定函数 $f(x)=2x^3-9x^2+12x-3$ 的单调区间和极值.

思路剖释 $f(x)$ 的定义域为 $(-\infty,+\infty)$,且
$$f'(x)=6x^2-18x+12=6(x-1)(x-2).$$
令 $f'(x)=0$,得两个驻点 $x_1=1$ 与 $x_2=2$.以 x_1,x_2 为分点,将函数的定义域 $(-\infty,+\infty)$ 分成三个子区间:$(-\infty,1),(1,2),(2,+\infty)$.

在这三个子区间内分别讨论 $f'(x)$ 的符号和 $f(x)$ 的单调性,如表 6.2 所示.

表 6.2

x	$(-\infty,1)$	1	$(1,2)$	2	$(2,+\infty)$
$f'(x)$	+	0	−	0	+
$f(x)$	↗	极大值	↘	极小值	↗

表中"↗"表示函数单调增加,"↘"表示函数单调减少.

由表知:$(-\infty,1]$ 和 $[2,+\infty)$ 为 $f(x)$ 的单调递增区间;$[1,2]$ 为单调递减区间.

下面计算函数的极值.由上表,知极大值为 $f(1)=2-9+12-3=2$,极小值为 $f(2)=1$.

注 因 $f''(x)=12x-18=6(2x-3)$,$f''(1)=-6<0$,故 $x=1$ 是极大值点,极大值 $f(1)=2$.又 $f''(2)=6>0$,故 $x=2$ 是极小值点,极小值 $f(2)=1$.

6.2 利用导函数求函数的最值

1. 函数最值

闭区间 $[a,b]$ 上的连续函数 $f(x)$ 存在最大值和最小值.

2. 求解函数 $f(x)$ 最值

求函数 $f(x)$ 最值的基本步骤如下:

步骤 1:求出 $f(x)$ 在 (a,b) 内的全部驻点 $x_1,x_2,\cdots,x_m$,以及所有不可导点 $x_1',x_2',\cdots,x_n'$.

步骤 2:计算 $(m+n+2)$ 个函数值 $f(x_1),f(x_2),\cdots,f(x_m),f(x_1'),f(x_2'),\cdots,f(x_n')$,以及 $f(a),f(b)$.

步骤 3:比较这 $(m+n+2)$ 个函数值的大小,其中最大的值就是 $f(x)$ 的最大值 M;最小的值就是 $f(x)$ 的最小值 m.

如果闭区间 $[a,b]$ 上的连续函数 $f(x)$ 是单调函数,则 $f(x)$ 的最大值与最小值将分别在区间的两个端点取得,如图 6.3 所示.

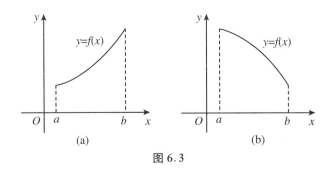

图 6.3

题 1 求解下列各题.

(1) 求 $f(x)=x+\dfrac{1}{\sqrt{x}}$ 在 $[1,8]$ 上的最大值与最小值.

(2) 求 $f(x)=x(x-1)^{\frac{1}{3}}$ 在区间 $[-2,2]$ 上的最值.

思路剖析 (1) 因 $f'(x)=1+(x^{-\frac{1}{2}})'=1-\dfrac{1}{2\sqrt{x^3}}>0, x\in(1,8)$,故 $f(x)$ 在 $[1,8]$ 上单调增加,于是最大值与最小值在区间的两个端点处取得.

因 $f(1)=1+\dfrac{1}{\sqrt{1}}=2, f(8)=8+\dfrac{1}{2\sqrt{2}}=\dfrac{32+\sqrt{2}}{4}$,故最大值为 $f(8)=\dfrac{32+\sqrt{2}}{4}$,最小值为 $f(1)=2$.

(2) 由 $f'(x)=(x-1)^{\frac{1}{3}}+\dfrac{1}{3}x(x-1)^{-\frac{2}{3}}=\dfrac{4x-3}{3(x-1)^{\frac{2}{3}}}$,令 $f'(x)=0$,得唯一驻点 $x=\dfrac{3}{4}$.又 $x=1$ 时,$f'(x)$ 不存在.$f(1)=0, f\left(\dfrac{3}{4}\right)=-0.47, f(-2)=2.88, f(2)=2$,比较这四个值的大小,立知所求最大值为 $f(-2)=2.88$,最小值为 $f\left(\dfrac{3}{4}\right)=-0.47$.

题 2 设函数 $f(x)=1+(1+a)x-x^2-x^3$,其中 $a>0$.

(1) 讨论 $f(x)$ 在其定义域上的单调性.

(2) 当 $x\in[0,1]$ 时,求 $f(x)$ 取得最大值和最小值时的 x 值.

思路剖析 (1) $f(x)$ 的定义域为 $(-\infty,+\infty)$,$f'(x)=1+a-2x-3x^2$.令 $f'(x)=0$,得

$$x_1=\dfrac{-1-\sqrt{4+3a}}{3},\quad x_2=\dfrac{-1+\sqrt{4+3a}}{3}\quad(x_1<x_2).$$

所以 $f'(x)=-3(x-x_1)(x-x_2)$.当 $x<x_1$ 或 $x>x_2$ 时,$f'(x)<0$;当 $x_1<x<x_2$ 时,$f'(x)>0$.故 $f(x)$ 在 $(-\infty,x_1)$ 和 $(x_2,+\infty)$ 内单调递减,在 (x_1,x_2) 内单调递增.

(2) 因为 $a>0$,所以 $x_1<0, x_2>0$.

(i) 当 $a\geqslant 4$ 时,$x_2\geqslant 1$,由(1),知 $f(x)$ 在 $[0,1]$ 上单调递增,所以 $f(x)$ 在 $x=0$ 和 $x=1$ 处分别取得最小值和最大值.

(ii) 当 $0<a<4$ 时,$x_2<1$,由(1),知 $f(x)$ 在 $[0,x_2]$ 上单调递增,在 $[x_2,1]$ 上单调递减,

因此 $f(x)$ 在 $x=x_2=\dfrac{-1+\sqrt{4+3a}}{3}$ 处取得最大值.

又因 $f(0)=1, f(1)=a$,所以:

当 $0<a<1$ 时,$f(x)$ 在 $x=1$ 处取得最小值;

当 $a=1$ 时,$f(x)$ 在 $x=0$ 和 $x=1$ 处同时取得最小值;

当 $1<a<4$ 时,$f(x)$ 在 $x=0$ 处取得最小值.

题3 已知函数 $f(x)=2x^3-ax^2+b$.

(1) 讨论 $f(x)$ 的单调性.

(2) 是否存在 a,b,使得 $f(x)$ 在区间 $[0,1]$ 的最小值为 -1 且最大值为 1? 若存在,求出 a,b 的所有值;若不存在,说明理由.

思路剖释 (1) 由题意,知
$$f'(x)=6x^2-2ax=2x(3x-a).$$

令 $f'(x)=0$,得 $x=0$ 或 $x=\dfrac{a}{3}$.

(i) 若 $a>0$,则当 $x\in(-\infty,0)\cup\left(\dfrac{a}{3},+\infty\right)$ 时,$f'(x)>0$;当 $x\in\left(0,\dfrac{a}{3}\right)$ 时,$f'(x)<0$. 故 $f(x)$ 在 $(-\infty,0)$,$\left(\dfrac{a}{3},+\infty\right)$ 内单调递增,在 $\left(0,\dfrac{a}{3}\right)$ 内单调递减.

(ii) 若 $a=0$,则 $f'(x)\geqslant 0$,即 $f(x)$ 在 $(-\infty,+\infty)$ 内单调递增.

(iii) 若 $a<0$,则当 $x\in\left(-\infty,\dfrac{a}{3}\right)\cup(0,+\infty)$ 时,$f'(x)>0$;当 $x\in\left(\dfrac{a}{3},0\right)$ 时,$f'(x)<0$. 故 $f(x)$ 在 $\left(-\infty,\dfrac{a}{3}\right)$ 和 $(0,+\infty)$ 内单调递增,在 $\left(\dfrac{a}{3},0\right)$ 内单调递减.

(2) 满足题设条件的 a,b 存在.

(i) 当 $a\leqslant 0$ 时,由(1),知 $f(x)$ 在 $[0,1]$ 上单调递增,所以 $f(x)$ 在区间 $[0,1]$ 上的最小值为 $f(0)=b$,最大值为 $f(1)=2-a+b$. 此时,a,b 满足题设条件当且仅当 $b=-1, 2-a+b=1$,即 $a=0, b=-1$.

(ii) 当 $a\geqslant 3$ 时,由(1),知 $f(x)$ 在 $[0,1]$ 上单调递减,所以 $f(x)$ 在 $[0,1]$ 上的最大值为 $f(0)=b$,最小值为 $f(1)=2-a+b$. 此时,a,b 满足题设条件当且仅当 $2-a+b=-1, b=1$,即 $a=4, b=1$.

(iii) 当 $0<a<3$ 时,由(1),知 $f(x)$ 在 $[0,1]$ 的最小值为 $f\left(\dfrac{a}{3}\right)=-\dfrac{a^3}{27}+b$,最大值为 b 或 $2-a+b$.

若 $-\dfrac{a^3}{27}+b=-1, b=1$,则 $a=3\sqrt[3]{2}$,与 $0<a<3$ 矛盾.

若 $-\dfrac{a^3}{27}+b=-1, 2-a+b=1$,则 $a=3\sqrt{3}$ 或 $a=-3\sqrt{3}$ 或 $a=0$,与 $0<a<3$ 矛盾.

综上所述,当且仅当 $a=0, b=-1$ 或 $a=4, b=1$ 时,$f(x)$ 在 $[0,1]$ 上的最小值为 -1,

最大值为 1.

题 4 设函数 $f(x) = x^2 - ax + b$.

(1) 讨论函数 $f(\sin x)$ 在 $\left(-\dfrac{\pi}{2}, \dfrac{\pi}{2}\right)$ 内的单调性并判断有无极值,有极值时求出极值.

(2) 记 $f_0(x) = x^2 - a_0 x + b_0$,求函数 $|f(\sin x) - f_0(\sin x)|$ 在 $\left[-\dfrac{\pi}{2}, \dfrac{\pi}{2}\right]$ 上的最大值 D.

(3) 在(2)中,取 $a_0 = b_0 = 0$,求 $z = b - \dfrac{a^2}{4}$ 满足条件 $D \leqslant 1$ 时的最大值.

思路剖释 (1) 由题意,知

$$f(\sin x) = \sin^2 x - a\sin x + b = \sin x(\sin x - a) + b \quad \left(-\dfrac{\pi}{2} < x < \dfrac{\pi}{2}\right),$$

$$[f(\sin x)]' = (2\sin x - a)\cos x \quad \left(-\dfrac{\pi}{2} < x < \dfrac{\pi}{2}\right).$$

因为 $-\dfrac{\pi}{2} < x < \dfrac{\pi}{2}$,所以 $\cos x > 0$,$-2 < 2\sin x < 2$.

(i) 当 $a \leqslant -2, b \in \mathbf{R}$ 时,函数 $f(\sin x)$ 单调递增,无极值.

(ii) 当 $a \geqslant 2, b \in \mathbf{R}$ 时,函数 $f(\sin x)$ 单调递减,无极值.

(iii) 对于 $-2 < a < 2$,在 $\left(-\dfrac{\pi}{2}, \dfrac{\pi}{2}\right)$ 内存在唯一的 x_0,使得 $2\sin x_0 = a$.当 $-\dfrac{\pi}{2} < x \leqslant x_0$ 时,函数 $f(\sin x)$ 单调递减;当 $x_0 \leqslant x < \dfrac{\pi}{2}$ 时,函数 $f(\sin x)$ 单调递增.因此 $-2 < a < 2, b \in \mathbf{R}$ 时,函数 $f(\sin x)$ 在 x_0 处有极小值,且 $f(\sin x_0) = f\left(\dfrac{a}{2}\right) = b - \dfrac{a^2}{4}$.

(2) 当 $-\dfrac{\pi}{2} \leqslant x \leqslant \dfrac{\pi}{2}$ 时,

$$|f(\sin x) - f_0(\sin x)| = |(a_0 - a)\sin x + b - b_0|$$
$$\leqslant |a - a_0| + |b - b_0|,$$

所以当 $(a_0 - a)(b - b_0) \geqslant 0$ 时,取 $x = \dfrac{\pi}{2}$,等号成立;当 $(a_0 - a)(b - b_0) < 0$ 时,取 $x = -\dfrac{\pi}{2}$,等号成立.由此可知,$|f(\sin x) - f_0(\sin x)|$ 在 $\left[-\dfrac{\pi}{2}, \dfrac{\pi}{2}\right]$ 上的最大值为 $D = |a - a_0| + |b - b_0|$.

(3) $D \leqslant 1$,即 $|a| + |b| \leqslant 1$,此时 $0 \leqslant a^2 \leqslant 1$,$-1 \leqslant b \leqslant 1$,从而 $z = b - \dfrac{a^2}{4} \leqslant 1$.取 $a = 0, b = 1$,则 $|a| + |b| \leqslant 1$,且 $z = b - \dfrac{a^2}{4} = 1$.由此可知,$z = b - \dfrac{a^2}{4}$ 满足条件 $D \leqslant 1$ 的最大值为 1.

题 5 已知函数 $f(x) = x\cos x - \sin x$,$x \in \left[0, \dfrac{\pi}{2}\right]$.

(1) 求证:$f(x) \leqslant 0$.

(2) 若 $a<\dfrac{\sin x}{x}<b$ 对 $x\in\left(0,\dfrac{\pi}{2}\right)$ 恒成立,求 a 的最大值与 b 的最小值.

思路剖析 对于第(1)小题,利用导数研究函数的单调性和最值;对于第(2)小题,利用导数研究函数的单调性、极值和最值,结合三角函数图像求解.

(1) 由 $f(x)=x\cos x-\sin x$,得
$$f'(x)=\cos x-x\sin x-\cos x=-x\sin x.$$
因为在区间 $\left(0,\dfrac{\pi}{2}\right)$ 内 $f'(x)=-x\sin x<0$,所以 $f(x)$ 在区间 $\left[0,\dfrac{\pi}{2}\right]$ 上单调递减,从而 $f(x)\leqslant f(0)=0$.

(2) 当 $x>0$ 时,$\dfrac{\sin x}{x}>a$ 等价于 $\sin x-ax>0$;$\dfrac{\sin x}{x}<b$ 等价于 $\sin x-bx<0$.令 $g(x)=\sin x-cx$,则
$$g'(x)=\cos x-c.$$

(i) 当 $c\leqslant 0$ 时,$g(x)>0$ 对于任意 $x\in\left(0,\dfrac{\pi}{2}\right)$ 恒成立.

(ii) 当 $c\geqslant 1$ 时,因为对于任意 $x\in\left(0,\dfrac{\pi}{2}\right)$,$g'(x)=\cos x-c<0$,故 $g(x)$ 在区间 $\left[0,\dfrac{\pi}{2}\right]$ 上单调递减,从而 $g(x)<g(0)=0$ 对于任意 $x\in\left(0,\dfrac{\pi}{2}\right)$ 恒成立.

(iii) 当 $0<c<1$ 时,存在唯一的 $x_0\in\left(0,\dfrac{\pi}{2}\right)$ 使得 $g'(x_0)=\cos x_0-c=0$.

$g(x)$ 与 $g'(x)$ 在区间 $\left(0,\dfrac{\pi}{2}\right)$ 内的情况如表 6.3 所示.

表 6.3

x	$(0,x_0)$	x_0	$\left(x_0,\dfrac{\pi}{2}\right)$
$g'(x)$	+	0	−
$g(x)$	↗		↘

因为 $g(x)$ 在区间 $[0,x_0]$ 上是增函数,所以 $g(x_0)>g(0)=0$.进一步,"$g(x)>0$ 对于任意 $x\in\left(0,\dfrac{\pi}{2}\right)$ 恒成立"当且仅当 $g\left(\dfrac{\pi}{2}\right)=1-\dfrac{\pi}{2}c\geqslant 0$,即 $0<c\leqslant\dfrac{2}{\pi}$.

综上所述,当且仅当 $c\leqslant\dfrac{2}{\pi}$ 时,$g(x)>0$ 对于任意 $x\in\left(0,\dfrac{\pi}{2}\right)$ 恒成立;当且仅当 $c\geqslant 1$ 时,$g(x)<0$ 对于任意 $x\in\left(0,\dfrac{\pi}{2}\right)$ 悟成立.所以,若 $a<\dfrac{\sin x}{x}<b$ 对 $x\in\left(0,\dfrac{\pi}{2}\right)$ 恒成立,则 a 的最大值为 $\dfrac{2}{\pi}$,b 的最小值为 1.

题 6 已知 $a>0$,函数 $f(x)=\left|\dfrac{x-a}{x+2a}\right|$.

(1) 记 $f(x)$ 在区间 $[0,4]$ 上的最大值为 $g(a)$，求 $g(a)$ 的表达式.

(2) 是否存在 a，使函数 $y=f(x)$ 在区间 $(0,4)$ 内的图像上存在两点，在该两点处的切线相互垂直？若存在，求 a 的取值范围；若不存在，请说明理由.

思路剖释 (1) 当 $0 \leqslant x \leqslant a$ 时，$f(x) = \dfrac{a-x}{x+2a}$；当 $x > a$ 时，$f(x) = \dfrac{x-a}{x+2a}$. 因此，当 $x \in (0,a)$ 时，$f'(x) = \dfrac{-3a}{(x+2a)^2} < 0$，$f(x)$ 在 $(0,a)$ 内单调递减；当 $x \in (a,+\infty)$ 时，$f'(x) = \dfrac{3a}{(x+2a)^2} > 1$，$f(x)$ 在 $(a,+\infty)$ 内单调递增.

(i) 若 $a \geqslant 4$，则 $f(x)$ 在 $(0,4)$ 内单调递减，$g(a) = f(0) = \dfrac{1}{2}$.

(ii) 若 $0 < a < 4$，则 $f(x)$ 在 $(0,a)$ 内单调递减，在 $(a,4)$ 内单调递增，所以 $g(a) = \max\{f(0), f(4)\}$. 而

$$f(0) - f(4) = \dfrac{1}{2} - \dfrac{4-a}{4+2a} = \dfrac{a-1}{2+a},$$

故当 $0 < a \leqslant 1$ 时，$g(a) = f(4) = \dfrac{4-a}{4+2a}$；当 $1 < a < 4$ 时，$g(a) = f(0) = \dfrac{1}{2}$.

综上所述，$g(a) = \begin{cases} \dfrac{4-a}{4+2a}, & 0 < a \leqslant 1, \\ \dfrac{1}{2}, & a > 1. \end{cases}$

(2) 由(1)，知当 $a \geqslant 4$ 时，$f(x)$ 在 $(0,4)$ 内单调递减，故不满足要求. 当 $0 < a < 4$ 时，$f(x)$ 在 $(0,a)$ 内单调递减，在 $(0,4)$ 内单调递增. 若存在 $x_1, x_2 \in (0,4)$ $(x_1 < x_2)$，使曲线 $y = f(x)$ 在 $(x_1, f(x_1))$，$(x_2, f(x_2))$ 两点处的切线互相垂直，则 $x_1 \in (0,a)$，$x_2 \in (a,4)$，且 $f'(x_1) \cdot f'(x_2) = -1$，即

$$\dfrac{-3a}{(x_1+2a)^2} \cdot \dfrac{3a}{(x_2+2a)^2} = -1,$$

亦即

$$x_1 + 2a = \dfrac{3a}{x_2+2a}. \qquad ①$$

由 $x_1 \in (0,a)$，$x_2 \in (a,4)$，得 $x_1 + 2a \in (2a, 3a)$，$\dfrac{3a}{x_2+2a} \in \left(\dfrac{3a}{4+2a}, 1\right)$，故式①成立，等价于集合 $A = \{x | 2a < x < 3a\}$ 与集合 $B = \{x | \dfrac{3a}{4+2a} < x < 1\}$ 的交集非空. 因为 $\dfrac{3a}{4+2a} < 3a$，所以当且仅当 $0 < 2a < 1$，即 $0 < a < \dfrac{1}{2}$ 时，$A \cap B \neq \varnothing$.

综上所述，存在 a 使函数 $f(x)$ 在区间 $(0,4)$ 内的图像上存在两点，在该两点处的切线互相垂直，且 a 的取值范围是 $\left(0, \dfrac{1}{2}\right)$.

题 7 已知 $a \in \mathbf{R}$，函数 $f(x) = x^3 - 3x^2 + 3ax - 3a + 3$.

(1) 求曲线 $y=f(x)$ 在点 $(1,f(1))$ 处的切线方程.

(2) 当 $x\in[0,2]$ 时,求 $|f(x)|$ 的最大值.

思路剖析 (1) 由题意,知 $f'(x)=3x^2-6x+3a$,故 $f'(1)=3a-3$. 又 $f(1)=1$,所以所求切线方程为 $y=(3a-3)x-3a+4$.

(2) 由于 $f'(x)=3(x-1)^2+3(a-1),0\leqslant x\leqslant 2$,所以:

(i) 当 $a\leqslant 0$ 时,有 $f'(x)\leqslant 0$,此时 $f(x)$ 在 $[0,2]$ 上单调递减,故 $|f(x)|_{\max}=\max\{|f(0)|,|f(2)|\}=3-3a$;

(ii) 当 $a\geqslant 1$ 时,有 $f'(x)\geqslant 0$,此时 $f(x)$ 在 $[0,2]$ 上单调递增,故 $|f(x)|_{\max}=\max\{|f(0)|,|f(2)|\}=3a-1$;

(iii) 当 $0<a<1$ 时,设 $x_1=1-\sqrt{1-a},x_2=1+\sqrt{1-a}$,则 $0<x_1<x_2<2,f'(x)=3(x-x_1)(x-x_2)$.

如表 6.4 所示.

表 6.4

x	0	$(0,x_1)$	x_1	(x_1,x_2)	x_2	$(x_2,2)$	2
$f'(x)$		+	0	−	0	+	
$f(x)$	$3-3a$	单调递增	极大值 $f(x_1)$	单调递减	极小值 $f(x_2)$	单调递增	$3a-1$

由于 $f(x_1)=1+2(1-a)\sqrt{1-a},f(x_2)=1-2(1-a)\sqrt{1-a}$,故 $f(x_1)+f(x_2)=2>0,f(x_1)-f(x_2)=4(1-a)\sqrt{1-a}>0$,从而 $f(x_1)>|f(x_2)|$,所以 $|f(x)|_{\max}=\max\{f(0),|f(2)|,f(x_1)\}$.

当 $0<a<\dfrac{2}{3}$ 时,$f(0)>|f(2)|$. 又因

$$f(x_1)-f(0)=2(1-a)\sqrt{1-a}-(2-3a)$$
$$=\dfrac{a^2(3-4a)}{2(1-a)\sqrt{1-a}+2-3a}>0,$$

故 $|f(x)|_{\max}=f(x_1)=1+2(1-a)\sqrt{1-a}$.

当 $\dfrac{2}{3}\leqslant a<1$ 时,$|f(2)|=f(2)$,且 $f(2)\geqslant f(0)$. 又因

$$f(x_1)-|f(2)|=2(1-a)\sqrt{1-a}-(3a-2)$$
$$=\dfrac{a^2(3-4a)}{2(1-a)\sqrt{1-a}+3a-2},$$

所以当 $\dfrac{2}{3}\leqslant a<\dfrac{3}{4}$ 时,$f(x_1)>|f(2)|$,故 $|f(x)|_{\max}=f(x_1)=1+2(1-a)\sqrt{1-a}$;当 $\dfrac{3}{4}\leqslant a<1$ 时,$f(x_1)\leqslant|f(2)|$,故 $|f(x)|_{\max}=|f(2)|=3a-1$.

综上所述,

$$|f(x)|_{\max} = \begin{cases} 3-3a, & a \leqslant 0, \\ 1+2(1-a)\sqrt{1-a}, & 0 < a < \dfrac{3}{4}, \\ 3a-1, & a \geqslant \dfrac{3}{4}. \end{cases}$$

题 8 设函数 $f(x) = (x-1)\mathrm{e}^x - kx^2 (k \in \mathbf{R})$.

(1) 当 $k = 1$ 时,求函数 $f(x)$ 的单调区间.

(2) 当 $k \in \left(\dfrac{1}{2}, 1\right]$ 时,求函数 $f(x)$ 在 $[0, k]$ 上的最大值 M.

思路剖释 (1) 当 $k = 1$ 时,
$$f(x) = (x-1)\mathrm{e}^x - x^2,$$
$$f'(x) = \mathrm{e}^x + (x-1)\mathrm{e}^x - 2x = x\mathrm{e}^x - 2x = x(\mathrm{e}^x - 2).$$

令 $f'(x) = 0$,得 $x_1 = 0, x_2 = \ln 2$. 当 x 变化时,$f'(x), f(x)$ 的变化如表 6.5 所示.

表 6.5

x	$(-\infty, 0)$	0	$(0, \ln 2)$	$\ln 2$	$(\ln 2, +\infty)$
$f'(x)$	$+$	0	$-$	0	$+$
$f(x)$	↗	极大值	↘	极小值	↗

由表可知,函数 $f(x)$ 的递减区间为 $(0, \ln 2)$,递增区间为 $(-\infty, 0)$ 和 $(\ln 2, +\infty)$.

(2) 由题意,知
$$f'(x) = \mathrm{e}^x + (x-1)\mathrm{e}^x - 2kx = x\mathrm{e}^x - 2kx = x(\mathrm{e}^x - 2k).$$

由 $f'(x) = 0$,得 $x_1 = 0, x_2 = \ln(2k)$. 令 $g(k) = \ln(2k) - k$,则 $g'(k) = \dfrac{1}{k} - 1 = \dfrac{1-k}{k} > 0$,所以 $g(k)$ 在 $\left(\dfrac{1}{2}, 1\right]$ 内单调递增,因此 $g(k) \leqslant \ln 2 - 1 = \ln 2 - \ln \mathrm{e} < 0, \ln(2k) < k$,从而 $\ln(2k) \in [0, k]$. 故当 $x \in (0, \ln(2k))$ 时,$f'(x) < 0$;当 $x \in (\ln(2k), +\infty)$ 时,$f'(x) > 0$;故 $M = \max\{f(0), f(k)\} = \max\{-1, (k-1)\mathrm{e}^k - k^3\}$.

令 $h(k) = (k-1)\mathrm{e}^k - k^3 + 1$,则 $h'(k) = k(\mathrm{e}^k - 3k)$. 令 $\varphi(k) = \mathrm{e}^k - 3k$,则 $\varphi'(k) = \mathrm{e}^k - 3 < \mathrm{e} - 3 < 0$,所以 $\varphi(k)$ 在 $\left(\dfrac{1}{2}, 1\right]$ 内单调递减,而 $\varphi\left(\dfrac{1}{2}\right) \cdot \varphi(1) = \left(\sqrt{\mathrm{e}} - \dfrac{3}{2}\right)(\mathrm{e} - 3) < 0$,所以存在 $x_0 \in \left(\dfrac{1}{2}, 1\right]$,使得 $\varphi(x_0) = 0$,且当 $k \in \left(\dfrac{1}{2}, x_0\right)$ 时,$\varphi(k) > 0$,当 $k \in (x_0, 1)$ 时,$\varphi(k) < 0$. 故 $\varphi(k)$ 在 $\left(\dfrac{1}{2}, x_0\right)$ 内单调递增,在 $(x_0, 1)$ 内单调递减.

又因 $h\left(\dfrac{1}{2}\right) = -\dfrac{1}{2}\sqrt{\mathrm{e}} + \dfrac{7}{8} > 0, h(1) = 0$,所以 $h(k) \geqslant$ 在 $\left(\dfrac{1}{2}, 1\right]$ 内恒成立,当且仅当 $k = 1$ 时取得等号.

综上所述,函数 $f(x)$ 在 $[0, k]$ 上的最大值为 $M = (k-1)\mathrm{e}^k - k^3$.

注 利用导数研究函数的单调性时,要注意定义域的变化,求函数在闭区间上的最值的本质是研究函数在所给区间上的单调性.

题9 已知函数 $f(x) = a^x + b^x (a>0, b>0, a \neq 1, b \neq 1)$.

(1) 设 $a = 2, b = \dfrac{1}{2}$.

(i) 求方程 $f(x) = 2$ 的根.

(ii) 若对于任意 $x \in \mathbf{R}$,不等式 $f(2x) \geq mf(x) - 6$ 恒成立,求实数 m 的最大值.

(2) 若 $0 < a < 1, b > 1$,函数 $g(x) = f(x) - 2$ 有且只有 1 个零点,求 ab 值.

思路剖释 (1) 因为 $a = 2, b = \dfrac{1}{2}$,所以 $f(x) = 2^x + 2^{-x}$.

(i) 方程 $f(x) = 2$,即 $2^x + 2^{-x} = 2$,亦即 $(2^x)^2 - 2 \times 2^x + 1 = 0$,所以 $(2^x - 1)^2 = 0$,于是 $2^x = 1$,解得 $x = 0$.

(ii) 由条件,知 $f(2x) = 2^{2x} + 2^{-2x} = (2^x + 2^{-x})^2 - 2 = [f(x)]^2 - 2$.因为 $f(2x) \geq mf(x) - 6$ 对于 $x \in \mathbf{R}$ 恒成立,且 $f(x) > 0$,所以 $m \leq \dfrac{[f(x)]^2 + 4}{f(x)}$ 对于 $x \in \mathbf{R}$ 恒成立.而

$$\dfrac{[f(x)]^2 + 4}{f(x)} = f(x) + \dfrac{4}{f(x)} \geq 2\sqrt{f(x) \cdot \dfrac{4}{f(x)}} = 4,$$

且 $\dfrac{[f(0)]^2 + 4}{f(0)} = 4$,所以 $m \leq 4$.故实数 m 的最大值为 4.

(2) 因为函数 $g(x) = f(x) - 2$ 只有 1 个零点,而 $g(0) = f(0) - 2 = a^0 + b^0 - 2 = 0$,所以 0 是函数 $g(x)$ 的唯一零点.因为 $g'(x) = a^x \ln a + b^x \ln b$,又由 $0 < a < 1, b > 1$,知 $\ln a < 0$,$\ln b > 0$,所以 $g'(x) = 0$ 有唯一解 $x_0 = \log_{\frac{b}{a}} \left(-\dfrac{\ln a}{\ln b} \right)$.

令 $h(x) = g'(x)$,则
$$h'(x) = (a^x \ln a + b^x \ln b)' = a^x (\ln a)^2 + b^x (\ln b)^2.$$

从而对于任意 $x \in \mathbf{R}, h'(x) > 0$,所以 $g'(x) = h(x)$ 是 $(-\infty, +\infty)$ 内的单调递增函数.于是当 $x \in (-\infty, x_0)$ 时,$g'(x) < g'(x_0) = 0$;当 $x \in (x_0, +\infty)$ 时,$g'(x) > g'(x_0) = 0$.因而函数 $g(x)$ 在 $(-\infty, x_0)$ 内是单调递减函数,在 $(x_0, +\infty)$ 内是单调递增函数.

下证 $x_0 = 0$.

若 $x_0 < 0$,则 $x_0 < \dfrac{x_0}{2} < 0$,于是 $g\left(\dfrac{x_0}{2}\right) < g(0) = 0$.又 $g(\log_a 2) = a^{\log_a 2} + b^{\log_a 2} - 2 > a^{\log_a 2} - 2 = 0$,且函数 $g(x)$ 在以 $\dfrac{x_0}{2}$ 和 $\log_a 2$ 为端点的闭区间上的图像不间断,所以在 $\dfrac{x_0}{2}$ 和 $\log_a 2$ 之间存在 $g(x)$ 的零点,记为 x_1.因为 $0 < a < 1$,所以 $\log_a 2 < 0$.又 $\dfrac{x_0}{2} < 0$,所以 $x_1 < 0$,与"0 是函数 $g(x)$ 的唯一零点"矛盾.

若 $x_0 > 0$,同理可得,在 $\dfrac{x_0}{2}$ 和 $\log_b 2$ 之间存在 $g(x)$ 的非 0 的零点,矛盾.

因此，$x_0 = 0$. 于是 $-\dfrac{\ln a}{\ln b} = 1$，故 $\ln a + \ln b = 0$，所以 $ab = 1$.

题 10 已知向量 $\boldsymbol{a} = \left(\cos x, -\dfrac{1}{2}\right), \boldsymbol{b} = (\sqrt{3}\sin x, \cos 2x), x \in \mathbf{R}$，设函数 $f(x) = \boldsymbol{a} \cdot \boldsymbol{b}$.

(1) 求 $f(x)$ 的最小正周期.

(2) 求 $f(x)$ 在 $\left[0, \dfrac{\pi}{2}\right]$ 上的最大值和最小值.

思路剖释 由题意，知

$$f(x) = \left(\cos x, -\dfrac{1}{2}\right) \cdot (\sqrt{3}\sin x, \cos 2x)$$

$$= \sqrt{3}\cos x \sin x - \dfrac{1}{2}\cos 2x$$

$$= \dfrac{\sqrt{3}}{2}\sin 2x - \dfrac{1}{2}\cos 2x$$

$$= \cos\dfrac{\pi}{6}\sin 2x - \sin\dfrac{\pi}{6}\cos 2x$$

$$= \sin\left(2x - \dfrac{\pi}{6}\right).$$

(1) $f(x)$ 的最小周期为 $T = \dfrac{2\pi}{\omega} = \dfrac{2\pi}{2} = \pi$.

(2) 因为 $0 \leqslant x \leqslant \dfrac{\pi}{2}$，所以 $-\dfrac{\pi}{6} \leqslant 2x - \dfrac{\pi}{6} \leqslant \dfrac{5\pi}{6}$. 由正弦函数的性质，知：

(i) 当 $2x - \dfrac{\pi}{6} = \dfrac{\pi}{2}$，即 $x = \dfrac{\pi}{3}$ 时，$f(x)$ 取得最大值 1.

(ii) 当 $2x - \dfrac{\pi}{6} = -\dfrac{\pi}{6}$，即 $x = 0$ 时，$f(0) = -\dfrac{1}{2}$.

(iii) 当 $2x - \dfrac{\pi}{6} = \dfrac{5\pi}{6}$，即 $x = \dfrac{\pi}{2}$ 时，$f\left(\dfrac{\pi}{2}\right) = \dfrac{1}{2}$.

综上所述，$f(x)$ 的最小值为 $-\dfrac{1}{2}$. 因此，$f(x)$ 在 $\left[0, \dfrac{\pi}{2}\right]$ 上的最大值是 1，最小值是 $-\dfrac{1}{2}$.

题 11 以下 4 个数中，最大的为（　　）.

A. $\ln\sqrt{2}$　　　　B. $\dfrac{1}{e}$　　　　C. $\dfrac{\ln\pi}{\pi}$　　　　D. $\dfrac{\sqrt{10}\ln 10}{20}$

思路剖释 考虑函数 $f(x) = \dfrac{\ln x}{x}$，则 4 个选项分别为 $f(2), f(e), f(\pi), f(\sqrt{10})$. 因 $f'(x) = \dfrac{1 - \ln x}{x^2}$，故 $f(x)$ 在区间 $(0, e)$ 内单调递增，在区间 $(e, +\infty)$ 内单调递减. 因此，$f(x)$ 在区间 $(0, +\infty)$ 内的最大值为 $f(e)$. 故选 B.

题 12 已知函数 $f(x) = \begin{cases} x^2 + 2x + a, & x < 0, \\ \ln x, & x > 0, \end{cases}$ 其中 a 是实数. 设 $A(x_1, f(x_1))$, $B(x_2, f(x_2))$ 为该函数图像上的两点，且 $x_1 < x_2$.

(1) 指出函数 $f(x)$ 的单调区间.

(2) 若函数 $f(x)$ 的图像在点 A、B 处的切线互相垂直,且 $x_2<0$,求 x_2-x_1 的最小值.

(3) 若函数 $f(x)$ 的图像在点 A、B 处的切线重合,求 a 的取值范围.

思路剖释 (1)(i) 当 $x<0$ 时,$f'(x)=2x+2=2(x+1)$,即 $x\in[-1,0)$ 时,$f'(x)>0$;$x\in(-\infty,-1)$ 时,$f'(x)<0$.

(ii) 当 $x>0$ 时,$f'(x)=\dfrac{1}{x}>0$.

综上所述,函数 $f(x)$ 的单调递减区间为 $(-\infty,-1)$,单调递增区间为 $[-1,0),(0,+\infty)$.

(2) 由导数的几何意义,可知点 A 处的切线斜率为 $f'(x_1)$,点 B 处的切线斜率为 $f'(x_2)$.故当点 A 处的切线与点 B 处的切线垂直时,有 $f'(x_1)f'(x_2)=-1$.

当 $x<0$ 时,对函数 $f(x)$ 求导,得 $f'(x)=2x+2$.因为 $x_1<x_2<0$,所以 $(2x_1+2)(2x_2+2)=-1$.故 $2x_1+2<0$,$2x_2+2>0$,因此,有

$$x_2-x_1=\dfrac{1}{2}[-(2x_1+2)+2x_2+2]\geqslant\sqrt{[-(2x_1+2)](2x_2+2)}=1.$$

当且仅当 $-(2x_1+2)=2x_2+2=1$,即 $x_1=-\dfrac{3}{2}$ 且 $x_2=-\dfrac{1}{2}$ 时等号成立.所以函数 $f(x)$ 的图像在点 A、B 处的切线互相垂直时,x_2-x_1 的最小值为 1.

(3) 当 $x_1<x_2<0$ 或 $x_2>x_1>0$ 时,$f'(x_1)\neq f'(x_2)$,故 $x_1<0<x_2$.

当 $x_1<0$ 时,函数 $f(x)$ 的图像在点 $(x_1,f(x_1))$ 处切线方程为 $y-(x_1^2+2x_1+a)=(2x_1+2)(x-x_1)$,即 $y=(2x_1+2)x-x_1^2+a$.

当 $x_2>0$ 时,函数 $f(x)$ 的图像在点 $(x_2,f(x_2))$ 处的切线方程为 $y-\ln x_2=\dfrac{1}{x_2}(x-x_2)$,即 $y=\dfrac{1}{x_2}\cdot x+\ln x_2-1$.

因此,两切线重合的充要条件是

$$\begin{cases}\dfrac{1}{x_2}=2x_1+2, & \text{①}\\ \ln x_2-1=-x_1^2+a. & \text{②}\end{cases}$$

由式①及 $x_1<0<x_2$,知 $-1<x_1<0$.

由式①、②,得 $a=x_1^2+\ln\dfrac{1}{2x_1+2}-1=x_1^2-\ln(2x_1+2)-1$.

令 $t=\dfrac{1}{x_2}$,则 $0<t<2$,且 $a=\dfrac{1}{4}t^2-t-\ln t$.设 $h(t)=\dfrac{1}{4}t^2-t-\ln t(0<t<2)$,则

$$h'(t)=\dfrac{1}{2}t-1-\dfrac{1}{t}=\dfrac{(t-1)^2-3}{2t}<0.$$

所以 $h(t)(0<t<2)$ 为单调递减函数,从而 $h(t)>h(2)=-\ln 2-1$,即 $a>-\ln 2-1$.而当 $t\in(0,2)$ 且 t 趋近于 0 时,$h(t)$ 无限增大.所以 a 的取值范围是 $(-\ln 2-1,+\infty)$,故当函数

$f(x)$ 的图像在点 A、B 处的切线重合时，a 的取值范围是 $(-\ln2-1,+\infty)$.

题 13 已知函数 $f(x)=ax^3+bx^2+cx+d(a\neq 0)$，当 $0\leqslant x\leqslant 1$ 时，$|f'(x)|\leqslant 1$，试求 a 的最大值.

思路剖释 方法 1 由题意，知 $f'(x)=3ax^2+2bx+c$.

由

$$\begin{cases} f'(0)=c, \\ f'\left(\dfrac{1}{2}\right)=\dfrac{3}{4}a+b+c, \\ f'(1)=3a+2b+c, \end{cases}$$

得

$$3a=2f'(0)+2f'(1)-4f'\left(\dfrac{1}{2}\right).$$

所以

$$3|a|=\left|2f'(0)+2f'(1)-4f'\left(\dfrac{1}{2}\right)\right|\leqslant 2|f'(0)|+2|f'(1)|+4\left|f'\left(\dfrac{1}{2}\right)\right|\leqslant 8,$$

$\Rightarrow a\leqslant \dfrac{8}{3}$.

又易知取 $f(x)=\dfrac{8}{3}x^3-4x^2+x+m$（$m$ 为常数）满足题设条件，所以 a 最大值为 $\dfrac{8}{3}$.

方法 2 由题意，知 $f'(x)=3ax^2+2bx+c$. 设 $g(x)=f'(x)+1$，则当 $0\leqslant x\leqslant 1$ 时，$0\leqslant g(x)\leqslant 2$. 设 $z=2x-1$，则 $x=\dfrac{z+1}{2}$，$-1\leqslant z\leqslant 1$. 故

$$h(z)=g\left(\dfrac{z+1}{2}\right)=\dfrac{3a}{4}z^2+\dfrac{3a+2b}{2}z+\dfrac{3a}{4}+b+c+1.$$

易知当 $-1\leqslant z\leqslant 1$ 时，$0\leqslant h(z)\leqslant 2$，$0\leqslant h(-z)\leqslant 2$，所以当 $-1\leqslant z\leqslant 1$ 时，$0\leqslant \dfrac{h(z)+h(-z)}{2}\leqslant 2$，即

$$0\leqslant \dfrac{3a}{4}z^2+\dfrac{3a}{4}+b+c+1\leqslant 2,$$

从而

$$\dfrac{3a}{4}+b+c+1\geqslant 0,\quad \dfrac{3a}{4}z^2\leqslant 2.$$

由 $0\leqslant z^2\leqslant 1$，知 $a\leqslant \dfrac{8}{3}$. 又易知取 $f(x)=\dfrac{8}{3}x^3-4x^2+x+m$（$m$ 为常数）满足题设条件，所以 a 的最大值为 $\dfrac{8}{3}$.

6.3 利用导函数证明不等式

1. 利用单调性

设 $f'(x)>0, x\in[0,+\infty)$，且 $f(0)=0$，则当 $x>0$ 时，有 $f(x)>f(0)$，即 $f(x)>0$.（参见题1）

2. 利用拉格朗日(Lagrange)中值定理

设函数 $f(x)$ 满足下列两个条件：

(1) 在闭区间 $[a,b]$ 上连续；

(2) 在开区间 (a,b) 内可导.

则至少存在一点 $\xi\in(a,b)$，使得
$$f(b)-f(a)=(b-a)f'(\xi).$$

（参见题2、题3）

题1 证明：当 $x>0$ 时，$\ln(1+x)>x-\dfrac{1}{2}x^2$.

思路剖释 欲证原不等式成立，只需证明
$$f(x)=\ln(1+x)-\left(x-\dfrac{1}{2}x^2\right)>0.$$

事实上，因 $x>0$ 时，$f'(x)=\dfrac{1}{1+x}-(1-x)=\dfrac{x^2}{1+x}>0$. 故 $f(x)$ 严格单调递增，即 $f(x)>f(0)$. 因 $f(0)=0$，从而当 $x>0$ 时，有 $f(x)>0$，即
$$\ln(1+x)>x-\dfrac{1}{2}x^2.$$

注 函数的单调性可用于证明不等式.

题2 证明：当 $x>0$ 时，$\dfrac{x}{1+x}<\ln(1+x)<x$.

思路剖释 令 $f(x)=\ln(1+x)$，$f(x)$ 在 $[0,x]$ 上满足拉格朗日中值定理的条件，故有
$$f(x)-f(0)=f'(\xi)(x-0)\quad(\xi\in(0,x)).$$

由于 $f(0)=0, f'(x)=\dfrac{1}{1+x}, f'(\xi)=\dfrac{1}{1+\xi}$，所以，上式为
$$\ln(1+x)=\dfrac{x}{1+\xi}\quad(0<\xi<x).$$

由 $0<\xi<x$，知
$$\dfrac{1}{1+x}<\dfrac{1}{1+\xi}<1,$$

即
$$\frac{x}{1+x} < \frac{x}{1+\xi} < x.$$

从而
$$\frac{x}{1+x} < \ln(1+x) < x.$$

注 取 $x=\frac{1}{n}>0$，代入 $\frac{x}{x+1}<\ln(1+x)<x$，可得有用的不等式
$$\frac{1}{n+1} < \ln\left(1+\frac{1}{n}\right) < \frac{1}{n}.$$

题 3 证明下列不等式．

(1) 当 $0<x<\pi$ 时，$\frac{\sin x}{x} > \cos x$．

(2) $\frac{a-b}{a} < \ln\frac{a}{b} < \frac{a-b}{b}$ $(a>b>0)$．

思路剖释 (1) 因 $\frac{\sin x}{x} = \frac{\sin x - \sin 0}{x-0}$，而函数 $f(x)=\sin x$ 在 $[0,x]$ 上满足拉格朗日中值定理条件，故
$$\frac{f(x)-f(0)}{x-0} = f'(\xi) \quad (\xi \in (0,x)),$$
即
$$\frac{\sin x - \sin 0}{x-0} = (\sin x)'\big|_{x=\xi},$$
亦即
$$\frac{\sin x}{x} = \cos\xi.$$

因 $\xi\in(0,x)$，故 $\cos\xi>\cos x$，于是 $\frac{\sin x}{x}>\cos x$．

(2) 令 $f(x)=\ln x$，则 $f'(x)$ 在 $[b,a]$ 上应用拉格朗日中值定理，得
$$\ln a - \ln b = f'(\xi)(a-b),$$
即 $\ln\frac{a}{b}=\frac{a-b}{\xi}$．因 $0<b<\xi<a$，故 $\frac{1}{a}<\frac{1}{\xi}<\frac{1}{b}$，于是，得
$$\frac{a-b}{a} < \ln\frac{a}{b} < \frac{a-b}{b}.$$

题 4 设 $0<a<b$，证明：$\frac{\ln b - \ln a}{b-a} < \frac{1}{\sqrt{ab}}$．

思路剖释 原不等式等价于
$$\ln b - \ln a < \frac{b-a}{\sqrt{ab}},$$
即

$$\ln\frac{b}{a} < \sqrt{\frac{b}{a}} - \sqrt{\frac{a}{b}}.$$

令 $\frac{b}{a} = t^2 (t>1)$，则原不等式转化为

$$2\ln t < t - \frac{1}{t}.$$

令 $f(t) = 2\ln t - \left(t - \frac{1}{t}\right)$，则 $f(1) = 0$，且

$$f'(t) = \frac{2}{t} - 1 - \frac{1}{t^2} = -\left(\frac{1}{t} - 1\right)^2 < 0 \quad (t>1).$$

因此当 $t>1$ 时，$f(t)$ 单调递减，故 $f(t) < f(1) = 0 (t>1)$，即 $2\ln t < t - \frac{1}{t} (t>1)$．故原不等式成立．

题 5 已知函数 $f(x) = \ln x - \frac{a(x-1)}{x+1}$．

(1) 若函数 $f(x)$ 在 $(0, +\infty)$ 内为单调递增函数，求 a 的取值范围．

(2) 设 $m > n > 0$，求证：$\ln m - \ln n > \frac{2(m-n)}{m+n}$．

思路剖释 (1) 由题设，知

$$f'(x) = \frac{1}{x} - \frac{a(x+1) - a(x-1)}{(x+1)^2} = \frac{(x+1)^2 - 2ax}{x(x+1)^2} = \frac{x^2 + (2-2a)x + 1}{x(x+1)^2}.$$

因为 $f(x)$ 在 $(0, +\infty)$ 内为单调递增函数，所以 $f'(x) \geqslant 0$ 在 $(0, +\infty)$ 内恒成立，即 $x^2 + (2-2a)x + 1 \geqslant 0$ 在 $(0, +\infty)$ 内恒成立．当 $x \in (0, +\infty)$ 时，由 $x^2 + (2-2a)x + 1 \geqslant 0$，得 $2a - 2 \leqslant x + \frac{1}{x}$．

设 $g(x) = x + \frac{1}{x}, x \in (0, +\infty)$，则

$$g(x) = x + \frac{1}{x} \geqslant 2\sqrt{x \cdot \frac{1}{x}} = 2.$$

所以当且仅当 $x = \frac{1}{x}$，即 $x = 1$ 时，$g(x)$ 有最小值 2，所以 $2a - 2 \leqslant 2 \Rightarrow a \leqslant 2$．故 a 的取值范围是 $(-\infty, 2]$．

(2) 要证 $\ln m - \ln n > \frac{2(m-n)}{m+n}$，只需证 $\ln\frac{m}{n} > \frac{2\left(\frac{m}{n}-1\right)}{\frac{m}{n}+1}$，即证 $\ln\frac{m}{n} - \frac{2\left(\frac{m}{n}-1\right)}{\frac{m}{n}+1} > 0$．

设 $h(x) = \ln x - \frac{2(x-1)}{x+1}$．由(1)，知 $h(x)$ 在 $(0, +\infty)$ 内是单调递增函数，又 $\frac{m}{n} > 1$，所以 $h\left(\frac{m}{n}\right) > h(1) = 0$，即 $\ln\frac{m}{n} - \frac{2\left(\frac{m}{n}-1\right)}{\frac{m}{n}+1} > 0$ 成立．所以 $\frac{m-n}{\ln m - \ln n} < \frac{m+n}{2}$．

题 6 设函数 $f(x) = px - \dfrac{p}{x} - 2\ln x$.

(1) 若 $f(x)$ 在其定义域内为单调递增函数,求实数 p 的取值范围.

(2) 设 $g(x) = \dfrac{2e}{x}$,且 $p > 0$,若在区间 $[1, e]$ 上至少存在一点 x_0,使得 $f(x_0) > g(x_0)$ 成立,求实数 p 的取值范围.

(3) 证明:对任意的正整数 n,均有
$$\sum_{k=1}^{n} \ln^2\left(1 + \dfrac{2}{k}\right) < 3.$$

思路剖释 (1) 函数 $f(x)$ 的定义域为 $(0, +\infty)$,要使 $f(x)$ 在其定义域内为单调递增函数,只需
$$f'(x) = p + \dfrac{p}{x^2} - \dfrac{2}{x} \geq 0$$
在区间 $(0, +\infty)$ 内恒成立,即
$$p \geq \left(\dfrac{2x}{x^2 + 1}\right)_{\max} = 1.$$

(2) 原命题等价于 $f(x) - g(x) > 0$ 在区间 $[1, e]$ 上有解.

设
$$F(x) = f(x) - g(x) = px - \dfrac{p}{x} - 2\ln x - \dfrac{2e}{x},$$
则
$$F'(x) = p + \dfrac{p}{x^2} - \dfrac{2}{x} + \dfrac{2e}{x^2}$$
$$= \dfrac{px^2 + p + 2(e - x)}{x^2} > 0$$
$$\Rightarrow F(x) \text{ 为单调递增函数}$$
$$\Rightarrow F(x)_{\max} = F(e) > 0$$
$$\Rightarrow p > \dfrac{4e}{e^2 - 1}$$
$$\Rightarrow p \in \left(\dfrac{4e}{e^2 - 1}, +\infty\right).$$

(3) 令 $g(x) = 2\ln x - x + \dfrac{1}{x}$,则由(1),知 $g(x)$ 在区间 $(0, +\infty)$ 内为单调递减函数. 由 $g(1) = 0$,知当 $x > 1$ 时,$g(x) < 0$,即
$$0 < 2\ln x < x - \dfrac{1}{x} = \dfrac{x^2 - 1}{x}.$$

所以 $2\ln \sqrt{1 + \dfrac{2}{k}} < \dfrac{2}{\sqrt{k(k+2)}}$,即

$$\ln\left(1+\frac{2}{k}\right)<\frac{2}{\sqrt{k(k+2)}},$$

故

$$\sum_{k=1}^{n}\ln^{2}\left(1+\frac{2}{k}\right)<\sum_{k=1}^{n}\frac{4}{k(k+2)}$$

$$=2\sum_{k=1}^{n}\left(\frac{1}{k}-\frac{1}{k+2}\right)$$

$$=2\left(1+\frac{1}{2}-\frac{1}{n+1}-\frac{1}{n+2}\right)<3.$$

题 7 已知函数 $f(x)=\ln(ax+b)+x^2(a\neq 0)$.

(1) 若曲线 $y=f(x)$ 在点 $(1,f(1))$ 处的切线方程为 $y=x$,求 a、b 的值.

(2) 若 $f(x)\leqslant x^2+x$ 恒成立,求 ab 的最大值.

思路剖释 (1) 由题意,知 $f'(x)=\dfrac{a}{ax+b}+2x$. 故

$$\begin{cases}f'(1)=\dfrac{a}{a+b}+2=1,\\ f(1)=\ln(a+b)+1=1.\end{cases}$$

解得 $a=-1,b=2$.

(2) 设 $g(x)=f(x)-(x^2+x)$,则

$$g(x)=\ln(ax+b)-x,\quad g(x)\leqslant 0.$$

当 $a<0$ 时,$g(x)$ 的定义域为 $\left(-\infty,-\dfrac{b}{a}\right)$,取 x_0 使得

$$\ln(ax_0+b)=-\dfrac{b}{a}+1$$

$$\Rightarrow x_0=\dfrac{\mathrm{e}^{-\frac{b}{a}+1}-b}{a}<-\dfrac{b}{a}$$

$$\Rightarrow g(x_0)=\ln(ax_0+b)-x_0$$

$$>\ln(ax_0+b)-\left(-\dfrac{b}{a}\right)=1>0,$$

与 $g(x)\leqslant 0$ 矛盾. 于是,$a<0$ 不符合要求.

当 $a>0$ 时,

$$g'(x)=\dfrac{-a\left(x-\dfrac{a-b}{a}\right)}{ax+b}(ax+b>0).$$

所以当 $-\dfrac{b}{a}<x<\dfrac{a-b}{a}$ 时,$g'(x)>0$;当 $x>\dfrac{a-b}{a}$ 时,$g'(x)<0$. 从而,$g(x)$ 在其定义域 $\left(-\dfrac{b}{a},+\infty\right)$ 内有最大值,为 $g\left(\dfrac{a-b}{a}\right)$.

由 $g(x)\leqslant 0$,得

$$g\left(\frac{a-b}{a}\right) = \ln a - \frac{a-b}{a} \leqslant 0$$
$$\Rightarrow b \leqslant a - a\ln a$$
$$\Rightarrow ab \leqslant a^2 - a^2\ln a.$$

设 $h(a) = a^2 - a^2\ln a$,则
$$h'(a) = 2a - (2a\ln a + a) = a(1 - 2\ln a).$$

故当 $0 < a < \sqrt{e}$ 时,$h'(a) > 0$;当 $a > \sqrt{e}$ 时,$h'(a) < 0$. 所以, $h(a)$ 的最大值为
$$h(\sqrt{e}) = e - \frac{e}{2} = \frac{e}{2}.$$

综上所述,当 $a = \sqrt{e}$, $b = \frac{\sqrt{e}}{2}$ 时,ab 取得最大值为 $\frac{e}{2}$.

题 8 已知函数 $f(x) = \frac{\ln(1+x)}{x}$.

(1) 当 $x > 0$ 时,证明: $f(x) > \frac{2}{x+2}$.

(2) 当 $x > -1$,且 $x \neq 0$ 时,不等式 $f(x) < \frac{1+kx}{1+x}$ 成立,求实数 k 的值.

思路剖释 (1) 令 $h(x) = \ln(1+x) - \frac{2x}{x+2}$,则
$$h'(x) = \frac{x^2}{(1+x)(2+x)^2}.$$

当 $x > 0$ 时,易知 $h'(x) > 0$,则 $h(x)$ 在 $(0, +\infty)$ 内是单调递增函数,故 $h(x) > h(0) = 0$,即
$$\ln(1+x) - \frac{2x}{x+2} > 0 \Rightarrow \ln(1+x) > \frac{2x}{x+2}.$$

而 $x > 0$,则 $\frac{\ln(1+x)}{x} > \frac{2}{x+2}$. 所以 $f(x) > \frac{2}{x+2}$.

(2) 题给不等式可化为
$$\frac{(1+x)\ln(1+x) - x - kx^2}{x} < 0.$$

令 $g(x) = (1+x)\ln(1+x) - x - kx^2$,则
$$g'(x) = \ln(1+x) - 2kx,$$
$$g''(x) = \frac{1}{1+x} - 2k.$$

当 $x > 0$ 时,有 $0 < \frac{1}{1+x} < 1$.

令 $2k \geqslant 1$,则 $g''(x) < 0$. 故 $g'(x)$ 在 $(0, +\infty)$ 内是单调递减函数,即 $g'(x) < g'(0) = 0$. 因此,$g(x)$ 在 $(0, +\infty)$ 内是单调递减函数,从而,$g(x) < g(0) = 0$. 所以,当 $k \geqslant \frac{1}{2}$ 时,对于 $x > 0$,有

$$\frac{(1+x)\ln(1+x)-x-kx^2}{x}<0.$$

当 $-1<x<0$ 时,有 $\frac{1}{1+x}>1$.

令 $2k\leqslant 1$,则 $g''(x)>0$.故 $g'(x)$ 在 $(-1,0)$ 上是单调递增函数,即 $g'(x)<g'(0)=0$.因此,$g(x)$ 在 $(-1,0)$ 上是单调递减函数,从而,$g(x)>g(0)=0$.所以,当 $k\leqslant\frac{1}{2}$ 时,对于 $-1<x<0$,有

$$\frac{(1+x)\ln(1+x)-x-kx^2}{x}<0.$$

综上所述,当 $k=\frac{1}{2}$ 时,在 $x>-1$,且 $x\neq 0$ 时,有 $f(x)<\frac{1+kx}{1+x}$.

题9 已知函数 $f(x)=\ln(1+x),g(x)=kx(k\in\mathbf{R})$.

(1) 证明:当 $x>0$ 时,$f(x)<x$.

(2) 证明:当 $k<1$ 时,存在 $x_0>0$,使得对任意的 $x\in(0,x_0)$,恒有 $f(x)>g(x)$.

(3) 确定 k 的所有可能取值,使得存在 $t>0$,对任意的 $x\in(0,t)$,恒有 $|f(x)-g(x)|<x^2$.

思路剖释 方法1 (1) 令 $F(x)=f(x)-x=\ln(1+x)-x,x\in[0,+\infty)$,则

$$F'(x)=\frac{1}{1+x}-1=\frac{-x}{x+1}.$$

当 $x\in(0,+\infty)$ 时,$F'(x)<0$,所以 $F(x)$ 在 $[0,+\infty)$ 内单调递减.故当 $x>0$ 时,$F(x)<F(0)=0$,即当 $x>0$ 时,$f(x)<x$.

(2) 令 $G(x)=f(x)-g(x)=\ln(1+x)-kx,x\in[0,+\infty)$,则

$$G'(x)=\frac{1}{x+1}-k=\frac{-kx+(1-k)}{x+1}.$$

当 $k\leqslant 0$ 时,$G'(x)>0$,所以 $G(x)$ 在 $[0,+\infty)$ 内单调递增,$G(x)>G(0)=0$.故任意正实数 x_0 均满足题意.

当 $0<k<1$ 时,令 $G'(x)=0$,得 $x=\frac{1-k}{k}=\frac{1}{k}-1>0$,取 $x_0=\frac{1}{k}-1$,对任意 $x\in(0,x_0)$,有 $G'(x)>0$,从而 $G(x)$ 在 $[0,x_0)$ 内单调递增,所以 $G(x)>G(0)=0$,即 $f(x)>g(x)$.

综上所述,当 $k<1$ 时,总存在 $x_0>0$,使得对任意 $x\in(0,x_0)$,恒有 $f(x)>g(x)$.

(3) (i) 当 $k>1$ 时,由(1),知 $\forall\in(0,+\infty),g(x)>x>f(x)$,故

$$g(x)>f(x),$$
$$|f(x)-g(x)|=g(x)-f(x)=kx-\ln(1+x).$$

令 $M(x)=kx-\ln(1+x)-x^2,x\in[0,+\infty)$,则

$$M'(x)=k-\frac{1}{1+x}-2x=\frac{-2x^2+(k-2)x+k-1}{x+1}.$$

故当 $x \in \left(0, \dfrac{k-2+\sqrt{(k-2)^2+8(k-1)}}{4}\right)$ 时,$M'(x) > 0$,$M(x)$ 在 $\Big[0,$
$\dfrac{k-2+\sqrt{(k-2)^2+8(k-1)}}{4}\Big)$ 内单调递增,所以 $M(x) > M(0) = 0$,即 $|f(x) - g(x)| > x^2$,
故满足题意的 t 不存在.

(ii) 当 $k < 1$ 时,由(2),知存在 $x_0 > 0$,使得 $x \in (0, x_0)$ 时,$f(x) > g(x)$. 此时,有
$$|f(x) - g(x)| = f(x) - g(x) = \ln(1+x) - kx,$$
令 $N(x) = \ln(1+x) - kx - x^2, x \in [0, +\infty)$,则
$$N'(x) = \dfrac{1}{x+1} - k - 2x = \dfrac{-2x^2 - (k+2)x + 1 - k}{x+1}.$$

当 $x \in \left(0, \dfrac{-(k+2)+\sqrt{(k+2)^2+8(1-k)}}{4}\right)$ 时,$N'(x) > 0$,$N(x)$ 在 $\Big[0,$
$\dfrac{-(k+2)+\sqrt{(k+2)^2+8(1-k)}}{4}\Big)$ 内单调递增,故 $N(x) > N(0) = 0$,即 $f(x) - g(x) > x^2$.

记 x_0 与 $\dfrac{-(k+2)+\sqrt{(k+2)^2+8(1-k)}}{4}$ 中的较小者为 x_1,则当 $x \in (0, x_1)$ 时,恒有
$|f(x) - g(x)| > x^2$. 故满足题意的 t 不存在.

(iii) 当 $k = 1$ 时,由(1),知当 $x > 0$ 时,
$$|f(x) - g(x)| = g(x) = x - \ln(1+x).$$
令 $H(x) = x - \ln(1+x) - x^2, x \in [0, +\infty)$,则
$$H'(x) = 1 - \dfrac{1}{1+x} - 2x = \dfrac{-2x^2 - x}{x+1}.$$

当 $x > 0$ 时,$H'(x) < 0$,所以 $H(x)$ 在 $[0, \infty)$ 内单调递减,故 $H(x) < H(0) = 0$. 因此当 $x > 0$
时,恒有 $|f(x) - g(x)| < x^2$. 此时,任意正实数 t 均满足题意.

综上所述,$k = 1$.

方法 2 (1)、(2)同方法 1.

(3) (i) 当 $k > 1$ 时,由(1),知 $\forall x \in (0, +\infty), g(x) > x > f(x)$,故
$$|f(x) - g(x)| = g(x) - f(x) = kx - \ln(1+x)$$
$$> kx - x = (k-1)x.$$

令 $(k-1)x > x^2$,解得 $0 < x < k - 1$. 从而得到,当 $k > 1$ 时,对于 $x \in (0, k-1)$,恒有
$|f(x) - g(x)| > x^2$. 故满足题意的 t 不存在.

(ii) 当 $k < 1$ 时,取 $k_1 = \dfrac{k+1}{2}$,从而 $k < k_1 < 1$,由(2),知存在 $x_0 > 0$,使得 $x \in (0, x_0)$,
$f(x) > k_1 x > kx = g(x)$,此时
$$|f(x) - g(x)| = f(x) - g(x) > (k_1 - k)x = \dfrac{1-k}{2}x.$$

令 $\dfrac{1-k}{2}x > x^2$,解得 $0 < x < \dfrac{1-k}{2}$,此时 $f(x) - g(x) > x^2$. 记 x_0 与 $\dfrac{1-k}{2}$ 的较小者为 x_2,当

$x\in(0,x_2)$时,恒有$|f(x)-g(x)|>x^2$.故满足题意的t不存在.

(iii) 当$k=1$时,由(1),知$x>0$,
$$|f(x)-g(x)|=f(x)-g(x)=x-\ln(1+x),$$
令$M(x)=x-\ln(1+x)-x^2, x\in[0,+\infty)$,则
$$M'(x)=1-\frac{1}{1+x}-2x=\frac{-2x^2-x}{x+1}.$$
当$x>0$时,$M'(x)<0$,所以$M(x)$在$[0,+\infty)$内单调递减,$M(x)<M(0)=0$.故当$x>0$时,恒有$|f(x)-g(x)|<x^2$,此时,任意正实数t均满足题意.

综上所述,$k=1$.

题10 已知实数$a\neq 0$,设函数$f(x)=a\ln x+\sqrt{1+x}(x>0)$.

(1) 当$a=-\dfrac{3}{4}$时,求函数$f(x)$的单调区间.

(2) 若对任意$x\in\left[\dfrac{1}{e^2},+\infty\right)$均有$f(x)\leqslant\dfrac{\sqrt{x}}{2a}$,求$a$的取值范围.

思路剖释 (1) 当$a=-\dfrac{3}{4}$时,
$$f(x)=-\frac{3}{4}\ln x+\sqrt{1+x}\quad(x>0),$$
$$f'(x)=-\frac{3}{4x}+\frac{1}{2\sqrt{1+x}}=\frac{(\sqrt{1+x}-2)(2\sqrt{1+x}+1)}{4x\sqrt{1+x}}.$$
所以函数$f(x)$的单调递减区间为$(0,3)$,单调递增区间为$(3,+\infty)$.

(2) 由$f(1)\leqslant\dfrac{1}{2a}$,得$0<a\leqslant\dfrac{\sqrt{2}}{4}$.当$0<a\leqslant\dfrac{\sqrt{2}}{4}$时,有
$$f(x)\leqslant\frac{\sqrt{x}}{2a}\Leftrightarrow\frac{\sqrt{x}}{a^2}-\frac{2\sqrt{1+x}}{a}-2\ln x\geqslant 0.$$
令$t=\dfrac{1}{a}$,则$t\geqslant 2\sqrt{2}$.设$g(t)=t^2\sqrt{x}-2t\sqrt{1+x}-2\ln x, t\geqslant 2\sqrt{2}$,则
$$g(t)=\sqrt{x}\left(t-\sqrt{1+\frac{1}{x}}\right)^2-\frac{1+x}{\sqrt{x}}-2\ln x.$$

(i) 当$x\in\left[\dfrac{1}{7},+\infty\right)$时,$\sqrt{1+\dfrac{1}{x}}\leqslant 2\sqrt{2}$,则
$$g(t)\geqslant g(2\sqrt{2})=8\sqrt{x}-4\sqrt{2}\sqrt{1+x}-2\ln x.$$
记$p(x)=4\sqrt{x}-2\sqrt{2}\sqrt{1+x}-\ln x, x\geqslant\dfrac{1}{7}$,则
$$p'(x)=\frac{2}{\sqrt{x}}-\frac{\sqrt{2}}{\sqrt{x+1}}-\frac{1}{x}$$
$$=\frac{2\sqrt{x}\sqrt{x+1}-\sqrt{2}x-\sqrt{x+1}}{x\sqrt{x+1}}.$$

故有表6.6.

表6.6

x	$\frac{1}{7}$	$\left(\frac{1}{7},1\right)$	1	$(1,+\infty)$
$p'(x)$		$-$	0	$+$
$p(x)$	$p\left(\frac{1}{7}\right)$	单调递减	极小值 $p(1)$	单调递增

所以 $p(x) \geqslant p(1)=0$. 因此 $g(t) \geqslant g(2\sqrt{2})=2p(x) \geqslant 0$.

(ii) 当 $x \in \left[\dfrac{1}{\mathrm{e}^2}, \dfrac{1}{7}\right)$ 时,

$$g(t) \geqslant g\left(\sqrt{1+\frac{1}{x}}\right)=\frac{-2\sqrt{x}\ln x-(x+1)}{2\sqrt{x}}.$$

令 $q(x)=2\sqrt{x}\ln x+(x+1), x \in \left[\dfrac{1}{\mathrm{e}^2}, \dfrac{1}{7}\right]$,则

$$q'(x)=\frac{\ln x+2}{\sqrt{x}}+1>0.$$

故 $q(x)$ 在 $\left[\dfrac{1}{\mathrm{e}^2}, \dfrac{1}{7}\right]$ 上单调递增,所以 $q(x) \leqslant q\left(\dfrac{1}{7}\right)$.

由(i),得

$$q\left(\frac{1}{7}\right)=-\frac{2\sqrt{7}}{7}p\left(\frac{1}{7}\right)<-\frac{2\sqrt{7}}{7}p(1)=0.$$

所以 $q(x)<0$. 因此

$$g(t) \geqslant g\left(\sqrt{1+\frac{1}{x}}\right)=-\frac{q(x)}{2\sqrt{x}}>0.$$

由(i)(ii),知对任意 $x \in \left[\dfrac{1}{\mathrm{e}^2},+\infty\right), t \in [2\sqrt{2},+\infty), g(t) \geqslant 0$,即对任意 $x \in \left[\dfrac{1}{\mathrm{e}^2},+\infty\right)$,均有 $f(x) \leqslant \dfrac{\sqrt{x}}{2a}$.

综上所述,所求 a 的取值范围是 $\left(0, \dfrac{\sqrt{2}}{4}\right]$.

题11 已知函数 $f(x)=\mathrm{e}^x+\mathrm{e}^{-x}$,其中 e 是自然对数的底数.

(1) 证明: $f(x)$ 是 $\mathbf{R}$ 上的偶函数.

(2) 若关于 x 的不等式 $mf(x) \leqslant \mathrm{e}^{-x}+m-1$ 在 $(0,+\infty)$ 内恒成立,求实数 m 的取值范围.

(3) 已知正数 a 满足:存在 $x_0 \in [1,+\infty)$,使得 $f(x_0)<a(-x_0^3+3x_0)$ 成立.试比较 e^{a-1} 与 $a^{\mathrm{e}-1}$ 的大小,并证明你的结论.

思路剖释 (1) 因为对任意 $x \in \mathbf{R}$,都有 $f(-x)=\mathrm{e}^{-x}+\mathrm{e}^{-(-x)}=\mathrm{e}^{-x}+\mathrm{e}^x=f(x)$,故

$f(x)$ 是 **R** 上的偶函数.

(2) 由条件,知 $m(e^x + e^{-x} - 1) \leqslant e^{-x} - 1$ 在 $(0, +\infty)$ 内恒成立.令 $t = e^x(x > 0)$,则 $t > 1$,所以

$$m \leqslant -\frac{t-1}{t^2 - t + 1} = -\frac{1}{t - 1 + \dfrac{1}{t-1} + 1}$$

对任意 $t > 1$ 成立.

又因

$$t - 1 + \frac{1}{t-1} + 1 \geqslant 2\sqrt{(t-1) \cdot \frac{1}{t-1}} + 1 = 3,$$

所以

$$-\frac{1}{t - 1 + \dfrac{1}{t-1} + 1} \geqslant -\frac{1}{3}.$$

当且仅当 $t = 2$,即 $x = \ln 2$ 时,等号成立.因此实数 m 的取值范围是 $\left(-\infty, -\dfrac{1}{3}\right]$.

(3) 令函数 $g(x) = e^x + \dfrac{1}{e^x} - a(-x^3 + 3x)$,则

$$g'(x) = e^x - \frac{1}{e^x} + 3a(x^2 - 1).$$

当 $x \geqslant 1$ 时,$e^x - \dfrac{1}{e^x} > 0$,$x^2 - 1 \geqslant 0$,又 $a > 0$,故 $g'(x) > 0$.所以 $g(x)$ 是 $[1, +\infty)$ 内的单调递增函数,因此 $g(x)$ 在 $[1, +\infty)$ 内的最小值是 $g(1) = e + e^{-1} - 2a$.

由于存在 $x_0 \in [1, +\infty)$,使 $e^{x_0} + e^{-x_0} - a(-x_0^3 + 3x_0) < 0$ 成立,当且仅当最小值 $g(1) < 0$.故 $e + e^{-1} - 2a < 0$,即

$$a > \frac{e - e^{-1}}{2}.$$

令函数 $h(x) = x - (e-1)\ln x - 1$,则 $h'(x) = \dfrac{e-1}{x}$.令 $h'(x) = 0$,得 $x = e - 1$.因此,当 $x \in (0, e-1)$ 时,$h'(x) < 0$,故 $h(x)$ 是 $(0, e-1)$ 内的单调递减函数;当 $x \in (e-1, +\infty)$ 时,$h'(x) > 0$,故 $h(x)$ 是 $(e-1, +\infty)$ 内的单调递增函数.故 $h(x)$ 在 $(0, +\infty)$ 内的最小值是 $h(e-1)$.

注意到 $h(1) = h(e) = 0$,所以当 $x \in (1, e-1) \subseteq (0, e-1)$ 时,$h(e-1) \leqslant h(x) < h(1) = 0$;当 $x \in (e-1, e) \subseteq (e-1, +\infty)$ 时,$h(x) < h(e) = 0$.故 $h(x) < 0$ 对任意的 $x \in (1, e)$ 成立.

(i) 当 $a \in \left(\dfrac{e + e^{-1}}{2}, e\right) \subseteq (1, e)$ 时,$h(a) < 0$,即 $a - 1 < (e-1)\ln a$,从而 $e^{a-1} < a^{e-1}$.

(ii) 当 $a = e$ 时,$e^{a-1} = a^{e-1}$.

(iii) 当 $a \in (e, +\infty) \subseteq (e-1, +\infty)$ 时,$h(a) > h(e) = 0$,即 $a - 1 > (e-1)\ln a$,故 e^{a-1}

$>a^{e-1}$.

综上所述,当 $a\in\left(\dfrac{e+e^{-1}}{2},e\right)$ 时,$e^{a-1}<a^{e-1}$;当 $a=e$ 时,$e^{a-1}=a^{e-1}$;当 $a\in(e,+\infty)$ 时,$e^{a-1}>a^{e-1}$.

题 12 证明:$2^x\geqslant x^2+1,x\in[0,1]$.

思路剖释 作辅助函数
$$f(x)=2^x-x^2-1\quad(x\in[0,1]).$$
$f(x)$ 在 $[0,1]$ 上处处可导,且
$$f'(x)=2^x\ln 2-2x,$$
$$f''(x)=2^x(\ln 2)^2-2.$$
今 $f'(0)=\ln 2,f'(1)=2\ln 2-2=2(\ln 2-1)<0$.注意到 $f'(x)$ 在 $[0,1]$ 上连续,故 $f'(x)$ 在 $(0,1)$ 内至少有一个零点.

又因
$$f''(x)=2^x(\ln 2)^2-2<2[(\ln 2)^2-1]<0\quad(x\in(0,1)),$$
故知 $f'(x)$ 在 $[0,1]$ 上严格单调递减,因此 $f(x)=2^x-x^2-1$ 在 $(0,1)$ 内具有唯一驻点,且在驻点处取得最大值.此时,最小值是 $f(0)=f(1)=0$,因此,当 $x\in[0,1]$ 时,$f(x)\geqslant 0$,即 $2^x\geqslant x^2+1,x\in[0,1]$.

注 因 $f''(x)<0,x\in(0,1)$,故 $f(x)$ 的图像是凸的.又 $f(0)=f(1)=0$,所以 $f(x)$ 在唯一的驻点处取到最大值,以证得 $f(x)\geqslant 0$.

题 13 设 n 为正整数,r 为正有理数.

(1) 求函数 $f(x)=(1+x)^{r+1}-(r+1)x-1(x>-1)$ 的最小值.

(2) 证明:$\dfrac{n^{r+1}-(n-1)^{r+1}}{r+1}<n^r<\dfrac{(n+1)^{r+1}-n^{r+1}}{r+1}$.

(3) 设 $x\in\mathbf{R}$,记 $[x]$ 为不小于 x 的最小整数,例如 $[2]=1,[\pi]=4,\left[-\dfrac{3}{2}\right]=-1$.令 $S=\sqrt[3]{81}+\sqrt[3]{82}+\sqrt[3]{83}+\cdots+\sqrt[3]{125}$,求 $[S]$ 的值.(参考数据:$80^{\frac{4}{3}}=344.7,81^{\frac{4}{3}}=350.5,124^{\frac{4}{3}}=631.7$)

思路剖释 (1) 因为 $f'(x)=(r+1)(1+x)^r-(r+1)=(r+1)[(1+x)^r-1]$,令 $f'(x)=0$,解得 $x=0$.

当 $-1<x<0$ 时,$f'(x)<0$,所以 $f(x)$ 在 $(-1,0)$ 内是单调递减函数;当 $x>0$ 时,$f'(x)>0$,所以 $f(x)$ 在 $(0,+\infty)$ 内是单调递增函数.故函数 $f(x)$ 在 $x=0$ 处取得最小值 $f(0)=0$.

(2) 由(1),知当 $x\in(-1,+\infty)$ 时,有 $f(x)\geqslant f(0)=0$,即 $(1+x)^{r+1}\geqslant 1+(r+1)x$,且当且仅当 $x=0$ 时等号成立,故

当 $x>-1$ 且 $x\neq 0$ 时,有
$$(1+x)^{r+1}>1+(r+1)x. \qquad ①$$

在式①中,令 $x=\dfrac{1}{n}$(这时 $x>-1$ 且 $x\neq 0$),得

$$\left(1+\frac{1}{n}\right)^{r+1} > 1 + \frac{r+1}{n}.$$

上式两边同乘以 n^{r+1},得 $(n+1)^{r+1} > n^{r+1} + n^r(r+1)$,即

$$n^r < \frac{(n+1)^{r+1} - n^{r+1}}{r+1}. \qquad ②$$

当 $n>1$ 时,在式①中令 $x = -\frac{1}{n}$ (这时 $x > -1$ 且 $x \neq 0$),类似可得

$$n^r > \frac{n^{r+1} - (n-1)^{r+1}}{r+1}. \qquad ③$$

当 $n=1$ 时,式③也成立.

综合式②、③,得

$$\frac{n^{r+1} - (n-1)^{r+1}}{r+1} < n^r < \frac{(n+1)^{r+1} - n^{r+1}}{r+1}. \qquad ④$$

(3) 式④中,令 $r = \frac{1}{3}$, n 分别取值 $81, 82, 83, \cdots, 125$,得

$$\frac{3}{4}(81^{\frac{4}{3}} - 80^{\frac{4}{3}}) < \sqrt[3]{81} < \frac{3}{4}(82^{\frac{4}{3}} - 81^{\frac{4}{3}}),$$

$$\frac{3}{4}(82^{\frac{4}{3}} - 81^{\frac{4}{3}}) < \sqrt[3]{82} < \frac{3}{4}(83^{\frac{4}{3}} - 82^{\frac{4}{3}}),$$

$$\frac{3}{4}(83^{\frac{4}{3}} - 82^{\frac{4}{3}}) < \sqrt[3]{83} < \frac{3}{4}(84^{\frac{4}{3}} - 83^{\frac{4}{3}}),$$

$$\cdots,$$

$$\frac{3}{4}(125^{\frac{4}{3}} - 124^{\frac{4}{3}}) < \sqrt[3]{125} < \frac{3}{4}(126^{\frac{4}{3}} - 125^{\frac{4}{3}}).$$

将以上各式相加,整理,得

$$\frac{3}{4}(125^{\frac{4}{3}} - 80^{\frac{4}{3}}) < S < \frac{3}{4}(126^{\frac{4}{3}} - 81^{\frac{4}{3}}).$$

代入数据计算,得

$$\frac{3}{4}(125^{\frac{4}{3}} - 80^{\frac{4}{3}}) \approx 210.2,$$

$$\frac{3}{4}(126^{\frac{4}{3}} - 81^{\frac{4}{3}}) \approx 210.9.$$

由 $[S]$ 的定义,得 $[S] = 211$.

注 在第(3)小题中,$[x]$ 不是取整函数(高斯函数),它是一个新定义的函数.故答案是 211,而不是 210.

6.4 利用导函数确定参数

题1 设 $f(x)$ 是定义在 **R** 上的奇函数,且当 $x\geqslant 0$ 时,$f(x)=x^2$.若对任意的 $x\in[a,a+2]$,不等式 $f(x+a)\geqslant 2f(x)$ 恒成立,则实数 a 的取值范围是_____.

思路剖释 因当 $x\geqslant 0$ 时,$f(x)=x^2$,故当 $x<0$ 时,$f(-x)=(-x)^2=x^2$.由 $f(x)$ 是奇函数,知 $f(x)=-f(-x)=-x^2$.因此

$$f(x)=\begin{cases} x^2, & x\geqslant 0, \\ -x^2, & x<0. \end{cases}$$

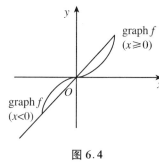

图 6.4

如图 6.4 所示,$2f(x)=f(\sqrt{2}x)$,所以原不等式等价于 $f(x+a)\geqslant f(\sqrt{2}x)$.由 $f(x)$ 在 **R** 上是增函数,知 $x+a\geqslant\sqrt{2}x$,即 $a\geqslant(\sqrt{2}-1)x$,于是 $a\geqslant(\sqrt{2}-1)(a+2)$,得 $a\geqslant\sqrt{2}$ 为所求.

题2 设函数 $f(x)=e^x(2x-1)-ax+a$,其中 $a<1$.若存在唯一的整数 x_0,使得 $f(x_0)<0$,则 a 的取值范围是( ).

A. $\left[-\dfrac{3}{2e},1\right)$
B. $\left[-\dfrac{3}{2e},\dfrac{3}{4}\right)$
C. $\left[\dfrac{3}{2e},\dfrac{3}{4}\right)$
D. $\left[\dfrac{3}{2e},1\right)$

思路剖释 因 $f(x)=e^x(2x-1)-ax+a$,由 $f(x)<0$,得

$$e^x(2x-1)<a(x-1).$$

令 $g(x)=e^x(2x-1),h(x)=a(x-1)$,上式为 $g(x)<h(x)$,$g'(x)=e^x(2x+1)$,当 $x=-\dfrac{1}{2}$ 时,$g(x)$ 取得极小值,即最小值 $-2e^{-\frac{1}{2}}$,且 $g(0)=-1<0$.由于 $x=1$ 时,$g(1)=e>0$,而 $h(1)=0$,故 $x=1$ 不满足条件,即题设中条件 x_0 不能取 $x_0=1$.

若取 $x_0=0$,则由 $g(0)<h(0)$,即 $-1<-a$,得 $a<1$.再取一点 $x=-1$,有 $g(-1)\leqslant h(-1)$,即 $-3e^{-1}\leqslant-2a$,得 $a\geqslant\dfrac{3}{2e}$.所以实数 a 取值的范围为 $\left[\dfrac{3}{2e},1\right)$.故选 D.

题3 已知函数 $f(x)=\ln x+a(1-x)$.

(1) 讨论 $f(x)$ 的单调性.

(2) 当 $f(x)$ 有最大值,且最大值大于 $2a-2$ 时,求 a 的取值范围.

思路剖释 (1) 因 $f(x)=\ln x+a(1-x)(x>0)$,故 $f'(x)=\dfrac{1}{x}-a$.

(i) 当 $a\leqslant 0$ 时,$f'(x)>0$,故 $f(x)$ 在 $(0,+\infty)$ 内是单调递增函数.

(ii) 当 $a>0$ 时, $f'(x)=\dfrac{1-ax}{x}=\dfrac{-a\left(x-\dfrac{1}{a}\right)}{x}$, 所以 $f(x)$ 在 $\left(0,\dfrac{1}{a}\right)$ 内是单调递增函数, 在 $\left(\dfrac{1}{a},+\infty\right)$ 内是单调递减函数.

(2) 由(1)可知, 当 $a\leqslant 0$ 时, $f(x)$ 在 $(0,+\infty)$ 内无最大值; 当 $a>0$ 时, $f(x)$ 在 $x=\dfrac{1}{a}$ 时取得最大值, 为

$$f\left(\dfrac{1}{a}\right)=\ln\left(\dfrac{1}{a}\right)+a\left(1-\dfrac{1}{a}\right)=-\ln a+a-1.$$

因此 $f\left(\dfrac{1}{a}\right)>2a-2$ 等价于 $\ln a+a-1<0$.

令 $g(a)=\ln a+a-1$, 则 $g(a)$ 在 $(0,+\infty)$ 内单调递增, $g(1)=0$. 于是, 当 $0<a<1$ 时, $g(a)<0$; 当 $a>1$ 时, $g(a)>0$. 故 a 的取值范围是 $(0,1)$.

题4 已知函数 $f(x)=ae^{2x}-be^{-2x}-cx(a,b,c\in\mathbf{R})$ 的导函数 $f'(x)$ 为偶函数, 且曲线 $y=f(x)$ 在点 $(0,f(0))$ 处的切线的斜率为 $4-c$.

(1) 确定 a,b 的值.
(2) 若 $c=3$, 判断 $f(x)$ 的单调性.
(3) 若 $f(x)$ 有极值, 求 c 的取值范围.

思路剖释 (1) 由题意, 知 $f'(x)=2ae^{2x}+2be^{-2x}-c$, 由 $f'(-x)=f'(x)$ 恒成立, 知 $2ae^{2x}+2be^{-2x}-c=2ae^{-2x}+2be^{2x}-c\Rightarrow(2a-2b)e^{4x}+(2b-2a)=0$, 故 $a=b$.

另外, $f'(0)=2a+2b-c=4-c\Rightarrow a+b=2$, 联立解得 $a=b=1$.

(2) 此时 $f'(x)=2e^{2x}+2e^{-2x}-3=2(e^x-e^{-x})^2+1>0$, 故 $f(x)$ 单调递增.

(3) $f(x)$ 有极值等价于 $f'(x)=2e^{2x}+2e^{-2x}-c=0$ 有非最值解, 设 $t=e^{2x}>0$, 则等价于方程 $2t+\dfrac{2}{t}=c$ 在 $t>0$ 时有非最值解, 由对勾函数, 知 $2t+\dfrac{2}{t}\in[4,+\infty)$, 所以 $c>4$. 故 c 的取值范围为 $(4,+\infty)$.

题5 设函数 $f(x)=ae^x\ln x+\dfrac{be^{x-1}}{x}$, 曲线 $y=f(x)$ 在点 $(1,f(1))$ 处的切线方程为 $y=e(x-1)+2$.

(1) 求 a,b.
(2) 证明: $f(x)>1$.

思路剖释 (1) 函数 $f(x)$ 的定义域为 $(0,+\infty)$,

$$f'(x)=ae^x\ln x+\dfrac{a}{x}e^x-\dfrac{b}{x^2}e^{x-1}+\dfrac{b}{x}e^{x-1}.$$

又由 $f(1)=2, f'(1)=e$, 得 $a=1, b=2$.

(2) 由(1), 知

$$f(x)=e^x\ln x+\dfrac{2e^{x-1}}{x},$$

从而 $f(x)>1$ 等价于 $x\ln x > xe^{-x} - \dfrac{2}{e}$.

设函数 $g(x) = x\ln x$,则
$$g'(x) = x + \ln x,$$
所以当 $x \in \left(0, \dfrac{1}{e}\right)$ 时,$g'(x)<0$;当 $x \in \left(\dfrac{1}{e}, +\infty\right)$ 时,$g'(x)>0$.因此 $g(x)$ 在 $\left(0, \dfrac{1}{e}\right)$ 内单调递减,在 $\left(\dfrac{1}{e}, +\infty\right)$ 内单调递增.故 $g(x)$ 在 $(0, +\infty)$ 内的最小值为 $g\left(\dfrac{1}{e}\right) = -\dfrac{1}{e}$.

设函数 $h(x) = xe^{-x} - \dfrac{2}{e}$,则
$$h'(x) = e^{-x}(1-x),$$
所以当 $x \in (0,1)$ 时,$h'(x)>0$;当 $x \in (1, +\infty)$ 时,$h'(x)<0$.因此 $h(x)$ 在 $(0,1)$ 内单调递增,在 $(1, +\infty)$ 内单调递减,故 $h(x)$ 在 $(0, +\infty)$ 的最小值为 $h(1) = -\dfrac{1}{e}$.

综上所述,当 $x>0$ 时,$g(x)>h(x)$,即 $f(x)>1$.

题6 对于一切 $x \in \left[-2, \dfrac{1}{2}\right]$,不等式 $ax^3 - x^2 + x + 1 \geqslant 0$ 恒成立,则实数 a 的取值范围为_____.

思路剖释 三次函数(含参数)恒成立问题既要考虑导数法,又要考虑参数分离,还要注意分类讨论.

由题意,知当 $x \in \left(0, \dfrac{1}{2}\right]$ 时,$a \geqslant \dfrac{1}{x} - \dfrac{1}{x^2} - \dfrac{1}{x^3}$.令 $t = \dfrac{1}{x} \in [2, +\infty)$,则
$$a \geqslant t - t^2 - t^3.$$
当 $x=0$ 时,题设成立.当 $x \in [-2, 0)$ 时,$a \leqslant \dfrac{1}{x} - \dfrac{1}{x^2} - \dfrac{1}{x^3}$.令 $t = \dfrac{1}{x} \in \left(-\infty, -\dfrac{1}{2}\right]$,则 $a \leqslant t - t^2 - t^3$.

引入函数 $f(t) = t - t^2 - t^3$,则
$$f'(t) = 1 - 2t - 3t^2 = (1+t)(1-3t).$$
所以当 $t \in [2, +\infty)$ 时,$f'(t)<0$,$f(t)$ 是单调递减函数.当 $t=2$ 时,$f(t) = -10$,那么 $a \geqslant -10$.当 $t \in (-\infty, -1]$ 时,$f'(t) \leqslant 0$,$f(t)$ 是单调递减函数.当 $t \in \left(-1, -\dfrac{1}{2}\right]$ 时,$f'(t)>0$,$f(t)$ 是单调递增函数.因此 $t=-1$ 时,$f(t)$ 是 $t \in \left(-\infty, -\dfrac{1}{2}\right]$ 内的最小值,$f(-1) = -1$.故 $a \leqslant -1$.

综上所述,可知 $a \in [-10, -1]$.

题7 已知函数 $f(x) = x^2 + ax + b$,$g(x) = e^x(cx+d)$,若曲线 $y = f(x)$ 和曲线 $y = g(x)$ 都过点 $P(0,2)$,且在点 P 处有相同的切线 $y = 4x + 2$.

(1) 求 a, b, c, d 的值.

(2) 若 $x \geqslant -2$ 时,$f(x) \leqslant kg(x)$,求 k 的取值范围.

思路剖释 (1) 由已知,得 $f(0)=2,g(0)=2,f'(0)=4,g'(0)=4$,而 $f'(x)=2x+a$, $g'(x)=e^x(cx+d+c)$,所以 $b=2,d=2,a=4,d+c=4$,故 $a=4,b=2,c=2,d=2$.

(2) 由(1),知 $f(x)=x^2+4x+2,g(x)=2e^x(x+1)$. 设 $F(x)=kg(x)-f(x)=2ke^x(x+1)-x^2-4x-2$,则
$$F'(x)=2ke^x(x+2)-2x-4=2(x+2)(ke^x-1).$$
由题设可得 $F(0)\geqslant 0$,即 $k\geqslant 1$. 令 $F'(x)=0$,得 $x_1=-\ln k,x_2=-2$.

(i) 若 $1<k<e^2$,则 $-2<x_1\leqslant 0$,从而当 $x\in(-2,x_1)$ 时,$F'(x)<0$,当 $x\in(-x_1,+\infty)$ 时,$F'(x)>0$,则 $F(x)$ 在 $(-2,x_1)$ 内单调递减,在 $(x_1,+\infty)$ 内单调递增. 故 $F(x)$ 在 $[-2,+\infty)$ 内的最小值为 $F(x_1)$,而 $F(x_1)=2x_1+2-x_1^2-4x_1-2=-x_1(x_1+2)\geqslant 0$. 故当 $x\geqslant -2$ 时,$F(x)\geqslant 0$,即 $f(x)\leqslant kg(x)$ 恒成立.

(ii) 若 $k=e^2$,则 $F'(x)=2e^x(x+2)(e^x-e^{-2})$,从而当 $x>-2$ 时,$F'(x)>0$,所以 $F(x)$ 在 $(-2,+\infty)$ 内单调递增,而 $F(-2)=0$. 故当 $x\geqslant -2$ 时,$F(x)\geqslant 0$,即 $f(x)\leqslant kg(x)$ 恒成立.

(iii) 当 $k>e^2$,则 $F(-2)=-2ke^{-2}+2=-2e^{-2}(k-e^2)<0$. 故当 $x\geqslant -2$ 时,$f(x)\leqslant kg(x)$ 不可能恒成立.

综上所述,k 的取值范围是 $(1,e^2]$.

易错警示 求范围时不注意 x 的取值.

题 8 已知函数 $f(x)=x^3+ax^2+bx+1(a>0,b\in\mathbf{R})$ 有极值,且导函数 $f'(x)$ 的极值点是 $f(x)$ 的零点.(极值点是指函数取极值时对应的自变量的值)

(1) 求 b 关于 a 的函数关系式,并写出定义域.

(2) 证明:$b^2>3a$.

(3) 若 $f(x),f'(x)$ 这两个函数的所有极值之和不小于 $-\dfrac{7}{2}$,求 a 的取值范围.

思路剖释 (1) 由 $f(x)=x^3+ax^2+bx+1$,得
$$f'(x)=3x^2+2ax+b=3\left(x+\dfrac{a}{3}\right)^2+b-\dfrac{a^2}{3}.$$
当 $x=-\dfrac{a}{3}$ 时,$f'(x)$ 有极小值 $b-\dfrac{a^2}{3}$. 因为 $f'(x)$ 的极值点是 $f(x)$ 的零点,所以
$$f\left(-\dfrac{a}{3}\right)=-\dfrac{a^3}{27}+\dfrac{a^3}{9}-\dfrac{ab}{3}+1=0.$$
又 $a>0$,故 $b=\dfrac{2a^2}{9}+\dfrac{3}{a}$. 因为 $f(x)$ 有极值,故 $f'(x)=0$ 有实根,从而 $b-\dfrac{a^2}{3}=\dfrac{1}{9a}(27-a^3)\leqslant 0$,即 $a\geqslant 3$.

(i) 当 $a=3$ 时,$f'(x)\geqslant 0(x\neq -1)$,故 $f(x)$ 在 $\mathbf{R}$ 上是增函数,$f(x)$ 没有极值.

(ii) 当 $a>3$ 时,$f'(x)=0$ 有两个相异的实根 $x_1=\dfrac{-a-\sqrt{a^2-3b}}{3}$, $x_2=\dfrac{-a+\sqrt{a^2-3b}}{3}$.

由表 6.7 可知,$f(x)$ 的极值点是 x_1,x_2,所以 $a>3$. 因此 $b=\dfrac{2a^2}{9}+\dfrac{3}{a}$,定义域为 $(3,+\infty)$.

表 6.7

x	$(-\infty,x_1)$	x_1	(x_1,x_2)	x_2	$(x_2,+\infty)$
$f'(x)$	+	0	−	0	+
$f(x)$	↗	极大值	↘	极小值	↗

(2) 由(1),知 $\dfrac{b}{\sqrt{a}}=\dfrac{2a\sqrt{a}}{9}+\dfrac{3}{a\sqrt{a}}$. 设 $g(t)=\dfrac{2t}{9}+\dfrac{3}{t}$,则

$$g'(t)=\dfrac{2}{9}-\dfrac{3}{t^2}=\dfrac{2t^2-27}{9t^2}.$$

当 $t\in\left(\dfrac{3\sqrt{6}}{2},+\infty\right)$ 时,$g'(t)>0$,从而 $g(t)$ 在 $\left(\dfrac{3\sqrt{6}}{2},+\infty\right)$ 内单调递增,因为 $a>3$,所以 $a\sqrt{a}>3\sqrt{3}$. 因此 $g(a\sqrt{a})>g(3\sqrt{3})=\sqrt{3}$,即 $\dfrac{b}{\sqrt{a}}>\sqrt{3}$. 故 $b^2>3a$.

(3) 由(1),知 $f(x)$ 的极值点是 x_1,x_2,且 $x_1+x_2=-\dfrac{2}{3}a$,$x_1^2+x_2^2=\dfrac{4a^2-6b}{9}$,从而

$$f(x_1)+f(x_2)=x_1^3+ax_1^2+bx_1+1+x_2^3+ax_2^2+bx_2+1$$

$$=\dfrac{x_1}{3}(3x_1^2+2ax_1+b)+\dfrac{x_2}{3}(3x_2^2+2ax_2+b)+$$

$$\dfrac{1}{3}a(x_1^2+x_2^2)+\dfrac{2}{3}b(x_1+x_2)+2$$

$$=\dfrac{4a^3-6ab}{27}-\dfrac{4ab}{9}+2=0.$$

记 $f(x),f'(x)$ 所有极值之和为 $h(a)$,因为 $f'(x)$ 的极值为 $b-\dfrac{a^2}{3}=-\dfrac{1}{9}a^2+\dfrac{3}{a}$,所以 $h(a)=-\dfrac{1}{9}a^2+\dfrac{3}{a}$,$a>3$. 因为 $h'(a)=-\dfrac{2}{9}a-\dfrac{3}{a^2}<0$,所以 $h(a)$ 在 $(3,+\infty)$ 内单调递减. 因为 $h(6)=-\dfrac{7}{2}$,所以 $h(a)\geqslant h(6)$,因此 $a\leqslant 6$. 故 a 的取值范围为 $(3,6]$.

题 9 设函数 $f(x)=\mathrm{e}^{mx}+x^2-mx$.

(1) 证明:$f(x)$ 在 $(-\infty,0)$ 内单调递减,在 $(0,+\infty)$ 内单调递增.

(2) 若对任意 $x_1,x_2\in[-1,1]$,都有 $|f(x_1)-f(x_2)|\leqslant\mathrm{e}-1$,求 m 的取值范围.

思路剖释 (1) 由题意,知 $f'(x)=m\mathrm{e}^{mx}+2x-m=m(\mathrm{e}^{mx}-1)+2x$.

(i) 若 $m\geqslant 0$,则当 $x\in(-\infty,0)$ 时,$\mathrm{e}^{mx}-1\leqslant 0$,$f'(x)<0$;当 $x\in(0,+\infty)$ 时,$\mathrm{e}^{mx}-1\geqslant 0$,$f'(x)>0$. 此时,(1)成立.

(ii) 若 $m<0$,则当 $x\in(-\infty,0)$ 时,$\mathrm{e}^{mx}-1>0$,$f'(x)<0$;当 $x\in(0,+\infty)$ 时,$\mathrm{e}^{mx}-1<0$,$f'(x)>0$. 此时,(1)也成立.

综上所述,(1)成立.

(2) 由(1),知 $\forall m$, $f(x)$ 在 $[-1,0]$ 上单调递减,在 $[0,1]$ 上单调递增.故 $f(x)$ 在 $x=0$ 处取到极小值即最小值.故对任意 $x_1,x_2\in[-1,1]$,$|f(x_1)-f(x_2)|\leqslant e-1$ 的充要条件是

$$\begin{cases} f(1)-f(0)\leqslant e-1, \\ f(-1)-f(0)\leqslant e-1, \end{cases}$$

即

$$\begin{cases} e^m-m\leqslant e-1, \\ e^{-m}+m\leqslant e-1, \end{cases} \quad ①$$

作辅助函数

$$g(t)=e^t-t-e+1. \quad ②$$

则 $g'(x)=e^t-1$.当 $t<0$ 时,$g'(t)<0$;当 $t>0$ 时,$g'(t)>0$.故 $g(t)$ 在 $(-\infty,0)$ 内单调递减,在 $(0,+\infty)$ 内单调递增.故 $g(0)=2-e<0$.

又 $g(1)=0$,$g(-1)=e^{-1}+2-e<0$.故当 $t\in[-1,1]$ 时,$g(t)\leqslant 0$.

(i) 当 $m\in[-1,1]$ 时,$g(m)\leqslant 0$,$g(-m)\leqslant 0$.式①成立.

(ii) 当 $m>1$ 时,由 $g(t)$ 的单调性,$g(1)=0$,知 $g(m)>0$,即 $e^m-m>e-1$.式①不成立.

(iii) 当 $m<-1$ 时,由式②,知 $g(-m)>0$,即 $e^{-m}+m>e-1$.式①也不成立.

综上所述,m 的取值范围是 $[-1,1]$.

题10 设函数 $f(x)=|e^x-e^{2a}|$,若 $f(x)$ 在区间 $(-1,3-a)$ 内的图像上存在两点,在这两点处的切线相互垂直,求实数 a 的取值范围.

思路剖释 由已知,得

$$f(x)=|e^x-e^{2a}|=\begin{cases} e^x-e^{2a}, & x>2a, \\ -e^x+e^{2a}, & x\leqslant 2a. \end{cases}$$

$$f'(x)=\begin{cases} e^x, & x>2a, \\ -e^x, & x\leqslant 2a. \end{cases}$$

若存在 $x_1<x_2$,使得 $f'(x_1)f'(x_2)=-1$,则必有

$$-1<x_1<2a<x_2<3-a.$$

由 $-1<2a<3-a$,得 $-\dfrac{1}{2}<a<1$.

由 $-1<x_1<2a<x_2<3-a$,得 $2a-1<x_1+x_2<a+3$.

由 $f'(x_1)f'(x_2)=-1$,得 $x_1+x_2=0$.故

$$2a-1<0<a+3,$$

得 $-3<a<\dfrac{1}{2}$.

综上所述,得 $-\dfrac{1}{2}<a<\dfrac{1}{2}$.

题 11 已知常数 $a>0$,函数 $f(x)=\ln(1+ax)-\dfrac{2x}{x+2}$.

(1) 讨论 $f(x)$ 在区间 $(0,+\infty)$ 内的单调性.

(2) 若 $f(x)$ 存在两个极值点 x_1,x_2,且 $f(x_1)+f(x_2)>0$,求 a 的取值范围.

思路剖释 (1) 由题意,知

$$f'(x)=\dfrac{a}{1+ax}-\dfrac{2(x+2)-2x}{(x+2)^2}=\dfrac{ax^2+4(a-1)}{(1+ax)(x+2)^2}. \qquad ①$$

(i) 当 $a\geqslant 1$ 时,$f'(x)>0$.此时,$f(x)$ 在区间 $(0,+\infty)$ 内单调递增.

(ii) 当 $0<a<1$ 时,由 $f'(x)=0$,得

$$x_1=2\sqrt{\dfrac{1-a}{a}},\quad x_2=-2\sqrt{\dfrac{1-a}{a}}(\text{舍去}).$$

当 $x\in(0,x_1)$ 时,$f'(x)<0$;当 $x\in(x_1,+\infty)$ 时,$f'(x)>0$.故 $f(x)$ 在区间 $(0,x_1)$ 内单调递减,在区间 $(x_1,+\infty)$ 内单调递增.

综上所述,当 $a\geqslant 1$ 时,$f(x)$ 在区间 $(0,+\infty)$ 内单调递增;当 $0<a<1$ 时,$f(x)$ 在区间 $\left(0,2\sqrt{\dfrac{1-a}{a}}\right)$ 内单调递减,在区间 $\left(2\sqrt{\dfrac{1-a}{a}},+\infty\right)$ 内单调递增.

(2) 由式①,知当 $a\geqslant 1$ 时,$f'(x)\geqslant 0$,此时,$f(x)$ 不存在极值点.因而要使得 $f(x)$ 有两个极值点,必有 $0<a<1$.

又 $f(x)$ 的极值点只可能是 $x_1=2\sqrt{\dfrac{1-a}{a}}$ 和 $x_2=-2\sqrt{\dfrac{1-a}{a}}$,且由 $f(x)$ 的定义可知,$x>-\dfrac{1}{a}$ 且 $x\neq -2$,所以 $-2\sqrt{\dfrac{1-a}{a}}>-\dfrac{1}{a}$,$-2\sqrt{\dfrac{1-a}{a}}\neq -2$,解得 $a\neq \dfrac{1}{2}$.故由式①,易知 x_1,x_2 分别是 $f(x)$ 的极小值点和极大值点,而

$$\begin{aligned}f(x_1)+f(x_2)&=\ln(1+ax_1)-\dfrac{2x_1}{x_1+2}+\ln(1+ax_2)-\dfrac{2x_2}{x_2+2}\\&=\ln[1+a(x_1+x_2)+a^2x_1x_2]-\dfrac{4x_1x_2+4(x_1+x_2)}{x_1x_2+2(x_1+x_2)+4}\\&=\ln(2a-1)^2-\dfrac{4(a-1)}{2a-1}\\&=\ln(2a-1)^2+\dfrac{2}{2a-1}-2.\end{aligned}$$

令 $2a-1=x$,由 $0<a<1$ 且 $a\neq\dfrac{1}{2}$,知当 $0<a<\dfrac{1}{2}$ 时,$-1<x<0$;当 $\dfrac{1}{2}<a<1$ 时,$0<x<1$.

记 $g(x)=\ln x^2+\dfrac{2}{x}-2$,则

(i) 当 $-1<x<0$ 时,$g(x)=2\ln(-x)+\dfrac{2}{x}-2$,所以 $g'(x)=\dfrac{2}{x}-\dfrac{2}{x^2}=\dfrac{2x-2}{x^2}<0$.因此,$g(x)$ 在区间 $(-1,0)$ 内单调递减,从而 $g(x)<g(-1)=-4<0$.故当 $0<a<\dfrac{1}{2}$ 时,

$f(x_1)+f(x_2)<0$,

(ii) 当 $0<x<1$ 时,$g(x)=2\ln x+\dfrac{2}{x}-2$,所以 $g'(x)=\dfrac{2}{x}-\dfrac{2}{x^2}=\dfrac{2x-2}{x^2}<0$,因此,$g(x)$ 在区间 $(0,1)$ 内单调递减,从而 $g(x)>g(1)=0$. 故当 $\dfrac{1}{2}<a<1$ 时,$f(x_1)+f(x_2)>0$.

综上所述,满足条件的 a 的取值范围为 $\left(\dfrac{1}{2},1\right)$.

题 12 已知函数 $f(x)=(1+x)\mathrm{e}^{-2x}$,$g(x)=ax+\dfrac{x^3}{2}+1+2x\cos x$. 当 $x\in[0,1]$ 时,

(1) 求证:$1-x\leqslant f(x)\leqslant \dfrac{1}{1+x}$.

(2) 若 $f(x)\geqslant g(x)$ 恒成立,求实数 a 的取值范围.

思路剖释 (1) 要证 $x\in[0,1]$ 时,$(1+x)\mathrm{e}^{-2x}\geqslant 1-x$,只需证明 $(1+x)\mathrm{e}^{-x}\geqslant (1-x)\mathrm{e}^x$.

记 $h(x)=(1+x)\mathrm{e}^{-x}-(1-x)\mathrm{e}^x$,则 $h'(x)=x(\mathrm{e}^x-\mathrm{e}^{-x})$,当 $x\in(0,1)$ 时,$h'(x)>0$,因此 $h(x)$ 在 $[0,1]$ 上是单调递增函数,故 $h(x)\geqslant h(0)=0$. 所以 $f(x)\geqslant 1-x$,$x\in[0,1]$.

要证 $x\in[0,1]$ 时,$(1+x)\mathrm{e}^{-2x}\leqslant \dfrac{1}{1+x}$,只需证明 $\mathrm{e}^x\geqslant x+1$.

记 $K(x)=\mathrm{e}^x-x-1$,则 $K'(x)=\mathrm{e}^x-1$. 当 $x\in(0,1)$ 时,$K'(x)>0$,因此,$K(x)$ 在 $[0,1]$ 上是单调递增函数,故 $K(x)\geqslant K(0)=0$,所以

$$f(x)\leqslant \dfrac{1}{1+x} \quad (x\in[0,1]).$$

综上所述,$1-x\leqslant f(x)\leqslant \dfrac{1}{1+x}$,$x\in[0,1]$.

(2) **方法 1** 由题意,知

$$f(x)-g(x)=(1+x)\mathrm{e}^{-2x}-\left(ax+\dfrac{x^3}{2}+1+2x\cos x\right)$$

$$\geqslant 1-x-ax-1-\dfrac{x^3}{2}-2x\cos x$$

$$=-x\left(a+1+\dfrac{x^2}{2}+2\cos x\right).$$

设 $G(x)=\dfrac{x^2}{2}+2\cos x$,则 $G'(x)=x-2\sin x$. 记 $H(x)=x-2\sin x$,则 $H'(x)=1-2\cos x$,当 $x\in(0,1)$ 时,$H'(x)<0$,于是 $G'(x)$ 在 $[0,1]$ 上是单调递减函数,从而当 $x\in(0,1)$ 时,$G'(x)<G'(0)=0$,故 $G(x)$ 在 $[0,1]$ 上是单调递减函数. 于是 $G(x)\leqslant G(0)=2$,从而 $a+1+G(x)\leqslant a+3$,所以当 $a\leqslant -3$ 时,$f(x)\geqslant g(x)$ 在 $[0,1]$ 上恒成立.

下面证明,当 $a>-3$ 时,$f(x)\geqslant g(x)$ 在 $[0,1]$ 上不恒成立. 因为

$$f(x)-g(x)\leqslant \dfrac{1}{1+x}-1-ax-\dfrac{x^3}{2}+2x\cos x$$

$$= \frac{-x}{1+x} - ax - \frac{x^3}{2} + 2x\cos x$$

$$= -x\left(\frac{1}{1+x} + a + \frac{x^2}{2} + 2\cos x\right),$$

记

$$I(x) = \frac{1}{1+x} + a + \frac{x^2}{2} + 2\cos x = \frac{1}{1+x} + a + G(x),$$

则 $I'(x) = \frac{-1}{(1+x)^2} + G'(x)$,当 $x \in (0,1)$ 时,$I'(x) < 0$,所以 $I(x)$ 在 $[0,1]$ 上是单调递减函数,于是 $I(x)$ 在 $[0,1]$ 上的值域为 $[a+1+2\cos 1, a+3]$. 因为当 $a > -3$ 时,$a+3 > 0$,所以存在 $x_0 \in (0,1)$,使得 $I(x_0) > 0$,此时 $f(x_0) < g(x_0)$,即 $f(x) \geqslant g(x)$ 在 $[0,1]$ 上不恒成立.

综上所述,实数 a 的取值范围是 $(-\infty, -3]$.

方法 2 先证当 $x \in [0,1]$ 时,$1 - \frac{1}{2}x^2 \leqslant \cos x \leqslant 1 - \frac{1}{4}x^2$.

记 $F(x) = \cos x - 1 + \frac{1}{2}x^2$,则 $F'(x) = -\sin x + x$. 记 $G(x) = -\sin x + x$,则 $G'(x) = -\cos x + 1$.

当 $x \in (0,1)$ 时,$G'(x) > 0$,于是 $G(x)$ 在 $[0,1]$ 上是单调递增函数,因此当 $x \in (0,1)$ 时,$G(x) > G(0) = 0$,从而 $F(x)$ 在 $[0,1]$ 上是单调递增函数,因此 $F(x) \geqslant F(0) = 0$,故当 $x \in [0,1]$ 时,$1 - \frac{1}{2}x^2 \leqslant \cos x$.

同理可证,当 $x \in [0,1]$ 时,$\cos x \leqslant 1 - \frac{1}{4}x^2$.

综上所述,当 $x \in [0,1]$ 时,$1 - \frac{1}{2}x^2 \leqslant \cos x \leqslant 1 - \frac{1}{4}x^2$.

又因当 $x \in [0,1]$ 时,

$$f(x) - g(x) = (1+x)e^{-2x} - \left(ax + \frac{x^3}{2} + 1 + 2x\cos x\right)$$

$$\geqslant (1-x) - ax - \frac{x^3}{2} - 1 - 2x\left(1 - \frac{1}{4}x^2\right)$$

$$= -(a+3)x,$$

所以当 $a \leqslant -3$ 时,$f(x) \geqslant g(x)$ 在 $[0,1]$ 上恒成立.

下面证明,当 $a > -3$ 时,$f(x) \geqslant g(x)$ 在 $[0,1]$ 上不恒成立. 因为

$$f(x) - g(x) = (1+x)e^{-2x} - \left(ax + \frac{x^3}{2} + 1 + 2x\cos x\right)$$

$$\leqslant \frac{1}{1+x} - 1 - ax - \frac{x^3}{2} - 2x\left(1 - \frac{1}{2}x^2\right)$$

$$= \frac{x^2}{1+x} + \frac{x^3}{2} - (a+3)x$$

$$\leqslant \frac{3}{2}x\left[x-\frac{2}{3}(a+3)\right],$$

所以存在 $x_0 \in (0,1)$ $\left(\text{如 } x_0 \text{ 取 } \frac{a+3}{3} \text{ 和 } \frac{1}{2} \text{ 中的较小值}\right)$ 满足 $f(x_0) < g(x_0)$,即 $f(x) \geqslant g(x)$ 在 $[0,1]$ 上不恒成立.

综上所述,实数 a 的取值范围是 $(-\infty,-3]$.

题 13 已知函数 $f(x) = e^x - ax^2 - bx - 1$,其中 $a,b \in \mathbf{R}$,$e = 2.71828\cdots$ 为自然对数的底数.

(1) 设 $g(x)$ 是函数 $f(x)$ 的导函数,求函数 $g(x)$ 在区间 $[0,1]$ 上的最小值.

(2) 若 $f(1) = 0$,函数 $f(x)$ 在区间 $(0,1)$ 内有零点,求 a 的取值范围.

思路剖释 (1) 因为 $f(x) = e^x - ax^2 - bx - 1$,所以 $g(x) = f'(x) = e^x - 2ax - b$. 又 $g'(x) = e^x - 2a$, $x \in [0,1]$, $1 \leqslant e^x \leqslant e$,所以

(i) 若 $a \leqslant \frac{1}{2}$,则 $2a \leqslant 1$, $g'(x) = e^x - 2a \geqslant 0$,所以函数 $g(x)$ 在区间 $[0,1]$ 上单调递增, $g_{\min}(x) = g(0) = 1 - b$.

(ii) 若 $\frac{1}{2} < a < \frac{e}{2}$,则 $1 < 2a < e$,于是当 $0 < x < \ln(2a)$ 时, $g'(x) = e^x - 2a < 0$;当 $\ln(2a) < x < 1$ 时, $g'(x) = e^x - 2a > 0$. 所以函数 $g(x)$ 在区间 $[0,\ln(2a)]$ 上单调递减,在区间 $[\ln(2a),1]$ 上单调递增, $g_{\min}(x) = g[\ln(2a)] = 2a - 2a\ln(2a) - b$.

(iii) 若 $a \geqslant \frac{e}{2}$,则 $2a \geqslant e$, $g'(x) = e^x - 2a \leqslant 0$. 所以函数 $g(x)$ 在区间 $[0,1]$ 上单调递减, $g_{\min}(x) = g(1) = e - 2a - b$.

综上所述, $g(x)$ 在区间 $[0,1]$ 上的最小值为

$$g_{\min}(x) = \begin{cases} 1-b, & a \leqslant \frac{1}{2}, \\ 2a - 2a\ln(2a) - b, & \frac{1}{2} < a < \frac{e}{2}, \\ e - 2a - b, & a \geqslant \frac{e}{2}, \end{cases}$$

(2) 由 $f(1) = 0 \Rightarrow e - a - b - 1 = 0 \Rightarrow b = e - a - 1$,又 $f(0) = 0$,若函数 $f(x)$ 在区间 $(0,1)$ 内有零点,则函数 $f(x)$ 在区间 $(0,1)$ 内至少有三个单调区间.

由(1),知当 $a \leqslant \frac{1}{2}$ 或 $a \geqslant \frac{e}{2}$ 时,函数 $g(x)$ 即 $f'(x)$ 在区间 $[0,1]$ 上单调,不可能满足"函数 $f(x)$ 在区间 $(0,1)$ 内至少有三个单调区间"这一要求.

若 $\frac{1}{2} < a < \frac{e}{a}$,则

$$g_{\min}(x) = 2a - 2a\ln(2a) - b = 3a - 2a\ln(2a) - e - 1.$$

令 $h(x) = \frac{3}{2}x - x\ln x - e - 1 (1 < x < e)$,则 $h'(x) = \frac{1}{2} - \ln x$. 由于 $h'(x) = \frac{1}{2} - \ln x > 0 \Rightarrow x$

$<\sqrt{e}$,所以 $h(x)$ 在区间 $(1,\sqrt{e})$ 内单调递增,在区间 $(\sqrt{e},e)$ 内单调递减.故

$$h_{\max}(x) = h(\sqrt{e}) = \frac{3}{2}\sqrt{e} - \sqrt{e}\ln\sqrt{e} - e - 1 = \sqrt{e} - e - 1 < 0,$$

即 $g_{\min}(x) < 0$ 恒成立.于是,函数 $f(x)$ 在区间 $(0,1)$ 内至少有三个单调区间,即

$$\begin{cases} g(0) = 2 - e + a > 0, \\ g(1) = -a + 1 > 0, \end{cases} \Rightarrow \begin{cases} a > e - 2, \\ a < 1. \end{cases}$$

又 $\frac{1}{2} < a < \frac{e}{a}$,所以 $e - 2 < a < 1$.

综上所述,a 的取值范围为 $(e-2, 1)$.

6.5 利用导函数讨论函数零点

1. 如果函数 $f(x)$ 在点 x_0 处的函数值为零,即 $f(x_0) = 0$,就称 x_0 为 $f(x)$ 的零点.换言之,方程 $f(x) = 0$ 的解 $x = x_0$ 就是函数 $f(x)$ 的零点.因此,方程 $f(x) = 0$ 的解集就是全体零点的集合,解的个数就是零点的个数.

2. 求曲线 $y = f(x)$ 与曲线 $y = g(x)$ 的交点就是解方程 $f(x) = g(x)$.可借助代数法和图形的直观性求出方程的根,从而求得交点的坐标和交点的个数.

题1 设 $a, b \in \mathbf{R}$,函数 $f(x) = ax^2 + b(x+1) - 2$.若 $\forall b \in \mathbf{R}$,方程 $f(x) = x$ 有两个相异的实根,求实数 a 的取值范围.

思路剖释 依题设,知 $ax^2 + (b-1)x + b - 2 = 0$ 有两个相异的实根.于是,有

$$\begin{cases} a \neq 0, \\ \Delta = (b-1)^2 - 4a(b-2) > 0, \end{cases}$$

即

$$\begin{cases} a \neq 0, \\ b^2 - 2(1+2a)b + 8a + 1 > 0, \end{cases} \quad ①$$

因为 $\forall b \in \mathbf{R}$,式①恒成立.故

$$\begin{cases} a \neq 0, \\ \Delta_1 = 4(1+2a)^2 - 4(8a+1) < 0, \end{cases}$$

其中 Δ_1 是方程①的判别式,即

$$\begin{cases} a \neq 0, \\ a^2 - a < 0, \end{cases}$$

解得 $0 < a < 1$.

题2 已知函数 $f(x) = nx - x^n, x \in \mathbf{R}$,其中 $n \in \mathbf{N}^*$,且 $n \geq 2$.

(1) 讨论 $f(x)$ 的单调性.

(2) 设曲线 $y=f(x)$ 与 x 轴正半轴的交点为 P, 曲线在点 P 处的切线方程为 $y=g(x)$, 求证: 对于任意的正实数 x, 都有 $f(x) \leqslant g(x)$.

(3) 若关于 x 的方程 $f(x)=a$ (a 为实数), 有两个正实数根 x_1, x_2, 求证: $|x_2-x_1| < \dfrac{a}{1-n}+2$.

思路剖释 (1) 由 $f(x)=nx-x^n$, 可得 $f'(x)=n-nx^{n-1}=n(1-x^{n-1})$, 其中 $n \in \mathbf{N}^*$, 且 $n \geqslant 2$.

下面分两种情况讨论.

(i) 当 n 为奇数时. 令 $f'(x)=0$, 解得 $x=1$ 或 $x=-1$.

当 x 变化时, $f'(x), f(x)$ 的变化情况如表 6.8 所示. 所以 $f(x)$ 在 $(-\infty,-1)$ 和 $(1,+\infty)$ 内单调递减, 在 $(-1,1)$ 内单调递增.

表 6.8

x	$(-\infty,-1)$	$(-1,1)$	$(1,+\infty)$
$f'(x)$	$-$	$+$	$-$
$f(x)$	↘	↗	↘

(ii) 当 n 为偶数时, 分类讨论:

当 $f'(x)>0$, 即 $x<1$ 时, 函数 $f(x)$ 单调递增;

当 $f'(x)<0$, 即 $x>1$ 时, 函数 $f(x)$ 单调递减.

所以 $f(x)$ 在 $(-\infty,-1)$ 内单调递增, 在 $(1,+\infty)$ 内单调递减.

(2) 设点 P 的坐标为 $(x_0, 0)$, 则 $x_0=n^{\frac{1}{n-1}}$, $f'(x_0)=n-n^2$. 曲线 $y=f(x)$ 在点 P 处的切线方程为 $y=f'(x_0)(x-x_0)$, 即 $g(x)=f'(x_0)(x-x_0)$. 令 $F(x)=f(x)-g(x)$, 即 $F(x)=f(x)-f'(x_0)(x-x_0)$, 则 $F'(x)=f'(x)-f'(x_0)$.

由于 $f'(x)=-nx^{n-1}+n$ 在 $(0,+\infty)$ 内单调递减, 故 $F'(x)$ 在 $(0,+\infty)$ 内单调递减. 又因为 $F'(x_0)=0$, 所以当 $x \in (0, x_0)$ 时, $F'(x)>0$; 当 $x \in (x_0,+\infty)$ 时, $F'(x)<0$. 所以 $F(x)$ 在 $(0, x_0)$ 内单调递增, 在 $(x_0,+\infty)$ 内单调递减, 故对于任意的正实数 x, 都有 $F(x) \leqslant F(x_0)=0$, 即对于任意的正实数 x, 都有 $f(x) \leqslant g(x)$.

(3) 不妨设 $x_1 \leqslant x_2$, 则由 (2) 和 $g(x)=(n-n^2)(x-x_0)$, 设方程 $g(x)=a$ 的根为 x_2', 则得 $x_2'=\dfrac{a}{n-n^2}+x_0$, 当 $n \geqslant 2$ 时, $g(x)$ 在 $(-\infty,+\infty)$ 内单调递减, 又由 (2), 知 $g(x_2) \geqslant f(x_2)=a=g(x_2')$, 故得 $x_2 \leqslant x_2'$.

类似地, 设曲线 $y=f(x)$ 在原点处的切线方程为 $y=h(x)$, 则得 $h(x)=nx$. 当 $x \in (0, +\infty)$, $f(x)-h(x)=-x^n<0$, 即对于任意的 $x \in (0,+\infty), f(x)<h(x)$.

设方程 $h(x)=a$ 的根为 x_1', 则得 $x_1'=\dfrac{a}{n}$. 因为 $h(x)=nx$ 在 $(-\infty,+\infty)$ 内单调递增,

且 $h(x_1') = a = f(x_1) < h(x_1)$,因此 $x_1' < x_1$. 由此可得 $x_2 - x_1 < x_2' - x_1' = \dfrac{a}{1-n} + x_0$. 因为 $n \geqslant 2$,所以 $2^{n-1} = (1+1)^{n-1} \geqslant 1 + C_{n-1}^1 = 1 + n - 1 = n$,因此 $2 \geqslant n^{\frac{1}{n-1}} = x_0$. 故 $|x_2 - x_1| < \dfrac{a}{1-n} + 2$.

题3 已知函数 $f(x) = x^3 + ax^2 + b(a, b \in \mathbf{R})$.

(1) 试讨论 $f(x)$ 的单调性.

(2) 若 $b = c - a$(实数 c 是与 a 无关的常数),当函数 $f(x)$ 有三个不同的零点时,a 的取值范围恰好是 $(-\infty, -3) \cup \left(1, \dfrac{3}{2}\right) \cup \left(\dfrac{3}{2}, +\infty\right)$,求 c 的值.

思路剖释 (1) 由题意,知 $f'(x) = 3x^2 + 2ax$. 令 $f'(x) = 0$,解得 $x_1 = 0, x_2 = -\dfrac{2a}{3}$.

(i) 当 $a = 0$ 时,因为 $f'(x) = 3x^2 > 0(x \neq 0)$,所以函数 $f(x)$ 在 $(-\infty, +\infty)$ 内单调递增.

(ii) 当 $a > 0$ 时,若 $x \in \left(-\infty, -\dfrac{2a}{3}\right) \cup (0, +\infty)$,则 $f'(x) > 0$;若 $x \in \left(-\dfrac{2a}{3}, 0\right)$,则 $f'(x) < 0$. 所以函数 $f(x)$ 在 $\left(-\infty, -\dfrac{2a}{3}\right)$ 和 $(0, +\infty)$ 内单调递增,在 $\left(-\dfrac{2a}{3}, 0\right)$ 内单调递减.

(iii) 当 $a < 0$ 时,若 $x \in (-\infty, 0) \cup \left(-\dfrac{2a}{3}, +\infty\right)$,则 $f'(x) > 0$;若 $x \in \left(0, -\dfrac{2a}{3}\right)$,则 $f'(x) < 0$. 所以函数 $f(x)$ 在 $(-\infty, 0)$,$\left(-\dfrac{2a}{3}, +\infty\right)$ 内单调递增,在 $\left(0, -\dfrac{2a}{3}\right)$ 内单调递减.

(2) 由(1),知函数 $f(x)$ 的两个极值为 $f(0) = b, f\left(-\dfrac{2a}{3}\right) = \dfrac{4}{27}a^3 + b$,所以函数 $f(x)$ 有三个零点等价于 $f(0) \cdot f\left(-\dfrac{2a}{3}\right) = b + \left(\dfrac{4}{27}a^3 + b\right) < 0$,从而

$$\begin{cases} a > 0, \\ -\dfrac{4}{27}a^3 < b < 0, \end{cases} \text{或} \begin{cases} a < 0, \\ 0 < b < -\dfrac{4}{27}a^3. \end{cases}$$

又因 $b = c - a$,所以当 $a > 0$ 时,$\dfrac{4}{27}a^3 - a + c > 0$,或当 $a < 0$ 时,$\dfrac{4}{27}a^3 - a + c < 0$.

设 $g(a) = \dfrac{4}{27}a^3 - a + c$,因为函数 $f(x)$ 有三个零点时,a 的取值范围恰好是 $(-\infty, -3) \cup \left(1, \dfrac{3}{2}\right) \cup \left(\dfrac{3}{2}, +\infty\right)$,所以在 $(-\infty, -3)$ 内 $g(a) < 0$,且在 $\left(1, \dfrac{3}{2}\right) \cup \left(\dfrac{3}{2}, +\infty\right)$ 上 $g(a) > 0$ 均恒成立,从而 $g(-3) = c - 1 \leqslant 0$,且 $g\left(\dfrac{3}{2}\right) = c - 1 \geqslant 0$,因此 $c = 1$. 此时,$f(x) = x^3 + ax^2 + 1 - a = (x+1)[x^2 + (a-1)x + 1 - a]$,因函数有三个零点,所以 $x^2 + (a-1)x + 1 - a = 0$ 有两个异于 -1 的不等实根,故

$$\begin{cases} \Delta = (a-1)^2 - 4(1-a) = a^2 + 2a - 3 > 0, \\ (-1)^2 - (a-1) + 1 - a \neq 0, \end{cases}$$

解得 $a \in (-\infty, -3) \cup \left(1, \dfrac{3}{2}\right) \cup \left(\dfrac{3}{2}, +\infty\right)$.

综上所述,可得 $c = 1$.

题 4 已知函数 $f(x) = ae^{2x} + (a-2)e^x - x$.

(1) 讨论 $f(x)$ 的单调性.

(2) 若 $f(x)$ 有两个零点,求 a 的取值范围.

思路剖释 (1) 由题意,知 $f(x)$ 的定义域为 $(-\infty, +\infty)$,$f'(x) = 2ae^{2x} + (a-2)e^x - 1 = (ae^x - 1)(2e^x + 1)$. 下面分类讨论.

(i) 若 $a \leqslant 0$,则 $f'(x) < 0$. 所以 $f(x)$ 在 $(-\infty, +\infty)$ 内单调递减.

(ii) 若 $a > 0$,则由 $f'(x) = 0$,得 $x = -\ln a$. 当 $x \in (-\infty, -\ln a)$ 时,$f'(x) < 0$;当 $x \in (-\ln a, +\infty)$ 时,$f'(x) > 0$. 所以 $f(x)$ 在 $(-\infty, -\ln a)$ 内单调递减,在 $(-\ln a, +\infty)$ 内单调递增.

(2) 若 $a \leqslant 0$,由(1),知 $f(x)$ 至多有一个零点.

若 $a > 0$,由(1),知当 $x = -\ln a$ 时,$f(x)$ 取得最小值,最小值为 $f(-\ln a) = 1 - \dfrac{1}{a} + \ln a$. 下面分类讨论.

(i) 当 $a = 1$ 时,由于 $f(-\ln a) = 0$,因此 $f(x)$ 没有零点.

(ii) 当 $a \in (1, +\infty)$ 时,由于 $1 - \dfrac{1}{a} + \ln a > 0$,即 $f(-\ln a) > 0$,因此 $f(x)$ 没有零点.

(iii) 当 $a \in (0, 1)$ 时,$1 - \dfrac{1}{a} + \ln a < 0$,即 $f(-\ln a) < 0$. 又 $f(-2) = ae^{-4} + (a-2)e^{-2} + 2 > -2e^{-2} + 2 > 0$,所以 $f(x)$ 在 $(-\infty, -\ln a)$ 内有一个零点.

设正整数 n_0 满足 $n_0 > \ln\left(\dfrac{3}{a} - 1\right)$,则
$$f(n_0) = e^{n_0}(ae^{n_0} + a - 2) - n_0 > e^{n_0} - n_0 > 2^{n_0} - n_0 > 0.$$

由于 $\ln\left(\dfrac{3}{a} - 1\right) > -\ln a$,因此 $f(x)$ 在 $(-\ln a, +\infty)$ 内有一个零点.

综上所述,a 的取值范围为 $(0, 1)$.

注 分类讨论思想是一种重要的数学思想方法. 其基本思路是将一个较复杂的数学问题分解(或分割)成若干个基础性问题,通过对基础性问题的解答来实现解决原问题的思想策略. 对问题实行分类与整合,分类标准等于增加一个已知条件,实现了有效增设,将大问题(或综合性问题)分解为小问题(或基础性问题),优化解题思路,降低问题难度. 解分类问题的步骤:① 确定分类讨论的对象,即对哪个变量或参数进行分类讨论. ② 对所讨论的对象进行合理的分类. ③ 逐类讨论,即对各类问题详细讨论,逐步解决. ④ 归纳总结. 将各类情况总结归纳.

题 5 设函数 $f(x) = \dfrac{x}{e^{2x}} + c$($e = 2.71828\cdots$ 是自然数的底数,$c \in \mathbf{R}$).

(1) 求 $f(x)$ 的单调区间、最大值.

(2) 讨论关于 x 的方程 $|\ln x| = f(x)$ 根的个数.

思路剖释 (1) $f'(x) = (1-2x)\mathrm{e}^{-2x}$,由 $f'(x) = 0$,解得 $x = \dfrac{1}{2}$. 所以当 $x < \dfrac{1}{2}$ 时,$f'(x) > 0$,$f(x)$ 单调递增;当 $x > \dfrac{1}{2}$ 时,$f'(x) < 0$,$f(x)$ 单调递减. 故函数 $f(x)$ 的单调递增区间是 $\left(-\infty, \dfrac{1}{2}\right)$,单调递减区间是 $\left(\dfrac{1}{2}, +\infty\right)$,最大值为 $f\left(\dfrac{1}{2}\right) = \dfrac{1}{2}\mathrm{e}^{-1} + c$.

(2) 令 $g(x) = |\ln x| - f(x) = |\ln x| - x\mathrm{e}^{-2x} - c$,$x \in (0, +\infty)$,则

(i) 当 $x \in (1, +\infty)$ 时,$\ln x > 0$,则 $g(x) = \ln x - x\mathrm{e}^{-2x} - c$,
$$g'(x) = \mathrm{e}^{-2x}\left(\dfrac{\mathrm{e}^{2x}}{x} + 2x - 1\right).$$

因为 $2x - 1 > 0$,$\dfrac{\mathrm{e}^{2x}}{x} > 0$,所以 $g'(x) > 0$. 因此 $g(x)$ 在 $(1, +\infty)$ 内单调递增.

(ii) 当 $x \in (0,1)$ 时,$\ln x < 0$,则 $g(x) = -\ln x - x\mathrm{e}^{-2x} - c$,
$$g'(x) = \mathrm{e}^{-2x}\left(-\dfrac{\mathrm{e}^{2x}}{x} + 2x - 1\right).$$

因为 $\mathrm{e}^{2x} \in (1, \mathrm{e}^2)$,$\mathrm{e}^{2x} > 1 > x > 0$,所以 $-\dfrac{\mathrm{e}^{2x}}{x} < -1$. 又因 $2x - 1 < 1$,所以 $-\dfrac{\mathrm{e}^{2x}}{x} + 2x - 1 < 0$,即 $g'(x) < 0$. 因此 $g(x)$ 在 $(0,1)$ 内单调递减.

综合 (i)(ii) 可知,当 $x \in (0, +\infty)$ 时,$g(x) \geqslant g(1) = -\mathrm{e}^{-2} - c$,当 $g(1) = -\mathrm{e}^{-2} - c > 0$,即 $c < -\mathrm{e}^{-2}$ 时,$g(x)$ 没有零点,故关于 x 的方程 $|\ln x| = f(x)$ 的根的个数为 0;当 $g(1) = -\mathrm{e}^{-2} - c = 0$,即 $c = -\mathrm{e}^{-2}$ 时,$g(x)$ 只有一个零点,故关于 x 的方程 $|\ln x| = f(x)$ 的根的个数为 1;当 $g(1) = -\mathrm{e}^{-2} - c < 0$,即 $c > -\mathrm{e}^{-2}$ 时,有以下两种情形:

当 $x \in (1, +\infty)$ 时,由 (1),知
$$g(x) = \ln x - x\mathrm{e}^{2x} - c \geqslant -\ln x - \left(\dfrac{1}{2}\mathrm{e}^{-1} + c\right) > \ln x - 1 - c.$$

要使 $g(x) > 0$,只需使 $\ln x - 1 - c > 0$,即 $x \in (\mathrm{e}^{1+c}, +\infty)$.

当 $x \in (0,1)$ 时,由 (1),知
$$g(x) = -\ln x - x\mathrm{e}^{2x} - c \geqslant -\ln x - \left(\dfrac{1}{2}\mathrm{e}^{-1} + c\right) > \ln x - 1 - c.$$

要使 $g(x) > 0$,只需 $-\ln x - 1 - c > 0$,即 $x \in (0, \mathrm{e}^{-1-c})$.

所以 $c > -\mathrm{e}^{-2}$ 时,$g(x)$ 有两个零点,故关于 x 的方程 $|\ln x| = f(x)$ 的根的个数为 2.

综上所述,当 $c < -\mathrm{e}^{-2}$,关于 x 的方程 $|\ln x| = f(x)$ 的根的个数为 0;

当 $c = -\mathrm{e}^{-2}$,关于 x 的方程 $|\ln x| = f(x)$ 的根的个数为 1;

当 $c > -\mathrm{e}^{-2}$,关于 x 的方程 $|\ln x| = f(x)$ 的根的个数为 2.

题 6 设函数 $f(x) = \ln x - ax$,$g(x) = \mathrm{e}^x - ax$,其中 a 为实数.

(1) 若 $f(x)$ 在 $(1, +\infty)$ 内是单调减函数,且 $g(x)$ 在 $(1, +\infty)$ 内有最小值,求 a 的取值范围.

(2) 若 $g(x)$ 在 $(-1,+\infty)$ 内是单调递增函数,试求 $f(x)$ 的零点个数,并证明你的结论.

思路剖释 (1) 令 $f'(x)=\dfrac{1}{x}-a=\dfrac{1-ax}{x}<0$,考虑到 $f(x)$ 的定义域为 $(0,+\infty)$,故 $a>0$,进而解得 $x>a^{-1}$,即 $f(x)$ 在 $(a^{-1},+\infty)$ 内是单调递减函数.同理,$f(x)$ 在 $(0,a^{-1})$ 内是单调递增函数.由于 $f(x)$ 在 $(1,+\infty)$ 内是单调递减函数,故 $(1,+\infty)\subseteq(a^{-1},+\infty)$,从而 $a^{-1}\leqslant 1$,即 $a\geqslant 1$.令 $g'(x)=\mathrm{e}^x-a=0$,得 $x=\ln a$.当 $x<\ln a$ 时,$g'(x)<0$;当 $x>\ln a$ 时,$g'(x)>0$.又 $g(x)$ 在 $(1,+\infty)$ 内有最小值,所以 $\ln a>1$,即 $a>\mathrm{e}$.故有 $a\in(\mathrm{e},+\infty)$.

(2) 当 $a\leqslant 0$ 时,$g(x)$ 必为单调递增函数;当 $a>0$ 时,令 $g'(x)=\mathrm{e}^x-a>0$,解得 $a<\mathrm{e}^x$,即 $x>\ln a$,因为 $g(x)$ 在 $(-1,+\infty)$ 内是单调递增函数,类似(1),有 $\ln a\leqslant -1$,即 $0<a\leqslant\mathrm{e}^{-1}$.

结合上述两种情况,有 $a\leqslant\mathrm{e}^{-1}$.

(i) 当 $a=0$ 时,由 $f(1)=0$ 及 $f'(x)=\dfrac{1}{x}>0$,得 $f(x)$ 存在唯一的零点.

(ii) 当 $a<0$ 时,由于 $f(\mathrm{e}^a)=a-a\mathrm{e}^a=a(1-\mathrm{e}^a)<0$,$f(1)=-a>0$,且函数 $f(x)$ 在 $[\mathrm{e}^a,1]$ 上的图像不间断,所以 $f(x)$ 在 $(\mathrm{e}^a,1)$ 内存在零点.另外,当 $x>0$ 时,$f'(x)=\dfrac{1}{x}-a>0$,故 $f(x)$ 在 $(0,+\infty)$ 内是单调递增函数,所以 $f(x)$ 只有一个零点.

(iii) 当 $0<a\leqslant\mathrm{e}^{-1}$ 时,令 $f'(x)=\dfrac{1}{x}-a=0$,解得 $x=a^{-1}$.当 $0<x<a^{-1}$ 时,$f'(x)>0$;当 $x>a^{-1}$ 时,$f'(x)<0$,所以 $x=a^{-1}$ 是 $f(x)$ 的最大值点,且最大值为 $f(a^{-1})=-\ln a-1$.

当 $-\ln a-1=0$,即 $a=\mathrm{e}^{-1}$ 时,$f(x)$ 有一个零点 $x=\mathrm{e}$;

当 $-\ln a-1>0$,即 $0<a<\mathrm{e}^{-1}$ 时,$f(x)$ 有两个零点.

实际上,对于 $0<a<\mathrm{e}^{-1}$,由于 $f(\mathrm{e}^{-1})=-1-a\mathrm{e}^{-1}<0$,$f(a^{-1})>0$,且函数 $f(x)$ 在 $[\mathrm{e}^{-1},a^{-1}]$ 上的图像不间断,所以 $f(x)$ 在 (e^{-1},a^{-1}) 内存在零点.

另外,当 $x\in(0,a^{-1})$ 时,$f'(x)=\dfrac{1}{x}-a>0$,故 $f(x)$ 在 $(0,a^{-1})$ 内是单调递增函数,所以 $f(x)$ 在 $(0,a^{-1})$ 内只有一个零点.

下面考虑 $f(x)$ 在 $(a^{-1},+\infty)$ 内的情况.

先证 $f(\mathrm{e}^{a^{-1}})=a(a^{-2}-\mathrm{e}^{a^{-1}})<0$.为此,只要证明:当 $x>\mathrm{e}$ 时,$\mathrm{e}^x>x^2$.

设 $h(x)=\mathrm{e}^x-x^2$,则 $h'(x)=\mathrm{e}^x-2x$,再设 $l(x)=h'(x)=\mathrm{e}^x-2>\mathrm{e}-2>0$,所以 $l(x)=h'(x)$ 在 $(1,+\infty)$ 内是单调递增函数.故当 $x>2$ 时,$h'(x)=\mathrm{e}^x-2x>h'(2)=\mathrm{e}^2-4>0$,从而 $h(x)$ 在 $(2,+\infty)$ 内单调递增,进而得当 $x>\mathrm{e}$ 时,$h(x)=\mathrm{e}^x-x^2>h(\mathrm{e})=\mathrm{e}^\mathrm{e}-\mathrm{e}^2>0$,即当 $x>\mathrm{e}$ 时,$\mathrm{e}^x>x^2$.

当 $0<a<\mathrm{e}^{-1}$,即 $a^{-1}>\mathrm{e}$ 时,$f(\mathrm{e}^{a^{-1}})=a^{-1}-a\mathrm{e}^{a^{-1}}=a(a^{-2}-\mathrm{e}^{a^{-1}})<0$,又 $f(a^{-1})>0$,且函数 $f(x)$ 在 $[a^{-1},\mathrm{e}^{a^{-1}}]$ 上的图像不间断,所以 $f(x)$ 在 $(a^{-1},\mathrm{e}^{a^{-1}})$ 内存在零点.

又当 $x>a^{-1}$ 时,$f'(x)=\dfrac{1}{x}-a<0$,故 $f(x)$ 在 $(a^{-1},+\infty)$ 内单调递减.所以 $f(x)$ 在 $(a^{-1},+\infty)$ 内只有一个零点.

综上所述,当 $a\leqslant 0$ 或 $a=\mathrm{e}^{-1}$ 时, $f(x)$ 的零点个数为 1;当 $0<a<\mathrm{e}^{-1}$ 时, $f(x)$ 的零点个数为 2.

题 7 设函数 $f(x)=\mathrm{e}^x\cos x$, $g(x)$ 为 $f(x)$ 的导函数.

(1) 求 $f(x)$ 的单调区间.

(2) 当 $x\in\left[\dfrac{\pi}{4},\dfrac{\pi}{2}\right]$ 时,证明: $f(x)+g(x)\left(\dfrac{\pi}{2}-x\right)\geqslant 0$.

(3) 设 x_n 为函数 $u(x)=f(x)-1$ 在区间 $\left(2n\pi+\dfrac{\pi}{4},2n\pi+\dfrac{\pi}{2}\right)$ 内的零点,其中 $n\in\mathbf{N}$,证明: $2n\pi+\dfrac{\pi}{2}-x_n<\dfrac{\mathrm{e}^{-2n\pi}}{\sin x_0-\cos x_0}$.

思路剖释 (1) 由已知,有 $f'(x)=\mathrm{e}^x(\cos x-\sin x)$. 因此当 $x\in\left(2k\pi+\dfrac{\pi}{4},2k\pi+\dfrac{5\pi}{4}\right)(k\in\mathbf{Z})$ 时,有 $\sin x>\cos x$,得 $f'(x)<0$,则 $f(x)$ 单调递减;当 $x\in\left(2k\pi-\dfrac{3\pi}{4},2k\pi+\dfrac{\pi}{4}\right)(k\in\mathbf{Z})$ 时,有 $\sin x<\cos x$,得 $f'(x)>0$,则 $f(x)$ 单调递增. 所以 $f(x)$ 的单调递增区间为 $\left[2k\pi-\dfrac{3\pi}{4},2k\pi+\dfrac{\pi}{4}\right](k\in\mathbf{Z})$, $f(x)$ 的单调递减区间为 $\left[2k\pi+\dfrac{\pi}{4},2k\pi+\dfrac{5\pi}{4}\right](k\in\mathbf{Z})$.

(2) 记 $h(x)=f(x)+g(x)\left(\dfrac{\pi}{2}-x\right)$,依题意及(1),知 $g(x)=\mathrm{e}^x(\cos x-\sin x)$,从而 $g'(x)=-2\mathrm{e}^x\sin x$. 当 $x\in\left(\dfrac{\pi}{4},\dfrac{\pi}{2}\right)$ 时, $g'(x)<0$,故 $h'(x)=f'(x)+g'(x)\left(\dfrac{\pi}{2}-x\right)+g(x)\times(-1)=g'(x)\left(\dfrac{\pi}{2}-x\right)<0$. 因此 $h(x)$ 在区间 $\left[\dfrac{\pi}{4},\dfrac{\pi}{2}\right]$ 上单调递减,进而 $h(x)\geqslant h\left(\dfrac{\pi}{2}\right)=f\left(\dfrac{\pi}{2}\right)=0$. 所以当 $x\in\left[\dfrac{\pi}{4},\dfrac{\pi}{2}\right]$ 时, $f(x)+g(x)\left(\dfrac{\pi}{2}-x\right)\geqslant 0$.

(3) 依题意,得 $u(x_n)=f(x_n)-1=0$,即 $\mathrm{e}^{x_n}\cos x_n=1$. 记 $y_n=x_n-2n\pi$,则 $y_n\in\left[\dfrac{\pi}{4},\dfrac{\pi}{2}\right]$,且 $f(y_n)=\mathrm{e}^{y_n}\cos y_n=\mathrm{e}^{x_n-2n\pi}\cos(x_n-2n\pi)=\mathrm{e}^{-2n\pi}(n\in\mathbf{N})$.

由 $f(y_n)=\mathrm{e}^{-2n\pi}\leqslant 1=f(y_0)$ 及(1),知 $y_n\geqslant y_0$.

由(2),知当 $x\in\left(\dfrac{\pi}{4},\dfrac{\pi}{2}\right)$ 时, $g'(x)<0$,所以 $g(x)$ 在 $\left[\dfrac{\pi}{4},\dfrac{\pi}{2}\right]$ 上为单调递减函数,因此 $g(y_n)\leqslant g(y_0)<g\left(\dfrac{\pi}{4}\right)=0$.

又由(2),知 $f(y_n)+g(y_n)\left(\dfrac{\pi}{2}-y_n\right)\geqslant 0$,故

$$\dfrac{\pi}{2}-y_n\leqslant -\dfrac{f(y_n)}{g(y_n)}=-\dfrac{\mathrm{e}^{-2n\pi}}{g(y_n)}\leqslant -\dfrac{\mathrm{e}^{-2n\pi}}{g(y_0)}=\dfrac{\mathrm{e}^{-2n\pi}}{\mathrm{e}^{y_0}(\sin y_0-\cos y_0)}<\dfrac{\mathrm{e}^{-2n\pi}}{\sin x_0-\cos x_0}.$$

所以 $2n\pi+\dfrac{\pi}{2}-x_n<\dfrac{\mathrm{e}^{-2n\pi}}{\sin x_0-\cos x_0}$.

题 8 已知函数 $f(x) = \ln x - \dfrac{x+1}{x-1}$.

(1) 讨论 $f(x)$ 的单调性,并证明 $f(x)$ 有且仅有两个零点.

(2) 设 x_0 是 $f(x)$ 的一个零点,证明曲线 $y = \ln x$ 在点 $A(x_0, \ln x_0)$ 处的切线也是曲线 $y = e^x$ 的切线.

思路剖析 (1) 函数 $f(x)$ 的定义域为 $(0,1) \cup (1, +\infty)$,因为 $f(x) = \ln x - \dfrac{x+1}{x-1}$,所以

$$f'(x) = \dfrac{1}{x} + \dfrac{2}{(1-x)^2} > 0,$$

故 $f(x)$ 在 $(0,1)$ 和 $(1, +\infty)$ 内单调递增.

又因

$$f(e) = \ln e - \dfrac{e+1}{e-1} = \dfrac{-2}{e-1} < 0, \quad f(e^2) = \ln e^2 - \dfrac{e^2+1}{e^2-1} = \dfrac{e^2-3}{e^2-1} > 0,$$

所以 $f(e) \cdot f(e^2) < 0$. 故 $f(x)$ 在 $(1, +\infty)$ 内有唯一零点 x_1,即 $f(x_1) = 0$.

又

$$0 < \dfrac{1}{x_1} < 1, \quad f\left(\dfrac{1}{x_1}\right) = -\ln x_1 + \dfrac{x_1+1}{x_1-1} = -f(x_1) = 0,$$

故 $f(x)$ 在 $(0,1)$ 内有唯一零点 $\dfrac{1}{x_1}$.

综上所述,$f(x)$ 有且仅有两个零点.

(2) 因为 $\dfrac{1}{x_0} = e^{-\ln x_0}$,所以点 $B\left(-\ln x_0, \dfrac{1}{x_0}\right)$ 在曲线 $y = e^x$ 上. 由题设,知 $f(x_0) = 0$,即 $\ln x_0 = \dfrac{x_0+1}{x_0-1}$,所以直线 AB 的斜率为

$$k = \dfrac{\dfrac{1}{x_0} - \ln x_0}{-\ln x_0 - x_0} = \dfrac{\dfrac{1}{x_0} - \dfrac{x_0+1}{x_0-1}}{-\dfrac{x_0+1}{x_0-1} - x_0} = \dfrac{1}{x_0}.$$

曲线 $y = e^x$ 在点 $B\left(-\ln x_0, \dfrac{1}{x_0}\right)$ 处切线的斜率是 $\dfrac{1}{x_0}$,曲线 $y = \ln x$ 在点 $A(x_0, \ln x_0)$ 处切线的斜率也是 $\dfrac{1}{x_0}$,所以曲线 $y = \ln x$ 在点 $A(x_0, \ln x_0)$ 处的切线也是曲线 $y = e^x$ 的切线.

题 9 已知函数 $f(x) = \sin x - \ln(1+x)$,$f'(x)$ 为 $f(x)$ 的导数. 证明:

(1) $f'(x)$ 在区间 $\left(-1, \dfrac{\pi}{2}\right)$ 内存在唯一极大值点.

(2) $f(x)$ 有且仅有 2 个零点.

思路剖析 (1) 设 $g(x) = f'(x)$,则

$$g(x) = \cos x - \dfrac{1}{1+x}, \quad g'(x) = -\sin x + \dfrac{1}{(1+x)^2}.$$

当 $x \in \left(-1, \dfrac{\pi}{2}\right)$ 时,$g'(x)$ 单调递减,而由 $g'(0) > 0$,$g'\left(\dfrac{\pi}{2}\right) < 0$,可得 $g'(x)$ 在 $\left(-1, \dfrac{\pi}{2}\right)$ 内

有唯一零点. 设为 α, 则当 $x\in(-1,\alpha)$ 时, $g'(x)>0$; 当 $x\in\left(\alpha,\dfrac{\pi}{2}\right)$ 时, $g'(x)<0$. 所以 $g(x)$ 在 $(-1,\alpha)$ 内单调递增, 在 $\left(\alpha,\dfrac{\pi}{2}\right)$ 内单调递减, 故 $g(x)$ 在 $\left(-1,\dfrac{\pi}{2}\right)$ 内存在唯一极大值点, 即 $f'(x)$ 在 $\left(-1,\dfrac{\pi}{2}\right)$ 内存在唯一极大值点.

(2) 由(1), 知
$$f'(x)=\cos x-\dfrac{1}{x+1}\quad(x\in(-1,+\infty)).$$

(i) 当 $x\in(-1,0]$ 时, 由(1)可知 $f'(x)$ 在 $(-1,0)$ 内单调递增, 而 $f'(0)=0$, 所以当 $x\in(-1,0)$ 时, $f'(x)<0$. 故 $f(x)$ 在 $(-1,0)$ 内单调递减. 又 $f(0)=0$, 所以 $x=0$ 为 $f(x)$ 在 $(-1,0]$ 内的唯一零点.

(ii) 当 $x\in\left(0,\dfrac{\pi}{2}\right]$ 时, 由(1)可知 $f'(x)$ 在 $(0,\alpha)$ 内单调递增, 在 $\left(\alpha,\dfrac{\pi}{2}\right)$ 内单调递减, 而 $f'(0)=0$, $f'\left(\dfrac{\pi}{2}\right)<0$, 所以存在 $\beta\in\left(\alpha,\dfrac{\pi}{2}\right)$, 使得 $f'(\beta)=0$, 且当 $x\in(0,\beta)$ 时, $f'(x)>0$; 当 $x\in\left(\beta,\dfrac{\pi}{2}\right)$ 时, $f'(x)<0$. 所以 $f(x)$ 在 $(0,\beta)$ 内单调递增, 在 $\left(\beta,\dfrac{\pi}{2}\right)$ 内单调递减.

又 $f(0)=0$, $f\left(\dfrac{\pi}{2}\right)=1-\ln\left(1+\dfrac{\pi}{2}\right)>0$, 所以当 $x\in\left(0,\dfrac{\pi}{2}\right]$ 时, $f(x)>0$, 从而 $f(x)$ 在 $\left(0,\dfrac{\pi}{2}\right]$ 内没有零点.

(iii) 当 $x\in\left(\dfrac{\pi}{2},\pi\right]$ 时, $f'(x)<0$, 所以 $f(x)$ 在 $\left(\dfrac{\pi}{2},\pi\right]$ 内单调递减. 又 $f\left(\dfrac{\pi}{2}\right)>0$, $f(\pi)<0$, 所以 $f(x)$ 在 $\left(\dfrac{\pi}{2},\pi\right]$ 内有唯一零点.

(iv) 当 $x\in(\pi,+\infty)$ 时, $\ln(x+1)>1$, 所以 $f(x)<0$, 从而 $f(x)$ 在 $(\pi,+\infty)$ 内没有零点.

综上所述, $f(x)$ 有且仅有 2 个零点.

题 10 已知函数 $f(x)=\mathrm{e}^x-ax^2$.

(1) 若 $a=1$, 证明: 当 $x\geqslant 0$ 时, $f(x)\geqslant 1$.

(2) 若 $f(x)$ 在 $(0,+\infty)$ 只有一个零点, 求 a.

思路剖释 (1) 当 $a=1$ 时, $f(x)\geqslant 1$ 等价于 $(x^2+1)\mathrm{e}^{-x}-1\leqslant 0$. 设函数 $g(x)=(x^2+1)\mathrm{e}^{-x}-1$, 则
$$g'(x)=-(x^2-2x+1)\mathrm{e}^{-x}=-(x-1)^2\mathrm{e}^{-x}.$$
当 $x\neq 1$ 时, $g'(x)<0$, 所以 $g(x)$ 在 $(0,+\infty)$ 内单调递减. 又 $g(0)=0$, 故当 $x\geqslant 0$ 时, $g(x)\leqslant 0$, 所以 $f(x)\geqslant 1$.

(2) 设函数 $h(x)=1-ax^2\mathrm{e}^{-x}$, 则 $f(x)$ 在 $(0,+\infty)$ 内只有一个零点, 当且仅当 $h(x)$ 在 $(0,+\infty)$ 内只有一个零点. 所以当 $a\leqslant 0$ 时, $h(x)>0$, $h(x)$ 没有零点; 当 $a>0$ 时, $h'(x)=$

$ax(x-2)\mathrm{e}^{-x}$.

当 $x\in(0,2)$ 时,$h'(x)<0$;当 $x\in(2,+\infty)$ 时,$h'(x)>0$. 故 $h(x)$ 在 $(0,2)$ 内单调递减,在 $(2,+\infty)$ 内单调递增. 所以 $h(2)=1-\dfrac{4a}{\mathrm{e}^2}$ 是 $h(x)$ 在 $[0,+\infty)$ 内的最小值.

(i) 若 $h(2)>0$,即 $a<\dfrac{\mathrm{e}^2}{4}$,$h(x)$ 在 $(0,+\infty)$ 内没有零点;

(ii) 若 $h(2)=0$,即 $a=\dfrac{\mathrm{e}^2}{4}$,$h(x)$ 在 $(0,+\infty)$ 内只有一个零点;

(iii) 若 $h(2)<0$,即 $a>\dfrac{\mathrm{e}^2}{4}$,由于 $h(0)=1$,所以 $h(x)$ 在 $(0,2)$ 内有一个零点.

由(1),知当 $x>0$ 时,$\mathrm{e}^x>x^2$,所以

$$h(4a)=1-\dfrac{16a^3}{\mathrm{e}^{4a}}=1-\dfrac{16a^3}{(\mathrm{e}^{2a})^2}>1-\dfrac{16a^3}{(2a)^4}=1-\dfrac{1}{a}>0.$$

故 $h(x)$ 在 $(2,4a)$ 内有一个零点. 因此 $h(x)$ 在 $(0,+\infty)$ 内有两个零点.

综上所述,$f(x)$ 在 $(0,+\infty)$ 内只有一个零点时,$a=\dfrac{\mathrm{e}^2}{4}$.

题 11 设常数 $a\in\mathbf{R}$,函数 $f(x)=a\sin 2x+2\cos^2 x$.

(1) 若 $f(x)$ 为偶函数,求 a 的值.

(2) 若 $f\left(\dfrac{\pi}{4}\right)=\sqrt{3}+1$,求方程 $f(x)=1-\sqrt{2}$ 在区间 $[-\pi,\pi]$ 上的解.

思路剖释 (1) 因 $f(-x)=f(x)$,故

$$a\sin(-2x)+2\cos^2 x=a\sin 2x+2\cos^2 x.$$

可知 $-a=a$,故得 $a=0$.

(2) 由题意,知

$$f\left(\dfrac{\pi}{4}\right)=a\sin\dfrac{\pi}{2}+2\cos^2\dfrac{\pi}{4}=\sqrt{3}+1,$$

故 $a=\sqrt{3}$. 所以

$$f(x)=\sqrt{3}\sin 2x+2\cos^2 x=\sqrt{3}\sin 2x+1+\cos 2x=2\sin\left(2x+\dfrac{\pi}{6}\right)+1.$$

又由 $f(x)=1-\sqrt{2}$,可得

$$2\sin\left(2x+\dfrac{\pi}{6}\right)+1=1-\sqrt{2},$$

即 $\sin\left(2x+\dfrac{\pi}{6}\right)=-\dfrac{\sqrt{2}}{2}$.

故可知在 $[-\pi,\pi]$ 上的解为 $x_1=-\dfrac{11\pi}{24},x_2=-\dfrac{5\pi}{24},x_3=\dfrac{13\pi}{24},x_4=\dfrac{19\pi}{24}$.

题 12 设函数 $f(x)=(x-a)(x-b)(x-c)(a,b,c\in\mathbf{R})$,$f'(x)$ 为 $f(x)$ 的导函数.

(1) 若 $a=b=c,f(4)=8$,求 a 的值.

(2) 若 $a\neq b,b=c$,且 $f(x)$ 和 $f'(x)$ 的零点均在集合 $\{-3,1,3\}$ 中,求 $f(x)$ 的极小值.

(3) 若 $a=0, 0<b\leqslant 1, c=1$,且 $f(x)$ 的极大值为 M,求证:$M\leqslant \dfrac{4}{27}$.

思路剖释 (1) 因为 $a=b=c$,所以 $f(x)=(x-a)(x-b)(x-c)=(x-a)^3$.因为 $f(4)=8$,所以 $(4-a)^3=8$,因此 $a=2$.

(2) 因为 $a\neq b, b=c$,所以
$$f(x)=(x-a)(x-b)^2=x^3-(a+2b)x^2+b(2a+b)x-ab^2,$$
从而
$$f'(x)=3(x-b)\left(x-\dfrac{2a+b}{3}\right).$$

令 $f'(x)=0$,得 $x=b$ 或 $\dfrac{2a+b}{3}$.因为 $a,b,\dfrac{2a+b}{3}$ 都在集合 $\{-3,1,3\}$ 中,且 $a\neq b$,所以 $\dfrac{2a+b}{3}=1$,因此 $a=3, b=-3$.此时
$$f(x)=(x-3)(x+3)^2, \quad f'(x)=3(x+3)(x-1).$$

令 $f'(x)=0$,得 $x=-3$ 或 $x=1$.如表 6.9 所示,则 $f(x)$ 的极小值为 $f(1)=(1-3)\times(1+3)^2=-32$.

表 6.9

x	$(-\infty,-3)$	-3	$(-3,1)$	1	$(1,+\infty)$
$f'(x)$	$+$	0	$-$	0	$+$
$f(x)$	↗	极大值	↘	极小值	↗

(3) 因为 $a=0, 0<b\leqslant 1, c=1$,所以
$$\begin{cases} f(x)=x(x-b)(x-1)=x^3-(b+1)x^2+bx, \\ f'(x)=3x^2-2(b+1)x+b. \end{cases}$$

又因 $0<b\leqslant 1$,所以 $\Delta=4(b+1)^2-12b=(2b-1)^2+3>0$,故 $f'(x)$ 有 2 个不同的零点,设为 $x_1, x_2 (x_1<x_2)$.由 $f'(x)=0$,得
$$x_1=\dfrac{b+1-\sqrt{b^2-b+1}}{3}, \quad x_2=\dfrac{b+1+\sqrt{b^2-b+1}}{3}.$$

所以由表 6.10,知 $f(x)$ 的极大值 $M=f(x_1)$.

表 6.10

x	$(-\infty,x_1)$	x_1	(x_1,x_2)	x_2	$(x_2,+\infty)$
$f'(x)$	$+$	0	$-$	0	$+$
$f(x)$	↗	极大值	↘	极小值	↗

因为 $0<b\leqslant 1$,所以 $x_1\in(0,1)$.当 $x\in(0,1)$ 时,$f(x)=x(x-b)(x-1)\leqslant x(x-1)^2$.令 $g(x)=x(x-1)^2, x\in(0,1)$,则 $g'(x)=3\left(x-\dfrac{1}{3}\right)(x-1)$.令 $g'(x)=0$,得 $x=\dfrac{1}{3}$.如表

6.11 所示.

表 6.11

x	$\left(0,\dfrac{1}{3}\right)$	$\dfrac{1}{3}$	$\left(\dfrac{1}{3},1\right)$
$g'(x)$	+	0	−
$g(x)$	↗	极大值	↘

所以当 $x=\dfrac{1}{3}$ 时,$g(x)$ 取得极大值,且是最大值,故 $g(x)_{\max}=g\left(\dfrac{1}{3}\right)=\dfrac{4}{27}$.

综上所述,当 $x\in(0,1)$ 时,$f(x)\leqslant g(x)\leqslant \dfrac{4}{27}$,因此 $M\leqslant \dfrac{4}{27}$.

题 13 已知函数 $f(x)=a^x$,$g(x)=\log_a x$,其中 $a>1$.

(1) 求函数 $h(x)=f(x)-x\ln a$ 的单调区间.

(2) 若曲线 $y=f(x)$ 在点 $(x_1,f(x_1))$ 处的切线与曲线 $y=g(x)$ 在点 $(x_2,g(x_2))$ 处的切线平行,证明:$x_1+g(x_2)=\dfrac{2\ln\ln a}{\ln a}$.

(3) 证明:当 $a\geqslant e^{\frac{1}{e}}$ 时,存在直线 l,使 l 是曲线 $y=f(x)$ 的切线,也是曲线 $y=g(x)$ 的切线.

思路剖释 (1) 由已知,得 $h(x)=a^x-x\ln a$,则 $h'(x)=a^x\ln a-\ln a$. 令 $h'(x)=0$,解得 $x=0$.

由 $a>1$,可知当 x 变化时,$h'(x)$,$h(x)$ 的变化情况如表 6.12 所示.

表 6.12

x	$(-\infty,0)$	0	$(0,+\infty)$
$h'(x)$	−	0	+
$h(x)$	↘	极小值	↗

所以函数 $h(x)$ 的单调递减区间为 $(-\infty,0)$,单调递增区间为 $(0,+\infty)$.

(2) 由 $f'(x)=a^x\ln a$,得曲线 $y=f(x)$ 在点 $(x_1,f(x_1))$ 处的切线斜率为 $a^{x_1}\ln a$. 由 $g'(x)=\dfrac{1}{x\ln a}$,得曲线 $y=g(x)$ 在点 $(x_2,g(x_2))$ 处的切线斜率为 $\dfrac{1}{x_2\ln a}$. 因为这两条切线平行,故 $a^{x_1}\ln a=\dfrac{1}{x_2\ln a}$,即

$$x_2 a^{x_1}(\ln a)^2=1.$$

对上式两边取以 a 为底的对数,得 $\log_a x_2+x_1+2\log_a \ln a=0$. 故 $x_1+g(x_2)=-\dfrac{2\ln\ln a}{\ln a}$.

(3) 设曲线 $y=f(x)$ 在点 (x_1,a^{x_1}) 处的切线 l_1 为 $y-a^{x_1}=a^{x_1}\ln a\cdot(x-x_1)$,曲线 $y=g(x)$ 在点 $(x_2,\log_a x_2)$ 处的切线 l_2 为 $y-\log_a x_2=\dfrac{1}{x_2\ln a}(x-x_2)$.

要证明当 $a\geqslant e^{\frac{1}{e}}$ 时,存在直线 l,使 l 是曲线 $y=f(x)$ 的切线,也是曲线 $y=g(x)$ 的切

线,只需证明当 $a\geqslant \mathrm{e}^{\frac{1}{\mathrm{e}}}$ 时,存在 $x_1\in(-\infty,+\infty)$,$x_2\in(0,+\infty)$,使得 l_1 与 l_2 重合,即只需证明当 $a\geqslant \mathrm{e}^{\frac{1}{\mathrm{e}}}$ 时,方程组

$$\begin{cases} a^{x_1}\ln a = \dfrac{1}{x_2\ln a}, & \text{①} \\ a^{x_1} - x_1 a^{x_1}\ln a = \log_a x_2 - \dfrac{1}{\ln a} & \text{②} \end{cases}$$

有解.

由方程①,得 $x_2 = \dfrac{1}{a^{x_1}(\ln a)^2}$,代入方程②,得

$$a^{x_1} - x_1 a^{x_1}\ln a + x_1 + \dfrac{1}{\ln a} + \dfrac{2\ln\ln a}{\ln a} = 0. \quad \text{③}$$

因此,只需证明当 $a\geqslant \mathrm{e}^{\frac{1}{\mathrm{e}}}$ 时,关于 x_1 的方程③存在实数解.

设函数 $u(x) = a^x - xa^x\ln a + x + \dfrac{1}{\ln a} + \dfrac{2\ln\ln a}{\ln a}$,即要证明当 $a\geqslant \mathrm{e}^{\frac{1}{\mathrm{e}}}$ 时,函数 $y=u(x)$ 存在零点.

由 $u'(x) = 1-(\ln a)^2 xa^x$,可知当 $x\in(-\infty,0)$ 时,$u'(x)>0$;当 $x\in(0,+\infty)$ 时,$u'(x)$ 单调递减. 又 $u'(0)=1>0$,$u'\left[\dfrac{1}{(\ln a)^2}\right] = 1-a^{\frac{1}{(\ln a)^2}}<0$,故存在唯一的 x_0,且 $x_0>0$,使得 $u'(x_0)=0$,即 $1-(\ln a)^2 x_0 a^{x_0}=0$. 由此可得 $u(x)$ 在 $(-\infty,x_0)$ 内单调递增,在 $(x_0,+\infty)$ 内单调递减,$u(x)$ 在 $x=x_0$ 处取得极大值 $u(x_0)$.

又因 $a\geqslant \mathrm{e}^{\frac{1}{\mathrm{e}}}$,所以 $\ln\ln a \geqslant -1$,故

$$\begin{aligned} u(x_0) &= a^{x_0} - x_0 a^{x_0}\ln a + x_0 + \dfrac{1}{\ln a} + \dfrac{2\ln\ln a}{\ln a} \\ &= \dfrac{1}{x_0(\ln a)^2} + x_0 + \dfrac{2\ln\ln a}{\ln a} \geqslant \dfrac{2+2\ln\ln a}{\ln a} \geqslant 0. \end{aligned}$$

下面证明存在实数 t,使得 $u(t)<0$.

由(1),得 $a^x \geqslant 1+x\ln a$,所以当 $x>\dfrac{1}{\ln a}$ 时,有

$$\begin{aligned} u(x) &\leqslant (1+x\ln a)(1-x\ln a) + x + \dfrac{1}{\ln a} + \dfrac{2\ln\ln a}{\ln a} \\ &= -(\ln a)^2 x^2 + x + 1 + \dfrac{1}{\ln a} + \dfrac{2\ln\ln a}{\ln a}, \end{aligned}$$

存在实数 t,使得 $u(t)<0$. 因此当 $a\geqslant \mathrm{e}^{\frac{1}{\mathrm{e}}}$ 时,存在 $x_1\in(-\infty,+\infty)$,使得 $u(x_1)=0$.

综上所述,当 $a\geqslant \mathrm{e}^{\frac{1}{\mathrm{e}}}$ 时,存在直线 l,使 l 是曲线 $y=f(x)$ 的切线,也是曲线 $y=g(x)$ 的切线.

第7章　函数方程和函数思想

7.1　函　数　方　程

1. 基本概念

(1) 含有未知函数的等式叫函数方程.

(2) 如果函数 $f(x)$ 在其定义域内的一切值都满足所给的函数方程,那么就称 $f(x)$ 是这个函数方程的解.

(3) 寻求函数方程的解或证明函数方程无解的过程叫做解函数方程.

2. 函数方程问题类型

类型1:求函数值.

类型2:确定满足方程的函数解析式.

类型3:确定满足方程的函数的性质.

类型4:与其他知识交汇点处的综合问题的研讨.

3. 函数方程的解法

常见的解题方法有换元法、赋值法、建立并求解方程组、递推法、参数法、不动点法、柯西法、反证法和归纳法等.

4. 多项式函数方程的解法

比较次数、比较系数、比较根的个数是常见的方法,利用代数学基本定理或构造辅助函数的方法也是常用的.

5. 数列表达式的解法

因为数列 $\{a_n\}$ 是正整数集 $\mathbf{N}^*$ 上的函数,所以利用 a_n 的递推关系式求数列通项 a_n 的表达式,本质上也是解函数方程.

题1　计算下列各题.

(1) 设 $F(x)$ 是对除 $x=0$ 及 $x=1$ 以外的一切实数有意义的实值函数,且 $F(x)+F\left(\dfrac{x-1}{x}\right)=1+x$,求 $F(x)$.

(2) 已知定义在 $\mathbf{R}^+$ 上的函数 $f(x)$，满足
$$f(x) = f\left(\frac{1}{x}\right)\lg x + 1,$$
求 $f(x)$.

(3) 设函数 $f:\mathbf{R}\to\mathbf{R}$，满足 $f(0)=1$，且对于任意 $x,y\in\mathbf{R}$，都有 $f(xy+1)=f(x)f(y)-f(y)-x+2$，则 $f(x)=$ _____ .

思路剖释 (1) 令 $x=\dfrac{y-1}{y}(y\neq 0, y\neq 1)$，代入原函数方程，得
$$F\left(\frac{y-1}{y}\right) + F\left(\frac{1}{1-y}\right) = \frac{2y-1}{y}. \qquad ①$$

令 $x=\dfrac{1}{1-z}(z\neq 0, z\neq 1)$，代入原函数方程，得
$$F\left(\frac{1}{1-z}\right) + F(z) = \frac{2-z}{1-z}. \qquad ②$$

分别把式①、②中的 y,z 换成 x，得
$$\begin{cases} F(x) + F\left(\dfrac{x-1}{x}\right) = 1+x, \\ F\left(\dfrac{x-1}{x}\right) + F\left(\dfrac{1}{1-x}\right) = \dfrac{2x-1}{x}, \\ F\left(\dfrac{1}{1-x}\right) + F(x) = \dfrac{2-x}{1-x}. \end{cases}$$

解方程组消去 $F\left(\dfrac{x-1}{x}\right), F\left(\dfrac{1}{1-x}\right)$，得 $F(x) = \dfrac{1+x^2-x^3}{2x(1-x)}$.

(2) 作代换，化为方程组.

以 $\dfrac{1}{x}$ 代换已知表达式中的 x，得
$$f\left(\frac{1}{x}\right) = f(x)\lg\frac{1}{x} + 1.$$

由
$$\begin{cases} f(x) = f\left(\dfrac{1}{x}\right)\lg x + 1, \\ f\left(\dfrac{1}{x}\right) = f(x)\lg\dfrac{1}{x} + 1, \end{cases}$$

消去 $f\left(\dfrac{1}{x}\right)$，得 $f(x) = \dfrac{1+\lg x}{1+\lg^2 x}$.

经检验，上述 $f(x)$ 是原方程的解.

(3) 由 $\forall x,y\in\mathbf{R}$，得 $f(xy+1)=f(x)f(y)-f(y)-x+2$，换变量 x 与 y，得
$$f(xy+1) = f(y)f(x) - f(x) - y + 2.$$

故
$$f(x)f(y) - f(y) - x + 2 = f(y)f(x) - f(x) - y + 2,$$

即
$$f(x) + y = f(y) + x.$$
令 $y = 0$,得
$$f(x) = x + 1.$$

注 根据题设的左边是轮换式,采用变量代换方法构建新的函数方程.

题 2 求解下列各题.

(1) 已知 $f(x)$ 是定义在 $\mathbf{N}^*$ 上的函数,满足 $f(1) = \dfrac{3}{2}$,且对任意 $x, y \in \mathbf{N}^*$,有
$$f(x+y) = \left(1 + \dfrac{y}{x+1}\right)f(x) + \left(1 + \dfrac{x}{y+1}\right)f(y) + x^2 y + xy + xy^2,$$
求 $f(x)$.

(2) 试求定义在自然数集上的函数 $f(x)$,使得
$$f(x+y) = f(x) + f(y) + xy,$$
$$f(1) = 1.$$
①

思路剖释 (1) 在原函数方程中令 $y = 1$,且利用 $f(1) = \dfrac{3}{2}$,得
$$f(x+1) = \left(1 + \dfrac{1}{x+1}\right)f(x) + \left(1 + \dfrac{x}{2}\right) \cdot \dfrac{3}{2} + x^2 + 2x.$$
整理,得
$$\dfrac{f(x+1)}{x+2} - \dfrac{f(x)}{x+1} = x + \dfrac{3}{4}.$$
令 $x = 1, 2, \cdots, n-1$,得
$$\dfrac{f(2)}{3} - \dfrac{f(1)}{2} = 1 + \dfrac{3}{4},$$
$$\dfrac{f(3)}{4} - \dfrac{f(2)}{3} = 2 + \dfrac{3}{4},$$
$$\cdots,$$
$$\dfrac{f(n)}{n+1} - \dfrac{f(n-1)}{n} = (n-1) + \dfrac{3}{4}.$$
将上述各式相加,得
$$\dfrac{f(n)}{n+1} - \dfrac{f(1)}{2} = \dfrac{1}{2}(n-1)n + \dfrac{3}{4}(n-1) = \dfrac{1}{4}(n-1)(2n+3).$$
以 $f(1) = \dfrac{3}{2}$ 代入后整理,得
$$f(n) = \dfrac{1}{4}n(n+1)(2n+1).$$
故所求函数为 $f(x) = \dfrac{1}{4}x(x+1)(2x+1) \ (x \in \mathbf{N}^*)$.易检验 $f(x)$ 满足原函数方程.

(2) 建立递推公式,求出 $f(x)$ 的表达式.

在方程①中，令 $y=1$，又 $f(1)=1$，故
$$f(x+1) = f(x) + x + 1.$$
再令 $x = 1, 2, \cdots, n-1$，得
$$f(2) = f(1) + 2,$$
$$f(3) = f(2) + 3,$$
$$\cdots,$$
$$f(n) = f(n-1) + n.$$
将上述各式相加，得
$$f(n) = 1 + 2 + \cdots + n = \frac{1}{2}n(n+1).$$
故 $f(x) = \frac{1}{2}x(x+1)$.

题 3 计算下列各题.

(1) 函数 $f(x)$ 满足 $f(1) = 1$，且
$$f(n) = f(n-1) + \frac{1}{n(n-1)} \quad (n \geqslant 2, n \in \mathbf{Z}^+),$$
则 $f(2019) = \underline{\qquad}$.

(2) 设 $f(x)$ 是定义在 $\mathbf{R}$ 上的奇函数，且 $\forall x \in \mathbf{R}$，有
$$f(x+2) = f(x) + 2, \qquad ①$$
则 $\sum\limits_{k=1}^{2018} f(k) = \underline{\qquad}$.

(3) 已知
$$f(x) = \begin{cases} x + \dfrac{1}{2}, & 0 \leqslant x \leqslant \dfrac{1}{2}, \\ 2(1-x), & \dfrac{1}{2} < x \leqslant 1. \end{cases}$$
记 $f_1(x) = f(x)$, $f_n(x) = \underbrace{f(f(\cdots f(x)\cdots))}_{n \text{ 个 } f}(n \in \mathbf{N})$，求 $f_{2017}\left(\dfrac{2}{15}\right)$ 的值.

(4) 已知函数 $f(x)$ 满足 $f(1) = 2$，且
$$f(x+1) = \frac{1+f(x)}{1-f(x)}$$
对于定义域内的任意 x 均成立，则 $f(2018) = \underline{\qquad}$，并验证 $f(x)$ 是否为周期函数.

思路剖释 (1) 由 $f(n) - f(n-1) = \dfrac{1}{n(n-1)} = \dfrac{1}{n-1} - \dfrac{1}{n}$，知
$$f(2) - f(1) = 1 - \frac{1}{2},$$
$$f(3) - f(2) = \frac{1}{2} - \frac{1}{3},$$
$$\cdots,$$

$$f(2019) - f(2018) = \frac{1}{2018} - \frac{1}{2019}.$$

将以上各式等号两边分别相加,得

$$f(2019) - f(1) = 1 - \frac{1}{2019}.$$

从而 $f(2019) = 2 - \frac{1}{2019} = \frac{4037}{2019}$.

(2) 在式①中,令 $x = -1$,得

$$f(1) = f(-1) + 2,$$

因 $f(x)$ 为奇函数,故 $f(1) = 1$.

又 $f(0) = 0$,所以

$$f(2n) = f(2n) - f(2n-2) + [f(2n-2) - f(2n-4)] + \cdots + f(2) - f(0) + f(0)$$

$$= \sum_{k=1}^{n}[f(2k) - f(2k-2)] + f(0) = 2n + 0 = 2n,$$

$$f(2n-1) = [f(2n-1) - f(2n-3)] + [f(2n-3) - f(2n-5)]$$
$$\quad + \cdots + [f(3) - f(1)] + f(1)$$

$$= \sum_{k=2}^{n}[f(2k-1) - f(2k-3)] + f(1) = 2 \times (n-1) + 1 = 2n - 1.$$

因此 $f(k) = k$,从而,得

$$\sum_{k=1}^{2018} f(k) = \sum_{k=1}^{2018} k = \frac{(1+2018) \times 2018}{2} = 2019 \times 1009 = 2037171.$$

(3) 由题意,知

$$f_2\left(\frac{2}{15}\right) = f\left(f\left(\frac{2}{15}\right)\right) = f\left(\frac{19}{30}\right) = 2\left(1 - \frac{19}{30}\right) = \frac{11}{15},$$

$$f_3\left(\frac{2}{15}\right) = f\left(f_2\left(\frac{2}{15}\right)\right) = f\left(\frac{11}{15}\right) = 2\left(1 - \frac{11}{15}\right) = \frac{8}{15},$$

$$f_4\left(\frac{2}{15}\right) = f\left(f_3\left(\frac{2}{15}\right)\right) = f\left(\frac{8}{15}\right) = 2\left(1 - \frac{8}{15}\right) = \frac{14}{15},$$

$$f_5\left(\frac{2}{15}\right) = f\left(f_4\left(\frac{2}{15}\right)\right) = f\left(\frac{14}{15}\right) = 2\left(1 - \frac{14}{15}\right) = \frac{2}{15}.$$

由此可知 $f_6\left(\frac{2}{15}\right) = f_1\left(\frac{2}{15}\right)$,这表明 $f_n\left(\frac{2}{15}\right)$ 随着 n 的变化是以 5 为周期进行的,即

$$f_{5k+r}\left(\frac{2}{15}\right) = f_r\left(\frac{2}{15}\right),$$

故

$$f_{2017}\left(\frac{2}{15}\right) = f_{5 \times 403+2}\left(\frac{2}{15}\right) = f_2\left(\frac{2}{15}\right) = \frac{11}{15}.$$

注 函数迭代是高层次竞赛中的一个内容.求迭代函数的最常用的方法是先猜后证,即可先迭代几次,观察其规律,然后猜测 $f_n(x)$ 的表达式,最后用数学归纳法证实猜测.迭代函

数的求值问题常与函数的周期性有关.

(4) 由 $f(x+1) = \dfrac{1+f(x)}{1-f(x)}$,得

$$f(x+2) = \dfrac{1+f(x+1)}{1-f(x+1)} = \dfrac{1+\dfrac{1+f(x)}{1-f(x)}}{1-\dfrac{1+f(x)}{1-f(x)}} = -\dfrac{1}{f(x)}.$$

故 $f(x+4) = f(x)$. 因此,$f(x)$ 是以 4 为周期的周期函数.

由 $f(1) = 2$,利用式①,可算出 $f(2) = -3, f(3) = -\dfrac{1}{2}, f(4) = \dfrac{1}{3}$. 因此,$f(2018) = f(4 \times 504 + 2) = f(2) = -3$.

题 4 若实数 a,b,c,d,e 满足下列方程组:

$$\begin{cases} ab+ac+ad+ae = -1, \\ bc+bd+be+ba = -1, \\ cd+ce+ca+cb = -1, \\ de+da+db+dc = -1, \\ ea+eb+ec+ed = -1, \end{cases}$$

求 a 的所有可能值.

思路剖释 由题设的方程形式,构造函数 $s = a+b+c+d+e$,则原方程组相应为

$$\begin{cases} a(s-a) = -1, \\ b(s-b) = -1, \\ c(s-c) = -1, \\ d(s-d) = -1, \\ e(s-e) = -1. \end{cases}$$

故 $a(s-a) = -1$,即 $a^2 - as - 1 = 0$. 将 a 看作变量,则此一元二次方程的判别式 $\Delta = s^2 + 4 > 0$,从而,知 $f(x) = x^2 - xs - 1$ 的图像与 x 轴有两个交点. 故 a, b, c, d, e 中至多有两个不同的值.

事实上,若 $a、b、c、d、e$ 全相等,不妨设均为 a,则 $s = 5a$. 于是 $a(5a-a) = -1$,此方程无实根,不合题意.

若 $a、b、c、d、e$ 有两个不同取值,不妨设为 $a、b$. 由对称性,只需分两种情况加以考虑.

(i) 有四个 a,一个 b,则 $s = 4a+b$,故

$$\begin{cases} a(4a+b-a) = -1, \\ b(4a+b-b) = -1, \end{cases}$$

此方程组无实根.

(ii) 有三个 a,两个 b,则 $s = 3a+2b$,故

$$\begin{cases} a(3a+2b-a) = -1, \\ b(3a+2b-b) = -1, \end{cases}$$

解得 $(a,b) = \left(\pm\dfrac{\sqrt{2}}{2}, \mp\sqrt{2}\right)$.

综上所述，a 仅有四个值，分别为 $\pm\dfrac{\sqrt{2}}{2}, \pm\sqrt{2}$.

题 5 求所有的函数 $f: \mathbf{R} \to \mathbf{R}$，使得对任意实数 x, y，均有
$$f[f(xy-x)] + f(x+y) = yf(x) + f(y). \qquad ①$$

思路剖释 式①中，令 $x = 0$，得 $f[f(0)] = yf(0)$. 由 y 的任意性，知 $f(0) = 0$，从而 $f[f(0)] = 0$. 令 $y = 1$，得
$$f(x+1) = f(x) + f(1).$$
再用 $y+1$ 代替 y，得
$$f[f(xy)] + f(x+y) = yf(x) + f(x) + f(y).$$
上式由 x, y 的对称性，得
$$yf(x) = xf(y).$$
由此，得 $f(x) = cx$（$c = 0, 1$）. 经检验，$f(x) = 0, f(x) = x$ 均为所求.

题 6 计算下列各题.

(1) 试求 $\mathbf{R}$ 上所有连续函数 $f(x)$，使得 $\forall x, y \in \mathbf{R}$，有
$$f(x+y) = f(x) + f(y). \qquad ①$$

(2) 设 $\mathbf{Q}$ 是全体有理数集合，求适合下列条件的从 $\mathbf{Q}$ 到 $\mathbf{Q}$ 的全体函数 f:

(i) $f(1) = 2$.

(ii) 对于任意 $x, y \in \mathbf{Q}$，有 $f(xy) = f(x)f(y) - f(x+y) + 1$.

(3) 设 $f(x)$ 为 $\mathbf{R}$ 上的连续函数且
$$f\left(\dfrac{x+y}{2}\right) = \dfrac{f(x) + f(y)}{2},$$
求 $f(x)$.

思路剖释 (1) 当自变量取正整数时，得出结论，然后将自变量取值逐步拓广为整数、有理数、直到实数.

(i) 当自变量取正整数时，由数学归纳法，可得
$$f(x_1 + x_2 + \cdots + x_n) = f(x_1) + f(x_2) + \cdots + f(x_n) \quad (x_i \in \mathbf{R}).$$
令 $x_1 = x_2 = \cdots = x_n = x$，则
$$f(nx) = nf(x) \quad (n \in \mathbf{N}^*, x \in \mathbf{R}). \qquad ②$$
在式②中，令 $x = 1$，得 $f(n) = nf(1)$，令 $f(1) = a$，于是
$$f(n) = an \quad (n \in \mathbf{N}). \qquad ③$$

(ii) 当自变量取整数时，因为 $f(x) = f(x+0) = f(x) + f(0)$，所以 $f(0) = 0$. 因为 $0 = f(0) = f[n + (-n)] = f(n) + f(-n)$ ($n \in \mathbf{N}$)，所以 $f(-n) = -f(n) = -an = a(-n)$ ($n \in \mathbf{N}$)，故
$$f(n) = an \quad (n \in \mathbf{Z}). \qquad ④$$

(iii) 当自变量取有理数时,设 $r = \dfrac{m}{n}, n \in \mathbf{N}^*, m \in \mathbf{Z}$,由式②,有

$$f(m) = f\left(n \cdot \dfrac{m}{n}\right) = nf\left(\dfrac{m}{n}\right),$$

由式④,有

$$f\left(\dfrac{m}{n}\right) = \dfrac{1}{n}f(m) = \dfrac{1}{n} \cdot ma = a \cdot \dfrac{m}{n},$$

即

$$f(r) = ar \quad (r \in \mathbf{Q}). \qquad ⑤$$

(iv) 当自变量取实数时,对于任意 $x \in \mathbf{R}$,存在 $\{x_n\}, n = 1, 2, \cdots, x_n \in \mathbf{Q}$,使得 $\lim\limits_{n \to \infty} x_n = x$. 由于 $f(x)$ 是 $\mathbf{R}$ 上的连续函数及式⑤,有

$$f(x) = \lim_{n \to \infty} f(x_n) = \lim_{n \to \infty} ax_n = ax.$$

因此 $f(x+y) = f(x) + f(y)$ 的解为 $f(x) = ax$,其中 $a = f(1)$.

注 通常称方程①为柯西方程.求解柯西方程的方法称为柯西方法.

(2) 由正整数、整数再到有理数 $\dfrac{n}{m}$.

在(ii)中令 $y = 1$,得 $f(x) = f(x)f(1) - f(x+1) + 1$. 又 $f(1) = 2$,得 $f(x+1) = f(x) + 1$. 所以当 n 为正整数时,

$$f(x+n) = f(x+n-1) + 1 = \cdots = f(x) + n.$$

当 $n = -m$ 为负整数时,

$$\begin{aligned} f(x+n) &= f(x-m) = f(x-m+1) - 1 \\ &= f(x-m+2) - 2 = \cdots = f(x) - m = f(x) + n. \end{aligned}$$

因此当 n 为整数时,有 $f(x+n) = f(x) + n$. 于是 $f(n+1) = f(1) + n = n + 2$. 这样证明了当 x 为整数时,$f(x) = x + 1$.

对于任意有理数 $\dfrac{n}{m}$(m, n 为整数且 $m \neq 0$),在(ii)中,令 $x = m, y = \dfrac{n}{m}$,得

$$f(n) = f\left(m \cdot \dfrac{n}{m}\right) = f(m)f\left(\dfrac{n}{m}\right) - f\left(m + \dfrac{n}{m}\right) + 1.$$

因此,上式可化为

$$n + 1 = (m+1)f\left(\dfrac{n}{m}\right) - \left[f\left(\dfrac{n}{m}\right) + m\right] + 1, 得 f\left(\dfrac{n}{m}\right) = \dfrac{n}{m} + 1.$$

故当 $x \in \mathbf{Q}$ 时,$f(x) = x + 1$.

经检验,$f(x) = x + 1$ 满足条件(i)和(ii),则 $f(x) = x + 1$.

(3) 转化为柯西方程求解.

设 $f(0) = b$,则由题设,知

$$\dfrac{f(x) + f(y)}{2} = f\left[\dfrac{(x+y)+0}{2}\right] = \dfrac{f(x+y) + f(0)}{2}.$$

于是

$$f(x+y) = f(x) + f(y) + f(0),$$

即

$$f(x+y) - f(0) = [f(x) - f(0)] + [f(y) - f(0)].$$

记 $g(x) = f(x) - f(0)$，上式为

$$g(x+y) = g(x) + g(y).$$

由柯西方程，得

$$g(x) = ax.$$

因此 $f(x) = ax + b$ 为所求.

题 7 对每一实数对 x, y，函数 $f(t)$ 满足 $f(x+y) = f(x) + f(y) + xy + 1$，若 $f(-2) = -2$，试求满足 $f(a) = a$ 的所有整数 a.

思路剖析 方法 1 因为

$$f(x+y) = f(x) + f(y) + xy + 1,$$

令 $x = y = 0$，所以

$$f(0) = f(0) + f(0) + 1,$$

得 $f(0) = -1$.

令 $x = y = -1$，则

$$f(-2) = 2f(-1) + 2,$$

又 $f(-2) = -2$，所以

$$f(-1) = -2.$$

令 $x = 1, y = -1$，则

$$f(0) = f(1) + f(-1) - 1 + 1,$$

所以 $f(1) = 1$.

再令 $x = 1$，得

$$f(y+1) = f(y) + y + 2, \qquad ②$$

故

$$f(y+1) - f(y) = y + 2.$$

当 y 为正整数时，$f(y+1) - f(y) > 0$. 由 $f(1) = 1$ 可知，对于一切正整数 y, $f(y) > 0$，因此当 $y \in \mathbf{N}^*$ 时，

$$f(y+1) = f(y) + y + 2 > y + 1,$$

即对于一切大于 1 的正数 t 恒有 $f(t) > t$.

又由式①，得 $f(-3) = -1, f(-4) = 1$.

以下证明：当整数 $t \leqslant -4$ 时，$f(t) > 0$.

因 $t \leqslant -4$，故 $-(t+2) > 0$. 由式①，得

$$f(t) - f(t+1) = -(t+2) > 0,$$

即

$$f(-5) - f(-4) > 0, \quad f(-6) - f(-5) > 0,$$

…，
$$f(t+1) - f(t+2) > 0, \quad f(t) - f(t+1) > 0,$$

诸式相加，得
$$f(t) - f(-4) > 0,$$
即
$$f(t) > f(-4) = 1 > 0.$$

所以 $t \leqslant -4$ 时，$f(t) > t$.

综上所述，满足 $f(a) = a$ 的整数只有 $a = 1$ 或 $a = -2$.

方法 2 根据方法 1，可求出 $f(1) = 1$.

令 $y = 1$，则
$$f(x+1) = f(x) + x + 2.$$

令 $x = n \in \mathbf{Z}$，则
$$f(n+1) - f(n) = n + 2,$$

于是
$$f(1) - f(0) = 2, \quad f(2) - f(1) = 3,$$
…，
$$f(n) - f(n-1) = n + 1.$$

诸式相加，得
$$f(n) - f(0) = 2 + 3 + \cdots + n + 1 = \frac{(2+n+1)n}{2},$$

所以
$$f(n) = \frac{1}{2}n^2 + \frac{3}{2}n - 1 \quad (n \geqslant 0, n \in \mathbf{Z}).$$

同理，当 $n < 0$ 时，
$$f(n) = \frac{1}{2}n^2 + \frac{3}{2}n - 1,$$

即 $n \in \mathbf{Z}$ 时，
$$f(n) = \frac{1}{2}n^2 + \frac{3}{2}n - 1.$$

令 $f(n) = n$，解得 $n = 1$ 或 -2，即 $a = 1$ 或 -2.

注 由函数方程计算参数值或参数的取值范围.

题 8 求解下列各题.

(1) 已知多项式 $f(x)$ 满足 $f(x+1) = \frac{1}{2}f(f(x)) + \frac{3}{2}$，求所有的 $f(x)$.

(2) 已知多项式 $f(x)$ 满足
$$f(2x^2+1) - 4f(x) = f[f(x)]^2 + 1,$$
且 $f(0) = 0$，求 $f(x)$.

(3) 设 $f(x)$ 是 n 次多项式($n \geq 1$),且 $\forall x \in \mathbf{R}$,满足
$$8f(x^3) - x^6 f(2x) - 2f(x^2) + 12 = 0, \quad ①$$
求 $f(x)$.

思路剖释 (1) 先定多项式的次数,后求系数.

设 $f(x) = a_0 x^n + a_1 x^{n-1} + \cdots + a_n (a_0 \neq 0)$,代入原函数方程,得
$$a_0(x+1)^n + a_1(x+1)^{n-1} + \cdots + a_n$$
$$= \frac{1}{2}[a_0(a_0 x^n + \cdots + a_n)^n + a_1(a_0 x^n + \cdots + a_n)^{n-1} + \cdots + a_n] + \frac{3}{2}. \quad ①$$

比较两端 x 的最高次幂的指数得 $n^2 = n$,则 $n = 0$ 或 1.

当 $n = 0$ 时,式①化为 $a_0 = \frac{1}{2} a_0 + \frac{3}{2}$,得 $a_0 = 3$,故 $f(x) = 3$. 当 $n = 1$ 时,式①化为 $a_0(x+1) + a_1 = \frac{1}{2}[a_0(a_0 x + a_1) + a_1] + \frac{3}{2}$. 比较两端 x 的同次幂的系数,得

$$\begin{cases} a_0 = \frac{1}{2} a_0^2, \\ a_0 + a_1 = \frac{1}{2} a_0 a_1 + \frac{1}{2} a_1 + \frac{3}{2}. \end{cases}$$

因为 $a_0 \neq 0$,所以 $a_0 = 2, a_1 = 1$,从而推得 $f(x) = 2x + 1$. 容易证明 $f(x) = 3, f(x) = 2x + 1$ 均满足原函数方程,故所求函数方程的解为 $f(x) = 3$ 或 $f(x) = 2x + 1$.

(2) 原函数方程可化为
$$f(2x^2 + 1) = [2f(x) + 1]^2. \quad ①$$

式①中令 $x = 0$,得
$$f(1) = [2f(0) + 1]^2 = 1.$$

式①中令 $x = 1$,并利用 $f(1) = 1$,得
$$f(3) = [2f(1) + 1]^2 = 3^2,$$

式①中令 $x = 3$,并利用 $f(3) = 3^2$,得
$$f(19) = [2f(3) + 1]^2 = 19^2,$$

……

作数列 $\{a_n\}$,$a_1 = 0$,$a_{n+1} = 2a_n^2 + 1$ $(n = 1, 2, \cdots)$,用数学归纳法可证 $f(a_n) = a_n^2 (n \in \mathbf{N})$.

事实上,设 $f(a_k) = a_k^2$ 成立,则
$$f(a_{k+1}) = f(2a_k^2 + 1) = [2f(a_k) + 1]^2 = (2a_k^2 + 1)^2 = a_{k+1}^2.$$

注意到 $f(x) - x^2$ 为有限次多项式,由代数基本定理,知其只有有限个根,但上面已证 $f(x) - x^2$ 有无穷多个根. 从而 $f(x) - x^2 \equiv 0$,因此,所求多项式 $f(x) = x^2$.

(3) 设 $f(x)$ 的最高次项为 $a_n x^n (a_n \neq 0)$,则 $8f(x^3), x^6 f(2x), 2f(x^2)$ 的最高次项分别为
$$8a_n x^{3n}, \quad 2^n a_n x^{n+6}, \quad 2a_n x^{2n}.$$

因 $2n < 3n$,由式①和多项式恒等定理,得

$$\begin{cases} 3n = n+6, \\ 2a_n - 2^n a_n = 0. \end{cases}$$

解得 $n=3$. 故可设 $f(x) = a_3 x^3 + a_2 x^2 + a_1 x + a_0$.

在式①中,令 $x=0$,注意到 $f(0)=a_0$,则
$$8a_0 - 2a_0 + 12 = 0,$$

得 $a_0 = -2$. 将 $f(x) = a_3 x^3 + a_2 x^2 + a_1 x - 2$ 代入式①,并整理,得
$$-4a_2 x^8 - 2a_3 x^7 + (8a_2 + 2 - 2a_3)x^6 - 2a_2 x^4 + 8a_1 x^3 - 2a_1 x^2 = 0.$$

由多项式恒等定理,得
$$\begin{cases} -4a_2 = 0, \\ -2a_1 = 0, \\ 8a_2 + 2 - 2a_3 = 0. \end{cases}$$

求得 $a_3 = 1, a_1 = a_2 = 0$. 于是,所求多项式为 $f(x) = x^3 - 2$.

题 9 求解下列各题.

(1) 是否存在这样的函数 $f:\mathbf{N} \to \mathbf{N}$,满足
$$f(n) = f(f(n+1)) + f(f(n-1)) \quad (n>1).$$

(2) 函数 $f:\mathbf{R} \to \mathbf{R}$ 满足
$$f(xy) \equiv \frac{f(x)+f(y)}{x+y} \quad (x,y \in \mathbf{R}, x+y \neq 0). \qquad ①$$

是否存在 $x \in \mathbf{R}$,使得 $f(x) \neq 0$?

(3) 试判断是否存在具有以下三个性质的函数 $f:\mathbf{R} \to \mathbf{R}$.

(i) 存在正数 M,使得对任意 x,都有 $-M \leqslant f(x) \leqslant M$.

(ii) $f(1) = 1$.

(iii) 若 $x \neq 0$,则 $f\left(x + \dfrac{1}{x^2}\right) = f(x) + \left[f\left(\dfrac{1}{x}\right)\right]^2$.

(4) 试找出所有的非常值多项式 $f(x)$,使得 $f(2x^2 - 1) = \dfrac{1}{2}[f(x)]^2 - 1$.

思路剖释 (1) 采用反证法解题. 假设这样的函数存在,则存在 $n_0 > 1$,使得 $f(n_0)$ 是 $f(n)$ 的最小值. 于是
$$f(n_0) = f(f(n_0+1)) + f(f(n_0-1)).$$

因 $f(n_0)$ 最小,又 $f:\mathbf{N} \to \mathbf{N}$,于是
$$f(n_0) \geqslant 1 + f(n_0),$$

矛盾. 故这样的函数不存在.

(2) 不存在 $x \in \mathbf{R}$,使 $f(x) \neq 0$.

在式①中,取 $y=1$,得
$$f(x) \equiv \frac{f(x)+f(1)}{x+1} \quad (x \neq -1),$$

即 $xf(x) = f(1)$,令 $x=0$,得 $f(1)=0$. 这表明,当 $x \neq -1, x \neq 0$ 时,恒有 $f(x) \equiv 0$. 当然

$f(2) = 0$.

在式①中,取 $x = 2, y = 0$,得
$$f(0) = \frac{f(2) + f(0)}{2}.$$

从而 $f(0) = f(2) = 0$. 再在式①中,取 $x = -1, y = 0$,得
$$f(0) = -f(-1) - f(0).$$

从而
$$f(-1) = 2f(0) = 0.$$

于是,证得函数 $f(x)$ 满足恒等式 $f(x) \equiv 0 (x \in \mathbf{R})$.

(3) 采用反证法. 假设 $f(x)$ 满足题设三个性质,则由性质(i),知存在实数 c,使得大于任何函数值 $f(x)$,且 c 是 $\frac{1}{4}$ 的最小整数倍,则由性质(ii)和(iii),得

$$f(2) = f\left(1 + \frac{1}{1^2}\right) = f(1) + \left[f\left(\frac{1}{1}\right)\right]^2 = 1 + 1^2 = 2.$$

因此 $c \geqslant 2$. 根据 c 的取法,知存在某个 $x \in \mathbf{R}$,使得 $f(x) \geqslant c - \frac{1}{4}$. 故

$$c \geqslant f\left(x + \frac{1}{x^2}\right) = f(x) + \left[f\left(\frac{1}{x}\right)\right]^2 \geqslant c - \frac{1}{4} + \left[f\left(\frac{1}{x}\right)\right]^2.$$

所以 $\left[f\left(\frac{1}{x}\right)\right]^2 \leqslant \frac{1}{4}$,于是 $f\left(\frac{1}{x}\right) \geqslant -2$. 再由

$$c \geqslant f\left(\frac{1}{x} + x^2\right) = f\left(\frac{1}{x}\right) + [f(x)]^2 \geqslant -\frac{1}{2} + \left(c - \frac{1}{4}\right)^2,$$

及 $c \geqslant 2$,得

$$\frac{1}{2} > \frac{1}{2} - \frac{1}{16} \geqslant c\left(c - 1 - \frac{1}{2}\right) \geqslant 2 \times \frac{1}{2} = 1,$$

矛盾. 由此,证得原命题成立.

(4) 这样的多项式找不到,用反证法证明如下.

若不然,设 $f(x) = a_n x^n + a_{n-1} x^{n-1} + \cdots + a_1 x + a_0$,则
$$f(2x^2 - 1) = a_n(2x^2 - 1)^n + a_{n-1}(2x^2 - 1)^{n-1} + \cdots + a_1(2x^2 - 1) + a_0.$$
$$\frac{1}{2}[f(x)]^2 - 1 = \frac{1}{2}(a_n x^n + a_{n-1} x^{n-1} + \cdots + a_1 x + a_0)^2 - 1.$$

依题设条件 $f(2x^2 - 1) = \frac{1}{2}[f(x)]^2 - 1$,比较两边 x^{2n} 的系数,知 $a_n = 2^{n+1}$.

若 $a_n, a_{n-1}, \cdots, a_{n-k} \in \mathbf{Q}$($\mathbf{Q}$ 为有理数集),比较 x^{2n-k} 的系数,可知 $a_{n-k-1} \in \mathbf{Q}$,故 a_n, $a_{n-1}, \cdots, a_1, a_0 \in \mathbf{Q}$,因此,$f(1) = a_n + a_{n-1} + \cdots + a_1 + a_0 \in \mathbf{Q}$.

令 $x = 1$,代入原方程,得
$$f(2 \times 1^2 - 1) = \frac{1}{2}[f(1)]^2 - 1,$$

即

$$[f(1)]^2 - 2f(1) - 2 = 0,$$

求得 $f(1) = 1 \pm \sqrt{3}$,它是无理数,这与 $f(1) \in \mathbf{Q}$,矛盾.

综上所述,答案是否定的.

题 10 已知 $f: \mathbf{R}^+ \to \mathbf{R}^+$,且满足条件:

(1) $\forall \in \mathbf{R}$,有 $f[xf(y)] = xf(y)$.

(2) $x \to +\infty$ 时,$f(x) \to 0$.

试求 $f(x)$.

思路剖释 令 $x = y$,有 $f[xf(x)] = xf(x)$,故 $xf(x)$ 是 $f(x)$ 的不动点.

再令 $x = y = 1$,代入条件(1),得 $f(f(1)) = f(1)$,$f(1)$ 是 $f(x)$ 的不动点.

又令 $x = 1, y = f(1)$,代入条件(1),得 $f(f(f(1))) = f^2(1)$. 于是 $f(1)^2 = f(1)$,从而 $f(1) = 1$,舍去 $f(1) = 0$,即 $x = 1$ 是 $f(x)$ 的一个不动点,所以 $xf(x) = 1$,因此 $f(x) = \dfrac{1}{x}$ ($x \in \mathbf{R}^+$).

下面用反证法证明:$x = 1$ 是 $f(x)$ 的唯一不动点.

事实上,假设有 $\alpha \neq 1$,且 $\alpha = f(\alpha)$,分类讨论如下:

若 $\alpha > 1$,则由 $f[xf(x)] = xf(x)$,令 $x = \alpha$,知 $f[\alpha f(\alpha)] = \alpha f(\alpha)$,故 $f(\alpha^2) = \alpha^2$. 于是 $f(\alpha^4) = \alpha^4, \cdots, f(\alpha^{2n}) = \alpha^{2n}$,而这与 $x \to +\infty, f(x) \to 0$ 矛盾.

若 $0 < \alpha < 1$,则由 $1 = f(1) = f\left(\dfrac{1}{\alpha} \cdot \alpha\right) = f\left(\dfrac{1}{\alpha} f(\alpha)\right) = \alpha f\left(\dfrac{1}{\alpha}\right)$,故 $f\left(\dfrac{1}{\alpha}\right) = \dfrac{1}{\alpha}$,再由 $0 < \alpha < 1$,知 $\dfrac{1}{\alpha} > 1$. 类似(1),得出矛盾.

于是,$f(x)$ 只有一个不动点. 故 $f(x) = \dfrac{1}{x}$ 为所求.

注 利用不动点求解函数方程是可行的方法.

题 11 计算下列各题.

(1) 求所有的映射 $f: \mathbf{Z} \to \mathbf{Z}$,使得对于任意的 $m, n \in \mathbf{Z}$,均有
$$f(f(m+n)) = f(m) + f(n).$$

(2) 给定非零实数 a, b,试求所有函数 $f: \mathbf{R} \to \mathbf{R}$,使得

$$\begin{cases} f(2x) = af(x) + bx, & \text{①} \\ f(x) \cdot f(y) = f(xy) + f\left(\dfrac{x}{y}\right), & \text{②} \end{cases}$$

对于任给 $x \in \mathbf{R}$ 及任给 $y \in \mathbf{R}, y \neq 0$ 成立.

思路剖释 (1) 设 $f(0) = a \in \mathbf{Z}$,令 $n = 0$,则
$$f(f(m)) = f(m) + f(0) = f(m) + a. \qquad ①$$

在式①中取
$$m = x + y \quad (x, y \in \mathbf{Z}),$$

则

$$f(f(x+y)) = f(x+y) + a.$$

结合原题条件,得

$$f(x) + f(y) = f(x+y) + a. \qquad ②$$

令

$$g(x) = f(x) - a,$$

由式②,得

$$g(x+y) = f(x+y) - a = f(x) + f(y) - 2a = g(x) + g(y). \qquad ③$$

设 $g(1) = b \in \mathbf{Z}$. 在式③中,令 $x = y = 1$,则

$$g(2) = g(1) + g(1) = 2b.$$

在式③中,令 $x = 2, y = 1$,则

$$g(3) = g(2) + g(2) = 3b.$$

由数学归纳法易证,对于任意的 $n \in \mathbf{Z}$,有

$$g(n) = nb. \qquad ④$$

在式③中,令 $x = y = 0$,则

$$g(0) = 2g(0) \Rightarrow g(0) = 0. \qquad ⑤$$

在式③中,令 $x = n, y = -n$,则

$$g(0) = g(n) + g(-n) = 0 \Rightarrow g(-n) = -g(n) = -nb. \qquad ⑥$$

综合式④~式⑥,知对于任意的 $n \in \mathbf{Z}$,有 $g(n) = nb$. 故

$$f(n) = g(n) + a = nb + a. \qquad ⑦$$

将式⑦代入式①,得

$$b(bm + a) + a = f(bm + a) = f(m) + a = bm + 2a,$$

由此,得

$$(bm + a)(b - 1) = 0,$$

故

$$b = 1, \quad 或 \quad bm + a = 0.$$

所以当 $b = 1$ 时,$f(n) = n + a$;当 $bm + a = 0$ 时,对于任意的 $m \in \mathbf{Z}$ 均成立等价于 $a = b = 0$. 此时,$f(n) = 0$. 经检验,$f(n) = n + a$ 或 $f(n) = 0$ 均符合题意.

综上所述,$f(n) = n + a (a \in \mathbf{Z})$ 或 $f(n) = 0$.

(2) 利用特殊值进行消元,简化原条件,构造系数间的方程.

设 $f: \mathbf{R} \to \mathbf{R}$ 满足方程①、②. 当 $x \neq 0$ 时,由方程②,知

$$f(x) \cdot f(1) = f(x) + f(x), \quad f(1) \cdot f(x) = f(x) + f\left(\frac{1}{x}\right).$$

故 $f(x) = f\left(\dfrac{1}{x}\right)$ 对于任给 $x \neq 0$ 成立.

又由 $f\left(\dfrac{2}{x}\right) = af\left(\dfrac{1}{x}\right) + \dfrac{b}{x}$,知

$$f\left(\frac{x}{2}\right) = af(x) + \frac{b}{x} = a\left[af\left(\frac{x}{2}\right) + b\,\frac{x}{2}\right] + \frac{b}{x}.$$

所以 $(1-a^2)f\left(\frac{x}{2}\right) = \frac{1}{2}abx + \frac{b}{x}$, 显然 $1-a^2 \neq 0$, 从而

$$f\left(\frac{x}{2}\right) = \frac{ab}{2(1-a^2)}x + \frac{b}{1-a^2} \cdot \frac{1}{x}.$$

故

$$f(x) = \frac{ab}{1-a^2}x + \frac{b}{2(1-a^2)} \cdot \frac{1}{x}.$$

代入方程①, 有

$$\frac{ab}{1-a^2} \cdot 2x + \frac{b}{4(1-a^2)} \cdot \frac{1}{x} = \frac{a^2b}{1-a^2}x + \frac{ab}{2(1-a^2)} \cdot \frac{1}{x} + bx$$

对于任意 x 成立, 所以可知 $a = \frac{1}{2}$. 故

$$f(x) = \frac{2b}{3}\left(x + \frac{1}{x}\right). \qquad ③$$

由方程②, 知 $f(1)^2 = 2f(1)$; 由方程③, 知 $f(1) = \frac{4b}{3}$, 所以 $b = \frac{3}{2}$. 故 $f(x) = x + \frac{1}{x}$.

又由方程②, 知 $f(0) \cdot f(y) = 2f(0) (y \neq 0)$, 从而 $f(0) = 0$, 故

$$f(x) = \begin{cases} x + \dfrac{1}{x}, & x \neq 0, \\ 0, & x = 0. \end{cases}$$

当 $a = \frac{1}{2}, b = \frac{3}{2}, f(x) = \begin{cases} x + \dfrac{1}{x}, & x \neq 0, \\ 0, & x = 0 \end{cases}$ 时,

$$f(2x) = \begin{cases} 2x + \dfrac{1}{2x}, & x \neq 0, \\ 0, & x = 0. \end{cases}$$

$$af(x) + bx = \frac{1}{2}f(x) + \frac{3}{2}x = \begin{cases} \dfrac{1}{2}\left(x + \dfrac{1}{x}\right) + \dfrac{3}{2}x, & x \neq 0, \\ 0, & x = 0 \end{cases}$$

$$= \begin{cases} 2x + \dfrac{1}{2x}, & x \neq 0, \\ 0, & x = 0. \end{cases}$$

于是 $f(2x) = af(x) + bx$. 所以当 $x = 0, y \neq 0$ 时,

$$\begin{cases} f(x)f(y) = f(0) \cdot f(y) = 0, \\ f(xy) + f\left(\dfrac{x}{y}\right) = 2f(0) = 0. \end{cases}$$

当 $x \neq 0, y \neq 0$ 时,

$$f(x) \cdot f(y) = \left(x + \frac{1}{x}\right)\left(y + \frac{1}{y}\right) = xy + \frac{y}{x} + \frac{x}{y} + \frac{1}{xy} = f(xy) + f\left(\frac{x}{y}\right).$$

故
$$f(x) \cdot f(y) = f(xy) + f\left(\frac{x}{y}\right) \quad (y \neq 0).$$

综上所述,当 $a = \frac{1}{2}$, $b = \frac{3}{2}$ 时,所求函数为 $f(x) = \begin{cases} x + \frac{1}{x}, & x \neq 0, \\ 0, & x = 0. \end{cases}$

题 12 已知数列 $\{a_n\}$ 的项满足
$$a_n = c_1 a_{n-1} + c_2 a_{n-2} \quad (n \geqslant 3, c_2 \neq 0), \qquad ①$$
$$a_1 = \alpha, \quad a_2 = \beta \quad (\alpha, \beta \text{ 均为常数}),$$
称此递推式为二阶线性递推式,并称
$$x^2 - c_1 x - c_2 = 0$$
为数列 $\{a_n\}$ 的特征方程. 特征方程的两个根 x_1, x_2 称为数列 $\{a_n\}$ 的特征根. 例如,斐波那契数列
$$1, 1, 2, 3, 5, 8, 13, 21, \cdots \qquad ②$$
的通项 a_n 满足
$$a_n = a_{n-1} + a_{n-2} \quad (n = 3, 4, 5, \cdots).$$
它的特征方程为
$$x^2 - x - 1 = 0, \qquad ③$$
两个特征根为
$$x_1 = \frac{1 + \sqrt{5}}{2}, \quad x_2 = \frac{1 - \sqrt{5}}{2}.$$

对二阶线性递推式 $a_n = c_1 a_{n-1} + c_2 a_{n-2} (n \geqslant 3), a_1 = \alpha, a_2 = \beta$. 如果两个特征根为 x_1, x_2,则

结论 1 当 $x_1 \neq x_2$ 时, $a_n = A x_1^{n-1} + B x_2^{n-1}$.

结论 2 当 $x_1 = x_2$ 时, $a_n = (A + Bn) x_1^{n-1}$.

其中 A, B 为两个待定常数,由 $a_1 = \alpha, a_2 = \beta$,利用待定系数法加以确定.

求解下列各题.

(1) 求斐波那契数列②的通项 a_n 的表达式.

(2) 求解函数方程
$$f(x+2) = f(x+1) + f(x).$$
其中 $f(1) = f(2) = 1$.

(3) 若 $f(1) = \frac{\alpha^2 - \beta^2}{\alpha - \beta}$, $f(2) = \frac{\alpha^3 - \beta^3}{\alpha - \beta} (\alpha \neq \beta)$, 且 $f(n+2) = (\alpha + \beta) f(n+1) - \alpha\beta f(n)$.

求证: $f(n) = \frac{\alpha^{n+1} - \beta^{n+1}}{\alpha - \beta} (n \in \mathbf{N}^*)$.

思路剖释 (1) 根据结论 1, 知
$$a_n = A \left(\frac{1+\sqrt{5}}{2}\right)^{n-1} + B \left(\frac{1-\sqrt{5}}{2}\right)^{n-1}. \qquad ④$$

由 $a_1=1, a_2=1$,在式④中分别取 $n=1$ 和 $n=2$,得方程组

$$\begin{cases} A+B=1, & \text{⑤} \\ \dfrac{1+\sqrt{5}}{2}A+\dfrac{1-\sqrt{5}}{2}B=1. & \text{⑥} \end{cases}$$

式⑥减去 $\dfrac{1-\sqrt{5}}{2}$ 乘以式④,得 $A=\dfrac{1}{\sqrt{5}}\left(\dfrac{1+\sqrt{5}}{2}\right)$.用此值代入式⑤,得 $B=-\dfrac{1}{\sqrt{5}}\left(\dfrac{1-\sqrt{5}}{2}\right)$.将求得的 A、B 之值代入式④,得

$$a_n=\dfrac{1}{\sqrt{5}}\left[\left(\dfrac{1+\sqrt{5}}{2}\right)^n-\left(\dfrac{1-\sqrt{5}}{2}\right)^n\right].$$

(2) 根据方程的结构,试探解的形式为

$$f(x)=\lambda^x, \qquad \text{⑦}$$

其中 λ 是待定常数.将式⑦代入

$$f(x+2)=f(x+1)+f(x), \qquad \text{⑧}$$

可得到 $\lambda^2-\lambda-1=0$,解得

$$\lambda_1=\dfrac{1+\sqrt{5}}{2}, \quad \lambda_2=\dfrac{1-\sqrt{5}}{2}.$$

由于两个解为 λ_1^x 和 λ_2^x,所以它们的线性组合为 $f(x)=c_1\lambda_1^x+c_2\lambda_2^x$.其中 c_1, c_2 为两个待定常数,所以根据 $f(1)=1, f(2)=1$,可得

$$\begin{cases} (c_1+c_2)+\sqrt{5}(c_1-c_2)=2, \\ 3(c_1+c_2)+\sqrt{5}(c_1-c_2)=2. \end{cases}$$

两式相减,得 $c_1+c_2=0$,结合 $c_1-c_2=\dfrac{2}{\sqrt{5}}$,求得 $c_1=\dfrac{1}{\sqrt{5}}, c_2=-\dfrac{1}{\sqrt{5}}$.故

$$f(x)=\dfrac{1}{\sqrt{5}}\left[\left(\dfrac{1+\sqrt{5}}{2}\right)^n-\left(\dfrac{1-\sqrt{5}}{2}\right)^n\right].$$

注 第(2)小题将离散变量换成连续变量 x,呈现的仍是斐波那契数列的模型.

(3) **方法1** 参阅(1)、(2)的解法.

由 $q^2=(\alpha+\beta)q-\alpha\beta$,解得 $q_1=\alpha, q_2=\beta$.于是 $f_1(n)=q_1^{n-1}=\alpha^{n-1}, f_2(n)=q_2^{n-1}=\beta^{n-1}$(因 $\alpha\neq\beta$).故 $f(n)=A\alpha^{n-1}+B\beta^{n-1}$ 为方程的解.

由初始条件 $f(1)=\dfrac{\alpha^2-\beta^2}{\alpha-\beta}, f(2)=\dfrac{\alpha^3-\beta^3}{\alpha-\beta}$,得

$$A=\dfrac{\alpha^2(\alpha-\beta)}{(\alpha-\beta)^2}, \quad B=\dfrac{\beta^2(\beta-\alpha)}{(\alpha-\beta)^2}.$$

故

$$f(n)=\dfrac{\alpha^{n+1}-\beta^{n+1}}{\alpha-\beta}.$$

方法2 采用数学归纳法.

设 $f(k)=\dfrac{\alpha^{k+1}-\beta^{k+1}}{\alpha-\beta}, f(k+1)=\dfrac{\alpha^{k+2}-\beta^{k+2}}{\alpha-\beta}$,则

$$f(k+2) = (\alpha+\beta)f(k+1) - \alpha\beta f(k) = \frac{\alpha^{k+3}-\beta^{k+3}}{\alpha-\beta}.$$

故当 $n \in \mathbf{N}^*$ 时,$f(n) = \dfrac{\alpha^{n+1}-\beta^{n+1}}{\alpha-\beta}$.

题 13 求解下列各题.

(1) 求所有满足
$$f(x+y) = f(x) + f(y) + 2xy \qquad ①$$
的任意次可导的函数 $f:\mathbf{R}\to\mathbf{R}$.

(2) 求所有满足
$$f(x+y) = f(x) + f(y) \qquad ①$$
的任意次可导的函数 $f:\mathbf{R}\to\mathbf{R}$.

思路剖释 (1) 取特殊值.令 $x = y = 0$,得 $f(0) = 2f(0)$,故 $f(0) = 0$,$\forall x \in \mathbf{R}$,有
$$f(x+y) - f(x) = f(y) + 2xy \quad (y \in \mathbf{R}).$$

利用式①,得当 $y \neq 0$ 时,有
$$\frac{f(x+y)-f(x)}{y} = \frac{f(y)-f(0)}{y} + 2x,$$

即
$$\frac{f(x+y)-f(x)}{y} = \frac{f(y)-f(0)}{y-0} + 2x.$$

令 $y \to 0$,得
$$\lim_{y\to 0}\frac{f(x+y)-f(x)}{y} = \lim_{y\to 0}\frac{f(y)-f(0)}{y-0} + 2x,$$

即 $f'(x) = f'(0) + 2x$.通俗地说,$f(x) = x^2 + f'(0)x$.严格地说,
$$f(x) = f(x) - f(0) = \int_0^x f'(t)\mathrm{d}t = \int_0^x [f'(0)+2t]\mathrm{d}t = f'(0)x + x^2.$$

注 $\forall a \in \mathbf{R}$,函数 $f(x) = x^2 + ax$ 均满足题意,实则 $f(x+y) = (x+y)^2 + a(x+y) = x^2 + ax + y^2 + ay + 2xy = f(x) + f(y) + 2xy$.故式①成立.

(2) 仿(1)的解法.式①中令 $y = 0$,得 $f(0) = 0$.所以,当 $y \neq 0$ 时,式①可写为
$$\frac{f(x+y)-f(x)}{y} = \frac{f(y)-f(0)}{y}.$$

当 $y \to 0$ 时,对上式两边取极限,得
$$f'(x) = f'(0).$$

求得 $f(x) = f'(0)x + c_1$.令 $x = 0$,得 $c_1 = 0$.故 $f(x) = f'(0)x$ 为所求.

注 在方程 $f(x+y) = f(x) + f(y)$ 的求解过程中,用到了函数 $f(x)$ 可导的性质.

7.2 函数思想解方程

题 1 求解下列各题.

(1) 已知 $\dfrac{f(x)}{1+f(x)} = \dfrac{1-x}{x}$,求 $f(x)$.

(2) 已知 $f\left(\dfrac{x+1}{x}\right) = \dfrac{x^2+1}{x^2} + \dfrac{1}{x}$,求 $f(x)$.

(3) 解函数方程
$$f\left(\dfrac{1}{x}\right) = x + \sqrt{x^2+1}\ (x>0).$$

(4) 设 $f(x)$ 为 $\mathbf{R} \to \mathbf{R}$ 的函数,且 $\forall x \in \mathbf{R}$ 均有
$$f(x) + xf(2-x) = 2, \qquad ①$$
求 $f(x)$.

思路剖释 (1) 原式化为 $xf(x) = (1-x)[1+f(x)]$,则 $(2x-1)f(x) = 1-x$,解关于 $f(x)$ 的一元一次方程,得 $f(x) = \dfrac{1-x}{2x-1}$.

(2) 若要从函数方程 $f[\varphi(x)] = g(x)$(其中 $\varphi(x)$ 和 $g(x)$ 都是已知函数)中求出 $f(x)$,方法是设 $t = \varphi(x)$,并求出其反函数 $x = \varphi^{-1}(t)$(前提是 t 的反函数存在),代入方程得 $f(t) = g[\varphi^{-1}(t)]$,即 $f(x) = g[\varphi^{-1}(x)]$ 是函数方程 $f[\varphi(x)] = g(x)$ 的解.

设 $t = \dfrac{x+1}{x}$,则 $x = \dfrac{1}{t-1}$,所以由
$$f(t) = \dfrac{\left(\dfrac{1}{t-1}\right)^2 + 1}{\left(\dfrac{1}{t-1}\right)^2} + \dfrac{1}{\dfrac{1}{t-1}},$$

得 $f(t) = t^2 - t + 1$.于是 $f(x) = x^2 - x + 1$ 是函数方程的解.

(3) 因
$$f\left(\dfrac{1}{x}\right) = x + \sqrt{x^2+1} = \dfrac{1 + \sqrt{1 + \dfrac{1}{x^2}}}{\dfrac{1}{x}} = \dfrac{1 + \sqrt{1 + \left(\dfrac{1}{x}\right)^2}}{\dfrac{1}{x}},$$

故 $f(x) = \dfrac{1 + \sqrt{1+x^2}}{x}$.

(4) 式①中,令 $x=0$,得 $f(1) = 1$.式①中用 $2-x$ 代替 x,得
$$f(2-x) + (2-x)f(x) = 2. \qquad ②$$

联立①、②两式,求得 $f(x) = -\dfrac{2}{x-1}$.故

$$f(x) = \begin{cases} -\dfrac{2}{x-1}, & x \neq 1 \\ 1, & x = 1. \end{cases}$$

题 2 求方程 $\sqrt{1+\sqrt{1+x}} = \sqrt[3]{x}$ 的实数解.

思路剖释 令 $\sqrt{1+x} = t$,则 $x = t^2 - 1$,原方程化为

$$\sqrt{1+t} = \sqrt[3]{t^2-1}.$$

两边六次方,得

$$(1+t)^3 = (t^2-1)^2.$$

因 $1+t > 0$,所以 $1+t = (t-1)^2$.化简、整理,得

$$t(t-3) = 0.$$

因 $t > 0$,取 $t = 3$,得 $x = 8$ 为原方程的根.

题 3 解下列方程.

(1) $\sqrt{3x+1} = \sqrt{2x-1} + 1$.

(2) $2\sqrt{x-1} = \sqrt{x+4} + 1$.

(3) $\sqrt{5x-1} + \sqrt{2x} = 3x - 1$. ①

思路剖释 (1) 原方程即为

$$\sqrt{3x+1} - \sqrt{2x-1} = 1,\quad ②$$

上式两边乘以 $\sqrt{3x+1} + \sqrt{2x-1}$,得

$$\sqrt{3x+1} + \sqrt{2x-1} = x + 2.\quad ③$$

由①+②,得

$$2\sqrt{3x+1} = x + 3.$$

两边平方,整理,得 $x^2 + 6x + 5 = 0$,求得 $x_1 = 1, x_2 = 5$,均符合 $x > -\dfrac{1}{3}$.故 $x_1 = 1, x_2 = 5$ 为原方程的两根.

(2) 原方程即为

$$2\sqrt{x-1} - \sqrt{x+4} = 1,\quad ④$$

两边乘以 $2\sqrt{x-1} + \sqrt{x+4}$,得

$$2\sqrt{x-1} + \sqrt{x+4} = 3x - 8.\quad ⑤$$

由⑤-④,得

$$2\sqrt{x+4} = 3x - 9,$$

即

$$3(\sqrt{x+4})^2 - 2\sqrt{x+4} - 21 = 0,$$

亦即
$$(\sqrt{x+4}+7)(\sqrt{x+4}-3)=0,$$
得 $\sqrt{x+4}-3=0$,故 $x=5$ 为所求.

注 将 $\sqrt{x+4}$ 作为一个整体,进行因式分解.

(3) **方法 1** 由于 $3x-1=(5x-1)-2x=(\sqrt{5x-1}+\sqrt{2x})\cdot(\sqrt{5x-1}-\sqrt{2x})$,且 $\sqrt{5x-1}+\sqrt{2x-1}>0$,由式①,得
$$\sqrt{5x-1}-\sqrt{2x}=1. \qquad ⑥$$
这表明 $\sqrt{5x-1} \geqslant 1$,故 $x \geqslant \dfrac{2}{5}$.

由①+⑥,得
$$\begin{cases} 2\sqrt{5x-2}=3x, \\ x \geqslant \dfrac{2}{5}, \end{cases}$$
即
$$\begin{cases} 9x^2-20x+4=0, \\ x \geqslant \dfrac{2}{5}. \end{cases} \qquad ⑦$$

由式⑦,解得 $x=2$ 或 $\dfrac{2}{9}$. 因 $\dfrac{2}{9}<\dfrac{2}{5}$,故原方程的解为 $x=2$.

方法 2 用 $\sqrt{5x-1}-\sqrt{2x}$ 乘以式①,得
$$3x-1=(3x-1)(\sqrt{5x-1}-\sqrt{2x}).$$
注意到式①左端大于零,上式约去 $3x-1$,可得式⑥,同样可解得 $x=2$.

注 设 $f(x), g(x), \alpha(x)$ 为整式,方程
$$\sqrt{f(x)} \pm \sqrt{g(x)} = \alpha(x) \qquad ⑧$$
可通过分解 $\alpha(x)$ 或乘以 $\sqrt{f(x)} \mp \sqrt{g(x)}$ 的方法,得到
$$\sqrt{f(x)} \mp \sqrt{g(x)} = \beta(x). \qquad ⑨$$
联立方程⑧、⑨,可解出 $\sqrt{f(x)}$ 或 $\sqrt{g(x)}$,然后平方就可化成有理方程.

题 4 求解下列各题.

(1) 方程 $2^{-x}+x^2=\sqrt{2}$ 的实数解的个数是( ).

A. 0 　　　　　B. 1 　　　　　C. 2 　　　　　D. 3

(2) 确定方程 $|x^2-4|=a+1$ 的实根的个数.

(3) 已知关于 x 的方程 $x^2-(2m-8)x+m^2-16=0$ 的两个实根 x_1, x_2 满足 $x_1<\dfrac{3}{2}<x_2$,求实数 m 的取值范围.

(4) 已知关于 x 的方程 $x^2+(a-3)x+a=0$ 的两个根均为正数,求实数 a 的取值

范围.

(5) 已知 $\sin(x+\sin x)=\cos(x-\cos x), x\in[0,\pi]$,则 $x=$ _____.

(6) 已知对任意实数 x、y,函数 $f(x)$ 满足 $f(x)+f(y)=f(x+y)+xy$. 若 $f(1)=m$,则满足 $f(n)=2019$ 的正整数数对 (m,n) 共有 _____ 个.

思路剖释 (1) 方程 $2^{-x}+x^2=\sqrt{2}$ 与方程 $2^{-x}=-x^2+\sqrt{2}$ 同解.

构造函数 $y=2^{-x}$ 和 $y=-x^2+\sqrt{2}$,作出两个函数的图像,图像有两个交点 A 和 B,设 A、B 的坐标分别是 $A(x_1,y_1)$,$B(x_2,y_2)$,则 $A(x_1,y_1)$ 既在 $y=2^{-x}$ 的图像上又在 $y=-x^2+\sqrt{2}$ 的图像上,如图 7.1 所示,于是
$$y_1=2^{-x_1},\quad y_2=-x_1^2+\sqrt{2},$$
故 $2^{-x_1}=-x_1^2+\sqrt{2}$. 上式表明 x_1 是方程 $2^{-x}=-x^2+\sqrt{2}$ 的一个根,因此 x_1 也是它的同解方程 $2^{-x}+x^2=\sqrt{2}$ 的一个根.

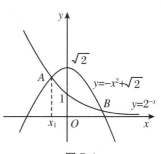

图 7.1

同理,x_2 是方程 $2^{-x}+x^2=\sqrt{2}$ 的另一个根. 故选 C.

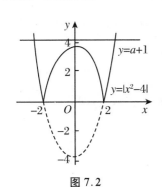

图 7.2

(2) 方程 $|x^2-4|=a+1$ 的实根个数是曲线 $y=|x^2-4|$ 与直线 $y=a+1$ 的交点个数. 由图 7.2 可知,当 $a+1>4$ 时,有 2 个交点;当 $a+1=4$ 时,有 3 个交点;当 $0<a+1<4$ 时,有 4 个交点;当 $a+1=0$ 时,有 2 个交点;当 $a+1<0$ 时,无交点. 因此所求的实根个数为:当 $a<-1$ 时,有 0 个交点;当 $a=-1$ 或 $a>3$ 时,有 2 个交点;当 $a=3$ 时,有 3 个交点;当 $-1<a<3$ 时,有 4 个交点.

注 函数 $y=f(x)$ 与 $y=g(x)$ 的图像的交点的横坐标是方程 $f(x)=g(x)$ 的实根;交点的个数就是实根的个数.

(3) 构造二次函数 $f(x)=x^2-(2m-8)x+m^2-16$,因方程 $x^2-(2m-8)x+m^2-16=0$ 的两个实根 x_1,x_2 满足 $x_1<\dfrac{3}{2}<x_2$,故 $f\left(\dfrac{3}{2}\right)<0$,即
$$\left(\dfrac{3}{2}\right)^2-(2m-8)\times\dfrac{3}{2}+m^2-16<0,$$
亦即 $4m^2-12m-7<0$,解得 $-\dfrac{1}{2}<m<\dfrac{7}{2}$. 于是 m 的取值范围是 $\left\{m\left|-\dfrac{1}{2}<m<\dfrac{7}{2}\right.\right\}$.

(4) 由已知,得方程 $x^2+(a-3)x+a=0$ 的两个根均为正数,于是
$$\begin{cases}(a-3)^2-4a\geqslant 0,\\ -(a-3)>0,\\ a>0.\end{cases}$$
解得 $0<a\leqslant 1$. 故 a 的取值范围是 $\{a\mid 0<a\leqslant 1\}$.

(5) 原方程等价于

$$\cos\left(\frac{\pi}{2}-x-\sin x\right)=\cos(x-\cos x),$$

所以

$$x-\cos x=2k\pi+\frac{\pi}{2}-x-\sin x\quad(k\in z), \quad ①$$

或

$$x-\cos x=2k\pi-\left(\frac{\pi}{2}-x-\sin x\right)\quad(k\in z). \quad ②$$

由式①,得

$$2x+\sin x-\cos x=2k\pi+\frac{\pi}{2},$$

且函数 $f(x)=2x+\sin x-\cos x$ 在 $[0,\pi]$ 上为增函数. 所以

$$-1=f(0)<2k\pi+\frac{\pi}{2}<f(\pi)=2\pi+1.$$

由此得 $k=0$,所以 $2x+\sin x-\cos x=\frac{\pi}{2}$.

令 $g(x)=2x+\sin x-\cos x-\frac{\pi}{2}$,易知 $g(x)$ 在 $[0,\pi]$ 上单调递增,且当 $x>\frac{\pi}{4}$ 时,$g(x)>0$;当 $x<\frac{\pi}{4}$ 时,$g(x)<0$. 故 $x=\frac{\pi}{4}$ 时,$g(x)=0$.

由式②,得 $\sin x+\cos x=\frac{\pi}{2}-2k\pi$. 因 $1<\frac{\pi}{2}-2k\pi<\sqrt{2}$,故 k 无整数解,即此方程无解.

综上所述,原方程的解为 $x=\frac{\pi}{4}$.

(6) 令 $y=1$,得

$$f(x)+f(1)=f(x+1)+x$$
$$\Rightarrow f(x+1)-f(x)=m-x,$$

则

$$f(x)=f(1)+\sum_{k=1}^{x-1}[f(k+1)-f(k)]=mx-\frac{1}{2}x(x-1).$$

又 $2019=f(n)=mn-\frac{1}{2}n(n-1)$,故 $n(2m+1-n)=2\times3\times673$. 当 n 为偶数时,$2m+1-n$ 取得 4 个奇数. 类似地,当 n 为奇数时,也有 4 个.

综上所述,满足题意的正整数数对共 8 个.

题 5 求解下列各题.

(1) 方程 $16\sin\pi x\cdot\cos\pi x=16x+\frac{1}{x}$ 的解集为 _____.

(2) 已知 x 的方程 $\cos^2 x+2a\sin x-3a-1=0$ 有实数解,求实数 a 的取值范围.

(3) 解函数方程

$$f(n)=\cos\theta+f(n-1)\sin\theta,$$

其中 $f(1) = \cos\theta, \theta \in [0, 2\pi], n \in \mathbf{N}$.

(4) 解函数方程
$$f(x) = \cos\frac{x}{2} \cdot f\left(\frac{x}{2}\right),$$
其中 $f(x)$ 为 $[0,1]$ 上的连续函数,且 $f(0) = 1$.

(5) 已知 $f(\sin x - 1) = \cos^2 x + 2$,求 $f(x)$.

(6) 解关于 x 的方程 $\left(\cos^2\dfrac{\theta}{2}\right)x^3 + \left(3\cos^2\dfrac{\theta}{2} - 4\right)x + \sin\theta = 0$.

思路剖释 (1) 方程右边可用均值不等式,从而可从 $x > 0$ 入手.注意到 $y = 16x + \dfrac{1}{x}$ 为奇函数,可得到 $x < 0$ 时的解.

当 $x > 0$ 时,$16 + \dfrac{1}{x} \geqslant 8$,当且仅当 $x = \dfrac{1}{4}$ 时,等号成立.

又
$$16\sin\pi x \cdot \cos\pi x = 8\sin 2\pi x \leqslant 8, \qquad ①$$
当且仅当 $x = \dfrac{1}{4} + k(k \in \mathbf{Z})$ 时,式①等号成立.于是,当 $x > 0$ 时,方程只有解 $x = \dfrac{1}{4}$.由 $y = 16 + \dfrac{1}{x}$ 是奇函数,知 $x = -\dfrac{1}{4}$ 为另一解.故方程的解集为 $\left\{-\dfrac{1}{4}, \dfrac{1}{4}\right\}$.

(2) 原方程化为
$$\sin^2 x - 2a\sin x + 3a = 0,$$
设 $f(t) = t^2 - 2at + 3a (t = \sin x, -1 \leqslant t \leqslant 1)$,由 $\Delta = 4a^2 - 12a \geqslant 0$,得 $a \geqslant 3$ 或 $a \leqslant 0$.

若方程有两解,注意到 $-1 \leqslant t \leqslant 1$,对称轴为 $t = a$,故
$$\begin{cases} -1 \leqslant a \leqslant 1, \\ f(1) \geqslant 0, \\ f(-1) \geqslant 0 \end{cases} \Rightarrow \begin{cases} -1 \leqslant a \leqslant 1, \\ a + 1 \geqslant 0, \\ 5a + 1 \geqslant 0. \end{cases}$$

解得 $-\dfrac{1}{5} \leqslant a \leqslant 1$.

(ii) 若方程只有一个解,则

当 $t \neq \pm 1$ 时,$f(1)f(-1) < 0$,即 $(a+1)(5a+1) < 0$,得 $-1 < a < -\dfrac{1}{5}$.

当 $t = 1$ 时,$a = -1$,原方程化为 $t^2 + 2t - 3 = 0$,另一根 $t = 3 \notin [-1, 1]$,$f(t) = 0$ 在 $[-1, 1]$ 上有一解.

当 $t = -1$ 时,$a = -\dfrac{1}{5}$,原方程化为 $t^2 + \dfrac{2}{3}t - \dfrac{3}{5} = 0$,另一根为 $t = \dfrac{3}{5} \in [-1, 1]$.所以 $-1 \leqslant a < -\dfrac{1}{5}$,$f(t) = 0, t \in [-1, 1]$ 有一解.

综上所述,得 $-1 \leqslant a \leqslant 0$.故 a 的取值范围是 $\{a \mid -1 \leqslant a \leqslant 0\}$.

注 利用构造函数解本题.

(3) 由题设 $f(1) = \cos\theta$ 及所给的函数方程,得

$f(2) = \cos\theta + \cos\theta \cdot \sin\theta = \cos\theta(1 + \sin\theta)$,

$f(3) = \cos\theta + f(2)\sin\theta = \cos\theta + \cos\theta(1 + \sin\theta) \cdot \sin\theta = \cos\theta(1 + \sin\theta + \sin^2\theta)$,

$f(4) = \cos\theta + f(3)\sin\theta = \cos\theta + \cos\theta(1 + \sin\theta + \sin^2\theta) \cdot \sin\theta$
$= \cos\theta(1 + \sin\theta + \sin^2\theta + \sin^3\theta)$,

…,

归纳猜测,得

$$f(n) = \cos\theta \cdot (1 + \sin\theta + \cdots + \sin^{n-1}\theta) = \frac{\cos\theta(1 - \sin^n\theta)}{1 - \sin\theta}.$$

下面用数学归纳法证实此猜测成立.

事实上,当 $n = 1$ 时,

$$f(1) = \frac{\cos\theta(1 - \sin\theta)}{1 - \sin\theta} = \cos\theta,$$

命题成立. 归纳假设当 $n = k$ 时成立,即

$$f(k) = \frac{\cos\theta(1 - \sin^k\theta)}{1 - \sin\theta},$$

则当 $n = k + 1$ 时,有

$$f(k+1) = \cos\theta + f(k)\sin\theta = \cos\theta + \frac{\cos\theta(1 - \sin^k\theta)\sin\theta}{1 - \sin\theta}$$
$$= \frac{\cos\theta - \cos\theta\sin^{k+1}\theta}{1 - \sin\theta} = \frac{\cos\theta(1 - \sin^{k+1}\theta)}{1 - \sin\theta},$$

即当 $n = k + 1$ 时,命题成立. 因此

$$f(n) = \frac{\cos\theta(1 - \sin^n\theta)}{1 - \sin\theta} \quad (n = 1, 2, \cdots).$$

(4) 由题设方程,得

$$f\left(\frac{x}{2}\right) = \cos\frac{x}{2^2} \cdot f\left(\frac{x}{2^2}\right),$$

$$f\left(\frac{x}{2^2}\right) = \cos\frac{x}{2^3} \cdot f\left(\frac{x}{2^3}\right),$$

依此类推,得

$$f\left(\frac{x}{2^{n-1}}\right) = \cos\frac{x}{2^n} \cdot f\left(\frac{x}{2^n}\right).$$

将上述各递推式代入原方程,得

$$f(x) = \cos\frac{x}{2} \cdot \cos\frac{x}{2^2} \cdot \cos\frac{x}{2^3} \cdot \cdots \cdot \cos\frac{x}{2^n} \cdot f\left(\frac{x}{2^n}\right).$$

上式右边分子、分母各乘上 $\sin\frac{x}{2^n}$,由 $\cos\frac{x}{2} \cdot \cos\frac{x}{2^2} \cdot \cdots \cdot \cos\frac{x}{2^n} \cdot \sin\frac{x}{2^n} = \frac{\sin x}{2^n}$,得

$$f(x) = \frac{\sin x}{2^n \sin \frac{x}{2^n}} \cdot f\left(\frac{x}{2^n}\right) = \frac{\sin x}{x} \cdot \frac{1}{\frac{\sin \frac{x}{2^n}}{\frac{x}{2^n}}} \cdot f\left(\frac{x}{2^n}\right).$$

因为

$$\lim_{n \to \infty} \frac{\sin \frac{x}{2^n}}{\frac{x}{2^n}} = 1, \quad \lim_{n \to \infty} f\left(\frac{x}{2^n}\right) = f\left(\lim_{n \to \infty} \frac{x}{2^n}\right) = f(0) = 1,$$

所以

$$f(x) = \frac{\sin x}{x}.$$

故函数方程的解

$$f(x) = \begin{cases} 1, & x = 0, \\ \dfrac{\sin x}{x}, & x \neq 0. \end{cases}$$

(5) 根据题设条件的形式,可设所求函数 $y = f(x)$ 的参数方程为

$$\begin{cases} x = \sin t - 1, \\ y = \cos^2 t + 2. \end{cases}$$

由第一式,得

$$x + 1 = \sin t \qquad \qquad ①$$

由第二式,得

$$y - 2 = \cos^2 t. \qquad \qquad ②$$

由式①的平方加上式②,得

$$(x+1)^2 + y - 2 = 1,$$

即

$$y = -x^2 - 2x + 2,$$

故所求函数为 $f(x) = -x^2 - 2x + 2, -2 \leqslant x \leqslant 0$.

(6) 若 $\cos\frac{\theta}{2} = 0$,则 $\sin\theta = 0$,得 $x = 0$;若 $\sin\frac{\theta}{2} = 0$,则 $\cos^2\frac{\theta}{2} = 1$,$\sin\theta = 0$,从而 $x = 0$ 或 ± 1. 若 $\cos\frac{\theta}{2} \neq 0$,且 $\sin\frac{\theta}{2} \neq 0$,则原方程化为

$$x^3 - \left(3 - 4\sec^2\frac{\theta}{2}\right)x + 2\tan\frac{\theta}{2} = 0,$$

即

$$x^3 - \left(4\tan^2\frac{\theta}{2} + 1\right)x + 2\tan\frac{\theta}{2} = 0,$$

亦即

$$4x\tan^2\frac{\theta}{2} - 2\tan\frac{\theta}{2} + x - x^3 = 0. \qquad ①$$

因为 $\sin\frac{\theta}{2} \neq 0$，故 $\tan\frac{\theta}{2} \neq 0$，从而 $x \neq 0$. 于是，式①是关于 $\tan\frac{\theta}{2}$ 的二次方程，解得

$$\tan\frac{\theta}{2} = \frac{x}{2}, \quad \text{或} \quad \tan\frac{\theta}{2} = \frac{1-x^2}{2x}.$$

再解这两个关于 x 的方程得 $x = 2\tan\frac{\theta}{2}$ 或 $\tan\frac{\theta}{2} \pm \sec\frac{\theta}{2}$.

综上所述，原方程的解为：

当 $\cos\frac{\theta}{2} = 0$，即 $\theta = 2k\pi + \pi (k \in \mathbf{Z})$ 时，$x = 0$；

当 $\cos\frac{\theta}{2} \neq 0$，即 $\theta \neq 2k\pi + \pi (k \in \mathbf{Z})$ 时，$x = 2\tan\frac{\theta}{2}$ 或 $\tan\frac{\theta}{2} \pm \sec\frac{\theta}{2}$（当 $\sin\frac{\theta}{2} = 0$ 时的情况包含在其中）.

题 6 求解下列各题.

(1) 已知 $f(x) = f(x+1) - f(x+2)$，$x \in \mathbf{R}$. 若 $f(x) = \sin(wx + \varphi)(w > 0)$，$A = \sin(wx + \varphi + 9w)$，$B = \sin(wx + \varphi - 9w)$，试确定 A 与 B 的大小关系.

(2) 解函数方程

$$f(-\tan x) + 2f(\tan x) = \sin 2x, \qquad ①$$

其中 $x \in \left(-\frac{\pi}{2}, \frac{\pi}{2}\right)$.

(3) 解函数方程 $f(n+1) = 2f(n) + 1 (n \in \mathbf{N})$ 且 $f(1) = 1$.

(4) 解函数方程

$$f(x+y) + f(x-y) = 2f(x)\cos y. \qquad ①$$

思维剖析 (1) 作代换，运用函数性质.

由

$$f(x) = f(x+1) - f(x+2), \qquad ①$$

得

$$f(x+1) = f(x+2) - f(x+3). \qquad ②$$

由① + ②，得 $f(x+3) = -f(x)(\in \mathbf{R})$，则

$$f(x+6) = -f(x+3) = f(x) \quad (x \in \mathbf{R}).$$

从而知 $f(x)$ 是以 6 为周期的周期函数，所以 $A = f(x+9) = f(x+3) = f(x-3) = f(x-9)$，即 $A = B$.

(2) 式①用 $-x$ 代替 x，得

$$f[-\tan(-x)] + 2f(\tan(-x)) = \sin 2(-x),$$

即

$$2f(-\tan x) + f(\tan x) = -\sin 2x. \qquad ②$$

将式①、②联立，求得

$$f(\tan x) = \sin x = \frac{2\tan x}{1 + \tan^2 x}.$$

从而 $f(x) = \dfrac{2x}{1+x^2}, x \in \left(-\dfrac{\pi}{2}, \dfrac{\pi}{2}\right)$.

注 这里用到三角函数万能变换公式. 利用代换法, 建立并求解方程组, 以得到未知函数 $f(x)$ 的解析表达式.

(3) 题设条件为
$$\begin{cases} f(1) = 1, \\ f(n+1) = 2f(n) + 1. \end{cases}$$

上述两式的两边分别各加上 1, 得
$$\begin{cases} f(1) + 1 = 2, \\ f(n+1) + 1 = 2[f(n) + 1], \end{cases}$$

即
$$\begin{cases} f(1) + 1 = 2, \\ \dfrac{f(n+1) + 1}{f(n) + 1} = 2. \end{cases}$$

于是, 数列 $\{f(n) + 1\}$ 是首项为 2、公比为 2 的等比数列.

利用等比数列求和公式, 得
$$f(n) + 1 = 2 \times 2^{n-1},$$

即
$$f(n) = 2^n - 1,$$

经检验 $f(n) = 2^n - 1$ 即为所求的函数.

(4) 二元化为一元, 取值转化.

已知函数方程中出现了两个独立的变量 x、y, 不妨设其中一个变量为常量. 令 $x = 0$, $y = t$, 式①化为
$$f(t) + f(-t) = 2f(0)\cos t. \qquad ②$$

令 $x = \dfrac{\pi}{2} + t, y = \dfrac{\pi}{2}$, 代入式①, 得
$$f(\pi + t) + f(t) = 0. \qquad ③$$

令 $x = \dfrac{\pi}{2}, y = \dfrac{\pi}{2} + t$, 代入式①, 得
$$f(\pi + t) + f(-t) = -2f\left(\dfrac{\pi}{2}\right)\sin t. \qquad ④$$

由式②、③、④, 得
$$f(t) = f(0)\cos t + f\left(\dfrac{\pi}{2}\right)\sin t.$$

令 $a = f(0), b = f\left(\dfrac{\pi}{2}\right), t = x$, 则

$$f(x) = a\cos x + b\sin x \quad (a,b \text{ 为常数}).$$

验证:
$$f(x+y) + f(x-y) = a\cos(x+y) + b\sin(x+y) + a\cos(x-y) + b\sin(x-y)$$
$$= 2a\cos x\cos y + 2b\cos y\sin x$$
$$= 2f(x)\cos y.$$

题 7 求解下列各题.

(1) 设 $f(x)$ 是定义在 $\mathbf{R}$ 上的函数,且满足:
$$f(x+2) = f(x+1) - f(x).$$
如果 $f(1) = \lg\dfrac{3}{2}, f(2) = \lg 15$, 求 $f(2019)$.

(2) 设函数 $f(x)$ 对所有 $x>0$ 有意义,且满足:

(i) 对于 $x>0$, 有 $f(x)f\left[f(x) + \dfrac{1}{x}\right] = 1$;

(ii) $f(x)$ 在 $(0, +\infty)$ 内递增.

求 $f(1)$.

(3) 设函数 $f(x)(x\in\mathbf{N})$ 表示 x 被 3 除的余数,则 $\forall x\in\mathbf{N}$, 都有 (　　).

A. $f(x+3) = f(x)$　　　　　　B. $f(x+y) = f(x) + f(y)$

C. $f(3x) = 3f(x)$　　　　　　D. $f(xy) = f(x)f(y)$

(4) 方程 $\lg(-x^2+3x-m) - \lg(3-x) = 0$ 在 $[0,3)$ 内有唯一解,求 m 的范围.

思路剖释 (1) 因
$$f(x+2) = f(x+1) - f(x), \qquad ①$$
故
$$f(x+3) = f(x+2) - f(x+1), \qquad ②$$
解联立方程组①、②,得 $f(x+3) = -f(x)$. 于是
$$f(x+6) = -f(x+3) = f(x),$$
因此 $f(x)$ 是周期为 6 的周期函数. 注意到 $2019 = 6\times 336 + 3$, 于是
$$f(2019) = f(6\times 336 + 3) = f(3) = f(2) - f(1) = \lg 15 - \lg\dfrac{3}{2}$$
$$= \lg 3 + \lg 5 - \lg 3 + \lg 2 = \lg 5 + \lg 2 = \lg 10 = 1.$$

注 利用递推式,解方程组.

(2) 把 $f(1) = a$ 看作已知,得含 a 为自变量的函数,利用函数递增性,得 a 的方程,解得 a.

设 $f(1) = a$, 当 $x=1$ 时,由 (i) 可知 $af(a+1) = 1$, 即 $f(a+1) = \dfrac{1}{a}$. 令 $x = a+1$, 代入 (i), 得

从而推得
$$f(a+1)f\left[f(a+1) + \dfrac{1}{a+1}\right] = 1,$$

$$f\left(\frac{1}{a}+\frac{1}{a+1}\right)=a(=f(1)).$$

因为 $f(x)$ 在 $(0,+\infty)$ 内递增,所以

$$\frac{1}{a}+\frac{1}{a+1}=1,$$

得 $a=\frac{1\pm\sqrt{5}}{2}$. 若 $a=\frac{1+\sqrt{5}}{2}$, 则 $1<a=f(1)<f(1+a)=\frac{1}{a}<1$, 矛盾. 故 $f(1)=\frac{1-\sqrt{5}}{2}$.

(3) 由题意,知当 $x=3k$ 时,x 被 3 除的余数为 0;当 $x=3k+1$ 时,x 被 3 除的余数为 1;当 $x=3k+2$ 时,x 被 3 除的余数为 2. 因此 $f(x+3)=f(x)$,故选 A.

(4) 方法 1　由题设及对数性质,知

$$\frac{-x^2+3x-m}{3-x}=1,$$

即 $-x^2+4x-3=m$.

构造两个函数 $y=-x^2+4x-3$ 和 $y=m$. 因 $y=-x^2+4x-3=-(x-2)^2+1$, 要使原方程在 $[0,3)$ 内有唯一解,由图 7.3 可知,只需 $y=-(x-2)^2+1$ 与 $y=m$ 的图像只有一个交点,于是 $m=1$ 或 $-3\leqslant m\leqslant 0$ 适合题意. 因此,m 的范围是 $\{m\mid -3\leqslant m\leqslant 0\}\cup\{1\}$.

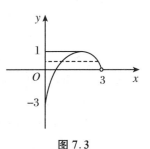

图 7.3

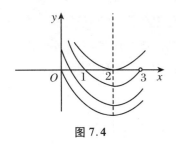

图 7.4

方法 2　令 $f(x)=x^2-4x+3+m$, 原方程有唯一解等价于函数 $f(x)$ 在区间 $[0,3)$ 范围内的图像与 x 轴只有一个交点, 如图 7.4 所示. 此时, 由抛物线与 x 轴相切, 得判别式 $\Delta=16-4(3+m)=0$, 求得 $m=1$.

依二次方程实根的分布, 知 $f(0)\cdot f(3)\leqslant 0$, 即 $m(m+3)\leqslant 0$, 解得 $-3\leqslant m\leqslant 0$. 因此, m 的范围是 $\{m\mid -3\leqslant m\leqslant 0\}\cup\{1\}$.

题 8　已知实数 x,y 满足

$$2x=\ln(x+y-1)+\ln(x-y-1)+4, \quad ①$$

则 $2000x^2+2019y^3$ 的值为　　　　　.

思路剖释　用换元法. 令

$$\begin{cases}u=x+y-1,\\ v=x-y-1,\end{cases} \quad ②$$

则 $u+v=2x-2$, 即 $x=\frac{u+v+2}{2}$. 式 ① 化为

$$u+v+2=\ln u+\ln v+4,$$

即

$$(\ln u-u+1)+(\ln v-v+1)=0. \quad ③$$

设
$$f(x) = \ln x - x + 1,$$
则
$$f'(x) = \frac{1}{x} - 1.$$
在$(0,1)$内,$f(x)$递增;在$(1,+\infty)$内,$f(x)$递减,故
$$f(x) \leqslant f(1) = \ln 1 - 1 + 1 = 0,$$
从而
$$f(x) \leqslant 0.$$
仅当$x=1$时,等号成立.式③即为$f(u)+f(v)=0$,故必有
$$f(u) \leqslant 0, \quad f(v) \leqslant 0,$$
由此,得
$$u = v = 1.$$
由式②,得$x=2,y=0$.故
$$2000x^2 + 2019y^3 = 2000 \times 2^2 = 8000.$$

题9 已知函数$f(x)=kx(k\neq 0)$,且满足$f(x+1) \cdot f(x) = x^2 + x$,函数$g(x) = a^x(a>0$,且$a\neq 1)$.

(1)求函数$f(x)$的解析式.

(2)若函数$f(x)$为$\mathbf{R}$上的增函数,$h(x) = \dfrac{f(x)+1}{f(x)-1}(f(x)\neq 1)$,问:是否存在实数$m$使得$h(x)$的定义域和值域都为$[m,m+1]$?若存在,求出$m$的值;若不存在,请说明理由.

(3)已知关于x的方程$g(2x+1) = f(x+1) \cdot f(x)$恰有一实数解为$x_0$,且$x_0 \in \left(\dfrac{1}{4}, \dfrac{1}{2}\right)$,求实数$a$的取值范围.

思路剖释 因$f(x)=kx$,故只需利用已给式确定参数k,然后利用函数$f(x)$的单调性解题.

(1)因$f(x+1) \cdot f(x) = x^2 + x$,$f(x)=kx$,故$f(x+1)=k(x+1)$,即$k(x+1) \cdot kx = x^2 + x$,亦即$k^2(x^2+x) = x^2 + x$,于是$k^2 = 1$,那么$k = \pm 1$,故$f(x)=x$或$f(x)=-x$.

(2)因$f(x)=kx$,$k=\pm 1$,又$f(x)$为$\mathbf{R}$上的增函数,所以$f(x)=x$.故
$$h(x) = \frac{f(x)+1}{f(x)-1} = \frac{x+1}{x-1} = 1 + \frac{2}{x-1}.$$
可得$h(x)$在$(-\infty,1) \cup (1,+\infty)$上单调递减.

假设存在m,使$h(x)$的定义域和值域都为$[m,m+1]$.于是当$m+1<1$,即$m<0$时,需$\begin{cases} h(m) = m+1, \\ h(m+1) = m, \end{cases}$解得$m=-1$.当$m>1$时,需$\begin{cases} h(m) = m+1, \\ h(m+1) = m, \end{cases}$解得$m=2$.

综上所述,存在m使$h(x)$的定义域与值域都为$[m,m+1]$,m的值为-1或2.

(3)因$g(x)=a^x$,故$g(2x+1)=a^{2x+1}$.又$f(x+1) \cdot f(x) = x^2 + x$,则根据题意,有$a^{2x+1} = x^2 + x$.

又由题意,可知此方程恰有一实解 x_0,且 $x_0 \in \left(\frac{1}{4}, \frac{1}{2}\right)$. 令 $F(x) = a^{2x+1} - (x^2 + x)$,即有 $F(x)$ 在 $\left(\frac{1}{4}, \frac{1}{2}\right)$ 内存在零点. 所以当 $a > 1$ 时,有 $g(x)$ 恒大于 $f(x+1) \cdot f(x)$ $\left(x \in \left(\frac{1}{4}, \frac{1}{2}\right)\right)$,因此不成立. 当 $a < 1$ 时,易得 $F(x)$ 在 $\left(\frac{1}{4}, \frac{1}{2}\right)$ 内单调递减,需 $F\left(\frac{1}{2}\right) \cdot F\left(\frac{1}{4}\right) < 0$,代入数值,易得 $\sqrt[3]{\frac{25}{256}} < a < \frac{\sqrt{3}}{2}$.

题 10 已知 $f(x) = (x-1)^4$,$g(x) = 4(x-1)^3$,数列 $\{a_n\}$ 满足 $a_1 = 2$,$(a_n - a_{n-1}) \cdot g(a_{n-1}) + f(a_{n-1}) = 0 (n \geqslant 2)$,求数列 $\{a_n\}$ 的通项公式.

思路剖释 将 $g(a_{n-1}) = 4(a_{n-1} - 1)^3$,$f(a_{n-1}) = (a_{n-1} - 1)^4$ 代入递推关系式,得
$$(a_n - a_{n-1}) \cdot 4(a_{n-1} - 1)^3 + (a_{n-1} - 1)^4 = 0,$$
分解因式,得
$$(a_{n-1} - 1)^3 \cdot (4a_n - 3a_{n-1} - 1) = 0.$$
若 $a_{n-1} - 1 = 0$,则 $a_{n-1} = 1$,即 $a_n = 1 (n \geqslant 2)$.
若 $4a_n - 3a_{n-1} - 1 = 0$,则 $4a_{n+1} - 3a_n - 1 = 0$.
两式相减,得
$$a_{n+1} - a_n = \frac{3}{4}(a_n - a_{n-1}).$$
令 $b_n = a_{n+1} - a_n$,则
$$b_1 = a_2 - a_1 = -\frac{1}{4},$$
$$b_n = \frac{3}{4} b_{n-1},$$
故 $b_n = -\frac{1}{4}\left(\frac{3}{4}\right)^{n-1}$,再用递推求和方法,得
$$a_n - a_1 = \sum_{k=1}^{n-1} b_k = -\frac{1}{4} \sum_{k=1}^{n-1} \left(\frac{3}{4}\right)^{k-1} = \left(\frac{3}{4}\right)^{n-1} - 1.$$
故所求数列通项为
$$a_n = \begin{cases} 2, & n = 1, \\ 1, & n \geqslant 2, \end{cases} \quad \text{或} \quad a_n = 1 + \left(\frac{3}{4}\right)^{n-1}.$$

注 对于高于一次的递推关系式,有时还可通过因式分解找出其隐含条件,得出若干个递推关系,然后分别求出对应数列的通项公式.

题 11 已知定义在 $\mathbf{R}^+$ 上的函数 $f(x)$ 满足:① 对于任意 $a, b \in \mathbf{R}^+$,有 $f(ab) = f(a) + f(b)$;② 当 $x > 1$ 时,$f(x) < 0$;③ $f(3) = -1$.

现有两个集合 A、B,其中集合 $A = \{(p, q) | f(p^2 + 1) - f(5q) - 2 > 0, p, q \in \mathbf{R}^+\}$,集合 $B = \left\{(p, q) \middle| f\left(\frac{p}{q}\right) + \frac{1}{2} = 0, p, q \in \mathbf{R}^+\right\}$. 试问:是否存在 p, q,使 $A \cap B \neq \varnothing$?并说明理由.

思路剖释 任取 $0 < x_1 < x_2$,则 $\frac{x_2}{x_1} > 1$. 所以

$$f\left(\frac{x_2}{x_1} \cdot x_1\right) = f\left(\frac{x_2}{x_1}\right) + f(x_1),$$

即 $f(x_2) - f(x_1) = f\left(\frac{x_2}{x_1}\right) < 0$,则 $f(x_1) > f(x_2)$.故 $f(x)$ 为 $\mathbf{R}^+$ 上的减函数.

由 $f(p^2+1) - f(5q) - 2 > 0 (p, q \in \mathbf{R}^+)$,结合 $f(3) = -1$,可得 $f(p^2+1) + f(3) + f(3) > f(5q)$,所以 $f(9p^2+9) > f(5q)$.由单调性,可知 $9p^2+9 < 5q$,故
$$q > \frac{9}{5}(p^2+1). \qquad ①$$

由 $f\left(\frac{p}{q}\right) + \frac{1}{2} = 0$,知 $f\left(\frac{p}{q}\right) = -\frac{1}{2}$.在 $f(ab) = f(a) + f(b)$ 中取 $a = b = 1$,可得 $f(1) = 0$.

又 $f(3) = -1$,函数 $f(x)$ 为 $\mathbf{R}^+$ 上的减函数,所以 $1 < \frac{p}{q} < 3$,即
$$\begin{cases} p > q, \\ p < 3q. \end{cases} \qquad ②$$

式①、②分别表示图 7.5 中的 A、B 区域,易得区域 A、B 没有公共点,所以不存在 p, q,使 $A \cap B \neq \varnothing$.

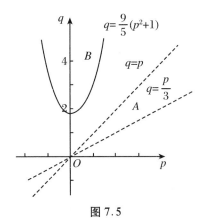

图 7.5

注 处理函数问题时,数形结合思想的巧妙运用可以简缩思维,提高思维层次,促使抽象问题形象化.本题也可以类比对数函数 $y = \log_{\frac{1}{3}} x$,以助思考.

题 12 已知 $f(x) = x^5 - 10x^3 + ax^2 + bx + c$.若方程 $f(x) = 0$ 的根均为实数,m 为这五个实根中最大的根,则 m 的最大值为_____.

思路剖释 设 $f(x) = 0$ 的五个实根为 $x_1 \leqslant x_2 \leqslant x_3 \leqslant x_4 \leqslant m$,则由韦达定理,得
$$m + x_1 + x_2 + x_3 + x_4 = 0,$$
$$m \sum_{i=1}^{4} x_i + \sum_{1 \leqslant i, j \leqslant 4} x_i x_j = -10.$$

于是
$$\sum_{1 \leqslant i, j \leqslant 4} x_i x_j = -10 + m^2,$$

从而
$$\sum_{i=1}^{4} x_i^2 = \Big(\sum_{i=1}^{4} x_i\Big)^2 - 2\sum_{1\leqslant i<j\leqslant 4} x_i x_j$$
$$= m^2 - 2(-10 + m^2) = 20 - m^2.$$
又由柯西不等式,得
$$\Big(\sum_{i=1}^{4} x_i\Big)^2 \leqslant 4\sum_{i=1}^{4} x_i^2.$$
故 $m^2 \leqslant 4(20-m^2)$,即 $m^2 \leqslant 16$,所以得 $m \leqslant 4$.

构作函数 $f(x)=(x-4)(x+1)^4$,即取 $f(x)=x^5-10x^3-20x^2-15x-4$.此方程的根均为实数,且五个实根中最大的根 $m=4$.因此,m 的最大值为 4.

题 13 求解下列各题.

(1) 对任意正整数 m、n,定义函数 $f(m,n)$ 如下:① $f(1,1)=1$;② $f(m+1,n)=f(m,n)+2(m+n)$;③ $f(m,n+1)=f(m,n)+2(m+n-1)$.

(i) 求 $f(m,n)$ 的解析式.

(ii) 设 $a_n=\dfrac{\sqrt{f(m,n)}}{2^{n-1}}(n\in \mathbf{Z}^+)$,$S_n$ 为数列 $\{a_n\}$ 的前 n 项和,证明:$S_n<6$.

(2) 设函数 $f(x)=|\lg(x+1)|$,实数 $a,b(a<b)$ 满足:
$$f(a) = f\Big(-\dfrac{b+1}{b+2}\Big), \quad f(10a+6b+21)=4\lg 2.$$
求 a,b 的值.

(3) 已知函数 $f(x)=ax^2+bx+c(a\neq 0)$,且 $f(x)=x$ 没有实根.试判断 $f(f(x))=x$ 是否有实根?请说明理由.

思路剖释 (1)(i) 由条件①、②,得
$$f(m,1)-f(1,1)=\sum_{k=1}^{m-1}[f(k+1,1)-f(k,1)]=2\sum_{k=1}^{m-1}(k+1)$$
$$\Rightarrow f(m,1)=m^2+m-1$$
$$\Rightarrow f(m,n)-f(m,1)=\sum_{k=1}^{n-1}[f(m,k+1)-f(m,k)]$$
$$=2\sum_{k=1}^{n-1}(m+k-1)$$
$$\Rightarrow f(m,n)=(m+n)^2-m-3n+1.$$

(ii) 由(i),得 $f(n,n)=(2n-1)^2$,则
$$a_n = \dfrac{\sqrt{f(n,n)}}{2^{n-1}} = (2n-1)\Big(\dfrac{1}{2}\Big)^{n-1},$$
故
$$S_n = \sum_{k=1}^{n}(2k-1)\Big(\dfrac{1}{2}\Big)^{k-1},$$

$$\frac{1}{2}S_n = \sum_{k=1}^{n}(2k-1)\left(\frac{1}{2}\right)^k.$$

两式相减,得

$$\frac{1}{2}S_n = 1 + 2\sum_{k=1}^{n-1}\left(\frac{1}{2}\right)^k - (2n-1)\left(\frac{1}{2}\right)^n = 3 - \frac{1}{2^{n-2}} - \frac{2n-1}{2^n}.$$

从而,得 $S_n = 6 - \dfrac{2n+3}{2^{n-1}} < 6$.

(2) 由题设,得

$$|\lg(a+1)| = \left|\lg\left(-\frac{b+1}{b+2}+1\right)\right| = \left|\lg\frac{1}{b+2}\right| = |\lg(b+2)|.$$

则 $a+1 = b+2$ 或 $(a+1)(b+2) = 1$.

由 $a < b$,知 $a+1 \neq b+2$. 故

$$(a+1)(b+2) = 1. \quad ①$$

又由 $f(a) = |\lg(a+1)|$ 有意义,知 $0 < a+1$,从而

$$0 < a+1 < b+1 < b+2.$$

于是

$$0 < a+1 < 1 < b+2,$$

则

$$(10a+6b+21) + 1 = 10(a+1) + 6(b+2) > 1.$$

故

$$f(10a+6b+21) = |\lg[(10a+6b+21)+1]| = |\lg[10(a+1)+6(b+2)]|$$
$$= \lg\left[6(b+2) + \frac{10}{b+2}\right] = 4\lg 2.$$

所以

$$6(b+2) + \frac{10}{b+2} = 16,$$

即

$$3(b+2)^2 - 8(b+2) + 5 = 0,$$

亦即

$$b+2 = \frac{4 \pm \sqrt{16-5\times 3}}{3},$$

解得 $b = -\dfrac{1}{3}$ 或 -1(舍去). 把 $b = -\dfrac{1}{3}$ 代入式①,解得 $a = -\dfrac{2}{5}$. 因此 $a = -\dfrac{2}{5}$, $b = -\dfrac{1}{3}$.

(3) 若 $a > 0$,则由 $f(x) = x$ 无实根,知 $\forall x \in \mathbf{R}$,均有 $f(x) > x$. 故 $f(f(x)) > f(x) > x$,这表明方程 $f(f(x)) = x$ 无实根.

若 $a < 0$,类似讨论,知方程 $f(f(x)) = x$ 也无实根.

综上所述,方程 $f(f(x)) = x$ 无实根.

7.3 函数思想解不等式

题1 若对于任意的 $\theta \in \left[0, \dfrac{\pi}{2}\right]$,不等式
$$4 + 2\sin\theta \cdot \cos\theta - a\sin\theta - a\cos\theta \leqslant 0$$
恒成立,则实数 a 的最小值为_____.

思路剖释 设 $x = \sin\theta + \cos\theta = \sqrt{2}\sin\left(\theta + \dfrac{\pi}{4}\right)$,则
$$2\sin\theta \cdot \cos\theta = x^2 - 1.$$
当 $\theta \in \left[0, \dfrac{\pi}{2}\right]$ 时,得 $1 \leqslant x \leqslant \sqrt{2}$,故原不等式变为
$$x^2 - ax + 3 \leqslant 0 \Rightarrow a \geqslant x + \dfrac{3}{x}.$$
此时,函数 $f(x) = x + \dfrac{3}{x}$ 单调递减,从而实数 a 的最小值为 $f(1) = 4$.

题2 计算下列各题.

(1) 已知二次函数 $f(x)$ 满足:

(i) $f(-1) = 0$.

(ii) $x \leqslant f(x) \leqslant \dfrac{x^2+1}{2}$,且 $x \in \mathbf{R}$.

求此二次函数的解析式.

(2) 设 $f(x)$ 是定义在 $\mathbf{R}$ 上的函数,满足 $\left|f(x) + \cos^2 x\right| \leqslant \dfrac{3}{4}$,$\left|f(x) - \sin^2 x\right| \leqslant \dfrac{1}{4}$,则函数 $f(x) =$ _____.

思路剖释 (1) 设 $f(x) = ax^2 + bx + c$,因为 $f(-1) = 0$,则 $a - b + c = 0$. 又 $1 \leqslant f(1) \leqslant \dfrac{1+1}{2}$,得 $f(1) = 1$,故 $a + b + c = 1$.于是 $a + c = b = \dfrac{1}{2}$.

又因 $f(x) \geqslant x$,即 $ax^2 + bx + c \geqslant x$,故 $ax^2 + (b-1)x + c \geqslant 0$.由 $x \in \mathbf{R}$,得 $\Delta \leqslant 0$ 且 $a > 0$,即 $ac \geqslant \dfrac{1}{16}$,于是 $c > 0$. 由 $\begin{cases} a + c = \dfrac{1}{2}, \\ ac \geqslant \dfrac{1}{16}, \end{cases}$ 且 $a + c \geqslant 2\sqrt{ac} \geqslant \dfrac{1}{2}$,得 $a = c = \dfrac{1}{4}$. 故 $f(x) = \dfrac{1}{4}x^2 + \dfrac{1}{2}x + \dfrac{1}{4}$.

(2) 因

$$1 = \cos^2 x + \sin^2 x = [\cos^2 x + f(x)] + [\sin^2 x - f(x)]$$
$$\leqslant |\cos^2 x + f(x)| + |f(x) - \sin^2 x| \leqslant \frac{1}{4} + \frac{3}{4} = 1,$$

故

$$|f(x) + \cos^2 x| = \frac{3}{4}, \quad |f(x) - \sin^2 x| = \frac{1}{4}.$$

于是 $f(x) = \sin^2 x - \frac{1}{4}$.

题 3 求解下列各题.

(1) 若 $\sin^2 x > \cos^2 x$, 则 x 的取值范围是(　　).

A. $\left\{x \mid 2k\pi - \frac{3\pi}{4} < x < 2k\pi + \frac{\pi}{4}, k \in \mathbf{Z}\right\}$

B. $\left\{x \mid 2k\pi + \frac{\pi}{4} < x < 2k\pi + \frac{5\pi}{4}, k \in \mathbf{Z}\right\}$

C. $\left\{x \mid k\pi - \frac{\pi}{4} < x < k\pi + \frac{\pi}{4}, k \in \mathbf{Z}\right\}$

D. $\left\{x \mid k\pi + \frac{\pi}{4} < x < k\pi + \frac{3\pi}{4}, k \in \mathbf{Z}\right\}$

(2) 设 $0 < a < 1$, 在 $[0, 2\pi]$ 上满足 $\sin x \geqslant a$ 的 x 的范围是(　　).

A. $[0, \arcsin a]$ 　　　　　　　　　B. $[\arcsin a, \pi - \arcsin a]$

C. $[\pi - \arcsin a, \pi]$ 　　　　　　D. $[\arcsin a, \frac{\pi}{2} + \arcsin a]$

思路剖释 (1) 方法 1　由题意, 知 $\sin^2 x > \cos^2 x$ 当且仅当 $|\sin x| > |\cos x|$. 利用单位圆中的三角函数线, 如图 7.6 所示, 横线阴影部分所对应的角便是满足 $|\sin x| > |\cos x|$ 的条件. 故选 D.

方法 2　由 $\sin^2 x > \cos^2 x$, 得 $\frac{1 - \cos 2x}{2} > \frac{1 + \cos 2x}{2}$, 亦即 $\cos 2x < 0$, 故 $2k\pi + \frac{\pi}{2} < 2x < \frac{3}{2}\pi + 2k\pi$, 于是 $\frac{\pi}{4} + k\pi < x < \frac{3\pi}{4} + k\pi (k \in \mathbf{Z})$. 故选 D.

(2) 由题意, 知 x 的终边位于阴影区域 (即扇形 AOB) 内, 如图 7.7 所示. 因 $\angle AOM = \angle BON$, 故 $\angle AOM \leqslant x \leqslant \pi - \angle BON$, 即 $\arcsin a \leqslant x \leqslant \pi - \arcsin a$. 故选 B.

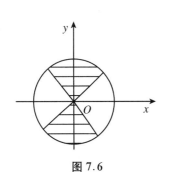

图 7.6　　　　　　　　图 7.7

题 4 已知 $f(x)$ 是定义在 **R** 内的函数,$f(1)=1$,且 $\forall x \in \mathbf{R}$ 都有
$$f(x+5) \geqslant f(x)+5, \quad \text{①}$$
$$f(x+1) \leqslant f(x)+1, \quad \text{②}$$
若 $g(x)=f(x)+1-x$,则 $g(2019)=$ _____.

思路剖释 (1) 由 $g(x)=f(x)+1-x$,知 $f(x)=g(x)+x+1$,且 $f(1)=g(1)=1$. 式①即
$$g(x+5)+(x+5)-1 \geqslant g(x)+(x-1)+5, \quad \text{③}$$
式②即
$$g(x+1)+(x+1)-1 \leqslant g(x)+(x-1)+1, \quad \text{④}$$
式③即 $g(x+5) \geqslant g(x)$,或式④即 $g(x+1) \leqslant g(x)$,故
$$g(x) \leqslant g(x+5) \leqslant g(x+4) \leqslant g(x+3) \leqslant g(x+2) \leqslant g(x+1) \leqslant g(x).$$
即 $g(x) \leqslant g(x+1) \leqslant g(x)$,所以 $g(x+1)=g(x)$,因此 $g(x)$ 是周期为 1 的周期函数. 由 $g(1)=1$,得 $g(2019)=1$.

题 5 设 $f(x)$ 是定义在 **R** 上的函数,若 $f(0)=2001$,且对任意 $x \in \mathbf{R}$,满足 $f(x+2)-f(x) \leqslant 3 \cdot 2^x$,$f(x+6)-f(x) \geqslant 63 \cdot 2^x$,则 $f(2016)=$ _____.

思路剖释 (1) **方法 1** 由题设条件,知
$$f(x+2)-f(x)=-[f(x+4)-f(x+2)]-[f(x+6)-f(x+4)]+[f(x+6)-f(x)]$$
$$\geqslant -3 \cdot 2^{x+2}-3 \cdot 2^{x+4}+63 \cdot 2^x=3 \cdot 2^x,$$
因此
$$f(x+2)-f(x)=3 \cdot 2^x,$$
故
$$f(2016)=f(2016)-f(2014)+f(2014)-f(2012)+\cdots+f(2)-f(0)+f(0)$$
$$=3 \cdot (2^{2014}+2^{2012}+\cdots+2^2+1)+f(0)$$
$$=3 \cdot \frac{(2^{2014}+2^{2012}+\cdots+2^2+1)(2^2-1)}{2^2-1}+f(0)$$
$$=3 \cdot \frac{2^{2016}-1}{4-1}+f(0)$$
$$=2^{2016}+2000.$$

方法 2 令 $g(x)=f(x)-2^x$,则
$$g(x+2)-g(x)=f(x+2)-f(x)-2^{x+2}+2^x \leqslant 3 \cdot 2^x-3 \cdot 2^x=0,$$
$$g(x+6)-g(x)=f(x+6)-f(x)-2^{x+6}+2^x \geqslant 63 \cdot 2^x-63 \cdot 2^x=0,$$
即 $g(x+2) \leqslant g(x)$,$g(x+6) \geqslant g(x)$,故 $g(x) \leqslant g(x+6) \leqslant g(x+4) \leqslant g(x+2) \leqslant g(x)$,得 $g(x)$ 是周期为 2 的周期函数,所以 $f(2016)=g(2016)+2^{2016}=g(0)+2^{2016}=2^{2016}+2000$.

注 当 $n \geqslant 1$,$x \neq 1$ 时,多项式
$$x^{n-1}+x^{n-2}+\cdots+x^2+x+1=\frac{(x^{n-1}+x^{n-2}+\cdots+x^2+x+1)(x-1)}{x-1}=\frac{x^n-1}{x-1}.$$

题6 设 f 是实数集 **R** 到自身的一个映射,且对任意 $x \in \mathbf{R}$,均有 $|f(x)| \leqslant 1$,以及
$$f\left(x+\frac{13}{42}\right)+f(x) = f\left(x+\frac{1}{6}\right)+f\left(x+\frac{1}{7}\right), \qquad ①$$

求证:$f(x)$ 是周期函数.

思路剖释 由题意,知对于任意 $x \in \mathbf{R}$,式①成立,注意到 $\frac{1}{6}+\frac{1}{7}=\frac{13}{42}$,故

$$\begin{aligned}
f\left(x+\frac{7}{42}\right)-f(x) &= f\left(x+\frac{13}{42}\right)-f\left(x+\frac{6}{42}\right) \\
&= f\left[\left(x+\frac{13}{42}\right)+\frac{6}{42}\right]-f\left[\left(x+\frac{6}{42}\right)+\frac{6}{42}\right] \\
&= f\left(x+\frac{19}{42}\right)-f\left(x+\frac{12}{42}\right) \\
&= \cdots \\
&= f\left(x+\frac{49}{42}\right)-f\left(x+\frac{42}{42}\right),
\end{aligned}$$

即

$$f\left(x+\frac{42}{42}\right)-f(x) = f\left(x+\frac{49}{42}\right)-f\left(x+\frac{7}{42}\right). \qquad ②$$

同理可得

$$\begin{aligned}
f\left(x+\frac{7}{42}\right)-f\left(x+\frac{1}{42}\right) &= f\left(x+\frac{14}{42}\right)-f\left(x+\frac{8}{42}\right) \\
&= f\left(x+\frac{21}{42}\right)-f\left(x+\frac{15}{42}\right) \\
&= \cdots \\
&= f\left(x+\frac{49}{42}\right)-f\left(x+\frac{43}{42}\right),
\end{aligned}$$

即

$$f\left(x+\frac{49}{42}\right)-f\left(x+\frac{7}{42}\right) = f\left(x+\frac{43}{42}\right)-f\left(x+\frac{1}{42}\right). \qquad ③$$

由式②、③,得

$$f\left(x+\frac{42}{42}\right)-f(x) = f\left(x+\frac{43}{42}\right)-f\left(x+\frac{1}{42}\right). \qquad ④$$

同样可得

$$\begin{aligned}
f\left(x+\frac{43}{42}\right)-f\left(x+\frac{1}{42}\right) &= f\left(x+\frac{44}{42}\right)-f\left(x+\frac{2}{42}\right) \\
&= \cdots \\
&= f\left(x+\frac{84}{42}\right)-f\left(x+\frac{42}{42}\right) \\
&= f(x+2)-f(x+1).
\end{aligned} \qquad ⑤$$

则利用式⑤及式④,有

$$f(x+1) - f(x) = f(x+2) - f(x+1),$$

即

$$f(x+2) = 2[f(x+1) - f(x)] + f(x).$$

因此,对于任意 $n \in \mathbf{N}^*$,有

$$f(x+n) = n[f(x+1) - f(x)] + f(x). \qquad ⑥$$

又由题设,知对于任意 $x \in \mathbf{R}$ 均有 $|f(x)| \leqslant 1$,故由式⑥,得

$$f(x+1) - f(x) = 0,$$

即对于任意 $x \in \mathbf{R}, f(x+1) = f(x)$ 成立.故 $f(x)$ 是以 1 为周期的周期函数.

注 首先对条件等式①作内涵与外延的探讨,即有

$$\left(x + \frac{13}{42}\right) + x = \left(x + \frac{1}{6}\right) + \left(x + \frac{1}{7}\right),$$

$$\left|\left(x + \frac{7}{42}\right) - x\right| = \left|\left(x + \frac{13}{42}\right) - \left(x + \frac{6}{42}\right)\right|.$$

然后根据函数的有界性与原式的周期性,构作递推式.

题 7 如果有一个函数 $f: \mathbf{N}^* \to \mathbf{N}^*$ 是严格递增的,且对于每个 $n \in \mathbf{N}^*$,都有 $f[f(n)] = kn$. 求证:对每一个 $n \in \mathbf{N}^*$,都有 $\frac{2k}{k+1}n \leqslant f(n) \leqslant \frac{k+1}{2}n$.

思路剖释 对于一个严格递增函数 $f: \mathbf{N}^* \to \mathbf{N}^*$,有下列常用性质:

(i) $f(n) \geqslant n, n \in \mathbf{N}^*$.

(ii) $f(n+t) \geqslant f(n) + t, n \in \mathbf{N}^*$.

由于 $f: \mathbf{N}^* \to \mathbf{N}^*$ 是严格递增的,因此有

$$\begin{cases} f(n) \geqslant n, & ① \\ f(n+m) \geqslant f(n) + m. & ② \end{cases}$$

由不等式①、②,可设 $f(n) = n + m$(m 为非负数),于是由已知,得

$$kn = f[f(n)] = f(n+m) \geqslant f(n) + m = f(n) + f(n) - n,$$

即 $kn \geqslant 2f(n) - n$.故

$$f(n) \leqslant \frac{k+1}{2}n. \qquad ③$$

由不等式③,可得 $kn = f[f(n)] \leqslant \frac{k+1}{2}f(n)$,即 $f(n) \geqslant \frac{2k}{k+1}n$.因此

$$\frac{2k}{k+1}n \leqslant f(n) \leqslant \frac{k+1}{2}n.$$

题 8 设 $f(x)$ 对 $x > 0$ 有意义,$f(2) = 1$,$f(xy) = f(x) + f(y)$,且 $f(x) > f(y)$ 成立的充要条件是 $x > y > 0$.求:

(1) $f(1)$ 和 $f(4)$ 的值.

(2) 当 x 在什么范围取值时,$f(x) + f(x-3) \leqslant 2$.

思路剖释 (1) 由于 $f(2) = 1$,且对于 $x > 0, y > 0, f(xy) = f(x) + f(y)$,令 $x = 1, y = 2$,得 $f(2) = f(1) + f(2)$,故 $f(1) = 0$.令 $x = 2, y = 2$,得 $f(4) = f(2) + f(2) = 2$.

(2) 由条件 $f(xy)=f(x)+f(y)$，得 $f(x)+f(x-3)=f(x^2-3x)$. 又 $f(4)=2$，故由 $f(x)+f(x-3)\leqslant 2$，可得 $f(x^2-3x)\leqslant f(4)$.

由于 $f(x)>f(y)$ 的充要条件为 $x>y>0$，所以
$$\begin{cases} x^2-3x\leqslant 4, \\ x>0, \\ x-3>0, \end{cases}$$
解得 $3<x\leqslant 4$.

注 本题所给函数为抽象函数，在解题时，要注意利用特殊值，并抓住 $f(x)<f(y)$ 与 $x>y$ 之间的相互关系.

题 9 求解下列各题.

(1) 设 $f(x)=\lg\dfrac{1+2^x+4^x a}{3}$，其中 $a\in\mathbf{R}$. 如果当 $x\in(-\infty,1]$ 时，$f(x)$ 有意义，求 a 的取值范围.

(2) 设 $\theta\in\left[0,\dfrac{\pi}{2}\right]$，$\cos^2\theta+2m\sin\theta-2m-2<0$ 恒成立，求 m 的取值范围.

(3) 设 $A=\{x\mid 1<x<3\}$，又设 B 是关于 x 的不等式组 $\begin{cases} x^2-2x+a\leqslant 0, \\ x^2-2bx+5\leqslant 0 \end{cases}$ 的解集，试确定 a、b 的取值范围，使 $A\subset B$.

(4) 对于正数 x、y，求使不等式 $\sqrt{x}+\sqrt{y}\leqslant a\sqrt{x+y}$ 恒成立的 a 的最小值.

思路剖释 (1) 由对数函数的性质，得 $1+2^x+4^x a>0$，即 $a>-\left[\left(\dfrac{1}{2}\right)^x+\left(\dfrac{1}{4}\right)^x\right]=\varphi(x)$.

由于 $\varphi(x)$ 在区间 $(-\infty,1]$ 内递增，所以
$$\varphi(x)=-\left[\left(\dfrac{1}{2}\right)^x+\left(\dfrac{1}{4}\right)^x\right]\leqslant-\left(\dfrac{1}{2}+\dfrac{1}{4}\right)=-\dfrac{3}{4},$$
于是由 $a>\varphi(x)$ 对 $x\in(-\infty,+1]$ 恒成立，得所求 a 的范围是 $a>-\dfrac{3}{4}$.

(2) 将所给不等式配成
$$(1-\sin\theta)^2+2(m-1)(1-\sin\theta)+2>0.$$

(i) 当 $\theta=\dfrac{\pi}{2}$ 时，不等式成立.

(ii) 当 $0\leqslant\theta<\dfrac{\pi}{2}$，即 $1-\sin\theta>0$ 时，有
$$2(1-m)<(1-\sin\theta)+\dfrac{2}{1-\sin\theta}. \qquad ①$$

因
$$(1-\sin\theta)+\dfrac{2}{1-\sin\theta}=\left[(1-\sin\theta)+\dfrac{1}{1-\sin\theta}\right]+\dfrac{1}{1-\sin\theta}\geqslant 2+1=3 \quad (\theta=0\text{ 时取等号}),$$
于是由不等式①对 $0\leqslant\theta<\dfrac{\pi}{2}$ 恒成立，得 $2(1-m)<3$，即 $m>-\dfrac{1}{2}$.

综上所述，m 的取值范围是 $\left(-\dfrac{1}{2},+\infty\right)$.

(3) 先求不等式组对 $x\in A$，即 $1<x<3$ 恒成立时 a、b 的取值范围.

当 $1<x<3$ 时，不等式组等价于
$$\begin{cases} a\leqslant -(x-1)^2+1,\\ b\geqslant \dfrac{1}{2}\left(x+\dfrac{5}{x}\right),\end{cases}$$

所以由 $1<x<3$，得
$$-3<-(x-1)^2+1<1,\quad \sqrt{5}\leqslant \dfrac{1}{2}\left(x+\dfrac{5}{x}\right)<3,$$

于是，不等式组对 $x\in A$ 恒成立的充要条件是 $a\leqslant -3, b\geqslant 3$.

容易验证，当 $a\leqslant -3, b\geqslant 3$ 时，$1\in B$ 且 $3\in B$，即 $A\subset B$. 故 $a\leqslant -3, b\geqslant 3$ 为所求.

注 利用分离参数法还能求解多元恒成立不等式中参数的取值范围.

(4) 原不等式等价于
$$a\geqslant \dfrac{\sqrt{x}+\sqrt{y}}{\sqrt{x+y}}. \qquad ①$$

因
$$\dfrac{\sqrt{x}+\sqrt{y}}{\sqrt{x+y}}=\sqrt{\dfrac{x+y+2\sqrt{xy}}{x+y}}\leqslant \sqrt{\dfrac{2(x+y)}{x+y}}=\sqrt{2},$$

当 $x=y$ 时等号成立，因此，不等式①恒成立的充要条件是 $a\geqslant \sqrt{2}$，即 a 的最小值是 $\sqrt{2}$.

注 上述 4 道题目都是求恒成立不等式中参数的范围和参数最值的问题，有时还可采用分离变量法.

用分离参数法求关于未知数 x 的某个范围恒成立的不等式中参数 t 的范围（最值）的思路和步骤是：

(1) 将不等式改写为 $\alpha(t)$ 与 $\varphi(x)$ 的不等关系；

(2) 求 $\varphi(x)$ 的范围，根据 $\alpha(t)$ 与 $\varphi(x)$ 的不等关系恒成立确定出 $\alpha(t)$ 的范围，进而求出参数 t 的范围.

题 10 已知对于一切的 $x\in \mathbf{R}$，恒有
$$3\sin^2 x-\cos^2 x+4a\cos x+a^2\leqslant 31,$$
求实数 a 的取值范围.

思路剖释 设 $f(x)=3\sin^2 x-\cos^2 x+4a\cos x+a^2-31$，则
$$f(x)=-4\cos^2 x+4a\cos x+a^2-28.$$

令 $t=\cos x$，则 $t\in[-1,1]$. 故当 $t\in[-1,1]$ 时，恒有
$$g(t)=-4t^2+4at+a^2-28\leqslant 0.$$

下面分类讨论. 注意到，二次函数 $g(t)$ 的对称轴为 $t=\dfrac{a}{2}$，则

(i) 当 $\frac{a}{2} < -1$，即 $a < -2$ 时，$g(t)$ 在区间 $[-1,1]$ 上单调递减. 故 $g(t)$ 的最大值为
$$g(-1) = a^2 - 4a - 32 \leqslant 0 \Rightarrow -4 \leqslant a < -2.$$

(ii) 当 $-1 \leqslant \frac{a}{2} \leqslant 1$，即 $-2 \leqslant a \leqslant 2$ 时，$g(t)$ 的最大值为
$$g\left(\frac{a}{2}\right) = 2a^2 - 28 \leqslant 0 \Rightarrow -2 \leqslant a \leqslant 2.$$

(iii) 当 $\frac{a}{2} > 1$，即 $a > 2$ 时，$g(t)$ 在区间 $[-1,1]$ 上单调递增. 故 $g(t)$ 的最大值为
$$g(1) = a^2 + 4a - 32 \leqslant 0 \Rightarrow 2 < a \leqslant 4.$$

综上所述，所求 a 的取值范围是 $[-4,4]$.

题 11 已知数列 $\{a_n\}$ 的通项公式 $a_n = \frac{n^2}{(1+n)^2}$，试证明对于不相等的正整数 m、n，有 $a_n + a_m \geqslant a_{n+m+2}$.

思路剖释 由通项公式自然联想到函数 $f(x) = \frac{x^2}{(1+x)^2} = \left(1 - \frac{1}{1+x}\right)^2$，易知当 $x > 0$ 时，$f(x)$ 是增函数；又由于 $nm \geqslant 2$，故

$$\begin{aligned}
f(n) + f(m) &= \frac{n^2}{(1+n)^2} + \frac{m^2}{(1+m)^2} \\
&= \frac{n^2 + m^2 + (nm)^2 + (nm)^2 + 2n^2 m + 2nm^2}{(1+n+m+nm)^2} \\
&\geqslant \frac{n^2 + m^2 + (nm)^2 + 2mn + 2n^2 m + 2nm^2}{(1+n+m+nm)^2} \\
&= \frac{(n+m+nm)^2}{(1+n+m+nm)^2} = f(n+m+nm) \\
&\geqslant f(n+m+2),
\end{aligned}$$

即 $a_n + a_m \geqslant a_{n+m+2}$.

注 （1）善于发掘隐含条件，在证明中，两次用到 $nm \geqslant 2$.

（2）数列是描述离散变量的一种基本工具，它可以看作定义在自然数集或其子集上的函数. 许多数列问题可以回归到函数问题中来，利用函数的有关性质而加以解决. 本题将数列不等式的证明转换为证明函数不等式.

题 12 求所有的正实数对 (a,b)，使得函数 $f(x) = ax^2 + b$ 满足：对任意的实数 x、y，有
$$f(xy) + f(x+y) \geqslant f(x)f(y).$$

思路剖释 由题意，得
$$(ax^2 y^2 + b) + [a(x+y)^2 + b] \geqslant (ax^2 + b)(ay^2 + b). \quad ①$$

先求 a、b 所满足的必要条件.

在式①中，令 $y = 0$，得
$$b + (ax^2 + b) \geqslant (ax^2 + b)b$$

$$\Rightarrow (1-b)ax^2 + b(2-b) \geqslant 0.$$

由于 $a>0$,故 ax^2 可取到任意大的正值,因此,必有 $1-b\geqslant 0$,即 $0<b\leqslant 1$.

在式①中,再令 $y=-x$,得
$$(ax^4+b)+b \geqslant (ax^2+b)^2$$
$$\Rightarrow (a-a^2)x^4 - 2abx^2 + (2b-b^2) \geqslant 0. \qquad ②$$

将式②左边记为 $g(x)$,显然,$a-a^2 \neq 0$. 否则,由 $a>0$,知 $a=1$,此时,得
$$g(x) = -2bx^2 + (2b-b^2) \quad (b>0).$$

则 $g(x)$ 可取到负值,矛盾. 故
$$g(x) = (a-a^2)\left(x^2 - \frac{ab}{a-a^2}\right) - \frac{(ab)^2}{a-a^2} + (2b-b^2)$$
$$= (a-a^2)\left(x^2 - \frac{b}{1-a}\right)^2 + \frac{b}{1-a}(2-2a-b)$$
$$\geqslant 0$$

对一切实数 x 成立. 于是 $a-a^2 > 0$,即 $0<a<1$.

进一步,考虑到此时 $\frac{b}{1-a} > 0$,再由
$$g\left(\sqrt{\frac{b}{1-a}}\right) = \frac{b}{1-a}(2-2a-b) \geqslant 0,$$

知 $2a+b \leqslant 2$. 从而,求得 a、b 满足的必要条件为
$$0 < b \leqslant 1, \quad 0 < a < 1, \quad 2a+b \leqslant 2. \qquad ③$$

下面证明,对于满足条件③的任意实数对 (a,b) 及任意非负实数 x,y,式①总成立,即
$$h(x,y)$$
$$= (a-a^2)x^2y^2 + a(1-b)(x^2+y^2) + 2axy + (2b+b^2) \geqslant 0.$$

事实上,在条件③成立时,有
$$a(1-b) \geqslant 0, \quad a-a^2 > 0,$$
$$\frac{b}{1-a}(2-2a-b) \geqslant 0.$$

再结合 $x^2+y^2 \geqslant -2xy$,得
$$h(x,y) \geqslant (a-a^2)x^2y^2 + a(1-b)(-2xy) + 2axy + (2b-b^2)$$
$$= (a-a^2)x^2y^2 + 2abxy + (2b-b^2)$$
$$= (a-a^2)\left(xy + \frac{b}{1-a}\right)^2 + \frac{b}{1-a}(2-2a-b)$$
$$\geqslant 0.$$

综上所述,所求的正实数对 (a,b) 全体为
$$\{(a,b) \mid 0<b\leqslant 1, 0<a<1, 2a+b\leqslant 2\}.$$

题 13 已知函数 $f(x)$ 在定义域 $(0,+\infty)$ 内是单调函数,若 $\forall x \in (0,+\infty)$,都有 $f\left[f\left(\frac{1}{x}\right) - x\right] = 2$,则不等式 $f(x) > 2x$ 的解集为 _____.

思路剖释 因函数 $f(x)$ 在定义域 $(0,+\infty)$ 内是单调函数,故 $f\left(\dfrac{1}{x}\right)-x=t$ (t 为正的常数),即 $f\left(\dfrac{1}{x}\right)=x+t$,从而,有 $f(x)=\dfrac{1}{x}+t$. 又 $f(t)=\dfrac{1}{t}+t=2$,故 $t=1$. 于是 $f(x)=\dfrac{1}{x}+1$.

由 $f(x)>2x$,得 $\dfrac{1}{x}+1-2x>0$,即
$$\dfrac{(2x+1)(x-1)}{x}<0.$$
因函数 $f(x)$ 的定义域为 $(0,+\infty)$,故不等式 $f(x)>2x$ 的解集为 $(0,1)$.

7.4 函数与数列

1. 数列的几个知识点

(1) 按照一定顺序排列的无穷多个数:
$$x_1,x_2,\cdots,x_n,\cdots \qquad ①$$
称为数列,记作 $\{x_n\}$,并称式①中 x_1 为数列的第一项,x_2 为数列的第二项,依次类推,称 x_n 为数列的第 n 项或通项. 对于给定的数列 $\{x_n\}$,由于其各项 x_n 的取值是由其下标 n 唯一确定,故称 $x_n=f(n)(n\in\mathbf{N}^*)$ 为下标函数. 换言之,数列 $\{x_n\}$ 可视为定义在正整数集 $\mathbf{N}^*$ 上的函数.

称 $S_n=x_1+x_2+\cdots+x_n$ 为数列①的前 n 项之和,则
$$x_n=S_n-S_{n-1} \quad (n\geqslant 2) \qquad ②$$

(2) 等差数列. 若 $\forall n\in\mathbf{N}^*$,恒有 $x_{n+1}-x_n=d$(常数),即 $\{x_n\}$ 为 $x_1,x_1+d,x_1+2d,\cdots,x_1+(n-1)d,\cdots$,称这样的数列 $\{x_n\}$ 为等差数列,其中 d 为公差. 此时,一般项为 $x_n=x_1+(n-1)d$,部分和为
$$S_n=\dfrac{n(x_1+x_n)}{2}. \qquad ③$$

(3) 等比数列. 若 $\forall n\in\mathbf{N}^*$,恒有 $\dfrac{x_{n+1}}{x_n}=q$(q 为非零常数),且 $x_n\neq 0$($n=1,2,\cdots$),即数列 $\{x_n\}$ 为 $x_1,x_1q,x_1q^2,\cdots,x_1q^{n-1},\cdots$,称这样的数列 $\{x_n\}$ 为等比数列,其中 q 为公比. 此时,一般项为 $x_n=x_1q^{n-1}$,部分和为
$$S_n=\dfrac{x_1(1-q^n)}{1-q} \quad (q\neq 1). \qquad ④$$

2. 数列极限的描述性定义

定义 1 已给数列 $\{x_n\}$,如果当 n 无限增大,即 $n \to \infty$ 时,x_n 无限地趋近于某个常数 A,则称数列 $\{x_n\}$ 有极限,极限为 A,记作

$$\lim_{n \to \infty} x_n = A, \quad \text{或} \quad x_n \to A \ (n \to \infty). \tag{5}$$

如果 $\{x_n\}$ 有极限,则称数列 $\{x_n\}$ 是收敛的.否则,称数列 $\{x_n\}$ 是发散的.

大家知道:两个数 a 与 b 之间的接近程度可用绝对值 $|a-b|$ 来度量,$|a-b|$ 越小,a 与 b 就越接近,如数列 $x_n = 1 + \dfrac{(-1)^{n-1}}{n}$.由于 $|x_n - 1| = \dfrac{1}{n}$,故随 n 的不断增大,$|x_n - 1|$ 就会无限地变小,从而 $\{x_n\}$ 可无限地接近于常数 1.

事实上,若要使 $|x_n - 1| < \dfrac{1}{10^2}$,则只要 $n > 100$.因为当 $n > 100$ 时,就有 $|x_n - 1| = \dfrac{1}{n} < \dfrac{1}{10^2}$,亦即从第 101 项起以后的一切项均能满足这个要求.又若要使 $|x_n - 1| < \dfrac{1}{10^3}$,则只要 $n > 1000$,因为当 $n > 1000$ 时,就有 $|x_n - 1| = \dfrac{1}{n} < \dfrac{1}{10^3}$,亦即从第 1001 项起以后的一切项均能满足这个要求.类似地,若要使 $|x_n - 1| < \dfrac{1}{10^k}(k \in \mathbf{N}^*)$,则只要 $n > 10^k$,因为当 $n > 10^k$ 时,就有 $|x_n - 1| = \dfrac{1}{n} < \dfrac{1}{10^k}$,亦即从第 $(10^k + 1)$ 项起以后的一切项均能满足这个要求.上述表明:当 n 无限增大时,$|x_n - 1| = \dfrac{1}{n}$ 与 0 可以任意地接近.换言之,要使 $|x_n - 1|$ 任意小,只要 n 足够大,故有 $x_n \to 1 (n \to \infty)$.

3. 数列极限的"$\varepsilon - N$"定义

用希腊字母 $\varepsilon > 0$ 表示任意小的正数.在上面对数列的论述中,若将 $\dfrac{1}{10^k}$ 换成预先任意给定的 $\varepsilon > 0$,要使 $|x_n - 1| < \varepsilon$,即 $\dfrac{1}{n} < \varepsilon$,只需 $n > \dfrac{1}{\varepsilon}$.因项数 n 是正整数,而 $\dfrac{1}{\varepsilon}$ 未必是整数,故需利用取整函数,取 $N = \left[\dfrac{1}{\varepsilon}\right]$,则当 $n > N$ 时,就有不等式 $|x_n - 1| < \varepsilon$ 成立.这表明:对于任意给定的 $\varepsilon > 0$,第 $N = \left[\dfrac{1}{\varepsilon}\right]$ 项之后的一切项,总有 $|x_n - 1| < \varepsilon$ 成立.据此,用"$\varepsilon - N$"方法给出下面数列极限的定义.

定义 2 已知数列 $\{x_n\}$,如果对于任意给定的正数 ε,不论它怎样小,都存在着这样一个正整数 N,使得当 $n > N$ 时,不等式 $|x_n - A| < \varepsilon$ 恒成立,则 $\lim\limits_{n \to \infty} x_n = A$.

注 (1) 采用逻辑符号,本定义可简写成:若 $\forall \varepsilon > 0$,$\exists N > 0$,当 $n > N$ 时,恒有 $|x_n - A| < \varepsilon$,则 $x_n \to A (n \to \infty)$.

(2) 依定义,对于任意给定的 $\varepsilon > 0$,要去找正整数 N,可见,N 是依赖于 ε 的.例如,在对刚才的数列的讨论中,若取 $\varepsilon = \dfrac{1}{10^2}$,则 N 可取 100,当然,N 也可取 101,102,103,$\cdots$,所以要

找的 N 不是唯一的.当然感兴趣的是:第 N 项之后数列各项的变化趋势,它是否与某个常数无限地接近,而不去计较前面的有限项 $x_1,x_2,\cdots,x_N$.

(3) 借助于邻域 $U(A,\varepsilon)=(A-\varepsilon,A+\varepsilon)$,定义 2 可叙述为:若 $\forall U(A,\varepsilon)$,$\exists N>0$,当 $n>N$ 时,恒有 $x_n\in U(A,\varepsilon)$,则 $x_n\to A(n\to\infty)$.因此 $x_n\to A(n\to\infty)$ 的几何意义是:当 $n>N$,所有点 $x_{N+1},x_{N+2},x_{N+3},\cdots$ 全落在开区间 $(A-\varepsilon,A+\varepsilon)$ 内,至多只有有限多个点 $x_1,x_2,x_3,\cdots,x_N$ 在 $(A-\varepsilon,A+\varepsilon)$ 之外(图 7.8).

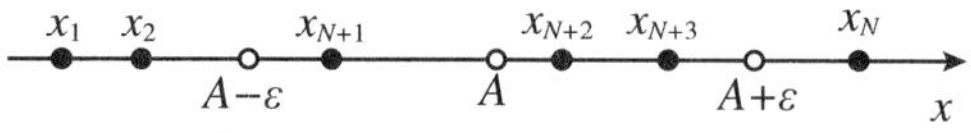

图 7.8

4. 数列极限的一个存在准则

若数列 $\{x_n\}$ 具有性质:
$$x_1\leqslant x_2\leqslant x_3\leqslant\cdots\cdots\leqslant x_n\leqslant\cdots\quad(\text{或}\ x_1\geqslant x_2\geqslant x_3\geqslant\cdots\geqslant x_n\geqslant\cdots),$$
则称数列 $\{x_n\}$ 单调增加(或单调减少).

若存在常数 M,使得 $\forall n\in\mathbf{N}^*$,恒有
$$x_n\leqslant M\quad(\text{或}\ x_n\geqslant M),$$
则称数列 $\{x_n\}$ 有上界 M(或有下界 M).否则,称 $\{x_n\}$ 无上界(或无下界).

若数列 $\{x_n\}$ 既有上界又有下界,则称数列 $\{x_n\}$ 有界.

单调增加数列与单调减少数列统称为单调数列,下面给出单调数列极限的存在准则.

数列极限存在准则 单调增加且有上界的数列必有极限;单调减少且有下界的数列也必有极限.

5. 数列极限的夹逼准则

已给三个数列 $\{x_n\},\{y_n\},\{z_n\}$,满足:

(i) 如果存在正整数 N_0,使得当 $n\geqslant N_0$ 时,恒有 $y_n\leqslant x_n\leqslant z_n$;

(ii) $\lim\limits_{n\to\infty}y_n=\lim\limits_{n\to\infty}z_n=A$.

则 $\lim\limits_{n\to\infty}x_n$ 存在,且 $\lim\limits_{n\to\infty}x_n=A$.

6. 数列与函数的关系

由于数列 $\{x_n\}$ 是定义在正整数集 $\mathbf{N}^*$ 上的函数,所以数列 $\{x_n\}$ 可与函数 $y=f(x)$ 进行类比.数列与函数具有共性.例如,单调函数与单调数列;函数和数列极限存在的"夹逼准则",以及参数的取值范围的计算,都具有相似的计算方法.利用数列通项递推式求通项的表达式相当于求函数方程的解.

由于数列是离散变量的函数,故又有它自身的特性.例如,单调增加有上界的数列必有极限等性质.要善于将离散变量转换为连续变量,然后再转换为离散变量,这就是特殊→一般→特殊的解题思想.例如,对离散变量 n 是不能求导的,因此,要把离散变量 n 先转换到

连续变量 x，关于 x 求导，再转换回到离散变量.

7. 几个常用极限

(1) 若 $|q|<1$，则 $\lim\limits_{n\to\infty} q^n = 0$，参见题 4(2).

(2) 若 $a>0$，则 $\lim\limits_{n\to\infty} \sqrt[n]{a} = 1$.

(3) $\lim\limits_{n\to\infty} \sqrt[n]{n} = 1$，参见题 4(8).

(4) $\lim\limits_{n\to\infty} \left(1+\dfrac{1}{n}\right)^n = \mathrm{e}$，参见题 11.

(5) $\lim\limits_{x\to 0}(1+x)^{\frac{1}{x}} = \mathrm{e}$.

(6) **洛必达法则** 设函数 $f(x)$ 与 $g(x)$ 在 $\mathring{U}(x_0,\delta)$ 内满足下列三个条件：

(i) $\lim\limits_{x\to x_0} = \lim\limits_{x\to x_0}(x) = 0$；

(ii) $f(x)$ 与 $g(x)$ 可导，且 $g(x)\neq 0$；

(iii) $\lim\limits_{x\to x_0}\dfrac{f'(x)}{g'(x)} = A$.

则 $\lim\limits_{x\to x_0}\dfrac{f(x)}{g(x)} = \lim\limits_{x\to x_0}\dfrac{f'(x)}{g'(x)} = A$. 其中

$$\mathring{U}(x_0,\delta) = \{x \mid 0<|x-x_0|<\delta\},$$

亦即

$$\mathring{U}(x_0,\delta) = \{x \mid x \in (x_0-\delta, x_0) \cup (x_0, x_0+\delta)\}.$$

因 $\lim\limits_{x\to\infty}\sin x = 0, \lim\limits_{x\to 0}(1-\cos x) = 0$，故利用洛必达法则，分子、分母同时求导，可得两个常用的极限：

$$\lim\limits_{x\to 0}\dfrac{\sin x}{x} = 1,$$

$$\lim\limits_{x\to 0}\dfrac{1-\cos x}{x^2} = \dfrac{1}{2}.$$

题1 求解下列各题.

(1) 给出等差数列 $\{a_n\}$ 中任意两项 $a_p = A, a_q = B\,(p,q\in\mathbf{N}^*, p\neq q)$. 试问这样的等差数列是否唯一确定？

(2) 设无穷等差数列 $\{a_n\}$ 的前 n 项和为 S_n，求所有的无穷等差数列 $\{a_n\}$，使得对于一切正整数 k 都有 $S_k^2 = (S_k)^2$ 成立.

(3) 已知等比数列 $\{a_n\}$：$a_1 = 3$，且第一项至第八项的几何平均数为 9，则第三项是 _____ .

(4) 已知数列 $\{a_n\}$ 的前 n 项和为 S_n，且 $a_n = -2[n-(-1)^n]$，求 S_{99}.

(5) 已知数列 $\{a_n\}$ 中，$a_1 = 0, a_n = \dfrac{n^2+1}{n^2-1}(n\geqslant 2)$，求数列的前 n 项的和 S_n.

(6) 求数列 $\left\{\dfrac{2n-1}{2^n}\right\}$ 的前 n 项和 S_n.

(7) 设 $\{a_n\}$ 的前 n 项和 $S_n = 2a_n - 1(n=1,2,3,\cdots)$,数列 $\{b_n\}$ 满足 $b_1 = 3, b_{k+1} = a_k + b_k (k=1,2,\cdots)$,求数列 $\{b_n\}$ 的前 n 项和.

(8) 已知正项等比数列 $\{a_n\}$ 满足
$$a_6 + a_5 + a_4 - a_3 - a_2 - a_1 = 49,$$ ①
则 $a_9 + a_8 + a_7$ 的最小值为 _____.

(9) 已知数列 $\{a_n\},\{b_n\}$ 满足 $a_1 = -1, b_1 = 2, a_{n+1} = -b_n, b_{n+1} = 2a_n - 3b_n (n \in \mathbf{Z}^+)$,求 $b_{2019} + b_{2020}$ 之值.

(10) 已知数列 $a_0, a_1, a_2, \cdots, a_n, \cdots$ 满足关系式
$$(3 - a_{n+1})(6 + a_n) = 18,$$ ①
且 $a_0 = 3$,求 $\sum\limits_{k=0}^{n} \dfrac{1}{a_k}$.

思路剖释 (1) 给出 $a_p = A, a_q = B$,就是给出两点 $(p,A)、(q,B)$. 因此,过这两点的直线 $y = kx + b$ 被唯一确定. 故等差数列 $a_n = kn + b$ 也被唯一确定.

(2) **方法 1** 设等差数列 $\{a_n\}$ 的首项 a_1 和公差 d.

由等差数列的前 n 项和公式 $S_n = na_1 + \dfrac{n}{2}(n-1)d$ 和条件 $S_{k^2} = (S_k)^2$,得
$$k^2 a_1 + \dfrac{k^2}{2}(k^2 - 1)d = \left[ka_1 + \dfrac{k}{2}(k-1)d\right]^2,$$

展开,利用多项式恒等,解得 $\begin{cases} a_1 = 0, \\ d = 0, \end{cases}$ 或 $\begin{cases} a_1 = 1, \\ d = 2, \end{cases}$ 或 $\begin{cases} a_1 = 1, \\ d = 0. \end{cases}$

方法 2 若设等差数列的前 n 项和公式为 $S_n = an^2 + bn$,则 $ak^4 + bk^2 = (ak^2 + bk)^2$,即
$$ak^4 + bk^2 = a^2 k^4 + 2abk^3 + b^2 k^2$$

对于一切正整数 k 成立,所以
$$\begin{cases} a = 0, \\ b = 0, \end{cases} \quad 或 \begin{cases} a = 1, \\ b = 0, \end{cases} \quad 或 \begin{cases} a = 0, \\ b = 1, \end{cases}$$
即
$$\begin{cases} a_1 = 0, \\ d = 0, \end{cases} \quad 或 \begin{cases} a_1 = 1, \\ d = 2, \end{cases} \quad 或 \begin{cases} a_1 = 1, \\ d = 0, \end{cases}$$

所以满足条件的无穷等差数列 $\{a_n\}$ 为 $a_n = 0$ 或 $a_n = 2n - 1$ 或 $a_n = 1$.

注 等差数列 $\{a_n\}$ 的通项公式为 $a_n = a_1 + (n-1)d, n \in \mathbf{N}^*$,即
$$a_n = dn + a_1 - d.$$
它可以看成 a_n 关于项数 n 的一次函数
$$a_n = kn + b,$$
其中 k, b 均为常数.

等差数列$\{a_n\}$的前n项和的公式为

$$S_n = \frac{a_1 + a_n}{2} \times n = \frac{a_1 + [a_1 + (n-1)d]}{2} \times n = a_1 + \frac{n}{2}(n-1)d \quad (n \in \mathbf{N}^*),$$

即

$$S_n = \frac{d}{2}n^2 + \left(a_1 - \frac{d}{2}\right)n.$$

它可以看成S_n关于项数n的二次函数

$$S_n = an^2 + bn,$$

且此二次函数的常数项为零.

综上所述,a_n是离散变量n的一次函数,S_n是离散变量n的二次函数.

等比数列$\{a_1 q^{n-1}\}$的前n项和S_n为

$$S_n = \begin{cases} na_1, & q = 1, \\ \dfrac{a_1(1-q^n)}{1-q} = \dfrac{a_1 - a_n q}{1-q}, & q \neq 1. \end{cases}$$

(3) 依题设,有

$$a_1 \cdot a_1 q \cdot a_1 q^2 \cdot a_1 q^3 \cdot a_1 q^4 \cdot a_1 q^5 \cdot a_1 q^6 \cdot a_1 q^7 = 9^8,$$

即$3^8 \cdot q^{28} = 9^8$,求得$q = 3^{\frac{2}{7}}$. 故第三项$a_3 = a_1 q^2 = 3\sqrt[7]{81}$.

(4)

$$\begin{aligned}
S_{99} &= a_1 + a_2 + \cdots + a_{99} \\
&= -2[1 - (-1)^1] - 2[2 - (-1)^2] - \cdots - 2[99 - (-1)^{99}] \\
&= -2[(1 + 2 + \cdots + 99)] + 2 \times [(-1)^1 + (-1)^2 + \cdots + (-1)^{99}] \\
&= -2 \times \frac{(1+99) \times 99}{2} + 2 \times (-1) \\
&= -9902.
\end{aligned}$$

注 将数列中的某些项分解而重新组合,使之能够消去一些项,最终达到求和的目的.

(5) 由

$$\begin{aligned}
a_n &= \frac{n^2+1}{n^2-1} = \frac{n^2-1+2}{n^2-1} = 1 + \frac{2}{n^2-1} \\
&= 1 + \frac{2}{(n+1)(n-1)} = 1 + \left(\frac{1}{n-1} - \frac{1}{n+1}\right),
\end{aligned}$$

得

$$\begin{aligned}
S_n &= a_1 + a_2 + \cdots + a_n \\
&= 0 + (n-1) + \left(1 - \frac{1}{3}\right) + \left(\frac{1}{2} - \frac{1}{4}\right) + \left(\frac{1}{3} - \frac{1}{5}\right) + \left(\frac{1}{4} - \frac{1}{6}\right) \\
&\quad + \left(\frac{1}{5} - \frac{1}{7}\right) + \cdots + \left(\frac{1}{n-1} - \frac{1}{n+1}\right) \\
&= n - 1 + \left(1 + \frac{1}{2} - \frac{1}{n} - \frac{1}{n+1}\right) = \frac{1}{2} + n - \frac{1}{n} - \frac{1}{n+1}.
\end{aligned}$$

注 裂项法求和是常用的方法.

(6)
$$S_n = \frac{1}{2} + \frac{3}{2^2} + \frac{5}{2^3} + \cdots + \frac{2n-1}{2^n},$$
$$\frac{1}{2}S_n = \frac{1}{2^2} + \frac{3}{2^3} + \frac{5}{2^4} + \cdots + \frac{2n-1}{2^{n+1}}.$$

两式相减,得

$$\frac{1}{2}S_n = \frac{1}{2} + 2 \times \left(\frac{1}{2^2} + \frac{1}{2^3} + \cdots + \frac{1}{2^n}\right) - \frac{2n-1}{2^{n+1}}$$

$$= \frac{1}{2} + \left(\frac{1}{2} + \frac{1}{2^2} + \cdots + \frac{1}{2^{n-1}}\right) - \frac{2n-1}{2^{n+1}}$$

$$= \frac{1}{2} + \left[\frac{\frac{1}{2} - \frac{1}{2^n}}{1 - \frac{1}{2}}\right] - \frac{2n-1}{2^{n+1}}$$

$$= \frac{1}{2} + \left(1 - \frac{1}{2^{n-1}}\right) - \frac{2n-1}{2^{n+1}}$$

$$= \frac{3}{2} - \left(\frac{1}{2^{n-1}} + \frac{2n-1}{2^{n+1}}\right)$$

$$= \frac{3}{2} - \frac{2n+3}{2^{n+1}}.$$

注 错位相减法用于求形如$\{a_n b_n\}$的数列前n项之和,其中$\{a_n\},\{b_n\}$分别为等差、等比数列.

(7) 因b_n依赖于a_n,故应先求出a_n. 因
$$S_n = 2a_n - 1, \qquad ①$$
知
$$S_{n-1} = 2a_{n-1} - 1 \quad (n \geqslant 2), \qquad ②$$
由①-②,得
$$a_n = 2a_{n-1} \quad (n \geqslant 2).$$
当$n = 1$时,$a_1 = S_1 = 2a_1 - 1$,求得$a_1 = 1$.

故$\{a_n\}$是以1为首项、公比为2的等比数列.

对于$b_{k+1} = a_k + b_k$,有$b_1 = 3, b_2 = a_1 + b_1, b_3 = a_2 + b_2, \cdots, b_n = a_{n-1} + b_{n-1}$,上述各式两端分别相加,得

$$b_n = S_{n-1} + b_1 = \frac{1 - 2^{n-1}}{1 - 2} + 3 = 2^{n-1} + 2,$$

故$\{b_n\}$的前n项和为

$$T_n = 1 + 2 + 2^2 + \cdots + 2^{n-1} + 2n = 2^n + 2n - 1.$$

注 给出数列$\{a_n\}$的递推式和初始值,求数列的通项时可用累加法.

(8) 设公比为q,则由式①,知

$$(q^3-1)(a_3+a_2+a_1)=49.$$

显然，$q^3-1>0$. 于是

$$a_3+a_2+a_1=\frac{49}{q^3-1}.$$

因此

$$\begin{aligned}
a_9+a_8+a_7 &= q^6(a_3+a_2+a_1)\\
&= \frac{49q^6}{q^3-1} = \frac{49[(q^3-1)+1]^2}{q^3-1}\\
&= \frac{49\cdot[(q^3-1)^2+2(q^3-1)+1]}{q^3-1}\\
&= 49\cdot\left((q^3-1)+2+\frac{1}{q^3-1}\right)\\
&= 49\cdot\left[(\sqrt{q^3-1})^2+2+\left(\frac{1}{\sqrt{q^3-1}}\right)^2\right] = 49\left(\sqrt{q^3-1}+\frac{1}{\sqrt{q^3-1}}\right)^2\\
&\geqslant 49\times 4 = 196.
\end{aligned}$$

当 $\sqrt{q^3-1}=\frac{1}{\sqrt{q^3-1}}$，即 $q=\sqrt[3]{2}$ 时，等号成立.

因此，$a_9+a_8+a_7$ 的最小值为 196.

(9) 由题设，知

$$\begin{cases} a_{k+1}=-b_k,\\ b_{k+2}=2a_{k+1}-3b_{k+1}.\end{cases}$$

于是

$$\begin{aligned}
b_{k+2}+b_{k+1} &= 2a_{k+1}-2b_{k+1}=-2(b_{k+1}+b_k)\\
&= (-2)^2(b_k+b_{k-1})=\cdots=(-2)^k(b_2+b_1).
\end{aligned} \qquad ①$$

所以 $b_1=2, b_2=2a_1-3b_1=-8, b_1+b_2=2-8=-6=3\times(-2)$.

在式①中，取 $k=2018$，得

$$\begin{aligned}
b_{2019}+b_{2020} &= (-2)^{2018}(b_2+b_1)=(-2)^{2018}\times 3\times(-2)\\
&= -3\times 2^{2019}.
\end{aligned}$$

(10) 由式①，得

$$-6a_{n+1}+3a_n-a_na_{n+1}=0. \qquad ②$$

由题设，得 $a_k\neq 0, k=0,1,2,\cdots$.

式②两边除以 a_na_{n+1}，得

$$\frac{1}{a_{n+1}}=\frac{2}{a_n}+\frac{1}{3}.$$

换元，设 $b_n=\frac{1}{a_n}$，则上式为

$$b_{n+1}=2b_n+\frac{1}{3}, \qquad ③$$

变形为
$$b_{n+1} + \frac{1}{3} = 2\left(b_n + \frac{1}{3}\right). \quad ④$$

数列 $\left\{b_n + \frac{1}{3}\right\}$ 是首项为 $b_n + \frac{1}{3} = \frac{1}{a_0} + \frac{1}{3} = \frac{1}{3} + \frac{1}{3} = \frac{2}{3}$、公比为 2 的等比数列，所以
$$b_n + \frac{1}{3} = \frac{2}{3} \times 2^n = \frac{1}{3} \times 2^{n+1}.$$

于是
$$b_n = \frac{1}{3}(2^{n+1} - 1),$$

$$\sum_{k=0}^{n} \frac{1}{a_k} = \sum_{k=0}^{n} b_k$$

$$= \frac{1}{3}(2-1) + \frac{1}{3}(2^2 - 1) + \frac{1}{3}(2^3 - 1) + \frac{1}{3}(2^{n+1} - 1)$$

$$= \frac{1}{3}[2 + 2^2 + \cdots + 2^{n+1} - (n+1)].$$

$$= \frac{1}{3}[2^{n+2} - 2 - (n+1)] = \frac{1}{3}(2^{n+2} - n - 3).$$

题 2　求下列极限.

(1) $\lim\limits_{n \to \infty} n^3 \left(\sin \dfrac{1}{n} - \dfrac{1}{2} \sin \dfrac{2}{n}\right).$

(2) $\lim\limits_{n \to \infty} \left(\dfrac{x_{n+1}}{x_n}\right)^{\frac{1}{x_n^2}}$，这里数列 $\{x_n\}$ 满足 $0 < x_1 < \pi$，$x_{n+1} = \sin x_n$ $(n = 1, 2, \cdots)$.

思路剖释　(1) 因 $\sin \dfrac{2}{n} = 2 \sin \dfrac{1}{n} \cos \dfrac{1}{n}$，故

$$原式 = \lim_{n \to \infty} n^3 \sin \frac{1}{n} \left(1 - \cos \frac{1}{n}\right) = \lim_{n \to \infty} \frac{\sin \dfrac{1}{n}}{\dfrac{1}{n}} \cdot \frac{1 - \cos \dfrac{1}{n}}{\left(\dfrac{1}{n}\right)^2} = \frac{1}{2}.$$

(2) 熟知 $\lim\limits_{x \to \infty} x_n = 0$. 因 $x_{n+1} = \sin x_n$，故将数列转化为函数.

令 $f(x) = \left(\dfrac{\sin x}{x}\right)^{\frac{1}{x^2}}$，利用重要极限 $\lim\limits_{u \to 0}(1+u)^{\frac{1}{u}} = \mathrm{e}$，知

$$\left(\frac{\sin x}{x}\right)^{\frac{1}{x^2}} = \left[\left(1 + \frac{\sin x - x}{x}\right)^{\frac{x}{\sin x - x}}\right]^{\frac{\sin x - x}{x^3}}.$$

因
$$\lim_{x \to 0}\left(1 + \frac{\sin x - x}{x}\right)^{\frac{x}{\sin x - x}} = \mathrm{e},$$

$$\lim_{x \to 0} \frac{\sin x - x}{x^3} \stackrel{\frac{0}{0}}{=} \lim_{x \to 0} \frac{\cos x - 1}{3x^2} \stackrel{\frac{0}{0}}{=} \lim_{x \to 0} \frac{-\sin x}{6x} = -\frac{1}{6},$$

故

$$\lim_{x \to 0}\left(\frac{\sin x}{x}\right)^{\frac{1}{x^2}} = e^{-\frac{1}{6}}.$$

又因 $\lim\limits_{n \to \infty} x_n = 0$,故

$$\lim_{n \to \infty}\left(\frac{x_{n+1}}{x_n}\right)^{\frac{1}{x_n^2}} = \lim_{n \to \infty}\left(\frac{\sin x_n}{x_n}\right)^{\frac{1}{x_n^2}} = e^{-\frac{1}{6}}.$$

题 3 利用夹逼准则求下列极限.

(1) $\lim\limits_{n \to \infty}\left(\dfrac{1}{\sqrt{n^2+1}} + \dfrac{1}{\sqrt{n^2+2}} + \cdots + \dfrac{1}{\sqrt{n^2+n}}\right)$.

(2) $\lim\limits_{n \to \infty}\left(\dfrac{n}{n^2+n+1} + \dfrac{n}{n^2+n+2} + \cdots + \dfrac{n}{n^2+n+n}\right)$.

(3) $\lim\limits_{x \to 0}\sqrt[n]{2^n + 3^n}$.

(4) $\lim\limits_{x \to 0} x\left[\dfrac{1}{x}\right]$,其中 $\left[\dfrac{1}{x}\right]$ 是 $\dfrac{1}{x}$ 的取整函数.

(5) $\lim\limits_{x \to +\infty} x^{\frac{1}{x}}$.

思路剖释 (1) 因为

$$\frac{n}{\sqrt{n^2+n}} < \frac{1}{\sqrt{n^2+1}} + \frac{1}{\sqrt{n^2+2}} + \cdots + \frac{1}{\sqrt{n^2+n}} < \frac{n}{\sqrt{n^2+1}},$$

所以

$$\lim_{n \to \infty} \frac{n}{\sqrt{n^2+n}} = \lim_{n \to \infty} \frac{1}{\sqrt{1+\frac{1}{n}}} = 1.$$

类似地,

$$\lim_{n \to \infty} \frac{n}{\sqrt{n^2+1}} = 1.$$

由夹逼准则,知原式 $= 1$.

(2) 记 $S_n = \dfrac{n}{n^2+n+1} + \dfrac{n}{n^2+n+2} + \cdots + \dfrac{n}{n^2+n+n}$,则

$$\frac{n}{n^2+n+n} + \frac{n}{n^2+n+n} + \cdots + \frac{n}{n^2+n+n} \leqslant S_n,$$

又

$$S_n \leqslant \frac{n}{n^2+n+1} + \frac{n}{n^2+n+1} + \cdots + \frac{n}{n^2+n+1},$$

而

$$\lim_{n \to \infty}\left(\frac{n}{n^2+n+n} + \frac{n}{n^2+n+n} + \cdots + \frac{n}{n^2+n+n}\right) = \lim_{n \to \infty} \frac{n^2}{n^2+2n} = 1,$$

$$\lim_{n \to \infty}\left(\frac{n}{n^2+n+1} + \frac{n}{n^2+n+1} + \cdots + \frac{n}{n^2+n+1}\right) = \lim_{n \to \infty} \frac{n^2}{n^2+n+1} = 1.$$

故由夹逼准则,得

$$\lim_{n\to\infty} S_n = 1.$$

(3) 注意到
$$3 \leqslant \sqrt[n]{2^n + 3^n} \leqslant \sqrt[n]{2^n \cdot 3^n} = 3\sqrt[n]{2},$$

因 $\lim\limits_{n\to\infty} \sqrt[n]{2} = 1$,故由夹逼准则,知
$$\lim_{n\to\infty} \sqrt[n]{2^n + 3^n} = 3.$$

(4) 当 $x \neq 0$ 时,有
$$\frac{1}{x} - 1 < \left[\frac{1}{x}\right] \leqslant \frac{1}{x}.$$

于是 $x > 0$ 时,上式两端乘以 x,得
$$1 - x < x\left[\frac{1}{x}\right] \leqslant 1.$$

由夹逼准则,得
$$\lim_{x\to 0^+} x\left[\frac{1}{x}\right] = 1.$$

类似地,当 $x < 0$ 时,有
$$1 - x > x\left[\frac{1}{x}\right] \geqslant 1.$$

再利用夹逼准则,得
$$\lim_{x\to 0^-} x\left[\frac{1}{x}\right] = 1.$$

因此
$$\lim_{x\to 0} x\left[\frac{1}{x}\right] = 1.$$

注 (i) 如果自变量 x 只从 x_0 的左侧趋近 x_0,则称 $\lim\limits_{x\to x_0^-} f(x) = A$ 为函数 $f(x)$ 在 x_0 处的左极限,记作 $f(x_0^-)$ 或 $f(x_0 - 0)$;若自变量 x 只从 x_0 的右侧趋近 x_0,则称 $\lim\limits_{x\to x_0^+} f(x) = A$ 为函数 $f(x)$ 在 x_0 处的右极限,记作 $f(x_0^+)$ 或 $f(x_0 + 0)$.

(ii) $\lim\limits_{x\to x_0} f(x) = A$ 当且仅当 $\lim\limits_{x\to x_0^-} f(x) = \lim\limits_{x\to x_0^+} f(x) = A$,即 $f(x_0^+) = f(x_0^-) = A$.

例如,设 $f(x) = |x|$,因 $\lim\limits_{x\to 0^+} f(x) = \lim\limits_{x\to 0^+} |x| = \lim\limits_{x\to 0^+} x = 0$,故 $f(0^+)$. 又 $\lim\limits_{x\to 0^-} f(x) = \lim\limits_{x\to 0^-} |x| = \lim\limits_{x\to 0^-} (-x) = 0$,故 $f(0^-) = 0$. 因 $f(0^+) = f(0^-) = 0$,故 $\lim\limits_{x\to 0} |x| = 0$.

(5) 熟知 $\lim\limits_{n\to +\infty} n^{\frac{1}{n}} = 1$. 由 $x \to +\infty$,可假设 $x > 1$. 故存在两个相邻的自然数 $n, n+1$,使得 $n \leqslant x < n+1$,即
$$\frac{1}{n+1} < \frac{1}{x} \leqslant \frac{1}{n},$$

于是
$$n^{\frac{1}{n+1}} \leqslant x^{\frac{1}{n+1}} < x^{\frac{1}{x}} \leqslant x^{\frac{1}{n}} < (n+1)^{\frac{1}{n}}.$$

而
$$\lim_{n\to+\infty} n^{\frac{1}{n+1}} = \lim_{n\to+\infty} n^{\frac{1}{n}\cdot\frac{n}{n+1}} = \lim_{n\to+\infty} (n^{\frac{1}{n}})^{\frac{n}{n+1}} = 1,$$
$$\lim_{n\to+\infty} (n+1)^{\frac{1}{n}} = \lim_{n\to+\infty} [(n+1)^{\frac{1}{n+1}}]^{\frac{n+1}{n}} = 1,$$

故由夹逼准则,知
$$\lim_{x\to+\infty} x^{\frac{1}{x}} = 1.$$

题 4 试用"ε-N"方法,证明下列各题.

(1) $\lim\limits_{n\to\infty}\dfrac{n}{n+1}=1$.

(2) 设 $|q|<1$,证明:数列 $1,q,q^2,\cdots,q^{n-1},\cdots$ 的极限是 0,即 $\lim\limits_{n\to\infty}q^{n-1}=0$.

(3) 若数列 $\{x_n\}$ 的极限存在,则必唯一.

(4) 设 $x_n\to A(n\to\infty)$,则 $\{x_n\}$ 有界,称此性质为收敛数列的有界性.

(5) 设 $\lim\limits_{n\to\infty}x_n=A$,且 $A>0$(或 $A<0$),则存在正整数 $N>0$,使得当 $n>N$ 时,均有 $x_n>0$(或 $x_n<0$).

(6) $\lim\limits_{n\to\infty}\dfrac{n}{2n+3}=\dfrac{1}{2}$.

(7) $\lim\limits_{n\to\infty}\dfrac{n}{n^2+1}=0$.

(8) $\lim\limits_{n\to\infty}\sqrt[n]{n}=1$.

(9) 若 $\lim\limits_{n\to\infty}x_n=a$,证明 $\lim\limits_{n\to\infty}|x_n|=|a|$;反之,如果数列 $\{|x_n|\}$ 有极限,但数列 $\{x_n\}$ 未必有极限,请举例说明.

(10) 数列 $\{x_n\}$ 收敛的充分必要条件是:$\{x_{2n-1}\}$ 和 $\{x_{2n}\}$ 都收敛,且极限相等.

思路剖释 (1) 因 $x_n=\dfrac{n}{n+1}, A=1$,故 $|x_n-A|=\left|\dfrac{n}{n+1}-1\right|=\dfrac{1}{n+1}$.

任给 ε>0,要使不等式
$$|x_n-A|<\varepsilon$$
成立,即 $\dfrac{1}{n+1}<\varepsilon$,亦即 $n>\dfrac{1}{\varepsilon}-1$. 只要取 $N=\left[\dfrac{1}{\varepsilon}-1\right]$,则当 $n>N$ 时,就有 $|x_n-A|<\varepsilon$ 成立,即 $\lim\limits_{n\to\infty}\dfrac{n}{n+1}=1$.

(2) 已给数列是首项为 1、公比为 q 的等比数列. 令 $x_n=q^{n-1}, A=0$,故 $|x_n-A|=|q|^{n-1}$.

任给 ε>0,考虑不等式
$$|x_n-A|=|q|^{n-1}<\varepsilon.$$
两边取对数,得
$$(n-1)\lg|q|<\lg\varepsilon.$$
因 $|q|<1$,所以 $\lg|q|<0$,故上式为

$$n > \frac{\lg \varepsilon}{\lg |q|} + 1.$$

通常取 $0 < \varepsilon < 1$, 故 $\frac{\lg \varepsilon}{\lg |q|} > 0$. 因此, 只要取 $N = \left[\frac{\lg \varepsilon}{\lg |q|} + 1\right]$, 则当 $n > N$ 时, 恒有

$$|q^{n-1} - 0| < \varepsilon$$

成立, 故 $\lim\limits_{n \to \infty} q^{n-1} = 0$, 证毕.

注 因 $0 < \frac{1}{3} < 1$, 故 $\lim\limits_{n \to \infty} \left(\frac{1}{3}\right)^n = \lim\limits_{n \to \infty} \frac{1}{3^n} = 0$. 又因 $0 < \left|-\frac{2}{5}\right| < 1$, 故 $\lim\limits_{n \to \infty} \left(-\frac{2}{5}\right)^n = 0$.

(3) 采用反证法.

假设 $\lim\limits_{n \to \infty} x_n = A$, $\lim\limits_{n \to \infty} x_n = B$, 且 $A \neq B$, 取 $\varepsilon = \frac{|A-B|}{2} > 0$, 依数列极限的定义, 则必存在 $N_1 > 0$ 和 $N_2 > 0$, 当 $n > N_1$ 时, 恒有 $|x_n - A| < \varepsilon$; 当 $n > N_2$ 时, 恒有 $|x_n - B| < \varepsilon$. 取 $N = \max\{N_1, N_2\}$, 则当 $n > N$ 时, 有 $|B - A| = |(x_n - A) - (x_n - B)| \leqslant |x_n - A| + |x_n - B| < \varepsilon + \varepsilon = 2\varepsilon = |B - A|$.

这是不可能的, 于是 $A = B$, 即数列极限存在且唯一.

(4) 欲证数列 $\{x_n\}$ 有界, 即要找到常数 $M > 0$, 使得 $|x_n| \leqslant M$ $(n = 1, 2, 3, \cdots)$.

事实上, 因 $x_n \to A$ $(n \to \infty)$, 故任取 $\varepsilon > 0$, 必存在 $N > 0$, 使得当 $n > N$ 时, 恒有 $|x_n - A| < \varepsilon$ 成立, 所以 $|x_n| = |(x_n - A) + A| \leqslant |x_n - A| + |A| < \varepsilon + |A|$ $(n > N)$. 取 $M = \max\{|x_1|, |x_2|, \cdots, |x_N|, \varepsilon + |A|\}$, 就有 $|x_n| \leqslant M$ $(n = 1, 2, 3, \cdots)$, 得证.

推论 无界数列必发散.

(5) 取定 $\varepsilon = \frac{A}{2} > 0$, 则存在 $N > 0$, 使得当 $n > N$ 时, 恒有

$$|x_n - A| < \varepsilon,$$

即

$$A - \varepsilon < x_n < A + \varepsilon,$$

亦即

$$\frac{A}{2} < x_n < \frac{3A}{2}.$$

因 $A > 0$, 故 $x_n > 0$. 当 $A < 0$ 时, 同法可证.

(6) 令 $x_n = \frac{n}{2n+3}$, 则

$$\left|x_n - \frac{1}{2}\right| = \left|\frac{n}{2n+3} - \frac{1}{2}\right| = \frac{3}{4n+6} < \frac{3}{4n} < \frac{4}{4n} = \frac{1}{n}.$$

故 $\forall \varepsilon > 0$, 要使不等式

$$\left|x_n - \frac{1}{2}\right| < \varepsilon$$

成立, 只需 $\frac{1}{n} < \varepsilon$ 成立. 取 $N = \left[\frac{1}{\varepsilon}\right]$, 则当 $n > N$ 时, 就有 $\left|x_n - \frac{1}{2}\right| < \varepsilon$, 即

$$\lim_{n\to\infty}\frac{n}{2n+3}=\frac{1}{2}.$$

(7) 令 $x_n=\dfrac{n}{n^2+1}$，则

$$|x_n-0|=\frac{n}{n^2-1}<\frac{n}{n^2}=\frac{1}{n}.$$

仿(6)，$\forall \varepsilon>0$，取 $N=\left[\dfrac{1}{\varepsilon}\right]$，则当 $n>N$ 时，就有

$$|x_n-0|<\varepsilon,$$

即 $\lim\limits_{n\to\infty}\dfrac{n}{n^2+1}=0$.

(8) 当 $n\geqslant 2$ 时，$\sqrt[n]{n}>1$，故可设 $\sqrt[n]{n}-1=x_n,x_n>0$，于是

$$n=(1+x_n)^n=1+nx_n+\frac{n(n-1)}{2}x_n^2+\cdots+x_n^n$$
$$>\frac{n(n-1)}{2}x_n^2.$$

因 $n\geqslant 2$，所以 $n-1\geqslant \dfrac{n}{2}$，因此

$$n>\frac{n^2}{4}x_n^2,$$

即 $x_n<\dfrac{2}{\sqrt{n}}$.

$\forall \varepsilon>0$，要使不等式 $|\sqrt[n]{n}-1|<\varepsilon$ 成立，只需 $\dfrac{2}{\sqrt{n}}<\varepsilon$，即 $\dfrac{4}{n}<\varepsilon^2$，取 $N=\left[\dfrac{4}{\varepsilon^2}\right]$，则当 $n>N$ 时，就有 $|\sqrt[n]{n}-1|<\varepsilon$，即 $\lim\limits_{n\to\infty}\sqrt[n]{n}=1$.

注 由 $0<x_n<\dfrac{2}{\sqrt{n}}$，及 $\lim\limits_{n\to\infty}\dfrac{2}{\sqrt{n}}=0$，得 $\lim\limits_{n\to\infty}x_n=0$，故 $\lim\limits_{n\to\infty}\sqrt[n]{n}=1$.

(9) 因 $\lim\limits_{n\to\infty}x_n=a$，故 $\forall \varepsilon>0$，$\exists N>0$，当 $n>N$ 时，恒有 $|x_n-a|<\varepsilon$. 于是 $||x_n|-|a||\leqslant|x_n-a|<\varepsilon$ 也成立. 这表明 $\lim\limits_{n\to\infty}|x_n|=|a|$. 反之，取数列 $\{x_n\}=\{(-1)^n\}$，它是摆动数列 $-1,1,-1,1,\cdots$ 不是收敛的，但是 $\{|x_n|\}$ 为 $1,1,\cdots$ 有 $\lim\limits_{n\to\infty}|x_n|=1$，得证.

(10) 必要性. 若 $\{x_n\}$ 收敛，记 $\lim\limits_{n\to\infty}x_n=a$. 用"$\varepsilon-N$"语言，就有 $\forall \varepsilon>0$，$\exists N>0$，当 $n>N$ 时，恒有 $|x_n-a|<\varepsilon$. 当然也有 $|x_{2k-1}-a|<\varepsilon$，$|x_{2k}-a|<\varepsilon$ 同时成立，故 $\lim\limits_{k\to\infty}x_{2k-1}=\lim\limits_{k\to\infty}x_{2k}=a$，必要性得证.

充分性. 设 $\lim\limits_{n\to\infty}x_{2n-1}=\lim\limits_{n\to\infty}x_{2n}=a$，则 $\forall \varepsilon>0$，$\exists N_1>0$，当 $n>N_1$ 时，恒有 $|x_{2n-1}-a|<\varepsilon$；又 $\exists N_2>0$，当 $n>N_2$ 时，恒有 $|x_{2n}-a|<\varepsilon$. 取 $N=\max\{N_1,N_2\}$，则当 $n>N$ 时，恒有 $|x_n-a|<\varepsilon$，即 $\lim\limits_{n\to\infty}x_n=a$.

证毕.

题 5 求下列极限.

(1) $\lim\limits_{n\to\infty}(a^{-n}+b^{-n})^{\frac{1}{n}}$,其中 $0<a<b$.

(2) $\lim\limits_{n\to\infty}\dfrac{x_{n+1}}{x_n}$,其中 $x_n=(1+a)^n+(1-a)^n$.

(3) $\lim\limits_{n\to\infty}\left(\dfrac{n+1}{n}\right)^{(-1)^n}$.

(4) $\lim\limits_{n\to\infty}\dfrac{1^p+2^p+3^p+\cdots+n^p}{n^{p+1}}$ $(p>0)$.

思路剖释 (1) 利用恒等变形求极限.

因 $0<a<b$,故 $\lim\limits_{n\to\infty}\left(\dfrac{a}{b}\right)^n=0$. 于是

$$\lim_{n\to\infty}(a^{-n}+b^{-n})^{\frac{1}{n}}=\lim_{n\to\infty}\left(\dfrac{1}{a^n}+\dfrac{1}{b^n}\right)^{\frac{1}{n}}=\lim_{n\to\infty}\left(\dfrac{b^n+a^n}{a^n b^n}\right)^{\frac{1}{n}}$$

$$=\lim_{n\to\infty}\dfrac{1}{a}\left(\dfrac{b^n+a^n}{b^n}\right)^{\frac{1}{n}}=\lim_{n\to\infty}\dfrac{1}{a}\left[1+\left(\dfrac{a}{b}\right)^n\right]^{\frac{1}{n}}=\dfrac{1}{a}.$$

(2) 利用等比数列的性质求极限.

依题意,分 $a>0,a<0,a=0$ 三种情形加以讨论.

(i) 当 $a>0$ 时,$\left|\dfrac{1-a}{1+a}\right|<1$,则

$$\lim_{n\to\infty}\dfrac{x_{n+1}}{x_n}=\lim_{n\to\infty}\dfrac{(1+a)^{n+1}+(1-a)^{n+1}}{(1+a)^n+(1-a)^n},\quad\text{①}$$

分子分母同除以 $(1+a)^{n+1}$,得

$$\lim_{n\to\infty}\dfrac{x_{n+1}}{x_n}=\lim_{n\to\infty}\dfrac{1+\left(\dfrac{1-a}{1+a}\right)^{n+1}}{\dfrac{1}{1+a}+\left(\dfrac{1-a}{1+a}\right)^n\cdot\dfrac{1}{1+a}}=\dfrac{1}{\dfrac{1}{1+a}}=1+|a|.$$

(ii) 当 $a=0$ 时,$x_n=2$,

$$\lim_{n\to\infty}\dfrac{x_{n+1}}{x_n}=1.$$

(iii) 当 $a<0$ 时,$\left|\dfrac{1+a}{1-a}\right|<1$. 式①的分子分母同除以 $(1-a)^{n+1}$,得

$$\lim_{n\to\infty}\dfrac{x_{n+1}}{x_n}=\lim_{n\to\infty}\dfrac{\left(\dfrac{1+a}{1-a}\right)^{n+1}+1}{\left(\dfrac{1+a}{1-a}\right)^n\cdot\dfrac{1}{1-a}+\dfrac{1}{1-a}}=\dfrac{1}{\dfrac{1}{1-a}}=1+|a|.$$

综上,可得

$$\lim_{n\to\infty}\dfrac{x_{n+1}}{x_n}=1+|a|.$$

注 公比为 q 的等比数列 $\{q^n\}$,当 $|q|<1$ 时,$\lim\limits_{n\to\infty}q^n=0$.

(3) 记 $x_n=\left(\dfrac{n+1}{n}\right)^{(-1)^n}$,因

$$\lim_{k\to\infty} x_{2k+1} = \lim_{k\to\infty}\left(\frac{2k+2}{2k+1}\right)^{-1} = \lim_{k\to\infty}\frac{2k+1}{2k+2} = 1,$$

$$\lim_{k\to\infty} x_{2k} = \lim_{k\to\infty}\frac{2k+1}{2k} = 1,$$

故由 $\lim_{k\to\infty} x_{2k} = \lim_{k\to\infty} x_{2k+1} = 1$,知 $\lim_{n\to\infty} x_n$ 存在,且 $\lim_{n\to\infty} x_n = 1$. 故原式 $= 1$.

注 $\lim_{n\to\infty}\left(\frac{n+1}{n}\right)^{(-1)^n} = \lim_{n\to\infty}\left[\left(1+\frac{1}{n}\right)^n\right]^{\frac{(-1)^n}{n}}$.

因 $\lim_{n\to\infty}\left(1+\frac{1}{n}\right)^n = e$,又 $\lim_{n\to\infty}\frac{(-1)^n}{n} = 0$,故 $\lim_{n\to\infty}\left(\frac{n+1}{n}\right)^{(-1)^n} = 1$.

(4) 利用定积分的定义求极限.

设 $f(x)$ 在 $[a,b]$ 上连续,则 $f(x)$ 在 $[a,b]$ 上可积,依定义 $\int_a^b f(x)\mathrm{d}x = \lim_{\lambda\to 0}\sum_{i=1}^n f(\xi_i)\Delta x_i$,其中 $a = x_0 < x_1 < x_2 < \cdots < x_n = b$ 是 $[a,b]$ 的任一划分,$\Delta x_i = x_i - x_{i-1}$,$\xi_i \in [x_{i-1},x_i]$ 为任取的点.

将 $[a,b]$ 划分为 n 等份,取 $\xi_i = a + i \cdot \frac{b-a}{n}$ 为小区间 $[x_{i-1},x_i]$ 的右端点,则

$$\int_a^b f(x)\mathrm{d}x = \lim_{n\to\infty} f\left(a + i \cdot \frac{b-a}{n}\right)\frac{1}{n}.$$

因

$$\lim_{n\to\infty}\frac{1^p + 2^p + 3^p + \cdots + n^p}{n^{p+1}} = \left[\left(\frac{1}{n}\right)^p + \left(\frac{2}{n}\right)^p + \left(\frac{3}{n}\right)^p + \cdots + \left(\frac{n}{n}\right)^p\right]\frac{1}{n}$$

$$= \sum_{i=1}^n \left(\frac{i}{n}\right)^p \frac{1}{n},$$

故上式可看作函数 $f(x) = x^p$ 在 $[0,1]$ 上的一个积分和. 因此,原式 $= \lim_{n\to\infty}\sum_{i=1}^n \left(\frac{i}{n}\right)^p \frac{1}{n} = \int_0^1 x^p \mathrm{d}x = \frac{1}{p+1}$.

题 6 求解下列各题.

(1) 已知函数

$$f(x) = \frac{25^x}{25^x + 5},$$

则 $\sum_{k=1}^{2018} f\left(\frac{k}{2019}\right) =$ _____.

(2) 已知函数 $f(x)$ 的图像关于点 $(2004, a)$ 对称,如果

$$\sum_{k=0}^{4008} f(k) = 4009,$$

求 a 的值.

思路剖释 (1) 数列 $f\left(\frac{1}{2019}\right), f\left(\frac{2}{2019}\right), \cdots, f\left(\frac{2018}{2019}\right)$ 的求和问题.

取 $k=1,2,3,\cdots,2018$, 则 $0<\dfrac{k}{2019}<1$.

当 $0<x<1$ 时,
$$f(1-x)=\dfrac{25^{1-x}}{25^{1-x}+5}=\dfrac{1}{1+\dfrac{5}{25^{1-x}}}=\dfrac{1}{1+5\times 25^{x-1}}$$
$$=\dfrac{5}{(1+5\times 25^{x-1})\times 5}=\dfrac{5}{5+25^{x}}.$$

于是 $f(x)+f(1-x)=1$. 故 $f\left(\dfrac{1}{2019}\right)+f\left(\dfrac{2018}{2019}\right)=1$, $f\left(\dfrac{2}{2019}\right)+f\left(\dfrac{2017}{2019}\right)=1$, 等等.

利用上述配对求和, 得
$$\sum_{k=1}^{2018}f\left(\dfrac{k}{2019}\right)=1009.$$

(2) 设 x 为 $f(x)$ 定义域内任意一点, 则由中点公式, 知点 $(x,f(x))$ 关于 $(2004,a)$ 的对称点为 $(4008-x,2a-f(x))$. 由于此点也在图像上, 故
$$2a-f(x)=f(4008-x).$$
于是 $f(x)+f(4008-x)=2a$. 分别取 $x=0,1,2,\cdots,2004$, 得
$$f(0)+f(4008)=2a,$$
$$f(1)+f(4007)=2a,$$
$$\cdots,$$
$$f(2003)+f(2005)=2a,$$
$$f(2004)+f(2004)=2a.$$

此式即为 $f(2004)=a$. 于是, 得
$$\sum_{k=0}^{4008}f(k)=(2004\times 2+1)a,$$
即 $\sum\limits_{k=0}^{4008}f(k)=4009a$. 与题设条件 $\sum\limits_{k=0}^{4008}f(k)=4009$ 比较, 得
$$a=1.$$

题 7 设函数 $f(x)=2x-\cos x$, $\{a_n\}$ 是公差为 $\dfrac{\pi}{8}$ 的等差数列, $\sum\limits_{k=1}^{5}f(a_k)=5\pi$, 则 $f^2(a_3)-a_1a_5$ 的值为( ).

A. 0 B. $\dfrac{\pi^2}{16}$ C. $\dfrac{\pi^2}{8}$ D. $\dfrac{13\pi^2}{16}$

思路剖释 因数列 $\{a_n\}$ 的公差 $d=\dfrac{\pi}{8}$, 故 $a_3=a_1+2d$, $a_1+a_5=2a_3$, $a_2+a_4=2a_3$. 当 $k=1,2,3,4,5$ 时, $a_k=a_1+\dfrac{\pi}{8}(k-1)$.

又 $a_3=a_1+2\times\dfrac{\pi}{8}$, 故 $a_k=a_3+(k-3)\times\dfrac{\pi}{8}$. 进一步整理, 得 $\sum\limits_{k=1}^{5}f(a_k)=5\pi$, 即

$$\sum_{k=1}^{5} f(a_k) = \sum_{k=1}^{5} (2a_k - \cos a_k) = \sum_{k=1}^{5} (2a_k) - \sum_{k=1}^{5} \cos a_k$$

$$= 10a_3 - \sum_{k=1}^{5} \cos\left[a_3 + (k-3) \times \frac{\pi}{8}\right]$$

$$= 10a_3 - \sum_{k=-2}^{2} \cos\left(a_3 + \frac{k\pi}{8}\right).$$

而

$$\sum_{k=-2}^{2} \cos\left(a_3 + \frac{k\pi}{8}\right)$$

$$= \sum_{k=-2}^{2} \left(\cos a_3 \cos \frac{k\pi}{8} - \sin a_3 \sin \frac{k\pi}{8}\right)$$

$$= \sum_{k=-2}^{2} \cos a_3 \cos \frac{k\pi}{8} - \sum_{k=-2}^{2} \sin a_3 \sin \frac{k\pi}{8}$$

$$= \sum_{k=-2}^{2} \cos a_3 \cos \frac{k\pi}{8},$$

从而 $\sum_{k=1}^{5} f(a_k) = 5\pi$ 化为 $10a_3 - \sum_{k=-2}^{2} \cos a_3 \cdot \cos \frac{k\pi}{8} = 5\pi$，即

$$10a_3 - \left(2\cos \frac{\pi}{4} + 2\cos \frac{\pi}{8} + 1\right)\cos a_3 = 5\pi.$$

作辅助函数 $g(x) = 10x - \left(2\cos\frac{\pi}{4} + 2\cos\frac{\pi}{8} + 1\right)\cos x - 5\pi$，则 $g'(x) = 10 + \left(2\cos\frac{\pi}{4} + 2\cos\frac{\pi}{8} + 1\right)\sin x > 0$，故 $g(x)$ 在 $\mathbf{R}$ 上为单调递增函数.

又 $g\left(\frac{\pi}{2}\right) = 0$，因此，$g(x)$ 在 $\mathbf{R}$ 上有唯一零点 $x = \frac{\pi}{2}$. 于是，$a_3 = \frac{\pi}{2}$，从而

$$f^2(a_3) - a_1 a_5 = \left(2 \times \frac{\pi}{2} - 0\right)^2 - \left(\frac{\pi}{2} - \frac{\pi}{4}\right)\left(\frac{\pi}{2} + \frac{\pi}{4}\right) = \frac{13\pi^2}{16}.$$

故选 D.

题 8 求解下列各题.

(1) 设函数 $f_n(x) = -1 + x + \frac{x^2}{2^2} + \frac{x^3}{3^2} + \cdots + \frac{x^n}{n^2}$ ($x \in \mathbf{R}, n \in \mathbf{N}^*$)，证明：

(i) 对于每个 $n \in \mathbf{N}^*$，存在唯一的 $x_n \in \left[\frac{2}{3}, 1\right]$，满足 $f_n(x_n) = 0$.

(ii) 对于任意 $p \in \mathbf{N}^*$，由(1)中 x_n 构成的数列 $\{x_n\}$ 满足 $0 < x_n - x_{n+p} < \frac{1}{n}$.

(2) 已知 $a > 0$，函数 $f(x) = e^{ax} \sin x$ ($x \in [0, +\infty)$). 记 x_n 为 $f(x)$ 的从小到大的第 n ($n \in \mathbf{N}^*$) 个极值点. 证明：

(i) 数列 $\{f(x_n)\}$ 是等比数列.

(ii) 若 $a \geq \frac{1}{\sqrt{e^2 - 1}}$，则对于一切 $n \in \mathbf{N}^*$，

$$x_n < |f(x_n)|$$ ①

恒成立.

(3) 函数 $f(x) = \ln(x+1) - \dfrac{ax}{x+a}(a>1)$.

(i) 讨论 $f(x)$ 的单调性.

(ii) 设 $a_1 = 1, a_{n+1} = \ln(a_n + 1)$,证明:$\dfrac{2}{n+2} < a_n \leqslant \dfrac{3}{n+2}$.

(4) 已知 $(1+\sqrt{3})^n = a_n + b_n\sqrt{3}$,其中 a_n, b_n 为整数,则 $\lim\limits_{n\to+\infty}\dfrac{a_n}{b_n} = $ _____.

(5) 已知函数 $f(x) = x^2 - 4$,设曲线 $y = f(x)$ 在点 $(x_n, f(x_n))$ 处的切线与 x 轴的交点为 $(x_{n+1}, 0)(n\in \mathbf{N}^*)$,其中 x_n 为正实数.

(i) 用 x_n 表示 x_{n+1}.

(ii) 若 $a_1 = 4$,记 $a_n = \lg\dfrac{x_n+2}{x_n-2}$,证明数列 $\{a_n\}$ 成等比数列,并求数列 $\{a_n\}$ 的通项公式.

(iii) 若 $x_1 = 4, b_n = x_n - 2, T_n$ 是数列 $\{b_n\}$ 的前 n 项和,证明:$T_n < 3$.

思路剖释 (1)(i) 对于每个 $n \in \mathbf{N}^*$,当 $x > 0$ 时,$f'_n(x) = 1 + \dfrac{x}{2} + \cdots + \dfrac{x^{n-1}}{n} > 0$,故 $f_n(x)$ 在 $(0, +\infty)$ 内单调递增.

由于 $f_n(1) = 0$,当 $n \geqslant 2$ 时,$f_n(1) = \dfrac{1}{2^2} + \dfrac{1}{3^2} + \cdots + \dfrac{1}{n^2} > 0$,故 $f_n(1) \geqslant 0$. 又

$$f_n\left(\dfrac{2}{3}\right) = -1 + \dfrac{2}{3} + \sum_{k=2}^{n}\dfrac{\left(\dfrac{2}{3}\right)^k}{k^2} \leqslant -\dfrac{1}{3} + \dfrac{1}{4}\sum_{k=2}^{n}\left(\dfrac{2}{3}\right)^k$$

$$= -\dfrac{1}{3} + \dfrac{1}{4}\cdot\dfrac{\left(\dfrac{2}{3}\right)^2\left[1-\left(\dfrac{2}{3}\right)^{n-1}\right]}{1-\dfrac{2}{3}} = -\dfrac{1}{3}\cdot\left(\dfrac{2}{3}\right)^{n+1} < 0,$$

所以存在唯一的 $x \in \left[\dfrac{2}{3}, 1\right]$,满足 $f_n(x_n) = 0$.

(ii) 当 $x > 0$ 时,

$$f_{n+1}(x) = f_n(x) + \dfrac{x^{n+1}}{(n+1)^2} > f_n(x),$$

故 $f_{n+1} > f_n(x_n) = f_{n+1}(x_{n+1}) = 0$. 由 $f_{n+1}(x)$ 在 $(0, +\infty)$ 的内单调递增,知 $x_{n+1} < x_n$,故 $\{x_n\}$ 为单调递减数列. 从而对于任意 $n, p \in \mathbf{N}^*$,$x_{n+p} < x_n$.

对于任意 $p \in \mathbf{N}^*$,由于

$$f_n(x_n) = -1 + x_n + \dfrac{x_n^2}{2^2} + \cdots + \dfrac{x_n^n}{n^2} = 0,$$ ①

$$f_{n+p}(x_n + p) = -1 + x_{n+p} + \dfrac{x_{n+p}^2}{2^2} + \cdots + \dfrac{x_{n+p}^n}{n^2} + \cdots + \dfrac{x_{n+p}^{n+p}}{(n+p)^2} = 0,$$ ②

式①减去式②并移项,利用 $0 < x_{n+p} < x_n \leqslant 1$,得

$$x_n - x_{n+p} = \sum_{k=2}^{n} \frac{x_{n+p}^k - x_n^k}{k^2} + \sum_{k=n+1}^{n+p} \frac{x_{n+p}^k}{k^2} \leqslant \sum_{k=n+1}^{n+p} \frac{x_{n+p}^k}{k^2} \leqslant \sum_{k=n+1}^{n+p} \frac{1}{k^2}$$

$$< \sum_{k=n+1}^{n+p} \frac{1}{k(k-1)} = \frac{1}{n} - \frac{1}{n+p} < \frac{1}{n}.$$

因此对于任意 $p \in \mathbf{N}^*$,都有 $0 < x_n - x_{n+p} < \frac{1}{n}$.

注 函数与数列的综合题,一般是借助函数这一载体,利用导数等解决函数到数列的过渡,再利用数列的相关知识求解.

(2)(i) 由题意,知

$$f'(x) = ae^{ax}\sin x + e^{ax}\cos x$$
$$= e^{ax}(a\sin x + \cos x)$$
$$= \sqrt{a^2+1}\,e^{ax}\sin(x+\varphi),$$

其中 $\tan\varphi = \frac{1}{a}$,$0 < \varphi < \frac{\pi}{2}$.

令 $f'(x) = 0$,由 $x \geqslant 0$,得 $x + \varphi = m\pi$,即 $x = m\pi - \varphi$($m \in \mathbf{N}^*$),对于 $k \in \mathbf{N}$,若 $2k\pi < x + \varphi < (2k+1)\pi$,即 $2k\pi - \varphi < x < (2k+1)\pi - \varphi$,则 $f'(x) > 0$;若 $(2k+1)\pi < x + \varphi < (2k+2)\pi$,即 $(2k+1)\pi - \varphi < x < (2k+2)\pi - \varphi$,则 $f'(x) < 0$. 因此,在区间 $((m-1)\pi, m\pi - \varphi)$ 与 $(m\pi - \varphi, m\pi)$ 内,$f'(x)$ 的符号总相反. 于是当 $x = m\pi - \varphi$($m \in \mathbf{N}^*$)时,$f(x)$ 取得极值,所以 $x_n = n\pi - \varphi$($n \in \mathbf{N}^*$). 此时

$$f(x_n) = e^{a(n\pi-\varphi)}\sin(n\pi - \varphi) = (-1)^{n+1}e^{a(n\pi-\varphi)}\sin\varphi.$$

易知 $f(x_n) \neq 0$,而

$$\frac{f(x_{n+1})}{f(x_n)} = \frac{(-1)^{n+2}e^{a[(n+1)\pi-\varphi]}\sin\varphi}{(-1)^{n+1}e^{a(n\pi-\varphi)}\sin\varphi} = -e^{a\pi}$$

是常数,故数列 $\{f(x_n)\}$ 是首项为 $f(x_1) = e^{a(\pi-\varphi)}\sin\varphi$、公比为 $-e^{a\pi}$ 的等比数列.

(ii) 由(i),知 $\sin\varphi = \frac{1}{\sqrt{a^2+1}}$,于是对于一切 $n \in \mathbf{N}^*$,$x_n < |f(x_n)|$ 恒成立,即 $n\pi - \varphi$

$< \frac{1}{\sqrt{a^2+1}}e^{a(n\pi-\varphi)}$ 恒成立,等价于 $\frac{\sqrt{a^2+1}}{a} < \frac{e^{a(n\pi-\varphi)}}{a(n\pi-\varphi)}$ 恒成立(因为 $a > 0$). ①

设 $g(t) = \frac{e^t}{t}$($t > 0$),则

$$g'(t) = \frac{e^t(t-1)}{t^2}.$$

令 $g'(t) = 0$,得 $t = 1$. 则当 $0 < t < 1$ 时,$g'(t) < 0$,所以 $g(t)$ 在区间 $(0,1)$ 上单调递减;当 $t > 1$ 时,$g'(t) > 0$,所以 $g(t)$ 在区间 $(1, +\infty)$ 内单调递增. 故当 $t = 1$ 时,函数 $g(t)$ 取得最小值 $g(1) = e$.

因此,要使式①恒成立,只需 $\frac{\sqrt{a^2+1}}{a} < g(1) = e$,即只需 $a > \frac{1}{\sqrt{e^2-1}}$. 而当 $a = \frac{1}{\sqrt{e^2-1}}$

时,由 $\tan\varphi = \dfrac{1}{a} = \sqrt{e^2-1} > \sqrt{3}$ 且 $0 < \varphi < \dfrac{\pi}{2}$,知 $\dfrac{\pi}{3} < \varphi < \dfrac{\pi}{2}$. 于是 $\pi - \varphi < \dfrac{2\pi}{3} < \sqrt{e^2-1}$,且当 $n \geqslant 2$ 时,$n\pi - \varphi \geqslant 2\pi - \varphi > \dfrac{3\pi}{2} > \sqrt{e^2-1}$. 因此对一切 $n \in \mathbf{N}^*$,$ax_n = \dfrac{n\pi - \varphi}{\sqrt{e^2-1}} \neq 1$,所以 $g(ax_n) > g(1) = e = \dfrac{\sqrt{a^2+1}}{a}$. 故式①恒成立.

综上所述,若 $a \geqslant \dfrac{1}{\sqrt{e^2-1}}$,则对于一切 $n \in \mathbf{N}^*$,$x_n < |f(x_n)|$ 恒成立.

注 定义法证明等比数列的关系时注意对数列表达式的构造,要全面研究数列的首项和公比,解决函数与不等式的综合问题要注意不等式求解的正确性,恒成立问题一般转化为函数最值问题.

(3) (i) $f(x)$ 的定义域为 $(-1, +\infty)$,$f'(x) = \dfrac{x[x-(a^2-2a)]}{(x+1)(x+a)^2}$.

当 $1 < a < 2$ 时,若 $x \in (-1, a^2-2a)$,则 $f'(x) > 0$,$f(x)$ 在 $(-1, a^2-2a)$ 内是单调递增函数;若 $x \in (a^2-2a, 0)$,则 $f'(x) < 0$,$f(x)$ 在 $(a^2-2a, 0)$ 内是单调递减函数;若 $x \in (0, +\infty)$,则 $f'(x) > 0$,$f(x)$ 在 $(0, +\infty)$ 内是单调递增函数.

(ii) 当 $a = 2$ 时,$f'(x) \geqslant 0$,$f'(x) = 0$ 成立当且仅当 $x = 0$,$f(x)$ 在 $(-1, +\infty)$ 内是单调递增函数.

(iii) 当 $a > 2$ 时,若 $x \in (-1, 0)$,则 $f'(x) > 0$,$f(x)$ 在 $(-1, 0)$ 内是单调递增函数;若 $x \in (0, a^2-2a)$,则 $f'(x) < 0$,$f(x)$ 在 $(0, a^2-2a)$ 内是单调递减函数;若 $x \in (a^2-2a, +\infty)$,则 $f'(x) > 0$,$f(x)$ 在 $(a^2-2a, +\infty)$ 内是单调递增函数.

(iv) 由(i)知,当 $a = 2$ 时,$f(x)$ 在 $(-1, +\infty)$ 内是单调递增函数.当 $x \in (0, +\infty)$ 时,$f(x) > f(0) = 0$,即 $\ln(x+1) > \dfrac{2x}{x+2} (x > 0)$.

又由(i),知当 $a = 3$ 时,$f(x)$ 在 $[0, 3)$ 内是单调递减函数.当 $x \in (0, 3)$ 时,$f(x) < f(0) = 0$,即 $\ln(x+1) > \dfrac{3x}{x+3} (0 < x < 3)$.

下面用数学归纳法证明 $\dfrac{2}{n+2} < a_n \leqslant \dfrac{3}{n+2}$.

当 $n = 1$ 时,由已知 $\dfrac{2}{3} < a_1 = 1$. 结论成立.

设当 $n = k$ 时,结论成立,即 $\dfrac{2}{k+2} < a_k \leqslant \dfrac{3}{k+2}$.

当 $n = k+1$ 时,

$$a_{k+1} = \ln(a_k + 1) > \ln\left(\dfrac{2}{k+2} + 1\right) > \dfrac{2 \times \dfrac{2}{k+2}}{\dfrac{2}{k+2} + 2} = \dfrac{2}{k+3},$$

$$a_{k+1} = \ln(a_k+1) \leqslant \ln\left(\frac{3}{k+2}+1\right) < \frac{3\times\dfrac{3}{k+2}}{\dfrac{3}{k+2}+3} = \frac{3}{k+3},$$

即当 $n=k+1$ 时,$\dfrac{2}{k+3} < a_{k+1} \leqslant \dfrac{3}{k+3}$,结论成立.

综上所述,对于任何 $n\in\mathbf{N}^*$,结论都成立.

(4) 因
$$(1+\sqrt{3})^1 = 1+\sqrt{3},$$
$$(1+\sqrt{3})^2 = 4+2\sqrt{3},$$
$$(1+\sqrt{3})^3 = 10+6\sqrt{3},$$

而
$$(1-\sqrt{3})^1 = 1-\sqrt{3},$$
$$(1-\sqrt{3})^2 = 4-2\sqrt{3},$$
$$(1+\sqrt{3})^3 = 10-6\sqrt{3},$$

又由题设条件,知
$$(1+\sqrt{3})^n = a_n + b_n\sqrt{3}, \qquad ①$$

式①表示有理部分为 a_n,而无理部分,即 $\sqrt{3}$ 的系数为 b_n,故知
$$(1-\sqrt{3})^n = a_n - b_n\sqrt{3}. \qquad ②$$

由式①、②,得
$$a_n = \frac{1}{2}[(1+\sqrt{3})^n+(1-\sqrt{3})^n], \quad b_n = \frac{1}{2\sqrt{3}}[(1+\sqrt{3})^n-(1-\sqrt{3})^n],$$

故
$$\lim_{n\to+\infty}\frac{a_n}{b_n} = \lim_{n\to+\infty}\sqrt{3}\times\frac{(1+\sqrt{3})^n+(1-\sqrt{3})^n}{(1+\sqrt{3})^n-(1-\sqrt{3})^n} = \lim_{n\to+\infty}\sqrt{3}\times\frac{1+\left(\dfrac{1-\sqrt{3}}{1+\sqrt{3}}\right)^n}{1-\left(\dfrac{1-\sqrt{3}}{1+\sqrt{3}}\right)^n}.$$

因 $0 < \left|\dfrac{1-\sqrt{3}}{1+\sqrt{3}}\right| < 1$,所以 $\lim\limits_{n\to\infty}\left(\dfrac{1-\sqrt{3}}{1+\sqrt{3}}\right)^n = 0$.故 $\lim\limits_{n\to\infty}\dfrac{a_n}{b_n} = \sqrt{3}$.

(5) (i) 因 $f'(x)=2x$,故曲线 $y=f(x)$ 在点 $(x_n,f(x_n))$ 处的切线方程为
$$y-f(x_n) = f'(x_n)(x-x_n),$$
即
$$y-(x_n^2-4) = 2x_n(x-x_n).$$

令 $y=0$,得 $-(x_n^2-4)=2x_n(x_{n+1}-x_n)$,即 $x_n^2+4=2x_nx_{n+1}$.因 $x_n\neq 0$,故 $x_{n+1}=\dfrac{x_n}{2}+\dfrac{2}{x_n}$.

(ii) 由 $x_{n+1}=\dfrac{x_n}{2}+\dfrac{2}{x_n}$,知

$$x_{n+1} + 2 = \frac{x_n}{2} + \frac{2}{x_n} + 2 = \frac{(x_n+2)^2}{x_n}.$$

同理,得 $x_{n+1} - 2 = \frac{(x_n-2)^2}{x_n}$,故有

$$\frac{x_{n+1}+2}{x_{n+1}-2} = \frac{(x_n+2)^2}{(x_n-2)^2},$$

从而

$$\lg\left(\frac{x_{n+1}+2}{x_{n+1}-2}\right) = 2\lg\frac{x_n+2}{x_n-2},$$

即 $a_{n+1} = 2a_n$. 所以数列 $\{a_n\}$ 为等比数列. 于是,得

$$a_n = 2^{n-1} a_1 = 2^{n-1} \lg\frac{x_1+2}{x_1-2} = 2^{n-1} \lg\frac{4+2}{4-2} = 2^{n-1}\lg 3,$$

即 $\lg\frac{x_n+2}{x_n-2} = 2^{n-1}\lg 3$,亦即 $\lg\frac{x_n+2}{x_n-2} = \lg 3^{2^{n-1}}$. 于是,得 $\frac{x_n+2}{x_n-2} = 3^{2^{n-1}}$. 故

$$x_n = \frac{2(3^{2^{n-1}}+1)}{3^{2^{n-1}}-1}.$$

(iii) 由(ii),知

$$x_n = \frac{2(3^{2^{n-1}}+1)}{3^{2^{n-1}}-1}.$$

而 $b_n = x_n - 2 = \frac{4}{3^{2^{n-1}}-1} > 0$,所以

$$\frac{b_{n+1}}{b_n} = \frac{3^{2^{n-1}}-1}{3^{2^n}-1} = \frac{1}{3^{2^{n-1}}+1} < \frac{1}{3^{2^{n-1}}} \leq \frac{1}{3^{2^{1-1}}} = \frac{1}{3}.$$

又由 T_n 是数列 $\{b_n\}$ 的前 n 项和,知当 $n=1$ 时,$T_1 = b_1 = 2 < 3$. 当 $n > 1$ 时,因 $\frac{b_{n+1}}{b_n} < \frac{1}{3}$,所以

$$b_n < \frac{1}{3} b_{n-1} < \left(\frac{1}{3}\right)^2 b_{n-2} < \cdots < \left(\frac{1}{3}\right)^{n-1} b_1.$$

故

$$T_n = b_1 + b_2 + \cdots + b_n < b_1 + \frac{1}{3}b_1 + \cdots + \left(\frac{1}{3}\right)^{n-1} b_1$$

$$= b_1\left[1 + \frac{1}{3} + \cdots + \left(\frac{1}{3}\right)^{n-1}\right] = \frac{b_1\left[1 - \left(\frac{1}{3}\right)^n\right]}{1 - \frac{1}{3}}$$

$$= 2 \cdot \frac{1 - \left(\frac{1}{3}\right)^n}{1 - \frac{1}{3}} = 3\left[1 - \left(\frac{1}{3}\right)^n\right] < 3.$$

综上所述,$T_n < 3 (n \in \mathbf{N}^*)$. 证毕.

题 9 已知数列 $\{a_n\}$ 满足：

$$\begin{cases} a_1 = \dfrac{\pi}{3}, & 0 < a_n < \dfrac{\pi}{3}, \\ \sin a_{n+1} \leqslant \dfrac{1}{3}\sin 3a_n, & (n \geqslant 2). \end{cases}$$

证明：$\sin a_n \leqslant \dfrac{1}{\sqrt{n}}$.

思路剖释 首先，叙述一个结论：设 $f(x) = x - \dfrac{4}{3}x^3 (0 < x < 1)$，则 $f'(x) = 1 - 4x^2$. 所以 $f(x)$ 在区间 $\left(0, \dfrac{1}{2}\right)$ 内单调递增；在区间 $\left(\dfrac{1}{2}, 1\right)$ 内单调递减. 故当 $x = \dfrac{1}{2}$ 时，$f(x)_{\max} = \dfrac{1}{3}$.

下面用数学归纳法证明结论.

当 $n = 1$ 时，$\sin a_1 = \sin \dfrac{\pi}{3} = \dfrac{\sqrt{3}}{2} < 1$，结论成立.

当 $n = 2, 3, 4$ 时，$\sin a_n \leqslant \dfrac{1}{3}\sin 3a_{n-1} \leqslant \dfrac{1}{3} < \dfrac{1}{\sqrt{n}}$，结论成立.

假设当 $n = k(k \geqslant 4)$ 时结论成立，即

$$\sin a_k < \dfrac{1}{\sqrt{k}} \leqslant \dfrac{1}{2}.$$

则当 $n = k + 1$ 时，

$$\sin a_{k+1} \leqslant \dfrac{1}{3}\sin 3a_k = \sin a_k - \dfrac{4}{3}\sin^3 a_k.$$

由于 $f(x) = x - \dfrac{4}{3}x^3 (0 < x < 1)$ 在区间 $\left(0, \dfrac{1}{2}\right)$ 内单调递增，于是，得

$$\sin a_{k+1} \leqslant \dfrac{1}{3}\sin 3a_k = \sin a_k - \dfrac{4}{3}\sin^3 a_k$$

$$< \dfrac{1}{\sqrt{k}} - \dfrac{4}{3} \cdot \dfrac{1}{(\sqrt{k})^3}.$$

下面证明：$\dfrac{1}{\sqrt{k}} - \dfrac{4}{3} \cdot \dfrac{1}{k\sqrt{k}} < \dfrac{1}{\sqrt{k+1}}$.

由于

$$k + 1 + \sqrt{k(k+1)} > \dfrac{3}{4}k$$

$$\Rightarrow \dfrac{1}{k + 1 + \sqrt{k(k+1)}} < \dfrac{4}{3k}$$

$$\Rightarrow \dfrac{\sqrt{k+1} - \sqrt{k}}{\sqrt{k+1}} < \dfrac{4}{3k}$$

$$\Rightarrow \dfrac{4}{3} \cdot \dfrac{1}{k\sqrt{k}} > \dfrac{\sqrt{k+1} - \sqrt{k}}{\sqrt{k}\sqrt{k+1}}$$

$$= \frac{1}{\sqrt{k}} - \frac{1}{\sqrt{k+1}},$$

所以结论对 $n = k+1$ 成立.

综上所述,结论对任意正整数 n 均成立.

注 $\sin 3\alpha = 3\sin\alpha - 4\sin^3\alpha$.

题 10 已知 $f(x)$ 是 **R** 上的奇函数,$f(1) = 1$,且对任意 $x < 0$,均有 $f\left(\frac{x}{x-1}\right) = xf(x)$,求 $f(1)f\left(\frac{1}{100}\right) + f\left(\frac{1}{2}\right)f\left(\frac{1}{99}\right) + f\left(\frac{1}{3}\right)f\left(\frac{1}{98}\right) + \cdots + f\left(\frac{1}{50}\right)f\left(\frac{1}{51}\right)$ 的值.

思路剖释 设 $a_n = f\left(\frac{1}{n}\right)(n = 1, 2, 3, \cdots)$,则 $a_1 = f(1) = 1$. 在 $f\left(\frac{x}{x-1}\right) = xf(x)$ 中,取 $x = -\frac{1}{k}(k \in \mathbf{N}^*)$,注意到 $\frac{x}{x-1} = \frac{-\frac{1}{k}}{-\frac{1}{k}-1} = \frac{1}{k+1}$,$f(x)$ 为奇函数,故

$$f\left(\frac{1}{k+1}\right) = -\frac{1}{k} \cdot f\left(-\frac{1}{k}\right) = \frac{1}{k} \cdot f\left(\frac{1}{k}\right),$$

即 $\frac{a_{k+1}}{a_k} = \frac{1}{k}$,从而 $a_n = a_1 \cdot \prod_{k=1}^{n-1} \frac{a_{k+1}}{a_k} = \prod_{k=1}^{n-1} \frac{1}{k} = \frac{1}{(n-1)!}$. 因此,得

$$\sum_{i=1}^{50} a_i a_{101-i} = \sum_{i=1}^{50} \frac{1}{(i-1)! \cdot (100-i)!} = \sum_{i=0}^{49} \frac{1}{i! \cdot (99-i)!}$$

$$= \frac{1}{99!} \cdot \sum_{i=0}^{49} C_{99}^i = \frac{1}{99!} \cdot \sum_{i=0}^{49} \frac{1}{2}(C_{99}^i + C_{99}^{99-i}) = \frac{1}{99!} \times \frac{1}{2} \times 2^{99} = \frac{2^{98}}{99!}.$$

题 11 设 $x_n = \left(1 + \frac{1}{n}\right)^n$,求证:$\lim_{n \to \infty} x_n$ 存在.

思路剖释 只要证得数列 $\{x_n\}$ 单调增加且有上界,则由数列极限存在准则,知 $\lim_{n \to \infty} x_n$ 存在.

先证数列 $\{a_n\}$ 的单调性,利用二项式定理,有

$$x_n = \left(1 + \frac{1}{n}\right)^n$$

$$= 1 + n \cdot \frac{1}{n} + \frac{n(n-1)}{2!} \cdot \frac{1}{n^2} + \frac{n(n-1)(n-2)}{3!} \cdot \frac{1}{n^3} + \cdots$$

$$+ \frac{n(n-1)\cdots[n-(n-1)]}{n!} \cdot \frac{1}{n^n}$$

$$= 1 + 1 + \frac{1}{2!}\left(1 - \frac{1}{n}\right) + \frac{1}{3!}\left(1 - \frac{1}{n}\right)\left(1 - \frac{2}{n}\right) + \cdots$$

$$+ \frac{1}{n!}\left(1 - \frac{1}{n}\right)\left(1 - \frac{2}{n}\right)\cdots\left(1 - \frac{n-1}{n}\right).$$

同样,可得

$$x_{n-1} = 1 + 1 + \frac{1}{2!}\left(1 - \frac{1}{n+1}\right) + \frac{1}{3!}\left(1 - \frac{1}{n+1}\right)\left(1 - \frac{2}{n+1}\right) + \cdots$$

$$+ \frac{1}{(n+1)!}\left(1 - \frac{1}{n+1}\right)\left(1 - \frac{2}{n+1}\right)\cdots\left(1 - \frac{n}{n+1}\right).$$

从 x_n 与 x_{n+1} 的表达式可见:x_n 除前面项外,其余的每一项都小于 x_{n+1} 的对应项,而且 x_{n+1} 还多了最后的一个正项,因此 $x_n < x_{n+1}$ ($n=1,2,\cdots$).这表明数列 $\{x_n\}$ 是单调增加的.

再证数列 $\{x_n\}$ 的有界性.注意到 x_n 展开式中的一般项为

$$\frac{1}{k!}\left(1 - \frac{1}{n}\right)\left(1 - \frac{2}{n}\right)\cdots\left(1 - \frac{k-1}{n}\right) < \frac{1}{k!} \quad (2 \leq k \leq n).$$

又

$$\frac{1}{2!} = \frac{1}{2},$$

$$\frac{1}{3!} = \frac{1}{1 \times 2 \times 3} < \frac{1}{2 \times 2} = \frac{1}{2^2},$$

$$\frac{1}{4!} = \frac{1}{1 \times 2 \times 3 \times 4} < \frac{1}{2 \times 2 \times 2} = \frac{1}{2^3},$$

$$\cdots,$$

$$\frac{1}{k!} = \frac{1}{2 \times 3 \times 4 \times \cdots \times k} < \frac{1}{2 \times 2 \times 2 \times \cdots \times 2} = \frac{1}{2^{k-1}} \quad (3 \leq k \leq n),$$

于是,得

$$x_n < 1 + 1 + \frac{1}{2!} + \frac{1}{3!} + \cdots + \frac{1}{n!}$$

$$< 1 + 1 + \frac{1}{2} + \frac{1}{2^2} + \cdots + \frac{1}{2^{n-1}}$$

$$= 1 + \frac{1 - \frac{1}{2^n}}{1 - \frac{1}{2}} = 3 - \frac{1}{2^{n-1}} < 3.$$

这里用到等比数列的求和公式.

由 $x_n < 3$,知 $\{x_n\}$ 是有上界的,故根据数列极限的存在准则,知 $\lim\limits_{n \to \infty}\left(1 + \frac{1}{n}\right)^n$ 是存在的.

注 通常,将此极限记作 e,即 $\lim\limits_{n \to \infty}\left(1 + \frac{1}{n}\right)^n = e$.已知 e 是一个无理数,它的值是 $e = 2.718\,281\,828\,459\,045\cdots$.以 e 为底的对数函数 $y = \log_e x$ 称为自然对数,简记作 $y = \ln x$.它和指数函数 $y = e^x$ 是常用的两个函数.此时,由 1.2 节对数函数性质的(6)、(7)可得

$$\log_a x = \frac{\ln x}{\ln a},$$

$$a^x = e^{x \ln a}.$$

题 12 利用单调有界收敛准则证明下列数列存在极限.

(1) $x_1 = \sqrt{2}, x_{n+1} = \sqrt{2 + x_n}$ ($n = 1, 2, \cdots$).

(2) $x_1 = \frac{1}{2}, x_{n+1} = \frac{1 + x_n^2}{2}$ ($n = 1, 2, \cdots$).

(3) $0 < x_1 < \pi, x_{n+1} = \sin x_n (n = 1, 2, \cdots)$.

思路剖释 (1) 先证有界性. 首先 $x_n > 0 (n = 1, 2, \cdots), x_1 = \sqrt{2}$, 今归纳假设 $x_k < 2$, 则 $x_{k+1} = \sqrt{2 + x_k} < \sqrt{2 + 2}$, 即 $x_{k+1} < 2$, 故 $\forall n$, 有 $0 < x_n < 2$.

再证单调性. 因 $0 < x_n < 2$, 故

$$x_{n+1} - x_n = \sqrt{2+x_n} - x_n = \frac{(\sqrt{2+x_n} - x_n)(\sqrt{2+x_n} + x_n)}{\sqrt{2+x_n} + x_n}$$

$$= \frac{2 + x_n - x_n^2}{\sqrt{2+x_n} + x_n} = \frac{(2 - x_n)(1 + x_n)}{\sqrt{2+x_n} + x_n} > 0,$$

即 $x_{n+1} > x_n$, 因此 $\{x_n\}$ 单调增加.

利用单调有界收敛准则, 知 $\{x_n\}$ 存在极限, 设 $\lim\limits_{x \to \infty} x_n = a$, 对 $x_{n+1} = \sqrt{2 + x_n}$ 两边取极限, 得 $a = \sqrt{2 + a}$, 因 $a > 0$, 故 $a = 2$. 所以 $\lim\limits_{x \to \infty} x_n = 2$.

(2) 因

$$x_{n+1} - x_n = \frac{1 + x_n^2}{2} - x_n = \frac{1}{2}(x_n - 1)^2 > 0,$$

故

$$x_{n+1} > x_n.$$

因此 $\{x_n\}$ 单调增加.

下面用归纳法证明数列有上界.

事实上,

$$x_1 = \frac{1}{2} < 1.$$

今归纳假设 $x_k \leq 1$, 则

$$x_{k+1} = \frac{1 + x_k^2}{2} \leq \frac{1}{2}(1 + 1) = 1.$$

于是, $\forall n, x_n \leq 1$. 由单调有界收敛准则, 知数列 $\{x_n\}$ 收敛.

设 $\lim\limits_{x \to \infty} x_n = a$, 两边取极限, 得 $a = \frac{1 + a^2}{2}$, 故 $a = 1$. 所以 $\lim\limits_{x \to \infty} x_n = 1$.

(3) 用归纳法证明 $\{x_n\}$ 单调下降且有下界.

由 $0 < x_1 < \pi$, 得

$$0 < x_2 = \sin x_1 < x_1 < \pi.$$

归纳假设 $0 < x_n < \pi$, 则

$$0 < x_{n+1} = \sin x_n < x_n < \pi.$$

从而归纳证实 $\{x_n\}$ 单调下降, 且有下界 0, 故 $\lim\limits_{n \to \infty} x_n$ 存在.

记 $\lim\limits_{n \to \infty} x_n = a$, 则由 $x_{n+1} = \sin x_n$, 得

$$a = \sin a,$$

所以 $a = 0$, 从而 $\lim\limits_{n \to \infty} x_n = 0$.

题 13 求 $\lim\limits_{n\to\infty}\left(1+\dfrac{1}{2}+\cdots+\dfrac{1}{n}-\ln n\right)$.

思路剖释 因 $\ln n = +\infty$,于是 $\lim\limits_{n\to\infty}\left(1+\dfrac{1}{2}+\cdots+\dfrac{1}{n}\right)=+\infty$,不然上述极限不存在.

根据 6.2 节的题 2,知
$$\dfrac{1}{n+1}<\ln\left(1+\dfrac{1}{n}\right)<\dfrac{1}{n}, \qquad ①$$

即
$$\ln(n+1)-\ln n<\dfrac{1}{n}, \qquad ②$$
$$\ln(n+1)-\ln n>\dfrac{1}{n+1}. \qquad ③$$

在式②中,取 $n=1,2,\cdots,n$,得
$$\ln 2-\ln 1<1,$$
$$\ln 3-\ln 2<\dfrac{1}{2},$$
$$\cdots,$$
$$\ln(n+1)-\ln n<\dfrac{1}{n}.$$

上述 n 个式中两边分别相加,得
$$\ln(n+1)<1+\dfrac{1}{2}+\cdots+\dfrac{1}{n}. \qquad ④$$

令
$$a_n=1+\dfrac{1}{2}+\cdots+\dfrac{1}{n}-\ln n, \qquad ⑤$$

由式④,知
$$a_n>\ln(n+1)-\ln n>0, \qquad ⑥$$

又
$$a_{n+1}-a_n=\left[1+\dfrac{1}{2}+\cdots+\dfrac{1}{n+1}-\ln(n+1)\right]-\left[1+\dfrac{1}{2}+\cdots+\dfrac{1}{n}-\ln n\right]$$
$$=\dfrac{1}{n+1}-\ln(n+1)+\ln n=\dfrac{1}{n+1}-[\ln(n+1)-\ln n],$$

结合式③,知 $a_{n+1}-a_n<0$.因此,数列 $\{a_n\}$ 单调减少.结合式⑥,知数列 $\{a_n\}$ 单调减少且有下界零,所以数列 $\{a_n\}$ 极限存在,记作常数 C,则得
$$\lim\limits_{n\to\infty}\left(1+\dfrac{1}{2}+\cdots+\dfrac{1}{n}-\ln n\right)=C.$$

其中 C 为常数.

第8章 数形结合法、凸函数和函数极限

8.1 数形结合法

1. 数形互化

华罗庚先生概括了数形结合法的内涵:"数与形,本是相倚依,焉能分作两边飞,数缺形时少直觉,形少数时能入微,数形结合百般好,割裂分家万事非.切莫忘,几何代数统一体,永远联系,切莫分离."

借助于数的精确性来阐明形的某种属性;借助于形的几何直观性来阐明数之间的某种关系.

形数互化的功能:一是以"数"解"形";二是以"形"助"数";三是"形""数"互变.

2. 数形载体

函数与解析几何是集"数""形"于一身的良好载体,构造两点之间的距离公式;构造直线的斜率公式;构造点到直线的距离公式和构造直线在 y 轴上的截距等架设起"数"通向"形"的桥梁.

题1 已知 a,b,x,y 是实数,且 $a^2+b^2=1, x^2+y^2=1$. 求证: $ax+by \leqslant 1$.

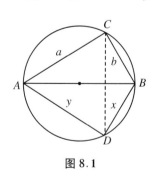

图 8.1

思路剖释 作直径 $AB=1$ 的圆,在 AB 两侧作 $Rt\triangle ACB$ 和 $Rt\triangle ADB$,使 $AC=a, BC=b, BD=x, DA=y$,如图 8.1 所示.

依勾股定理,知 a,b,x,y 满足题设条件.依托勒密定理,有
$$AC \cdot BD + BC \cdot AD = AB \cdot CD.$$
又因 $CD \leqslant AB = 1$,故 $ax+by \leqslant 1$.

注 广义托勒密(Ptolemy)定理.

在凸四边形 $ABCD$ 中,有
$$AB \cdot CD + AD \cdot BC \geqslant AC \cdot BD,$$
其中等号成立的充要条件是 $ABCD$ 为圆内接四边形.当等号成立时,称为托勒密定理.

题2 设光线从点 $A(1,1)$ 出发,经过 y 轴反射到圆 $\Gamma:(x-5)^2+(y-7)^2=1$ 上的一点 P.若光线从点 A 到点 P 经过的路程为 S,求 S 的最小值.

思路剖释 如图 8.2 所示.依题意,作点 A 关于 y 轴的对称点 $A'(-1,1)$.定圆的圆心为 $M(5,7)$,则 $\overline{A'M} = \sqrt{6^2+6^2} = 6\sqrt{2}$.故 $S_{\min} = 6\sqrt{2} - 1$.

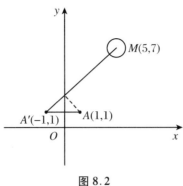

图 8.2

题 3 计算下列各题.

(1) 求函数 $f(x) = \sqrt{x^2-4x+13} + \sqrt{x^2-10x+26}$ 的值域.

(2) 求函数 $f(x) = \dfrac{\sqrt{1-(t-2)^2}+3}{t+1}$ 的值域.

(3) 求函数 $y = |x+2-\sqrt{1-x^2}|$ 的值域.

(4) 求函数 $y = -x+7+2\sqrt{-2x^2+13x-13}$ 的值域.

思路剖释 (1) 由题意,知 $f(x) = \sqrt{(x-2)^2+(0-3)^2} + \sqrt{(x-5)^2+[0-(-1)]^2}$,其几何意义是平面内动点 $P(x,0)$ 到两定点 $M(2,3)$、$N(5,-1)$ 的距离之和(图 8.3).为求其值域,只要求出其最值即可.易知当 M、N、P 三点共线(即 P 在线段 MN 上)时,$f(x)$ 取得最小值,$f(x)_{\min} = |MN| = \sqrt{(2-5)^2+(3+1)^2} = 5$,无最大值.故得函数 $f(x)$ 的值域为 $[5, +\infty)$.

注 构造两点间的距离公式.

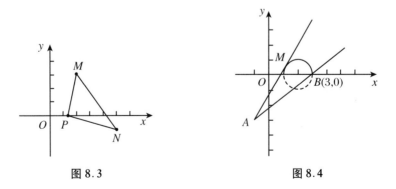

图 8.3   图 8.4

(2) 令 $x = t$,$y = \sqrt{1-(t-2)^2}$,则 $(x-2)^2+y^2 = 1(y \geqslant 0)$.函数 $f(t) = \dfrac{y+3}{x+1} = $

$\dfrac{y-(-3)}{x-(-1)}$ 的几何意义是:半圆 $(x-2)^2+y^2=1(y\geqslant 0)$ 上一点 M 与点 $A(-1,-3)$ 连线的斜率(图 8.4).

设过点 A 的圆的切线方程为 $y+3=k(x+1)$,则 $\dfrac{|2k+k-3|}{\sqrt{k^2+1}}=1$,解得 $k=\dfrac{9\pm\sqrt{17}}{8}$.

结合图形可知 $f(t)_{\max}=\dfrac{9+\sqrt{17}}{8}$,$f(t)_{\min}=k_{AB}=\dfrac{3}{4}$,故原函数的值域为 $\left[\dfrac{3}{4},\dfrac{9+\sqrt{17}}{8}\right]$.

注 构造直线的斜率公式.

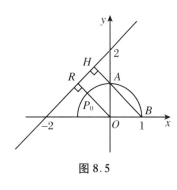

图 8.5

(3) 原函数可变形为 $\dfrac{y}{\sqrt{2}}=\dfrac{|x-\sqrt{1-x^2}+2|}{\sqrt{2}}$. 这样,$\dfrac{y}{\sqrt{2}}$ 可视为动点 $P(x,\sqrt{1-x^2})$ 到直线 $x-y+2=0$ 的距离. 又点 P 的轨迹为半圆 $x^2+y^2=1(y\geqslant 0)$,由图 8.5 可知,当 $x=-\dfrac{\sqrt{2}}{2}$ 时,$\dfrac{y}{\sqrt{2}}$ 的最小值 $|P_0R|=\sqrt{2}-1$;当 $x=1$ 时,其最大值 $|BH|=\dfrac{3\sqrt{2}}{2}$. 故所求函数的值域为 $[2-\sqrt{2},3]$.

注 构造点到直线的距离公式.

(4) 将原函数转化为

$$\left(y-\dfrac{15}{4}\right)+\left(x-\dfrac{13}{4}\right)=2\sqrt{-2\left(x-\dfrac{13}{4}\right)^2+\dfrac{25}{8}}. \qquad ①$$

令 $m=x-\dfrac{13}{4}$,$n=\sqrt{-2\left(x-\dfrac{13}{4}\right)^2+\dfrac{25}{8}}$,$b=y-\dfrac{15}{4}$,则式①即为 $b+m=2n$. 在 m 和 n 的表达式中消去 x,得

$$\dfrac{m^2}{\dfrac{25}{16}}+\dfrac{n^2}{\dfrac{25}{8}}=1 \quad (n\geqslant 0).$$

如图 8.6 所示,问题可转化为求过半椭圆

$$\dfrac{m^2}{\dfrac{25}{16}}+\dfrac{n^2}{\dfrac{25}{8}}=1 \quad (n\geqslant 0),$$

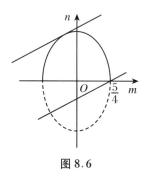

图 8.6

斜率为 $\dfrac{1}{2}$ 的直线在 n 轴上的截距 $\dfrac{b}{2}$ 的范围,从而求出 b 的范围. 将直线与椭圆方程联立,消去 m 或 n,令 $\Delta=0$,得 $b_{\max}=\dfrac{15}{4}$;而当直线 $b+m=2n$ 过点 $\left(\dfrac{5}{4},0\right)$ 时,求得 $b_{\min}=-\dfrac{5}{4}$. 故有 $-\dfrac{5}{4}\leqslant y-\dfrac{15}{4}\leqslant\dfrac{15}{4}$,即 $\dfrac{5}{2}\leqslant y\leqslant\dfrac{15}{2}$,得原函数的值域为 $\left[\dfrac{5}{2},\dfrac{15}{2}\right]$.

注 构造直线在 y 轴上的截距.

题 4 求解下列不等式.

(1) 解不等式 $\sqrt{1-x^2} < x$.

(2) 解不等式 $|2x-1| \leqslant \sqrt{2x+1}$.

思路剖释 (1) **方法 1** 设

$$\begin{cases} y = \sqrt{1-x^2}, & \text{①} \\ y = x, & \text{②} \end{cases}$$

式①即为

$$x^2 + y^2 = 1 \quad (-1 \leqslant x \leqslant 1, y \geqslant 0). \quad \text{③}$$

由式③,知式①的图像是单位圆的上半圆周(图 8.7).式②的图像是第一、第三象限的角平分线.两个图像的交点的横坐标是 $\frac{\sqrt{2}}{2}$.由原不等式,知直线应在单位圆的上方.故其解集为 $\left\{x \mid \frac{\sqrt{2}}{2} < x \leqslant 1\right\}$.

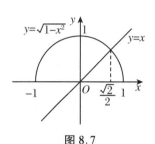

图 8.7

方法 2 将 $\sqrt{1-x^2} < x$ 两边平方,得 $1-x^2 < x^2$,即 $2x^2 > 1$,亦即 $x > \frac{\sqrt{2}}{2}$ 或 $x < -\frac{\sqrt{2}}{2}$.因 $x > 0$,故取 $x > \frac{\sqrt{2}}{2}$.注意到 $|x| \leqslant 1$,即 $-1 \leqslant x \leqslant 1$,故原不等式的解集为 $\left\{x \mid \frac{\sqrt{2}}{2} < x \leqslant 1\right\}$.

(2) 构造函数 $y = |2x-1|, y = \sqrt{2x-1}$.

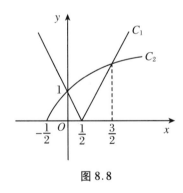

图 8.8

显然,函数 $y = |2x-1|$ 的图像可以由 $y = 2x-1$ 的图像作"翻转"变换得到;$y = \sqrt{2x+1}$ 的图像可以由 $y = \sqrt{2}\sqrt{x}$ $\left(y = \sqrt{2x+1} = \sqrt{2}\sqrt{x+\frac{1}{2}}\right)$ 的图像向左平移 $\frac{1}{2}$ 个单位得到,如图 8.8 所示.

注意到函数 $y = |2x-1|$ 的图像 C_1 在函数 $y = \sqrt{2x+1}$ 的图像 C_2 下方(含交点)的部分所对应的 x 的值,即为不等式的解集.所以由原不等式及图 8.8 知,原不等式的解集为 $\left\{x \mid 0 \leqslant x \leqslant \frac{3}{2}\right\}$.

题 5 在平面直角坐标系中,以点 $C(1,0)$ 为圆心,与直线

$$mx - y - 2m - 1 = 0 \quad (m \in \mathbf{N}^*) \quad \text{①}$$

相切的所有圆中,求半径最大的圆的标准方程.

思路剖释 **方法 1** 式①中 m 为参数,记 $l_m : mx - y - 2m - 1 = 0$.当 m 变化时,它代表一簇直线.

点 C 到 l_m 的距离为

$$d_m = \frac{|m \times 1 - 0 - 2m - 1|}{\sqrt{1+m^2}} = \frac{|m+1|}{\sqrt{1+m^2}} = \frac{m+1}{\sqrt{1+m^2}}.$$

下面求最大半径 $d = (d_m)_{\max}$.

采用平方法去掉无理式,考虑 d_m^2 的最大值,则

$$d_m^2 = \frac{(m+1)^2}{1+m^2} = \frac{m^2+1+2m}{1+m^2} = 1 + \frac{2m}{1+m^2} \leqslant 1 + 1 = 2,$$

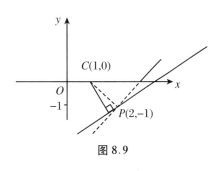

图 8.9

故 d_m 的最大值为 $\sqrt{2}$. 因圆心 $C(1,0)$,故半径最大的圆的标准方程为

$$(x-1)^2 + y^2 = 2.$$

注意到 l_m 可写成 $m(x-2) = y+1$,表示这簇直线 l_m 过定点 $P(2,-1)$,而点 $P(2,-1)$ 的坐标满足圆的方程 $(x-1)^2 + y^2 = 2$,即点 P 在该圆上. 因此 $(x-1)^2 + y^2 = 2$ 为所求.

方法 2 作出图 8.9,注意到直角三角形的斜边恒大于直角边,所以最大圆的半径 $r = PC = \sqrt{(1-2)^2 + (0+1)^2} = \sqrt{2}$. 故所求圆的标准方程为 $(x-1)^2 + y^2 = 2$.

题 6 已知 $g(a,b) = (a+5-3|\cos b|)^2 + (a-2|\sin b|)^2$,求 $g(a,b)$ 的最小值.

思路剖析 采用数形结合思想解题.

由题意,知 $g(a,b)$ 的几何意义是直线 $l: y = x+5$ 上一点到椭圆 $\Gamma: \frac{x^2}{4} + \frac{y^2}{9} = 1 (x > 0, y > 0)$ 上一点距离的平方.

又由椭圆 Γ

$$\begin{cases} x = 2\sin\alpha, \\ y = 3\cos\alpha, \end{cases} \left(0 \leqslant \alpha \leqslant \frac{\pi}{2}\right)$$

知椭圆 Γ 上点 $(2\sin\alpha, 3\cos\alpha)$ 到直线 $y = x+5$ 的距离的平方为

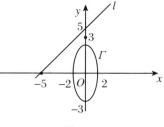

图 8.10

$$g(a,b) = \left(\frac{|2\sin\alpha + 5 - 3\cos\alpha|}{\sqrt{2}}\right)^2.$$

令 $f(\alpha) = 2\sin\alpha + 5 - 3\cos\alpha$,则 $f'(\alpha) = 2\cos\alpha + 3\sin\alpha > 0, \alpha \in \left[0, \frac{\pi}{2}\right]$,故 $f(\alpha)$ 是单调递增的. 所以 $f(\alpha)_{\min} = f(0) = 2$,即 $g(a,b)$ 的最小值为 $\left(\frac{2}{\sqrt{2}}\right)^2 = 2$.

题 7 求函数 $u = \frac{\sin\theta - 2}{3 + \cos\theta}$ 的值域.

思路剖析 方法 1 令定点 $P_0(-3, 2)$,动点 $P(\cos\theta, \sin\theta)$,点 P 在单位圆 $x^2 + y^2 = 1$ 上,如图 8.11 所示,则 u 可看作是点 $P_0(-3, 2)$ 与动点 $P(\cos\theta, \sin\theta)$ 连线的斜率.

过点 P_0 的直线方程为 $y - 2 = u(x + 3)$,即
$$ux - y + 3u + 2 = 0.$$
由圆心 $(0,0)$ 到直线的距离不大于半径,得
$$\frac{|3u + 2|}{\sqrt{1 + u^2}} \leqslant 1,$$
即
$$8u^2 + 12u + 3 \leqslant 0.$$
令 $8u^2 + 12u + 3 = 0$,解得
$$u = \frac{-6 \pm \sqrt{12}}{8} = \frac{-3 \pm \sqrt{3}}{4}.$$

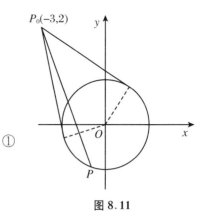

图 8.11

于是 $\dfrac{-3 - \sqrt{3}}{4} \leqslant u \leqslant \dfrac{-3 + \sqrt{3}}{4}$,这就是函数 u 的值域.

注 延伸本题:求 $y = \dfrac{f(x) + a}{g(x) + b} (a, b \in \mathbf{R})$ 的值域,可将 y 写成
$$y = \frac{f(x) - (-a)}{g(x) - (-b)}.$$
y 看作过定点 $P_0(-b, -a)$ 到动点 $P(g(x), f(x))$ 的连线的斜率,点 P 位于曲线 $\begin{cases} u = g(x) \\ v = f(x) \end{cases}$ 上,消去 x,得 $F(u, v) = 0$. 斜率 k_{P_0P} 的变化范围就是原函数的值域.

方法 2 求出过点 $P_0(-3, 2)$ 作圆 $x^2 + y^2 = 1$ 两条切线的斜率.

设过点 $P_0(-3, 2)$ 的点斜式方程为 $y - 2 = k(x + 3)$,即 $y = 2 + k(x + 3)$. 代入 $x^2 + y^2 = 1$ 中,得
$$(1 + k^2)x^2 + 2k(3k + 2)x + (3k + 2)^2 - 1 = 0.$$
依切线的定义交于二重点,关于 x 的方程判别式为 0,即
$$[k(3k + 2)]^2 - (1 + k^2)[(3k + 2)^2 - 1] = 0.$$
化简,得 $8k^2 + 12k + 3 = 0$. 求得,
$$k_1 = \frac{-3 - \sqrt{3}}{4}, \quad k_2 = \frac{-3 + \sqrt{3}}{4}.$$
所以 $\left[\dfrac{-3 - \sqrt{3}}{4}, \dfrac{-3 + \sqrt{3}}{4}\right]$ 为所求.

方法 3 利用三角函数万能变换公式.

令 $t = \tan \dfrac{x}{2}$,则
$$\sin \theta = \frac{2t}{1 + t^2},$$
$$\cos \theta = \frac{1 - t^2}{1 + t^2},$$
$$\left(\tan \theta = \frac{2t}{1 - t^2}.\right)$$

因 $u = \dfrac{\sin\theta - 2}{3 + \cos\theta}$,则化为
$$u = \dfrac{t - 1 - t^2}{2 + t^2},$$
即 $(u+1)t^2 + t + 2u + 1 = 0$. 判别式 $1^2 - 4(2u+1)(u+1) \geqslant 0$,即有
$$8u^2 + 12u + 3 \leqslant 0,$$
即式①. 下同方法 1.

题 8 设 $x, y \in \mathbf{R}^+$,且
$$x + y = 2, \qquad ①$$
试求
$$\zeta = \sqrt{x^2 + 4} + \sqrt{y^2 + 1} \qquad ②$$
的最小值.

思路剖释 方法 1 因 $y = 2 - x$,故 ζ 是 x 的函数,则
$$\dfrac{\mathrm{d}\zeta}{\mathrm{d}x} = \dfrac{2x}{2\sqrt{x^2+4}} + \dfrac{2y}{2\sqrt{y^2+1}} \dfrac{\mathrm{d}y}{\mathrm{d}x} = \dfrac{x}{\sqrt{x^2+4}} - \dfrac{y}{\sqrt{y^2+1}}. \left(\dfrac{\mathrm{d}y}{\mathrm{d}x} = -1.\right)$$
令 $\dfrac{\mathrm{d}\zeta}{\mathrm{d}x} = 0$,得
$$x\sqrt{y^2+1} - y\sqrt{x^2+4} = 0,$$
即
$$x\sqrt{y^2+1} = y\sqrt{x^2+4}.$$
两边平方,化简,得
$$x^2 = 4(2-x)^2,$$
即 $3x^2 - 16x + 16 = 0$,解得
$$x = \dfrac{8 \pm 4}{3}.$$
因 $0 < x < 2, x + y = 2(x, y \in \mathbf{R}^+)$,故 $x = \dfrac{4}{3}$,从而 $y = \dfrac{2}{3}$.

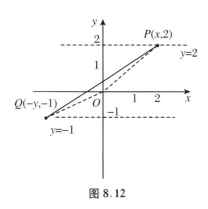

图 8.12

依题意,求 ζ 的最小值,即求 ζ 的极小值(ζ 无最大值,因 $x \to +\infty, y \to +\infty$). 因此,$\zeta_{\min} = (\sqrt{x^2+4} + \sqrt{y^2+1})|_{x=\frac{4}{3}, y=\frac{2}{3}} = \sqrt{13}$.

方法 2 将 $\sqrt{x^2+4}$ 理解为点 $P(x, 2)$ 到原点 O 的距离;$\sqrt{y^2+1}$ 理解为点 $Q(-y, -1)$ 到原点 O 的距离. 点 $P(x, 2) \in$ 直线 $y = 2$;点 $Q(-y, -1) \in$ 直线 $y = -1$,则
$$\zeta = OP + OQ \geqslant PQ = \sqrt{(x+y)^2 + (2+1)^2}$$
$$= \sqrt{2^2 + 3^2} = \sqrt{13}.$$

取等号时,OP 与 OQ 反向共线,此时 $\dfrac{x}{-y} = \dfrac{2}{-1}$,故
$$\begin{cases} x = \dfrac{4}{3}, \\ y = \dfrac{2}{3}. \end{cases} \quad (x + y = 2)$$

注 设 $Q(-y, -1)$ 目的是出现 $x+y$ 因式.

方法 3 用 $y = 2 - x$ 代入式②,得
$$\zeta = \sqrt{x^2 + 4} + \sqrt{(2-x)^2 + 1}.$$

仿方法 2:记 $M(x, 2)$,$N(-2+x, -1)$,则 $\sqrt{x^2+4}$ 理解为点 M 到原点的距离,$\sqrt{(-2+x)^2+1}$ 理解为点 $N(-2+x, -1)$ 到原点的距离,所以
$$\zeta = OM + ON \geqslant MN = \sqrt{2^2 + 3^2} = \sqrt{13}.$$
故 $\sqrt{13}$ 为所求.

方法 4 应用复数.

如图 8.13 所示.令
$$\begin{cases} \zeta_1 = 2 + x\mathrm{i}, \\ \zeta_2 = 1 + y\mathrm{i}, \end{cases} \quad (x, y > 0)$$
则
$$\zeta = |\zeta_1| + |\zeta_2| \geqslant |\zeta_1 + \zeta_2| = |3 + (x+y)\mathrm{i}| = |3 + 2\mathrm{i}|$$
$$= \sqrt{3^2 + 2^2} = \sqrt{13}.$$

方法 5 按方法 3,$\zeta = \sqrt{x^2 + 4} + \sqrt{(2-x)^2 + 1}$.

如图 8.14 所示,作线段 $AB = 2$,在 AB 上取 $AC = x$,则 $BC = 2 - x$.以 AC 为长、2 为宽作长方形 $ACDE$,则 $CE = \sqrt{x^2 + 4}$.在 AB 的另一侧(图 8.14)作长方形 $BCGF$,使 $BF = 1$,则 $CF = \sqrt{(2-x)^2 + 1}$,
$$\zeta = \sqrt{x^2 + 4} + \sqrt{(2-x)^2 + 1} = CE + CF.$$
当点 E、C、F 不共线时,$CE + CF > EF$;当点 E、C、F 共线时,$CE + CF = EF = \sqrt{2^2 + 3^2} = \sqrt{13}$,即为所求.

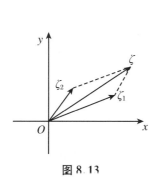

图 8.13

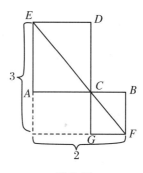

图 8.14

题 9 设平面点集 $A=\left\{(x,y)\,|\,(y-x)\left(y-\dfrac{18}{25x}\right)\geqslant 0\right\}$，$B=\{(x,y)\,|\,(x-1)^2+(y-1)^2\leqslant 1\}$．若 $(x,y)\in A\cap B$，求 $2x-y$ 的最小值．

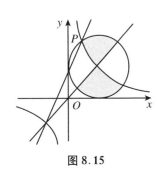

图 8.15

思路剖释 作出平面点集 A、B 所表示的平面区域，$A\cap B$ 表示如图 8.15 所示的阴影部分 D．令 $z=2x-y$，则 $y=2x-z$，$-z$ 表示直线 $y=2x-z$ 的纵截距．易知：直线 $y=2x-z$ 经过区域 D 中的点 P 时，$z=2x-y$ 取最小值．因为点 P 在圆 $(x-1)^2+(y-1)^2=1$ 上，所以设它的坐标为 $(1+\cos\theta,1+\sin\theta)$，结合图形，可知 $\theta\in\left(\dfrac{\pi}{2},\pi\right)$．

又点 P 在曲线 $y=\dfrac{18}{25x}$ 上，所以

$$(1+\cos\theta)(1+\sin\theta)=\dfrac{18}{25},$$

即

$$\sin\theta\cos\theta+\sin\theta+\cos\theta+\dfrac{7}{25}=0.$$

设 $\sin\theta+\cos\theta=t$，则 $\sin\theta\cos\theta=\dfrac{1}{2}(t^2-1)$，代入，得

$$\dfrac{1}{2}(t^2-1)+t+\dfrac{7}{25}=0,$$

解得 $t=\dfrac{1}{5}$ 或 $-\dfrac{11}{5}$（舍），即 $\sin\theta+\cos\theta=\dfrac{1}{5}$．结合 $\sin^2\theta+\cos^2\theta=1$，并且注意到 $\theta\in\left(\dfrac{\pi}{2},\pi\right)$，解得 $\sin\theta=\dfrac{4}{5}$，$\cos\theta=-\dfrac{3}{5}$．所以点 P 的坐标为 $\left(\dfrac{2}{5},\dfrac{9}{5}\right)$．

故 $z=2x-y$ 的最小值为 $z_{\min}=2\times\dfrac{2}{5}-\dfrac{9}{5}=-1$．

题 10 计算下列各题．

(1) 设 $x\in\left[0,\dfrac{\pi}{2}\right]$，若方程 $3\sin 2x+3\sqrt{3}\cos 2x=2a$ 有两解，则 a 的取值范围是 _____．

(2) 设 $a\leqslant 2$，求 $y=(x-2)|x|$ 在 $[a,2]$ 上的最大值和最小值．

(3) 设函数 $f(x,y)=\sqrt{x^2+y^2-6y+9}+\sqrt{x^2+y^2+2\sqrt{3}x+3}+\sqrt{x^2+y^2-2\sqrt{3}x+3}$，则 $f(x)$ 的最小值为（　　）．

A. $3+2\sqrt{3}$　　B. $2\sqrt{3}+2$　　C. 6　　D. 8

思路剖释 (1) 作出图形，将方程的解转化为两个图形交点个数的讨论．

将方程化为 $3\sin\left(2x+\dfrac{\pi}{3}\right)=a$．设 $y_1=3\sin\left(2x+\dfrac{\pi}{3}\right)$，$x\in\left[0,\dfrac{\pi}{2}\right]$，$y_2=a$，则原方程有两解，即 y_1 与 y_2 的图像有两个不同的交点．作 y_1 与 y_2 的图像，如图 8.16 所示．

当 $x=\dfrac{\pi}{12}$ 时，$y_1=3$；当 $x=0$ 时，$y_1=\dfrac{3\sqrt{3}}{2}$. 故 a 的取值范围是 $\left[\dfrac{3\sqrt{3}}{2},3\right)$.

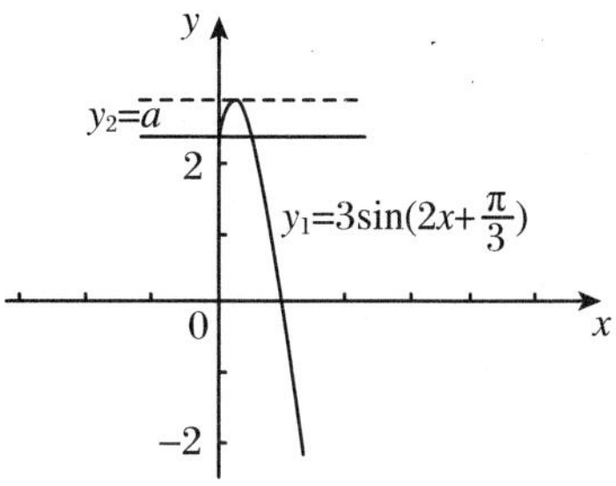

(2) 直观上，因 $|x|\geqslant 0$，又在区间 $[a,2]$ 上讨论，所以 $y=(x-2)|x|\leqslant 0$，$y_{\max}=0$. 下面用图像法求解本题. 先去掉绝对值，则

当 $x\geqslant 0$ 时，
$$y=x^2-2x,$$
即
$$y=(x-1)^2-1.$$
当 $x\leqslant 0$ 时，
$$y=-x^2+2x,$$
即
$$y=-(x-1)^2+1.$$

图 8.16

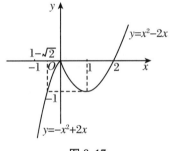

图 8.17

所以不难画出图 8.17 中实线所示的函数 y 的图像. 由图像，可知
$$y_{\max}=0.$$
再求 $y=-1$ 与 $y=-x^2+2x$ 的交点，得 $x=1\pm\sqrt{2}$，取 $x=1-\sqrt{2}$（因 $x<0$）. 故由图像，可知

当 $1\leqslant a\leqslant 2$ 时，
$$y_{\min}=a^2-2a.$$
当 $1-\sqrt{2}\leqslant a<1$ 时，
$$y_{\min}=-1.$$
当 $a<1-\sqrt{2}$ 时，
$$y_{\min}=-a^2+2a.$$

(3) 利用配方法，借助图像，转化为求最短距离.

由题意，知
$$\sqrt{x^2+y^2-6y+9}=\sqrt{x^2+(y-3)^2},$$
$$\sqrt{x^2+y^2+2\sqrt{3}x+3}=\sqrt{(x+\sqrt{3})^2+y^2},$$
$$\sqrt{x^2+y^2-2\sqrt{3}x+3}=\sqrt{(x-\sqrt{3})^2+y^2}.$$

令 $A(0,3),B(-\sqrt{3},0),C(\sqrt{3},0),P(x,y),D(0,1)$，则
$$f(x,y)=|PA|+|PB|+|PC|.$$
又因 $\triangle ABC$ 为等腰三角形，顶点 $A(0,3)$ 在 y 轴上. 依题意，所求的点 $P(x,y)$ 是 $\triangle ABC$ 的费马点，易知点 D 就是 $\triangle ABC$ 的费马点，所以 $|DA|+|DB|+|DC|=2+2+2=6$. 故选 C.

注 什么叫费马点？设 F 是 $\triangle ABC$ 内一点，且
$$\angle AFB = \angle BFC = \angle CFA = 120°,$$
则称 F 为 $\triangle ABC$ 的费马点，如图 8.18 所示.

如果 $\triangle ABC$ 中所有内角都小于 $120°$，以 BC 为边向 $\triangle ABC$ 外作等边 $\triangle BCD$，再作 $\triangle BCD$ 的外接圆，连接 AD 与 $\overset{\frown}{BC}$ 交于点 F，则点 F 就是费马点，如图 8.19 所示.

到一个三角形三个顶点距离之和为最小的点就是费马点.

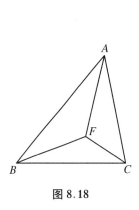

图 8.18

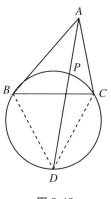

图 8.19

题 11 计算下列各题.

(1) 在 $\text{Rt}\triangle ABC$ 中，$\angle ACB = 90°$，$CA = 3$，$CB = 4$，动点 P 在 $\triangle ABC$ 内，且到三边的距离之和为 $\dfrac{13}{5}$，则点 P 轨迹的长度为 _____.

(2) 求 $f(x) = \sqrt{x^4 - 3x^2 - 6x + 13} - \sqrt{x^4 - x^2 + 1}$ 的最大值.

(3) 求 $f(x) = (x^4 - 5x^2 - 8x + 25)^{\frac{1}{2}} - (x^4 - 3x^2 + 4)^{\frac{1}{2}}$ 的最大值.

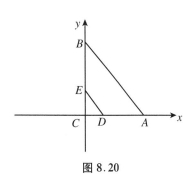

图 8.20

思路剖释 (1) 将 $\text{Rt}\triangle ABC$ 放入平面直角坐标系中，则 $A(3, 0)$，$B(0, 4)$.

如图 8.20 所示，直线 AB 的方程为 $4x + 3y - 12 = 0$. 设满足条件的点为 $P(x, y)$，则依题设，有
$$x + y + \frac{|4x + 3y - 12|}{5} = \frac{13}{5}.$$

因为点 P 在 $\triangle ABC$ 的内部，所以 $4x + 3y - 12 < 0$. 于是，点 P 的轨迹方程为 $x + 2y - 1 = 0$. 设其与 x 轴交于点 $D(1, 0)$，与 y 轴交于点 $E\left(0, \dfrac{1}{2}\right)$，则由勾股定理，知 $DE = \dfrac{\sqrt{5}}{2}$ 为所求.

(2) 因 $13 = 4 + 9$，所以利用公式法进行因式分解，则
$$x^4 - 3x^2 - 6x + 13 = (x^4 - 4x^2 + 4) + (x^2 - 6x + 9) = (x^2 - 2)^2 + (x - 3)^2.$$
而 $x^4 - x^2 + 1 = x^2 + (x^2 - 1)^2$.

令点 $A(3,2)$，$B(0,1)$，位于抛物线 $y = x^2$ 上动点 $P(x,x^2)$，则 $\sqrt{x^4 - x^2 + 1}$ 是点 P 与点 B 之间的距离 PB；$\sqrt{x^4 - 3x - 6x + 13}$ 是点 P 与点 A 之间的距离 PA，因此 $f(x) = PA - PB$. 于是问题转化为求 $PA - PB$ 的最大值.

作出 graph x^2、点 A、点 B 和直线段 AC，如图 8.21 所示. 根据三角形两边之差小于第三边 AB，知当点 P 与点 C 重合时，$f(x)$ 取到最大值，此时

$$PA - PB = CA - CB = AB = \sqrt{3^2 + (2-1)^2} = \sqrt{10}.$$

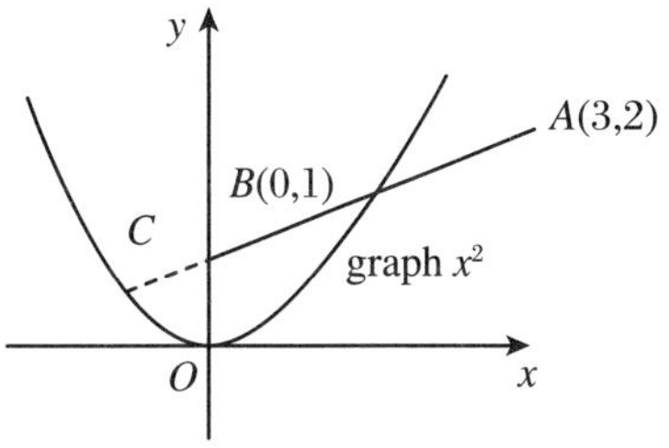

故 $f(x)$ 的最大值是 $\sqrt{10}$.

注 借助图形，用数形结合法是常用的解题方法.

图 8.21

（3）利用因式分解、配方法化简原式.

由题意，知

$$x^4 - 5x^2 - 8x + 25 = x^4 - 6x^2 + 9 + x^2 - 8x + 16 = (x^2 - 3)^2 + (x - 4)^2,$$

即

$$x^4 - 3x^2 + 4 = (x^2 - 2)^2 + x^2.$$

故

$$\text{原式} = \sqrt{(x^2 - 3)^2 + (x - 4)^2} - \sqrt{(x^2 - 2)^2 + x^2}.$$

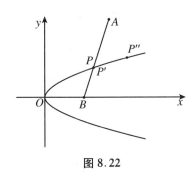

图 8.22

构造点 $P(x^2, x)$，$A(3,4)$，$B(2,0)$. 显然，点 $P(x^2, x)$ 在抛物线 $\Gamma: y^2 = x$ 上. 于是，利用数形结合思想可将问题转化为在抛物线 Γ 上找一点，使得 $|PA| - |PB|$ 取得最大值.

因为 $\triangle PAB$ 两边之差小于或等于第三边，所以 $|PA| - |PB| \leqslant |AB|$，而 $AB = \sqrt{(3-2)^2 + (4-0)^2} = \sqrt{17}$. 因此，所求最大值为 $\sqrt{17}$，此时 P，A，B 三点共线，如图 8.22 所示.

题 12 当 θ 取何值时，函数 $f(\theta) = \sqrt{15 - 12\cos\theta} + \sqrt{4 - 2\sqrt{3}\sin\theta} + \sqrt{7 - 4\sqrt{3}\sin\theta} + \sqrt{10 - 4\sqrt{3}\sin\theta - 6\cos\theta}$ 取最小值？这个最小值是多少？

思路剖释 利用配方法，将 $f(\theta)$ 恒等变形.

由题意，知

$$\sqrt{15 - 12\cos\theta} = \sqrt{(\sqrt{3}\cos\theta - 2\sqrt{3})^2 + (\sqrt{3}\sin\theta - 0)^2},$$

$$\sqrt{4 - 2\sqrt{3}\sin\theta} = \sqrt{(\sqrt{3}\cos\theta - 0)^2 + (\sqrt{3}\sin\theta - 1)^2},$$

$$\sqrt{7 - 4\sqrt{3}\sin\theta} = \sqrt{(\sqrt{3}\cos\theta - 0)^2 + (\sqrt{3}\sin\theta - 2)^2},$$

$$\sqrt{10 - 4\sqrt{3}\sin\theta - 6\cos\theta} = \sqrt{(\sqrt{3}\cos\theta - \sqrt{3})^2 + (\sqrt{3}\sin\theta - 2)^2}.$$

取点 $M(\sqrt{3}\cos\theta, \sqrt{3}\sin\theta)$，$A(2\sqrt{3}, 0)$，$B(0,1)$，$C(0,2)$，$D(\sqrt{3}, 2)$，则

$\sqrt{15-12\cos\theta} = |MA|$,

$\sqrt{4-2\sqrt{3}\sin\theta} = |MB|$,

$\sqrt{7-4\sqrt{3}\sin\theta} = |MC|$,

$\sqrt{10-4\sqrt{3}\sin\theta-6\cos\theta} = |MD|$,

$f(\theta) = |MA|+|MB|+|MC|+|MD|$.

作出图形(图 8.23),则圆 O 的方程为 $x^2+y^2=3$. 问题转化为当 θ 变化时,点 M 在圆 $x^2+y^2=3$ 上运动,求 $f(\theta)$ 的最小值.

由于直线 $AC: x+\sqrt{3}y-2\sqrt{3}=0$,直线 $BD: x-\sqrt{3}y+\sqrt{3}=0$,所以直线 AC 与 BD 交于点 $M_0\left(\dfrac{\sqrt{3}}{2},\dfrac{3}{2}\right)$. 此时, AC 切圆 O 于 M_0, M_0 又恰是 BD 中点, 因此 $|MA|+|MC|\geqslant|AC|=4$, $|MB|+|MD|\geqslant|BD|=2$.

综上所述,当 $\theta=2k\pi+\dfrac{\pi}{3}(k\in\mathbf{Z})$ 时, $f(\theta)$ 取最小值 6.

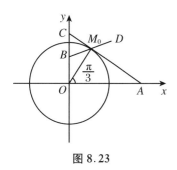

图 8.23

题 13 计算下列各题.

(1) 已知 A 为椭圆 $x^2+4y^2=4$ 上任意一点, B 为圆 $x^2+(y-2)^2=\dfrac{1}{3}$ 上任意一点,求 $|AB|$ 的最大值和最小值.

(2) 已知动点 A 在椭圆 $\dfrac{x^2}{25}+\dfrac{y^2}{16}=1$ 上,动点 B 在圆 $(x-6)^2+y^2=1$ 上,求 $|AB|$ 的最大值.

思路剖释 方法 1 作出图形,借助图形解题.

如图 8.24 所示,假设点 A 给定,则连接点 A 及点 $M(0,2)$ 交圆于 B_1、B_2. 在圆 M 上任取一点 B',则

$|AB_1| = |AM|-|B_1M| = |AM|-|B'M|$
$\leqslant |AB'| \leqslant |AM|+|B'M|$
$= |AM|+|B_2M| = |AB_2|$.

故圆 M 上点 B_1 到点 A 的距离最短,点 B_2 到点 A 的距离最长,从而问题转化成求椭圆上的点到点 M 距离的最大值和最小值.

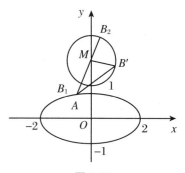

图 8.24

设 $A(x,y)$,则

$|MA|^2 = x^2+(y-2)^2$. ①

其中 $M(0,2)$.

又

$x^2+4y^2 = 4$, ②

故

$$|MA|^2 = 4 - 4y^2 + (y-2)^2 = -3y^2 - 4y + 8, \quad -1 \leqslant y \leqslant 1. \qquad ③$$

下面求 $|MA|$ 的最值.

配方法：
$$|MA|^2 = -3\left(y + \frac{2}{3}\right)^2 + \frac{4}{3} + 8 = -3\left(y + \frac{2}{3}\right)^2 + \frac{28}{3},$$

$$MA_{\max} = |MA|_{y=-\frac{2}{3}} = \sqrt{\frac{28}{3}} = \frac{2\sqrt{21}}{3}, \quad MA_{\min} = |MA|_{y=1} = 1, \qquad ④$$

因此
$$|AB|_{\max} = \sqrt{\frac{28}{3}} + \frac{1}{\sqrt{3}} = \frac{2\sqrt{21}}{3} + \frac{\sqrt{3}}{3}, \qquad ⑤$$

$$|AB|_{\min} = \frac{2\sqrt{21}}{3} - \frac{\sqrt{3}}{3}. \qquad ⑥$$

注 可用下面方法求得 MA^2.

令 $f(y) = -3y^2 - 4y + 8$，则
$$f'(y) = -6y - 4.$$

令 $f'(y) = 0$，得 $y = -\frac{2}{3}$，$f\left(-\frac{2}{3}\right) = \frac{28}{3}$. 又 $f(1) = 1, f(-1) = 9$，故 $f_{\max} = \frac{28}{3}, f_{\min} = 1$，从而式④、⑤、⑥成立.

方法 2 采用拉格朗日乘数法（见上面的注）.

将式①作为目标函数，即 $MA^2 = x^2 + (y-2)^2$.

将式②（$x^2 + 4y^2 - 4 = 0$）作为约束条件，即变量 x, y 的变化受到此方程的约束.

作三个变量 x, y, λ 的拉格朗日函数：
$$F(x, y, \lambda) = x^2 + (y-2)^2 + \lambda(x^2 + 4y^2 - 4). \qquad ⑦$$

将 y, λ 看作常数，对变量 x 求导数，称为函数 $F(x, y, \lambda)$ 关于变量 x 的偏导数，记作 F_x. 类似地，将 x, λ 看作常数，$F(x, y, \lambda)$ 关于变量 y 的偏导数，记作 F_y；将 x, y 看作常数，$F(x, y, \lambda)$ 关于变量 λ 的偏导数，记作 F_λ. 于是
$$\begin{cases} F_x = 2x + 2\lambda x, \\ F_y = 2(y-2) + 8\lambda y, \\ F_\lambda = x^2 + 4y^2 - 4 = 0, \end{cases}$$

称
$$\begin{cases} F_x = 0, \\ F_y = 0, \\ F_\lambda = 0, \end{cases}$$

为拉格朗日方程组，其中数 λ 是待定的拉格朗日乘数.

求解拉格朗日方程组：
$$\begin{cases} 2x + 2\lambda x = 0, \\ 2(y-2) + 8\lambda y = 0, \\ x^2 + 4y^2 - 4 = 0. \end{cases}$$

由第一个方程,得 $\lambda=-1$ 或 $x=0$.分类讨论如下.

(i) 当 $\lambda=-1$ 时,此时 $y=-\dfrac{2}{3}$.代入约束条件,得
$$x^2=4\left[1-\left(-\dfrac{2}{3}\right)^2\right]=\dfrac{20}{9},$$
即 $x=\pm\dfrac{2\sqrt{5}}{3}$.于是
$$MA^2=\dfrac{20}{9}+\left(-\dfrac{2}{3}-2\right)^2=\dfrac{84}{9},\quad |MA|=\dfrac{2}{3}\sqrt{21}>3.$$

当 $x=0$ 时,$y=\pm 1$.于是 $MA^2=1$ 或 9.因此 $MA_{\max}=\dfrac{2}{3}\sqrt{21}$,$MA_{\min}=1$(参见式④).

注 求二元函数 $z=f(x,y)$ 的极值时,自变量 x,y 的取值有时要附加一定的条件,x,y 满足 $\varphi(x,y)=0$,即受到此条件的约束,常称 $\varphi(x,y)=0$ 为约束条件.又称 $f(x,y)$ 为目标函数,此时,$z=f(x,y)$ 的极值称为条件极值.

求解这一条件极值问题采用拉格朗日乘数法,其解题思想是设法将条件极值转化为无条件极值问题,具体按下面步骤求解.

步骤1:构造拉格朗日函数:
$$f(x,y,\lambda)=f(x,y)+\lambda\varphi(x,y),$$
其中数 λ 为待定的拉格朗日乘数.

步骤2:写出拉格朗日方程组:
$$\begin{cases}F_x=f_x+\lambda\varphi_x=0,\\ F_y=f_y+\lambda\varphi_y=0,\\ F_\lambda=\varphi(x,y)=0.\end{cases}$$
解此方程组,求得解 $x=x_0,y=y_0$ 与拉格朗日乘数 λ_0,而 (x_0,y_0) 是可疑极值点.

步骤3:判定求出的 (x_0,y_0) 是否为极值点,通常,由实际问题的具体意义确定 (x_0,y_0) 就是目标函数 $z=f(x,y)$ 在约束条件 $\varphi(x,y)=0$ 下的极值点.

如果由 $\varphi(x,y)=0$ 可写出显函数 $y=\alpha(x)$,将其代入 $z=f(x,y)$,得 $z=f(x,\alpha(x))$.此时,所求的问题转化为求一元函数 $z=f(x,\alpha(x))$ 的极值问题.

(2) 由题意,知圆心为 $M(6,0)$.记 $A(5\cos\alpha,4\sin\alpha)$,则
$$\begin{aligned}MA^2&=(5\cos\alpha-6)^2+(4\sin\alpha)^2\\ &=9\cos^2\alpha-60\cos\alpha+52.\\ &=9\left(\cos\alpha-\dfrac{10}{3}\right)^2-100+52\\ &\leqslant 9\left(-1-\dfrac{10}{3}\right)^2-48=121,\end{aligned}$$
故 $MA_{\max}=11$.因圆的半径为 1,因此 $AB_{\max}=11+1=12$.

8.2 凸 函 数

1. 凸函数的概念

(1) 设 $\varphi(x)$ 是定义在区间 I 内的函数. 如果对 I 内的任意两点 x_1, x_2, 有
$$\varphi\left(\frac{x_1+x_2}{2}\right) \leqslant \frac{\varphi(x_1)+\varphi(x_2)}{2},$$
则称 $\varphi(x)$ 为区间 I 内的凸函数.

如果有不等式
$$\varphi\left(\frac{x_1+x_2}{2}\right) \geqslant \frac{\varphi(x_1)+\varphi(x_2)}{2},$$
则称 $\varphi(x)$ 为区间 I 内的凹函数.

(2) 若(1)中, 当 $x_1 \neq x_2$ 时, 恒有
$$\varphi\left(\frac{x_1+x_2}{2}\right) < \frac{\varphi(x_1)+\varphi(x_2)}{2},$$
或
$$\varphi\left(\frac{x_1+x_2}{2}\right) > \frac{\varphi(x_1)+\varphi(x_2)}{2},$$
则称 $\varphi(x)$ 是严格的凸函数或严格的凹函数.

(3) 凸函数的简单性质:

(i) 若 $\varphi(x)$ 为区间 I 内的凸(凹)函数, 则 $-\varphi(x)$ 就是区间 I 内的凹(凸)函数.

(ii) 凸函数的几何意义: $y=\varphi(x)$ 的任一条弦的中点必在该曲线之上方或在该曲线上, 如图 8.25 所示.

凹函数 $\varphi(x)$: 曲线 $y=\varphi(x)$ 的任一条弦的中点必在该曲线之下方或在该曲线上, 如图 8.26 所示.

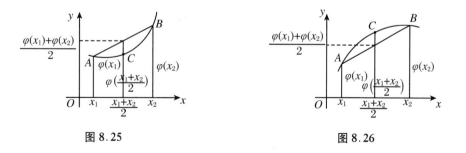

图 8.25　　　　　　　　　　图 8.26

(iii) 对严格的凸(凹)函数 $\varphi(x)$ 来说, 曲线 $y=\varphi(x)$ 的任一条弦的中点都只能在曲线

的上(下)方.

(4) 凸(凹)函数也可能是不连续的,即不连续的函数也可能具有凸(凹)性.

例如,分段函数 $\varphi(x) = \begin{cases} x^2, & |x| < 1, \\ 2, & |x| = 1 \end{cases}$ 在区间 $[-1,1]$ 上不连续.但凸性依然成立,即对于任意 $x_1, x_2 \in [-1,1]$,有 $\varphi\left(\dfrac{x_1+x_2}{2}\right) \leqslant \dfrac{\varphi(x_2)+\varphi(x_2)}{2}$. 故 $\varphi(x)$ 是 $[-1,1]$ 上的凸函数.

2. 凸函数的判别法

(1) 如果 $\varphi''(x)$ 在区间 I 内存在,则 $\varphi(x)$ 为凸函数的充分必要条件为在区间 I 内 $\varphi''(x) \geqslant 0$.

(2) 如果在区间 I 内存在 $\varphi''(x)$,且 $\varphi''(x) > 0$,则 $\varphi(x)$ 在区间 I 内是严格凸函数.

(3) 若在区间 I 内 $f(x) > 0$ 且存在 $f''(x)$,则 $\ln f(x)$ 为凸函数的充分必要条件是在区间 I 内 $f(x) \cdot f''(x) - [f'(x)]^2 \geqslant 0$.

$$\left[\begin{array}{l} \text{令 } g(x) = \ln f(x), \text{则有} \\ \qquad g'(x) = \dfrac{f'(x)}{f(x)}, \quad g''(x) = \dfrac{f(x) \cdot f''(x) - [f'(x)]^2}{f^2(x)}. \end{array}\right]$$

3. 凸函数的运算性质

(1) 设 $\varphi(x)$ 是区间 I 内的凸函数,则函数 $kf(x) (k > 0)$ 也是区间 I 内的凸函数.

(2) 设 $\varphi_1(x)$ 和 $\varphi_2(x)$ 是区间 I 内的凸函数,则其和 $\varphi(x) = \varphi_1(x) + \varphi_2(x)$ 也是区间 I 内的凸函数.

(3) 设 $\varphi_1(x)$ 与 $\varphi_2(x)$ 是区间 I 内的凸函数,则线性组合的函数 $\alpha\varphi_1(x) + \beta\varphi_2(x) (\alpha, \beta > 0)$ 也是凸函数.

(4) 对于 $y = f(u), u = \varphi(x)$ 的复合函数 $f(\varphi(x))$,其特性如表 8.1 所示.

表 8.1

若 $f(u)$	且 $u = \varphi(x)$	则 $f(\varphi(x))$
凸,递增	凸	凸
凸,递减	凹	凸
凹,递增	凹	凹
凹,递减	凸	凹

(5) 设 $y = \varphi(x)$ 的反函数为 $y = \varphi^{-1}(x)$,则反函数 $y = \varphi^{-1}(x)$ 的特性如表 8.2 所示.

表 8.2

若 $\varphi(x)$	则 $\varphi^{-1}(x)$
凸,递增	凹,递增
凸,递减	凸,递减
凹,递减	凹,递减
凹,递增	凸,递增

例如,当 $a>1$ 时,对数函数 $y=\log_a x$ 是递增的凹函数,则其反函数 $y=a^x(a>1)$ 是递增的凸函数;当 $0<a<1$ 时,对数函数 $y=\log_a x$ 是递减的凸函数,则其反函数 $y=a^x(0<a<1)$ 是递减的凸函数.

(6) 连续凸函数的性质.

若凸函数 $\varphi(x)$ 在区间 I 内连续,则对任意 $x_1,x_2 \in I$ 和 $\alpha \in [0,1]$ 都有 $\varphi[\alpha x_1+(1-\alpha)x_2] \leqslant \alpha\varphi(x_1)+(1-\alpha)\varphi(x_2)$.

4. 凸函数的图像

函数 $y=\varphi(x)$ 为区间 I 内的凸函数,则函数 $\varphi(x)$ 的图形 graph φ 是凹的;函数 $y=\varphi(x)$ 为区间 I 内的凹函数,则函数 $\varphi(x)$ 的图形 graph φ 是凸的.

5. 凸函数的基本不等式

设 $\varphi(x)$ 是区间 I 的凸函数,则对于区间 I 中任意 n 个数 $x_1,x_2,\cdots,x_n$ 都有

$$\varphi\left(\frac{x_1+x_2+\cdots+x_n}{n}\right) \leqslant \frac{\varphi(x_1)+\varphi(x_2)+\cdots+\varphi(x_n)}{n}, \quad ①$$

当且仅当 $x_1=x_2=\cdots=x_n$ 时,等号成立.

注 凸函数的基本不等式可以缩写成

$$\varphi\left(\frac{\sum_{k=1}^{n}x_k}{n}\right) \leqslant \frac{\sum_{k=1}^{n}\varphi(x_k)}{n}.$$

若记 $\bar{x}=\frac{1}{n}\sum_{k=1}^{n}x_k, \bar{y}=\frac{1}{n}\sum_{k=1}^{n}y_k=\frac{1}{n}\sum_{k=1}^{n}\varphi(x_k)$,则上式可以写成 $\varphi(\bar{x}) \leqslant \bar{y}$,这有着明显的几何意义,见图 8.27.

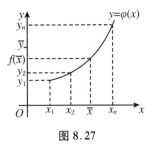

图 8.27

6. 几个平均值的关系

设 $a_i \in \mathbf{R}^+(i=1,2,\cdots,n)$,记这 n 个正实数的调和平均值为 $H(a)=\dfrac{n}{\sum_{i=1}^{n}\dfrac{1}{a_i}}$,几何平均值为 $G(a)=\sqrt[n]{\prod_{i=1}^{n}a_i}$,算术平均值为 $A(a)=\dfrac{\sum_{i=1}^{n}a_i}{n}$,方幂平均值为 $Q(a)=\sqrt{\dfrac{\sum_{i=1}^{n}a_i^2}{n}}$,则 $H(a) \leqslant G(a) \leqslant A(a) \leqslant Q(a)$,当且仅当 $a_1=a_2=\cdots=a_n$ 时,等号成立.

题1 讨论下列函数的凸性.

(1) 线性函数 $\varphi(x)=ax+b, x \in (-\infty,\infty)$.

(2) 二次幂函数 $\varphi(x)=ax^2(a>0), x \in (-\infty,+\infty)$.

(3) 指数函数 $\varphi(x)=a^x(a>0,a\neq 1), x \in (-\infty,+\infty)$.

(4) $y=\ln x, x \in (0,+\infty)$.

(5) $y = \ln \dfrac{1}{x}, x \in (0, +\infty)$.

思路剖释 (1) 因为

$$\varphi\left(\dfrac{x_1 + x_2}{2}\right) = a\left(\dfrac{x_1 + x_2}{2}\right) + b = \dfrac{ax_1 + b}{2} + \dfrac{ax_2 + b}{2} = \dfrac{\varphi(x_1) + \varphi(x_2)}{2},$$

所以线性函数 $\varphi(x) = ax + b$ 是凸函数.

注 $\varphi(x) = ax + b$ 也可被看成凹函数.

(2) 当 $x_1 \neq x_2$ 时,有

$$\varphi\left(\dfrac{x_1 + x_2}{2}\right) = a\left(\dfrac{x_1 + x_2}{2}\right)^2 = \dfrac{a}{4}(x_1^2 + x_2^2 + 2x_1 x_2)$$

$$= \dfrac{a}{4}[2x_1^2 + 2x_2^2 - (x_1 - x_2)^2] < \dfrac{ax_1^2 + ax_2^2}{2}$$

$$= \dfrac{\varphi(x_1) + \varphi(x_2)}{2}.$$

故 $\varphi(x) = ax^2$ 是严格的凸函数.

(3) 恒正的函数 $\varphi(x) = a^x (a > 0, a \neq 1)$ 满足关系式

$$\varphi\left(\dfrac{x_1 + x_2}{2}\right) = \sqrt{\varphi(x_1) \cdot \varphi(x_2)}. \quad \text{①}$$

由指数函数 $\varphi(x)$ 的单调性,知当 $x_1 \neq x_2$ 时,必有 $\varphi(x_1) \neq \varphi(x_2)$. 再根据两个不相等正数的几何平均值小于它们的算术平均值,得

$$\sqrt{\varphi(x_1) \cdot \varphi(x_2)} < \dfrac{\varphi(x_1) + \varphi(x_2)}{2}, \quad \text{②}$$

故由式①、②,得

$$\varphi\left(\dfrac{x_1 + x_2}{2}\right) < \dfrac{\varphi(x_1) + \varphi(x_2)}{2},$$

所以 $\varphi(x) = a^x (a > 0, a \neq 1)$ 是严格的凸函数.

由图 8.28,知结论成立.

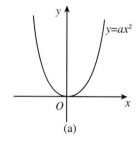 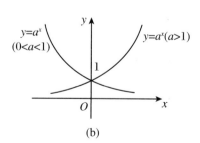

(a)　　　　　　　(b)

图 8.28

(4) 因 $y' = \dfrac{1}{x}, y'' = -\dfrac{1}{x^2} < 0$,故 $y = \ln x$ 为凹函数.

(5) 因 $y = \ln\dfrac{1}{x} = -\ln x$，又 $y = \ln x$ 为凹函数，故 $y = \ln\dfrac{1}{x}$ 为凸函数.

题2 设 $x > 0, y > 0, x \neq y, n > 1, n \in \mathbf{N}^*$，证明：
$$\dfrac{1}{2}(x^n + y^n) > \left(\dfrac{x+y}{2}\right)^n.$$

思路剖释 令 $f(u) = u^n$，其中 $u \in (0, +\infty), n > 1, n \in \mathbf{N}^*$，则
$$f'(u) = nu^{n-1}, \quad f''(u) = n(n-1)u^{n-2} > 0.$$
因此，$f(u) = u^n$ 在 $(0, +\infty)$ 内是凸的，故当 $x > 0, y > 0, x \neq y$ 时，有
$$\left(\dfrac{x+y}{2}\right)^n < \dfrac{1}{2}(x^n + y^n).$$

证毕.

题3 设 $a, b > 0$，证明：$(a+b)\ln\dfrac{a+b}{2} \leqslant a\ln a + b\ln b$.

思路剖释 经观察，知要证明的不等式与函数 $f(x) = x\ln x$ 相关. 由于 $f(x) = x\ln x$ 在 $(0, +\infty)$ 内是凸的，故可用函数的凸性来证明不等式.

令
$$f(x) = x\ln x, \quad f'(x) = \ln x + 1, \quad f''(x) = \dfrac{1}{x} > 0 \quad (x > 0),$$
故 $f(x)$ 在 $(0, +\infty)$ 内是凸的. 于是当 $a, b > 0$ 时，有
$$f\left(\dfrac{a+b}{2}\right) \leqslant \dfrac{1}{2}(f(a) + f(b)),$$
当且仅当 $a = b$ 时，等号成立. 因此
$$\dfrac{a+b}{2}\ln\dfrac{a+b}{2} \leqslant \dfrac{1}{2}(a\ln a + b\ln b),$$
即
$$(a+b)\ln\dfrac{a+b}{2} \leqslant a\ln a + b\ln b.$$

证毕.

题4 证明下列不等式：

(1) $\mathrm{e}^{\frac{x+y}{2}} < \dfrac{\mathrm{e}^x + \mathrm{e}^y}{2} \quad (x \neq y)$.

(2) $\left(\dfrac{x+y}{2}\right)^\alpha < \dfrac{x^\alpha + y^\alpha}{2} \quad (x > 0, y > 0, x \neq y, \alpha > 1)$.

(3) 若 $|x_1| \leqslant 1, |x_2| \leqslant 1$，则
$$\sqrt{1 - x_1^2} + \sqrt{1 - x_2^2} \leqslant \sqrt{4 - (x_1 + x_2)^2}.$$

思路剖释 (1) 设 $\varphi(x) = \mathrm{e}^x$. 因 $\varphi''(x) = \mathrm{e}^x > 0$，根据凸函数的概念(2)，知 $\varphi(x) = \mathrm{e}^x$ 是 $(-\infty, \infty)$ 内严格凸函数，故
$$\varphi\left(\dfrac{x+y}{2}\right) < \dfrac{\varphi(x) + \varphi(y)}{2} \quad (x \neq y).$$

这就是要证的不等式.

(2) 设 $\varphi(x) = x^\alpha (x > 1)$，$\varphi(x)$ 是 $(0, \infty)$ 内的严格凸函数，因为 $\varphi''(x) = \alpha(\alpha-1)x^{\alpha-2} > 0 (x > 0)$，因此对 $x \neq y$，有

$$\varphi\left(\frac{x+y}{2}\right) \leqslant \frac{\varphi(x) + \varphi(y)}{2},$$

故

$$\left(\frac{x+y}{2}\right)^\alpha \leqslant \frac{x^\alpha + y^\alpha}{2}.$$

(3) 设 $\varphi(x) = \sqrt{1-x^2} (|x| \leqslant 1)$，因

$$\varphi''(x) = -\frac{1}{(1-x^2)^{\frac{3}{2}}} < 0,$$

故 $\varphi(x)$ 是 $[-1, 1]$ 上的凹函数，因而

$$\varphi\left(\frac{x_1 + x_2}{2}\right) \geqslant \frac{1}{2}[\varphi(x_1) + \varphi(x_2)],$$

即

$$\sqrt{1 - \left(\frac{x_1 + x_2}{2}\right)^2} \geqslant \frac{1}{2}\left(\sqrt{1-x_1^2} + \sqrt{1-x_2^2}\right),$$

亦即

$$2\sqrt{\frac{4 - (x_1^2 + x_2^2)}{4}} \geqslant \sqrt{1-x_1^2} + \sqrt{1-x_2^2},$$

故原不等式成立.

题 5 证明下列不等式.

(1) 设 $p > 0, q > 0$，求证：当 $0 < x < \frac{\pi}{2}$ 时，

$$\sin^p x \cdot \cos^q x < \sqrt{\frac{p^p q^q}{(p+q)^{p+q}}}.$$

(2) 证明：若 a, b 为实数，则

$$|a + b|^\mu \leqslant |a|^\mu + |b|^\mu \quad (0 \leqslant \mu \leqslant 1).$$

(3) 证明：若 a, b 为实数，则

$$|a + b|^\mu \leqslant 2^{\mu-1}(|a|^\mu + |b|^\mu) \quad (\mu > 1).$$

思路剖释 (1) 设 $\varphi(x) = \ln x$. 因 $\varphi''(x) = -\frac{1}{x^2} < 0 (x > 0)$，故 $\varphi(x) = \ln x$ 是 $(0, +\infty)$ 内的严格凹函数. 又 $\varphi(x)$ 在 $\left(0, \frac{\pi}{2}\right)$ 内连续，则

$$\varphi(\alpha x_1 + \beta x_2) > \alpha\varphi(x_1) + \beta\varphi(x_2),$$

其中 $\alpha, \beta > 0, \alpha + \beta = 1$. 若令 $\alpha = \frac{p}{p+q}, \beta = \frac{q}{p+q}, x_1 = \frac{\sin^2 x}{p}, x_2 = \frac{\cos^2 x}{q}$，则

$$\ln\left(\frac{p}{p+q}\frac{\sin^2 x}{p} + \frac{q}{p+q}\frac{\cos^2 x}{q}\right)$$
$$\geqslant \frac{p}{p+q}\ln\frac{\sin^2 x}{p} + \frac{q}{p+q}\ln\frac{\cos^2 x}{q},$$

即

$$\ln\frac{1}{p+q} > \ln\left[\left(\frac{\sin^2 x}{p}\right)^{\frac{p}{p+q}} \cdot \left(\frac{\cos^2 x}{q}\right)^{\frac{q}{p+q}}\right],$$

因而

$$\sin^p x \cdot \cos^q x < \sqrt{\frac{p^p q^q}{(p+q)^{p+q}}}.$$

(2) 由于 $\mu=1$ 时,结论就是众所周知的不等式 $|a+b| \leqslant |a|+|b|$,故只需考虑 $0 \leqslant \mu < 1$ 的情况.

若 a 与 b 异号,结论显然成立.

若 a 与 b 同号,可令 $t = \frac{b}{a} > 0$,于是结论变成 $(1+t)^\mu \leqslant 1 + t^\mu (t>0)$. 当 $\mu=0$ 时,结论当然成立;当 $0<\mu<1$ 时,对于函数 $h(t)=(1+t)^\mu - 1 - t^\mu$,有

$$h'(t) = \mu t^{\mu-1}\left[\left(1+\frac{1}{t}\right)^{\mu-1} - 1\right] < 0,$$

故 $h(t)$ 是减函数.又 $h(0)=0$,故 $h(t)<0(t>0)$,即 $(1+t)^\mu \leqslant 1+t^\mu$,因此结论成立.

若 $a=0$(或 $b=0$),结论也显然成立.

综上所述,结论得证.

(3) 容易验证函数 $\varphi(x) = |x|^\mu (\mu>1)$ 是凸函数,因而 $\left|\frac{a+b}{2}\right|^\mu \leqslant \frac{1}{2}(|a|^\mu + |b|^\mu)$,即 $|a+b|^\mu \leqslant 2^{\mu-1}(|a|^\mu + |b|^\mu)$.结论得证.

题 6 设 $a, b>0, a+b=1, r>0$,证明:

$$\left(a+\frac{1}{a}\right)^r + \left(b+\frac{1}{b}\right)^r > \frac{5^r}{2^{r-1}}.$$

思路剖释 设 $\varphi(x) = \left(x+\frac{1}{x}\right)^r (r>0)$,则对于 $r>0, 0<x<1$,有

$$\varphi''(x) = r(r-1)\left(x+\frac{1}{x}\right)^{r-2}\left(1-\frac{1}{x^2}\right)^2 + \frac{2r}{x^3}\left(x+\frac{1}{x}\right)^{r-1}$$

$$= r^2\left(x+\frac{1}{x}\right)^{r-2}\left(1-\frac{1}{x^2}\right)^2 + \frac{2r}{x^3}\left(x+\frac{1}{x}\right)^{r-1} - r\left(x+\frac{1}{x}\right)^{r-2}\left(1-\frac{1}{x^2}\right)^2$$

$$= r^2\left(x+\frac{1}{x}\right)^{r-2}\left(1-\frac{1}{x^2}\right)^2 + r\left(x+\frac{1}{x}\right)^{r-2}\left(\frac{1}{x^4}+\frac{4}{x^2}-1\right)$$

$$= r^2\left(x+\frac{1}{x}\right)^{r-2}\left(1-\frac{1}{x^2}\right)^2 + \frac{r}{x^4}\left(x+\frac{1}{x}\right)^{r-2}[4x^2 + (1-x^4)]$$

$$> 0.$$

故 $\varphi(x)$ 为 $(0,1)$ 内的严格凸函数,因而

$$\left(a+\frac{1}{a}\right)^r + \left(b+\frac{1}{b}\right)^r = \varphi(a) + \varphi(b) > 2\varphi\left(\frac{a+b}{2}\right)$$
$$= 2\varphi\left(\frac{1}{2}\right) = 2\left(\frac{1}{2}+2\right)^r$$
$$= \frac{5^r}{2^{r-1}}.$$

故不等式得证.

题 7 求解下列各题.

(1) 设函数 $f(x)$ 在开区间 I 内有连续的二阶导数,若 $f(x)$ 是凸(凹)函数,证明:$f''(x) \geq 0 (f''(x) \leq 0)$.

(2) 试问:两个凸函数之乘积是否必为凸函数?

思路剖释 (1) 采用反证法.

设 $f(x)$ 是凸函数,且假设在 I 内有一点 x_0,使得 $f''(x_0) < 0$. 因 $f''(x)$ 连续,故必在 I 内存在含有 x_0 的子区间 I',使得在 I' 内有 $f''(x) < 0$. 这样,函数 $f(x)$ 在 I' 内是凹的,这与 $f(x)$ 在 I 内是凸函数相矛盾. 因此 $f''(x) \geq 0, x \in I$.

(2) 两个凸函数的乘积未必是凸函数,今举反例如下:

取函数 $\varphi(x) = -x^{\frac{1}{3}} (x>0)$,则 $\varphi'(x) = -\frac{1}{3}x^{-\frac{2}{3}}, \varphi''(x) = \frac{2}{9}x^{-\frac{5}{3}} > 0$. 故 $y = \varphi(x)$ ($x>0$) 为凸函数.

再取 $\psi(x) = x^{\frac{2}{3}}, x>0$,则 $\psi''(x) = \left(\frac{2}{3}x^{-\frac{1}{3}}\right)' = -\frac{2}{9}x^{-\frac{4}{3}} < 0$. 故 $y = \psi(x)$ 是凹函数.

注意到 $\psi(x) = \varphi(x) \cdot \varphi(x)$,这表明凸函数 $\varphi(x)$ 的自乘却是凹函数. 由此反例证实两个凸函数的乘积未必是凸函数.

题 8 已知函数 $f(x) = 2x + a\ln x$.

(1) 若 $a < 0$,证明:对任意两个正数 x_1, x_2,总有 $\frac{f(x_1)+f(x_2)}{2} \geq f\left(\frac{x_1+x_2}{2}\right)$ 成立.

(2) 若对任意 $x \in [1, e]$,不等式 $f(x) \leq (a+3)x - \frac{1}{2}x^2$ 恒成立,求 a 的取值范围.

思路剖释 (1) 由题意,知

$$\frac{f(x_1)+f(x_2)}{2} - f\left(\frac{x_1+x_2}{2}\right) = \frac{2x_1 + a\ln x_1 + 2x_2 + a\ln x_2}{2} - 2\frac{x_1+x_2}{2} - a\ln\frac{x_1+x_2}{2}$$
$$= a\ln\sqrt{x_1 x_2} - a\ln\frac{x_1+x_2}{2}$$
$$= a\ln\left(\sqrt{x_1 x_2} \times \frac{2}{x_1+x_2}\right) = a\ln\frac{2\sqrt{x_1 x_2}}{x_1+x_2}.$$

因为 $x_1 + x_2 \geq 2\sqrt{x_1 x_2}$,所以

$$\frac{2\sqrt{x_1 x_2}}{x_1+x_2} \leq 1, \quad \ln\frac{2\sqrt{x_1 x_2}}{x_1+x_2} \leq 0.$$

又 $a<0$,故 $a\ln\dfrac{2\sqrt{x_1x_2}}{x_1+x_2}\geqslant 0$,所以
$$\dfrac{f(x_1)+f(x_2)}{2}\geqslant f\left(\dfrac{x_1+x_2}{2}\right).$$

(2) 因为 $f(x)\leqslant(a+3)x-\dfrac{1}{2}x^2$ 对 $x\in[1,\mathrm{e}]$ 恒成立,故
$$2x+a\ln x\leqslant(a+3)x-\dfrac{1}{2}x^2,\quad a(x-\ln x)\geqslant\dfrac{1}{2}x^2-x,$$
因为 $x\in[1,\mathrm{e}]$,$x-\ln x>0$,所以
$$a\geqslant\dfrac{\dfrac{1}{2}x^2-x}{x-\ln x}.$$

设 $g(x)=\dfrac{\dfrac{1}{2}x^2-x}{x-\ln x}$,$x\in[1,\mathrm{e}]$,因为
$$g'(x)=\dfrac{(x-1)(x-\ln x)-\left(1-\dfrac{1}{x}\right)\left(\dfrac{1}{2}x^2-x\right)}{(x-\ln x)^2}=\dfrac{(x-1)\left(\dfrac{1}{2}x+1-\ln x\right)}{(x-\ln x)^2},$$
当 $x\in(1,\mathrm{e})$ 时,$x-1>0$,$\dfrac{1}{2}x+1-\ln x>0$,所以 $g'(x)>0$. 又因 $g(x)$ 在 $x=1$ 和 $x=\mathrm{e}$ 处连续,所以当 $x\in[1,\mathrm{e}]$ 时,$g(x)$ 为单调递增函数,故
$$a\geqslant g(\mathrm{e})=\dfrac{\dfrac{1}{2}\mathrm{e}^2-\mathrm{e}}{\mathrm{e}-1}=\dfrac{\mathrm{e}^2-2\mathrm{e}}{2(\mathrm{e}-1)}.$$

注 因 $f'(x)=2+\dfrac{a}{x}$,$f''(x)=-\dfrac{a}{x^2}$,又 $a<0$,故 $f''(x)\geqslant 0$,从而 $f(x)$ 为凸函数,于是题(1)中不等式成立.

题 9 设函数 $f(x)$ 在区间 I 为凸函数,试证:$f(x)$ 在区间 I 的任一闭子区间上有界.

思路剖释 设 $[a,b]\subset I$ 为任一闭子区间.

先证 $f(x)$ 在 $[a,b]$ 上有上界. $\forall x\in[a,b]$,取 $\lambda=\dfrac{x-a}{b-a}\in[0,1]$,则 $x=\lambda b+(1-\lambda)a$. 因为 f 为凸函数,所以
$$f(x)=f[\lambda b+(1-\lambda)a]\leqslant\lambda f(b)+(1-\lambda)f(a)$$
$$\leqslant\lambda M+(1-\lambda)M=M.$$
其中 $M=\max\{f(a),f(b)\}$,即 $f(x)$ 在 $[a,b]$ 上有上界 M.

再证 $f(x)$ 在 $[a,b]$ 上有下界. 记 $c=\dfrac{a+b}{2}$ 为 a,b 的中点,则 $\forall x\in[a,b]$ 有关于 c 的对称点 x',因为 f 为凸函数,所以
$$f(c)\leqslant\dfrac{f(x)+f'(x)}{2}\leqslant\dfrac{1}{2}f(x)+\dfrac{1}{2}M.$$
从而

$$f(x) \geqslant 2f(c) - M \stackrel{记}{=\!=\!=} m,$$

即 m 为 $f(x)$ 在 $[a,b]$ 上的下界.

题 10 求解下列各题.

(1) 如果 $\varphi(x)$ 为连续函数,若曲线 $y=\varphi(x)$ 的任一弦上至少有一个点(端点除外)在曲线的上方或在曲线上,则 $\varphi(x)$ 为凸的.

(2) 求满足 $\dfrac{1}{4}<\sin\dfrac{\pi}{n}<\dfrac{1}{3}$ 的所有正整数 n 的和.

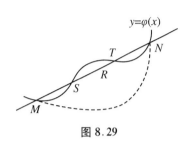

图 8.29

思路剖释 (1) 采用反证法. 设 $\varphi(x)$ 不是凸的,则曲线 $y=\varphi(x)$ 必有一条弦 MN 其上有一点 R 在曲线 $y=\varphi(x)$ 的下方,那么在 MR 上必有一点 S 是曲线与 MR 的最后的交点(S 也可以是 M);在 RN 上,也必有一点 T 是曲线与 RN 的第一个交点(T 也可以是 N),这样弦 ST 就全在曲线的下方,如图 8.29 所示. 这与定理条件是矛盾的,因而 $\varphi(x)$ 是凸的. 证毕.

(2) 由正弦函数的凸性,知当 $x\in\left(0,\dfrac{\pi}{6}\right)$ 时,$\dfrac{3}{\pi}x<\sin x<x$. 由此,知

$$\sin\dfrac{\pi}{13}<\dfrac{\pi}{13}<\dfrac{1}{4}, \quad \sin\dfrac{\pi}{12}>\dfrac{3}{\pi}\times\dfrac{\pi}{12}=\dfrac{1}{4},$$

$$\sin\dfrac{\pi}{10}<\dfrac{\pi}{10}<\dfrac{1}{3}, \quad \sin\dfrac{\pi}{9}>\dfrac{3}{\pi}\times\dfrac{\pi}{9}=\dfrac{1}{3},$$

所以

$$\sin\dfrac{\pi}{13}<\dfrac{1}{4}<\sin\dfrac{\pi}{12}<\sin\dfrac{\pi}{11}<\sin\dfrac{\pi}{10}<\dfrac{1}{3}<\sin\dfrac{\pi}{9}.$$

故满足 $\dfrac{1}{4}<\sin\dfrac{\pi}{n}<\dfrac{1}{3}$ 的正整数 n 的所有取值分别为 $10,11,12$,它们的和为 33.

注 设 $y=\sin x$,$x\in\left[0,\dfrac{\pi}{6}\right]$,则 $y''(x)=-\sin x\leqslant 0$,故 $y=\sin x$ 为 $\left[0,\dfrac{\pi}{6}\right]$ 内的凹函数. 由于 $y=\sin x$ 在原点的切线方程为 $y=x$,graph $\sin x$ 在此切线下方,故 $\sin x<x$. 又如图 8.30 所示,点 $A\left(\dfrac{\pi}{6},\dfrac{1}{2}\right)$,弦 OA 的方程为 $y=\dfrac{3}{\pi}x$,根据凹函数的性质,弦 OA 在 graph f 下方,故 $\dfrac{3}{\pi}x<\sin x$. 于是 $\dfrac{3}{\pi}x<\sin x<x$ 成立.

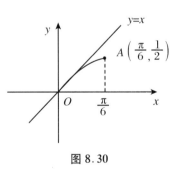

图 8.30

题 11 设 $x_i>0(i=1,2,\cdots,n)$,证明:

$$\frac{n}{\dfrac{1}{x_1}+\dfrac{1}{x_2}+\cdots+\dfrac{1}{x_n}} \leqslant \sqrt[n]{x_1 x_2 \cdots x_n} \leqslant \frac{x_1+x_2+\cdots+x_n}{n}.$$

其中当且仅当 x_i 全部相等时等号成立.

思路剖释 先证左边不等式成立.

构造函数 $f(x)=-\ln x, x\in(0,+\infty)$, 则

$$f'(x)=-\frac{1}{x}, \quad f''(x)=\frac{1}{x^2} \quad (x\in(0,+\infty)).$$

于是, $f(x)=-\ln x$ 为 $(0,+\infty)$ 内凸函数.

由凸函数的基本不等式, 得

$$-\ln\frac{\dfrac{1}{x_1}+\dfrac{1}{x_2}+\cdots+\dfrac{1}{x_n}}{n} \leqslant \frac{-\ln\dfrac{1}{x_1}-\ln\dfrac{1}{x_2}-\cdots-\ln\dfrac{1}{x_n}}{n},$$

即

$$\ln n-\ln\left(\frac{1}{x_1}+\frac{1}{x_2}+\cdots+\frac{1}{x_n}\right) \leqslant \frac{1}{n}(\ln x_1+\ln x_2+\cdots+\ln x_n),$$

故左边不等式成立.

再证右边不等式成立.

构造函数 $g(x)=\ln x, x\in(0,+\infty)$. 因 $g(x)=-f(x)$, 故 $g(x)=-\ln x$ 为 $(0,+\infty)$ 内的凹函数, 从而

$$\ln\frac{x_1+x_2+\cdots+x_n}{n} \geqslant \frac{\ln x_1+\ln x_2+\cdots+\ln x_n}{n},$$

故

$$\frac{x_1+x_2+\cdots+x_n}{n} \geqslant \sqrt[n]{x_1 x_2 \cdots x_n}.$$

注 利用函数凸性, 可证明 $H(x)\leqslant G(x)\leqslant A(x)$, 这里

$$H(x)=\frac{n}{\dfrac{1}{x_1}+\dfrac{1}{x_2}+\cdots+\dfrac{1}{x_n}},$$

$$G(x)=\sqrt[n]{x_1 x_2 \cdots x_n},$$

$$A(x)=\frac{x_1+x_2+\cdots+x_n}{n}.$$

题 12 试用数学归纳法证明

$$G(a)\leqslant A(a),$$

或

$$\sqrt[n]{a_1\cdot a_2\cdots\cdot a_n} \leqslant \frac{a_1+a_2+\cdots+a_n}{n}, \qquad ①$$

当且仅当 a_n 全部相等时等号成立.

思路剖释 方法 1 采用排序法. 设 $a_1\leqslant a_2\leqslant\cdots\leqslant a_n$, 则

$$a_1 \leqslant A(a) \leqslant a_n. \qquad ②$$

利用因式分解,知
$$A(a)(a_1 + a_n - A(a)) - a_1 a_n = (a_1 - A(a)) \cdot (A(a) - a_n),$$

由式②,知
$$A(a)(a_1 + a_2 - A(a)) - a_1 a_n \geqslant 0.$$

故
$$A(a)(a_1 + a_2 - A(a)) \geqslant a_1 a_n. \qquad ③$$

当 $n = 2$ 时,因 $(\sqrt{a_1} - \sqrt{a_2})^2 \geqslant 0$,知式①成立.

归纳假设 $n-1$ 时,式①成立,则对 $a_2, a_3, \cdots, a_{n-1}, a_1 + a_n - A$ 求算术平均值,得

$$\frac{a_2 + a_3 + \cdots + a_{n-1} + (a_1 + a_n - A)}{n-1} = \frac{nA - A}{n-1} = A.$$

由归纳假设,知
$$A^{n-1} \geqslant a_2 \cdot a_3 \cdots a_{n-1} \cdot (a_1 + a_n - A).$$

两边同乘以 A,并利用式③,得
$$A^n \geqslant a_2 \cdot a_3 \cdots a_{n-1} A \cdot (a_1 + a_n - A) \geqslant a_1 \cdot a_2 \cdots a_n,$$

从而证明对 n 时,式①也成立. 于是式①得证.

方法 2 当 $n = 1$ 时,不等式显然成立. 假设对 $n - 1$ 不等式①成立,即
$$\sqrt[n-1]{a_1 \cdot a_2 \cdots a_{n-1}} \leqslant \frac{a_1 + a_2 + \cdots + a_{n-1}}{n-1}.$$

今考查函数
$$f(x) = \frac{a_1 + a_2 + \cdots + a_{n-1} + x}{n} (a_1 \cdot a_2 \cdots a_{n-1} x)^{-\frac{1}{n}}.$$

显然 $f(x) > 0$,取对数,并求导数,得
$$\frac{f'(x)}{f(x)} = \frac{1}{a_1 + a_2 + \cdots + a_{n-1} + x} - \frac{1}{nx}.$$

解方程
$$f'(x) = \left(\frac{1}{a_1 + a_2 + \cdots + a_{n-1} + x} - \frac{1}{nx} \right) f(x) = 0,$$

得唯一驻点
$$x_0 = \frac{a_1 + a_2 + \cdots + a_{n-1}}{n-1}.$$

因
$$f''(x) = \left(\frac{1}{a_1 + a_2 + \cdots + a_{n-1} + x} - \frac{1}{nx} \right)' f(x)$$
$$+ \left(\frac{1}{a_1 + a_2 + \cdots + a_{n-1} + x} - \frac{1}{nx} \right) f'(x),$$

又 $\dfrac{1}{a_1 + a_2 + \cdots + a_{n-1} + x_0} - \dfrac{1}{nx_0} = 0$,故

$$f''(x_0) = \left(\frac{1}{a_1+a_2+\cdots+a_{n-1}+x} - \frac{1}{nx}\right)'\bigg|_{x=x_0} \cdot f(x_0)$$

$$= \frac{(n-1)^2}{n}\left(1-\frac{1}{n}\right)\frac{f(x_0)}{(a_1+a_2+\cdots+a_{n-1})^2} > 0.$$

所以 $f(x_0)$ 是函数 $f(x)$ 的极小值也是最小值,从而 $f(x) \geqslant f(x_0)$,即

$$f(a_n) \geqslant f(x_0). \qquad ④$$

故

$$f(x_0) = \frac{a_1+\cdots+a_{n-1}+\frac{a_1+\cdots+a_{n-1}}{n-1}}{n}.$$

$$(a_1 \cdot a_2 \cdot \cdots \cdot a_{n-1})^{-\frac{1}{n}}\left(\frac{a_1+\cdots+a_{n-1}}{n-1}\right)^{-\frac{1}{n}}$$

$$\geqslant (a_1 \cdot a_2 \cdot \cdots \cdot a_{n-1})^{\frac{1}{n}}(a_1 \cdot a_2 \cdot \cdots \cdot a_{n-1})^{-\frac{1}{n}} = 1.$$

将此代入式④,则有

$$\frac{a_1+a_2+\cdots+a_n}{n}(a_1 \cdot a_2 \cdot \cdots \cdot a_n)^{-\frac{1}{n}} \geqslant 1.$$

这便是不等式①.证毕.

题 13 用 $G(a) \leqslant A(a)$,证明下列不等式.

(1) $n! < \left(\frac{n+1}{2}\right)^n$.

(2) 设 n 是大于 1 的整数,则 $2^n > 1+n\sqrt{2^{n-1}}$.

(3) 设 $a_1, a_2, \cdots, a_n$ 是正数,令 $s = a_1+a_2+\cdots+a_n$,则

$$(1+a_1)(1+a_2) \cdot \cdots \cdot (1+a_n) \leqslant 1+s+\frac{s^2}{2!}+\frac{s^3}{3!}+\cdots+\frac{s^n}{n!}.$$

思路剖释 (1) 利用 $G(a) \leqslant A(a)$,有

$$\sqrt[n]{n!} = \sqrt[n]{n \cdot (n-1) \cdot \cdots \cdot 3 \cdot 2 \cdot 1} < \frac{n+(n-1)+\cdots+3+2+1}{n} = \frac{n+1}{2}.$$

故 $n! < \left(\frac{n+1}{2}\right)^n$.

(2) 因为 $\frac{2^n-1}{2-1} = 2^{n-1}+2^{n-2}+\cdots+2+1$,根据不等式 $G(a) \leqslant A(a)$,知

$$\frac{2^{n-1}+2^{n-2}+\cdots+2+1}{n} > \sqrt[n]{2^{n-1} \cdot 2^{n-2} \cdot \cdots \cdot 2 \cdot 1},$$

$$2^n-1 > n\sqrt[n]{2^{(n-1)+(n-2)+\cdots+2+1}},$$

即

$$2^n-1 > n\sqrt[n]{2^{\frac{1}{2}(n-1)n}},$$

故 $2^n > 1+n\sqrt{2^{n-1}}^n$.

(3) 利用不等式 $G(a) \leqslant A(a)$,有

$$\sqrt[n]{(1+a_1)\cdot(1+a_2)\cdot\cdots\cdot(1+a_n)}$$
$$\leqslant \frac{n+a_1+a_2+\cdots+a_n}{n} = 1+\frac{s}{n},$$
$$(1+a_1)\cdot(1+a_2)\cdot\cdots\cdot(1+a_n) \leqslant \left(1+\frac{s}{n}\right)^n, \qquad ①$$

而
$$\left(1+\frac{s}{n}\right)^n = 1 + C_n^1 \times \frac{s}{n} + C_n^2 \times \left(\frac{s}{n}\right)^2 + \cdots + C_n^k \times \left(\frac{s}{n}\right)^k + \cdots + C_n^n\left(\frac{s}{n}\right)^n.$$

注意到
$$C_n^k \times \left(\frac{s}{n}\right)^k = \frac{n(n-1)(n-2)\cdots(n-k+1)}{k!} \cdot \frac{s^k}{n^k}$$
$$= 1\times\left(1-\frac{1}{n}\right)\times\left(1-\frac{2}{n}\right)\times\cdots\times\left(1-\frac{k-1}{n}\right)\cdot\frac{s^k}{k!} < \frac{s^k}{k!} \quad (k=1,2,\cdots,n),$$

从而
$$\left(1+\frac{s}{n}\right)^n < 1 + s + \frac{s^2}{2!} + \frac{s^3}{3!} + \cdots + \frac{s^n}{n!},$$

代入式①,得证.

注 当 $n=1$ 时,等号成立.

8.3 函数的实际应用

1. 解答函数应用题的一般步骤

(1) 阅读理解材料:应用题所用的数学语言多为"文字语言、符号语言、图形语言"并用,往往篇幅较长,立意有创新脱俗之感觉.阅读理解材料要达到的目标是:读懂题目所叙述的实际问题的意义,领悟其中的数学本质,接受题目所约定的临时性定义,理顺题目中的量与量的位置关系、数量关系,对照自己平时掌握的数学模型,把实际问题抽象成数学问题,确立解题思路和下一步的努力方向.

(2) 建立函数关系:根据(1)的分析,把实际问题"用字母符号,运算符号,关系符号"表达出来,建立起函数关系.

(3) 讨论变量性质:根据(2)所建立的函数关系,即函数模型,结合题目要求,讨论函数模型的有关性质,获得目标明确的、有针对性的理论参数值.

(4) 作出问题结论:根据(3)所获得的理论参数值,结合题目要求,做出合乎题意的相应结论.

2. 函数应用题的特点

近年来,高考、自主招生和竞赛数学试题加大了对贴近生产、科研和日常生活中的实际问题的考查力度,以社会关注的税收、物价、成本、销售收入、建筑图形和通讯与网络为实际背景,引入了一大批"开放题".

开放题的主要特点是:

(1) 问题的实际背景往往是考生平时很少接触的实际问题.

(2) 试题以函数为载体,将不等式、数列内容有机结合,融为一体.

(3) 试题冠以临时性的定义,如"新定义"函数、运算、数学对象等,要求考生迅速理解、掌握新定义解题.

3. 生活中常用的几种函数模型

函数是描述客观世界变化规律的基本模型,是研究变量之间依赖关系的有效工具.利用函数模型可以处理生产、生活中的许多实际问题.

常用的函数模型有:

(1) 正比例函数模型——见题1.

(2) 一元函数模型——见题1.

(3) 反比例函数模型——见题2.

(4) 二次函数模型——见题7.

(5) 指数函数模型——见题6.

(6) 幂函数模型——见题5.

(7) 对数函数模型——见题5.

(8) 绝对值、分段函数模型——见题8.

(9) 其他函数模型.

题1 求解下列各题.

(1) 某家电生产企业根据市场调查分析,决定调整产品生产方案,准备每周(按120个工时计算)生产空调器、彩电、冰箱共360台,且冰箱至少生产60台.已知生产家电产品每台所需工时和每台产值如表8.3所示.

表 8.3

家电名称	空调器	彩电	冰箱
工时	$\frac{1}{2}$	$\frac{1}{3}$	$\frac{1}{4}$
产值(千元)	4	3	2

问:每周应生产空调器、彩电、冰箱各多少台,才能使产值最高?最高产值是多少(以千元为单位)?

(2) 某农场新开垦50亩土地,计划用20个劳动力耕种这片土地,所能种植的作物及产值如表8.4所示.

表 8.4

作物	蔬菜	棉花	水稻
每亩所需劳动力(人)	$\frac{1}{2}$	$\frac{1}{3}$	$\frac{1}{4}$
每亩产值(元)	1100	750	600

问:怎样安排作物的种植数量,才能使总产值最高?

(3) A、B 和 C 市分别有某种机器 10 台、10 台和 8 台.现在决定把这些机器支援给 D 市 18 台,E 市 10 台.已知:从 A 市调运一台机器到 D 市、E 市的运费分别为 200 元和 800 元;从 B 市调运一台机器到 D 市、E 市的运费分别为 300 元和 700 元;从 C 市调运一台机器到 D 市、E 市的运费分别为 400 元和 500 元。

(i) 设从 A 市、B 市各调 x 台机器到 D 市,当 28 台机器全部调运完毕后,求总运费 W(元)关于 x(台)的函数式,并求 W 的最小值和最大值;

(ii) 设从 A 市调 x 台到 D 市,B 市调 y 台到 D 市,当 28 台机器全部调运完毕后,用 x,y 表示总运费 W(元),并求 W 的最小值和最大值.

(4) 配制甲、乙两种农药,需要 A、B 两种原料,已知配甲种农药 1 剂需要 A 料 3g,B 料 5g;配乙种农药 1 剂需要 A 料 5g,B 料 4g. 若现有 A 料 20g,B 料 25g,问:当甲、乙两种农药至少各制 1 剂时,最多能各配几剂?

(5) 目前我国手机用户本地通收费标准常见的有四种形式.

中国联通 130 入网有两种:

(i) 联通卡收费标准是:月租费用 12.5 元,每月来电显示费用 6 元,本地通电话费用每分钟 0.35 元.

(ii) 用"如意通"储值卡,收费标准是:本地通电话费用每分钟 0.55 元,月租费、来电显示费全免.

中国电信 139、138 或 136 入网有两种:

(i) 电信卡收费标准是:月租费用 30 元,每月来电显示费 6 元,本地通电话费用每分钟 0.40元.

(ii) 用"神州行"储值卡,收费标准是:本地通电话费用每分钟 0.60 元,月租费、来电显示费全免.

现有甲、乙、丙、丁四个手机用户分别使用上述四种卡,设定每月通话时间均为 x 分钟.试比较他们每月缴纳话费为 y(元)的大小(注:每月话费 = 月租费 + 来电显示费 + 通话费),并问如何选择入网最合算?

思路剖释 (1) 本题属用"表格"给出函数关系的数学问题.可以考虑用"阅读理解材料,建立函数关系,讨论函数性质,做出问题结论"的方法解答本题.如果设每周生产空调器、彩电、冰箱分别为 x,y,z 台,则 $x+y+z=360$,$\frac{1}{2}x+\frac{1}{3}y+\frac{1}{4}z=120$,总产值为 $4x+3y+2z$. 本题从这三个式子入手,讨论 $s=4x+3y+2z$ 的最大值即可.

由题意,得

$$\begin{cases} x+y+z=360, & \text{①} \\ \dfrac{1}{2}x+\dfrac{1}{3}y+\dfrac{1}{4}z=120, & \text{②} \\ x>0, y>0, z\geqslant 60. & \text{③} \end{cases}$$

假定每周总产值为 s 千元,则 $s=4x+3y+2z$.

在限制条件①、②、③之下,为求目标函数 s 的最大值,由式①、②消去 z,得
$$y=360-3x. \qquad \text{④}$$

将式④代入式①,得 $x+(360-3x)+z=360$,求得
$$z=2x. \qquad \text{⑤}$$

因 $z\geqslant 60$,故
$$x\geqslant 30. \qquad \text{⑥}$$

再将式④、⑤代入 s 中,得 $s=4x+3(360-3x)+2\cdot 2x$,即 $s=-x+1080$.

由条件⑥及上式,知当 $x=30$ 时,产值 s 最大,最大产值为 $s=-30+1080=1050$(千元).

将 $x=30$ 分别代入式④和⑤,得
$$y=360-90=270, \quad z=2\times 30=60.$$

答:每周应生产空调器 30 台、彩电 270 台、冰箱 60 台,才能使产值最大,最大产值为 1050 千元.

注 解答本题的思路是:列出关于 x、y、z 的两个等式(①和②),将 y 和 z 用 x 表示后代入 s,使 s 成为 x 的一次函数 $s=-x+1080$,讨论 s 在 $x\geqslant 30$ 条件下的最大值.

(2) 设蔬菜、棉花、水稻分别种植 x、y、z 亩,总产值为 W 元,则依题意,得
$$\begin{cases} x+y+z=50, & \text{①} \\ \dfrac{1}{2}x+\dfrac{1}{3}y+\dfrac{1}{4}z=20, & \text{②} \\ W=1100x+750y+600z. & \text{③} \end{cases}$$

将式①、②代入式③,得
$$W=50x+43500. \qquad \text{④}$$

由式①、②,得
$$\begin{cases} y=90-3x, \\ z=2x-40. \end{cases}$$

再由 $y\geqslant 0, z\geqslant 0$,得
$$20\leqslant x\leqslant 30. \qquad \text{⑤}$$

最后由式④、⑤,知当 $x=30$ 时,W 取得最大值 $W_{\max}=45000$;此时 $y=0, z=20$.

答:种植蔬菜 30 亩、水稻 20 亩,总产值最高,且可达到 45000 元.

注 将式④和式⑤结合在一起,W 是闭区间上的连续函数. 本题和题(1)都是一次函数模型问题.

(3) (i) 由题设,知 A 市、B 市、C 市发往 D 市的机器分别为 $x, x, (18-2x)$ 台,发往 E

市的机器分别为 $(10-x),(10-x),(2x-10)$ 台,于是,得

$$W = 200x + 300x + 400(18-2x) + 800(10-x) + 700(10-x) + 500(2x-10)$$
$$= -800x + 17200.$$

又 $\begin{cases} 0 \leqslant x \leqslant 10, \\ 0 \leqslant 18-2x \leqslant 8, \end{cases}$ 故 $\begin{cases} 0 \leqslant x \leqslant 10, \\ 5 \leqslant x \leqslant 9, \end{cases}$ 解得 $5 \leqslant x \leqslant 9$,于是 $W = -800x + 17200 (5 \leqslant x \leqslant 9, x$ 是整数$)$.

由上式可知,W 是随着 x 的增加而减少的,所以,当 $x=9$ 时,W 取到最小值 10000 元;当 $x=5$ 时,W 取到最大值 13200 元.

(ii) 由题设,知 A 市、B 市、C 市发往 D 市的机器台数分别为 $x,y,(18-x-y)$ 台,发往 E 市的机器台数分别为 $(10-x),(10-y),(x+y-10)$ 台.于是,得

$$W = 200 + 800(10-x) + 300y + 700(10-y) + 400(18-x-y) + 500(x+y-10)$$
$$= -500x - 300y + 17200.$$

又由 $\begin{cases} 0 \leqslant x \leqslant 10, \\ 0 \leqslant y \leqslant 10, \\ 0 \leqslant 18-x-y \leqslant 8, \end{cases}$ 得 $\begin{cases} 0 \leqslant x \leqslant 10, \\ 0 \leqslant y \leqslant 10, \\ 0 \leqslant x+y \leqslant 18. \end{cases}$ 故 $W = -500x - 300y + 17200$,且 $0 \leqslant x \leqslant 10, 0 \leqslant y \leqslant 10, 10 \leqslant x+y \leqslant 18; x, y$ 为整数. 所以

$$W = -200x - 300(x+y) + 17200 \geqslant -200 \times 10 - 300 \times 18 + 17200 = 9800.$$

当 $x=10, y=8$ 时,$W=9800$,于是 W 的最小值为 9800.

又

$$W = -200x - 300(x+y) + 17200 \leqslant -200 \times 10 - 300 \times 10 + 17200 = 14200.$$

因此当 $x=0, y=0$ 时,$W=14200$,W 的最大值为 14200 元.

(4) 设甲、乙农药分别能配 x, y 剂(x, y 为正整数),则按题意,得

$$\begin{cases} x \geqslant 1, \\ y \geqslant 1, \\ 3x + 5y \leqslant 20, \\ 5x + 4y \leqslant 25 \end{cases} \Leftrightarrow \begin{cases} x \geqslant 1, \\ y \geqslant 1, \\ y \leqslant -\dfrac{3}{5}x + 4, \\ y \leqslant -\dfrac{5}{4}x + \dfrac{25}{4}. \end{cases}$$

在坐标平面上分别作直线 $x=1, y=1, 3x+5y=20$,$5x+4y=25$,得所列不等式组的解集为图 8.31 中阴影部分,其整数解(整点)为 $(1,1),(1,2),(1,3),(2,1),(2,2),(3,1),(3,2),(4,1)$. 因此,在甲、乙两药至少各配 1 剂的情况下,甲种药最多能配 4 剂(图中点 $(4,1)$,此时乙种药配 1 剂),乙种药最多能配 3 剂(图中 $(1,3)$ 点,此时甲种药配 1 剂).

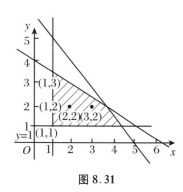

图 8.31

(5) 设每月通话时间为 x 分钟,甲、乙、丙、丁四个手机用户每月缴纳话费分别为 y_i(元)($i=1,2,3,4$),则

甲用联通卡每月缴纳话费为:$y_1=12.5+6+0.35x=18.5+0.35x$.

乙用"如意通"每月缴纳话费为:$y_2=0.55x$.

丙用电信卡每月缴纳话费为:$y_3=30+6+0.40x=36+0.40x$.

丁用"神州行"储值卡每月缴纳话费为:$y_4=0.60x$.

显然,$y_3>y_1$,$y_4>y_2$.

又因为 $y_2-y_1=0.55x-18.5-0.35x=0.2x-18.5$,所以由 $0.2x-18.5=0$,可得 $x=92.5$.因此当 $x=92.5$ 时,$y_2=y_1$;当 $x>92.5$ 时,$y_2>y_1$;当 $x<92.5$ 时,$y_2<y_1$.

又因为 $y_4-y_1=0.6x-18.5-0.35x=0.25x-18.5$,所以,由 $0.25x-18.5=0$ 时,可得 $x=74$,因此当 $x=74$ 时,$y_4=y_1$;当 $x>74$ 时,$y_4>y_1$;当 $x<74$ 时,$y_4<y_1$.

又 $y_4-y_3=0.6x-36-0.4x=0.2x-36$,所以,由 $0.2x-36=0$ 时,可得 $x=180$,因此当 $x=180$ 时,$y_4=y_3$;当 $x>180$ 时,$y_4>y_3$;当 $x<180$ 时,$y_4<y_3$.

又 $y_2-y_3=0.55x-36-0.4x=0.15x-36$,所以,由 $0.15x-36=0$ 时,可得 $x=240$,因此当 $x=240$ 时,$y_2=y_3$;当 $x>240$ 时,$y_2>y_3$;当 $x<240$ 时,$y_2<y_3$.

(i) 当 $x\leqslant 92.5$ 时,$y_1\geqslant y_2$,又 $y_3>y_1$,$y_4<y_3$,所以 $y_3>y_1\geqslant y_2$.又当 $x\geqslant 74$ 时,$y_4\geqslant y_1$,所以当 $92.5\geqslant x\geqslant 74$ 时,可得 $y_3>y_4\geqslant y_1\geqslant y_2$,当 $x<74$ 时,可得 $y_3>y_1>y_4>y_2$.

(ii) 当 $x>92.5$ 时,$y_2>y_1$,又 $y_4>y_2$,所以 $y_4>y_2>y_1$.又当 $x\leqslant 180$ 时,$y_4\leqslant y_3$,所以当 $180\geqslant x>92.5$ 时,$y_3\geqslant y_4>y_2>y_1$.

当 $x>180$ 时,因为 $y_4>y_3$,又 $y_3>y_1$,所以 $y_4>y_3>y_1$.又当 $x\leqslant 240$ 时,$y_2\leqslant y_3$,所以当 $240\geqslant x>180$ 时,$y_4>y_3\geqslant y_2>y_1$;当 $x>240$ 时,$y_2>y_3$,又 $y_3>y_1$,$y_4>y_2$,所以 $y_4>y_2>y_3>y_1$.

综上所述,则

当 $x<74$ 时,$y_3>y_1>y_4>y_2$;

当 $92.5\geqslant x\geqslant 74$ 时,$y_3>y_4\geqslant y_1\geqslant y_2$;

当 $180\geqslant x>92.5$ 时,$y_3\geqslant y_4>y_2>y_1$;

当 $240\geqslant x>180$ 时,$y_4>y_3\geqslant y_2>y_1$;

当 $x>240$ 时,$y_4>y_2>y_3>y_1$.

对于入网问题,当手机当月通话时间为 $x<92.5$ 分钟时,应选择"如意通"入网;当月通话时间为 $x=92.5$ 分钟时,可以选择"如意通"入网,也可以联通卡入网;当 $x>92.5$ 分钟时,可以选择联通卡入网.

题 2 求解下列各题.

(1) 有 m 部同样的机器一起工作,需要 m 小时完成一项任务.

(i) 设由 x 部机器(x 为不大于 m 的正整数)完成同一任务,求所需时间 y(小时)与机器的部数 x 的函数关系式.

(ii) 作出所求函数当 $m=4$ 时的图像.

(2) 某地区上年度电价为 0.8 元/(kW·h).年用电荷量为 a kW·h.本年度计划将电价降到 0.55 元/kW·h 至 0.75 元/(kW·h)之间,而用户期望电价为 0.4 元/(kW·h).经测算,下调电价后新增的用电荷量与实际电价和用户期望电价的差成反比(比例系数为 k).该地区电力的成本价为 0.3 元/(kW·h).

(i) 写出本年度电价下调后,电力部门的收益 y 与实际电价 x 的函数关系式.

(ii) 设 $k=0.2a$,当电价最低定为多少时仍可保证电力部门的收益比上年至少增长 20%(注:收益 = 实际用电量 × (实际电价 − 成本价))?

(3) 一海轮航行时所耗燃料费与其航速的平方成正比.已知当航速为每小时 a 海里时,每小时所耗燃料费为 b 元;此外,该海轮航行中每小时的其他费用为 c 元(与航速无关),若该海轮匀速航行 d 海里,问航速应为每小时多少海里才能使航行的总费用最省?此时的总费用是多少?

(4) 某厂要生产一批无盖的圆柱形桶,每个桶的容积为 $\dfrac{3\pi}{2}$ m³.

(i) 圆柱形桶的尺寸如何选取,可以使所用的材料最省?

(ii) 若用来做底的金属材料每平方米 30 元,做侧面的金属材料每平方米 20 元,则如何选取圆柱形桶的尺寸,可以使制造成本最低?

(5) 设计一幅宣传画,要求画面面积为 4840 cm²,画面宽与高的比为 $\lambda(\lambda<1)$,画面的上、下各留 8 cm 空白,左、右各留 5 cm 空白.怎样确定画面的高与宽的尺寸,能使宣传画所用纸张面积最小?

分析 运用函数的思想方法,先把所用纸张的面积 y 表示成画面的高 x 的函数,写出定义域;再求函数的最小值和取最小值时 x 的值,从而求得相应的高与宽的尺寸.

(6) 甲、乙两地相离 s km,汽车从甲地匀速行驶到乙地,速度不得超过 c km/h,已知汽车每小时的运输成本(以元为单位)由可变部分和固定部分组成:可变部分与速度 v(km/h) 的平方成正比,比例系数为 b;固定部分为 a 元.

(i) 把全程运输成本 y(元) 表示为速度 v(km/h) 的函数,并指出这个函数的定义域.

(ii) 为了使全程运输成本最小,汽车应以多大速度行驶?

思路剖释 (1)(i) 一部机器一小时完成这项任务的 $\dfrac{1}{m^2}$,x 部机器一小时完成这项任务的 $\dfrac{x}{m^2}$,所以 x 部机器完成这项任务所需时间(小时)为 $y=\dfrac{m^2}{x}$,其中 x 为不大于 m 的正整数.

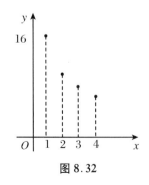

图 8.32

(ii) 当 $m=4$ 时,$y=\dfrac{16}{x}$,x 为 $1,2,3,4$,对应的 y 值分别为 $16,8,5\dfrac{1}{3},4$.

这时函数的图像是四个点 $(1,16)$、$(2,8)$、$(3,5\dfrac{1}{3})$、$(4,4)$,如图 8.32 所示.

(2)(i) 由题意,$0.55\leqslant x\leqslant 0.75$,下调电价后新增用电荷量为 $\dfrac{k}{x-0.4}$,故本年度用电荷量为 $a+\dfrac{k}{x-0.4}$.由题意,$y=$

$\left(a + \dfrac{k}{x-0.4}\right)(x-0.3)$.

(ii) 当 $k = 0.2a$ 时,$y = \left(a + \dfrac{0.2a}{x-0.4}\right)(x-0.3)$,由题意,知

$$\left(a + \dfrac{0.2a}{x-0.4}\right)(x-0.3) \geqslant (0.8 - 0.5)(1 + 20\%),$$

化简为 $10x^2 - 11x + 3 \geqslant 0$,所以 $x \leqslant 0.5$ 或 $x \geqslant 0.6$. 因 $0.55 \leqslant x \leqslant 0.75$,于是 $x \geqslant 0.6$. 故最低电价应定为 0.6 元$/(\text{kW} \cdot \text{h})$.

注 本题和题(1)均是反比例函数模型问题.

(3) 设航速为每小时 v 海里时,所耗燃料费为每小时 x 元,则 $a^2 : b = v^2 : x$,得 $x = \dfrac{b}{a^2} v^2$. 故航行 d 海里时,其总费用为

$$m = \dfrac{d}{v} \cdot c + \dfrac{d}{v} \cdot \dfrac{bv^2}{a^2}$$
$$= d\left(\dfrac{c}{v} + \dfrac{b}{a^2} v\right) \geqslant d \cdot 2\sqrt{\dfrac{c}{v} \cdot \dfrac{b}{a^2} v} = \dfrac{2d}{a}\sqrt{bc}.$$

故当航速满足 $\dfrac{c}{v} = \dfrac{b}{a^2} v$,即 $v = \dfrac{a}{b}\sqrt{bc}$ 时,总费用最小值是 $\dfrac{2d}{a}\sqrt{bc}$ 元.

注 本题中 $m = d\left(\dfrac{c}{v} + \dfrac{b}{a^2} v\right)$ 表明 m 是 v 的函数,其模型是 $y = ax + \dfrac{b}{x}$,可参阅 1.3 节.

(4) (i) 设圆柱底面半径为 r m,圆柱的高为 h m,则
$$S_{\text{全}} = \pi r^2 + 2\pi r h.$$

因 $\pi r^2 h = \dfrac{3\pi}{2}$,即 $r^2 h = \dfrac{3}{2}$,由此有 $h = \dfrac{3}{2r^2}$. 故

$$S_{\text{全}} = \pi r^2 + 2\pi r \cdot \dfrac{3}{2r^2} = \pi\left(r^2 + \dfrac{3}{r}\right) = \pi\left(r^2 + \dfrac{3}{2r} + \dfrac{3}{2r}\right)$$
$$\geqslant 3\pi \cdot \sqrt[3]{\left(\dfrac{3}{2}\right)^2}$$
$$= \dfrac{3\pi}{2} \sqrt[3]{18} \ (\text{m}^2).$$

当且仅当 $r^2 = \dfrac{3}{2r}$,即 $r = \dfrac{\sqrt[3]{12}}{2}$ m 时等号成立,这时 $h = r = \dfrac{\sqrt[3]{12}}{2}$ m. 故当圆柱形桶的底半径与高相等且都等于 $\dfrac{\sqrt[3]{12}}{2}$ m 时,用料最省.

(ii) 设每个圆柱形桶的造价为 y 元,则
$$y = 30\pi r^2 + 20 \cdot 2\pi r h = 10\pi(3r^2 + 2rh + 2rh)$$
$$\geqslant 30\pi \sqrt[3]{3r^2 \cdot 2rh \cdot 2rh} = 30\pi \sqrt[3]{12(r^2 h)^2} = 90\pi \ (\text{元}).$$

当且仅当 $3r^2 = 2rh$,即 $3r = 2h$ 时,等号成立,再由 $r^2 h = \dfrac{3}{2}$,得 $r = 1$ m,$h = \dfrac{3}{2}$ m. 故当圆柱

形桶设计为底圆半径为 1 m,高为 1.5 m 时,材料成本最省.

注 函数 $y = ax^2 + \dfrac{b}{x}$ 或 $y = ax + \dfrac{b}{x^2}$ 是用"m,n,s 均为正实数 $\Rightarrow m + n + s \geqslant 3\sqrt[3]{mns}$"求最小值的函数模型,求最小值时一般拆"$\dfrac{b}{x}$"或"$ax$"为"$\dfrac{b}{x} = \dfrac{b}{2x} + \dfrac{b}{2x}$"或"$ax = \dfrac{ax}{2} + \dfrac{ax}{2}$".

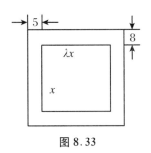

图 8.33

(5) 设画面高为 x cm,则宽为 λx cm,且 $\lambda x^2 = 4840$,又设纸张面积为 y,如图 8.33 所示,则
$$y = (x + 16)(\lambda x + 10)$$
$$= \lambda x^2 + 16\lambda x + 10x + 160$$
$$= 4840 + 160 + 16x \cdot \dfrac{4840}{x^2} + 10x$$
$$= 5000 + \dfrac{16 \times 4840}{x} + 10x.$$

由 $\lambda = \dfrac{4840}{x^2} < 1$,得函数的定义域为 $(22\sqrt{10}, +\infty)$.

因 $\dfrac{16 \times 4840}{x} + 10x \geqslant 2\sqrt{16 \times 48400}$,当且仅当 $\dfrac{16 \times 4840}{x} = 10x$,即 $x = 88$ 时,等号成立.

而 $x = 88 > 22\sqrt{10}$,所以高 $x = 88$ 时,y 有最小值,此时宽为 $4840 \div 88 = 55$(符合宽与高的比 $\lambda < 1$).

答:画面高为 88 cm、宽为 55 cm 时,能使所用纸张面积最小.

(6) (i) 依题意,知汽车从甲地匀速行驶到乙地所用时间为 $\dfrac{s}{v}$,全程运输成本为
$$y = a \cdot \dfrac{s}{v} + bv^2 \cdot \dfrac{s}{v} = s\left(\dfrac{a}{v} + bv\right).$$

故所求函数及其定义域为:$y = s\left(\dfrac{a}{v} + bv\right),v \in (0, c]$.

(ii) 依题意,知 s,a,b,v 都为正数,故有
$$s\left(\dfrac{a}{v} + bv\right) \geqslant 2s\sqrt{ab}.$$

当且仅当 $\dfrac{a}{v} = bv$,即 $v = \sqrt{\dfrac{a}{b}}$ 时,等号成立.

若 $\sqrt{\dfrac{a}{b}} \leqslant c$,则当 $v = \sqrt{\dfrac{a}{b}}$ 时,全程运输成本 y 最小.若 $\sqrt{\dfrac{a}{b}} > c$,当 $v \in (0, c]$ 时,有
$$s\left(\dfrac{a}{v} + bv\right) - s\left(\dfrac{a}{c} + bc\right) = s\left[\left(\dfrac{a}{v} - \dfrac{a}{c}\right) + (bv - bc)\right]$$
$$= \dfrac{s}{vc}(c - v)(a - bcv).$$

因为 $c - v \geqslant 0$,且 $a > bc^2$,故有 $a - bcv \geqslant a - bc^2 > 0$,所以 $s\left(\dfrac{a}{v} + bv\right) \geqslant s\left(\dfrac{a}{c} + bc\right)$,且仅当 $v = c$ 时等号成立,即当 $v = c$ 时,全程运输成本 y 最小.

综上所述,当 $\frac{\sqrt{ab}}{b} \leqslant c$ 时,行驶速度为 $v = \frac{\sqrt{ab}}{b}$;当 $\frac{\sqrt{ab}}{b} > c$ 时,行驶速度为 $v = c$,全程运输成本 y 为最小.

题 3 计算下列各题.

(1) 某食品的保鲜时间 y(单位:小时)与储藏温度 x(单位:℃)满足函数关系 $y = \mathrm{e}^{kx+b}$ ($\mathrm{e} = 2.718\cdots$ 为自然对数的底数,k,b 为常数). 若该食品在 0℃ 的保鲜时间是 192 小时,在 22℃ 的保鲜时间是 48 小时,则该食品在 33℃ 的保鲜时间是_____小时.

(2) 某公司一年购买某种货物 600 吨,每次购买 x 吨,运费为 6 万元/次,一年的总存储费用为 $4x$ 万元.要使一年的总运费与总存储费用之和最小,则 x 的值是_____.

(3) 如图 8.34 所示,一辆汽车在一条水平的公路上向正西行驶.到 A 处时测得公路北侧一山顶 D 在西偏北 30° 的方向上,行驶 600 m 后到达 B 处,测得此山顶在西偏北 75° 的方向上,仰角为 30°,则此山的高度 $CD=$_____m.

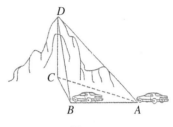

图 8.34

(4) 一个圆柱形容器的底面直径为 d cm,高度为 h cm,现以每秒 S cm³ 的速度向容器内注入某种溶液,求容器内溶液高度 y 与注入时间 t(s)的函数关系式及其定义域.

(5) 某服装个体户在进一批服装时,进价已按原价打了七五折,他打算对该批服装定一新价标在价目卡上,并注明按该价降价 20% 销售.这样,仍可获得 25% 的纯利.求这个体户给这批服装定的新标价与原标价之间的函数关系.

(6) 由沿河城市 A 运货到城市 B,B 离河岸最近点 C 为 30 km,C 和 A 的距离为 40 km,如果每吨公里运费水路比公路便宜一半,应该怎样从 B 筑一条公路到河岸,才能使 A 到 B 的运费最省?

思路剖释 (1) 由题意,得 $\begin{cases} \mathrm{e}^b = 192, \\ \mathrm{e}^{22k+b} = 48, \end{cases}$ 则 $\mathrm{e}^{22k} = \frac{48}{192} = \frac{1}{4}$,$\mathrm{e}^{11k} = \frac{1}{2}$. 所以当 $x = 33$ 时,$y = \mathrm{e}^{33k+b} = (\mathrm{e}^{11k})^3 \cdot \mathrm{e}^b = \frac{1}{8} \times 192 = 24$.

(2) 由题意,得总运费与总存储之和为 $S = \frac{600}{x} \times 6 + 4x = \frac{3600}{x} + 4x \geqslant 2\sqrt{\frac{3600}{x} \times 4x} = 240$,当且仅当 $\frac{3600}{x} = 4x$,即 $x = 30$ 时等号成立.

注 要注意基本不等式中的三要素:一正(各项值均为正),二定(各项的和或积为定值),三等(所有的项能同时取等号).

(3) 依题意,$\angle BAC = 30°$,$\angle ABC = 105°$,在 $\triangle ABC$ 中,由 $\angle ABC + \angle BAC + \angle ACB = 180°$,所以 $\angle ACB = 45°$. 因为 $AB = 600$,由正弦定理可得 $\frac{600}{\sin 45°} = \frac{BC}{\sin 30°}$,即 $BC = 300\sqrt{2}$ m.

在 Rt$\triangle BCD$ 中,因为 $\angle CBD = 30°$,$BC = 300\sqrt{2}$,所以 $\tan 30° = \frac{CD}{BC} = \frac{CD}{300\sqrt{2}}$,故 $CD =$

$100\sqrt{6}$ m.

注 本题是空间四面体问题,不能把四边形 $ABCD$ 看成平面上的四边形.

(4) 本题首先应知道圆柱体的体积公式:圆柱体的体积＝底面积×高,另一种形式是

$$高 = \frac{体积}{底面积}(简写).$$

题目中底面积为 $\pi\left(\dfrac{d}{2}\right)^2$,$S$ 表示每秒注入溶液的量,它是体积.依题意,容器内溶液每秒升高 $\dfrac{4S}{\pi d^2}$(cm),于是 $y = \dfrac{4S}{\pi d^2} \cdot t$;又注满容器所需时间为 $h \div \left(\dfrac{4S}{\pi d^2}\right) = \dfrac{\pi h d^2}{4S}$(s),所以函数的定义域是 $\left[0, \dfrac{\pi h d^2}{4S}\right]$.

(5) 如果设原标价为 x,新标价为 y,则该个体户进这批服装的成本是 $75\%x$,销售收入是 $(1-20\%)y$,依这两个量与 25%(纯利)的关系可建立 y 与 x 的函数关系,故

$$\frac{(1-20\%)y - 75\%x}{75\%x} = 25\%.$$

化简,得 $y = \dfrac{75}{64}x\,(x > 0)$.

注 题(4)和题(5)是正比例函数模型.

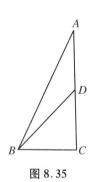

图 8.35

(6) 如图 8.35 所示,视河 CA 为一条直线,$|BC| = 30$,$|CA| = 40$,因 $|BA| = 50$,若公路每吨公里价格为 2 个价格单位,那么水路每公里运费价格为 1 个价格单位. 从 A 运货到 B,直接走公路 $A \to B$,运费为 100. 选先走水路从 $A \to C$,运费为 40,再走公路由 $C \to B$,运费为 60,总运费为 100,寻找花费更少的路线,关键是适当选择 D 点,由 $A \to D \to B$ 可使运费最省,可建立函数与不等式的模型.

设 AD 为 x km. $BC = 30$ km,$AC = 40$ km,故

$$BD = \sqrt{30^2 + (40-x)^2}.$$

由题意,设总运费为 y,则 $y = x + 2\sqrt{30^2 + (40-x)^2}$,整理,得

$$3x^2 - 2(160-y)x + (10000 - y^2) = 0,$$

所以 $\Delta = 16(y^2 - 80y - 1100) \geq 0$,解得 $y \geq 40 + 30\sqrt{3}$ 或 $y \leq 40 - 30\sqrt{3}$(负值舍去),故 y 有最小值 $40 + 30\sqrt{3}$,此时

$$x = -\frac{-2(160-y)}{2 \times 3} = 40 - 10\sqrt{3} \approx 23\text{(km)}.$$

答:欲使运费最省,公路的靠河一端应筑于 A、C 之间距 A 约 23 km 处.

题 4 计算下列各题.

(1) 某群体的人均通勤时间,是指单日内该群体中成员从居住地到工作地的平均用时. 某地上班族 S 中的成员仅以自驾或公交方式通勤. 分析显示:当 S 中 $x\%$($0 < x < 100$)的成员自驾时,自驾群体的人均通勤时间为

$$f(x)=\begin{cases}30, 0<x\leqslant 30,\\ 2x+\dfrac{1800}{x}-90, 30<x<100.\end{cases}\text{(单位:分钟)}$$

而公交群体的人均通勤时间不受 x 影响,恒为 40 分钟. 试根据上述分析结果回答下列问题:

(i) 当 x 在什么范围内时,公交群体人均通勤时间少于自驾群体的人均通勤时间.

(ii) 求该地上班族 S 的人均通勤时间 $g(x)$ 的表达式;讨论 $g(x)$ 的单调性,并说明其实际意义.

(2) 某自来水厂要制作容积为 500 m³ 的无盖长方体水箱. 现有三种不同规格的长方形金属制箱材料(单位:m):① 19×19;② 30×10;③ 25×12,请你选择其中的一种规格并设计出相应的制作方案. 要求:用料最省;简便易行. (不计制作过程中的损耗.)

思路剖释 (1)(i) 由题意,知 $f(x)>40$,即

$$2x+\dfrac{1800}{x}-90>40\Rightarrow 45<x<100.$$

(ii) 由题意,知

$$g(x)=x\%f(x)-(1-x\%)\times 40$$

$$=\begin{cases}40-\dfrac{1}{10}x, & 0<x\leqslant 30,\\ \dfrac{1}{50}x^2-\dfrac{13}{10}x+58, & 30<x<100,\end{cases}$$

可知函数 $g(x)$ 在 $(0,32.5)$ 内单调递减,在 $(32.5,100)$ 内单调递增,表示当自驾成员在 $(0,32.5\%)$ 时,上班族的人均通勤时间随自驾成员的增加而减少,但是自驾成员超过 32.5% 时,人均通勤时间随自驾成员的增多而增多.

注 解决函数的应用问题,关键是审清题意,列出函数的关系式,要根据函数的解析式的特点,利用函数的性质求出最值,适当变化,把应用问题转化为数学问题,利用数学知识求解.

(2) 设无盖水箱的长、宽、高分别为 a,b,c(单位:m. 下略),则其体积 $V=abc=500$,表面积 $S=2bc+2ca+ab$. 由均值不等式,知

$$S=2bc+2ac+ab\geqslant 3\sqrt[3]{2bc\cdot 2ac\cdot ab}$$
$$=3\sqrt[3]{4(abc)^2}=3\sqrt[3]{4\times 500^2}=300.$$

当且仅当 $2bc=2ac=ab$,即 $a=b=10,c=5$ 时,$S=2bc+2ac+ab$ 取最小值 300 m². 这表明将无盖长方体的尺寸设计为 $10\times 10\times 5$(即 $2:2:1$)时,其用料最省.

将无盖长方体展开成平面图形,进一步可剪拼成 30×10 的长方形. 因此应选择规格为 30×10 的材料,制作方案见割补图(图 8.36).

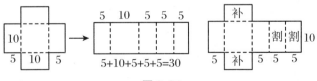

图 8.36

题 5 计算下列各题.

(1) 某油漆厂今年生产油漆 32000 吨,计划 5 年后把产量提高到 243000 吨,求年平均增长率.

(2) 某租赁公司出租同一型号的设备 40 套,当每套设备月租金为 270 元时,恰好全部租出.在此基础上,每套设备月租金每增加 10 元,就少租出 1 套设备,而未租出的每套设备每月需支付各种费用 20 元.设每套设备实际月租金为 x 元($x \geqslant 270$),月收益为 y 元(月收益 = 设备租金收入 − 未租出设备费用).

(i) 求 y 与 x 之间的函数关系式.

(ii) 当 x 为何值时,月收益最大?最大月收益是多少元?

(3) 某民营企业生产 A,B 两种产品,根据市场调查与预测,A 产品的利润与投资成正比,其关系如图 8.37(a),B 产品的利润与投资的算术平方根成正比,其关系如图 8.37(b)所示.(注:利润与投资的单位为万元.)

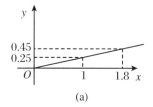
(a)

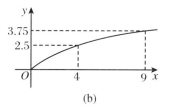
(b)

图 8.37

(i) 分别将 A,B 两种产品的利润表示为投资的函数关系式.

(ii) 该企业已筹集到 10 万元资金,并全部投入 A,B 两种产品的生产.问:怎样分配这 10 万元资金,才能使企业获得最大利润?最大利润约为多少万元?(精确到 1 万元)

(4) 表 8.5 是 10 名调查员在全国某十个乡镇每万人中在 1991~1995 年这五年中人口增长统计表.

表 8.5

编号	1	2	3	4	5	6	7	8	9	10
人口增长数	998	1040	1060	1020	1050	1000	1082	1030	1080	1040

(i) 根据上表计算这十个乡镇的人口年平均增长率.

(ii) 如果我国目前人口是 13 亿,照此推算,我国人口 10 年后将达到多少亿?($\lg 1.02 = 0.0086, \lg 1.104 = 0.043, \lg 1.219 = 0.086$.)

思路剖释 (1) 设年平均增长率为 x,则由题意,得
$$32000(1+x)^5 = 243000,$$
即 $(1+x)^5 = \dfrac{243}{32} = \left(\dfrac{3}{2}\right)^5$.所以 $1+x = 1.5$,即 $x = 0.5 = 50\%$.故年平均增长率为 50%.

注 求增长率问题,可用幂函数知识列式求解.

(2)(i) 设每套设备实际月租金为 x 元($x \geqslant 270$)时,未租出的设备为 $\dfrac{x-270}{10}$ 套,则未租出设备的费用为 $\left(\dfrac{x-270}{10} \times 20\right)$ 元;租出的设备为 $\left(40 - \dfrac{x-270}{10}\right)$ 套,则月租金总额为 $\left[\left(40 - \dfrac{x-270}{10}\right)x\right]$ 元. 所以

$$y = \left(40 - \dfrac{x-270}{10}\right)x - \dfrac{x-270}{10} \times 20 = -0.1x^2 + 65x + 540 \quad (x \geqslant 270).$$

(ii) 由(i),得

$$y = -0.1x^2 + 65x + 540 = -0.1(x-325)^2 + 11102.5.$$

则当 $x = 325$ 时,y 取最大值为 11102.5. 但此时租出设备套数为 34.5,不是整数,故 x 为 320 或 330 时,月收益最大,最大收益是 11100 元.

(3)(i) 设投资资金为 x 万元,A 产品的利润为 $f(x)$ 万元,B 产品的利润为 $g(x)$ 万元,则

$$f(x) = k_1 x, \quad g(x) = k_2 x^{\frac{1}{2}}.$$

由题图可知 $f(1) = \dfrac{1}{4}$,$g(4) = \dfrac{5}{2}$,所以 $k_1 = \dfrac{1}{4}$,$k_2 = \dfrac{5}{4}$. 故

$$f(x) = \dfrac{1}{4}x, \quad g(x) = \dfrac{5}{4}x^{\frac{1}{2}} \quad (x \geqslant 0).$$

(ii) 设投入 A 产品 x 万元,则投入 B 产品 $(10-x)$ 万元,企业利润为 y 万元,则

$$y = f(x) + g(10-x) = \dfrac{x}{4} + \dfrac{5}{4}(10-x)^{\frac{1}{2}} \quad (0 \leqslant x \leqslant 10).$$

令 $(10-x)^{\frac{1}{2}} = t$,则

$$y = \dfrac{10-t^2}{4} + \dfrac{5}{4}t = -\dfrac{1}{4}\left(t - \dfrac{5}{2}\right)^2 + \dfrac{65}{16} \quad (0 \leqslant t \leqslant \sqrt{10}).$$

当 $t = \dfrac{5}{2}$ 时,$y_{\max} = \dfrac{65}{16} \approx 4$. 此时 $x = 10 - \dfrac{25}{4} = 3.75$. 故当投入 A 产品 3.75 万元,投入 B 产品 6.25 万元时,企业获得的利润最大,且最大利润为 4 万元.

(4)(i) 设年平均增长率为 $x\%$,则

$$10 \cdot (1 + x\%)^5 = 10 + (0.0998 + 0.1040 + \cdots + 0.1040) = 6.04.$$

故 $(1 + x\%)^5 = 1.104$,即

$$\lg(1 + x\%) = \dfrac{\lg 1.104}{5} = \dfrac{0.043}{5} = 0.0086.$$

所以 $1 + x\% = 1.02$,$x\% = 0.02 = 2\%$.

(ii) 由题意,知 $13 \times (1 + 0.02)^{10} = 13 \times 1.02^{10}$. 设 $y = 1.02^{10}$,则 $\lg y = 10 \cdot \lg 1.02 = 0.086$,得 $y = 1.219$,所以 $13 \times 1.219 = 15.847$(亿). 故 10 年后我国人口将达 15.847 亿.

题 6 求解下列各题.

(1) 某化工厂仓库中有一种原料因包装破损散发出有害气体,采取适当措施后已停止继续散发有害气体,自动检测装置显示该气体的浓度为 20%. 打开排气扇后,每分钟排出总

气体的10%.已知该气体的浓度超过1%时就会对人体产生危害.

(i) 写出该气体浓度 y 与打开排气扇后时间 x(分钟)之间的函数关系式.

(ii) 计算工人在打开排气扇多少分钟后可以不戴防护面具进入仓库?（结果保留整数,以下数据仅供参考:lg2=0.3,lg3=0.48.）

(2) 小明家现有别墅价值500万元,若房子以每年2%的幅度贬值(国家规定),请计算房屋价值 y 与此后所经过时间 x 年的关系,并求70年后该别墅的价值.

(3) 按复利计算利率的某种储蓄,本金为 a 元,每期利率为 r,设本利和为 y,存期为 x,写出本利和 y 随存期 x 变化的函数关系式.如果存入本金1000元,每期利率2.25%.计算5期后的本利和是多少元?

(4) 人口问题是全球性问题.由于全球人口迅猛增加,已引起全世界关注.世界人口2011年已达到70亿,并且以每年1.3%的增长率增长,按照这个增长速度,到2050年世界人口将达到100多亿,大有"人口爆炸"的趋势.我国人口问题更为突出,在耕地面积只占世界7%的国土上,却养育着22%的世界人口.因此,我国的人口问题是公认的社会问题.2000年第五次人口普查,我国人口已达到13亿,年增长率为1%.

请计算从2000年起,多少年后我国人口将达到2000年的2倍?

(5) 某工厂今年1月、2月、3月生产某产品分别为1万件、1.2万件、1.3万件,为了估测以后每个月的产量,以这三个月的产品数据为依据.用一个函数模拟产品的月产量 y 与月份数 x 的关系,模拟函数可以选用二次函数或函数 $y=ab^x+c$(其中 a,b,c 为常数),已知4月份该产品的产量为1.37万件,请问用以上哪个函数作为模拟函数较好? 并说明理由.

(6) 某乡为提高当地群众的生活水平,由政府投资兴建了甲、乙两个企业,1997年该乡从甲企业获得利润320万元,从乙企业获得利润720万元.以后每年上交的利润是:甲企业以1.5倍的速度递增,而乙企业则为上一年利润的 $\frac{2}{3}$.根据测算,该乡从两个企业获得的利润达到2000万元可以解决温饱问题,达到8100万元可以达到小康水平.

(i) 若以1997年为第一年,则该乡从上述两个企业获得利润最少的一年是哪一年,该年还需要筹集多少万元才能解决温饱问题?

(ii) 试估算2005年底该乡能否达到小康水平？为什么?

思路剖释 (1)(i) 由题意可得:1分钟后,仓库中气体浓度为 $20\%-20\%\cdot 10\%=20\%(1-10\%)$；

2分钟后,仓库中气体浓度为 $20\%(1-10\%)-20\%(1-10\%)\cdot 10\%=20\%(1-10\%)^2$；

3分钟后,仓库中气体浓度为 $20\%(1-10\%)-20\%(1-10\%)^2\cdot 10\%=20\%(1-10\%)^3$；

……

则 x 分钟后,仓库中气体的浓度为 $y=20\%(1-10\%)^x$.

(ii) 由题意,知 $20\%(1-10\%)^x \leqslant 1\%$,即 $0.9^x \leqslant \frac{1}{20}$,故 $x \geqslant \log_{0.9}\frac{1}{20}$.又因

$$\log_{0.9}\frac{1}{20} = \frac{\lg\frac{1}{20}}{\lg 0.9} = \frac{-\lg 20}{\lg 9 - 1} = \frac{-1-\lg 2}{2\lg 3 - 1} = \frac{-1-0.3}{2\times 0.48 - 1} = 32.5 \approx 33,$$

故工人在打开排气扇33分钟后可以不戴防护面具进入仓库.

注 解决函数应用问题,读懂题意,建立恰当的函数模型是关键.本题用到由特殊到一般的归纳方法.

(2) 设房屋价值 y 与此后所经过的时间 x 年的关系是 $y = 500 \times 0.98^x$,则70年后此房屋的价值是 $500 \times 0.98^{70} = 121.56$(万元). 故70年后该别墅的价值是121.56万元.

(3) 已知本金为 a 元,每期利率为 r,则

1期后的本利和为 $y = a + a \times r = a(1+r)$;

2期后的本利和为 $y = a(1+r) + a(1+r)r = a(1+r)^2$;

3期后的本利和为 $y = a(1+r)^3$;

……

x 期后的本利和为 $y = a(1+r)^x$.

将 $a = 1000, r = 2.25\%$ 代入上式,得

$$y = 1000 \times (1+2.25\%)^5 = 1117.68(元).$$

所以复利函数关系式为 $y = a(1+r)^x, x \in \mathbf{N}^*$. 故5期后的本利和为1117.68元.

(4) 设从2000年起,x 年后我国的人口总数为 y,则 $y = 13 \times 1.01^x$. 令 $13 \times 1.01^x = 2 \times 13$,则 $x = \log_{1.01} 2 = 69.7 \approx 70$. 故从2000年起,约70年后我国的人口将达到2000年的2倍.

(5) 设 $f(x) = px^2 + qx + r (p \neq 0)$. 由 $f(1) = 1, f(2) = 1.2, f(3) = 1.3$,得

$$\begin{cases} p + q + r = 1, \\ 4p + 2q + r = 1.2, \\ 9p + 3q + r = 1.3, \end{cases}$$

解得 $p = -0.05, q = 0.35, r = 0.7$. 故 $f(4) = 1.3$.

再设 $g(x) = a \cdot b^x + c$. 由 $g(1) = 1, g(2) = 1.2, g(3) = 1.3$,得

$$\begin{cases} ab + c = 1, \\ ab^2 + c = 1.2, \\ ab^3 + c = 1.3, \end{cases}$$

解得 $a = -0.8, b = 0.5, c = 1.4$. 故 $g(4) = 1.35$.

答:用 $y = -0.8 \times (0.5)^x + 1.4$ 作模拟函数较好.

(6) (i) 若以1997年为第一年,则第 $n(n \geqslant 1)$ 年该乡从这两家企业获得的利润为

$$y_n = 320 \times \left(\frac{3}{2}\right)^{n-1} + 720 \times \left(\frac{2}{3}\right)^{n-1} = 80\left[4 \times \left(\frac{3}{2}\right)^{n-1} + 9 \times \left(\frac{2}{3}\right)^{n-1}\right]$$

$$\geqslant 2 \times 80 \times \sqrt{4 \times \left(\frac{3}{2}\right)^{n-1} \times 9 \times \left(\frac{2}{3}\right)^{n-1}} = 2 \times 80 \times 6 = 960.$$

当且仅当 $4 \times \left(\frac{3}{2}\right)^{n-1} = 9 \times \left(\frac{2}{3}\right)^{n-1}$,即 $n = 2$ 时,等号成立.所以第二年(1998年)上交利润

最少,利润为 960 万元.由 $2000 - 960 = 1040$(万元)知,还需另筹资金 1040 万元可解决温饱问题.

(ii) 2005 年为第 9 年,该年可从两个企业获得利润为

$$y_9 = 320 \times \left(\frac{3}{2}\right)^8 + 720 \times \left(\frac{2}{3}\right)^8$$

$$> 320 \times \left(\frac{3}{2}\right)^8 = 320 \times \frac{81 \times 81}{16 \times 16} = 20 \times \frac{81 \times 81}{16}$$

$$> 20 \times 81 \times 5 = 8100,$$

所以该乡到 2005 年底可以达到小康水平.

题 7 求解下列各题.

(1) 某商店将进货价每个 10 元的商品按每个 18 元售出时,每天可卖出 60 个.商店经理到市场上做了一番调查后发现,若将这种商品的售价(在每个 18 元的基础上)每提高 1 元,则日销量就减少 5 个;若将这种商品的售价(在每个 18 元的基础上)每降低 1 元,则日销量就增加 10 个.为获得每日最大利润,此商品售价应定为每个多少元?

(2) 渔场中鱼群的最大养殖量为 m t,为保证鱼群的生长空间,实际养殖量不能达到最大养殖量,必须留下适当的空闲量.已知鱼群的年增长量 y t 和实际养殖量 x t 与空闲率的乘积成正比,比例系数为 $k(k > 0)$(空闲率为空间量与最大养殖量的比值):

(i) 写出 y 关于 x 的函数关系式,并指出这个函数的定义域.

(ii) 求鱼群年增长量的最大值.

(iii) 当鱼群的年增长量达到最大值时,求 k 的取值范围.

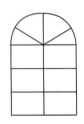

图 8.38

(3) 有 l m 长的钢材,要做成如图 8.38 所示的窗框,上半部为半圆,下半部为六个全等的小矩形组成的矩形,试问小矩形的长、宽之比为多少时,窗户面积最大? 最大值是多少?

(4) 某镇自来水厂的蓄水池原有水 650 t,一天中在向水池中注水的同时蓄水池又向居民供水,$x(0 \leqslant x \leqslant 24)$ 小时内向居民总供水 $100\sqrt{24x}$ t.

(i) 当每小时向水池注水 120 t 时,一天中何时蓄水池中水量最少?

(ii) 若蓄水池中水量少于 170 t,就会出现供水紧张现象,问每小时向水池中注水多少吨,一天中才不会出现供水紧张现象?

(5) 某企业生产一种产品时,固定成本为 5000 元,而每生产 100 台产品时直接消耗成本要增加 2500 元,市场对此商品年需求量为 500 台,销售的收入函数为 $R(x) = 5x - \frac{1}{2}x^2$(万元)$(0 \leqslant x \leqslant 5)$,其中 x 是产品售出的数量(单位:百台).

(i) 把利润表示为年产量的函数.

(ii) 年产量多少时,企业所得的利润最大?

(iii) 年产量多少时,企业才不亏本?

(6) 某蔬菜基地种植西红柿,由历年市场行情得知,从二月一日起的 300 天内,西红柿市场售价与上市时间的关系用图 8.39(a)所示的一条折线表示;西红柿的种植成本与上市时

间的关系用图 8.39(b)所示的抛物线段表示.

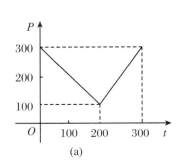
(a)

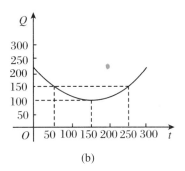
(b)

图 8.39

(i) 写出图 8.39(a)表示的市场售价与时间的函数关系式 $P=f(t)$,写出图 8.39(b)表示的种植成本与时间的函数关系式 $Q=g(t)$.

(ii) 认定市场售价减去种植成本为纯收益,问何时上市的西红柿纯收益最大?（注：市场售价和种植成本的单位:元$/10^2$ kg,时间单位:天.）

(7) 如图 8.40 所示,为处理含有某种杂质的污水,要制造一底宽为 2 m 的无盖长方体沉淀箱,污水从 A 孔流入,经沉淀后从 B 孔流出,设箱体的长度为 a m,高度为 b m,已知流水的水中该杂质的质量分数与 a,b 的乘积 ab 成反比,现有制箱材料 60 m²,问：当 a,b 各为多少米时,经沉淀后流出的水中该杂质的质量分数最小?（A,B 孔的面积忽略不计.）

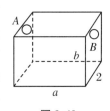
图 8.40

(8) 某地为促进淡水鱼养殖业的发展,将价格控制在适当范围内,决定对淡水鱼养殖提供政府补贴.设淡水鱼的市场价为 x 元/千克,政府补贴为 t 元/千克,根据市场调查.当 $8 \leqslant x \leqslant 14$ 时,淡水鱼的市场日供应量 P 千克与市场日需求量 Q 千克近似地满足关系:

$$\begin{cases} P = 1000(x+t-8), & x \geqslant 8, t \geqslant 0, \\ Q = 500\sqrt{40-(x-8)^2}, & 8 \leqslant x \leqslant 14. \end{cases}$$

将 $P=Q$ 时的市场价格称为市场平稳价格.

(i) 将市场平衡价格表示为政府补贴的函数,并求出函数的定义域.

(ii) 为使市场平衡价格不高于每千克 10 元,政府补贴至少为每千克多少元?

思路剖释 (1) 设此商品每个售价为 x 元,每日利润为 s 元.当 $x \geqslant 18$ 时,有
$$s = [60-5(x-18)](x-10) = -5(x-20)^2 + 500,$$
即在商品提价时,当 $x=20$ 时,每日利润 s 最大,每日最大利润是 500 元.

当 $x \leqslant 18$ 时,有
$$s = [60+10(18-x)](x-10) = -10(x-17)^2 + 490,$$
即在商品降价时,当 $x=17$ 时,每日利润最大,每日最大利润是 490 元.

答：此商品售价应定为每个 20 元.

(2) (i) 由题意,知 $y = kx\left(1 - \dfrac{x}{m}\right)$,函数的定义域为 $\{x \mid 0 < x < m\}$.

(ii) 由题意,知
$$y = -\dfrac{k}{m}\left(x^2 - mx + \dfrac{m^2}{4} - \dfrac{m^2}{4}\right) = -\dfrac{k}{m}\left(x - \dfrac{m}{2}\right)^2 + \dfrac{mk}{4}.$$
故当 $x = \dfrac{m}{2}\left(\dfrac{m}{2} \in (0, m)\right)$ 时,y 有最大值,为 $\dfrac{mk}{4}$.

(iii) 因 $0 < x + y < m$,故 $0 < \dfrac{m}{2} + \dfrac{mk}{4} < m$,解得 $-2 < k < 2$. 但 $k > 0$,故 $0 < k < 2$,即 $k \in (0, 2)$.

(3) 设小矩形的长为 x m,宽为 y m,则由图形条件可得
$$11x + 9y + \pi x = l, \qquad ①$$
而窗户的面积为 $S = \dfrac{\pi x^2}{2} + 6xy$,所以由式①,得
$$y = \dfrac{1}{9}[l - (11 + \pi)x],$$
故
$$S = \dfrac{\pi x^2}{2} + \dfrac{2}{3}[lx - (11 + \pi)x^2]$$
$$= -\dfrac{44 + \pi}{6}\left(x - \dfrac{2l}{44 + \pi}\right)^2 + \dfrac{2l^2}{3(44 + \pi)}.$$
所以当 $x = \dfrac{2l}{44 + \pi}$ 时,$y = \dfrac{1}{9}[l - (11 + \pi)x] = \dfrac{l(22 - \pi)}{9(44 + \pi)}$. 故 $\dfrac{x}{y} = \dfrac{18}{22 - \pi}$ 时,窗户面积有最大值 $\dfrac{2l^2}{3(44 + \pi)}$ (m^2).

(4) (i) 由题意,知水量与时间的关系为
$$y = 650 + 120x - 100\sqrt{24x}.$$
令 $\sqrt{24x} = t, t \in [0, 24]$,得
$$y = 5t^2 - 100t + 650 = 5(t - 10)^2 + 150.$$
因 $t \in [0, 24]$,故当 $t = 10$,即 $x = \dfrac{25}{6}$ 时,水量最少.

(ii) 设每小时向水池注水 a t,则 $650 + ax - 100\sqrt{24x} \geqslant 170$ 对于一切 $x \in [0, 24]$ 都成立.

令 $\sqrt{24x} = t, t \in [0, 24]$,得 $f(t) = \dfrac{a}{24}t^2 - 100t + 480 \geqslant 0$ 对于一切 $t \in [0, 24]$ 都成立. 于是
$$\begin{cases} 0 \leqslant \dfrac{1200}{a} \leqslant 24, \\ \Delta = 100^2 - 4 \times \dfrac{a}{24} \times 480 \leqslant 0, \end{cases} \quad 或 \quad \begin{cases} \dfrac{1200}{a} > 24, \\ f(24) \geqslant 0. \end{cases}$$

故
$$\begin{cases} a \geqslant 50, \\ a \geqslant 125, \end{cases} \text{或} \begin{cases} 0 < a < 50, \\ a \geqslant 80, \end{cases}$$

解得 $a \geqslant 125$. 所以当每小时向水池注水不少于 125 t 时,一天中才不会出现供水紧张现象.

(5) (i) 利润 y 是指生产数量为 x 的产品售出后的总收入 $R(x)$ 与其总成本 $C(x)$ 之差, 由题意,知当 $x \leqslant 5$ 时,产品能全部售出; 当 $x > 5$ 时,只能销售 500 台,所以

$$y = \begin{cases} 5x - \dfrac{1}{2}x^2 - (0.5 + 0.25x), & 0 \leqslant x \leqslant 5, \\ \left(5 \times 5 - \dfrac{1}{2} \times 5^2\right) - (0.5 + 0.25x), & x > 5 \end{cases}$$

$$= \begin{cases} 4.75x - \dfrac{1}{2}x^2 - 0.5, & 0 \leqslant x \leqslant 5, \\ 12 - 0.25x, & x > 5. \end{cases}$$

(ii) 由题意, 知在 $0 \leqslant x \leqslant 5$ 时, $y = -\dfrac{1}{2}x^2 + 4.75x - 0.5$; 当 $x = -\dfrac{4.75}{2\left(-\dfrac{1}{2}\right)} = 4.75$(百台)时, $y_{\max} = 10.78125$(万元); 当 $x > 5$(百台)时, $y < 12 - 0.25 \times 5 = 10.75$(万元). 所以当生产 475 台时, 利润最大.

(iii) 要使企业不亏本, 即要求:

$$\begin{cases} 0 \leqslant x \leqslant 5, \\ -\dfrac{1}{2}x^2 + 4.75x - 0.5 \geqslant 0, \end{cases} \text{或} \begin{cases} x > 5, \\ 12 - 0.25x \geqslant 0, \end{cases}$$

解得 $5 \geqslant x \geqslant 4.75 - \sqrt{21.5625} \approx 0.1$(百台)或 $5 < x < 48$(百台).

答: 企业年产量在 10 台到 4800 台之间时,企业不亏本.

(6) (i) 由已知条件, 设 $f(t) = kt + b$, 当 $0 \leqslant t \leqslant 200$ 时, $b = 300, k = -1$; 当 $200 \leqslant t \leqslant 300$ 时, $b = -300, k = 2$, 则图 8.39(a) 表示的函数关系式为

$$P = f(t) = \begin{cases} -t + 300, & 0 \leqslant t < 200, \\ 2t - 300, & 200 \leqslant t \leqslant 300. \end{cases}$$

又设 $g(t) = a(t - 150)^2 + 100$, 则

$$150 = a(50 - 150)^2 + 100 \Rightarrow a = \dfrac{1}{200}.$$

故图 8.39(b) 表示的函数关系式为

$$Q = g(t) = \dfrac{1}{200}(t - 150)^2 + 100 \quad (0 \leqslant t \leqslant 300),$$

即 $g(t) = \dfrac{1}{200}t^2 - \dfrac{3}{2}t + \dfrac{425}{2}$.

(ii) 设纯收入函数 $h(t) = f(t) - g(t)$, 则

$$h(t) = \begin{cases} -\dfrac{1}{200}t^2 + \dfrac{1}{2}t + \dfrac{175}{2}, & 0 \leqslant t < 200, \\ -\dfrac{1}{200}t^2 + \dfrac{7}{2}t - \dfrac{1025}{2}, & 200 \leqslant t \leqslant 300. \end{cases}$$

所以当 $0 \leqslant t < 200$ 时,配方整理,得

$$h(t) = -\dfrac{1}{200}(t-50)^2 + 100,$$

因此当 $t = 50 \in [0, 200)$ 时, $h(t)$ 的最大值为 $h(50) = 100$.

当 $200 \leqslant t \leqslant 300$ 时,配方整理,得

$$h(t) = -\dfrac{1}{200}(t-350)^2 + 100,$$

由对称轴为 $t = 350$, $-\dfrac{1}{200} < 0$, 则 $h(t) = -\dfrac{1}{200}(t-350)^2 + 100$, 在 $(-\infty, 350)$ 内是单调递增函数, 所以 $h(t)$ 在 $[200, 300]$ 上也是单调递增函数. 故 $h(t)$ 的最大值为 $h(300) = 87.5$.

综上所述, 当 $t = 50$ 时, $h(t)$ 最大值为 100, 即从二月一日开始的第 50 天时, 上市的西红柿纯收益最大.

(7) 设 y 为水中该杂质的质量分数,则 $y = \dfrac{k}{ab}$ (k 为大于 0 的常数, a、$b > 0$).

只需求 ab 取最大值时, a、b 的值. 由已知, 得 $4b + 2ab + 2a = 60$, 则 $2b + ab + a = 30$, 故 $0 < ab < 30$.

方法 1 转化为求含 ab 的不等式解的最大值.

因 $2b + a \geqslant 2\sqrt{2ab}$ (当且仅当 $2b = a$ 时等号成立), 由 $2b + ab + a = 30$, 得

$$ab + 2\sqrt{2}\sqrt{ab} \leqslant 30,$$

即

$$(\sqrt{ab})^2 + 2\sqrt{2}\sqrt{ab} - 30 \leqslant 0,$$

解关于 $\sqrt{ab}$ 的二次不等式,得 $-5\sqrt{2} \leqslant \sqrt{ab} \leqslant 3\sqrt{2}$. 因 $\sqrt{ab} > 0$, 则 $\sqrt{ab}$ 的最大值为 $3\sqrt{2}$, 当且仅当 $2b = a$ 时,等号成立. 所以,解得

$$\begin{cases} \sqrt{ab} = 3\sqrt{2}, \\ 2b = a. \end{cases}$$

求正数解,得 $a = 6, b = 3$. 故当 $a = 6, b = 3$ 时, 质量分数 y 取最小值.

方法 2 由 $2b + ab + a = 30$, 得 $b = \dfrac{30 - a}{a + 2}$, 故 $ab = \dfrac{30a - a^2}{a + 2}$. 令 $z = \dfrac{30a - a^2}{a + 2}$ ($z = ab$), 则 $za + 2z = 30a - a^2$, 转化为关于 a 的一元二次方程

$$a^2 + (z - 30)a + 2z = 0 \qquad ①$$

有实数根, 则 $\Delta = (z - 30)^2 - 4 \times 2z \geqslant 0$, 解得 $z \leqslant 18$ 或 $z \geqslant 5$. 由 $z = ab < 30$, 得 $z \leqslant 18$, 当 $z = 18$ 时, 方程 ① 有等根

$$a = \dfrac{-(z-30)}{2} = \dfrac{-(18-30)}{2} = 6.$$

将 $a=6$ 代入 $ab=18$,得 $b=3$.

方法 3 直接求 y 的最小值,将原函数转化为一元二次方程求实数根的条件,运用判别式法.

由 $ab=\dfrac{30a-a^2}{2}$,得 $y=\dfrac{k}{ab}=\dfrac{ka+2k}{30a-a^2}$,即
$$30ya-ya^2=ka+2k.$$

又由关于 a 的一元二次方程为
$$ya^2+(k-30y)a+2k=0\quad(y\neq 0) \qquad ②$$

有实数根,则 $\Delta=(k-30y)^2-4\times y\times 2k\geqslant 0$,即 $900y^2-68ky+k^2\geqslant 0$,求得 $y\leqslant\dfrac{k}{60}$ 或 $y\geqslant\dfrac{k}{18}$. 由 $0<ab<30$,得 $y=\dfrac{k}{ab}>\dfrac{k}{30}$,故 y 最小值为 $\dfrac{k}{18}$. 当 $y=\dfrac{k}{18}$ 时,方程②有相等根,于是
$$a=\dfrac{-\left(k-30\times\dfrac{k}{18}\right)}{2\times\dfrac{k}{18}}=6.$$

将 $a=6$ 代入 $2b+ab+a=30$,得 $b=3$. 因此当 $a=6,b=3$ 时,y 取最小值.

(8)(i) 依题意,有
$$1000(x+t-8)=500\sqrt{40-(x-8)^2},$$
整理,得
$$5x^2+(8t-80)x+(4t^2-64t+280)=0.$$

若 $\Delta=800-16t^2\geqslant 0$,则 $x=8-\dfrac{4}{5}t\pm\dfrac{2}{5}\sqrt{50-t^2}$.

由 $\Delta\geqslant 0,t\geqslant 0,8\leqslant x\leqslant 14$,得
$$\begin{cases}0\leqslant t\leqslant\sqrt{50},\\ 8\leqslant 8-\dfrac{4}{5}t+\dfrac{2}{5}\sqrt{50-t^2}\leqslant 14,\end{cases}\qquad ①$$

和
$$\begin{cases}0\leqslant t\leqslant\sqrt{50},\\ 8\leqslant 8-\dfrac{4}{5}t-\dfrac{2}{5}\sqrt{50-t^2}\leqslant 14.\end{cases}\qquad ②$$

解不等式组①,得 $0\leqslant t\leqslant\sqrt{10}$. 不等式组②无解,故所求函数关系为
$$x=8-\dfrac{4}{5}t+\dfrac{2}{5}\sqrt{50-t^2}\ (t\in[0,\sqrt{10}]).$$

(ii) 为使 $x\leqslant 10$,应有
$$8-\dfrac{4}{5}t+\dfrac{2}{5}\sqrt{50-t^2}\leqslant 10.$$

化简,得 $t^2+4t-5\geqslant 0$. 因 $t\geqslant 0$,故此不等式解为 $t\geqslant 1$. 从而政府补贴至少为每千克 1 元.

题 8 计算下列各题.

(1) 原市话资费为每 3 分钟 0.18 元(不足 3 分钟按 3 分钟计算),现调整为前 3 分钟资费为 0.22 元(不足 3 分钟按 3 分钟计算),超过 3 分钟,每分钟按 0.11 元计费(不足 1 分钟按 1 分钟计算),与调整前相比,一次通话提价的百分比是( ).

A. 不会高于 70%

B. 会高于 70% 而不会高于 90%

C. 不会高于 10%

D. 高于 30% 而低于 100%

(2) 上因特网的费用由两部分组成,电话费和上网费,以前上海地区通过"上海热线"上因特网的费用是 0.12 元/3 分钟,上网费是 0.12 元/分钟.根据信息产业部调整因特网资费的要求,从 1999 年 3 月 1 日起,上海地区上因特网的费用为电话费 0.16 元/3 分钟,上网费每月不足 60 小时,以 4 元/小时计算,超过 60 小时部分,以 8 元/小时计算.

(i) 根据调整后的规定,将每月上因特网费用表示为上因特网时间(小时)的函数(每月按 30 天计算).

(ii) 某网民在家庭经济预算中有一笔每月上 60 小时的费用支出,因特网资费调整后,若要不超过其家庭中经济预算中上网资费支出,则该网民现每月可上网多少小时?

(iii) 从涨价和降价的角度分析上海地区调整前、后上因特网的费用情况.

(3) 图书销售商为了推销图书,提出种种优惠办法,甲公司的批量订购优惠办法是:凡订购额在 300 元以下者,无优惠;301~1000 元,优惠 10%;1001~2000 元,优惠 13%;2001~3000 元,优惠 15%;3001~4000 元,优惠 18%;4000 元以上,优惠 20%;先款购书者,可在以上优惠基础上,再增加 10% 的优惠.乙公司的优惠办法是:凡订购额在 500 元以下者,无优惠;501~2000 元,优惠 20%;2001~4000 元,优惠 25%;4000 元以上,优惠 30%;先款购书者,可在以上优惠基础上,再增加 5% 的优惠.

(i) 试分别建立两家公司先书后款和先款后书情形下的优惠函数(实际付款额与所购图书款之间关系式).

(ii) 试分析哪家公司优惠幅度较大?

(iii) 某用户准备购买两家公司都有且书价一样的一种书 200 本,每本价格为 13.80 元,在先款后书条件下,该用户选择哪家公司最合算?

(4) 某企业为打入国际市场,决定从 A,B 两种产品中只选择一种进行投资生产.已知投资生产这两种产品的有关数据如表 8.6 所示.(单位:万美元)

表 8.6

	年固定成本	每件产品成本	每件产品销售价	每年最多可生产的件数
A 产品	20	m	10	200
B 产品	40	8	18	120

其中年固定成本与年生产的件数无关,m 是待定常数,其值由生产 A 产品的原材料决

定,预计 $m \in [6,8]$.另外,年销售 x 件 B 产品时需上交 $0.05x^2$ 万美元的特别关税,假设生产出来的产品都能在当年销售出去.

(i) 求该厂分别投资生产 A,B 两种产品的年利润 y_1, y_2 与生产相应产品的件数 x 之间的函数关系式,并求出其定义域.

(ii) 如何投资可获得最大年利润?请设计相关方案.

(5) 某商场在促销期间规定:商场内所有商品按标价的 80% 出售;同时,当顾客在该商场内消费满一定金额后,可按表 8.7 所示的方案获得相应金额的奖券.

表 8.7

消费金额(元)的范围	[200,400)	[400,500)	[500,700)	[700,900)	⋯
获得奖券的金额(元)	30	60	100	130	⋯

根据上述促销方法,顾客在该商场购物可以获得双重优惠,例如,购买标价为 400 元的商品,则消费金额为 320 元,获得的优惠额为 $400 \times 0.2 + 30 = 110$(元),设购买商品得到的优惠率 $= \dfrac{购买商品获得的优惠额}{商品的标价}$.试问:

(i) 购买一件标价为 1000 元的商品,顾客得到的优惠率是多少?

(ii) 对于标价在 [500,800](元)内的商品,顾客购买标价为多少元的商品,可得到不小于 $\dfrac{1}{3}$ 的优惠率?

(6)《中华人民共和国个人所得税法》规定,公民全月工资、薪金所得不超过 800 元的部分不必纳税,超过 800 元的部分为全月应纳税所得额.此项税款按表 8.8 列出的分段进行计算.

表 8.8

全月应纳税所得额	税率
不超过 500 元的部分	5%
超过 500 元至 2000 元的部分	10%
超过 2000 元至 5000 元的部分	15%
⋯⋯	⋯⋯

某人一月份应交纳此项税款 26.78 元,则他的当月工资、薪金所得介于( ).

A. 800~900 元   B. 900~1200 元
C. 1200~1500 元   D. 1500~2800 元

思路剖释 (1) 设市话用户一次打电话的时间为 x 分钟,则

当 $x \in (0,3]$ 时,涨价幅度为

$$\dfrac{0.22 - 0.18}{0.18} \times 100\% \approx 22.2\%.$$

当 $x \in (3,4]$ 时,涨价幅度为

$$\frac{0.22 + 0.11 - 0.18 \times 2}{0.18 \times 2} \times 100\% \approx -8.3\%.$$

所以,与调整前下降了约 8.3%.

当 $x \in (4, +\infty)$,且为 3 的倍数时,涨价幅度为

$$\frac{0.22 + 0.11 \times (x-3) - 0.18 \times \frac{x}{3}}{0.18 \times \frac{x}{3}} \times 100\% = \frac{0.05x - 0.11}{0.06x} = \frac{0.05 - \frac{0.11}{x}}{0.06}.$$

所以当 x 趋于无穷大时,上式其值趋于 $\frac{0.05}{0.06} \approx 83.3\%$. 即当一次打电话时间趋于无穷长时,其涨价幅度的值趋于 83.3%.

当 $x \in (4, +\infty)$ 且不为 3 的倍数时,则涨价幅度为

$$\frac{0.22 + 0.11 \times ([x-3]+1) - 0.18 \times \left(\left[\frac{x}{3}\right]+1\right)}{0.18 \times \left(\left[\frac{x}{3}\right]+1\right)} \times 100\%$$

$$= \frac{0.11 \times [x-3] - 0.18 \times \left[\frac{x}{3}\right] + 0.15}{0.18 \times \left[\frac{x}{3}\right] + 0.18} \times 100\%,$$

其中 $[x]$ 表示对 x 取整数. 因此设 $x = n + a$ ($n \geqslant 4, n \in \mathbf{N}, 1 > a \geqslant 0$),则

$$[x-3] = n - 3,$$

$$\left[\frac{x}{3}\right] = \left[\frac{n}{3} + \frac{a}{3}\right] = \begin{cases} \frac{n}{3}, & n = 3k, \\ \frac{n-1}{3}, & n = 3k+1, \\ \frac{n-2}{3}, & n = 3k+2. \end{cases}$$

因此,上式为

$$\begin{cases} \frac{0.11 \times n - 0.33 - 0.06n + 0.15}{0.06n + 0.18} = \frac{0.05 - \frac{0.18}{n}}{0.06 + \frac{0.18}{n}}, & n = 3k, \\ \frac{0.11n - 0.33 - 0.06n + 0.06 + 0.15}{0.06n + 0.12} = \frac{0.05 - \frac{0.12}{n}}{0.06 + \frac{0.12}{n}}, & n = 3k+1, \\ \frac{0.11n - 0.33 - 0.06n + 0.12 + 0.15}{0.06n + 0.06} = \frac{0.05 - \frac{0.06}{n}}{0.06 + \frac{0.06}{n}}, & n = 3k+2. \end{cases}$$

所以当一次打电话时间趋于无穷长时,即 x 趋于无穷大,亦即 n 趋于无穷大时,其涨价幅度

的值也趋于 $\frac{0.05}{0.06} \approx 83.3\%$. 故选 B.

(2)(i) 当 $0 < x \leqslant 60$ 时,$f(x) = 0.16 \times 20x + 4x = 7.2x$;当 $x > 60$ 时,$f(x) = 0.16 \times 20x + 4 \times 60 + 8(x-60) = 11.2x - 240$. 所以

$$f(x) = \begin{cases} 7.2x, & 0 < x \leqslant 60, \\ 11.2x - 240, & x > 60. \end{cases}$$

(ii) 设调整前上网 x 小时费用为 $g(x)$,则 $g(x) = 20 \times 0.12x + 0.12 \times 60x = 9.6x$,所以,上网 60 小时的费用为 $9.6 \times 60 = 576$(元). 由 $f(x) = 576$,可得 $576 = 11.2x - 240$,所以 $x \approx 72.85$(小时).

(iii) 比较 $f(x), g(x)$,可得当 $0 < x < 150$ 时,$f(x) < g(x)$;当 $x > 150$ 时,$f(x) > g(x)$;当 $x = 150$ 时,$f(x) = g(x)$.

所以当上网时间小于 150 小时,调整后费用低;当上网时间大于 150 小时,调整后费用高;当上网时间等于 150 小时,调整前后费用相同.

(3) 设 x 为所购图书款,y_1, y_2 为先书后款条件下,购买两家公司图书的实际付款额,z_1, z_2 为先款后书条件下,购买两家公司图书的实际付款额,则

$$\text{先书后款者 } y_1 = \begin{cases} x, & x \leqslant 300, \\ 0.90x, & 301 \leqslant x \leqslant 1000, \\ 0.87x, & 1001 \leqslant x \leqslant 2000, \\ 0.85x, & 2001 \leqslant x \leqslant 3000, \\ 0.82x, & 3001 \leqslant x \leqslant 4000, \\ 0.80x, & x > 4000. \end{cases}$$

$$\text{先款购书者 } z_1 = \begin{cases} x, & x \leqslant 300, \\ 0.80x, & 301 \leqslant x \leqslant 1000, \\ 0.77x, & 1001 \leqslant x \leqslant 2000, \\ 0.75x, & 2001 \leqslant x \leqslant 3000, \\ 0.72x, & 3001 \leqslant x \leqslant 4000, \\ 0.70x, & x > 4000. \end{cases}$$

$$\text{先书后款者 } y_2 = \begin{cases} x, & x \leqslant 500, \\ 0.80x, & 501 \leqslant x \leqslant 2000, \\ 0.75x, & 2001 \leqslant x \leqslant 4000, \\ 0.70x, & x > 4000, \end{cases}$$

$$\text{先款购书者 } z_2 = \begin{cases} x, & x \leqslant 500, \\ 0.75x, & 501 \leqslant x \leqslant 2000, \\ 0.70x, & 2001 \leqslant x \leqslant 4000, \\ 0.65x, & x > 4000, \end{cases}$$

(ii) 在先书后款条件下,当 $x \leqslant 300$ 元时,两家公司一样;当 $301 \leqslant x \leqslant 500$ 时,甲公司优

惠幅度较大;当 $501 \leqslant x$ 时,乙公司优惠幅度较大.

在先款后书条件下,当 $x \leqslant 300$ 元时,两家公司一样;当 $301 \leqslant x \leqslant 500$ 时,甲公司优惠幅度较大;当 $501 \leqslant x$ 时,乙公司优惠幅度较大.

因此不论哪种形式,当购书款不大于 300 元时,两家公司一样;介于 301~500 元时,选择甲公司较便宜;大于 500 元时,选择乙公司较便宜.

(iii) 由于该用户购买书款为 $13.8 \times 200 = 2760$(元),若购买甲公司实际付款为 $2760 \times 0.75 = 2070$(元),若购买乙公司实际付款为 $2760 \times 0.70 = 1932$(元,)选择乙公司最合算.

(4)(i) 根据表格,设 A,B 两种产品的成本分别为 $20 + mx, 8x + 40$,$y_1 = 10x - (20 + mx) = (10 - m)x - 20$,定义域为 $\{x \mid 0 < x \leqslant 200, 且\ x \in \mathbf{N}\}$;$y_2 = 18x - (8x + 40) - 0.05x^2 = -0.05x^2 + 10x - 40$,定义域为 $\{x \mid 0 < x \leqslant 120, 且\ x \in \mathbf{N}\}$.

(ii) 因为 $6 \leqslant m \leqslant 8$,所以 $10 - m > 0$,故 $y_1 = (10 - m)x - 20$ 为单调递增函数.又因 $0 < x \leqslant 200(x \in \mathbf{N})$,所以当 $x = 200$ 时,生产 A 产品有最大利润,为

$$(10 - m) \times 200 - 20 = 1980 - 200m\ (万美元).$$

又因 $y_2 = -0.05x^2 + 10x - 40 = -0.05(x - 100)^2 + 460$,且 $0 < x \leqslant 120, x \in \mathbf{N}$,故当 $x = 100$ 时,生产 B 产品有最大利润 460 万美元. 所以

$$(y_1)_{\max} - (y_2)_{\max} = 1980 - 200m - 460 = 1520 - 200m.$$

令 $(y_1)_{\max} = (y_2)_{\max}$,即 $1520 - 200m = 0$,解得 $m = 7.6$.

又因 $m \in [6, 8]$,故当 $6 \leqslant m < 7.6$ 时,投资 A 产品 200 件可获得最大年利润;当 $7.6 < m \leqslant 8$ 时,投资 B 产品 100 件可获得最大年利润;当 $m = 7.6$ 时,投资 A 产品 200 件或 B 产品 100 件均可获得最大年利润.

注 用函数知识建立数学模型,一定要过好三关:① 事理关.通过阅读、理解,明白讲的是什么,熟悉实际背景,为解题打开突破口.② 文理关.将实际问题的文字语言转化为数学符号语言,用数学式子表达文字关系.③ 数理关.在构建数学模型的过程中,对已知数学知识进行检索,从而认定或构建相应的模型.

(5)(i) 设商品标价为 x 元,奖券金额为 a 元,则

$$优惠率(\%) = \frac{x - 0.8x + a}{x} = 0.2 + \frac{a}{x},$$

其中 a 是由表格给出的关于 $0.8x$ 的分段函数. 当 $x = 1000$ 时,$0.8x = 800 \in [700, 900)$,查表得 $a = 130$. 故得到的优惠率(%) $= 0.2 + \frac{130}{1000} = 33\%$.

(ii) 设商品标价为 x 元,由 $x \in [500, 800]$,知 $0.8x \in [400, 640] \subset [400, 500) \cup [500, 700)$.
对 $0.8x$ 所在区间分类讨论.

当 $0.8x \in [400, 500)$ 时,查表得 $a = 60$. 解不等式组

$$\begin{cases} 0.2 + \dfrac{60}{x} \geqslant \dfrac{1}{3}, \\ 400 \leqslant 0.8x < 500, \end{cases}$$

得 $\begin{cases} 0 < x \leqslant 450, \\ 500 \leqslant x < 625, \end{cases}$ 故不等式组无解.

当 $0.8x \in [500, 700)$ 时,查表得 $a = 100$.解不等式组

$$\begin{cases} 0.2 + \dfrac{100}{x} \geqslant \dfrac{1}{3}, \\ 500 \leqslant 0.8x < 700, \end{cases}$$

得 $\begin{cases} 0 < x \leqslant 750, \\ 625 \leqslant x < 875, \end{cases}$ 故解为 $625 \leqslant x \leqslant 750$.

综上所述,购买标价在 $[625, 750]$ 元内的商品时,可得到不小于 $\dfrac{1}{3}$ 的优惠率.

注 本题函数关系较为复杂,一个双重优惠率是商品价格 x 的一元函数关系式.

$$双重优惠率(\%) F(x) = 0.2 + \dfrac{f(0.8x)}{x} \quad (x \geqslant 250).$$

(6)**方法 1** 已知由表给出的分段函数和函数值,确定对应自变量的值的范围.用函数的思想方法来考虑,通过估值求解较为切题.

税款分解(元) $25 + 1.78 = 26.78$,

$\qquad\qquad\qquad 25 \div 5\% \quad\quad 1.78 \div 10\%$

对应超过 800 元部分 $\quad\Downarrow\qquad\qquad\Downarrow$

$\qquad\qquad\qquad\quad 500 \quad + \quad 17.8 = 517.8$

所以工资薪金 $800 + 517.8 = 1317.8$(元).故选 C.

方法 2 可以直接从选项工资薪金范围估计税款范围,再由已知税款所在范围确定选项,如表 8.9 所示.

表 8.9

工资薪金(元)	800~900	900~1200	1200~1500	1500~2800
税款(元)	0~5	5~20	20~45	45~175

由 $20 < 26.78 < 45$,故应选 C.

事实上,只需估计 1200~1500 对应的税款范围即可.

题 9 某山区外围有两条相互垂直的直线型公路,为进一步改善山区的交通现状,计划修建一条连接两条公路和山区边界的直线型公路.记两条相互垂直的公路为 l_1, l_2,山区边界曲线为 C,计划修建的公路为 l.如图 8.41 所示,M, N 为 C 的两个端点,测得点 M 到 l_1, l_2 的距离分别为 5 km 和 40 km,点 N 到 l_1, l_2 的距离分别为 20 km 和 2.5 km.以 l_2, l_1 所在的直线分别为 x, y 轴,建立平面直角坐标系 xOy.假设曲线 C 符合函数 $y = \dfrac{a}{x^2 + b}$(其中 a, b 为常数)模型.

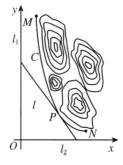

图 8.41

(1)求 a, b 的值.

(2) 设公路 l 与曲线 C 相切于点 P,点 P 的横坐标为 t.

(i) 请写出公路 l 长度的函数解析式 $f(t)$,并写出其定义域.

(ii) 当 t 为何值时,公路 l 的长度最短? 求出最短长度.

思路剖析 (1) 由题意,知点 M,N 的坐标分别为 $(5,40)$,$(20,2.5)$.

将其分别代入 $y = \dfrac{a}{x^2 + b}$,得

$$\begin{cases} \dfrac{a}{25 + b} = 40, \\ \dfrac{a}{400 + b} = 2.5, \end{cases}$$

解得 $\begin{cases} a = 1000, \\ b = 0. \end{cases}$

(2) (i) 由(1),知 $y = \dfrac{1000}{x^2}$ $(5 \leqslant x \leqslant 20)$,则点 P 的坐标为 $\left(t, \dfrac{1000}{t^2}\right)$. 设在点 P 处的切线 l 交 x,y 轴分别于点 A,B,$y' = -\dfrac{2000}{x^3}$,则 l 的方程为

$$y - \dfrac{1000}{t^2} = -\dfrac{2000}{t^3}(x - t).$$

由此得 $A\left(\dfrac{3t}{2}, 0\right)$,$B\left(0, \dfrac{3000}{t^2}\right)$,故

$$f(t) = \sqrt{\left(\dfrac{3t}{2}\right)^2 + \left(\dfrac{3000}{t^2}\right)^2} = \dfrac{3}{2}\sqrt{t^2 + \dfrac{4 \times 10^6}{t^4}} \quad (t \in [5, 20]).$$

(ii) 设 $g(t) = t^2 + \dfrac{4 \times 10^6}{t^4}$,则

$$g'(t) = 2t - \dfrac{16 \times 10^6}{t^5}.$$

令 $g'(t) = 0$,解得 $t = 10\sqrt{2}$.

又因当 $t \in (5, 10\sqrt{2})$ 时,$g'(t) < 0$,$g(t)$ 是减函数;当 $t \in (10\sqrt{2}, 20)$ 时,$g'(t) > 0$,$g(t)$ 是增函数. 所以,当 $t = 10\sqrt{2}$ 时,函数 $g(t)$ 有极小值,也是最小值,所以 $g(t)_{\min} = 300$,此时 $f(t)_{\min} = 15\sqrt{3}$.

故当 $t = 10\sqrt{2}$ 时,公路 l 的长度最短,最短长度为 $15\sqrt{3}$ km.

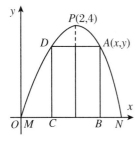

图 8.42

题 10 如图 8.42 所示,有一块铁皮,拱形边缘呈抛物线状,$MN = 4$ dm,抛物线顶点处到边 MN 的距离是 4 dm,要在铁皮上截下一矩形 $ABCD$,使矩形顶点 B、C 落在边 MN 上,A、D 落在抛物线上,问:这样截下的矩形铁皮的周长能否等于 8 dm?

思路剖析 本题的思路是建立平面直角坐标系,求出抛物线的解析式,应用二次函数的知识求解.

方法 1 如图 8.42 所示,以边 MN 所在的直线为 x 轴、点 M

为原点建立直角坐标系,设抛物线顶点为 P,则点 M、N、P 的坐标依次为 $M(0,0)$、$N(4,0)$、$P(2,4)$,由 M、N、P 三点坐标可得抛物线的解析式为 $y=-x^2+4x$.

设 A 点坐标为 (x,y),则 $AD=BC=2x-4$,$AB=CD$,故
$$l=2AB+2AD=2(-x^2+4x)+2(2x-4)$$
$$=-2x^2+12x-8.$$

函数 l 的自变量的取值范围是 $0<x<4$,且 $x\neq 2$.若 $l=8$,即 $-2x^2+12x-8=8$,则 $x^2-6x+8=0$,解得 $x=2$ 或 $x=4$.因 $0<x<4$ 且 $x\neq 2$,所以 l 的值不可能取 8.

答:截下的矩形周长不可能等于 8 dm.

方法 2 如图 8.43 所示,以边 MN 所在的直线为 x 轴,MN 的中垂线为 y 轴建立直角坐标系,设抛物线的顶点为 P,则点 M、N、P 的坐标依次为 $M(-2,0)$,$N(2,0)$,$P(0,4)$.由 M、N、P 三点坐标可得抛物线的解析式为 $y=-x^2+4$.

设 A 点的坐标为 (x,y),则 $AD=BC=2|x|$,$AB=CD=y$,故
$$l=-2x^2+4|x|+8=8.$$

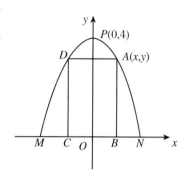

图 8.43

函数 l 的自变量 x 的取值范围是 $-2<x<2$,且 $x\neq 0$.若 $l=8$,即 $-2x^2+4|x|+8=8$,则 $x^2-2|x|=0$,当 $x>0$ 时,$x^2-2x=0$,解得 $x=0$ 或 $x=2$.当 $x<0$ 时,$x^2+2x=0$,解得 $x=0$ 或 $x=-2$.因 $-2<x<2$ 且 $x\neq 0$,所以 l 的值不可能取 8.

答:截下的矩形周长不可能等于 8 dm.

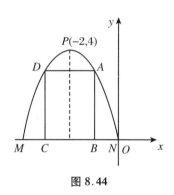

图 8.44

方法 3 如图 8.44 所示,以边 MN 所在的直线为 x 轴,点 N 为原点建立直角坐标系.

设抛物线顶点为 P,则点 M、N、P 的坐标依次为 $M(-4,0)$,$N(0,0)$,$P(-2,4)$.由 M、N、P 三点坐标可得抛物线的解析式为
$$y=-x^2-4x.$$

设 A 点坐标为 (x,y),则 $AD=BC=2x+4$,$AB=CD=y$,故
$$l=2AB+2AD=2(-x^2-4x)+2(2x+4)$$
$$=-2x^2-4x+8.$$

函数 l 的自变量的取值范围是 $-4<x<0$,且 $x\neq -2$,若 $l=8$,即 $-2x^2+4x+8=8$,解得 $x=0$ 或 $x=-2$.因 $-4<x<0$ 且 $x\neq -2$,所以 l 的值不可能取 8.

答:截下的矩形周长不可能等于 8 dm.

注 建立合适的直角坐标系,用解析法解题.

题 11 某农场有一块农田,如图 8.45 所示,它的边界由圆 O 的一段圆弧 MPN(P 为此

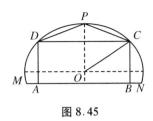

图 8.45

圆弧的中点)和线段 MN 构成.已知圆 O 的半径为 40 米,点 P 到 MN 的距离为 50 米.现规划在此农田上修建两个温室大棚,大棚 Ⅰ 内的地块形状为矩形 $ABCD$,大棚 Ⅱ 内的地块形状为 $\triangle CDP$,要求 A,B 均在线段 MN 上,C,D 均在圆弧上.设 OC 与 MN 所成的角为 θ.

(1) 用 θ 分别表示矩形 $ABCD$ 和 $\triangle CDP$ 的面积,并确定 $\sin\theta$ 的取值范围.

(2) 若大棚 Ⅰ 内种植甲种蔬菜,大棚 Ⅱ 内种植乙种蔬菜,且甲、乙两种蔬菜的单位面积年产值之比为 4∶3.求当 θ 为何值时,能使甲、乙两种蔬菜的年总产值最大?

思路剖析 (1) 如图 8.46 所示,连接 PO 并延长交 MN 于点 H,则 $PH \perp MN$,所以 $OH = 10$.过点 O 作 $OE \perp BC$ 于点 E,则 $OE // MN$.所以 $\angle COE = \theta$,故 $OE = 40\cos\theta$,$EC = 40\sin\theta$.因此,矩形 $ABCD$ 的面积为

$$2 \times 40\cos\theta(40\sin\theta + 10) = 800(4\sin\theta\cos\theta + \cos\theta),$$

$\triangle CDP$ 的面积为

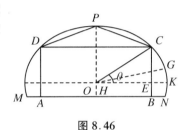

图 8.46

$$\frac{1}{2} \times 2 \times 40\cos\theta(40 - 40\sin\theta) = 1600(\cos\theta - \sin\theta\cos\theta).$$

过点 N 作 $GN \perp MN$,分别交圆弧和 OE 的延长线于点 G 和点 K,则 $GK = KN = 10$.令 $\angle GOK = \theta_n$,则 $\sin\theta_n = \frac{1}{4}$,$\theta_n \in \left(0, \frac{\pi}{6}\right)$.当 $\theta \in \left[\theta_n, \frac{\pi}{2}\right)$ 时,才能作出满足条件的矩形 $ABCD$,所以 $\sin\theta$ 的取值范围是 $\left[\frac{1}{4}, 1\right)$.

答:矩形 $ABCD$ 的面积为 $800(4\sin\theta\cos\theta + \cos\theta)$ m^2,$\triangle CDP$ 的面积为 $1600(\cos\theta - \sin\theta\cos\theta)$ m^2,$\sin\theta$ 的取值范围是 $\left[\frac{1}{4}, 1\right)$.

(2) 因为甲、乙两种蔬菜的单位面积年产值之比为 4∶3,所以设甲的单位面积的年产值为 $4k$,乙的单位面积的年产值为 $3k(k>0)$,则年总产值为

$$4k \times 800(4\sin\theta\cos\theta + \cos\theta) + 3k \times 1600(\cos\theta - \sin\theta\cos\theta)$$
$$= 8000k(\sin\theta\cos\theta + \cos\theta) \quad \left(\theta \in \left[\theta_n, \frac{\pi}{2}\right)\right).$$

设 $f(\theta) = \sin\theta\cos\theta + \cos\theta$,$\theta \in \left[\theta_n, \frac{\pi}{2}\right)$,则

$$f'(\theta) = \cos^2\theta - \sin^2\theta - \sin\theta = -(2\sin^2\theta + \sin\theta - 1) = -(2\sin\theta - 1)(\sin\theta + 1).$$

令 $f'(\theta) = 0$,得 $\theta = \frac{\pi}{6}$,则当 $\theta \in \left(\theta_n, \frac{\pi}{6}\right)$ 时,$f'(\theta) > 0$,所以 $f(\theta)$ 为单调递增函数;当 $\theta \in \left(\frac{\pi}{6}, \frac{\pi}{2}\right)$ 时,$f'(\theta) < 0$,所以 $f(\theta)$ 为单调递减函数.故当 $\theta = \frac{\pi}{6}$ 时,$f(\theta)$ 取到最大值.

答:当 $\theta = \frac{\pi}{6}$ 时,能使甲、乙两种蔬菜的年总产值最大.

题 12 在某军事演习中,舰艇 A 以每小时 30 海里速度向正北方向航行,发现在该舰艇正东方向 40 海里的上空 10 km C 处有一敌机,测得其速度为 240 km/h,方向是北偏西 60°,飞行轨道是与海平面平行的直线.

(1) 敌机与舰艇间的最短距离为多少?

(2) 舰艇发现敌机后,立即向其发射炮弹,30 秒后击中目标,问:炮弹发射的速度、方位角、仰角各是多少?(空气阻力及舰艇速度对发射炮弹的影响均忽略不计. 取 1 海里 = 1.8 km,结果精确到 0.1.)

思路剖释 (1) 如图 8.47 所示,平面 α 表示海平面,飞行轨道直线 l 在 α 内的射影为 l',K 为 l' 与舰艇 A 的正北方向线的交点. 依题意,知 $BC = 10$ km,$\angle KBA = 90° - 60° = 30°$,$\angle KAB = 90°$.

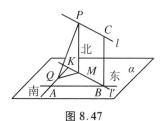

图 8.47

经过 t 小时后,飞机在 P 处,舰艇在 Q 处. 下面求 P,Q 的距离.

作点 P 在 α 内的射影为 M,则 $M \in l'$,连接 QM,则 $\triangle PQM$ 为直角三角形,故

$$PQ^2 = QM^2 + PM^2,$$
$$PM = BC = 10, \quad BM = CP = 240t,$$
$$AQ = 30 \times 1.8t = 54t.$$

在 Rt$\triangle ABK$ 中,$AB = 40 \times 1.8 = 72$,$AK = AB \cdot \tan 30° = 24\sqrt{3}$,$BK = \dfrac{AB}{\cos 30°} = \dfrac{72}{\frac{\sqrt{3}}{2}} = 48\sqrt{3}$. 所以 $KQ = 24\sqrt{3} - 54t$,$KM = 48\sqrt{3} - 240t$.

在 $\triangle KQM$ 中,

$$QM^2 = KQ^2 + KM^2 - 2 \cdot KQ \cdot KM \cos 60°$$
$$= (24\sqrt{3} - 54t)^2 + (48\sqrt{3} - 240t)^2 - (24\sqrt{3} - 54t)(48\sqrt{3} - 240t),$$

所以

$$PQ = \sqrt{QM^2 + PM^2} = \sqrt{36(1321t^2 - 480\sqrt{3}t + 144) + 10^2}$$
$$= \sqrt{36\left[1321\left(t - \dfrac{240\sqrt{3}}{1321}\right)^2 - \dfrac{(240\sqrt{3})^2}{1321} + 144\right] + 100},$$

故

$$PQ_{\min} = \sqrt{36\left[144 - \dfrac{(240\sqrt{3})^2}{1321}\right] + 100} = 24.0 \text{ (km)}.$$

答:舰艇与飞机间的最短距离为 24 km.

(2) 在弹道曲线所在的平面内,建立如图 8.48 所示的直角坐标系,则弹道曲线的参数方程为

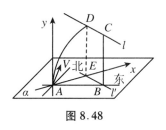

图 8.48

$$\begin{cases} x = vt\cos\alpha, \\ y = vt\sin\alpha - \dfrac{1}{2}gt^2. \end{cases}$$

30秒后,击中目标,则飞机所在位置点 D 的坐标为 $\left(\dfrac{1}{2}v\cos\alpha, \dfrac{1}{2}v\sin\alpha - \dfrac{1}{8}g\right)$.

又 $BE = CD = \dfrac{240}{60} \cdot \dfrac{1}{2} = 20(\text{km})$,在 $\triangle ABE$ 中,

$$\begin{aligned} AE^2 &= AB^2 + BE^2 - 2AB \cdot BE\cos 30° \\ &= 72^2 + 20^2 - 2 \cdot 72 \cdot 20 \cdot \dfrac{\sqrt{3}}{2} \\ &= 16(349 - 90\sqrt{3}), \end{aligned}$$

解得 $AE = 55.6$,故点 D 的坐标为 $(55.6, 10)$,于是

$$\begin{cases} \dfrac{1}{2}v\cos\alpha = 55.6, \\ \dfrac{1}{2}v\sin\alpha - \dfrac{1}{8}g = 10, \end{cases}$$

解得 $v = 113.4$(千米/分),$\alpha = \arctan 0.202 = 11.4°$.

又因在 $\triangle ABE$ 中,

$$\dfrac{BE}{\sin\angle EAB} = \dfrac{AE}{\sin 30°},$$

即 $\dfrac{20}{\sin\angle EAB} = \dfrac{55.6}{\dfrac{1}{2}}$,故 $\sin\angle EAB = \dfrac{10}{55.6} = 0.18$,即得 $\angle EAB = 10.4°$.所以得到其方位角为 $90° - 10.4° = 79.6°$.

答:所求的炮弹发射的速度为 113.4 千米/分,仰角与方位角分别为 11.4°和 79.6°.

注 第(1)问依据函数知识求最小值.第(2)问要求学生有一定的化归能力,在空间合理建立坐标系,运用课本中的弹道曲线方程解题.

题 13 如图 8.49 所示,一个湖的边界是圆心为 O 的圆,湖的一侧有一条直线型公路 l,湖上有桥 AB(AB 是圆 O 的直径).规划在公路 l 上选两个点 P,Q,并修建两段直线型道路 PB,QA.规划要求:线段 PB,QA 上的所有点到点 O 的距离均不小于圆 O 的半径.已知点 A,B 到直线 l 的距离分别为 AC 和 BD(C,D 为垂足),测得 $AB = 10$,$AC = 6$,$BD = 12$(单位:km).

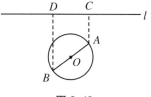

图 8.49

(1) 若道路 PB 和桥 AB 垂直,求道路 PB 的长.

(2) 在规划要求下,P 和 Q 中能否有一个点选在 D 处?并说明理由.

(3) 在规划要求下,若道路 PB 和 QA 的长度均为 d(单位:km),求当 d 最小时,P,Q 两

点间的距离.

思路剖析 （1）过点 A 作 $AE \perp BD$，垂足为点 E.由题设条件,得四边形 $ACDE$ 为矩形, $DE = BE = AC = 6$, $AE = CD = 8$,如图 8.50 所示.

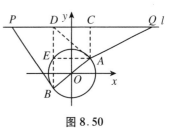

图 8.50

因 $PB \perp AB$,所以 $\cos \angle PBD = \sin \angle ABE = \dfrac{8}{10} = \dfrac{4}{5}$. 于是 $PB = \dfrac{DB}{\cos \angle PBD} = \dfrac{12}{\frac{4}{5}} = 15$.

因此,道路 PB 的长为 15 km.

(2) 若 P 在 D 处, PB 与圆 O 相交,不符合要求.

若 Q 在 D 处,连接 AD,由(1),知 $AD = \sqrt{AE^2 + ED^2} = 10$, 从而 $\cos \angle BAD = \dfrac{AD^2 + AB^2 - BD^2}{2AD \cdot AB} = \dfrac{7}{25} > 0$,所以 $\angle BAD$ 为锐角.于是,线段 AD 上存在点到点 O 的距离小于圆 O 的半径.因此, Q 选在 D 处也不满足规划要求.

综上所述, P 和 Q 均不能选在 D 处.

(3) 先讨论点 P 的位置.

当 $\angle OBP < 90°$ 时,线段 PB 上存在点到点 O 的距离小于圆 O 的半径,故点 P 不符合规划要求.

当 $\angle OBP \geqslant 90°$ 时,对线段 PB 上任意一点 F, $OF \geqslant OB$, 即线段 PB 上所有点到点 O 的距离均不小于圆 O 的半径,点 P 符合规范要求.

设 P_1 为 l 上一点,且 $P_1B \perp AB$,由(1),知 $P_1B = 15$,此时,

$$P_1D = P_1B \cdot \sin \angle P_1BD = P_1B \cos \angle EBA = 15 \times \dfrac{3}{5} = 9.$$

当 $\angle OBP > 90°$ 时,在 $\triangle PP_1B$ 中, $PB > P_1B = 15$. 由上可知, $d \geqslant 15$.

再讨论点 Q 的位置.

由(2),知要使得 $QA \geqslant 15$,点 Q 只有位于点 C 的右侧,才能符合规划要求.又因当 $QA = 15$ 时, $CQ = \sqrt{QA^2 - AC^2} = \sqrt{15^2 - 6^2} = 3\sqrt{21}$.此时,线段 QA 上所有点到点 O 的距离均不小于圆的半径.

综上所述,当 $PB \perp AB$,点 Q 位于点 C 右侧,且 $CQ = 3\sqrt{21}$ 时, d 最小,此时 P,Q 两点间的距离为

$$PQ = PD + CD + CQ = 9 + 8 + 3\sqrt{21} = 17 + 3\sqrt{21}.$$

因此, d 最小时, P,Q 两点间的距离为 $(17 + 3\sqrt{21})$ km.

8.4 函 数 极 限

1. 函数 $f(x)$ 在有限点 x_0 处的极限

设 $y=f(x)$ 定义在 $\overset{\circ}{U}(x_0,r)$ 内,如果在 $x \to x_0(x \neq x_0)$ 过程中,相应的函数值 $f(x)$ 与常数 A 无限接近,则称当 $x \to x_0$ 时,函数 $f(x)$ 的极限为 A,记作

$$\lim_{x \to x_0} f(x) = A, \quad \text{或} \quad f(x) \to A(x \to x_0).$$

由定义可知:若当 $x \to x_0$ 时,$f(x)$ 有极限,则 $f(x)$ 在点 x_0 的某一去心邻域内必须有定义,至于 $f(x)$ 在点 x_0 是否有定义,或 $f(x_0)$ 为多少,对极限 $\lim\limits_{x \to x_0} f(x)$ 的存在与否是无关紧要的.

2. 函数在无穷在处的极限

已给函数 $y=f(x)$,如果当自变量 x 的绝对值无限增大(要多大就可多大),即 $x \to \infty$ 时,相应的函数值 $f(x)$ 与常数 A 无限接近,则称当 $x \to \infty$ 时,函数 $f(x)$ 的极限为 A,记作

$$\lim_{x \to \infty} f(x) = A, \quad \text{或} \quad f(x) \to A(x \to \infty).$$

例如,$f(x) = \dfrac{1}{x}$,直观上容易看出:当 $|x|$ 无限增大,即 $x \to \infty$ 时,$f(x)$ 的值无限趋近于 0,故 $\lim\limits_{x \to \infty} \dfrac{1}{x} = 0$.

3. 几个结论

结论 1 $\lim\limits_{x \to \infty} f(x) = A$. 当且仅当 $\lim\limits_{x \to +\infty} f(x)$ 与 $\lim\limits_{x \to -\infty} f(x)$ 都存在,且彼此相等,即 $\lim\limits_{x \to +\infty} f(x) = \lim\limits_{x \to -\infty} f(x) = A$,其中 A 为常数.

结论 2 设 $\lim\limits_{x \to +\infty} f(x) = C$,或 $\lim\limits_{x \to -\infty} f(x) = C$,则直线 $y = C$(C 为常数)是函数 $y = f(x)$ 的图像的水平渐近线.

例如,$y = \dfrac{1}{x}$,当 $x \to +\infty$ 时,$y \to 0$,故 $y = 0$ 是双曲线 graph $\dfrac{1}{x}$ 的一条水平渐近线.

结论 3 若 $\lim\limits_{x \to x_0} f(x) = \infty$,则 $x = x_0$ 是函数 $f(x)$ 图像的铅直渐近线.

例如,$y = \dfrac{1}{x}$,当 $x \to 0$ 时,$y \to \infty$,故 $x = 0$ 是 graph $\dfrac{1}{x}$ 的一条铅直渐近线.

4. 极限的四则运算

设 $\lim\limits_{x \to x_0} f(x) = A$,$\lim\limits_{x \to x_0} g(x) = B$,则

(1) $\lim\limits_{x \to x_0} [f(x) + g(x)] = A + B$.

(2) $\lim\limits_{x \to x_0}[f(x) - g(x)] = A - B$.

(3) $\lim\limits_{x \to x_0}[\alpha f(x) + \beta g(x)] = \alpha \lim\limits_{x \to x_0} f(x) + \beta \lim\limits_{x \to x_0} g(x) = \alpha A + \beta B (\alpha, \beta \in \mathbf{R})$.

(4) $\lim\limits_{x \to x_0}[f(x)g(x)] = \lim\limits_{x \to x_0} f(x) \cdot \lim\limits_{x \to x_0} g(x) = AB$.

(5) $\lim\limits_{x \to x_0} \dfrac{f(x)}{g(x)} = \dfrac{\lim\limits_{x \to x_0} f(x)}{\lim\limits_{x \to x_0} g(x)} = \dfrac{A}{B} (B \neq 0)$.

注 上述极限的四则运算可以推广到有限多个函数的情况,但必须在变量同一变化的过程中每个函数的极限都存在.

5. 基本初等函数的极限

幂函数、指数函数、对数函数、三角函数、反三角函数等基本初等函数,在其定义域内的每一点处的极限都存在,并且等于该点的函数值.

例如,多项式函数 $P(x) = a_n x^n + a_{n-1} x^{n-1} + \cdots + a_1 x + a_0$ 的极限是 $\lim\limits_{x \to x_0} P(x) = P(x_0)$.

有理分式函数 $R(x) = \dfrac{P(x)}{Q(x)}$ 的极限,当 $Q(x_0) \neq 0$ 时,有 $\lim\limits_{x \to x_0} R(x) = R(x_0)$.

记 $Q(x) = b_m x^m + b_{m-1} x^{m-1} + \cdots + b_1 x + b_0$,则

$$\lim_{x \to \infty} R(x) = \begin{cases} \dfrac{a_n}{b_m}, & n = m, \\ 0, & n < m, \\ \infty, & n > m. \end{cases}$$

6. 无穷小量

(1) 如果当 $x \to x_0$ 时,函数 $\alpha(x)$ 的极限为零,即 $\lim\limits_{x \to x_0} \alpha(x) = 0$,则称 $\alpha(x)$ 为 $x \to x_0$ 时的无穷小量,简称为无穷小.

(2) 两个无穷小之和是无穷小,有限多个无穷小之和也是无穷小,但无限多个无穷小之和未必是无穷小.

(3) 常数与无穷小之积是无穷小.

(4) 有限多个无穷小之乘积仍为无穷小.

(5) 无穷小除以极限不为零的变量是无穷小.

(6) 有界函数与无穷小之积是无穷小.

7. 无穷大量

(1) 如果当 $x \to x_0$ 时,$|f(x)|$ 无限增大,则称 $f(x)$ 为 $x \to x_0$ 时的无穷大量,简称无穷大.

(2) 自变量在同一变化过程中,无穷大量的倒数为无穷小量.不取零值的无穷小量的倒数为无穷大量.

8. 函数极限的夹逼准则

已知三个函数 $f(x), g(x), h(x)$ 满足：$g(x) \leqslant f(x) \leqslant h(x), x \in \mathring{U}(x_0, \delta)$，且 $\lim\limits_{x \to x_0} g(x) = \lim\limits_{x \to x_0} h(x) = A$，则 $\lim\limits_{x \to x_0} f(x) = A$.

9. 复合函数的极限运算

设 $\lim\limits_{u \to u_0} f(u) = A, \lim\limits_{x \to x_0} u(x) = u_0$，则

$$\lim_{x \to x_0} f(u(x)) = \lim_{u \to u_0} f(u) = A.$$

10. 幂指函数

若 $f(x) \not\equiv 0$，则称 $y = f(x)^{g(x)}$ 为幂指函数，当 $f(x) > 0$ 且 $\lim\limits_{x \to x_0} f(x) = A > 0, \lim\limits_{x \to x_0} g(x) = B$ 时，$\lim\limits_{x \to x_0} f(x)^{g(x)} = A^B$. 这里利用了对数性质，将 $y = f(x)^{g(x)}$ 写成 $y = e^{g(x) \ln f(x)}$.

题 1 计算下列极限．

(1) 求 $\lim\limits_{x \to 1} \left(\dfrac{1}{x-1} - \dfrac{2}{x^2-1} \right)$.

(2) 求 $\lim\limits_{n \to \infty} \left(\dfrac{1}{n^2} + \dfrac{2}{n^2} + \cdots + \dfrac{n-1}{n^2} + \dfrac{n}{n^2} \right)$.

(3) 求 $\lim\limits_{x \to 0} \dfrac{\sqrt{x^2+4}-2}{\sqrt{x^2+9}-3}$.

(4) 求 $\lim\limits_{x \to 1} \dfrac{x^2+1}{x^2-x+1}$.

(5) 求 $\lim\limits_{x \to 2} \dfrac{x^2+3x-10}{x^2-4}$.

(6) 求 $\lim\limits_{x \to 1} \dfrac{x^2+1}{x^2-2x+a}$，其中 a 为常数．

思路剖释 (1) 当 $x \to 1$ 时，$\dfrac{1}{x-1}$ 与 $\dfrac{2}{x^2-1}$ 两项的极限都不存在，故不能用极限的运算去做，应该先通分，再计算．

$$\text{原式} = \lim_{x \to 1} \dfrac{(x+1)-2}{x^2-1} = \lim_{x \to 1} \dfrac{x-1}{(x-1)(x+1)} = \lim_{x \to 1} \dfrac{1}{x+1} = \dfrac{1}{2}.$$

(2) 式中每一项都是 $n \to \infty$ 时的无穷小量，但随着 n 的增大，项数也不断增大，就不是有限项了．

注意到

$$\dfrac{1}{n^2} + \dfrac{2}{n^2} + \cdots + \dfrac{n-1}{n^2} + \dfrac{n}{n^2} = \dfrac{1+2+\cdots+n}{n^2} = \dfrac{\frac{1}{2}n(n+1)}{n^2} = \dfrac{n+1}{2n},$$

故

$$\text{原式} = \lim_{n \to \infty} \dfrac{n+1}{2n} = \lim_{n \to \infty} \dfrac{1}{2}\left(1 + \dfrac{1}{n}\right) = \dfrac{1}{2}.$$

(3) 因 $\lim\limits_{x\to 0}(\sqrt{x^2+4}-2) = \lim\limits_{x\to 0}(\sqrt{x^2+9}-3) = 0$,故不能直接进行极限运算,应先将分子、分母有理化.

因

$$\frac{\sqrt{x^2+4}-2}{\sqrt{x^2+9}-3} = \frac{(\sqrt{x^2+4}-2)(\sqrt{x^2+4}+2)(\sqrt{x^2+9}+3)}{(\sqrt{x^2+9}-3)(\sqrt{x^2+4}+2)(\sqrt{x^2+9}+3)}$$

$$= \frac{x^2(\sqrt{x^2+9}+3)}{x^2(\sqrt{x^2+4}+2)},$$

故

$$\text{原式} = \lim_{x\to 0}\frac{x^2(\sqrt{x^2+9}+3)}{x^2(\sqrt{x^2+4}+2)} = \lim_{x\to 0}\frac{\sqrt{x^2+9}+3}{\sqrt{x^2+4}+2} = \frac{6}{4} = \frac{3}{2}.$$

(4) 利用极限运算法则,知原式 $= \dfrac{1^2+1}{1-1+1} = 2$.

(5) 原式 $= \lim\limits_{x\to 2}\dfrac{(x-2)(x+5)}{(x-2)(x+2)} = \lim\limits_{x\to 2}\dfrac{x+5}{x+2} = \dfrac{7}{4}$.

(6) 因 $\lim\limits_{x\to 1}(x^2+1) = 2, \lim\limits_{x\to 1}(x^2-2x+a) = a-1$,故

当 $a \neq 1$ 时,原式 $= \dfrac{2}{a-1}$;

当 $a = 1$ 时,$\dfrac{x^2+1}{x^2-2x+a} = \dfrac{x^2+1}{x^2-2x+1} = \dfrac{x^2+1}{(x-1)^2}$,取倒式,因 $\lim\limits_{x\to 1}\dfrac{(x-1)^2}{x^2+1} = 0$,所以原式 $= \infty$.

题 2 计算下列极限.

(1) 求 $\lim\limits_{x\to 0} x\sin\dfrac{1}{x}$.

(2) 求 $\lim\limits_{x\to \infty}\dfrac{\sin x}{x^2}$.

(3) 求函数 $y = \dfrac{x+4\sin x}{5x-2\cos x}$ 的图像的水平渐近线.

思路剖释 (1) 因 $\lim\limits_{x\to 0} x = 0, \left|\sin\dfrac{1}{x}\right| \leqslant 1$,即 $y = \sin\dfrac{1}{x}$ 为有界函数,故原式 $= 0$.

(2) 因 $\lim\limits_{x\to \infty}\dfrac{1}{x} = 0, y = \sin x$ 为有界函数,故原式 $= 0$.

(3) 因

$$\lim_{x\to \infty} y = \lim_{x\to \infty}\frac{x+4\sin x}{5x-2\cos x} = \lim_{x\to \infty}\frac{1+4\times\dfrac{\sin x}{x}}{5-2\times\dfrac{\cos x}{x}} = \frac{1}{5}.$$

故曲线 $y = \dfrac{x+4\sin x}{5x-2\cos x}$ 的水平渐近线为 $y = \dfrac{1}{5}$.

题 3 求下列函数的极限.

(1) 求 $\lim\limits_{x\to\infty}\dfrac{3x^2-4x+1}{2x^2+x-1}$.

(2) 求 $\lim\limits_{x\to\infty}\dfrac{2x^2-x+3}{3x^3+2x+1}$.

(3) 求 $\lim\limits_{x\to\infty}\dfrac{3x^3+2x+1}{2x^2-x+3}$.

思路剖释 (1) 因 ∞ 不是数,故不能直接代入计算,应该先将分子、分母同除以 x 的最高次方,即 x^2,得

$$\text{原式} = \lim_{x\to\infty}\dfrac{3-\dfrac{4}{x}+\dfrac{1}{x^2}}{2+\dfrac{1}{x}-\dfrac{1}{x^2}} = \dfrac{3-0+0}{2+0-0} = \dfrac{3}{2}.$$

(2) 用分子、分母 x 的最高次幂 x^3 同除以分子、分母,得

$$\text{原式} = \lim_{x\to\infty}\dfrac{\dfrac{2}{x}-\dfrac{1}{x^2}+\dfrac{3}{x^3}}{3+\dfrac{2}{x^2}+\dfrac{1}{x^3}} = \dfrac{0-0+0}{3+0+0} = 0.$$

(3) 由(1),知 $\dfrac{2x^2-x+3}{3x^3+2x+1}$ 为无穷小量 $(x\to\infty)$,因此其倒数 $\dfrac{3x^3+2x+1}{2x^2-x+3}$ 为无穷大量 $(x\to\infty)$.故原式 $=\infty$.

注 若题(3)仿本题(1)、(2)的解法,分子、分母同除以 x^2 或 x^3,则分子或分母的极限会等于无穷大,就不能运用极限的四则运算法则.

题 4 求解下列各题.

(1) 证明: $\lim\limits_{x\to 0}\dfrac{\sin x}{x}=1$.

(2) 求 $\lim\limits_{x\to 0}\dfrac{\tan x}{2x}$.

(3) 求 $\lim\limits_{x\to 0}\dfrac{\sin\alpha x}{\sin\beta x}(\beta\neq 0)$.

(4) 求 $\lim\limits_{x\to 0}\dfrac{1-\cos 2x}{x\sin x}$.

(5) 求 $\lim\limits_{n\to\infty}n\sin\dfrac{x}{n}$.

(6) 设 n 为正整数,$f(x)=x^n$,求 $\lim\limits_{x\to x_0}\dfrac{f(x)-f(x_0)}{x-x_0}$.

(7) 求 $\lim\limits_{x\to 1}\dfrac{\sin(x-1)}{\sqrt{x}-1}$.

(8) 求 $\lim\limits_{x\to 0}\dfrac{x-\sin 2x}{x+\sin 2x}$.

思路剖释 (1) 如图 8.51 所示,在单位圆中,设圆心角 $\angle AOB=x$,弧度 $x\in\left(0,\dfrac{\pi}{2}\right)$.点

A 处的切线 AD 与 OB 延长线交于 D 点,过点 B 作 $BC\perp OA$ 于点 C,连接 AB.

因
$$S_{\triangle AOB} < S_{\text{扇形}AOB} < S_{\triangle AOD},$$
故
$$\frac{1}{2}\sin x < \frac{1}{2}x < \frac{1}{2}\tan x,$$
即
$$\sin x < x < \tan x.$$

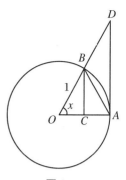

图 8.51

因 $\sin x > 0$,$\tan x > 0$,$x \in \left(0, \frac{\pi}{2}\right)$,对此不等式每项取倒数,并乘以 $\sin x$,可得
$$\cos x < \frac{\sin x}{x} < 1.$$

由于 $\cos x$,$\frac{\sin x}{x}$ 与常数 1 都是偶函数,故上面不等式在开区间 $\left(-\frac{\pi}{2}, 0\right)$ 内也成立. 由于 $\lim\limits_{x\to 0}\cos x = 1$,故由极限计算的夹逼准则,知 $\lim\limits_{x\to 0}\frac{\sin x}{x} = 1$. 证毕.

(2) 原式 $= \lim\limits_{x\to 0}\left(\frac{1}{2} \times \frac{\sin x}{x} \times \frac{1}{\cos x}\right) = \frac{1}{2}\lim\limits_{x\to 0}\frac{\sin x}{x} \times \lim\limits_{x\to 0}\frac{1}{\cos x} = \frac{1}{2}$.

(3) 原式 $= \lim\limits_{x\to 0}\frac{\alpha}{\beta}\left(\frac{\sin \alpha x}{\alpha x}\right)\left(\frac{\beta x}{\sin \beta x}\right) = \frac{\alpha}{\beta}\lim\limits_{x\to 0}\frac{\sin \alpha x}{\alpha x} \cdot \lim\limits_{x\to 0}\frac{\beta x}{\sin \beta x} = \frac{\alpha}{\beta}$.

(4) 原式 $= \lim\limits_{x\to 0}\frac{2\sin^2 x}{x\sin x} = 2$.

(5) 原式 $= \lim\limits_{n\to\infty}\left(\frac{\sin\frac{x}{n}}{\frac{x}{n}} \times x\right) = x\lim\limits_{n\to\infty}\frac{\sin\frac{x}{n}}{\frac{x}{n}} = x \times 1 = x$.

(6) 原式 $= \lim\limits_{x\to x_0}\frac{(x-x_0)(x^{n-1}+x^{n-2}x_0+\cdots+xx_0^{n-2}+x_0^{n-1})}{x-x_0}$
$= \lim\limits_{x\to x_0}(x^{n-1}+x^{n-2}x_0+\cdots+xx_0^{n-2}+x_0^{n-1}) = nx_0^{n-1}$.

(7) 因 $\lim\limits_{x\to 1}\frac{\sin(x-1)}{x-1} = 1$,故

原式 $= \lim\limits_{x\to 1}\left[\frac{\sin(x-1)}{x-1}\cdot\frac{x-1}{\sqrt{x}-1}\right] = \lim\limits_{x\to 1}\frac{\sin(x-1)}{x-1}\cdot\lim\limits_{x\to 1}(\sqrt{x}+1) = 2$.

(8) 原式 $= \lim\limits_{x\to 0}\frac{1-\frac{\sin 2x}{x}}{1+\frac{\sin 2x}{x}}$.

因

$$\lim_{x\to 0}\frac{\sin 2x}{x} = \lim_{x\to 0}\left(\frac{\sin 2x}{2x}\times 2\right) = 2,$$

故原式 $= \dfrac{1-2}{1+2} = -\dfrac{1}{3}$.

题 5 利用 $\lim\limits_{n\to\infty}\left(1+\dfrac{1}{n}\right)^n = \mathrm{e}$，证明：$\lim\limits_{x\to\infty}\left(1+\dfrac{1}{x}\right)^x = \mathrm{e}$.

思路剖释 欲证 $\lim\limits_{x\to\infty}\left(1+\dfrac{1}{x}\right)^x = \mathrm{e}$，只需证明：

$$\lim_{x\to +\infty}\left(1+\frac{1}{x}\right)^x = \mathrm{e} \quad \text{和} \quad \lim_{x\to -\infty}\left(1+\frac{1}{x}\right)^x = \mathrm{e}.$$

事实上，当 $x\to +\infty$ 时，借助于取整函数，记 $[x] = n$，则当 $x\to +\infty$ 时，$n\to\infty$. 因 $[x]\leqslant x < [x]+1$，即 $n\leqslant x < n+1$，亦即 $\dfrac{1}{n}\geqslant \dfrac{1}{x} > \dfrac{1}{n+1}$，故

$$\left(1+\frac{1}{n}\right)^{n+1} > \left(1+\frac{1}{x}\right)^x > \left(1+\frac{1}{n+1}\right)^n.$$

因

$$\lim_{n\to\infty}\left(1+\frac{1}{n}\right)^{n+1} = \lim_{n\to\infty}\left(1+\frac{1}{n}\right)^n \cdot \lim_{n\to\infty}\left(1+\frac{1}{n}\right) = \mathrm{e}\cdot 1 = \mathrm{e},$$

$$\lim_{n\to\infty}\left(1+\frac{1}{n+1}\right)^n = \lim_{n\to\infty}\frac{\left(1+\dfrac{1}{n}\right)^{n+1}}{1+\dfrac{1}{n+1}} = \frac{\lim\limits_{n\to\infty}\left(1+\dfrac{1}{n+1}\right)^{n+1}}{\lim\limits_{n\to\infty}\left(1+\dfrac{1}{n+1}\right)}$$

$$= \frac{\lim\limits_{n\to\infty}\left(1+\dfrac{1}{n+1}\right)^{n+1}}{\lim\limits_{n\to\infty}\left(1+\dfrac{1}{n+1}\right)} = \frac{\mathrm{e}}{1} = \mathrm{e},$$

故 $\lim\limits_{x\to +\infty}\left(1+\dfrac{1}{x}\right)^x = \mathrm{e}$. 于是，当 $x\to -\infty$ 时，令 $x = -(t+1)$，则当 $x\to -\infty$ 时，$t\to +\infty$. 所以，得

$$\lim_{x\to -\infty}\left(1+\frac{1}{x}\right)^x = \lim_{t\to +\infty}\left(1-\frac{1}{t+1}\right)^{-(t+1)}$$

$$= \lim_{t\to +\infty}\left(\frac{t}{t+1}\right)^{-(t+1)}$$

$$= \lim_{t\to +\infty}\left(\frac{t+1}{t}\right)^{t+1}$$

$$= \lim_{t\to +\infty}\left(1+\frac{1}{t}\right)^{t+1}$$

$$= \lim_{t\to +\infty}\left(1+\frac{1}{t}\right)^t \cdot \lim_{t\to +\infty}\left(1+\frac{1}{t}\right)$$

$$= \mathrm{e}\cdot 1 = \mathrm{e}.$$

综上所述，证得 $\lim\limits_{x\to\infty}\left(1+\dfrac{1}{x}\right)^x = \mathrm{e}$.

推论 $\lim\limits_{x\to 0}(1+x)^{\frac{1}{x}} = \mathrm{e}$.

事实上，令 $x = \dfrac{1}{u}$，由 $x \to 0$，知 $u \to \infty$，故

$$\lim_{x \to 0}(1+x)^{\frac{1}{x}} = \lim_{u \to \infty}\left(1+\dfrac{1}{u}\right)^{u} = e.$$

题 6 计算下列各题.

(1) 求 $\lim\limits_{x \to \infty}\left(1-\dfrac{1}{x}\right)^{x}$.

(2) 求 $\lim\limits_{x \to 0}(1+kx)^{\frac{1}{x}}\,(k \in \mathbf{R})$.

(3) 求 $\lim\limits_{x \to 0}(1+x)^{\frac{2}{\sin x}}$.

(4) 求 $\lim\limits_{x \to 0}\dfrac{\ln(1+x)}{x}$.

(5) 求 $\lim\limits_{x \to 0}\dfrac{e^{x}-1}{x}$.

(6) 求 $\lim\limits_{x \to 0}\dfrac{\ln(1+kx)}{x}\,(k \in \mathbf{R})$.

(7) 求 $\lim\limits_{x \to 0}\dfrac{e^{kx}-1}{x}\,(k \in \mathbf{R})$.

思路剖释 (1) 令 $x = -t$，则当 $x \to \infty$ 时，$t \to \infty$，于是

$$原式 = \lim_{t \to \infty}\left(1+\dfrac{1}{t}\right)^{-t} = \dfrac{1}{\lim\limits_{t \to \infty}\left(1+\dfrac{1}{t}\right)^{t}} = e^{-1}.$$

注 令 $x = \dfrac{1}{t}$，则当 $x \to \infty$ 时，有 $t \to 0$，故

$$\lim_{x \to \infty}\left(1-\dfrac{1}{x}\right)^{x} = \lim_{t \to 0}(1-t)^{\frac{1}{t}}.$$

由此，得

$$\lim_{t \to 0}(1-t)^{\frac{1}{t}} = e^{-1}.$$

(2) 令 $kx = t$，则 $x = \dfrac{t}{k}$. 故当 $x \to \infty$ 时，$t \to 0$，于是

$$原式 = \lim_{t \to 0}(1+t)^{\frac{k}{t}} = \left[\lim_{t \to 0}(1+t)^{\frac{1}{t}}\right]^{k} = e^{k}.$$

注 若将 $\lim\limits_{x \to 0}(1+kx)^{\frac{1}{x}} = e^{k}$ 作为公式使用，则立知

$$\lim_{x \to 0}\left(1+\dfrac{x}{2}\right)^{\frac{1}{x}} = e^{\frac{1}{2}}, \quad \lim_{x \to 0}(1-2x)^{\frac{1}{x}} = e^{-2}.$$

类似地，$\lim\limits_{x \to \infty}\left(1+\dfrac{k}{x}\right)^{x} = e^{k}$ 也可作为公式使用.

(3) 因 $(1+x)^{\frac{2}{\sin x}} = \left[(1+x)^{\frac{1}{x}}\right]^{\frac{2x}{\sin x}}$，故

$$原式 = \lim_{x \to 0}\left[(1+x)^{\frac{1}{x}}\right]^{\frac{2x}{\sin x}}.$$

又因当 $x \to 0$ 时，$(1+x)^{\frac{1}{x}} \to e$，$\dfrac{2x}{\sin x} \to 2$，故原式 $= e^{2}$.

(4) 原式 $= \lim_{x \to 0} \ln(1+x)^{\frac{1}{x}}$,因当 $x \to 0$ 时,$(1+x)^{\frac{1}{x}} \to e$,故原式 $= \ln e = 1$.

(5) 令 $t = e^x - 1$,则 $x = \ln(1+t)$,因当 $x \to 0$ 时,$t \to 0$,故

$$原式 = \lim_{t \to 0} \frac{t}{\ln(1+t)} = \lim_{t \to 0} \frac{1}{\frac{1}{t}\ln(1+t)}$$

$$= \lim_{t \to 0} \frac{1}{\ln(1+t)^{\frac{1}{t}}} = \frac{1}{\ln e} = 1.$$

(6) 原式 $= \lim_{x \to 0} \left[\frac{\ln(1+kx)}{kx}\right] \times k = k \cdot \lim_{x \to 0} \frac{\ln(1+kx)}{kx} = k$.

(7) 原式 $= \lim_{x \to 0} \left(k \times \frac{e^{kx}-1}{kx}\right) = k \cdot \lim_{x \to 0} \frac{e^{kx}-1}{kx} = k$.

题 7 计算下列极限.

(1) 求 $\lim_{x \to 0}(1-x)^{\frac{2}{x}}$.

(2) 求 $\lim_{x \to \infty}\left(\frac{1+x}{x}\right)^{2x+1}$.

(3) 求 $\lim_{x \to 0}(1+3\tan^2 x)^{\cot^2 x}$.

(4) 求 $\lim_{x \to \infty}\left(\frac{2x+1}{2x+3}\right)^{2x}$.

(5) 求 $\lim_{x \to 0}[1+\ln(1+x)]^{\frac{2}{x}}$.

思路剖释 (1) 原式 $= \lim_{x \to 0}\left[(1-x)^{-\frac{1}{x}}\right]^{-2} = e^{-2}$.

(2) 原式 $= \lim_{x \to \infty}\left(1+\frac{1}{x}\right)^{2x+1} = \lim_{x \to \infty}\left[\left(1+\frac{1}{x}\right)^x\right]^2 \cdot \lim_{x \to \infty}\left(1+\frac{1}{x}\right) = e^2$.

(3) 原式 $= \lim_{x \to 0}(1+3\tan^2 x)^{\frac{1}{\tan^2 x}} = \lim_{x \to 0}\left[(1+3\tan^2 x)^{\frac{1}{3\tan^2 x}}\right]^3$.

因 $x \to 0$ 时,$\tan x \to 0$,故 $\lim_{x \to 0}(1+3\tan^2 x)^{\frac{1}{3\tan^2 x}} = e$,从而原式 $= e^3$.

(4) 原式 $= \lim_{x \to \infty}\left(1-\frac{2}{2x+3}\right)^{2x} = \lim_{x \to \infty}\left[\left(1-\frac{2}{2x+3}\right)^{-\frac{2x+3}{2}}\right]^{\frac{-4x}{2x+3}}$.

因 $x \to \infty$ 时,$\frac{2}{2x+3} \to 0$,又 $\lim_{x \to \infty}\frac{-4x}{2x+3} = -2$,故原式 $= e^{-2}$.

(5) 原式 $= \lim_{x \to 0}\left[(1+\ln(1+x))^{\frac{1}{\ln(1+x)}}\right]^{\frac{2}{x}\ln(1+x)}$.

因 $\ln(1+x) \sim x(x \to 0)$,故 $\lim_{x \to 0}\frac{2}{x}\ln(1+x) = 2$.于是,原式 $= e^2$.

题 8 计算下列极限.

(1) 求 $\lim_{x \to 0}\frac{\sqrt{1+x}-\sqrt{1-x}}{x}$.

(2) 求 $\lim_{x \to +\infty}x(\sqrt{4x^2-1}-2x)$.

(3) 求 $\lim_{x \to +\infty}\frac{\ln(1+2^x)}{\ln(1+3^x)}$.

思路剖释 (1) 原式 $= \lim\limits_{x \to 0} \dfrac{(\sqrt{1+x} - \sqrt{1-x})(\sqrt{1+x} + \sqrt{1-x})}{x(\sqrt{1+x} + \sqrt{1-x})}$

$= \lim\limits_{x \to 0} \dfrac{(1+x) - (1-x)}{x(\sqrt{1+x} + \sqrt{1-x})} = \lim\limits_{x \to 0} \dfrac{2}{\sqrt{1+x} + \sqrt{1-x}} = 1.$

(2) 原式 $= \lim\limits_{x \to +\infty} \dfrac{x(\sqrt{4x^2-1} - 2x)(\sqrt{4x^2-1} + 2x)}{\sqrt{4x^2-1} + 2x}$

$= \lim\limits_{x \to +\infty} \dfrac{x(4x^2 - 1 - 4x^2)}{\sqrt{4x^2-1} + 2x} = -\lim\limits_{x \to +\infty} \dfrac{1}{\sqrt{4 - \left(\dfrac{1}{x}\right)^2} + 2} = -\dfrac{1}{4}.$

注 设 P, Q 都是 x 的多项式,利用
$$(P + \sqrt{Q})(P - \sqrt{Q}) = P^2 - Q, \quad (\sqrt{P} + \sqrt{Q})(\sqrt{P} - \sqrt{Q}) = P - Q$$
都是有理函数,可做恒等变形.

(3) 首先,$\lim\limits_{x \to +\infty} \dfrac{1}{2^x} = 0$, $\lim\limits_{x \to +\infty} \dfrac{1}{3^x} = 0$,故

原式 $= \lim\limits_{x \to +\infty} \dfrac{\ln\left[2^x\left(1 + \dfrac{1}{2^x}\right)\right]}{\ln\left[3^x\left(1 + \dfrac{1}{3^x}\right)\right]} = \lim\limits_{x \to +\infty} \dfrac{\ln 2^x + \ln\left(1 + \dfrac{1}{2^x}\right)}{\ln 3^x + \ln\left(1 + \dfrac{1}{3^x}\right)}$

$= \lim\limits_{x \to +\infty} \dfrac{x \ln 2 + \ln\left(1 + \dfrac{1}{2^x}\right)}{x \ln 3 + \ln\left(1 + \dfrac{1}{3^x}\right)}$

$= \lim\limits_{x \to +\infty} \dfrac{\ln 2 + \dfrac{1}{x}\ln\left(1 + \dfrac{1}{2^x}\right)}{\ln 3 + \dfrac{1}{x}\ln\left(1 + \dfrac{1}{3^x}\right)} = \dfrac{\ln 2}{\ln 3}.$

注 当 $0 < |q| < 1$ 时,$\lim\limits_{n \to +\infty} q^n = 0$ 和 $\lim\limits_{x \to +\infty} q^x = 0.$

题 9 计算下列极限.

(1) 求 $\lim\limits_{x \to 1} \dfrac{x + x^2 + \cdots + x^n - n}{x - 1}.$

(2) 求 $\lim\limits_{x \to 9} \dfrac{x - 2\sqrt{x} - 3}{x - 9}.$

思路剖释 (1) 原式 $= \lim\limits_{x \to 1} \dfrac{(x-1) + (x^2-1) + \cdots + (x^n-1)}{x-1}$

$= \lim\limits_{x \to 1} \dfrac{(x-1) + (x-1)(x+1) + \cdots + (x-1)(x^{n-1} + \cdots + x + 1)}{x-1}$

$= \lim\limits_{x \to 1}[1 + (x+1) + \cdots + (x^{n-1} + \cdots + x + 1)]$

$= 1 + 2 + \cdots + n = \dfrac{1}{2}n(n+1).$

(2) 原式 $= \lim\limits_{x \to 9} \dfrac{(\sqrt{x})^2 - 2\sqrt{x} - 3}{(\sqrt{x})^2 - 3^2} = \lim\limits_{x \to 9} \dfrac{(\sqrt{x} - 3)(\sqrt{x} + 1)}{(\sqrt{x} - 3)(\sqrt{x} + 3)} = \dfrac{2}{3}.$

注 利用因式分解进行恒等变形.

题 10 设常数 $a \neq \dfrac{1}{2}$,求 $\lim\limits_{n \to +\infty} \ln\left[\dfrac{n-2na+1}{n(1-2a)}\right]^n$.

思路剖释 因 $\dfrac{n-2na+1}{n(1-2a)} = \dfrac{n(1-2a)+1}{n(1-2a)} = 1 + \dfrac{1}{n(1-2a)}$,故

$$原式 = \lim_{n \to \infty} \ln\left[1 + \dfrac{1}{n(1-2a)}\right]^n$$

$$= \lim_{n \to \infty}\left\{\ln\left[1 + \dfrac{1}{n(1-2a)}\right]^{n(1-2a)}\right\} \times \dfrac{1}{1-2a}$$

$$= \ln e \cdot \dfrac{1}{1-2a}$$

$$= \dfrac{1}{1-2a}.$$

题 11 求极限 $\lim\limits_{x \to +\infty}(\sqrt{a^x+4} - \sqrt{a^x+1})$,$a>0$,且 $a \neq 1$.

思路剖释 $原式 = \lim\limits_{x \to +\infty} \dfrac{(\sqrt{a^x+4} - \sqrt{a^x+1})(\sqrt{a^x+4} + \sqrt{a^x+1})}{(\sqrt{a^x+4} + \sqrt{a^x+1})}$

$$= \lim_{x \to +\infty} \dfrac{(a^x+4) - (a^x+1)}{(\sqrt{a^x+4} + \sqrt{a^x+1})}$$

$$= \lim_{x \to +\infty} \dfrac{3}{\sqrt{a^x+4} + \sqrt{a^x+1}}.$$

当 $0 < a < 1$ 时,因 $\lim\limits_{x \to +\infty} a^x = 0$,故原式 $= 1$.

当 $a > 1$ 时,因 $\lim\limits_{x \to +\infty} \dfrac{1}{\sqrt{a^x}} = 0$,故原式 $= \lim\limits_{x \to +\infty} \dfrac{\dfrac{3}{\sqrt{a^x}}}{\sqrt{1+\dfrac{4}{a^x}} + \sqrt{1+\dfrac{1}{a^x}}} = 0$.

题 12 计算下列各题.

(1) 试求常数 a 的值,使得

$$\lim_{x \to \infty}\left(\dfrac{x+a}{x+3}\right)^{\frac{x}{1000}} = e^2.$$

(2) 求极限 $\lim\limits_{n \to \infty} \tan^n\left(\dfrac{\pi}{4} + \dfrac{1}{n}\right)$.

思路剖释 (1) 易见 $a \neq 3$,故

$$\lim_{x \to \infty}\left(\dfrac{x+a}{x+3}\right)^{\frac{x}{1000}} = \lim_{x \to \infty}\left(1 + \dfrac{a-3}{x+3}\right)^{\frac{x}{1000}}$$

$$= \lim_{x \to \infty}\left[\left(1 + \dfrac{a-3}{x+3}\right)^{\frac{x+3}{a-3}}\right]^{\frac{x}{1000} \times \frac{a-3}{x+3}}.$$

因 $\lim\limits_{x \to \infty} \dfrac{x}{x+3} = 1$,故 $\lim\limits_{x \to \infty}\left(\dfrac{x}{1000} \times \dfrac{a-3}{x+3}\right) = \dfrac{a-3}{1000}$. 因此 $\lim\limits_{x \to \infty}\left(\dfrac{x+a}{x+3}\right)^{\frac{x}{1000}} = e^{\frac{a-3}{1000}}$,从而有 $e^{\frac{a-3}{1000}} = e^2$,得

$\dfrac{a-3}{1000}=2$. 故 $a=2003$.

(2) 原式 $= \lim\limits_{n\to\infty}\left\{1+\left[\tan\left(\dfrac{\pi}{4}+\dfrac{1}{n}\right)-1\right]\right\}^{\frac{1}{\tan\left(\frac{\pi}{4}+\frac{1}{n}\right)-1}\cdot n\left[\tan\left(\frac{\pi}{4}+\frac{1}{n}\right)-1\right]}$

$= \mathrm{e}^{\lim\limits_{n\to\infty} n\left[\tan\left(\frac{\pi}{4}+\frac{1}{n}\right)-1\right]}$

$= \mathrm{e}^{\lim\limits_{x\to 0}\frac{\tan\left(\frac{\pi}{4}+x\right)-1}{x}}$

$= \mathrm{e}^{\lim\limits_{x\to 0}\frac{2}{1-\tan x}\cdot\frac{\tan x}{x}}$

$= \mathrm{e}^2$.

题 13 试求 a, b 之值, 使得:

(1) $\lim\limits_{x\to 3}\dfrac{x^2-2x+a}{x-3}=b$.

(2) $\lim\limits_{x\to 1}\dfrac{x^2+ax+b}{1-x}=5$.

(3) $\lim\limits_{x\to 0}\dfrac{\sin x(\cos x-b)}{\mathrm{e}^x-a}=5$.

(4) $\lim\limits_{x\to\infty}\left(\dfrac{x^2}{1+x}-ax+b\right)=1$.

思路剖释 (1) 因 $x^2-2x+a=x(x-3)+(x-3)+a+3$, 故

$$\text{原式} = \lim_{x\to 3}\left(x+1+\dfrac{a+3}{x-3}\right)=b.$$

因 $\lim\limits_{x\to 3}(x-3)=0$, 故 $a+3=0$, 得 $a=-3$. 代入上式, 得 $b=4$.

(2) 依题设, 有 $\lim\limits_{x\to 1}(x^2+ax+b)=0$, 即 $1+a+b=0$, 于是 $x^2+ax+b=x^2+ax-a-1=(x-1)(x+1+a)$. 依题设, 得

$$\lim_{x\to 1}\dfrac{(x-1)(x+1+a)}{1-x}=5,$$

即 $-(2+a)=5$, 得 $a=-7$, $b=-(1+a)=6$.

(3) 因 $\lim\limits_{x\to 0}\sin x(\cos x-b)=0$, 故 $\lim\limits_{x\to 0}(\mathrm{e}^x-a)=0$, 所以得 $a=1$. 于是

$$\text{原式} = \lim_{x\to 0}\dfrac{\sin x(\cos b-1)}{\mathrm{e}^x-1}.$$

因

$$\lim_{x\to 0}\dfrac{\sin x}{\mathrm{e}^x-1}=\lim_{x\to 0}\left(\dfrac{\sin x}{x}\times\dfrac{1}{\frac{\mathrm{e}^x-1}{x}}\right)=1,$$

所以 $\lim\limits_{x\to 0}(\cos x-b)=5$, 即 $1-b=5$, 故 $b=-4$.

(4) 用变量消去法求解.

因 $\lim\limits_{x\to\infty}\left(\dfrac{x^2}{1+x}-ax+b\right)=1$, 又 $\lim\limits_{x\to\infty}\dfrac{1}{x}=0$, 两个极限等式两端乘之, 得

$$\left(\lim_{x\to\infty}\frac{1}{x}\right) \cdot \lim_{x\to\infty}\left(\frac{x^2}{1+x} - ax + b\right) = 0,$$

即

$$\lim_{x\to\infty}\frac{1}{x}\left(\frac{x^2}{1+x} - ax + b\right) = 0,$$

亦即

$$\lim_{x\to\infty}\left(\frac{x}{1+x} - a + \frac{b}{x}\right) = 0.$$

因 $\lim\limits_{x\to\infty}\dfrac{x}{1+x} = 1$, $\lim\limits_{x\to\infty}\dfrac{b}{x} = 0$, 故 $a = 1$. 将 $a = 1$ 代入 $\lim\limits_{x\to\infty}\left(\dfrac{x^2}{1+x} - ax + b\right) = 1$, 得 $\lim\limits_{x\to\infty}\left(\dfrac{x^2}{1+x} - x + b\right) = 1$, 即 $\lim\limits_{x\to\infty}\left(\dfrac{-x}{1+x} + b\right) = 1$. 故 $b = 1 + \lim\limits_{x\to\infty}\dfrac{x}{1+x} = 2$.

参 考 文 献

[1] 裘宗沪.全国高中数学联赛试题详解[M].北京:开明出版社,2007.
[2] 严镇军.高中数学竞赛教程[M].合肥:中国科学技术大学出版社,2014.
[3] 徐学文.竞赛学术原理与方法[M].北京:科学出版社,2011.
[4] 马传渔.全国高中数学联赛指导·提升·培训教材[M].南京:南京大学出版社,2004.
[5] 马传渔.全国高中数学联赛成功点击[M].南京:南京师范大学出版社,2007.
[6] 马传渔,蒋远政.全国高中数学联赛强训宝典[M].南京:南京师范大学出版社,2014.
[7] 马传渔,陈传理,吴建平.高中数学奥林匹克竞赛教程[M].长春:吉林教育出版社,2006.
[8] 马传渔,张志朝.赢在变化:高考数学新考点及附加题专项突破[M].南京:南京师范大学出版社,2008.
[9] 马传渔.冲刺金牌:奥林匹克竞赛解题指导[M].长春:吉林教育出版社,2002.
[10] 马传渔.微积分:上册[M].北京:高等教育出版社,2007.
[11] 马传渔.微积分:下册[M].北京:高等教育出版社,2007.
[12] 马传渔.空间解析几何学[M].南京:南京大学出版社,1991.
[13] 马传渔,邵进,李栋宁.艺术数学[M].北京:科学出版社,2012.
[14] 杨滇,马传渔.融媒体数学[M].北京:北京师范大学出版社,2016.
[15] 马传渔.中国华罗庚学校数学课本[M].长春:吉林教育出版社,2009.
[16] 马传渔,晁洪.国际国内数学奥林匹克竞赛优化解题题典[M].长春:吉林教育出版社,2010.
[17] 马传渔.高中奥数每日一题[M].长春:吉林教育出版社,2005.
[18] 周沛耕.高中数学奥林匹克竞赛标准教材(上、中、下册)[M].合肥:中国科学技术大学出版社,2019.
[19] 马传渔,杨运新.高中数学进阶与数学奥林匹克[M].合肥:中国科学技术大学出版社,2018.
[20] 马传渔.当"数学"遇上"艺术"[M].北京:北京师范大学出版社,2019.
[21] 陈荣华,马传渔.全国中考数学压轴题分类释义[M].合肥:中国科学技术大学出版社,2018.
[22] Gartner P J. Art and Architecture Musee Dorsay[M].France:Konemann,2001.
[23] Richaudeau F. Le Monde de M. C. Escher[J]. Communication Et Langages,1972,16:118-119.